Politische Vierteljahresschrift PVS
Zeitschrift der Deutschen Vereinigung für Politikwissenschaft

Gegründet im Auftrag der Vereinigung von Prof. Dr. Karl Dietrich Bracher †, Prof. Dr. Gert von Eynern †, Prof. Dr. Otto Heinrich von der Gablentz †, Prof. Dr. Gerhard Leibholz † und Prof. Dr. Dolf Sternberger †.

Herausgegeben vom Vorstand der Deutschen Vereinigung für Politikwissenschaft

Redaktion: Prof. Dr. **Mathias Albert**, Bielefeld; Prof. Dr. **Michael Haus**, Heidelberg; Prof. Dr. **Michèle Knodt**, Darmstadt (ViSdP); Prof. Dr. **Samuel Salzborn**, Berlin (PVS Literatur); Prof. Dr. **Kai-Uwe Schnapp**, Hamburg; Prof. Dr. **Annette Elisabeth Töller**, Hagen.

Politische Vierteljahresschrift
Sonderheft 52

AF820044

Vorstand: Prof. Dr. Ferdinand Müller-Rommel, Leuphana Universität Lüneburg (Vorsitzender); Prof. Dr. Anja Jetschke, Georg-August-Universität Göttingen (Stellvertretende Vorsitzende); Prof. Dr. Armin Schäfer, Universität Osnabrück (Stellvertretender Vorsitzender); Dr. Sebastian Bukow, Heinrich Böll-Stiftung Berlin; Prof. Dr. Marc Debus, Universität Mannheim; Prof. Dr. Thorsten Faas, Freie Universität Berlin; Prof. Dr. Miriam Hartlapp, Freie Universität Berlin; Prof. Dr. Claudia Landwehr, Johannes Gutenberg-Universität Mainz; Prof. Dr. Marcus Llanque, Universität Augsburg; Prof. Dr. Gert Pickel, Universität Leipzig; Prof. Dr. Jens Steffek, Technische Universität Darmstadt

Geschäftsführung: Felix W. Wurm, Dipl.Soz.Wiss., M.A. (USA), Deutsche Vereinigung für Politikwissenschaft (DVPW), c/o Universität Osnabrück FB 1 – Kultur- und Sozialwissenschaften, 49069 Osnabrück, Tel.: 05 41 / 9 69-62 64, Fax: 05 41 / 9 69-62 66, E-Mail: dvpw@dvpw.de, Homepage: www.dvpw.de

Redaktion: Prof. Dr. Mathias Albert, Bielefeld; Prof. Dr. Michael Haus, Heidelberg; Prof. Dr. Michèle Knodt, Darmstadt (Geschäftsführende Redakteurin, V.i.S.d.P.); Prof. Dr. Samuel Salzborn, Berlin (PVS-Literatur); Prof. Dr. Kai-Uwe Schnapp, Hamburg; Prof. Dr. Annette Elisabeth Töller, Hagen

Christopher Daase | Julian Junk
Stefan Kroll | Valentin Rauer (Hrsg.)

Politik und Verantwortung

Analysen zum Wandel politischer Entscheidungs- und Rechtfertigungspraktiken

Nomos

D V
P W

Die Deutsche Nationalbibliothek verzeichnet diese Publikation in der Deutschen Nationalbibliografie; detaillierte bibliografische Daten sind im Internet über http://dnb.d-nb.de abrufbar.

ISBN 978-3-8487-3083-4 (Print)
ISBN 978-3-8452-7193-4 (ePDF)

1. Auflage 2017
© Nomos Verlagsgesellschaft, Baden-Baden 2017. Gedruckt in Deutschland. Alle Rechte, auch die des Nachdrucks von Auszügen, der photomechanischen Wiedergabe und der Übersetzung, vorbehalten. Gedruckt auf alterungsbeständigem Papier.

INHALTSVERZEICHNIS

Verantwortung in der Politik und Politik der Verantwortung: Eine Einleitung zum Sonderheft

Christopher Daase, Julian Junk, Stefan Kroll und Valentin Rauer

1. Verantwortungsdiffusion: Verantwortung in der Politik und Politik der Verantwortung

Das Konzept der Verantwortung bietet einen alternativen Ausgangspunkt dafür, die jüngeren Großerzählungen des Wandels politischer Handlungszusammenhänge zu analysieren. Der Formwandel des Nationalstaats, die Prozesse der Internationalisierung, Transnationalisierung und Globalisierung, die Erosion der Trennung zwischen öffentlicher und privater Sphäre, all diese Phänomene implizieren einen Wandel der Verantwortlichkeit alter und neuer politischer Akteure, der aber selten ins Zentrum der Analysen gestellt wird. Es sind bislang eher andere Begriffe, die theoretisiert werden: Souveränität und nationale Interessen insbesondere, aber auch Territorialität, Sicherheit oder Intervention. Damit ist nicht gesagt, dass der Begriff der Verantwortung keine Verwendung fände. Spätestens seit den 1990er Jahren erlebt der Begriff sogar eine enorme Konjunktur in politischen Debatten. Vergleichsweise selten wird allerdings untersucht, was konkret der Gegenstand und der Umfang der jeweiligen Verantwortungskonzepte ist und welche strategischen Ziele damit verbunden werden.

Das weitgehende Fehlen politikwissenschaftlicher Einordnungen der Verantwortung überrascht nicht nur angesichts der häufigen Verwendung des Begriffs, sondern noch vielmehr vor dem Hintergrund der massiven Expansion von Verantwortungszuschreibungen in den zurückliegenden Jahrzehnten. Diese Expansion hat vor allem zwei Erscheinungsformen, welche mit den oben genannten Veränderungen politischer Handlungszusammenhänge direkt verbunden sind. Zum einen hat sich die Anzahl verantwortlicher Akteure in der Politik vergrößert. Zum anderen haben sich auch die Regeln und Verfahren, über die Verantwortung zugeschrieben wird, verdichtet.

Die Zunahme verantwortlicher Akteure hängt mit der veränderten Rolle des Staates zusammen, die vor allem seit den 1990er Jahren beobachtet und diskutiert wird. Politische Prozesse und Entscheidungen werden nicht nur durch staatliche Akteure geprägt, sondern auch durch nicht-staatliche Organisationen unterschiedlichster Art. Das Spektrum reicht von zivilgesellschaftlichen Nicht-Regierungsorganisationen bis hin zu transnational tätigen Großunternehmen. Die Herausbildung und Verfestigung supranationaler Mehrebenensysteme hat darüber hinaus politische Verantwortlichkeiten verschoben und vervielfacht. Schließlich haben Prozesse der wirtschaftlichen Entwicklung dazu geführt, dass in der internationalen Politik nicht mehr nur einer kleinen Gruppe großer Mächte Verantwortung zugeschrieben wird. Auch gegenüber den so genannten neuen Mächten wie China, Indien und Brasilien sind die Erwartungen im Hinblick auf den Klimaschutz und die internationale Sicherheit stark angestiegen.

Die Zunahme verantwortlicher Akteure wird begleitet durch eine Verdichtung nationaler, internationaler und transnationaler Regulierungspraktiken. Auf den ersten Blick scheint diese Verdichtung die Verantwortungszuschreibung zu stärken, weil sie die Möglichkeiten der Zurechnung von Verantwortung erweitert. Allerdings konkurrieren diese Regulierungspraktiken miteinander oder schließen sich wechselseitig aus. Darüber hinaus erwecken diese Regulierungspraktiken den Eindruck einer möglichen Zurechenbarkeit von Verantwortung, die angesichts der Gegenstände, auf die die Verantwortung bezogen werden soll, gar nicht gegeben ist.

Es ist keine neue Beobachtung, dass die Gegenstände, für die die Akteure in der Politik verantwortlich sein sollen, häufig in hohem Maße unspezifisch sind. Was genau ist etwa gemeint, wenn es um die Verantwortung für „das Gemeinwohl", „die Gesundheit" oder „die Umwelt" geht? Was genau verbindet sich mit der Forderung, ein Land wie Deutschland solle „mehr Verantwortung" in der globalen Politik übernehmen? Eng verknüpft mit dem hohen Abstraktionsgrad ist die Komplexität der Verantwortungsobjekte. Die kausale Verantwortung für die Umwelt oder den globalen Klimawandel lässt sich nur begrenzt einzelnen Akteuren zurechnen. Aber auch insbesondere technische, digitale Systeme stellen in diesem Zusammenhang eine Herausforderung dar, wenn sie einzelne Entscheidungen in einer Weise verketten, die eine Zurechnung nur durch den Menschen allein nicht mehr möglich machen. Im Hinblick auf selbstlernende Algorithmen stellt sich die Frage, inwieweit es sich hier überhaupt um „Entscheidungen" handelt, die Teil einer Verantwortungszuschreibung sein können.

Die Krise der Verantwortung, die hierin bereits sichtbar wird, ereignet sich nicht trotz, sondern gerade wegen der Expansion der Verantwortung – und dies ist das Kernparadoxon dieses Heftes. Die Zunahme verantwortlicher Akteure, die Verdichtung normativer Erwartungen und Verfahren und die gesteigerte Komplexität der Verantwortungsgegenstände haben zu einer Diffusion der Verantwortung geführt, die das Konzept grundsätzlich herausfordert. Verantwortungsdiffusion beobachten wir dann, wenn eine Wahrnehmung und Zurechnung der Verantwortung nicht mehr erfolgt, (1) weil die Anzahl verantwortlicher Akteure so groß ist, dass sich der einzelne Akteur nicht mehr verpflichtet fühlt; (2) wenn Regeln und Verfahren der Verantwortungszuschreibung miteinander konkurrieren oder sich widersprechen und aufgrund des Fehlens einer Metaverantwortung keine Koordination mehr möglich ist; oder (3) wenn die Komplexität des Gegenstandes die Zuschreibung der Verantwortung verunklart oder gar praktisch unmöglich macht.

Der Begriff der Verantwortungsdiffusion wird bislang vor allem in ethischen und philosophischen Debatten und der Sozialpsychologie beschrieben. Das Ziel des Sonderhefts ist, das Konzept der Verantwortungsdiffusion für das Feld politischer Handlungszusammenhänge zu diskutieren und die Grundlage für eine weitergehende, empirische Analyse damit einhergehender Phänomene zu legen.

Es ist nicht untypisch, dass Sonderhefte der Politischen Vierteljahresschrift in ihrem Titel auf ein weites Feld verweisen. Das vorliegende Sonderheft 2017 bildet hierzu keine Ausnahme und trotz der Fokussierung auf Verantwortungsdiffusion, ist es das Anliegen dieses Heftes, die verschiedensten analytischen wie politischen Herausforderungen an der Schnittstelle zwischen Politik und Verantwortung zu beleuchten. Die Beiträge des Sonderhefts zielen deshalb in ihrer Gesamtheit nicht darauf ab, Verantwortung in allen ihren Facetten zu erfassen. Das Interesse gilt der Verantwortung in politischen Handlungszusammenhängen. Und selbst jene Beiträge, die sich in der ersten Sektion des Heftes mit den konzeptionellen Aspekten der Verantwortung befassen, liefern vor allem das hierfür notwendige begriffliche Instrumentarium. Das Sonderheft leistet in zweifacher Hinsicht einen Beitrag zur gegenwärtigen Diskussion über die Verantwortung in der Politik:

Die Beiträge befassen sich erstens mit der Konzeption der Verantwortung in politischen Handlungszusammenhängen. Unter Berücksichtigung der Debatten in Nachbardisziplinen wie der Philosophie, der Soziologie, der Rechts- und der Geschichtswissenschaft wird hier untersucht, wie in der Politik die Akteure, die Gegenstände und die normativen Voraussetzungen der Verantwortung konstruiert und angewendet werden. Zweitens widmen sich die Autorinnen und Autoren des Sonderhefts der Frage, wie Verantwortung selbst als Instrument der politischen Auseinandersetzungen verwendet wird. Verantwortung ist eine Ressource der politischen Legitimierung und De-Legitimierung. Die Zuschreibung von Verantwortung kann neue politische Akteure konstituieren und neue politische Handlungsspielräume ausloten und kreieren. Der Gegenstand dieses Sonderhefts ist also nicht nur die Konzeption der Verantwortung im Feld der Politik, sondern auch die Politik der Verantwortung, die in der strategischen Verwendung des Verantwortungsbegriffs zu erkennen ist.

Wir stellen dabei im ersten Teil des Sonderhefts konzeptionelle und theoretische Überlegungen vor, die neben der politischen Theorie insbesondere in der Philosophie, der Ethik und der Geschichtswissenschaft entwickelt wurden. Die Beiträge von Vogelmann, Schmelzle und Neuhäuser umreißen unterschiedliche theoretische und begriffliche Zugriffe auf das Verantwortungskonzept, und leiten in die Thematik des Heftes ein.[1] Daran anschließend wird in den folgenden Abschnitten des Heftes die Verwendung von Verantwortungskonzeptionen in unterschiedlichen politischen Handlungszusammenhängen beschrieben und analysiert. Nachdem auf den vorangegangenen Seiten die Herausforderungen, die sich an der Schnittstelle zwischen Politik und Verantwortung ergeben, kurz umrissen wurden, werden wir auf den kommenden Seiten zunächst Querschnittsbefunde und -themen vorstellen, die durch die Beiträge des Sonderhefts identifiziert werden. Abschließend werden wir kurz die Gliederung des Heftes und die einzelnen Beiträge zusammenfassen.

1 Ergänzend wären für den deutschen Sprachraum noch die theoretische gehaltvollen Ansätze von Buddeberg (2011) und von Gosepath (2012) sowie die Beiträge in Heidbrink (2007) zu nennen.

2. Querschnittsbefunde und analytische Zugriffe dieses Heftes

2.1 Aufgabenverantwortung und Zurechnungsverantwortung

Eine analytische Grundunterscheidung, der viele der Beiträge des Sonderheftes folgen, ist die Unterscheidung einer Aufgaben- und einer Zurechnungsverantwortung (Günther 2006). Die Aufgabenverantwortung ist in die Zukunft gerichtet und benennt die Aufgaben, für die ein Akteur zukünftig verantwortlich ist. Die Zurechnungsverantwortung bezieht sich auf die Vergangenheit und besteht in der Zuschreibung der Verantwortung für ein bestimmtes Verhalten. Für das Feld der Politik bedeutet dies, dass die Aufgabenverantwortung den Handlungsspielraum benennt, in dem politische Akteure agieren können und sollen (siehe die Beiträge in Heidbrink 2007). Die Zurechnungsverantwortung markiert demgegenüber die Kontrolle und ggf. Sanktionierung, wenn dieser Handlungsspielraum nicht in der erwarteten Weise genutzt wird.

Die Ausgestaltung der Zurechnungsverantwortung kann in der Form einer Verrechtlichung erfolgen (siehe Gosepath 2012 sowie den Beitrag von Junk und Kroll in diesem Heft). Dies ist aber nicht notwendigerweise der Fall. Vogelmann weist in seiner Genealogie der Verantwortung vielmehr darauf hin, dass Verantwortung auch als ein Konzept zur Kontrolle politischer Machtausübung verstanden wurde, die eben noch nicht gesetzlich geregelt wurde. Ähnlich ist auch Ammicht Quinn zu verstehen, die argumentiert, dass die Verantwortung sich gerade den Fragen widme, die aus der Perspektive systematisierter Regelwerke einen „blinden Fleck" darstellen (Ammicht Quinn in diesem Heft). Im Feld der Politik erzeugen und kontrollieren Konzepte der Verantwortung Handlungsspielräume und schließen dabei unterschiedliche Normativitäten, rechtliche und außerrechtliche mit ein.

2.2 Rollenverantwortung

Der Aspekt der Handlungsermöglichung und Kontrolle lässt sich am Beispiel der Rollenverantwortung gut illustrieren. Verantwortung in der Politik wird meist durch Individuen in der Ausübung einer bestimmten Rolle getragen. In diese Rollenverantwortung mischen sich Aspekte einer individuellen und einer kollektiven Verantwortung. Politische Akteure handeln als Repräsentanten oder Funktionsträger. Der normative Maßstab, an dem die Verantwortung gemessen wird, ist ein anderer als im Falle der persönlichen Verantwortung. Dies heißt nicht, dass Verantwortung in der Politik nicht individualisiert wird. Im Gegenteil, „[p]olitische Verantwortung zu übernehmen bedeutet, eigene Entscheidungen ex-post öffentlich rechtfertigen zu müssen. Mit dem Verantwortungsprinzip werden Entscheidungen einerseits personalisiert und individualisiert und andererseits öffentlich gemacht und vergemeinschaftet" (Rauer 2014, S. 106). Gerade in der Politik werden Entscheidungen, die eigentlich als kollektive Entscheidungen zu beschreiben wären, in der Form individualisiert, dass sie einem bestimmten Rollenträger zugeschrieben werden können, um diesen dann verantwortlich zu machen. Der klassische Fall hierfür sind die sogenannten „politisch motivierten" Rücktritte, die von

Plöhn (in diesem Heft) an Beispielen westlicher Demokratien und hier vor allem der US-amerikanischen Politik analysiert werden.

Ein wichtiges Merkmal der Rollenverantwortung liegt darin, dass nicht nur einer bestimmten Rolle eine Verantwortung zugeschrieben wird, sondern dass durch die Zuschreibung von Verantwortung neue politische Rollen konstituiert werden. Dieser Aspekt liegt bereits der von Max Weber angelegten Unterscheidung von Gesinnungs- und Verantwortungsethik zugrunde. Weber entwirft mit dem verantwortungsethisch handelnden Akteur ein spezifisches politisches Rollenmuster. Dieser Prozess hat sich inzwischen vielfach ausdifferenziert und wird von den Autorinnen und Autoren in diesem Heft nicht mehr nur auf personale politische Akteure bezogen, sondern auf Organisationen und Institutionen ausgeweitet. Verschiedene Beiträge des Sonderheftes zeichnen nach, wie Akteuren durch die Zuschreibung von Verantwortung politischer Handlungsspielraum und legitime politische Autorität zugewiesen wurde.

So beschäftigen sich einige Beiträge in diesem Heft mit der Frage der Verantwortung von Staaten: In seinem konzeptionellen Beitrag diskutiert Schmelze, warum der Staat der zentrale Verantwortungsträger ist. Empirisch getriebener fragt Hauswedell, wie ein Staat wie Deutschland überhaupt mehr Verantwortung übernehmen könne und welche Konsequenzen diese Verantwortungsrhetorik für die konkrete Außen- und Sicherheitspolitik Deutschlands habe. Junk und Kroll spüren der Staatenverantwortung anhand der Beispiele der Schutzverantwortung und des Investitionsschutzes nach. Mehrere Beiträge in diesem Heft diskutieren schießlich die politische Verantwortung privater Unternehmen in einer scheinbar von Staaten dominierten globalen Politik. Antje Vetterlein befasst sich zunächst mit der Frage, inwieweit korporative Akteure überhaupt in einem moralischen Sinne verantwortungsfähig sind. Der Beitrag von Mondré, Niemann, Scheper und Ulbert zeigt durch welche Praktiken der Regelsetzung eine ursprünglich moralische Verantwortung privater Unternehmen in eine politische Verantwortung und damit politische Autorität umschlagen kann. Beide Beiträge verknüpfen die Verantwortungsdebatte in origineller Weise mit der *Global Governance*-Literatur. Der Beitrag von Mende bietet eine interessante weitere Perspektive hierzu. Am Beispiel der Verantwortung von Unternehmen für die internationalen Menschenrechte stellt dieser Beitrag Bezüge zur Debatte über die Transnationalisierung des Rechts in den Rechtswissenschaften her. Zusammengenommen bieten diese Beiträge also eine Verknüpfung aus moralischen, politischen und rechtlichen Perspektiven auf die Erweiterung der Verantwortung auf private Unternehmen in internationalen politischen Handlungszusammenhängen.

Ähnlich gelagert ist schließlich der Beitrag von Müller zur Übertragung globaler Klimaverantwortung auf lokale Akteure. Dieser Beitrag berücksichtigt nicht nur den so wichtigen Ansatz einer geteilten, aber differenzierten Verantwortung, der durch das Pariser Klimaabkommen festgeschrieben wird, sondern er untersucht insbesondere, durch welche Regierungspraktiken diese Verantwortung auf lokale Akteure übertragen wird und welche Machtasymmetrien hier zum Tragen kommen. In theoretischer Hinsicht ist dieser Beitrag für das Sonderheft von Bedeutung, weil hier eine Abgrenzung zur Literatur der Policy-Diffusion vorgenommen wird und der Begriff der Verantwortungsdiffusion mit der Frage der Diffusion von Verantwortung verbunden wird.

2.3. Hybride Arrangements und Partizipation

Verantwortung wird aber nicht nur auf neue Akteure übertragen, auch hybride Arrangements gewinnen immer mehr an Bedeutung. Seibel zeigt in seinem Beitrag zum Infrastrukturmanagement und Behördenversagen im Fall der Loveparade-Kastrophe in Duisburg im Jahre 2010, welche Herausforderungen durch das Zusammenwirken der öffentlichen Verwaltung, privater Unternehmen und zivilgesellschaftlicher Organisationen entstehen – ausgehend von verantwortungsethischen Überlegungen, dass insbesondere dem Führungspersonal der Verwaltungen eine zentrale Koordinations- und Kontrollfunktion zukommt. Dies trifft sich mit den Überlegungen von Schmelzle in diesem Heft zu einer Meta-Verantwortung staatlicher Institutionen, die weiter unten noch beschrieben wird.

Eine weitere Facette der Erweiterung der öffentlichen Verantwortung besteht in Mechanismen der Partizipation und Deliberation. Es ließe sich hier also auch von einer Politisierung der Verantwortung sprechen, die aber vor allem mit dem Ziel betrieben wird, Legitimation für politische Entscheidungen zu erzeugen. Es geht daher gar nicht darum, Verantwortung zu übertragen oder zu teilen, wie in den zuvor beschriebenen Beispielen, sondern vielmehr zeigen sich Ansätze einer Instrumentalisierung partizipativer Konzepte, die nicht das Ziel erreichen, Verantwortung tatsächlich zu erweitern. Dies veranschaulichen die vom thematischen Gegenstand sehr unterschiedlichen Beiträge von Magnin sowie von Geis und Pfeiffer, die sich zum einen mit der Bürgerbeteiligung an städtebaulichen Vorhaben befassen und zum anderen mit dem Beteiligungsprozess „Review 2014“ des Auswärtigen Amtes zur Neugestaltung der deutschen Außenpolitik.

2.4. Meta-Verantwortung des Staates

Als eine wesentliche Bedingung dafür, von Verantwortung sprechen zu können, gilt allgemein die Anforderung, dass die beteiligten Akteure um das Ausmaß und die Folgen ihres Handelns wissen können müssen. Wer nicht von den Folgen seines Handelns weiß, kann auch nicht zur Verantwortung gezogen werden. Diese Problematik ist Teil der Diskussion, die auch unter dem Stichwort der Grenzen von Verantwortung und Verantwortlichkeiten geführt wird (Heidbrink 2003; Jelinek et al. 2010).

Der Beitrag von Schefczyk über die historische Verantwortung und Schuld macht deutlich, dass die Frage der Zuschreibung von Verantwortung entscheidend davon abhängt, über welches Wissen und welche Kontrolle über den Wissenserwerb Akteure in einer Handlungssituation verfügen. Für das Feld der Politik folgt hieraus, dass für die hier untersuchten Fälle zu prüfen ist, ob politische Akteure über ein bestimmtes Wissen verfügen oder hätten verfügen können oder gar müssen. Dies ist die notwendige Voraussetzung für die Frage, ob diese Akteure überhaupt die notwendige Kontrolle über ihre einzelnen Handlungen hatten oder haben konnten oder aber hätten generieren müssen. Dies führt uns zurück zu den eingangs eingeführten politischen wie analytischen Herausforderungen der Verantwortungsexpansion und Verantwortungsdiffusion.

Wie es scheint, folgt aus der Erweiterung der in der Politik verantwortlichen Akteure und der Verdichtung der Regeln der Verantwortungszuschreibung die

Tendenz, dem Staat und seinen Organen eine übergeordnete Verantwortung zuzuweisen. Schmelzle argumentiert in seinem konzeptionellen Beitrag, dass allein beim Staat die notwendigen normativen und institutionellen Ressourcen für die Wahrnehmung einer übergeordneten Kontroll- und Koordinationsfunktion liegen können. Dem Staat und seinen Organen obliege es, eine Verantwortung zweiter Ordnung wahrzunehmen, welche erst die Konkretisierung einer Verantwortung erster Ordnung ermögliche.[2] Dem Staat komme es also zu, Verantwortlichkeiten herzustellen, zu koordinieren und zu kontrollieren.

Dies steht im Widerspruch zu den allgemeinen Tendenzen des Wandels politischer Handlungszusammenhänge, die zu Beginn dieser Einleitung genannt wurden. Der Staat und seine Organe wurden durch Prozesse der Globalisierung und des Bedeutungszuwachses privater Akteure relativiert.[3] Wie die Beiträge des Sonderheftes zeigen, werden nun aber auch die Gegenbewegungen einer transnationalisierten Ordnung in vielen Bereichen sichtbar. Der Ruf staatlicher Verantwortung basiert dabei auf dem Wunsch nach einer Reduzierung der Komplexität der Verantwortungsbeziehungen und der Kontrolle, die, so die Annahme, nur über den Staat ausgeübt werden könne, einerseits aufgrund der notwendigen Ressourcen, aber auch im Hinblick auf die demokratische Legitimation. Die Beiträge des Heftes folgern hieraus nicht eine Renaissance der nationalen Ebene, sondern vielmehr eine Stärkung staatlicher Kooperation und Integration im überstaatlichen Raum.

In diesem Zusammenhang wird auch die Frage nach der Erweiterung der staatlichen Verantwortung gestellt. Staaten tragen Verantwortung nicht mehr nur für die Bürgerinnen und Bürger und innerhalb der staatlichen Grenzen, sondern auch gegenüber nicht-repräsentierten Anderen und extraterritorial. Dies zeigt einerseits der stärker theoretisch argumentierende Beitrag zu einer kosmopolitischen Verantwortung von Neyer, Sienknecht und Martin-Russu, aber insbesondere auch der Beitrag von Heupel über die „Extraterritorialen Menschenrechtsverletzungen der USA in der Terrorismusbekämpfung“, der modelhaft erklärt, wie es dazu kommt, dass Staaten, hier die Vereinigten Staaten, eine Erweiterung ihrer Verantwortung für die Menschenrechte anerkennen. Auch spielt der Verantwortungsdiskurs eine immer stärkere Rolle innerhalb internationaler Organisationen, wie Strasheim et al. in ihrem Beitrag in diesem Heft anhand einer inhaltsanalytischen Auswertung von Sicherheitsratsresolutionen aufzeigen.

2.5 Digitale Verantwortungsdiffusion

Eine Grenze der staatlichen Meta-Souveränität wird am Fall der digitalen Verantwortung deutlich. Hier stellt sich die Frage, wie angesichts einer bislang nicht möglichen Beschreibbarkeit kausaler Verantwortung dennoch Verantwortlichkeit hergestellt werden kann oder soll (siehe den Beitrag von Hempel in diesem Heft). Die Fragen der digitalen Verantwortungsdiffusion betreffen dabei Phänomene, in denen technische Systeme und Algorithmen vormalig rein menschliche Handlungs- und

2 Dies ist im Übrigen eine interessante Parallele zu Konzeptionen von primären und sekundären Rechtsnormen in der Rechtstheorie Harts (1961).

3 Vgl. allgemein die Beiträge in Deitelhoff u. Wolf (2010).

Entscheidungspraktiken zunehmend übernehmen (siehe auch Schulz-Schaeffer 2007 und Rammert 2012). In diesen Fällen wird Verantwortlichkeit diffus, weil die Grenzen der handelnden Akteure und die Grenzen dessen was als soziale Handlung gelten soll, unscharf werden (Rauer in diesem Heft). Womöglich liegt die Lösung dieser Verantwortungsprobleme nicht in einer weiteren Verdichtung technischer und rechtlicher Regulierung, sondern in der Erneuerung eines allgemeineren Prinzips der Begründung und der Rechtfertigung sozialen Handelns um diese neuen sich auftuenden „Verantwortungslücken" (Matthias 2004) wieder zu schließen.

3. Die Gliederung des Sonderhefts und Dank

Das Sonderheft ist in fünf Abschnitte gegliedert, die insgesamt 21 Beiträge umfassen. Im Anschluss an diese Einleitung folgt zunächst eine Sektion „Konzeptionelle und theoretische Überlegungen", in der der Begriff der Verantwortung aus verschiedenen, insbesondere auch disziplinär verschiedenen, Perspektiven konzeptionell betrachtet wird. Hierauf aufbauend folgen die Sektionen II. bis V., die den Begriff der Verantwortung auf verschiedenen Ebenen politischer Handlungszusammenhänge empirisch betrachten. Zunächst widmen wir uns der nationalen Ebene (Sektion II.) und betrachten die Verantwortung am Beispiel politischer Mandatsträger und Institutionen in staatlichen Zusammenhängen. Dem folgt die Verantwortung auf internationaler Ebene (Sektion III.). Die Beiträge dieser Sektion widmen sich der internationalen und kosmopolitischen Verantwortung der Staaten sowie der Lokalisierung internationaler Verantwortung und auch der Konjunktur des Verantwortungsbegriffs in den Vereinten Nationen. In Sektion IV. wird die Transnationalisierung der Verantwortung aufgegriffen, also die Zuschreibung von Verantwortung auf nicht-staatliche Akteure. Die beiden Beiträge der V. Sektionen befassen sich mit den digitalen Herausforderungen der Verantwortung und kommen, wie oben skizziert, auf die Frage der Verantwortungsdiffusion zurück.

Wir möchten an dieser Stelle der Deutschen Vereinigung für Politikwissenschaft dafür danken, mit der Herausgabe dieses Sonderhefts der Politischen Vierteljahreschrift betraut worden zu sein. Die Sonderhefte der PVS sind ein wichtiger Beitrag für die politikwissenschaftliche Debatte in Deutschland und in deutscher Sprache – über die Grenzen der Untergliederungen unseres Faches hinaus. Das Format des PVS Sonderheftes ist herausfordernd, aber es hatte aus gutem Grund einen festen Platz in der deutschen Politikwissenschaft: Wo sonst kann ein solch umfassender interdisziplinärer Dialog zu Themen, die nicht immer dem Mainstream folgen, stattfinden – in unserem Fall über zwanzig Beiträge hinweg – und dies unter den Qualitätsstandards begutachteter Zeitschriftenartikel? Wir möchten daher auch unser Bedauern über die Entscheidung zum Ausdruck bringen, dieses Format zum Ende der Dekade einzustellen.

Unser Dank gilt dem Frankfurter Exzellenzcluster „Die Herausbildung Normativer Ordnungen" und damit auch der Deutschen Forschungsgemeinschaft, die in großzügiger Weise den zweitägigen Workshop der Autorinnen und Autoren im Februar 2016 ermöglicht und gefördert haben.

Natürlich danken wir den Autorinnen und Autoren, die in hohem Maße spannende und relevante Themen zu diesem Heft beigetragen haben. Wir danken den über 40 Gutachterinnen und Gutachtern, die durch ihre weit überwiegend kritisch-konstruktiven Kommentare ganz maßgeblich zur Entstehung dieses Hefts beigetragen haben. Schließlich danken wir Hande Abay, Alexander Passaro und Yasemin Altintop, die in allen organisatorischen Fragen und bei der Produktion des Manuskripts eine große Unterstützung waren.

Literatur

Buddeberg, Eva. 2011. *Verantwortung im Diskurs*, Berlin: de Gruyter.

Deitelhoff, Nicole und Klaus Dieter Wolf (Hrsg.). 2010. *Corporate security responsibility? Corporate Governance Contributions to Peace and Security in Zones of Conflict.* Basingstoke: Palgrave Macmillan.

Gosepath, Stefan. 2012. Politische Verantwortung und rechtliche Zurechnung. In *Zurechnung und Verantwortung. Tagung der Deutschen Sektion der Internationalen Vereinigung für Rechts- und Sozialphilosophie vom 22. - 24. September 2010 in Halle (Saale)*, Hrsg. Matthias Kaufmann und Joachim Renzikowski, 17–30. Stuttgart: Steiner (Archiv für Rechts- und Sozialphilosophie, 134).

Günther, Klaus. 2006. *Aufgaben- und Zurechnungsverantwortung. In Verantwortung in der Zivilgesellschaft. Zur Konjunktur eines widersprüchlichen Prinzips*, Hrsg. Ludger Heidbrink und Alfred Hirsch, 295–329. Frankfurt/New York: Campus Verlag.

Hart, H.L.A. 1961. *The Concept of Law*. Oxford: Oxford University Press.

Heidbrink, Ludger. 2003. *Kritik der Verantwortung. Zu den Grenzen verantwortlichen Handelns in komplexen Kontexten*. Weilerswist: Velbrück Wissenschaft.

Heidbrink, Ludger (Hrsg.). 2007. *Staat ohne Verantwortung? Zum Wandel der Aufgaben von Staat und Politik*. Frankfurt/Main u.a: Campus Verlag.

Jelinek, Elfriede, Claudia Honegger, Sighard Neckel und Chantal Magnin (Hrsg.). 2010. *Strukturierte Verantwortungslosigkeit. Berichte aus der Bankenwelt*. Berlin: Suhrkamp.

Matthias, Andreas. 2004. The Responsibility Gap: Ascribing Responsibility for the Actions of Learning Automata. *Ethics and Information Technology* 6 (3): 175–183.

Rammert, Werner. 2012. Distributed Agency and Advanced Technology. Or: How to Analyse Constellations of Collective Inter-Active Agency. In *Agency without Actors?: New Approaches to Collective Action*, Hrsg. Jan-Hendrik Passoth, Birgit Peuker und Michael Schillmeier, 89–112. London: Routledge.

Rauer, Valentin. 2014. Diffusion von Verantwortung und Haftung in komplexen Handlungszusammenhängen. In *Politik und Unsicherheit. Strategien in einer sich wandelnden Sicherheitskultur*, Hrsg. Christopher Daase, Stefan Engert und Georgios Kolliarakis, 105–118. Frankfurt a.M.: Campus Verlag.

Schulz-Schaeffer, Ingo. 2007. *Zugeschriebene Handlungen. Ein Beitrag zur Theorie sozialen Handelns*. 1. Aufl. Weilerswist: Velbrück Wissenschaft.

I. KONZEPTIONELLE UND THEORETISCHE ÜBERLEGUNGEN

Souveräne schaffen und beschränken. Vorarbeiten zu einer Genealogie des Begriffs politischer Verantwortung

Frieder Vogelmann

„Verantwortung“ ist heute einer jener Begriffe, deren Selbstverständlichkeit uns vergessen lässt, wie neu er ist, ja dass er überhaupt eine Geschichte im starken Sinne hat: Er ist entstanden, er hat sich gewandelt und er verändert sich noch. Diese Historizität von „Verantwortung“ impliziert dreierlei: Erstens gab es, wenn „Verantwortung“ erst *entstehen* musste, den Begriff nicht immer, weshalb wir einen Unterschied erwarten sollten, wenn plötzlich mit und über „Verantwortung“ statt „Pflicht“ oder „Schuld“ diskutiert wird.[1] Zweitens müssen wir, wenn „Verantwortung“ sich historisch *verändert*, eine Perspektive finden, die nicht von einem feststehenden Verantwortungskonzept ausgeht, etwa indem wir notwendige und hinreichende Bedingungen angeben und damit a priori definieren, was der „eigentliche“ Begriff von Verantwortung wäre. Denn so würden wir seine Geschichte entweder abschneiden oder auf eine Triumphs- oder Verfallsgeschichte reduzieren, noch ehe wir diese Geschichte untersucht haben (Vogelmann 2016). Drittens stellt sich damit die Frage nach der Beurteilung: Wie bewerten wir die sich wandelnde Verwendung von „Verantwortung“ – insbesondere im politischen Diskurs?

Um über diese methodologischen Fragen überhaupt hinaus und zur Geschichte des Begriffs politischer Verantwortung zu kommen,[2] gehe ich von zwei Annahmen aus, die durch die mit ihnen erzielten Ergebnisse gerechtfertigt werden sollen: Ich übernehme erstens die wenig kontroverse (verallgemeinerte) Einsicht Wittgensteins, dass Begriffe ihre Bedeutung durch ihren Gebrauch erhalten und dass wir handeln, wenn wir Begriffe verwenden.[3] Wir tun etwas mit Begriffen, die so ihren Gehalt bekommen – aber, so müssen wir ergänzen, sie tun auch etwas mit uns:

1 Kants Moralphilosophie mit dem ihm fremden Begriff der Verantwortung zu rekonstruieren ist insofern eine (problematische) philosophische Intervention und keine bloße *facon de parler* (vgl. Vogelmann 2015).

2 In Bezug auf die methodologischen Fragen und die philosophische Genealogie greife ich auf Vogelmann (2014) zurück, wo allerdings die politische Verwendung von „Verantwortung“ aus Platzgründen auf einen knappen Kommentar zu Benjamin Constants Neuerungen beschränkt ist.

3 „Man kann für eine *große* Klasse von Fällen der Benützung des Wortes ‚Bedeutung‘ – wenn auch nicht für *alle* Fälle seiner Benützung – dieses Wort so erklären: Die Bedeutung eines Wortes ist sein Gebrauch in der Sprache.“ (Wittgenstein 2000, §43). Prominent ausgeführt wurde diese sogenannte Gebrauchstheorie der Bedeutung von Brandom (2000).

 PVS, Sonderheft 52/2017, S. 12-35

Begriffe führen uns auf neue Wege, zu unvorhergesehenen Schlüssen und oft genug lassen sie uns anderes sagen, als wir auszudrücken meinten. Begriffe sind insofern stets in den Praktiken zu betrachten, in denen sie gebraucht werden und in denen sie ihre Wirkungen entfalten; und zur Frage nach der strategischen Bedeutung der Verwendung eines Begriffs gehört stets die Frage nach den Zwängen, die uns dieser Begriff auferlegt.[4]

Die Analyse der Verwendungsweisen von „Verantwortung" in Praktiken kombiniere ich zweitens mit einer genealogischen Perspektive in der Nachfolge von Friedrich Nietzsche und Michel Foucault (einschlägig: Saar 2007). Sie schärft den Blick für die Konflikthaftigkeit des Gebrauchs von „Verantwortung" in den Praktiken, betont die prinzipielle Kontingenz dieser Praktiken und kann so vermeiden, von einem feststehenden Verantwortungsbegriff auszugehen. Methodologisch bewährt es sich daher, eng am Wort Verantwortung – bzw. *responsabilité* oder *responsibility* – zu bleiben: Denn wo dieses nicht gebraucht, sondern nur „der Sache nach" von Verantwortung die Rede ist, dort müssten wir Verantwortung als „diese Sache" bestimmen und damit doch wieder einen vorgängigen Verantwortungsbegriff einführen.

Mit diesen zwei meine Perspektive bestimmenden methodologischen Festlegungen zeigt sich der Begriff der politischen Verantwortung als Kind zweier demokratischer Revolutionen: Sowohl in Frankreich als auch in den Vereinigten Staaten von Amerika wird *responsabilité* respektive *responsibility* überhaupt erst am Ende des 18., Anfang des 19. Jahrhunderts in der Diskussion um die Machtbegrenzung von Ministern gegenüber dem Parlament (Frankreich) bzw. dem Parlament gegenüber den Bürger_innen (USA) geboren. In Deutschland war „Verantwortung" bis dahin ein eher marginal verwendeter Rechtsbegriff, der zwar spätestens ab 1839 in der philosophischen Debatte um die Willensfreiheit eine Rolle zu spielen begann,[5] sich aber nur dank der politischen Begriffsentwicklung vom Recht emanzipieren und in der Moralphilosophie reüssieren konnte (1). Das dort ausgearbeitete Verantwortungskonzept wurde im 20. Jahrhundert in die politischen Diskussionen reimportiert, nicht zuletzt um nach dem zweiten Weltkrieg die politische Aufarbeitung von historischem Unrecht anzuleiten (2). Eine dritte wesentliche Transformation im Begriff der politischen Verantwortung stellte schließlich die Geburt der „Schutzverantwortung" im Rahmen der gleichnamigen Doktrin dar (3).[6]

---

4 Methodologisch strenger lässt sich dies nur fassen, wenn man sowohl den Begriff der Praktiken als auch die Wirkmächtigkeit von Begriffen wie „Verantwortung" darin schärft; mein Vorschlag, dies mithilfe des Konzepts eines „diskursiven Operators" zu tun, findet sich in Vogelmann (2014, Kap. 2). – Wenn der Begriff „Verantwortung" seine Bedeutung im Gebrauch erhält und wir keinen unabhängigen Zugang zu einem davon getrennten, mit dem Begriff referenzierten Phänomen haben, muss eine strenge Unterscheidung zwischen Verantwortungsbegriff und dem davon Bezeichneten scheitern. Ich setze daher Verantwortung nur dann in Anführungszeichen, wenn ich explizit daran erinnern will, dass die Genealogie des Begriffs politischer Verantwortung nicht einfach von der Genealogie politischer Verantwortung verschieden ist.

5 Wichtige, die weitere Debatte prägende Verwendungen erfolgen in Deutschland durch Schopenhauer (1986) und in England durch Mill (1979).

6 Mein Schwerpunkt liegt allerdings auf den ersten beiden Etappen, da diese weniger untersucht und kommentiert sind, obgleich die bedeutsamere Begriffsentwicklung dort erfolgt.

Indem ich diese drei Etappen aus der Genealogie des Begriffs politischer Verantwortung rekonstruiere (hier also nur Bausteine für eine solche Genealogie liefere), möchte ich zugleich dem ständigen Wandel zum Trotz eine Kontinuität sichtbar machen: Denn der politischen Verantwortung bleibt, so wird sich zeigen, stets eine Machtausübung objektivierende Eigenlogik eingeschrieben. Wie moralische entpuppt sich auch politische Verantwortung als eine Variante jener Subjektivierungstechnik, die Friedrich Nietzsche bereits in *Zur Genealogie der Moral* beschrieb: eine „soziale Zwangsjacke“ die den „Herren des freien Willen“ schafft – freilich monströs vergrößert (4).

1. Verantwortung beschränkt die Ausübung legaler Macht

Der im Deutschen seit Mitte des 15. Jahrhunderts gebrauchte Verantwortungsbegriff hatte eine eng umrissene Bedeutung: Er meinte den spezifischen Akt, mit dem die Beklagten vor Gericht auf ihre Ankläger_innen eingehen, damit implizit die Klage anerkennen und in ein Gerichtsverfahren einwilligen. Dieses Verständnis von „Verantwortung“ als „Verteidigung“ findet sich bereits in der Bibelübersetzung Luthers und hält sich bis ins 18. Jahrhundert, z.B. in *Zedlers Universal-Lexikon*, dessen 64 Bände von 1726–1751 erschienen:

> „Verantworten, heißt sich gegen die wider einen angebrachten Beschuldigungen vertheidigen, oder sich auf die von einem anderen erhobene Klage einlassen und antworten, sonst auch den Krig Rechtens befestigen, Lat. se defendere, oder adacctionem intentatem respondere. Daher kommt die Verantwortung, oder die Vertheidigung, die Einlassung und Antwort, oder die Befestigung des Kriegs-Rechts, Lat. Defensio, oder Responsio ad actionem intentatam, und Litis contestatio.“ (Zedler 1746, S. 96)

Die Ausläufer dieser juristischen Verwendung zeigen sich noch im 19. Jahrhundert in den Titeln sogenannter „Verantwortungsschriften«, beispielsweise Johann Gottlieb Fichtes *Der Herausgeber des philosophischen Journals gerichtliche Verantwortungsschrift gegen die Anklage des Atheismus* (Fichte 1981).

Der erste Auftritt von „Verantwortung“ als systematisch gebrauchtes Konzept in den philosophischen Reflexionen während der ersten Hälfte des 19. Jahrhunderts (zur Datierung Bayertz 1995, S. 3f., Schönwälder-Kuntze 2011, S. 374–377) steht ganz in dieser Tradition, die Verantwortung häufig mit Strafbarkeit gleichsetzt.[7] Im Kontext der Debatte um die Freiheit des Willens wird Verantwortung zum metaphysischen Kampfbegriff, der allerdings selbst keine argumentative Funktion übernehmen kann, da es Verantwortung zu begründen oder zu widerlegen gilt. Diese Verwendung von „Verantwortung“ ist von zwei uns heute fremd anmutenden Annahmen gekennzeichnet: Erstens meint „Verantwortung“ einen

7 Bain (1865, S. 520): „The term ‚Responsibility,‘ is a figurative expression, of the kind caned by writers on Rhetoric ‚metonymy,‘ where a thing is named by some of its causes, effects, or adjuncts, as when the crown is put for royalty, the mitre for the episcopacy, &c. […] We shall find it conduce to clearness to put aside the figure, and employ the literal term. Instead, therefore, of responsibility, I shall substitute punishability; for a man can never be said to be responsible, if you are not prepared to punish him when he cannot satisfactorily answer the charges made against him.“ Und wirkmächtig erklärt Mill (1979, S. 454): „Responsibility means punishment.“

Akt (Schönwälder-Kuntze 2011, S. 372) und keinen subjektiven Zustand. Der Verantwortungsbegriff ist daher noch mit keinem moralischen Selbstverhältnis verknüpft, sondern bestenfalls mit dem affektiv besetzen Wissen darum, Strafe für die eigenen Handlungen zu verdienen. Zweitens wird Verantwortung als Akt von Subjekten erwartet, die bereits angeklagt und vor Gericht gebracht worden sind und damit gerade nicht als mächtige Handelnde auftreten, die für ihre Taten „Verantwortung übernehmen" müssten (dazu im Detail Vogelmann 2014, Kap. 5.1, 2013).

Beide uns heute so irritierenden Annahmen werden nicht im philosophischen, sondern im politischen Diskurs in Frankreich und den Vereinigten Staaten von Amerika nach den beiden demokratischen Revolutionen aufgebrochen,[8] so dass sich *responsabilité* bzw. *responsibility* gegenläufig zum deutschen Verantwortungsbegriff entwickeln: Dringen diese Begriffe in der französischen und in der englischen Sprache aus der Politik in das Recht und die Philosophie ein, wird „Verantwortung" im Deutschen durch den Rückgriff auf politische Schriften aus Frankreich und Amerika aus dem Recht in die Politik und Philosophie übertragen.

Paradigmatisch ist, wie Benjamin Constant „Verantwortung" in seiner kleinen Schrift *De la responsabilité des ministres* (1815) zu einem politischen Begriff macht.[9] Um das Konzept der Ministerverantwortung (*responsabilité des ministres*) zu klären, beginnt er mit der Frage nach ihrer Reichweite, also welche ministeriellen Handlungen sie betrifft. Der Clou liegt in der unverzüglichen Zuspitzung dieser Frage auf genau zwei Arten von Handlungen: legale oder illegale. Den Bezirk von Handlungen, der der Ministerverantwortlichkeit untersteht, durch diese juridische Abgrenzung aufzuteilen, erlaubt Constant, seinen politischen Verantwortungsbegriff dem strafrechtlichen entgegenzustellen. Denn wenn die Ministerverantwortlichkeit sich auf illegale Handlungen bezöge, so Constant, müsste jedes von einem Minister privat begangene Verbrechen vor das Parlament

8 „Responsibility" wird dem *Oxford English Dictionary* zufolge erstmals von Hamilton u. Madison u. Jay (1994) gebraucht (vgl. McKeon 1957, S. 8); „responsabilité" datiert der *Grand Robert* auf 1783/84. Gunnar von Proschwitz (1988, S. 79) findet das erste Vorkommen zwar in der *Chronique de Jean de Stavelot*, eines belgischen Chronisten aus Liège, der von 1388–1449 lebte, doch wertet Proschwitz dies selbst als ein „isoliertes Beispiel". Verbreitet hat sich *responsabilité* erst 350 Jahre später und Proschwitz kann zeigen, dass es in seinen frühesten Gebrauch in den politischen Journalen am Ende des 18. Jahrhunderts aus dem Englischen übernommen wurde (vgl. Proschwitz 1988, S. 82–92). Für das französische Recht datiert Stierle (1994, S. 853 f.) den Beginn des Gebrauchs von *responsabilité* auf 1804, wenn der Begriff im *Code civil* (III. Buch, Titel 4, Kap. 2) dazu genutzt wird, Entschädigungsverpflichtungen zu erläutern.

9 Warum gebraucht Constant überhaupt *responsabilité*, das laut dem Lexikon von Jean-François Féraud (1787-1788) „un mot de M. Necker" ist? Hier lädt die Geschichte zu Spekulationen ein: Jacques Necker, Schweizer Bankier und Finanzminister unter Ludwig XVI. (1777–1781), war der Vater von Anne Louise Germaine Necker, die 1786 den Botschafter Schwedens heiratete und Madame de Staël wurde – mit der Constant bekanntermaßen eine langjährige Affäre hatte (zwischen 1794 und 1808), die von beiden zu Romanen verarbeitet wurde: *Delphine* (1802) von Madame de Staël, *Adolphe* (geschrieben 1806/7, veröffentlicht 1816) von Constant. Hatte er das „Wort des Herrn Necker" also dank dieser Verbindung übernommen?

gebracht werden – eine „allzu absurde Hypothese" (Constant 2001, S. 441, Übersetzung F.V.),[10] schließlich gäbe es dafür die gewöhnlichen Gerichte. Daher folgt:

> „Für Alles, was außerhalb der ministeriellen Amtsverrichtung liegt, sind die Minister nicht verantwortlich, sondern den gewöhnlichen Gerichten unterworfen, wie jeder Andere. Nun sind aber alle ungesetzliche [sic] Handlungen außerhalb der ministeriellen Amtsverrichtung." (Constant 1831, S. 2)[11]

Dabei geht der zweite Satz noch einen Schritt weiter: Nicht nur sind alle privat, d.h. nicht in ministerieller Funktion verübten Verbrechen nicht zu verantworten, auch werden alle illegalen Akte per se nicht als Minister begangen. Ein illegales politisches Handeln kann es nicht geben, denn entweder ist es politisch und also legal, oder illegal und folglich nicht politisch.

Constant verdeutlicht diese Begriffskonstruktion an der Affäre rund um den britischen Abgeordneten John Wilkes, in dessen Zeitschrift *The North Briton* am 23. April 1763 eine scharfe Kritik an der Rede von König George III. erschienen war. Daraufhin wurde Wilkes sowie die am Erscheinen der Zeitschrift beteiligten Drucker, Setzer etc. aufgrund eines allgemeinen Haftbefehls, der weder die Anzahl noch die Namen der zu Verhaftenden enthielt,[12] ins Gefängnis gebracht. Nachdem Wilkes sowie die anderen an der Zeitschrift Beteiligten eine Woche im Tower of London eingesperrt waren, wurde schließlich der vom obersten Staatssekretär Lord Halifax ausgestellte Haftbefehl für illegal befunden und die Inhaftierten freigelassen. In der Affäre Wilkes stelle sich daher die Frage der ministeriellen Verantwortung gar nicht, argumentiert Constant, da Lord Halifax von Anfang an gegen das Gesetz verstoßen habe. Dagegen sei die Verantwortung der Minister vor dem Parlament erforderlich, wenn sie ihre legale Macht „schlecht gebrauchen" – Constants Beispiel ist der Ausnahmezustand, in dem die Habeas Corpus Rechte ausgesetzt und (fast) alle ministeriellen Handlungen legal sind (Constant 1831, S. 6).

Indem er Verantwortung legalen Handlungen vorbehält, kann Constant also das legale Handeln von Politiker_innen beschränken; Funktion des Begriffs ist es, eine parlamentarische Kontrolle über die Macht zurückzubehalten, die die Bürger_innen per Wahl der Regierung übertragen haben:

---

10 Die einzige deutsche Übersetzung stammt von D. G. von Ekendahl aus dem Jahre 1831. Da sie unvollständig ist und zum Teil den Verantwortungsbegriff doch wieder stärker an das Recht bindet, modifiziere ich sie im Rückgriff auf den französischen Text in Constant (2001) gelegentlich. Dass die juridifizierende und entpolitisierende Lesart Constants in Deutschland kein Zufall ist, verdeutlicht die Debatte der damaligen Liberalen um die Ministerverantwortung, wie Gall (1963, S. 272–283) etwa an Robert Mohls *Die Verantwortlichkeit der Minister in Einherrschaften mit Volkvertretung* (1837) demonstriert.

11 Vgl. auch Constant (1831, S. 24): „Die Verantwortlichkeit erstreckt sich nur auf den schlechten Gebrauch einer gesetzlichen Macht."

12 Befohlen wurde, „to make strict and diligent search for the authors, printers, and publishers of a seditious and treasonable paper, entitled, The North Briton, No. 45 […]" (zitiert nach Lasson 1986, S. 43) – auch damals schon zu allgemein formuliert, um legal zu sein. Constant kommt mehrmals auf Wilkes zu sprechen (vgl. die Fußnote der Herausgeber in Constant 2001, S. 443 f.), dessen Affäre und Persönlichkeit besonders im vorrevolutionären Amerika Aufsehen erregten: vgl. Maier (1963) sowie Sennett (1994, S. 135–142), der allerdings weniger die Affäre als Wilkes' bemerkenswert unerfreulichen Charakter beschreibt. Was die Affäre zur Entstehung des Fourth Amendment beitrug, rekonstruiert Lasson (1986, S. 43–50).

> „Wenn ich Jemandem die Verwaltung meines Vermögens anvertraue, und er mein Vertrauen mißbraucht, um Operationen zu machen, die offenbar wider meinen Willen und meinen Vortheil sind, so ist er verantwortlich; aber wenn derselbe Mensch meine Geldkiste aufbräche, um mir eine Summe, die ich ihm nicht anvertraut habe, wegzunehmen, so wird man nicht sagen, daß er als mein Geschäftsträger *verantwortlich* ist, sondern er ist *strafbar* wegen eines gewaltsamen Eingriffs in mein Eigenthum. Im ersten Falle hätte er eine von mir ertheilte gesetzliche Befugniß mißbraucht, und die Verantwortlichkeit würde daraus folgen. In dem zweiten Falle hätte er ohne Bevollmächtigung gehandelt, und sein Verbrechen hätte Nichts mit der Verantwortlichkeit gemein." (Constant 1831, S. 4, Hervorhebungen F.V.)

„Verantwortlich" kontrastiert Constant also explizit mit „strafbar [*punissable*]" und bricht damit die enge Verbindung von Strafe und Verantwortung auf;[13] der Verantwortungsbegriff soll es möglich machen, das nicht durch Gesetze eingeschränkte Handeln gleichwohl kontrollieren zu können.[14] Wo der zuvor rekonstruierte Sprachgebrauch Verantwortung einem machtlosen Subjekt zuschreibt, inauguriert Constant einen Verantwortungsbegriff, der Verantwortlichkeit an die machtvolle Subjektposition (Minister) heftet, um dem weniger mächtigen Subjekt (Parlament) eine gewisse Kontrolle zu verleihen und damit die Machtasymmetrie zu verringern.

Lothar Gall hat darauf hingewiesen, dass dieser Vorschlag in der Politik der ersten Restaurationsphase, in der Constant seine Schrift veröffentlichte, eine sehr geschickt vorgebrachte, aber dennoch ungeheure Provokation bedeutete:

> „Constant will [dem Parlament; F.V.] die Befugnis zugestanden wissen, jederzeit darüber zu urteilen, ob ein Minister die ihm legal zustehende Macht im rechten Sinne, d.h. nicht nur in Übereinstimmung mit der Verfassung, sondern auch im Sinne des Gemeinwohls und der Interessen der Gesamtheit gebraucht. Damit wird aber in der Praxis jeder Minister gezwungen, will er nicht eines Tages eine Anklage wegen Mißbrauchs seiner Amtsbefugnisse riskieren, sich der Zustimmung des Parlaments zu allen seinen Maßnahmen zu vergewissern. Von hier aus ist es dann, davon war Constant überzeugt, nur noch ein Schritt zur parlamentarischen Regierungsform." (Gall 1963, S. 256)

Der politische Verantwortungsbegriff dient Constant offensichtlich nicht nur zur besseren Kontrolle der Regierung und damit zur Mäßigung ihrer Machtausübung – nicht aber zur Verringerung ihrer legalen Kompetenzen –, sondern soll darüber hinaus die schleichende Transformation des gesamten politischen Systems beför-

---

13 Man könnte die weiteren Ausführungen Constants zur Ministerverantwortlichkeit (vgl. vor allem Constant 1831, S. 32–51) und ihren Prozeduren, die doch wieder dem Gerichtsprozess und der strafrechtlichen Verantwortung nachgebildet sind, als Beleg dafür ansehen, dass er die Anfangs so prononcierte Trennung nicht durchhält. Allerdings betont er auch in diesen Kapiteln stets den Unterschied zwischen Strafbarkeit und Verantwortung, von der er im letzten Kapitel (Constant 1831, S. 51–56) zeigen will, dass sie eigentlich ohne den Vollzug der möglicherweise angedrohten Strafe auskommt.

14 Das kommt dem frühen politischen Gebrauch von „responsibility" nahe, den die Federalists prägen: vgl. Hamilton u. Madison u. Jay (1994, Nr. 63, S. 381), dazu Proschwitz (1988, S. 82–92). Constant erwähnt sie in *De la responsabilité des ministres* allerdings nicht.

dern. Kein Wunder, das diese Ministerverantwortlichkeit von den französischen Royalisten erbittert bekämpft wurde.[15]

Neben dem Einsatz von Verantwortung als Instrument zur Machteinschränkung gibt es eine zweite Neuerung, für die Constant argumentiert: Weil Verantwortung die missbräuchliche Ausübung legaler Macht betreffe, sei sie nicht juristisch kodifizierbar.[16] Sein Beispiel ist der legal erklärte Krieg, der auf tausendfache Weise ungerecht oder ineffektiv geführt werden könne, die unmöglich alle vorhersehbar und gesetzlich regelbar seien (Constant 2001, S. 460). Deshalb könne Verantwortung als dauerhafte Machtbeziehung, die den Minister zur Rechtfertigung vor dem Parlament zwinge, nicht durch Gesetze ersetzt werden. Gerade auf die permanente Möglichkeit des Parlaments, vom Minister eine öffentliche Verteidigung seiner Handlungen verlangen zu können, kommt es Constant an, nicht darauf, ein strafrechtliches Urteil mit anschließender Sanktion zu erwirken (Constant 1831, S. 51–56, dazu Geiss 2011, S. 66). Die politische Verantwortung gewinnt ihre Macht also nicht aus den Sanktionen, die ihre Konsequenzen wären, sondern aus der Abhängigkeit, die sie dauerhaft etabliert. Die Vorstellung einer permanenten Kontrolle der Minister (d.h. ihrer politischen Macht) durch das Parlament soll

> „[vor] allem zwei Zwecke erreichen: den, [schuldigen] Ministern die Gewalt zu entreißen; und den, in der Nation durch die Wachsamkeit ihrer Vertreter, durch die Öffentlichkeit der Verhandlungen und durch die Ausübung der Preßfreiheit, auf die Zergliederung aller ministerieller Handlungen angewendet, einen Prüfungsgeist [*esprit d'examen*], ein zur Gewohnheit gewordenes Interesse an der Erhaltung der Staatsverfassung, eine fortdauernde Theilnahme an den öffentlichen Angelegenheiten, mit einem Worte, ein lebendiges Gefühl des politischen Lebens zu unterhalten." (Constant 1831, S. 51, Übersetzung modifiziert, frz. 481)[17]

Politische Verantwortung, so lässt sich die erste Etappe der Genealogie zusammenfassen, bricht auf zweierlei Weise mit den Voraussetzungen des (zumindest im Deutschen fest etablierten) rechtlichen Verantwortungsbegriffs: Politische Verantwortung wird nicht den bereits machtlosen Angeklagten, sondern den politisch mächtigen Akteuren abverlangt, und sie gilt explizit als eine nicht rechtlich kodifizierbare Beziehung sui generis, ist also eine extra-legale und damit erst eigenständig politische Machtbeziehung, um politisch handlungsmächtige Akteure einzuschränken.

---

15 Vgl. Gall (1963, S. 256), der etwa auf die Schrift des Marchais de Migneaux verweist, die denselben Titel wie Constants trägt: *De la responsabilité des ministres* (1818).

16 „Man sieht [...], wie trügerisch jede Bemühung seyn wird, ein genaues und vollständiges Gesetz über die Verantwortlichkeit, wie die Criminalgesetze seyn müssen, abzufassen." (Constant 1831, S. 25)

17 Ekendahl übersetzt hier *coupable* mit „strafbar", obgleich Constant scharf zwischen *coupable* (schuldig) und *punissable* (strafbar) unterscheidet, da letzteres für ihn ein juridischer Terminus ist, erster hingegen nicht.

2. Verantwortung konstituiert politische Handlungsfähigkeit

Constants zwei Neuerungen im Verantwortungsbegriff werden von der Philosophie bereitwillig aufgegriffen, um aus dem politischen Verantwortungsbegriff einen moralischen zu formen. Lucien Lévy-Bruhl übernimmt in *L'idée de responsabilité* (1884) – der überhaupt ersten moralphilosophische Arbeit mit „Verantwortung" im Titel – beide Grundzüge der politischen Verantwortung und integriert sie in die „subjektive Idee der Verantwortung", die er der „objektiven Idee" gegenüberstellt (Lévy-Bruhl 1884, S. 27f.). Während letztere im Wesentlichen (straf-)rechtliche Verantwortung meint, die Lévy-Bruhl mit Rückgriff auf John Stuart Mill erläutert, gilt sein Interesse vorrangig der moralischen Verantwortung, die seiner Meinung nach im externen Zurechnungsvorgang der objektiven bzw. strafrechtlichen Verantwortung verschwindet. Da jede positive Vorstellung moralischer Verantwortung relativ und durch ihre positiven Elemente auf die legale oder soziale, d.h. die objektive Verantwortung bezogen wäre, sie also als moralische Verantwortung nur ohne jede Beziehung zur objektiven Welt existieren könne, müsse sie „leer [*vide*]" sein. Moralische Verantwortung wird von Lévy-Bruhl daher als ein reines Selbstverhältnis bestimmt; als solches sei sie ein Symbol für die nie zu ergründende menschliche Natur, ein im Bewusstsein vorhandener Stellvertreter für die Idee des Absoluten (Lévy-Bruhl 1884, S. 224; vgl. auch seine Zusammenfassung auf 219–225, dazu Bernasconi 2006, S. 229).

Obgleich Lévy-Bruhl mit der exzentrischen These von der Leere des Verantwortungsbegriffs wenig Anklang gefunden hat,[18] sind uns die von ihm in den Begriff der moralischen Verantwortung überführten Veränderungen, die Constant im Hinblick auf die Ministerverantwortung vorgenommen hatte, vertraut, weil sie sich in der Moralphilosophie (und darüber hinaus) festgesetzt haben. Wenngleich in zur „Unbestimmtheit" abgeschwächter Form ist die „Leere" des Verantwortungsbegriffs ein vielbeschworenes Merkmal der manchmal als „Aufgabenverantwortung" (Günther 2006, S. 303–316) konzeptuell eigenständig ausdifferenzierten prospektiven Verantwortung, deren Vorteil es gerade sei, Verpflichtungen trotz der Unbestimmtheit der aus der Aufgabe sich ergebenden Pflichten zu schaffen (Günther 2006, S. 307, Heidbrink 2006, Bayertz 1995, S. 33–36). Und auch die zweite Neuerung lebt im moralischen Verantwortungsgebrauch fort: Verantwortung können nun auch machtvolle Akteure tragen, ja Verantwortung wird sogar bevorzugt handlungsmächtigen Subjekten zugeschrieben. Die Verknüpfung von Verantwortung mit Handlungsmacht (*agency*) geht teilweise so weit, dass die Begriffe geradezu austauschbar werden und Verantwortung zur Voraussetzung von Handlungen gemacht werden kann.[19] In dieser Ausarbeitung eines moralischen Verantwortungsbegriffs, der vor allem durch ein spezifisches Selbstverhältnis gekennzeichnet ist – d.h. durch eine besondere Beziehung des Subjekts zu sich selbst als Subjekt, die es erst zu einem verantwortlichen Subjekt macht –, zieht aller-

18 Trotz der ansonsten sehr positiven Aufnahme seiner Arbeit bei seinen Zeitgenossen, vgl. beispielsweise Hannequin (1885), Dupuy (1900, Kap. XIII, besonders S. 296–301).

19 „Wir schreiben einer Person genau dann ein Verhalten als eine ihrer Handlungen zu, wenn wir sie verantwortlich machen für das, was sie tut." (Nida-Rümelin 2011, S. 29) Den frühsten Vorstoß in dieser Richtung unternahm H.L.A. Hart (1949).

dings eine gewisse Ambivalenz ein: Denn das verantwortliche Selbstverhältnis besteht sowohl im aktiven Umgang mit dem Faktum des eigenen Machtausübens als auch im aktiven Umgang mit dem Faktum, selbst von anderen unterworfen zu werden (dazu Vogelmann 2014, Kap. 5.2), wobei beide Seiten in den verschiedenen Verantwortungskonzeptionen immer wieder unterschiedlich stark betont und auf verschiedene Weise miteinander verknüpft werden.[20]

Sowohl das als Umgang mit dem Faktum des eigenen Unterwerfens gedeutete verantwortliche Selbstverhältnis als auch seine Ambivalenz mit Betonung der Funktion des Machteinschränkens lässt sich an Max Webers bekannter „Verantwortungsethik" aus „Politik als Beruf" (1988a) verdeutlichen. Dazu muss man zunächst erkennen, dass sie eine auf die Politik (und *nur* auf die Politik) zugeschnittene Ethik ist, wie Weber in seinem am 28. Januar 1919 gehaltenen Vortrag betont. Die „wirkliche Beziehung zwischen Ethik und Politik" (Weber 1988a, S. 549) werde zumeist durch die falsche Gegenüberstellung einer moralfreien und einer schlicht der Moral unterstehenden, diese bloß umsetzenden Politik[21] verunklart, denn so entstehe der Eindruck, Ethik und Politik seien zwei geschlossene Handlungssphären, die beziehungslos nebeneinander stünden. Webers zunächst nur in Fragen vorgebrachte Alternative ist die einer spezifisch politischen Ethik, die den Besonderheiten des politischen Handelns Rechnung trägt:

> „Aber ist es denn wahr: daß für erotische und geschäftliche, familiäre und amtliche Beziehungen, für die Beziehungen zu Ehefrau, Gemüsefrau, Sohn, Konkurrenten, Freund, Angeklagten die inhaltlich gleichen Gebote von irgendeiner Ethik der Welt aufgestellt werden könnten? Sollte es wirklich für die ethischen Anforderungen an die Politik so gleichgültig sein, daß diese mit einem sehr spezifischen Mittel: Macht, hinter der *Gewaltsamkeit* steht, arbeitet?" (Weber 1988a, S. 549f.)

Die spezifische Ethik der Politik muss eine Ethik der Gewalt sein, da sich das politische Handeln für Weber dadurch auszeichnet, dass es nie ohne zumindest die Drohung auskommt, Gewalt anzuwenden. Schließlich ist politisches Handeln – jedenfalls heute (Weber 1988a, S. 506) – staatliches Handeln, und dieses zeichnet sich dank des staatlichen Gewaltmonopols durch sein „spezifisches Mittel der legitimen Gewaltsamkeit" (Weber 1988a, S. 556) aus. Deshalb gilt:

> „Wer Politik überhaupt und wer vollends Politik als Beruf betreiben will, hat sich jener ethischen Paradoxien und seiner Verantwortung für das, was aus ihm selbst unter ihrem Druck werden kann, bewußt zu sein. Er läßt sich [...] mit den diabolischen Mächten ein, die in jeder Gewaltsamkeit lauern." (Weber 1988a, S. 557)

20 Viele der Versuche, einen „anderen" Verantwortungsbegriff auszuarbeiten, beispielsweise einen „responsiven", der vom Antworten statt vom Rechtfertigen her gedacht wird, betonten schlicht die andere Seite des ambivalenten Selbstverhältnisses, ohne sich von der Struktur des moralischen Selbstverhältnisses von Verantwortung wirklich lösen zu können. Für einen solchen Versuch vgl. beispielsweise Waldenfels (2010) oder auch Assadi (2013, Kap. 6, bes. S. 253 f.), die die allgemeine Strategie empfiehlt, Verantwortung vom Unterworfensein her zu denken. Zur hier nur erwähnten kritischen Diagnose vgl. Vogelmann (2014, S. 325–337).

21 Man denke beispielsweise an Kants (2006, S. 229) Bestimmung der Politik als „ausübende Rechtslehre".

Dass es um den Umgang mit Gewalt geht, die letzten Endes hinter allen politischem Handlungen stehe, erklärt die Schärfe von Webers Polemik gegen die „absolute Ethik“ (Weber 1988a, S. 551). Denn er wirft den Gesinnungspolitiker_innen nicht nur Würdelosigkeit und die Verunmöglichung von Frieden vor (Weber 1988a, S. 548 f.),[22] sondern bezichtigt sie überdies, zu Tatenlosigkeit, Naivität oder Fanatismus verurteilt zu sein (Weber 1988a, S. 553–556). Dagegen könne die Verantwortungsethik einen gewissen Schutz bieten, weil sie durch den Blick auf die Folgen des gewaltsamen Handelns weniger anfällig für Realitätsverlust durch Gesinnungsfuror sei. Zwar gelänge es keiner Ethik, die Grenze zwischen moralisch gerechtfertigter und moralisch nicht mehr zu rechtfertigender Gewalt trennscharf zu ziehen, die Verantwortungsethik könne aber immerhin für die Folgen der eigenen Gewaltausübung sensibilisieren. So ist Webers Verantwortungsethik weder eine systematische Prinzipien- noch eine ausgearbeitete Tugendethik (pace Schluchter 1988, Kap. 3), sondern beschreibt eine Haltung – das „Ethos der Politik“ (Weber 1988a, S. 548) – und erklärt das „Verantwortungsgefühl“ neben „Augenmaß“ und „Leidenschaft im Sinne von Sachlichkeit“ zu einer der drei entscheidenden Qualitäten eines tatsächlich zur Politik „berufenen“ Politikers (Weber 1988a, S. 545 f.).

Der Begriff Verantwortung bezeichnet bei Weber also das mit Macht verknüpfte Selbstverhältnis der Politiker_innen, das als Bewusstsein, „daß man für die (voraussehbaren) Folgen seines Handelns aufzukommen hat“ (Weber 1988a, S. 552), eine begrenzende Funktion ausübt: Es schränkt die Machtausübung ein. Was Constant noch als interinstitutionellen Vorgang gedacht hatte, bei dem das Parlament die legale Machtausübung durch die Minister_innen kontrolliert und diese so zwingt, ihr eigenes Handeln bereits im Hinblick auf eine potentiell notwendige Rechtfertigung zu betrachten, verlegt Weber in das Subjekt: Berufspolitiker_innen müssen ein Selbstverhältnis besitzen, das diesen Rechtfertigungszwang vorwegnimmt, um sie vor Eitelkeit und Machtmissbrauch zu bewahren. Die Moralisierung der politischen Verantwortung erfolgt durch Subjektivierung der zunächst zwischen Institutionen gedachten Machtbeziehung und lässt sich als derartig moralisiertes Selbstverhältnis ohne Schwierigkeiten auf das politische Handeln überhaupt ausdehnen. Das resultierende Selbstverhältnis ist ein aktiver Umgang mit dem Faktum des eigenen Unterwerfens (anderer, aber auch sich selbst), also der eigenen Machtausübung.

Doch die andere Seite der Ambivalenz, der aktive Umgang mit dem Faktum des eigenen Unterworfenseins, ist ebenfalls Element dieses verantwortlichen Selbstverhältnisses, denn er ist als Vorwegnahme eines eigenen Unterworfenseins gedacht:

22 Um die Schärfe dieses Vorwurfs ermessen zu können, sollte man sich vor Augen halten, dass das Ende des Ersten Weltkriegs keine drei Monate zurücklag. Weber hat in seinen Schriften aus dieser Zeit wiederholt gegen die einseitige Zuweisung der Kriegsschuld an Deutschland polemisiert; in Weber (1988b, S. 488) bezichtigt er diejenigen, die Deutschland die alleinige oder doch die Hauptschuld am Kriegsbeginn zuweisen, sie wollten so „das Bedürfnis ihrer, durch die Furchtbarkeit des Krieges zerbrochenen oder der Anlage nach ekstatischen Seele im Durchwühlen des Gefühls einer ‚Kriegsschuld‘ [befriedigen]“. Vgl. zur Kriegsschulddebatte in der Weimarer Republik Heinemann (1983, besonders S. 29–47) sowie zu Webers politischer Haltung Mommsen (2004, Kap. VIII, besonders S. 335–355).

Die eigene Machtausübung wird im Hinblick auf die möglicherweise verlangte Rechenschaft reguliert. Weber verknüpft beides hypothetisch: Das mögliche Unterworfensein wird antizipiert, um in seinem Lichte einen Umgang mit dem Faktum des eigenen Unterwerfens zu finden. Constants „Prüfungsgeist" wird von Weber insofern verdauert, jedoch nicht nur in Form äußerer Kontrolle ministeriellen Handelns durch das Parlament, sondern in Form einer internalisierten Selbstkontrolle.[23]

Waren es also die im politischen Verantwortungsgebrauch angestoßenen Transformationen, die die Ausbildung und „steile Karriere" (Bayertz 1995, S. 3) einer mit dem beschriebenen ambivalenten, moralischen Selbstverhältnis ausgestatteten Verantwortung ermöglichten, die rasch zum Schlüsselbegriff der Moral avancierte (dazu affirmativ Filek 2010), so wirkte diese moralische Ausarbeitung von Verantwortung wiederum auf den politischen Gebrauch des Begriffs zurück. Der an Weber gut sichtbare Chiasmus politischer und moralischer Begriffsentwicklung wird auch in einem anderen politischen Kontext deutlich, der den nach 1945 stark ansteigenden Gebrauch von Verantwortung mindestens mitverursacht hat: Die politische Diskussion um Verantwortung für den angemessenen Umgang mit der Schuld an Verbrechen gegen die Menschlichkeit und insbesondere am Holocaust. Karl Jaspers *Die Schuldfrage* (1987) demonstriert sowohl die einander überkreuzende Entwicklung moralischer und politischer Verantwortungsbegriffe als auch die fortdauernde Gültigkeit der beschriebenen ambivalenten Struktur des verantwortlichen Selbstverhältnisses, diesmal jedoch mit der Betonung der Ermächtigung.[24]

Jaspers' will erstens die Vorwürfe gegen „die Deutschen" auf Stichhaltigkeit prüfen, um überzogene Schuldzuweisungen wie -abwehr zu kritisieren. Zweitens will er die Notwendigkeit und die Möglichkeit nachweisen, durch Wahrhaftigkeit im Umgang mit der Schuld „in der Seele rein zu werden" (Jaspers 1987, S. 15), weil sich nur so „politische Freiheit" (Jaspers 1987, S. 82) – d.h. politische Handlungsfähigkeit – zurückgewinnen lässt. Für beide Vorhaben setzt er auf die Unterscheidung von vier Schuldbegriffen (Jaspers 1987, S. 17–28): *Kriminelle Schuld* ist individuell und lädt auf sich, wer gegen positives (Straf)Recht verstößt; sie wird von Richter_innen zugeschrieben. *Politische Schuld* entsteht aus den Handlungen des Staates, da es „jedes Menschen Mitverantwortung [ist], wie er regiert wird" (Jaspers 1987, S. 17), und wird von der Geschichte in Gestalt der „Sieger"

23 Es ist leicht zu sehen, wie Verantwortung mit der Internalisierung des „Prüfungsgeists" zu einer Subjektivierungstechnik wird, deren Vorstellung einer Besserung durch Überwachung sich bis zu den gegenwärtigen Transparenzforderungen verfolgen lässt (dazu Vogelmann 2011).

24 Ich behandele Jaspers Schrift strikt als Etappe in der Genealogie politischer Verantwortung und frage nicht, ob sie eine angemessene Reaktion auf den Holocaust darstellt. Die Meinungen dazu gehen auseinander: Während Bier (1998, S. 281) in der „exponierte[n] Kopplung eines kaum formulierbaren Schamgefühls über die schlimmsten nationalsozialistischen Staatsverbrechen mit einer leicht geschmacklosen Entgleisung ins Poetisch-Literarische die durchaus zeittypische kategoriale Ausweglosigkeit eines überforderten Verfassers dokumentiert[]" sieht, nimmt Schefczyk (2012, S. 9–11) Jaspers *Die Schuldfrage* als Vorbild für die eigene Studie, da ihm zufolge die bisherige (spärliche) Rezeption „dem Potential des Textes nicht gerecht wird" (Schefczyk 2012, S. 10), der „isoliert und einzigartig in der Landschaft der deutschsprachigen Philosophie" (Schefczyk 2012, S. 9) stehe. – Zur Frage der historischen Verantwortung vgl. auch die Beiträge von Christian Neuhäuser und Michael Schefczyk in diesem Heft.

zugewiesen. *Moralische Schuld* habe ich für meine individuellen Taten unabhängig von Gesetzen; richtende Instanz ist allein mein Gewissen. *Metaphysische Schuld* habe ich als Mensch für jedes Verbrechen an anderen Menschen, gegen das ich nicht alles in meiner Macht stehende tue, sie zu verhindern; aber nur Gott kann und darf sie zuschreiben.

Ausgerüstet mit dieser vierfachen Unterscheidung fragt Jaspers nach der Schuld „der Deutschen«[25] am Holocaust. Wenig überraschend kommt er zu dem Ergebnis, dass von einer Kollektivschuld allenfalls im politischen Sinne gesprochen werden kann:

> „Kollektivschuld also gibt es zwar notwendig als politische Haftung der Staatsangehörigen, nicht aber darum im gleichen Sinne als moralische und metaphysische und nicht als kriminelle Schuld. Die politische Haftung zu übernehmen ist zwar hart in ihren furchtbaren Folgen auch für jeden einzelnen. Sie bedeutet für uns völlige politische Ohnmacht und eine Armut, die uns für lange in Hunger und Frieren oder an der Grenze dessen und in vergeblichen Anstrengungen zu leben zwingt. Aber diese Haftung als solche trifft nicht die Seele." (Jaspers 1987, S. 41)

Es ist Jaspers erkennbar ein wichtiges Anliegen, die politische Schuld von den drei anderen Schuldarten einerseits so zu trennen, dass eine von außen stammende Anklage „der Deutschen" ausschließlich im Hinblick auf die politische Schuld gerechtfertigt ist; kriminelle Schuld wegen individueller Verbrechen habe nur „eine sehr kleine Minderheit von Deutschen [...], eine andere Minderheit hat zu büßen für nationalsozialistische Aktivität" (Jaspers 1987, S. 49).[26] Moralische und metaphysische Schuld seien zwar gleichfalls für alle Deutschen zu konstatieren, aber nicht vorwerfbar, da sie allein Sache des individuellen Gewissens beziehungsweise Gottes wären.

Um diese Differenzierung jedoch nicht vollends in ein begriffliches Werkzeug der Schuldabwehr zu verwandeln, legt Jaspers mit seiner Frage nach einer möglichen „Reinigung" den Schwerpunkt andererseits auf die moralische Schuld, die zwar nicht kollektiv vorwerfbar, aber allen Deutschen gemein sei: „Wohl jeder Deutsche – wenn auch auf sehr verschiedene Weise – hat Anlaß zur Selbstprüfung aus moralischer Einsicht." (Jaspers 1987)[27] Jaspers zielt darauf, jede_n Einzelne_n zu einer Auseinandersetzung mit der eigenen Schuld in all ihren Formen zu bewegen, doch will er dies nicht über einen Vorwurf von außen erreichen, sondern mit seinen Argumenten ein Umdenken von innen anstoßen. Die Verantwortung für die Schuld am Holocaust zu übernehmen bedeutet für ihn daher, sich als

---

25 Befremdlich bis abstoßend ist Jaspers Deutschtümelei: manchmal definiert er als „den Deutschen" den „deutsch sprechenden Mensch" (Jaspers 1987, S. 53) oder suggeriert, dass die Schweiz und Holland „eigentlich" Teile Deutschlands seien (vgl. Jaspers 1987, S. 52).

26 „Also wie viele Minderheiten machen eine Mehrheit?" (Bier 1998, S. 278)

27 Schefczyk (2012, S. 115–119, bes. 118) hebt diesen Satz daher zu Recht hervor. Schon Hermann Mannheim (1948, S. 165) bemerkt allerdings, dass Jaspers damit die Frage nach dem angemessenen Umgang mit der politischen Schuld größtenteils in den Bereich der Moral verschiebt, „from the area where our conduct is open to criticism from outside to an area where we are responsible only to ourselves" – jedenfalls wenn man Moral tatsächlich strikt für eine individuelle und damit a-soziale Gewissensfrage hält.

„Ohnmächtige_r" und Schuldige_r zu erkennen und diese Einsicht per existentiellem Entschluss zur Grundlage des weiteren Lebens zu machen:

> „Der Entschluß, als Ohnmächtiger leben zu wollen, ist ein Akt von lebenbegründendem Ernst. [...] Wird er vollzogen, werden die Folgen übernommen, Leid und Arbeit ergriffen, so liegt hier vielleicht die höchste Möglichkeit der menschlichen Seele. Nichts wird geschenkt. Nichts kommt von selbst. Nur wenn dieser Entschluß als Ursprung klar ist, können die Verkehrungen des Sichwegwerfens und des stolzen Trotzes vermieden werden. Die Reinigung führt zur Klarheit des Entschlusses und zur Klarheit seiner Folgen.
>
> Wenn nun mit dem Besiegtsein zugleich eine Schuld da ist, so muß nicht nur die Ohnmacht, sondern auch die Schuld übernommen werden. Und aus beidem muß die Umschmelzung erwachsen, der der Mensch sich entziehen möchte." (Jaspers 1987, S. 74)

Die Anerkennung von Ohnmacht und Schuld ermöglicht, was Jaspers pathetisch als „Reinigung" bezeichnet und als Bedingung politischer Freiheit nach dem Nationalsozialismus ansieht (Jaspers 1987, S. 82). Politisch-moralische Verantwortung für die vergangenen Verbrechen besteht also im angemessenen Umgang mit dem Faktum von Schuld und Ohnmacht. Was Jaspers terminologisch vorbereitet, wenngleich nicht durchhält[28], ist eigentlich eine Unterscheidung von Schuld und Verantwortung, in der Verantwortung den aktiven Umgang mit dem Faktum der eigenen Schuld meint – und damit ganz der begrifflichen Entwicklung des moralischen Verantwortungsbegriffs als einem Selbstverhältnis folgt, dessen ambivalente Struktur im Umgang mit dem Faktum des eigenen Unterwerfens besteht. Verantwortung als politisch-moralische Zwitterkategorie für die Aufarbeitung historischer Schuld zu nutzen, musste im Kontext der deutschen Nachkriegsdiskussionen um die „Vergangenheitsbewältigung" schon deswegen einleuchten, weil sie den Doppelschritt der Distanzierung von eigener und der Anerkennung historischer Schuld ermöglichte, politische und moralische Schuld eingestand, aber nicht zuschrieb, und so politische Handlungsfähigkeit (wieder)herstellte.[29]

Diese für meine Genealogie entscheidende Struktur des Selbstverhältnisses, in dem nicht die Schuld bzw. das Unterwerfen selbst, sondern der Umgang damit zur wesentlichen Aktivität des Subjekts wird, lässt sich bis in die heutigen philosophischen Diskussionen um „historische Verantwortung" verfolgen, wenn beispielsweise Rolf Zimmermann definiert:

---

28 Aber terminologische Strenge ist ohnehin nicht Sache von *Die Schuldfrage*, wie oftmals bemerkt: vgl. Bier (1998), Schefczyk (2012, S. 115).

29 Die Differenzierung zwischen kollektiver Verantwortung und kollektiver Schuld wird in diesem Sinne in den Debatten um die Verjährungsfrist nationalsozialistischer Verbrechen vor allem von den Befürworter_innen einer Verlängerung bzw. Aufhebung der Verjährung gebraucht (vgl. beispielsweise die Rede von Fritz Erler in der Bundestagsdebatte 10. März 1965, die Eröffnung der Debatte am 11. Juni 1969 durch den damaligen Bundesminister der Justiz, Horst Ehmke, und die Rede von Alfred Emmerich in der Debatte vom 29. März 1979 in Deutscher Bundestag (1980, S. 245, S. 387 f. und S. 455); sie klingt auch bei Richard von Weizäcker in seiner berühmten Rede vom 8. Mai 1985 an: „Schuld oder Unschuld eines ganzen Volkes gibt es nicht. Schuld ist, wie Unschuld, nicht kollektiv, sondern persönlich. [...] Die Jungen sind nicht verantwortlich für das, was damals geschah. Aber sie sind verantwortlich für das, was in der Geschichte daraus wird." (Weizäcker 1985, vgl. Leist 1990, S. 42 und bes. Fn. 3) Jaspers selbst hat die beiden Diskussionen von 1965 scharf kritisiert: vgl. Jaspers (1966, S. 47–123).

> „Historisch verantwortungsvoll verhalten wir uns dann, wenn wir alle geschichtlichen Geschehnisse, die unserer historischen Gegenwart [...] zuzurechnen sind, einer Auseinandersetzung und Bearbeitung unterziehen, die ihre Bedeutung angemessen interpretiert, gewichtet und, wo möglich, moralische Konsequenzen aus ihnen zieht." (Zimmermann 2006, S. 856)

Je mehr die Vergangenheit als objektive Tatsache betrachtet wird und nicht erst als in den historischen Narrationen konstruiert gilt, desto besser passt der politisch-moralische Verantwortungsbegriff, der sich ja gerade durch ein Selbstverhältnis auszeichnet, dessen Aktivität nicht im Unterwerfen selbst besteht (das wäre das kantische Selbstverhältnis der Pflicht: vgl. Vogelmann 2015), sondern im Umgang mit der zum Faktum objektivierten Unterwerfung (vgl. auch Tillmanns 2012, S. 15, 18).

Die subtile Differenz zwischen einem Umgang mit einer zum Faktum objektivierten Vergangenheit und mit dieser Vergangenheit selbst zeitigt, folgt man den Argumenten von Lutz Wingert in seinem Artikel zu der Kontroverse um historische Verantwortung zwischen Anton Leist und Martin Löw-Beer (Leist 1990, Löw-Beer 1990), problematische Konsequenzen: Wenn „historische Verantwortung" wegen des mit dem Begriff verknüpften ambivalenten Selbstverhältnisses diese Objektivierung der Vergangenheit nach sich zieht, so wird mit „historischer Verantwortung" gerade keine moralische Verpflichtung *gegenüber* den Opfern des historischen Unrechts eingeräumt, sondern bestenfalls „Verpflichtungen *in Ansehen* dieser Opfer gegenüber heute Lebenden" (Wingert 1991, S. 80). Entgegen Max Horkheimers pessimistischem Einwurf gegen Walter Benjamin – „Das vergangene Unrecht ist geschehen und abgeschlossen. Die Erschlagenen sind wirklich erschlagen." (Horkheimer zit. nach Wingert 1991, S. 82) – will Wingert daran festhalten, dass wir die restitutive Verpflichtung den Opfern gegenüber haben, sie nachträglich wieder in die moralische Gemeinschaft einzubeziehen, und damit ihren Ausstoß in gewisser Weise rückgängig machen können.[30] Selbst gegenüber den Toten bestehen demnach die Verpflichtungen, nicht nur gegenüber den Lebenden im Namen der Toten (vgl. Wingert 1991, S. 78–80). Was mit der Differenzierung zwischen Schuld und Verantwortung für den Umgang mit dieser Schuld also durch die Objektivierung der Vergangenheit ausgeklammert, ja verschleiert wird, ist exakt diese Frage nach der moralischen Verpflichtung gegenüber den Opfern, weil Verantwortung nur noch im Umgang mit dem Faktum der Schuld besteht, das sie wohlweislich als Gegebenes behandelt statt sich direkt mit Schuldfragen zu befassen.

Wenn Jaspers den angemessenen Umgang mit dem Faktum der Ohnmacht und der Schuld zur Bedingung politischer Freiheit macht, also zur Voraussetzung politischer Handlungsfähigkeit, so finden wir darin erneut die zuvor diagnostizierte Ambivalenz des verantwortlichen Selbstverhältnisses, das als Umgang mit dem Faktum des Unterworfenseins (der objektivierenden Anerkennung der Schuld)

30 Auch wenn ich geneigt bin, Horkheimer zuzustimmen, halte ich die mit dem Verantwortungsbegriff einhergehende Verschleierung dieser Objektivierungsproblematik für ein starkes Argument, die Frage nach unserem Umgang mit historischem Unrecht in einem anderen Vokabular zu verhandeln.

nicht vom Umgang mit dem Faktum des Unterwerfens (der politischen Handlungsfähigkeit) zu trennen ist. Hier allerdings steht Letzteres im Vordergrund, denn Jaspers gesamte Anstrengungen sollen über die Anerkennung der sorgsam differenzierten Schuld die politische Freiheit wieder ermöglichen.

Die zweite Etappe der Genealogie politischer Verantwortung zeigt also, wie der sich erst aufgrund von Innovationen im politischen Verantwortungsgebrauch herausgebildete moralische Verantwortungsbegriff, der sich durch die ambivalente, Machtbeziehungen zum Faktum objektivierende Struktur seines Selbstverhältnisses auszeichnet, seinerseits auf die politische Verantwortung zurückwirkte. Das moralische Selbstverhältnis, das den Bezug des Subjekts auf sich selbst als verantwortliches Subjekt durch den Umgang mit dem ambivalenten Faktum des eigenen Unterwerfens herstellt, wird in seiner Ambivalenz zur Einschränkung wie Konstitution politischer Handlungsfähigkeit und damit zur politischen Subjektivierung verwendet.

3. Verantwortung als Souveränität

Die Geburt der sogenannten „Schutzverantwortung (*responsibility to protect*)" dürfte die vorerst letzte wichtige Neuerung im Gebrauch des Begriffs politischer Verantwortung sein und demonstriert ein weiteres Mal, wie die Einschränkung und Konstitution von Handlungsmacht das verantwortliche Selbstverhältnis strukturiert. Das Konzept der Schutzverantwortung gab dem Bericht der im Jahr 2000 eingesetzt International Commission on Intervention and State Sovereignty (ICISS) seinen Titel – *The Responsibility to Protect* (ICISS 2001a) – und wurde 2005 in das Abschlussdokument des UN World Summit (United Nations 2005, §138 und §139) aufgenommen.[31] Aus der Perspektive einer Genealogie des Begriffs politischer Verantwortung ist jedoch die konzeptuelle Vorbereitung, die zur Einführung des neuen Begriffs der Schutzverantwortung nötig ist, weitaus interessanter als die Frage, ob die UN den Begriff nur einschränkt übernommen hat und wie dies zu beurteilen ist – weshalb ich mich auf die begrifflichen Weichenstellungen im Kommissionsbericht der ICISS konzentriere. Dort meint „Schutzverantwortung" sowohl die Verantwortung eines Staates, seine Bevölkerung „vor Massenmord und -vergewaltigung, vor dem Verhungern" (ICISS 2001a, S. VIII, Übersetzung F.V.)[32] zu schützen als auch die Verantwortung der Staatengemeinschaft, diese Aufgabe zu übernehmen, wenn der betroffene Staat seiner Verantwortung nicht nachkommen kann oder will. Die *responsibility to proctect* soll so den scharfen Konflikt zwischen der zu respektierenden Souveränität von Staaten

31 Die Diskussionen zur Schutzverantwortung füllen bereits 15 Jahre später Bibliotheken; ich verweise hier nur auf einige neuere Sammelbände: Cunliffe (2011), Knight u. Egerton (2012), Thakur u. Maley (2015). Zur Geschichte der *responsibility to protect* vgl. Evans (2008, S. 38–50) und Loges (2013, Kap. 2); siehe die Beiträge von Junk u. Kroll sowie von Strasheim, Bethke u. Haaß in diesem Heft.

32 Diese Aufzählung verändert sich innerhalb des Berichts teilweise: Während die Zusammenfassung die Schutzverantwortung allgemeiner fasst – nämlich als Leiden der Bevölkerung durch „internal war, insurgency, repression or state failure" (ICISS 2001a, S. XII) –, variiert der ausführliche Text die oben genannten drei Schutzverantwortlichkeiten als „duty to protect communities from mass killing, women from systematic rape and children from starvation" (ICISS 2001a, S. 17).

einerseits und eventuell notwendigen sogenannten „humanitären Interventionen" andererseits lösen.[33] Um die ihrer Meinung nach beträchtliche politische Bedeutung von Anfang an klarzustellen, zitieren die Vorsitzenden der Kommission, Gareth Evans und Mohamed Sahnoun, bereits in ihrem Vorwort Kofi Annan mit dem dramatischen (und seither vielzitierten) Appell:

> „[if] humanitarian intervention is, indeed, an unacceptable assault on sovereignty, how should we respond to a Rwanda, to a Srebrenica – to gross and systematic violations of human rights that affect every precept of our common humanity?" (ICISS 2001a, S. VII, wiederholt auf S. 2)

Damit ist die Rahmung des Problems von vornherein so gewählt, dass Souveränität in Jean Bodins klassischer Definition – „die dem Staat eignende absolute und zeitlich unbegrenzte Gewalt" (Bodin 1981, Buch I, 205) – kaum mehr zu verteidigen ist. Die *responsibility to protect* soll vielmehr eine neue Interpretation von „sovereignty as responsibility" (ICISS 2001a, S. 73) durchsetzen helfen, wie Evans und Sahnoun bereits in ihrem Vorwort darlegen. Die Idee ist, dass

> „sovereign states have a responsibility to protect their own citizens from avoidable catastrophe – from mass murder and rape, from starvation – but that when they are unwilling or unable to do so, that responsibility must be borne by the broader community of states" (ICISS 2001a, S. VIII).

Souveränität wird durch die Schutzverantwortung reinterpretiert und ist in ihrer neuen Form konditional gebunden an spezifische Leistungen des vormals absolut souveränen Staates. Diese für Souveränität konstitutiven Leistungen werden als Verantwortlichkeiten bezeichnet:

> „It is acknowledged that sovereignty implies a dual responsibility: externally – to respect the sovereignty of other states, and internally, to respect the dignity and basic rights of all the people within the state. In international human rights covenants, in UN practice, and in state practice itself, sovereignty is now understood as embracing this dual responsibility. Sovereignty as responsibility has become the minimum content of good international citizenship." (ICISS 2001a, S. 8)

Souveränität als Verantwortung – die entgegengesetzte, alte Deutung ist für die Kommission „Souveränität als Kontrolle" – zu reinterpretieren (ICISS 2001a, S. 13), greift Arbeiten von Francis M. Deng auf (besonders Deng 1996, vgl. ICISS 2001b, S. 11, Evans 2008, S. 35–37) und löst den als Ausgangslage geschilderten Konflikt zwischen Souveränität und humanitären Interventionen augenblicklich, weil Souveränität als Verantwortung konditional an die Erfüllung der entsprechenden Verantwortlichkeiten – die Souveränität anderer Staaten anzuerkennen und die Menschenrechte aller auf dem eigenen Territorium Lebenden zu achten – gebunden ist. Souveränität wird damit, darauf weist Ann Orford (2011, S. 13–16) hin, nicht auf der rechtlichen Ebene an legitime Ansprüche auf Selbstbestimmung,

33 Swotek-Evenstein (2012) kritisiert schon diese Rekonstruktion der Debatte um humanitäre Interventionen durch die ICISS, weil sie deren historische Tiefe ignorieren und auf die Frage nach dem Gebrauch von Gewalt reduzieren würde.

sondern auf der empirischen Ebene an die effektive Ausübung von Fähigkeiten gebunden.[34] Damit werden humanitäre Interventionen legitim, sobald ein Staat diese Verantwortung nicht mehr wahrnimmt bzw. wahrnehmen kann, weil er *de facto* dann nicht länger als souverän gilt. Es bedarf also keiner Rechtfertigung humanitärer Interventionen gegenüber den legitimen Ansprüchen auf Selbstbestimmung – *de jure* – mehr, da diese durch das Versagen des Staates bei der Erfüllung seiner Schutzverantwortung gar nicht mehr betrachtet werden müsse. Im Gegenteil müsste dem Kommissionsbericht zufolge die Internationale Gemeinschaft begründen, warum sie in Fällen, in denen ein Staat seiner Schutzverantwortung nicht mehr gerecht wird, *nicht* interveniert.[35]

Den Begriff Verantwortung für diese Reinterpretation von Souveränität zu verwenden, überträgt die Struktur des verantwortlichen Selbstverhältnisses auf die als Großsubjekte behandelten Staaten: Wie Constant die Machtausübung der Minister auch dort eindämmen wollte, wo das Gesetz dazu keine Möglichkeit vorsah, so soll die Schutzverantwortung die Souveränität von Staaten eingrenzen, ohne deren rechtlichen Status in Frage zu stellen. Insofern sollte man Orfords Argument, die *responsibility to protect* sei bewusst keine in erster Linie auf Durchsetzung einer Pflicht abzielende Rechtsnorm, sondern wolle normative Autorität neu verteilen (Orford 2011, S. 24–27, bes. 25 f.), ernst nehmen und erweitern: Schutzverantwortung funktioniert gerade als nicht juristisches (oder bestenfalls schwach kodifiziertes) Konzept am besten.

Interessant ist, dass durch die Schutzverantwortung eine Struktur auf das Großsubjekt Staat übertragen wird, die bei Weber das Selbstverhältnis individueller Politiker_innen bestimmt: Wie deren Handeln, das ja als politisches Handeln stets potentiell gewaltförmig ist, durch den internalisierten „Prüfungsgeist" – die hypothetische Vorwegnahme der eigenen Machtlosigkeit, wenn man sich für die Folgen seines politischen Handelns rechtfertigen muss – eingehegt werden soll, so soll die Konditionalisierung von Souveränität durch ihre Reinterpretation als Schutzverantwortung diese Souveränität eindämmen. Im Falle der *responsibility*

---

34 Nicht alle Kommentatoren halten diese Umdeutung von Souveränität durch Verantwortung für wichtig. Zumindest zwei plausible Einwände möchte ich daher entkräften: Glanville (2012, S. 3) zufolge bringt die Reinterpretation nichts Neues, weil die Pflicht, die eigene Bevölkerung zu schützen, von allen Staaten anerkannt werde: „This duty is deeply embedded in existing international law. [...] No state today denies this duty. Indeed, even those states most wary of the ‚responsibility to protect' concept, such as Venezuela, Cuba, Myanmar, Nicaragua and Sudan, readily accept this duty." Allerdings ist die Konditionalisierung von Souveränität durch die Schutzverantwortungsdoktrin etwas anderes als die Akzeptanz einer Pflicht, deren Verletzung eben nicht zwangsläufig zur Aberkennung des Status' als souveräner Staat führt. – Orford (2011, S. 109–125) selbst ordnet die *responsibility to protect* in eine alte Tradition ein, die Souveränität als Schutz denkt. Demnach könne man schon Hobbes so lesen, dass er legitime Souveränität an effektiven Schutz bindet – die Crux ist in Orfords Interpretation daher, wer darüber befinden darf, ob der Schutz effektiv ist. Hobbes' kann das nicht den Individuen überlassen, weil damit die Anarchie wieder hergestellt wäre, die der Souverän überwinden soll; so bleiben nur die vom Souverän ernannten Richter und insofern der Souverän selbst, der entscheidet (vgl. Orford (2011, S. 120–124). Wenn aber nur der Souverän selbst darüber entscheidet, ob er effektiven Schutz gewährt, ist diese Souveränität gerade nicht in dem Sinne konditional wie in der Interpretation von „sovereignty as responsibility" – diese stellt also auch innerhalb der angesprochenen Tradition etwas Neues dar.

35 An dieser Beweislastumkehr hat sich schnell Kritik entzündet: vgl. z.B. Cunliffe (2010) und Rudolf (2013, S. 11). Die generell anti-demokratischen Perspektive des Berichts kritisiert Etzioni (2006).

to proctect werden allerdings die zuvor nur lose verbundenen Funktionen des politischen Verantwortungsbegriffs als Einschränkung von Machtausübung (Constant, Weber) und als Bedingung für Machtausübung bzw. politische Freiheit (Jaspers) enger miteinander verknüpft: Souverän ist der Staat, der seiner Schutzverantwortung nachkommt, die also Machtausübung ermöglicht und begrenzt. Die dritte Etappe der Genealogie politischer Verantwortung schließt insofern an den etablierten Gebrauch von politischer Verantwortung an und versucht, die Doppelfunktion des verantwortlichen Selbstverhältnisses von Einschränkung und Konstitution von Handlungsmacht auf den Staat als Akteur zu übertragen.

4. Staaten mit „Seelen"?

Jede Genealogie steht vor dem Problem, Pluralität *und* Wandel des von ihr untersuchten gleichzeitig behaupten zu müssen: Der politische Verantwortungsbegriff Constants ist nicht der von Weber, Jaspers oder dem ICISS – es gibt unstrittig eine Vielzahl von Verantwortungskonzepten, die im politischen Diskurs eine Rolle spielen. Doch um vom Wandel politischer Verantwortung überhaupt sprechen zu können, bedarf es zumindest einer minimalen Einheit, braucht es Anhaltspunkte, die uns erkennen lassen, dass wir die verschiedenen Verantwortungsbegriffe nicht nur als Sukzession isolierter Konzepte begreifen, sondern von Transformationen sprechen dürfen. Dazu sollten wir, so habe ich auf jeder der drei Etappen argumentiert, auf Funktion und Struktur des mit Verantwortung verknüpften Selbstverhältnisses achten, darauf also, welches Verständnis der Verantwortung tragende Akteur von sich selbst als Akteur entwickeln muss, um ein verantwortlicher Akteur zu werden. Verantwortung lässt sich dann, dank dieser Perspektivierung, als eine Technik zur Erzeugung von Subjekten entziffern, deren Handlungsmacht mithilfe des Begriffs politischer Verantwortung zugleich hergestellt und beschränkt werden soll.

Um dieser Spur bis zu meinem letzten Argumentationsschritt zu folgen, möchte ich knapp an Friedrich Nietzsches kritische Analyse von Verantwortung erinnern – schließlich ist er es, der Verantwortung erstmals als eine solche Subjektivierungstechnik versteht (Vogelmann 2013): Für Nietzsche berichtet die „lange Geschichte von der Herkunft der Verantwortlichkeit" (Nietzsche 2010, II/2, S. 293) davon, welche Grausamkeiten nötig waren, um den Menschen „berechenbar, regelmäßig, nothwendig" (Nietzsche 2010, II/1, S. 292) zu machen, so dass er „versprechen" und damit überhaupt autonomes Subjekt sein kann. Dazu wird ihnen erstens mithilfe von Schmerzen ein Gedächtnis geschaffen, denn „nur was nicht aufhört, *weh zu tun*, bleibt im Gedächtniss" (Nietzsche 2010, II/3, S. 295). Hinzukommen muss zweitens die äußerliche Bezwingung, so dass die (meisten) Individuen ihren Willen zur Macht nicht mehr ungehindert ausleben können und daher gegen sich selbst richten.[36] Die Internalisierung der vorher sich nach außen entladenden Grausam-

36 Für Nietzsche ist die Entstehung des schlechten Gewissens aus der Verinnerlichung des eigentlich nach außen wirkenden Willens zur Macht an die Entstehung des Staates gekoppelt, der „demgemäss als eine furchtbare Tyrannei, als eine zerdrückende und rücksichtslose Maschinerie auftrat und fortarbeitete, bis ein solcher Rohstoff von Volk und Halbthier endlich nicht nur durchgeknetet und gefügig, sondern auch *geformt war*" (Nietzsche 2010, II/17, S. 324).

keit erzeugt in ihnen ein „schlechtes Gewissen«. Schließlich braucht es drittens eine *Interpretation*, mit der die so Unterworfenen ihr schlechtes Gewissen und dessen Qualen als gerechte Strafe für eine immer schon bestehende Schuld verstehen können. Diese letzte, durch das Christentum erfolgende Moralisierung des schlechten Gewissens nennt Nietzsche einen unvergleichlichen „Willens-Wahnsinn“, weil es der Wille ist „sich schuldig und verwerflich zu finden bis zur Unsühnbarkeit, [...] sich bestraft zu denken, ohne dass die Strafe je der Schuld äquivalent werden könne“ (Nietzsche 2010, II/22, S. 332). Doch gerade dieser „Willens-Wahnsinn“ sorgt für Berechenbarkeit: Denn er gibt den Menschen eine Methode, um die eigenen Qualen zu verstehen; die internalisierte Grausamkeit, die sich nur noch gegen sich selbst richten kann, wird *sinnvoll*. So auch für sich selbst berechenbar geworden, können sie ruhig Verantwortung übernehmen und wissen sich zugleich als Produkt des Verantwortlich-Gemacht-Werdens.

Zweierlei lässt sich aus Nietzsches Analyse von Verantwortung mitnehmen, ohne sich die gesamten Begründungslasten seiner hyperbolischen Erzählung aufzulasten: Erstens zeichnet sich Verantwortung in dieser Analyse durch eine Beziehung des verantwortlichen Subjekts zu sich selbst aus, die im aktiven Umgang mit dem ambivalenten Faktum des eigenen Unterwerfens besteht, denn Verantwortung ist sowohl das Bewusstsein der Zurichtung und damit ein „aktives“ Wissen um das eigene Unterworfensein durch die „Sittlichkeit der Sitte“ (Nietzsche 2010, II/2, S. 293) als auch das Bewusstsein der dank dieser Unterwerfung errungenen Macht und der Verpflichtung, die daraus erwächst. Zweitens ist Verantwortlichmachen oder Zur-Verantwortung-Ziehen zugleich die Technik, mit der dieses Selbstverhältnis und damit das Subjekt als (verantwortliches) Subjekt geschaffen wird. Verantwortung ist, mit anderen Worten, eine Subjektivierungstechnik, deren Spezifik in jenem Selbstverhältnis besteht, das im Umgang mit eigener wie fremder Machtausübung besteht, die zunächst zum Faktum objektiviert werden muss. Dieses Selbstverhältnis dient gleichermaßen der Konstitution von Handlungsfähigkeit wie ihrer Einschränkung – es bringt, wie Nietzsche nicht ohne Ironie sagt, den „Herr des *freien* Willens“ (Nietzsche 2010, II/2, S. 293) hervor, der darum weiß, welche Bürde das Versprechen-Können mit sich bringt; kurz: es schafft den „Souverain“ (Nietzsche 2010, II/2, S. 293).

Blickt man mit diesen beiden von Nietzsche übernommenen „Brillengläsern“ nochmals zurück auf die drei Etappen einer Genealogie des Begriffs politischer Verantwortung, tritt die für eine solche Genealogie notwendige Einheit trotz aller Pluralität deutlich zu Tage. Erstens können wir in Constants beiden Neuerungen nun die notwendige Vorgeschichte von Verantwortung als Subjektivierungstechnik erkennen: Für Constant soll politische Verantwortung die Minister als Minister dort in ihrer Machtausübung einschränken, wo das Recht dies nicht kann; damit verknüpft ist die Ermächtigung des Parlaments als Verantwortung zuschreibender Akteur. Um beides zu erreichen, muss Constant den Verantwortungsbegriff von seiner juristischen Bedeutung lösen, so dass sie auf machtvolle Akteure und nicht nur unterworfene Angeklagte anwendbar ist. Zugleich wird sie vom diskontinuierlichen rechtlichen Akt zu einer kontinuierlichem, rechtlich nicht kodifizierbaren Machtbeziehung. Politische Verantwortung soll so „in der Nation [...] einen Prüfungsgeist“ (Constant 1831, S. 51) und damit ein „lebendiges Gefühl des politischen Lebens" (Constant 1831, S. 51) erzeugen, ist also Bedingung politischer Öffentlichkeit wie Beschränkung ministerieller Macht und soll sowohl die Minister als auch die „Nation" zu einer besonderen Art von Akteur machen.

Auf der zweiten Etappe subjektiviert und moralisiert Max Weber diese Beziehung zwischen Parlament und Minister bzw. politischer Öffentlichkeit und politisch machtvollen Akteuren: Berufspolitiker_innen sollen Constants „Prüfungsgeist" im Zuge der „Verantwortungsethik" internalisieren, sollen also hypothetisch ihre Unterwerfung durch die verlangte Verantwortung vor dem Parlament oder der Öffentlichkeit vorwegnehmen und daraufhin ihr eigenes Handeln bestimmen, d.h. ihre Machtausübung selbst beschränken. Nötig wird diese Zügelung ihrer Handlungsmacht durch das Selbstverhältnis von politischer Verantwortung, weil politische Handlungsmacht stets gewaltförmig ist, steht doch im Hintergrund immer das Gewaltmonopol des Staates. Politische Verantwortung soll in dieser moralisierten Form gegen die „diabolischen Mächte [...], die in jeder Gewaltsamkeit lauern" (Weber 1988a, S. 557), schützen – was für Webers Berufspolitiker_innen vor allem ein Schutz vor sich selbst durch sich selbst bedeutet. Wenn Constants die Voraussetzungen für die Subjektivierungstechnik von Verantwortung bereitstellt, wird diese bei ihm noch an Institutionen und institutionelle Rollen gebundene politische Verantwortung mit Weber auf alle Politiker_innen übertragen und soll diesen das „Ethos der Politik" (Weber 1988a, S. 548) – also das der Politik angemessene Selbstverhältnis – einimpfen.

Konzentriert sich Weber dabei im nun politisch wie moralisch gebrauchten Verantwortungsbegriff auf die Einschränkung von Machtausübung durch die hypothetische Vorwegnahme möglichen Unterworfenseins, zeigt sich in Jaspers Begriff politischer Verantwortung zwar dieselbe Struktur, jedoch mit Betonung auf der Konstitution von Handlungsmacht. Jaspers will mit politischer Verantwortung einerseits zwischen individuell vorwerfbarer Schuld und politisch-moralischer Verantwortung für die Verbrechen des und im Nationalsozialismus differenzieren, um andererseits aus diesem Umgang mit der Schuld eine neue „politische Freiheit" (Jaspers 1987, S. 82) zu gewinnen. Politische Verantwortung ist zwar auch in dieser Fassung ein Umgang mit dem Faktum des eigenen Unterworfenseins, im Vordergrund aber steht die dadurch gewonnene politische Freiheit und damit die eigene Handlungsmacht.

Jaspers bereitet so bereits vor, was erst auf der dritten Etappe voll durchschlägt: Dass nicht nur die Individuen durch politische Verantwortung Handlungsmacht erlangen und zügeln sollen, sondern der Staat selbst zum verantwortlichen Subjekt gemacht wird. Das Konzept der Schutzverantwortung fusioniert die beiden Seiten des ambivalenten Selbstverhältnisses von Verantwortung gleichberechtigt, indem es Souveränität als Verantwortung reinterpretiert und damit die Handlungsmacht des Staates direkt an die Einhaltung bestimmter Grenzen in seiner Machtausübung knüpft. Indem Schutzverantwortung Souveränität konditionalisiert, erfüllt sie die von Nietzsche beschriebenen Funktionen der Subjektivierungstechnik Verantwortung in Perfektion: Wie der Mensch erst durch die „sociale Zwangsjacke" (Nietzsche 2010, II/2, S. 293) Verantwortung zum Subjekt wird – regelmäßig, berechenbar und mit einem Inneren, einer „Seele" (vgl. Nietzsche 2010, II/16, S. 322) –, so wird auch der Staat verantwortlich sein, oder er wird nicht länger Staat sein.

Auf diese Vorarbeiten zur Genealogie des Begriffs politischer Verantwortung gestützt, lässt sich noch kein Urteil über den Gebrauch von „Verantwortung" in der Politik fällen. Doch führt sie uns zumindest zu der Frage, die wir dafür beantworten müssten: Welche „Seele" wird gegenwärtig mit der neuesten Variante politischer Verantwortung, der *responsibility to protect*, den Staaten eingepflanzt? Und sind wir angesichts der bisherigen „Erfolge" der Subjektivierungstechnik Verantwortung bereit, diesen neuen Erfolg zu riskieren?

Literatur

Assadi, Galia. 2013. *Ordnung durch Verantwortung. Neue Perspektiven auf einen philosophischen Grundbegriff*. Frankfurt a. M./New York: Campus.

Bain, Alexander. 1865. *The Emotion and the Will*. London: Longmans, Green and Co.

Bayertz, Kurt. 1995. Eine kurze Geschichte der Herkunft der Verantwortung. In: *Verantwortung. Prinzip oder Problem?*, Hrgs. Kurt Bayertz, 3–71. Darmstadt: Wissenschaftliche Buchgesellschaft.

Bernasconi, Robert. 2006. Vor wem und wofür? Zurechenbare Verantwortlichkeit und die Erfindung der ministeriellen, hyperbolisch und unendlichen Verantwortung. In: *Verantwortung in der Zivilgesellschaft. Zur Konjunktur eines widersprüchlichen Prinzips*, Hrsg. Ludger Heidbrink und Alfred Hirsch, 221–246. Frankfurt a. M./New York: Campus.

Bier, Jean Paul. 1998. Jaspers *Die Schuldfrage*. In: *Deutsche Nachkriegsliteratur und der Holocaust*, Hrgs. Stephan Braese, Holger Gehle, Doron Kiesel und Hanno Loewy, 271–282. Frankfurt a. M./New York: Campus.

Bodin, Jean. 1981. *Sechs Bücher über den Staat*. München: Beck.

Brandom, Robert B. 2000. *Expressive Vernunft*. Frankfurt a. M.: Suhrkamp.

Constant, Benjamin. 1831. *Über die Verantwortlichkeit der Minister*. Neustadt a. d. Orla: Johann Gottfried Wagner.

Constant, Benjamin. 2001. De la responsabilité des ministres. In: ders., *Œuvres complètes*, Band IX.1, 413–496. Tübingen: Max Niemeyer.

Cunliffe, Philip. 2010. Dangerous duties. Power, paternalism and the „responsibility to protect«. *Review of International Studies* 36 (Supplement S1): 79–96.

Cunliffe, Philip (Hrsg.). 2011. *Critical Perspectives on the Responsibility to Protect. Interrogating Theory and Practice*. London: Routledge.

Deng, Francis M. 1996. *Sovereignty as Responsibility. Conflict Management in Africa*. Washington, DC: Brookings Institution Press.

Deutscher Bundestag (Hrsg.). 1980. *Zur Verjährung nationalsozialistischer Verbrechen. Dokumentation der parlamentarischen Bewältigung des Problems 1960–1979*. Bonn: Deutscher Bundestag.

Dupuy, Paul. 1900. *Les fondements de la morale. Ses limites, ses auxiliaires*. Paris: F. Alcan.

Etzioni, Amitai. 2006. Sovereignty as Responsibility. *Orbis* 50 (1): 71–85.

Evans, Gareth J. 2008. *The Responsibility to Protect. Ending Mass Atrocity Crimes Once and For All*. Washington, DC: Brookings Institution Press.

Féraud, Jean-François. 1787-1788. *Dictionaire critique de la langue française*. Marseille: Jean Mossy.

Fichte, Johann Gottlieb. 1981. Der Herausgeber des philosophischen Journals gerichtliche Verantwortungsschrift gegen die Anklage des Atheismus. In: ders., *J. G. Fichte – Gesamtausgabe der Bayerischen Akademie der Wissenschaften*, Band 1.6, 25–144. Stuttgart/Bad Cannstatt: Frommann.

Filek, Jacek. 2010. Verantwortung. In: *Schlüsselbegriffe der Philosophie des 20. Jahrhunderts*, Hrgs. Christian Bermes und Ulrich Dierse, 407–418. Hamburg: Meiner.

Gall, Lothar. 1963. *Benjamin Constant. Seine politische Ideenwelt und der deutsche Vormärz*. Wiesbaden: Franz Steiner Verlag.

Geiss, Peter. 2011. *Der Schatten des Volkes. Benjamin Constant und die Anfänge liberaler Repräsentationskultur im Frankreich der Restaurationszeit 1814–1830*. München: Oldenbourg.

Glanville, Luke. 2012. The Responsibility to Protect Beyond Borders. *Human Rights Law Review* 12 (1): 1–32.

Günther, Klaus. 2006. Aufgaben- und Zurechnungsverantwortung. In: *Verantwortung in der Zivilgesellschaft. Zur Konjunktur eines widersprüchlichen Prinzips*, Hrgs. Ludger Heidbrink und Alfred Hirsch, 295–329. Frankfurt a. M./New York: Campus.

Hamilton, Alexander, James Madison und John Jay. 1994. *Die Federalist-Artikel. Politische Theorie und Verfassungskommentar der amerikanischen Gründerväter. Mit dem englischen und deutschen Text der Verfassung der USA*. Paderborn/München/Wien/Zürich: Ferdinand Schöningh.

Hannequin, Arthur. 1885. Recension de Lévy-Bruhl: L'idée de la responsabilité. *Revue philosophique de la France et de l'étranger* 20: 194–203 und 312–319.

Hart, H. L. A. 1949. The Ascription of Responsibility and Rights. *Proceedings of the Aristotelian Society* 49: 171–194.

Heidbrink, Ludger. 2006. Grenzen der Verpflichtung. Zum Verhältnis von Verantwortung und Pflichten. In: *Recht, Gerechtigkeit und Freiheit. Festschrift für Wolfgang Kersting*, Hrgs. Claus Langbehn, 239–268. Paderborn: Mentis.

Heinemann, Ulrich. 1983. *Die verdrängte Niederlage. Politische Öffentlichkeit und Kriegsschuldfrage in der Weimarer Republik*. Göttingen: Vandenhoeck & Ruprecht.

ICISS. 2001a. *The Responsibility to Protect*. Ottawa: International Development Research Centre.

ICISS. 2001b. *The Responsibility to Protect, Supplementary Volume: Research, Bibliography, Background*. Ottawa: International Development Research Centre.

Jaspers, Karl. 1966. *Wohin treibt die Bundesrepublik? Tatsachen – Gefahren – Chancen*. München: R. Piper & Co Verlag.

Jaspers, Karl. 1987. *Die Schuldfrage. Von der politischen Haftung Deutschlands*. München/Zürich: Pieper.

Kant, Immanuel. 2006. Zum ewigen Frieden. Ein philosophischer Entwurf. In: *Werkausgabe*, Hrgs. Wilhelm Weischedel, 191–251. Frankfurt a. M.: Suhrkamp.

Knight, W. Andy und Frazer Egerton. 2012. *The Routledge Handbook of the Responsibility to Protect*. London: Routledge.

Lasson, Nelson B. 1986. *The History and Development of the Fourth Amendment to the United States Constitution*. New York: AMS Press.

Leist, Anton. 1990. Deutsche Geschichte und historische Verantwortung. *Babylon* 7: 41–60.

Lévy-Bruhl, Lucien. 1884. *L'Idée de Responsabilité*. Paris: Hachette.

Loges, Bastian. 2013. Schutz als neue Norm in den internationalen Beziehungen. Wiesbaden: Springer VS.

Löw-Beer, Martin. 1990. Die Verpflichtungen der unschuldigen Nachgeborenen. Zu Anton Leists Verantwortung. *Babylon* 7: 61–69.

Maier, Pauline. 1963. John Wilkes and American Disillusionment with Britain. *The William and Mary Quarterly* 20 (3): 373–395.

Mannheim, Hermann. 1948. Problems of Collective Responsibility. *Theoria* 14 (2): 144–166.

Marchais de Migneaux, D. M. 1818. *De la Responsabilité des ministres*. Paris: L'Huilier.

McKeon, Richard. 1957. The Development and the Significance of the Concept of Responsibility. *Revue Internationale de Philosophie* 39 (1): 3–32.

Mill, John Stuart. 1979. *An Examination of Sir William Hamilton's Philosophy and of the Principal Philosophical Questions Discussed in his Writings*. Toronto/Buffalo/London: Routledge & Kegan Paul.

Mohl, Robert. 1837. *Die Verantwortlichkeit der Minister in Einherrschaften mit Volkvertretung, rechtlich, politisch und geschichtlich entwickelt*. Tübingen: G. Laupp'sche Buchhandlung.

Mommsen, Wolfgang J. 2004. *Max Weber und die deutsche Politik 1890-1920*. Tübingen: Mohr Siebeck.

Nida-Rümelin, Julian. 2011. *Verantwortung*. Stuttgart: Reclam.

Nietzsche, Friedrich. 2010. *Zur Genealogie der Moral. Eine Streitschrift*. Berlin/München: dtv/de Gruyter.

Orford, Anne. 2011. *International Authority and Responsibility to Protect*. Cambridge: Cambridge University Press.

Proschwitz, Gunnar von. 1988. Responsabilité. L'idée et le mot dans le débat politique du XVIIIe siècle. In: ders., *Idées et mots au siècle des lumières. Mélanges en l'honneur de Gunnar von Proschwitz*, 79–95. Göteborg/Paris: Wettergrens Bokhandel AB/Jean Touzot, Libraire éditeur.

Rudolf, Peter. 2013. Schutzverantwortung und humanitäre Intervention. Eine ethische Bewertung der „Responsibility to Protect" im Lichte des Libyen-Einsatzes. In: *SWP-Studien 2013/S 03*.

Saar, Martin. 2007. *Genealogie als Kritik. Geschichte und Theorie des Subjekts nach Nietzsche und Foucault*. Frankfurt a. M./New York: Campus.

Schefczyk, Michael. 2012. *Verantwortung für historisches Unrecht. Eine philosophische Untersuchung*. Berlin: de Gruyter.

Schluchter, Wolfgang. 1988. *Religion und Lebensführung*. Frankfurt a. M.: Suhrkamp.

Schönwälder-Kuntze, Tatjana. 2011. Auf wen oder was antwortet „Verantwortung"? Zur Genealogie (und Pathologie) des Verantwortungsdenkens. *Jahrbuch für Recht und Ethik* 19: 367–395.

Schopenhauer, Arthur. 1986. Die beiden Grundprobleme der Ethik. In: ders., *Sämtliche Werke*, 481–815. Frankfurt a. M.: Suhrkamp.

Sennett, Richard. 1994. *Verfall und Ende des öffentlichen Lebens. Die Tyrannei der Intimität*. Frankfurt a. M.: S. Fischer.

Stierle, Karlheinz. 1994. Interpretations of Responsibility and Responsibilities of Interpretation. *New Literary History* 25 (4): 853–867.

Swotek-Evenstein, Mark. 2012. Reconstituting Humanity as Responsibility? The „Turn to History" in International Law and the Responsibility to Protect. In: *Responsibility to Protect. From Principle to Practice*, Hrgs. Julia Hoffmann, André Nollkaemper und Isabelle Swerissen, 47–59. Amsterdam: Amsterdam University Press.

Thakur, Ramesh Chandra und William Maley. 2015. *Theorising the responsibility to protect*. Cambridge: Cambridge Univ. Press.

Tillmanns, Jenny. 2012. *Was heißt historische Verantwortung? Historisches Unrecht und seine Folgen für die Gegenwart*. Bielefeld: transcript.

United Nations. 2005. General Assembly, 2005 World Summit Outcome Document: Resolution, A/RES/60/1, 24 October.

Vogelmann, Frieder. 2011. Die Falle der Transparenz. Zur Problematik einer fraglosen Norm. In: *Sichtbarkeitsregime. Überwachung, Sicherheit und Privatheit im 21. Jahrhundert*, Hrgs. Leon Hempel, Susanne Krasmann und Ulrich Bröckling, 71–84. Wiesbaden: VS Verlag.

Vogelmann, Frieder. 2013. Verantwortung als Subjektivierung. Zur Genealogie einer Selbstverständlichkeit. In: *Techniken der Subjektivierung*, Hrgs. Andreas Gelhard, Thomas Alkemeyer und Norbert Ricken, 149–161. München: Fink.

Vogelmann, Frieder. 2014. *Im Bann der Verantwortung*. Frankfurt a. M./New York: Campus.

Vogelmann, Frieder. 2015. Der kleine Unterschied. Zu den Selbstverhältnissen von Verantwortung und Pflicht. *Zeitschrift für Praktische Philosophie* 2 (2): 121–164.

Vogelmann, Frieder. 2016. Drei Gefahren philosophischer Begriffsanalysen von Verantwortung. *Deutsche Zeitschrift für Philosophie* 64 (2): 273–286.

Waldenfels, Bernhard. 2010. Responsive Ethik zwischen Antwort und Verantwortung. *Deutsche Zeitschrift für Philosophie* 58 (1): 71–81.

Weber, Max. 1988a. Politik als Beruf. In: Johannes Winckelmann, *Gesammelte politische Schriften*, 505–560. Tübingen: Mohr Siebeck.

Weber, Max. 1988b. Zum Thema der „Kriegsschuld". In: Johannes Winckelmann, *Gesammelte politische Schriften*, 488–498. Tübingen: Mohr Siebeck.

Weizäcker, Richard von, (1985): Bundespräsident Richard von Weizsäcker bei der Gedenkveranstaltung im Plenarsaal des Deutschen Bundestages zum 40. Jahrestag des Endes des Zweiten Weltkrieges in Europa am 8. Mai 1985 in Bonn. http://www.bundespraesident.de/SharedDocs/Reden/DE/Richard-von-Weizsaecker/Reden/1985/05/19850508_Rede.html (Stand: 21. Dezember 2015).

Wingert, Lutz. 1991. Haben wir moralische Verpflichtungen gegenüber früheren Generationen? Moralischer Universalismus und erinnernde Solidarität. *Babylon* 9: 78–94.

Wittgenstein, Ludwig. 2000. Philosophisches Untersuchungen. In: ders., *Werkausgabe*, Band 1, 225–580. Frankfurt a. M.: Suhrkamp.

Zedler, Johann Heinrich. 1746. *Grosses vollständiges Universallexikon aller Wissenschaften und Künste*. Leipzig/Halle: Zedler.

Zimmermann, Rolf. 2006. Was heißt historische Verantwortung? Ein systematischer Grundriss zum Verhältnis von Moral und Geschichte. *Deutsche Zeitschrift für Philosophie* 54 (6): 853–865.

Staatlichkeit und Verantwortung zweiter Ordnung

Cord Schmelzle

1. Einleitung[1]

Um zu verstehen, welche Bedeutung Verantwortungsbeziehungen in unserem Leben zukommt, ist es hilfreich, sich für einen Moment eine Welt vorzustellen, die in allen Aspekten der unseren gleicht, nur mit dem Unterschied, dass es in ihr keine Verantwortung gibt.[2] In einer solchen Welt könnte es zwar ebenfalls Normen geben, die Handlungserwartungen formulierten, aber Verstöße könnten dort nicht geahndet werden, da die Verantwortung einer Akteurin in der Regel eine Voraussetzung für moralische Vorwürfe und rechtliche Sanktionen ist. Folglich könnten Verabredungen über die Erfüllung bestimmter Aufgaben zwar getroffen werden, aber sie hätten geringen praktischen Wert, da ihre Nichterfüllung folgenlos bleiben müsste. Bedürftige könnten in dieser Welt nur darauf hoffen, dass sich jemand ihrer erbarmt und ihnen Hilfe zuteilwerden lässt, es gäbe aber niemanden, der aufgrund seiner Rolle für ihr Wohl verantwortlich wäre. Und schließlich wüsste niemand, gegen wen er seinen Protest gegen diese Verhältnisse richten sollte, da keinem Akteur eine *Verantwortung zweiter Ordnung* für diesen allgemeinen Mangel an Verantwortung zukäme.

In diesem Beitrag möchte ich für zwei Thesen argumentieren: *Erstens*, dass politische Institutionen notwendig sind, um den dystopischen Zustand einer Welt ohne Verantwortung zu vermeiden. Demnach ergeben sich Verantwortungsbeziehungen sowohl im Sinne der retrospektiven Zuschreibung als auch der prospektiven Zuweisung von Verantwortung in der Regel nicht naturwüchsig, d.h. rein kausal oder aus substantiellen moralischen Erwägungen, sondern müssen erst durch institutionelle Normen und politische Verfahren bestimmt oder gar geschaffen werden. Dies ist so, weil die materialen Prinzipien der Verantwortungszuweisung bzw. -zuschreibung häufig uneindeutig sind und so erheblichen Spielraum für *vernünftige Uneinigkeit* lassen,[3] die sich nur durch institutionelle Normen und autoritative Verfahren verbindlich überwinden lässt. Deswegen besteht eine zentrale Funktion politischer Institutionen darin, faire, verlässliche und eindeutige Normen und Verfahren der Verantwortungsbestimmung zu stiften.

1 Ich danke Anna Geis, Tamara Jugov, Christian Neuhäuser, Sophia Obermeyer und Andreas Oldenbourg sowie den anonymen Gutachterinnen und den Herausgebern des Sonderhefts für zahlreiche hilfreiche Kommentare.

2 Dieses Szenario ist von Joel Feinbergs Gedankenexperiment einer Gesellschaft ohne Rechte (*Nowheresville)* inspiriert (1970b). Peter French geht in seiner Einleitung zu dem Sammelband *The Spectrum of Responsibility* ähnlich vor, um die Bedeutung von Verantwortungsrelationen zu verdeutlichen (1991).

3 Der Begriff der vernünftigen Uneinigkeit stammt von John Rawls (1993, S. 54ff.). Er bezeichnet Situationen, in denen wohlmeinende und kompetente Akteure irrtumsfrei zu unterschiedlichen Einschätzungen politisch-moralischer Sachverhalte kommen können.

Zweitens werde ich dafür argumentieren, dass staatliche Institutionen für diese Funktionen besonders geeignet sind, da sie aufgrund ihres Anspruchs auf letztinstanzliche Autorität eine Verantwortung zweiter Ordnung für das Funktionieren des Systems der Verantwortungsbestimmung tragen. Es ist diese sekundäre Verantwortung, die Staatlichkeit als spezifische Organisationsform politischer Herrschaft ausmacht. Sie gibt den Bürgerinnen einen einheitlichen Adressaten, an den politische Forderungen und Proteste gerichtet werden können und bildet den archimedischen Punkt, von dem aus moderne Gesellschaften auf sich selbst einwirken können.

Der Artikel ist in drei Schritte gegliedert. Im folgenden Abschnitt werde ich den Begriff der Verantwortung für die Zwecke des Beitrags näher bestimmen. Hier wird es mir zunächst darum gehen, verschiedene Typen von Verantwortung zu unterscheiden. Dabei wird sich zeigen, dass Verantwortungsbeziehungen aller Typen häufig nicht naturwüchsig sind, sondern nur vor dem Hintergrund eines von Institutionen geschaffenen Normensystems eindeutig bestimmt werden können. Politische Institutionen legen zum einen verbindlich fest, welche Handlungen Rechenschaftspflichten erzeugen, weil sie gegen Sorgfalts-, Handlungs- oder Unterlassungspflichten verstoßen und stellen zum anderen die Verfahren bereit, mit denen Verantwortungsbeziehungen geschaffen und verändert werden können (2). Im nächsten Schritt werde ich argumentieren, dass staatliche Institutionen für diese Aufgabe besonders geeignet sind, da ihnen eine Verantwortung zweiter Ordnung für das System der Verantwortungsbestimmung zukommt. Diese sekundäre Verantwortung ergibt sich aus dem staatlichen Anspruch auf letztinstanzliche Autorität: Er erlaubt es einerseits, Staaten die Aufgabe zuzuweisen, ein faires und effektives System von Verantwortungsbeziehungen zu etablieren und ermöglicht es andererseits, sie politisch in Haftung zu nehmen, wenn Regelungs- und Verantwortungslücken entstehen. Diese Dialektik von Autoritätsanspruch und Verantwortungszuschreibung werde ich in diesem Abschnitt genauer herausarbeiten. Konkret möchte ich zeigen, dass Staaten aufgrund ihrer Struktur und ihres institutionellen Status zwei Typen von Verantwortung zweiter Ordnung zukommen, die ich *Metaverantwortung* und *Letztverantwortung* nennen werde (3). Im letzten Abschnitt werde ich schließlich meine Argumentation zusammenfassen und zwei Einwände gegen die Konzeptualisierung des Staates als Träger von Meta- und Letztverantwortung diskutieren (4).

2. Typen der Verantwortung

In der Einleitung habe ich bereits auf die verschiedenen Rollen hingewiesen, die Verantwortungsbeziehungen in unserem Alltag spielen. Die genannten Bespiele – die prospektive Verantwortung für spezifische Aufgaben, die retrospektive Verantwortung für Handlungsfolgen sowie Verantwortung im Sinne moralischer oder rechtlicher Rechenschaftspflichten – haben deutlich gemacht, dass sich in unserem Gebrauch des Begriffs verschiedene Bedeutungen unterscheiden lassen, die jedoch aufeinander verweisen. Im Folgenden möchte ich vier Typen von Verantwortung und ihre Binnenbeziehungen genauer untersuchen und aufzeigen, welche Rolle Institutionen jeweils für die Varianten spielen. Die Unterschiede zwischen den Typen lassen sich anhand einer kurzen Parabel von Herbert Hart (1968: 211) illustrieren, die ich für meine Zwecke leicht abgewandelt habe. In der Geschichte geht es um die letzte Fahrt der *Nautilus* unter Kapitän Hansen, deren tragischer Verlauf uns die Gelegenheit gibt, alle Aspekte von Verantwortung kennenzulernen:

> Kapitän Hansen erfreute sich zu Beginn seiner letzten Fahrt einer tadellosen körperlichen und geistigen Verfassung und konnte daher als voll verantwortlich gelten (1). In seiner Rolle als Kapitän der *Nautilus* war er für die Sicherheit der Besatzung und Passagiere verantwortlich (2). Eines Abends war er jedoch so betrunken, dass er das Schiff gegen einen Eisberg treiben ließ, was zur Havarie der *Nautilus* führte. Hansen verteidigte sich, die starke Strömung sei für den Unfall verantwortlich gewesen (3). Da er diese nüchtern jedoch bewältigt hätte, lag die Verantwortung für das Unglück ganz bei ihm (4a). Als seine Trunkenheit bekannt wurde, machten die Angehörigen der Opfer Hansen wütende Vorwürfe und versuchten ihn mit allen rechtlichen Mitteln zur Verantwortung zu ziehen (4b).

In Harts Parabel werden vier Typen von Verantwortung unterschieden, die ich im Folgenden detaillierter diskutiere: Verantwortung als Verantwortungsfähigkeit (1), Verantwortung als Aufgabenverantwortung (2), kausale Verantwortung (3) und schließlich Rechenschaftsverantwortung, die sich noch einmal in zwei Subtypen aufspalten lässt (4a-4b).

2.1 Verantwortung als Verantwortungsfähigkeit

In einer ersten Hinsicht ist in der Geschichte von Verantwortung im Sinne von *Verantwortungsfähigkeit* die Rede. Diese Eigenschaft lässt sich allerdings auf zwei Weisen verstehen: In einem weiten Sinne, den ich hier nur erwähnen möchte, bezieht sie sich auf die metaphysischen Bedingungen der Möglichkeit von Rechenschaftsverantwortung. Dies ist die seit der Antike geführte Debatte darüber, ob wir in einer determinierten Welt leben, ob ein solcher Determinismus mit Willensfreiheit kompatibel ist und welche Art von Willensfreiheit die Voraussetzung für die Möglichkeit von Verantwortungsbeziehungen bildet.[4] Im Folgenden gehe ich davon aus, dass Verantwortungsfähigkeit in diesem metaphysischen Sinne gegeben ist, also zumindest einige von uns über einen hinreichend freien Willen verfügen, der es rechtfertigt, sie als verantwortliche *Autorinnen* ihrer Handlungen zu verstehen.[5]

Die Frage nach den Bedingungen der Verantwortungsfähigkeit in einem engeren Sinne zielt auf die intellektuellen und psychologischen Voraussetzungen dafür, dass einem konkreten Akteur der Status eines verantwortungsfähigen Subjekts zukommt. Hier geht es vor allem darum, ob er die an ihn gerichteten rechtlichen oder moralischen Normen versteht, die Folgen seines Handelns abschätzen kann und zumindest prinzipiell dazu in der Lage ist, intentional zu handeln (Hart 1968, S. 227-230). In Ergänzung des abstrakten Kriteriums der metaphysischen Freiheit

4 Für einen exzellenten Überblick zu dieser Debatte vgl. die Beiträge in Watson (2003).

5 Voraussetzung für metaphysische Verantwortung ist demnach nur, dass die Handlungen der Akteure Ausdruck ihrer praktischen Identität sind; es ist hingegen nicht notwendig, dass sie auch anders hätten handeln können. Die klassische Formulierung dieser Position findet sich bei Frankfurt (1969). Vgl. hierzu auch Watson (1996) sowie Fischer und Ravizza (1998).

sollen auch diese konkreten kognitiven Anforderungen sicherstellen, dass nur diejenigen Akteure für die Folgen ihrer Handlungen verantwortlich gemacht werden, die sinnvoller Weise als Autorinnen ihrer Handlungen zu betrachten sind. Dies können wir als das *Prinzip der Autorenschaft* bezeichnen. Dieses Prinzip schließt zumindest die Fähigkeit ein, Handlungen und Handlungsfolgen beabsichtigen, bewerten und berechnen zu können (Watson 1996). Nur wenn diese Bedingungen gegeben sind, sind Praktiken des Verantwortlich-Machens und Zur-Verantwortung-Ziehens gerechtfertigt und moralische Empfindungen wie Groll und Dankbarkeit, die wir mit Verantwortungszuschreibungen verbinden, angemessen (vgl. Strawson 1962).

Ein gängiges Beispiel für Personen, die diese Anforderungen in der Regel nicht erfüllen, sind (kleine) Kinder. Hier geht beispielsweise der deutsche Gesetzgeber davon aus, dass Kinder unter 14 Jahren nicht strafrechtlich schuld- und Kinder unter sieben Jahren nicht zivilrechtlich deliktfähig sind; ihnen widerrechtliche Taten also nicht zuzurechnen sind. Diese Altersgrenzen variieren im internationalen Vergleich jedoch erheblich.[6]

Diese Varianz ist ein erster Hinweis darauf, dass ein hohes Maß an Uneinigkeit über die Bedingungen der Verantwortungsfähigkeit existiert. Drei Ebenen lassen sich hier unterscheiden: Uneinigkeit kann hinsichtlich der konkreten Fähigkeiten F bestehen, die Verantwortungsfähigkeit begründen, sie kann hinsichtlich des Schwellenwertes S vorliegen, den verantwortungsfähige Akteure in Hinblick auf F mindestens erreicht haben müssen und schließlich kann sie hinsichtlich der Beurteilung von Einzelfällen aufkommen, also der Frage, anhand welcher Methoden geprüft wird, ob ein Akteur X über F mindestens im Maße S verfügt (vgl. Vincent 2011). Welche Fähigkeiten vorausgesetzt, welche Schwellenwerte festgelegt und welche Tendenz Einzelfallentscheidungen aufweisen, dürfte zudem erheblich davon abhängen, welche Bedeutung der Zumessung von Schuld und Strafe in dem jeweiligen Rechtssystem zukommt. Wenn etwa der Abschreckungs- den Resozialisierungsgedanken überwiegt, dürfte die Interpretation der Variablen F und S wesentlich strenger ausfallen als im umgekehrten Fall.

Für das Argument des vorliegenden Aufsatzes ist dieses Potential epistemischer und normativer Uneinigkeit wichtig, da sich hiermit zeigen lässt, dass die Akteure einseitig vorgenommene Verantwortungszuschreibungen und damit verbundene Konsequenzen schon auf der Ebene der Verantwortungsfähigkeit nicht akzeptieren müssen. Aus diesem Grund entsteht ein normativer Druck, unparteiliche und epistemisch zuverlässige Verfahren der Verantwortungszuschreibung zu entwickeln, d.h. legislative und rechtsprechende Institutionen, die die normativen und epistemischen Fragen der Verantwortungsfähigkeit regulieren.

6 Für einen umfassenden internationalen Vergleich der Straffähigkeit von Kindern und Jugendlichen vgl. Cipriani (2016, S. 93ff.).

2.2 Verantwortung als Aufgabenverantwortung

Der zweite Typ von Verantwortung, der in Harts Parabel erwähnt wird, bezieht sich auf die Aufgaben, die Hansen aufgrund seiner Rolle als Kapitän zukommen. Explizit genannt wird die Verpflichtung, die Sicherheit von Crew und Passagieren zu gewährleisten. Hart nennt diese Form der prospektiven Verantwortung Rollenverantwortung; die Bezeichnung Aufgabenverantwortung (*task responsibility*) ist allerdings ebenfalls verbreitet (Baier 1972; Goodin 1986). Die Struktur solcher prospektiven Verantwortungsverhältnisse wird häufig als vierstellige Relation zwischen einem Verantwortungsträger (A), einem Objekt der Verantwortung (X), einer Verantwortungsinstanz (B) und dem relevanten normativen Verantwortungsstandard (S) ausgedrückt (so etwa Neuhäuser 2014):

> A ist gegenüber B aufgrund von Standard S dafür verantwortlich, dass X der Fall sein wird.

In unserem Beispiel ist Kapitän Hansen der Verantwortungsträger A und die sichere Ankunft von Crew und Passagieren ist das Objekt der Verantwortung X. Die Verantwortungsinstanz B benennt die Klasse von Akteuren, gegenüber der A für X verantwortlich ist. Die Frage, wer zu ihr gehört, lässt sich am besten beantworten, wenn man fragt, was normativ aus der Mitgliedschaft in B folgt. Mein Vorschlag lautet, dass B all diejenigen Akteure umfasst, den mindestens ein spezifisches Recht gegenüber A in Hinblick auf seine Verantwortung für X zukommt. Hier lassen sich vier Typen von Rechten unterscheiden (vgl. Schedler 1999; Wenar 2006): *Erstens* Rechtfertigungsansprüche, die A verpflichten, gegenüber Mitgliedern von B für sein Handeln Rechenschaft abzulegen. Rechtfertigungsansprüche gehen *zweitens* häufig mit Kontrollrechten einher, die Mitglieder von B berechtigen, As Handeln mit Blick auf seine Verantwortung für X zu überwachen. *Drittens* kommen einigen Mitgliedern von B Kompensationsrechte zu, die zu Schadensersatzansprüchen gegenüber A berechtigen, falls X durch As Verschulden nicht eintritt. *Viertens* sind schließlich Sanktionsrechte zu nennen, die Mitgliedern von B die Bestrafung von A für Versäumnisse in Hinblick auf X gestatten. Im Fall von Kapitän Hansen dürfte die Verantwortungsinstanz B mindestens Crew und Passagiere (Rechtfertigungsansprüche und Kompensationsrechte), den Reeder des Schiffs (alle vier Rechte) und die zuständigen Behörden (Rechtfertigungsansprüche, Sanktions- und Kontrollrechte) umfassen.

Der Verantwortungsstandard S hängt schließlich vom normativen Kontext der Verantwortungsbeziehung ab. Hier kann man zunächst grob zwischen natürlichen moralischen Verpflichtungen und institutionell definierten Standards unterscheiden. Während der Ausdruck der Rollenverantwortung häufig nur auf institutionell begründete Verpflichtungen bezogen wird, soll die Rede von Aufgabenverantwortung explizit beide Quellen von Standards einschließen. Ich werde im Folgenden von Aufgabenverantwortung sprechen, da ich sowohl natürliche als auch institutionell begründete Verantwortungsverhältnisse diskutieren möchte. Dabei wird sich zeigen, dass Institutionen nicht nur (trivialerweise) für die Bestimmung institutioneller Verpflichtungen notwendig sind, sondern auch für die Konkretisierung und Zuordnung *natürlicher* Verpflichtungen. Dieser Gedanke wird plausibel, wenn zwischen dem institutionellen oder natürlichen *Grund* einer Verpflichtung und ihrer institutionellen oder spontanen *Operationalisierung* unterschieden wird.

Unter dem *Grund* einer Verpflichtung verstehe ich ihre normative Quelle. Eine Verpflichtung hat einen *institutionellen Grund*, wenn sie sich aus einer Rolle oder sozialen Beziehung ergibt, die durch formelle oder informelle Institutionen ermöglicht, definiert oder geschaffen wurde. Diesem Verständnis liegt ein weiter Institutionenbegriff zugrunde (vgl. Schmelzle 2016), der durch soziale Normen strukturierte Beziehungen (etwa Familien), selbstgewählten Bindungen (z.B. durch Verträge) und professionelle Rollen und Ämter (wie etwa die Rolle der Ärztin oder das Amt der Richterin) umfasst. Die mit einer institutionellen Rolle einhergehenden Verpflichtungen (und Rechte) sind dabei kein zufälliges Beiwerk der Institution, sondern ergeben sich direkt aus ihrer Funktion (vgl. Searle 1995). Institutionen und die von ihnen geschaffenen Rollen sind aus dieser Perspektive *normative Werkzeuge*, die Akteuren einerseits die Verantwortung für bestimmte Aufgaben zuweisen und ihnen andererseits bestimmte Rechte verleihen, die für die Erfüllung der Aufgaben notwendig sind (vgl. Downie 1971, S. 128; Hardimon 1994, S. 333).

Institutionell begründete Verpflichtungen werden in der Regel auch *institutionell operationalisiert*. Damit ist gemeint, dass die jeweiligen Institutionen nicht nur die normative Grundlage abstrakter Verpflichtungen bilden, sondern auch Regeln und Verfahren für ihre Konkretisierung und Zuordnung zu einzelnen Akteuren bereitstellen. Sie bilden den Standard (Variable S), der definiert, *wer* (Variable A) gegenüber *wem* (Variable B) für *was* genau (Variable X) verantwortlich ist. Im Fall von informellen Institutionen sind diese Regeln eher vage und interpretationsbedürftig, im Fall formeller Institutionen wie Vertragsbeziehungen oder öffentlicher Ämter dagegen oft hochgradig verrechtlicht.

Dass Institutionen eine wichtige Rolle für die Operationalisierung *institutioneller* Pflichten spielen, dürfte kaum überraschen. Interessant ist hingegen die Beobachtung, dass sie häufig auch für die verbindliche Bestimmung *natürlich* begründeter Verpflichtungen notwendig sind: Eine Verpflichtung hat einen *natürlichen Grund*, wenn sie auf moralischen Normen beruht und allgemein und reziprok gegenüber allen gilt, also unabhängig von persönlichen Beziehungen, selbstgewählten Bindungen oder institutionellen Rollen besteht. Beispiele sind Nichtschädigungs- und einfache Nothilfepflichten, wie etwa die, ein ertrinkendes Kind zu retten. In Peter Singers klassischer Version dieses Falls, trifft ein Spaziergänger auf ein Kind, das in einem seichten Teich zu ertrinken droht (1972). Aufgrund dieser Kontextbedingungen lassen sich die Verpflichtungen des potentiellen Retters in diesem Beispiel *spontan operationalisieren*. Damit ist gemeint, dass der Inhalt und Umfang der Verantwortung der einzelnen Akteure eindeutig ist und sich von ihnen *ad hoc* in konkrete Handlungen übersetzen lässt, also die Werte der Variablen A, B und X in der konkreten Situation hinreichend klar sind. In Singers Gedankenexperiment sind die Rahmenbedingungen so gewählt, dass keine vernünftige Uneinigkeit über den Inhalt (es ist eine einfache *Rettung*), den geschuldeten Umfang (es ist *eine einfache* Rettung) und den Träger der Verpflichtung (es gibt nur *einen* potentiellen Helfer) bestehen kann. Wenn man diese Parameter jedoch nur ein wenig verändert, verlieren die Verantwortungsbeziehungen erheblich an Bestimmtheit: Sobald man etwa die Anzahl der potentiellen Retter und der zu rettenden Kinder erhöht, ist die eindeutige Zuordnung einer Aufgabe zu einem Verantwortungsträger aufgebrochen. Würde man nun auch noch die akute Notlage des Kindes durch eine permanente Bedrohung ersetzen, wie etwa der, in einem Überflutungsgebiet zu leben (einem drängenden Problem in vielen informellen Siedlungen in Schwellen- und Entwicklungsländer), so wäre auch der Inhalt der Verpflichtung nicht mehr klar, da es mit einem einfachen Aus-dem-Teich-Ziehen nicht mehr getan wäre (vgl. Mieth 2008).

In solchen Situationen, in denen die Kontextbedingungen keine eindeutige Operationalisierung natürlicher Verpflichtungen erlauben, entsteht eine Pflicht für die Helfer, ihre Rettungsbemühungen zu koordinieren. Dabei gilt es, die Lasten der Verantwortung fair zu verteilen und sicherzustellen, dass all denjenigen geholfen wird, die Hilfe benötigen. Bei komplexen, großflächigen und permanenten Problemen wie etwa der Bekämpfung globaler Armut (Beck 2016), des Klimawandels (Hahn 2014) oder auch nur der verlässlichen Nothilfe an einem belebten Strand, dürften Ad-hoc-Verabredungen zwischen den potentiellen Helfern jedoch kaum genügen, um ihre natürlichen Verpflichtungen effektiv zu operationalisieren. In solchen Situationen ist hoffnungslos unterbestimmt, *wer* (A) gegenüber *wem* (B) aufgrund *welcher Standards* (S) für *was* (X) verantwortlich ist. Dies liegt zum einen an dem schieren Umfang der Aufgaben, der aus Gründen der Effektivität und Fairness Systeme der Arbeitsteilung erforderlich macht. Zum anderen steigt mit der Komplexität der Probleme auch die Wahrscheinlichkeit vernünftiger Uneinigkeit hinsichtlich des Umfangs der Aufgabenverantwortung, der Bewertung von Fakten und der Formulierung von Lösungsstrategien. Dieses Potential für Meinungsverschiedenheiten macht Entscheidungsmechanismen erforderlich, die faire und verbindliche Konfliktlösungen ermöglichen. Eine primäre Aufgabe politischer Institutionen besteht daher darin, solche *moralischen Koordinationsprobleme* zu bewältigen (Schmelzle 2015, Kap. 2). Die Lösung besteht in diesen Fällen in der Gründung von legitimen und durchsetzungsfähigen Institutionen, die die abstrakten Hilfspflichten der Akteure willkürfrei *institutionell operationalisieren*, sie also konkretisieren, aufeinander abstimmen und gegebenenfalls transformieren (klassisch Goodin 1988; Shue 1988). So kann sich die Pflicht zur Nothilfe etwa in eine Pflicht zur steuerlichen Finanzierung einer effektiven Seenotrettung wandeln oder hinsichtlich des Problems der globalen Armut die Form staatlicher Entwicklungshilfe annehmen.

Die bisher genannten Einwände gegen die spontane Operationalisierung von Verantwortungsrelationen ergeben sich aus der Möglichkeit vernünftiger Uneinigkeit. Wenn Inhalt und Umfang von Verpflichtungen auch zwischen wohlmeinenden Parteien potentiell strittig sind, verringert das ihre Verbindlichkeit und somit letztlich die Verlässlichkeit der Verantwortungsbeziehungen. Die spontane Operationalisierung ist aber auch noch aus einem zweiten Grund problematisch, der mit den normativen Vorteilen zu tun hat, die üblicherweise mit Verantwortungspositionen einhergehen. Institutionen weisen nämlich Akteurinnen in der Regel nicht nur die Verantwortung für bestimmte Aufgaben zu, sondern statten sie auch mit den materiellen Mitteln – etwa Geld und Gewehren – sowie normativen Ressourcen – Erlaubnissen und Kompetenzen – für ihre Erfüllung aus. In beiden Fällen besteht ein allgemeines Interesse daran, dass die Zuweisung dieser Mittel nach transparenten Regeln erfolgt. Die institutionelle Zuweisung von Verantwortung ist aus dieser Perspektive ein Schutzmechanismus gegen die spontane Verantwortungsübernahme durch opportunistische Akteure, die es eher auf die Rechte, als auf die Pflichten von Verantwortungspositionen abgesehen haben.

Diese Überlegungen zeigen, dass Aufgabenverantwortung in allen komplexen Fällen eine institutionelle Dimension hat oder zumindest haben sollte. Institutionen sind entweder die Quelle dieser Form von Verantwortung, ein Schutzmechanismus gegen ihren Missbrauch oder ein notwendiges Hilfsmittel, um einer natürlichen Verpflichtung effektiv nachkommen zu können. Diese Bedeutung von Institutionen für unsere normativen Verpflichtungen wirft die Frage auf, ob es einen institutionellen Ort gibt, an dem die Verantwortung für die Ausgestaltung von Verantwortungsbeziehungen gebündelt ist. Dieser Frage nach einer höherstufigen Aufgabenverantwortung gehe ich im nächsten Abschnitt nach. Dort werde ich argumentieren, dass diese *Metaverantwortung* ein zentrales Merkmal von Staatlichkeit ist.

2.3 Kausale Verantwortung

Ein dritter Verantwortungstyp ist die kausale Verantwortung. Im Gegensatz zur normativen Aufgabenverantwortung ist kausale Verantwortung ein deskriptiver Begriff, der die Verursachung eines Ereignisses durch einen Akteur oder ein anderes Ereignis beschreibt. In diesem Sinne benutzt Kapitän Hansen den Verantwortungsbegriff, wenn er sagt, dass die Strömung (und nicht seine Trunkenheit) für den Unfall verantwortlich gewesen sei. Kausale Verantwortung ist aus politiktheoretischer Perspektive insofern interessant, als dass sie eine häufig genannte Bedingung für Zurechnungsverantwortung ist. Als solche erscheint sie besonders attraktiv: Zum einen, weil das moralische Prinzip, nach dem derjenige für einen Schaden zu haften hat, der den Schaden verursacht hat, intuitiv überzeugend ist. Zum anderen, da kausale Verantwortung, so wird zumindest häufig argumentiert, ein rein faktisches, normen- und institutionenunabhängiges Verursachungsverhältnis beschreibt, das die Zuschreibung moralischer Schuld und rechtlicher Haftungspflichten empirisch verankert. Dahinter steht die szientistische Hoffnung, dass die vermeintliche Klarheit und Objektivität kausaler Verursachung die Suche nach den Trägern moralischer und haftender Verantwortung (kurz: Rechenschaftsverantwortung) erheblich vereinfachen dürfte (so Epstein 1973). Diese Hoffnung möchte ich im Folgenden relativieren. Dabei werde ich nicht bestreiten, dass kausale Verursachung für die Bestimmung von normativen Verantwortungsrelationen von Bedeutung ist, sondern lediglich für drei Thesen argumentieren, die die vermeintliche Unabhängigkeit kausaler Verantwortung von institutionellen Normen fraglich erscheinen lassen. Dies ist erstens die These, dass *ungefilterte* kausale Verursachungsbeziehungen in vielen Fällen keinen eindeutigen Adressaten für Verantwortungszuschreibungen identifizieren (1). Zweitens, dass die relevanten *Filter* in den uns hier interessierenden Kontexten häufig institutionelle Normen sind, was die erhoffte Objektivität einer rein deskriptiven Untersuchung zunichtemacht (2). Und drittens, dass im Fall der Verursachung durch Unterlassen institutionelle Normen häufig eine Kausalrelation erst *konstituieren*, also die Verursachungsbeziehung selber normativ begründet ist (3).

(1) Die These, dass ein ungefilterter Blick auf die kausalen Ursachen eines Ereignisses wenig informativ und für praktische Zwecke – wie Prävention oder Verantwortungsbestimmung – häufig nutzlos ist, lässt sich bereits dadurch belegen, dass man die Ursachen eines Ereignisses möglichst vollständig aufzählt. Als Beispiel kann uns der Tod von Nielsen dienen, einem Passagier auf der *Nautilus*. Nach Richard Wright können wir sagen, dass ein Ereignis oder Weltzustand U eine Ursache für ein Ereignis oder Weltzustand E ist, wenn U ein notwendiges Element in einem hinreichenden Set von Bedingungen für E ist (eine sogenannte NESS-Bedingungen, 1985, 1788ff.). Hinsichtlich des Todes von Nielsen kennen wir bereits drei dieser notwendigen Elemente: Die Trunkenheit von Hansen, die starke Strömung und das Vorhandensein des Eisbergs. Weitere Faktoren lassen sich mühelos aufzählen: Die relevanten Gesetze der Physik, die Erfindung der Schifffahrt, die Routenplanung der Reederei (schließlich gibt es nicht überall Eisberge), die Bauart und behördliche Zulassung des Schiffs und nicht zuletzt Nielsens Entscheidung an Bord zu gehen. All dies sind notwendige Faktoren in einem hinreichenden Set von Bedingungen für Nielsens Tod. Welchen dieser Faktoren wir als ‚die Ursache' isolieren wollen, hängt nun entscheidend davon ab, aus welchem (Erkenntnis-)Interesse wir die Kausalgeschichte des Unfalls untersuchen (Schaffer 2013). Wollten wir die Routenplanung verbessern, sollten wir uns auf die Strömung und die Verteilung von Eisbergen konzentrieren, untersuchten wir den Unfall aus der Perspektive eines Schiffbauingenieurs, so dürfte uns vor allem die Bauweise des Schiffes interessieren. Und selbst wenn wir uns nur dafür interessierten, wer die Verantwortung für Nielsens Tod trägt, so blieben noch immer mindestens Hansen, der Reeder, die Ingenieure und Nielsen selbst als Kandidaten übrig, da ihr Handeln jeweils eine NESS-Bedingung für Nielsens Tod war. Noch deutlicher wird das Problem der praktischen Nutzlosigkeit ungefilterter Kausalinformationen, wenn man sich vor Augen führt, dass es sich bei der Ursachenermittlung für ein Schiffsunglück um einen relativ einfachen Fall handelt. Betrachtet man hingegen die undurchsichtigen und häufig nur im Aggregat wirksamen Kausalfaktoren, die zum Klimawandel oder zur Ausbeutung von Textilarbeiterinnen in Südasien führen, so dürfte sich die Hoffnung, Verantwortungsfragen rein kausal zu klären, vollends verflüchtigen (Young 2004; Lichtenberg 2010).

(2.) Das Argument des letzten Absatzes hat klargemacht, dass wir kausale Zusammenhänge in der Regel durch bestimmte Filter betrachten – und auch betrachten müssen – wenn wir praktische Konsequenzen mit ihnen verbinden wollen. Jonathan Schaffer spricht in diesem Zusammenhang von kausalem Kontextualismus (2013). Die Filter, die für die Analyse eines Kausalzusammenhangs genutzt werden, ergeben sich dabei, wie oben bereits angedeutet, aus dem *Zweck* der Analyse. Ein zentraler praktischer Zweck der Analyse von Verursachungsbeziehungen ist die Bestimmung von Haftungsverantwortung, d.h. die Zuordnung von Sanktionen und Kompensationspflichten für Schädigungen. In diesen Fällen, so meine zweite These, sind es häufig institutionelle Normen, die bestimmen, *ob* und *welche* kausalen Beiträge Haftungsverantwortung erzeugen. Institutionelle Normen bestimmen zunächst, ob kausale Faktoren überhaupt für

Haftungsfragen relevant sind. Dies ist häufig – aber nicht immer – der Fall. So haften etwa Versicherungen regelmäßig für Schäden, die nicht von ihnen oder ihren Agenten verursacht worden sind. Häufiger sind jedoch Fälle, in denen Verursachung für Haftung notwendig ist, aber mehrere Personen einen notwendigen kausalen Beitrag geleistet haben – wie etwa im Falle von Nielsens Tod. Hier ist es in der Regel so, dass nur diejenigen kausalen Beiträge Haftungspflichten erzeugen können, die sich aus (vorsätzlich oder fahrlässig) *normwidrigem* Handeln ergeben (vgl. Hart u. Honoré 1985, 123ff.).[7] Die Bedingung der Normwidrigkeit macht deutlich, dass die Bestimmung von Ursachen zum Zweck der rechtlichen Sanktionierung auf ein Set institutioneller Normen angewiesen ist, das widerrechtliches von zulässigem Handeln unterscheidet. Institutionelle Normen dienen hier als Filter, die diejenigen kausalen Faktoren aus dem Strom der Ereignisse heraussieben, die Rechenschaftsverantwortung begründen.

(3.) Meine dritte These stellt einen noch stärkeren Zusammenhang zwischen institutionellen Normen und kausaler Verantwortung her, als es die Filterbeziehung tut. Sie besagt, dass in einem weiten Spektrum von Fällen Normen konstituierende Bedeutung für Kausalrelationen haben, nämlich im Fall der Verursachung durch Unterlassen. Das klassische Beispiel, an dem etwa Sarah McGrath diesen Zusammenhang erläutert, ist ein Szenario in dem Barry seiner Nachbarin Alice verspricht, ihre Blumen während ihres Urlaubs zu gießen (2005). Barry kommt dieser Aufgabe jedoch nicht nach und bei Alices Rückkehr sind die Blumen eingegangen. Alltagssprachlich würde man kaum zögern, Barrys Unterlassung als Ursache für das Verdorren der Pflanzen zu nennen. Nun könnte man argumentieren, dass das Ergebnis zwar richtig, aber uninformativ ist, da das zugrundeliegende Prinzip eine Unzahl von verantwortlichen Parteien erzeuge. Schließlich sei nicht nur Barrys Unterlassung eine Ursache für den Tod der Pflanzen, sondern auch die von seinem Mitbewohner Carl und dessen Schwester Doro, die 9000km entfernt in Lima lebt. Die Antwort auf diese Art von Einwand ist natürlich, dass der entscheidende Unterschied zwischen Barry einerseits, und Carl und Doro andererseits, darin besteht, dass Barry Alice versprochen hat, die Blumen zu gießen. Versprechen wiederum sind Institutionen, die die Übertragung von Aufgabenverantwortung regulieren. Barrys Versprechen, Alices Blumen zu gießen, begründet somit seine Verantwortung für diese Aufgabe und erlaubt es, sein Unterlassen als Ursache des Schadens zu verstehen. Analog gilt dasselbe für andere institutionelle Mechanismen der Verantwortungszuordnung wie Verträge und Gesetze, die zudem rechtliche Ansprüche begründen und somit sozial wirksamer sind als bloße Versprechen. In diesen Fällen sind institutionelle Normen nicht nur Filter, die über die Relevanz von Kausalrelationen entscheiden, sondern die Bausteine, die Verursachungsbeziehungen erst herstellen.

---

7 Eine wichtige Ausnahme bildet die zivilrechtliche Figur der Gefährdungshaftung, die eine Ersatzpflicht eines Verursachers auch ohne Verschulden vorsieht. Ihr liegt die Idee zugrunde, dass, wenn sich kein Verschulden feststellen lässt, derjenige die Kosten eines Unglücks tragen sollte, der von einer riskanten Tätigkeit – wie etwa dem Betreiben eines Atomreaktors – profitiert. Somit ist es auch in diesem Fall eine institutionelle Norm, die entscheidet unter welchen Bedingungen sich haftende Verantwortung aus Verursachung ergibt.

Halten wir fest: Kausale Verursachung ist eine wichtige, in vielen Fällen notwendige Bedingung für die Zuordnung moralischer, strafrechtlicher und zivilrechtlicher Verantwortung. Dies ist so, weil wir auf aufgrund des Prinzips der Autorenschaft nur für diejenigen Handlungsfolgen haften sollten, die uns zu Recht zugeschrieben werden können. Kausale Beteiligung ist dafür in vielen Fällen notwendig. Allerdings reicht nicht jeder kausale Beitrag aus, um als Urheber einer Handlungsfolge zu gelten. Institutionelle Normen verknüpfen nun die kausalen Beiträge von Akteuren auf zweierlei Weisen mit Handlungsfolgen: Sie bestimmen anhand normativer Prinzipien, welche kausalen Beiträge als verantwortungsrelevante Ursachen zu betrachten sind und sie konstituieren Aufgabenverantwortung, die Unterlassungen zu kausalen Faktoren werden lässt.

2.4 Rechenschaftsverantwortung

Der letzte Typ von Verantwortung begegnet uns in der Geschichte von Kapitän Hansen gleich in zwei Varianten. Erstens ist davon die Rede (als Verantwortung 4a), dass Hansen aufgrund seiner Trunkenheit für das Schiffsunglück verantwortlich ist. Gemeint ist damit, dass Hansen derjenige ist, der die *Schuld* an dem Unglück trägt und dem seine Konsequenzen zur Last gelegt werden können. Diese Variante wird häufig als Zurechnungsverantwortung (*responsibility as attributability*) bezeichnet (Watson 1996). Zurechnungsverantwortung ist die Konsequenz des *Prinzips der Autorenschaft*, das ich im Abschnitt zur Verantwortungsfähigkeit bereits eingeführt habe: Wenn ein Akteur über die dort erwähnten kognitiven und moralischen Fähigkeiten verfügt, sind wir berechtigt, diese Handlungen als *seine* Handlungen zu verbuchen und ihm mit Wert- oder Geringschätzung zu begegnen. Nur unter diesen Bedingungen ist es sinnvoll und angemessen, über das Handeln anderer Buch zu führen (vgl. Feinberg 1970a) und es als Ausdruck ihrer praktischen Identitäten zu deuten (Watson 1996).

Zweitens berichtet die Geschichte davon, dass die Angehörigen der Opfer wütend auf Hansen sind und ihn mit allen rechtlichen Mitteln zur Verantwortung ziehen wollen (Verantwortung 4b). In dieser Verwendung bezieht sich Verantwortung auf die sozialen Praktiken des Verantwortlich-Machens und Zur-Verantwortung-Ziehens, die sich aus der Zurechnungsverantwortung ergeben *können*. Diese Art von Verantwortung wird als Haftungsverantwortung (*responsibility as accountability*) bezeichnet. Haftungsverantwortung beruht normativ häufig auf Zurechnungsverantwortung, d.h. letztere ist in der Regel eine Voraussetzung für erstere.[8] Die Haftungsverantwortung geht jedoch über den rein evaluativen Charakter der Zurechnungsverantwortung hinaus, indem sie (in der Regel negative) soziale Konsequenzen mit den Handlungen der Akteure verknüpft, für die diese (zurechnungs-)verantwortlich sind. Damit verknüpft sie die retrospektive Perspektive der Zurechnung mit den expressiven, distributiven und regulativen Anliegen der sozialen Sanktionierung.

8 Hier bildet die oben eingeführte Gefährdungshaftung die Ausnahme.

In der Literatur werden diese beiden Typen von Verantwortung zumeist unter dem Begriff der moralischen Verantwortung rubriziert, was jedoch aus zwei Gründen unglücklich ist (vgl. Vincent 2011): Zum einen, weil viele Fälle von Aufgabenverantwortung ebenfalls moralisch begründet sind (man denke hier etwa an Samariterpflichten), zum anderen, weil viele Fälle von Zurechnungs- und Haftungsverantwortung *nicht* moralisch begründet sind. Wenn man etwa sagt, dass Kahn aufgrund seiner Patzer für die Niederlage verantwortlich ist, dann will man sein Handeln in der Regel nicht moralisch kritisieren, sondern sportlich. Analoges gilt für einen Manager, der schlechte Quartalszahlen zu verantworten hat oder die Wissenschaftlerin, deren Experiment nicht reproduzierbar ist. Aus diesem Grund werde ich nicht von moralischer Verantwortung sprechen, sondern Rechenschaftsverantwortung als Oberbegriff für diese Varianten der normativen und retrospektiven Verantwortung verwenden.

Die Beispiele des Sportlers, des Managers und der Wissenschaftlerin machen bereits eine zentrale Hinsicht deutlich, in der Zurechnungs- und Haftungsverantwortung von Institutionen abhängen. Wie wir gesehen haben, sind es nämlich häufig gerade nicht moralische Normen, an denen wir das Handeln von Rollenträgern bewerten, sondern Regeln und Werte, die sich aus dem *Zweck* der Institutionen ergeben, in deren Rahmen ihr Handeln stattfindet (vgl. Tadros 2008, 113ff.). Die Norm, Gegentore zu vermeiden, kann aus der Struktur und dem Zweck des Fußballspiels abgeleitet werden, der Wert steigender Quartalszahlen ist relativ zu der Logik des kapitalistischen Wirtschaftens und die Norm der Reproduzierbarkeit von wissenschaftlichen Daten ergibt sich aus dem Zweck des Wissenschaftssystems, objektiv nachvollziehbare Erkenntnisse zu generieren.

Mit diesen Normen werden die Akteure jedoch nicht erst *ex post* bei der Bewertung ihres Handelns konfrontiert. Vielmehr sind es dieselben Standards, die die Aufgabenverantwortung der Akteure konstituieren. Rechenschaftsverantwortung ist aus dieser Perspektive nichts anderes als die Folge einer ungerechtfertigt und unentschuldigt nichterfüllten Aufgabenverantwortung. Die Norm, die Hansen die Verantwortung für die Sicherheit des Schiffs übertragen hat, ist auch die normative Grundlage dafür, ihm den Unfall und seine Folgen zur Last zu legen. Oder abstrakt gesprochen: Die Aufgabenverantwortung von A bildet die normative Prämisse jedes Arguments, das eine Rechenschaftsverantwortung von A belegen möchte (vgl. Hahn 2014). Damit ist die Rechenschaftsverantwortung in der gleichen Weise institutionell konstituiert, wie ich es für die Aufgabenverantwortung oben nachgewiesen habe.

Für den Fall der Haftungsverantwortung ist noch ein zweiter Zusammenhang mindestens ebenso bedeutsam. Institutionen bestimmen hier nicht nur die relevanten normativen Standards der Verantwortung, sondern auch welche Form der Haftung angemessen ist. Während natürliche moralische Normen in unkomplizierten Fällen die Grundlage prospektiver Verantwortungsbeziehungen bilden können, so ist die Vorstellung eines natürlichen Straf- und Kompensationsrecht, das sich zumindest im Prinzip unilateral anwenden ließe, unplausibel: Dies liegt vor allem daran, dass sich das Potential für vernünftige Uneinigkeit multipliziert, wenn nicht nur Normeninhalte zur Disposition stehen, sondern auch fraglich ist, welche Sanktions- und Kompensationsregime normativ angemessen und sozial wirksam sind.

Diese Probleme vernünftiger Uneinigkeiten setzen sich fort, wenn es um die Beurteilung von Einzelfällen und die faire Vollstreckung von Strafen geht. Aus diesem Grund wäre es ungerecht, wenn ein Akteur einem anderen seine unilaterale Rechtsauffassung wortwörtlich aufzwingen würde.[9] Ein legitimes System der Haftungsverantwortung scheint daher ohne öffentliche Institutionen der Rechtsetzung, der Rechtsinterpretation und der Rechtsanwendung, die zwischen den unterschiedlichen Überzeugungen der Akteure vermitteln, nicht möglich zu sein.[10]

3. Die Rollen von Staatlichkeit für Verantwortungsbeziehungen

Der ausführliche Durchgang durch die verschiedenen Verantwortungstypen im letzten Abschnitt hat gezeigt, dass sich eindeutige Verantwortungsbeziehungen nur selten naturwüchsig, also allein auf Basis moralischer Prinzipien und kausaler Beziehungen bestimmen lassen. Viel zu häufig sind natürliche moralische Verpflichtungen unterdeterminiert und die Relevanz von Verursachungsrelationen zu unklar, als dass sie die Grundlage verlässlicher Verantwortungszuweisungen bilden könnten. Dies gilt umso mehr in Fällen, in denen die Verursachungsbeziehungen komplex sind und die effektive Wahrnehmung von Verantwortung die Koordination verschiedener Akteure erfordert.

Drei problematische Folgen solcher Situationen unklarer Verantwortungsverhältnisse habe ich bereits angesprochen: *Erstens* führen epistemische und normative Meinungsverschiedenheiten über den Inhalt, den Umfang und die Zuordnungen von Verantwortlichkeiten dazu, dass Verantwortungslücken entstehen, die Bedürftige schutzlos lassen. *Zweitens* wird die unzuverlässige Wahrnehmung von Verantwortung begünstigt, da institutionelle Regeln fehlen, die Evaluationsmaßstäbe für das Handeln der Verantwortungsträger bilden und Versäumnisse sanktionieren. *Drittens* ermöglichen Situationen unklarer Zuständigkeiten, dass Verantwortungsrollen von opportunistischen Akteuren besetzt werden, die zwar an den mit diesen Positionen verbundenen Rechten interessiert sind, jedoch nicht an den zugehörigen Pflichten. Akzeptiert man diese Problembeschreibung und geht gleichzeitig davon aus, dass klare Verantwortungsverhältnisse für unsere Lebensform von enormer Bedeutung sind, dann ergibt sich daraus ein starkes Argument für die Notwendigkeit von Institutionen, die Verantwortungsbeziehungen eindeutig, zuverlässig und willkürfrei bestimmen bzw. Regeln für ihre verbindliche Gestaltung festlegen.

In diesem Abschnitt möchte ich argumentieren, dass die staatliche Organisation politischer Gemeinwesen besonders geeignet ist, diese drei Probleme zu beheben. Das bedeutet nicht, dass Staaten diese Aufgaben immer oder auch nur in der Regel befriedigend erfüllen, sondern lediglich, dass sie aufgrund ihrer Struktur und ihres normativen Selbstverständnisses bestimmte Eigenschaften aufweisen,

9 Auf diese fatalen Probleme unilateraler Rechtsanwendung hat bereits John Locke in seiner *Zweiten Abhandlung über die Regierung* eindrücklich hingewiesen (1689, II. Abh., §§ 123-126).

10 Dies ist zumindest die Position kantianischer Theorien politischer Legitimität. Vgl. hierzu ausführlich Schmelzle (2015, Kap. 2).

die es erlauben, ihnen diese Funktion zuzuweisen.[11] Konkret möchte ich zeigen, dass sich Staaten aufgrund ihrer Struktur und ihres institutionellen Status als Träger von Verantwortung zweiter Ordnung anbieten, d.h. ihnen die Verantwortung für ein System von Verantwortungsbeziehungen zugeschrieben werden kann. Im Folgenden unterscheide ich zwischen zwei Typen sekundärer Verantwortung, die ich *Metaverantwortung* und *Letztverantwortung* nenne. Dabei ist Metaverantwortung eine Form von Aufgabenverantwortung zweiter Ordnung und Letztverantwortung eine Form der sekundären Haftungsverantwortung. Im nächsten Schritt werde ich zunächst den von mir vertretenen Staatsbegriff erläutern (3.1) und dann präzisieren, wie sich aus dieser Konzeption staatliche Meta- (3.2) und Letztverantwortung (3.3) ableiten lassen.

3.1 Zur Ontologie von Staatlichkeit

In der politikwissenschaftlichen Diskussion zum Staatsbegriff bzw. dem der Staatlichkeit[12] lässt sich grob zwischen performanzbasierten und kapazitätsbasierten Definitionen unterscheiden (Elster 1985, S. 399ff.).[13] *Performanzbasierte Ansätze* definieren Staatlichkeit über die Erbringung bestimmter wünschenswerter (Staats-)Funktionen (Zartman 1995; Rotberg 2004; Leibfried u. Zürn 2006). Ob Akteure bzw. Institutionen über Staatlichkeit verfügen ist demnach davon abhängig, ob sie auf einem bestimmten Territorium die Funktionen F_1-F_n erfüllen, die von der jeweiligen performanzbasierten Theorie als notwendige und gemeinsam hinreichende Bedingungen für Staatlichkeit gesetzt worden sind. Wie umfangreich dieser Aufgabenkatalog ist, variiert dabei zwischen verschiedenen Ansätzen. Verbreitete Kandidaten für konstitutive Staatsfunktionen sind die Bereitstellung von Sicherheit, Wohlfahrtsleistungen und eines Rechtssystems; es werden aber auch die Garantie der Menschenrechte und demokratische Beteiligungschancen als Kriterien für Staatlichkeit genannt (so bspw. Rotberg 2004, S. 3f.).

Der performanzbasierte Ansatz greift die richtige Intuition auf, dass mit dem Status der Staatlichkeit bestimmte Erwartungen verbunden sind, die sich auf die Bereitstellung von Gütern und die Erfüllung von Funktionen für die Bevölkerung beziehen. Allerdings ist die Definition von Staatlichkeit über die *tatsächliche Erbringung* dieser Leistungen aus mehreren Gründen problematisch: *Erstens* scheint sich die Extension dieser Definition nicht mit unserem intuitiven Verständnis von Staatlichkeit zu decken: Weder sprechen wir Unternehmen Staatlichkeit zu, wenn sie Wohlfahrts- und Sicherheitsleistungen erbringen – wie es in vielen Entwicklungsländern der Fall ist (vgl. etwa Wolf et al. 2007; Börzel 2013) – noch sprechen wir Gemeinwesen wie Nordkorea die Staatlichkeit ab, nur weil sie ihre Ressourcen nur sehr partiell und selektiv in die Sicherheit und Wohlfahrt ihrer Bürger investieren.

11 Vgl. hierzu auch ausführlich Schmelzle (2017).

12 Unter Staatlichkeit verstehe ich hier die materialen Eigenschaften eines Gemeinwesens, die die völkerrechtliche Anerkennung als Staat – und die Zuerkennung der damit verbundenen Rechte und Pflichten – sinnvoll erscheinen lassen.

13 Im Folgenden stütze ich mich auf meine Vorarbeiten in Schmelzle (2015, Kap. 4).

Schwerer als diese intuitiven Irritationen wiegt ein *zweites* Problem, das sich auf den theoretischen und praktischen Nutzen performanzbasierter Staatlichkeitskonzeptionen bezieht. Dieser Einwand beruht auf der Beobachtung, dass diese Ansätze nicht zwischen Gemeinwesen unterscheiden können, die Staatsfunktionen *nicht erbringen können* und solchen, die sie *nicht erbringen wollen*. Aus dieser Perspektive wären Staaten wie Nordkorea, die sich der Erbringung öffentlicher Güter verweigern, ebenso Fälle defizitärer Staatlichkeit wie das handlungsunfähige Somalia. Aus analytischer Perspektive ist dies unbefriedigend, da es den Blick auf mögliche Ursachen guter oder schlechter Funktionserfüllung verstellt und es begrifflich unmöglich macht, die Kausalbeziehung zwischen Staatlichkeit und Leistungserbringung zu untersuchen (Risse 2011). Aber auch aus praktischer Perspektive ist die Unterscheidung zwischen handlungsunfähigen und handlungsunwilligen Staaten zentral. So ist die angemessene Bewertung von und die gebotene Reaktion auf humanitäre Missstände ganz erheblich davon abhängig, ob ein Staat selber diese Übel verursacht hat, sie bewusst geschehen lässt oder lediglich nicht in der Lage ist, sie zu verhindern. Während in den ersten beiden Fällen moralische Empörung und politischer Druck als Reaktionen angemessen erscheinen, liegt der Fall bei fehlenden staatlichen Kapazitäten anders. Handlungsunfähige Staaten nehmen wir weder in Haftungsverantwortung für solche Missstände, noch weisen wir ihnen die Aufgabenverantwortung für ihre Beseitigung zu. Vielmehr scheint hier eher Hilfe zum Aufbau von institutionellen Kapazitäten angezeigt, welche erst die Voraussetzung für die Zuweisung von Verantwortung bilden.[14] Diese Überlegung deutet bereits an, dass ein begrifflicher Zusammenhang zwischen Staatlichkeit und Verantwortung besteht, der von performanzbasierten Ansätzen verwischt wird.

Diese Kritik an der performanzbasierten Konzeption verweist implizit schon auf ihre prominenteste Alternative, ein *kapazitätsbasiertes Verständnis* von Staatlichkeit. Diese Ansätze argumentieren, dass die Definition von Staatlichkeit über die Erfüllung bestimmter Funktionen oder Zwecke schon allein daran scheitern müsse, dass es keine Zwecke gebe, die *alle* Staaten und *nur* Staaten erfüllten oder verfolgten (Weber 1964, 39f., 660). Die Alternative, die kapazitätsbasierte Ansätze vorschlagen, besteht darin, Staaten über spezifische Mittel und Fähigkeiten zu definieren. Im Anschluss an Max Weber definieren Vertreterinnen dieses Ansatzes Staatlichkeit deswegen häufig über das Innehaben eines Gewaltmonopols und die Fähigkeit zur Setzung und Durchsetzung beliebiger Regeln (vgl. Levi 1988; Tilly 1992; Risse 2011). Diese Konzeption versteht Staatlichkeit als die Monopolisierung der politischen Gestaltungsmacht auf einem Territorium; ob und welche Zwecke mit diesem Mittel verfolgt werden, ist hingegen nicht Teil der Definition.

Ich möchte nun argumentieren, dass die von kapazitätsbasierten Ansätzen betonte Monopolisierung der politischen Gestaltungsmacht zwar ein wichtiges, aber noch kein hinreichendes Merkmal von Staatlichkeit ist. Dies zeigt sich etwa daran, dass diese Ansätze nur schwer zwischen Staaten und nichtstaatlichen Gewaltakteuren – wie etwa Warlord-Organisationen – unterscheiden können. Das Problem ergibt sich meiner Ansicht nach daraus, dass kapazitätsbasierte Ansätze eine

14 Eine ähnliche Überlegung liegt Rawls' Unterscheidung zwischen *outlaw states* und *burdend societies* zugrunde (1999, S. 89ff.).

zentrale Dimension von Staatlichkeit vernachlässigen, die sich auf das Selbstverständnis staatlicher Akteure und die normativen Ansprüche und Erwartungen bezieht, die mit dem Status der Staatlichkeit einhergehen. Aus Perspektive dieser *statusbasierten Konzeption* lässt sich Staatlichkeit nicht empiristisch auf die Erfüllung von Funktionen oder auf das Innehaben von Macht und Gewaltmitteln reduzieren, sondern muss immer auch als institutionelle Rolle verstanden werden, mit der Rechte und Pflichten einhergehen. Zur empirischen Gestaltungsmacht kapazitätsbasierter Ansätze tritt in diesem Ansatz ein Set normativer Ansprüche, Erwartungen, Verantwortungs- und Funktionszuschreibungen hinzu, das die Verfügung über und die Verwendung von dieser Macht als öffentlicher Macht einfordert. Hierzu gehört einerseits, dass staatliche Akteure ihr Gewaltmonopol normativ als ein verbindliches Autoritäts- und Rechtssetzungsmonopol interpretieren,[15] das ihnen die Befugnis verleiht, auf ihrem Territorium alle Lebensbereiche zu regulieren. Dies ist ein wichtiger Kontrast zu anderen Gewaltakteuren, wie etwa Warlord-Organisationen, die nur dann gewaltsam in die Gesellschaft eingreifen, wenn es ihren ökonomischen oder militärischen Interessen dient (vgl. Clapham 1998; Reno 1999). Andererseits eröffnet dieser Anspruch, öffentliche Gewalt auszuüben, den Bürgerinnen und Bürgern – und anderen Staaten – die Möglichkeit, staatlichen Institutionen eine Vielzahl von Verantwortungen und Funktionen zuzuweisen. Diese Merkmale sind intern miteinander verbunden: Der Anspruch auf letztinstanzliche, öffentliche Autorität impliziert, dass rechtliche Normen reinen Zwang als primäres Steuerungsmittel ablösen und alle Lebensbereiche Gegenstand hoheitlicher Regulierung werden können (Green 1988, 75ff.). Der mit diesem Anspruch verbundene Appell an *normative Gründe* der Regelbefolgung erzeugt umgekehrt jedoch Rechtfertigungspflichten, die durch die Zuschreibung von Verantwortungen und Funktionen an die Regierenden abgegolten werden. Barrington Moore beschreibt diese Folge von Autoritätsansprüchen als „impliziten Gesellschaftsvertrag", der wechselseitige moralische Verpflichtungen zwischen den Untertanen und den Inhabern von Autorität begründe (Moore 1982, S. 41). Dieser Zusammenhang lässt sich nicht nur theoretisch rekonstruieren, sondern auch bei der Entstehung der europäischen Staaten nachweisen. Charles Tilly etwa, der nicht im Verdacht steht, den Staat als benevolenten Akteur zu idealisieren, zeichnet in seiner Geschichte der europäischen Staatsentwicklung anschaulich nach, wie die zunehmende staatliche Penetration des Lebens der Bevölkerung zur Übernahme von Rechtssprechungs-, Schutz- und Verteilungsfunktionen durch den Staat führte (1992, S. 99ff.).

Das Argument des letzten Absatzes lässt sich mit der folgenden Analogie auf den Punkt bringen: Ebenso wie „bewaffnete Personen in identischer blauer Kleidung" eine unvollständige Beschreibung von Polizisten ist, ist „das Innehaben eines Gewaltmonopols" eine unzureichende Beschreibung von Staatlichkeit. In beiden Fällen sind es nicht bloße Fähigkeiten oder Ressourcen, sondern ein Bündel von Rech-

15 Diese normative Interpretation des Gewaltmonopols als *Autoritätsmonopol* wird meiner Ansicht nach bereits von Weber vertreten. Sie findet sich jedoch kaum in der politikwissenschaftlichen Literatur zum Staatsbegriff, die sich auf Weber stützt. Vgl. hierzu Colliot-Thélène (2007) und ausführlich Schmelzle (2015, Kap. 4).

ten, Pflichten und Verantwortungszuschreibungen, das Polizisten und Staaten einerseits von bewaffneten Zivilisten und Warlords andererseits unterscheidet.

Gegen diesen Ansatz könnte man nun einwenden, dass er den schon von Weber kritisierten Fehler performanzbasierter Konzeptionen wiederhole, bestimmte Staatsaufgaben theoretisch zu setzen, die sich empirisch so nicht bestätigen ließen. Auf diesen Einwand lässt sich zunächst erwidern, dass ein wichtiger Unterschied zwischen dem *Verfolgen* und dem *Haben* eines Zwecks besteht. Webers Argument ist, dass es keinen Zweck gibt, den alle Staaten und nur Staaten tatsächlich *verfolgen* (Weber 1964, S. 39f.), womit gemeint ist, dass sie ihr Handeln konsistent auf dieses Ziel ausrichten. Aber selbst wenn man diese Aussage akzeptiert, ist damit noch nicht die Frage beantwortet, ob nicht alle Staaten (und nur Staaten) einen bestimmten Zweck *haben*, beispielsweise Sicherheit für ihre Bürger zu gewährleisten. Diese Frage zielt nicht auf die tatsächliche Praxis der Staaten, sondern auf die normativen Erwartungen, die mit dem Status der Staatlichkeit verbunden sind. So bereitet es beispielsweise keine Schwierigkeiten zu sagen, dass Nordkorea als Token der Kategorie Staat den Zweck hat, die Sicherheit seiner Bürger zu gewährleisten, dieses Ziel von der politischen Führung aber nicht konsistent verfolgt wird. Erst dieses Verständnis von Staatszwecken als normativen Erwartungen erlaubt es, Staaten wie Nordkorea für ihre Politik zu kritisieren und unter Druck zu setzen.

Lassen sich also Zwecke identifizieren, die alle Staaten (und nur Staaten) *haben*, d.h. Zwecke, von denen die normative Erwartung besteht, dass staatliche Akteure sie verfolgen? Ich glaube, diese Frage muss auf zwei unterschiedlichen Abstraktionsebenen beantwortet werden: Auf einer konkreten, sachbezogenen Ebene kann man darüber streiten, ob sich ein universeller Kern an Rollenerwartungen an staatliche Institutionen ausmachen lässt und, wenn ja, wie umfangreich dieser ist. Die Gewährleistung von Sicherheit ist dabei sicherlich ein vielversprechender Kandidat, da das staatliche Gewaltmonopol den Bürgerinnen bestimmte Möglichkeiten der Selbstverteidigung entzieht. Andere verbreitete Staatsaufgaben wie Wohlfahrtsleistungen oder die Bereitstellung der öffentlichen Infrastruktur, lassen sich jedoch nicht in gleicher Weise aus der Struktur von Staatlichkeit ableiten. All diese Aufgaben können zu Staatsaufgaben werden, sie müssen es aber nicht. Der abstrakte Zweck von Staatlichkeit besteht meiner Ansicht nun darin, zu entscheiden und zu regulieren, welchen Akteuren die Verantwortung für welche Aufgaben zukommt: Es ist nicht die Gewährleistung konkreter Güter, die Staatlichkeit konstituiert, sondern die *Aufgabenverantwortung* die Bereitstellung aller denkbaren Güter zu organisieren und zu regulieren und hierfür *Rechenschaftsverantwortung* zu tragen. Erstere Variante dieser Verantwortung zweiter Ordnung bezeichne ich als Metaverantwortung, zweitere als Letztverantwortung. Worauf genau sie sich beziehen und im welchen Verhältnis sie zu dem eben skizzierten Staatlichkeitsbegriff stehen, werde ich in den nächsten beiden Abschnitten erläutern.

3.2 Metaverantwortung

Im letzten Abschnitt habe ich argumentiert, dass der staatliche Anspruch auf öffentliche Autorität dazu führt, dass staatlichen Akteuren im Gegenzug die Verantwortung für die Fairness und Effektivität des Systems von Verantwortungsbeziehungen erster Ordnung zugewiesen wird und ihnen selber inhaltlich beliebige Aufgaben übertragen werden können. Diese Aufgabenverantwortung zweiter Ordnung bezeichne ich als Metaverantwortung. Um zu erklären, was genau darunter zu verstehen ist, ist es zunächst hilfreich, sich noch einmal die Struktur von Relationen der Aufgabenverantwortung erster Ordnung zu vergegenwärtigen. Wie ich in Abschnitt 2.2. vorgeschlagen habe, handelt es sich bei Aufgabenverantwortung um eine vierstellige Relation:

> A ist gegenüber B aufgrund von Standard S dafür verantwortlich, dass X der Fall sein wird.

Metaverantwortung bezieht sich nun darauf, dass ein System von institutionellen Normen und Verfahren existiert, das die Regulierung und Konkretisierung solcher Verantwortungsbeziehungen erster Ordnung ermöglicht. Analog zur Struktur der Aufgabenverantwortung erster Ordnung schlage ich die folgende Formel für Metaverantwortung als Aufgabenverantwortung zweiter Ordnung vor:

> A_M ist gegenüber B_M aufgrund von Standard S_M für den Aufbau/Erhalt eines Systems von Normen und Verfahren X_M verantwortlich, das Verantwortungsbeziehungen erster Ordnung in einem Gemeinwesen zuverlässig festlegt und ihre Veränderung ermöglicht.

Diese Formel werde ich nun anhand der Variablen, A_M, B_M, S_M und X_M erläutern und dabei klären, inwiefern Staaten für die Übernahme von Metaverantwortung prädestiniert sind.

Die Variable A_M bezeichnet den Akteur, der aufgrund des Standards S_M die Metaverantwortung für ein System von Normen und Verfahren der Verantwortungsregulierung in einem Gemeinwesen trägt. Im vorangegangenen Abschnitt habe ich dafür argumentiert, dass Metaverantwortung ein konstitutives Merkmal von Staatlichkeit ist und es sich folglich bei A_M in der Regel um einen Staat handeln dürfte. Dieser Zusammenhang ergibt sich aus dem oben beschriebenen Zusammenspiel der Fähigkeiten und des normativen Status staatlicher Akteure. Wie ich dort argumentiert habe, zeichnen sich Staaten dadurch aus, dass sie einerseits über umfassende politische Gestaltungsmacht verfügen und andererseits den normativen Anspruch erheben, diese Macht rechtmäßig, als öffentliche Autorität auszuüben. Es sind diese beiden Eigenschaften, die sie für die Rolle des Trägers von Metaverantwortung prädestinieren: Während die staatliche Gestaltungsmacht notwendig ist, um die mit Metaverantwortung einhergehenden Aufgaben erfüllen zu können (1), ergibt sich die normative Verpflichtung zur Wahrnehmung von Metaverantwortung aus dem staatlichen Autoritätsanspruch (2).

(1) Für die Rolle von A_M kommen zunächst nur solche Akteure in Frage, die über die Eigenschaften verfügen, die für effektive Wahrnehmung von Metaverantwortung notwendig sind. Nur diese Akteure sind metaverantwortungs*fähig*. Die Aufgabe von A_M besteht darin, das gesellschaftliche System von Verantwortungsbeziehungen erster Ordnung zuverlässig zu regulieren. Konkret bedeutet das, dass sie über die Fähigkeit verfügen müssen, die Verbindlichkeit existierender Verantwortungsbeziehungen erster Ordnung zu sichern, diese gegebenenfalls zu verändern und neue Verantwortungsrelationen zu schaffen. Zudem müssen sie über ein

Monopol dieser Fähigkeiten verfügen, da andernfalls die Eindeutigkeit und somit die Verlässlichkeit der Verantwortungsbeziehungen Schaden nehmen könnte. Aus diesem Grund scheint die Rolle des Trägers von Metaverantwortung ein Monopol der politischen Gestaltungsmacht – eine der konstitutiven Bestandteile von Staatlichkeit – vorauszusetzen.

(2) Während das Monopol der politischen Gestaltungsmacht die Metaverantwortungs*fähigkeit* staatlicher Akteure begründet, erlaubt es der von statusbasierten Staatlichkeitskonzeptionen betonte staatliche Autoritätsanspruch, staatliche Akteure zur Wahrnehmung von Metaverantwortung zu *verpflichten*. Das Argument geht von der Beobachtung aus, dass Staaten im Gegensatz zu einfachen Gewaltakteuren nicht nur über ein De-facto-Gewaltmonopol verfügen, sondern darüber hinaus auch den Anspruch auf die Rechtmäßigkeit und Verbindlichkeit ihrer Herrschaft erheben. Damit begeben sie sich auf normatives Terrain und müssen sich Fragen nach der Rechtfertigung ihres Herrschaftsanspruchs gefallen lassen, die letztlich die Erwartung der Bürgerinnen und Bürger provozieren, dass staatliche Macht im öffentlichen Interesse verwendet wird (Moore 1982). Diese Erwartung der *Gemeinwohlorientierung* staatlicher Akteure bildet den normativen Standard S_M, der es erlaubt, ihnen die Verantwortung für die Regulierung von Verantwortungsbeziehungen erster Ordnung zu übertragen und ihnen selber primäre Verantwortung für die Erbringung beliebiger öffentlicher Güter zuzuweisen.

Die Variable B_M bezeichnet die Verantwortungsinstanz, gegenüber der A_M für den Aufbau und Erhalt von Normen der Verantwortungsregulierung verantwortlich ist. Wichtig ist hier, dass B_M nicht nur die Summe der Verantwortungsinstanzen erster Ordnung umfasst, sondern alle Personen, auf die sich die Autorität von A_M erstreckt. Damit ist A_M auch gegenüber denjenigen Bürgerinnen metaverantwortlich, die aus den Verantwortungsbeziehungen erster Ordnung bisher exkludiert waren. Erst vor diesem Hintergrund können Verantwortungslücken, also das Nicht-Vorhandensein von Verantwortungsbeziehungen, kritisiert werden. Wie oben im Abschnitt zur primären Aufgabenverantwortung ausgeführt, kommen Verantwortungsinstanzen vier Typen von Rechten zu: Rechtfertigungsansprüche, Kontroll-, Kompensations- und Sanktionsrechte (vgl. Schedler 1999; Wenar 2006, 6f.). Diese Rechte der Verantwortungsinstanz korrespondieren mit verschiedenen Aspekten der Rechenschaftsverantwortung des Verantwortungsträgers. Wie genau diese im Fall der Verantwortung zweiter Ordnung zu verstehen sind, werde ich im nächsten Abschnitt zur Letztverantwortung diskutieren, die ich als sekundäre Rechenschaftsverantwortung konzipiere.

Die Variable X_M bezeichnet schließlich das Objekt der Metaverantwortung, d.h. die Handlungen bzw. Weltzustände, für die A_M verantwortlich ist. Wie bereits angedeutet, bezieht X_M im Gegensatz zu seinem Analogon X nicht auf konkrete Güter, wie etwa die Bereitstellung von Sicherheits- oder Gesundheitsleistungen, sondern auf den Aufbau bzw. Erhalt eines verbindlichen Systems von Normen und Verfahren, das Verantwortungsbeziehungen erster Ordnung zuverlässig organisiert und reguliert.[16] Das Objekt der Metaverantwortung ist demnach die Existenz eines effektiven politischen Entscheidungssystems, das festlegt, welche Akteure die Verantwortung für welche Aufgaben tragen und darüber entscheidet, an welchen Standards die Aufgabenerfüllung jeweils zu messen ist und welche Konsequenzen sich aus einer mangelhaften Aufgabenerfüllung ergeben. Dies *kann* dazu führen, dass dem Staat selbst eine Verantwortung erster Ordnung für die Erbringung einer Vielzahl öffentlicher Güter übertragen wird, es muss es aber nicht. Ebenso denkbar sind institutionelle Lösungen, welche die Erbringung öffentlicher Güter an private Dienstleister übertragen oder die Güter gleich gänzlich privatisieren. So können Staaten bspw. Gesundheitsdienstleistungen als öffentliches Gut selbst erbringen, private Dienstleister damit beauftragen oder die Rahmenbedingung für ein System der marktförmigen Versorgung festlegen. Im letzteren Fall schafft der metaverantwortliche Akteur lediglich eine „Infrastruktur der Verantwortung" (Williams 2006), die es den gesellschaftlichen Akteuren erlaubt, ihre Beziehungen selbstständig zu regulieren. Aufgrund seiner Metaverantwortung bleibt der Staat jedoch in allen drei Fällen dafür rechenschaftspflichtig, wenn das gewählte System der Gesundheitsversorgung ineffektiv, unfair oder ineffizient ist. Auch wenn der Staat Governance-Leistungen delegiert, bleibt er doch der finale Ansprechpartner im Streit um das Was, Wie und Wofür ihrer Erbringung. Das ist der Preis, den er dafür zahlt, dass er seine Macht als öffentliche Autorität ausübt.

3.3. Letztverantwortung

Während Metaverantwortung einen Typ von Aufgabenverantwortung zweiter Ordnung bezeichnet, handelt es sich bei der Letztverantwortung um eine Art von sekundärer Rechenschaftsverantwortung.[17] Allerdings besteht ein enger Zusammenhang zur Metaverantwortung: Wie oben im Abschnitt zur Rechenschaftsverantwortung bereits argumentiert, konstituiert die Aufgabenverantwortung eines Akteurs auch den Gegenstandsbereich seiner Rechenschaftsverantwortung. So können wir Hansen für den Untergang der *Nautilus* und den Tod der Passagiere nur deshalb zur Rechenschaft ziehen, weil ihm die Aufgabe zukam, für die Sicherheit des Schiffs zu sorgen.

Der Gedanke ist nun, dass sich analog zu Verantwortungsbeziehungen erster Ordnung auch auf der Metaebene Rechenschaftsverantwortung aus Aufgabenverantwortung ergibt. Konkret bedeutet das, dass wir Staaten als Träger von Metaverantwortung zur Rechenschaft ziehen können, wenn sie entweder keine effektiven Normen und Verfahren der Verantwortungsregulierung bereitstellen oder wenn sie das System nicht nutzen, um eindeutige, faire und verlässliche Verantwortungsbeziehungen erster Ordnung zu etablieren. Das heißt, wir können von einer staatlichen Letztverantwortung sprechen, wenn Regulierungs- und Verant-

16 Vgl. hierzu die Debatte zu *Metagovernance*, in der ebenfalls die Rolle des Staates als Koordinations-, Evaluations- und Regulationsinstanz bei dem Zusammenwirken verschiedener Governance-Akteure diskutiert wird (Jessop 2003; Wolf 2005; Kooiman u. Jentoft 2009).

17 Letztverantwortung im Sinn einer sekundären Haftungsverantwortung wird ebenfalls von Philipp Genschel und Bernhard Zangl als ein Strukturmerkmal von Staatlichkeit hervorgehoben (Genschel u. Zangl 2007).

wortungslücken erster Ordnung bestehen bleiben (a), wenn Akteure ihrer Verantwortung erster Ordnung regelmäßig nicht nachkommen (b) oder wenn die Verantwortungsstrukturen erster Ordnung offensichtlich, also jenseits vernünftiger Meinungsverschiedenheiten, unfair sind (c). In all diesen Fällen lässt sich mindestens von einer staatlichen Verantwortung durch Unterlassen sprechen. Da Staaten das Recht beanspruchen, alle gesellschaftlichen Beziehungen zu regulieren, und die private Durchsetzung von Haftungsansprüchen zu verbieten, kann ihnen die Rechenschaftsverantwortung in allen Fällen zugewiesen werden, in denen die staatliche Regulierung der primären Verantwortungsebene unvollständig, ineffektiv oder unfair geblieben ist.

Welche Konsequenzen hat diese Letztverantwortung nun für das Verhältnis zwischen dem Staat einerseits und seinen Bürgerinnen und Bürgern andererseits? Welche Form von Haftung und Sanktionierung ergibt sich aus dieser Zurechnungsverantwortung? Meiner Ansicht nach lassen sich hier vier Dimensionen unterscheiden, die ich oben als Rechtfertigungsansprüche und Kompensations-, Kontroll- und Sanktionsrechte gegenüber der Verantwortungsinstanz eingeführt habe.

Kompensationsrechte beziehen sich auf Ersatzleistungen für Schäden, die sich aus unvollständigen oder unzuverlässigen Verantwortungsbeziehungen erster Ordnung ergeben. Solche Haftungsansprüche lassen sich nicht nur theoretisch begründen, sondern existieren auch in realen Rechtsordnungen. Beispiele für solche Kompensationsrechte sind etwa das deutsche Opferentschädigungsgesetz oder das in Berlin fortwirkende preußische Tumultschadensgesetz, die jeweils eine Haftung des Staates für Schäden festlegen, die Bürgerinnen und Bürgern aus rechtswidrigen Handlungen Dritter entstanden sind (vgl. Kümper 2012). Im Hintergrund steht die Idee, dass der staatliche Anspruch auf ein Gewaltmonopol auch eine Verantwortung gegenüber den Bürgern zum zuverlässigen Schutz ihrer Rechtsgüter impliziert.[18]

Die Rechenschaftsverantwortung des Staates bezieht sich jedoch nicht nur auf mögliche Ansprüche auf Kompensation, sondern gerade auch auf die politische Rechenschaftsverantwortung (*accountability*), die in den Rechtfertigungsansprüchen, Kontroll- und Sanktionsrechten der Bürgerinnen ihren Ausdruck findet. Während Rechtfertigungsansprüche und Kontrollrechte einen Anspruch auf transparente Verfahren und öffentliche Vermittlung der staatlichen Politik begründen, besteht die Funktion von Sanktionsrechten darin, den Bürgern die Kontrolle der Ausübung der staatlichen Metaverantwortung zu ermöglichen. Demokratische Verfahren kann man aus dieser Perspektive als eine Form der Haftungsverantwortung verstehen, die der effektiven Programmierung und Sanktionierung von staatlicher Autorität dienen und es den Bürgern letztlich ermöglichen, die Metaverantwortung für die Verantwortungsstrukturen ihres Gemeinwesens selber zu übernehmen.

18 Ein Beispiel sind die Entschädigungen, die die Anwohner im Hamburger Schanzenviertel nach den Ausschreitungen im Rahmen der G20-Proteste erhalten haben.

4. Zwei Einwände

Am Anfang dieses Aufsatzes habe ich das Bild einer dystopischen Welt ohne Verantwortung skizziert, in der soziale Kooperation regelmäßig scheitert, Bedürftige vom Wohlwollen ihrer Mitmenschen abhängig sind und politische Protestbewegungen kein Gegenüber finden, an und gegen den sie ihre Forderungen richten können. Vor diesem Hintergrund habe ich zwei Thesen über das Verhältnis von Verantwortung und Institutionen formuliert: *Erstens*, dass Institutionen notwendig sind, um eindeutige und sozial verlässliche Verantwortungsbeziehungen erster Ordnung zu etablieren. Aus dieser Perspektive ergeben sich Verantwortungsrelationen nur selten natürlich, unmittelbar aus moralischen Normen oder kausalen Relationen, sondern sind zumeist sozial gemacht. Ohne Institutionen, die Kriterien der Verantwortungsfähigkeit formulieren, Aufgabenverantwortung zuordnen, die normative Relevanz von Verursachungsbeziehungen bestimmen und die Standards für Rechenschaft und Haftung festlegen, bleiben Verantwortungsbehauptungen häufig unterdeterminiert und somit unverbindlich. *Zweitens* habe ich dafür plädiert, Staaten als Träger einer Verantwortung zweiter Ordnung zu interpretieren, denen die Verantwortung für Aufbau und Erhalt eines fairen und effektiven Systems der Verantwortung erster Ordnung zukommt und die hierfür gegenüber ihren Bürgerinnen rechenschaftspflichtig sind. Staaten haben demnach eine Metaverantwortung, faire und verlässliche Verantwortungsbeziehungen zu etablieren und eine haftende Letztverantwortung für die Fälle, in denen Verantwortungsbeziehungen erster Ordnung unvollständig, unfair oder uneffektiv bleiben. Zusammengenommen ergibt sich aus diesen Überlegungen ein starkes Argument für den Wert staatlicher Ordnungen: Wenn wir an einem fairen und effektiven System von Verantwortungsrelationen erster Ordnung interessiert sind, benötigen wir eine Instanz, die über die Fähigkeit verfügt, dieses System zu gestalten und die normativ dazu verpflichtet ist, dies auch im Sinne der Bürgerinnen zu tun. Diese Instanz ist meinem Vorschlag zu Folge der Staat.

Gegen diese Rekonstruktion der Rolle des Staates als Träger von Meta- und Letztverantwortung lassen sich nun zwei Typen von Einwänden erheben, auf die ich zum Abschluss des Aufsatzes noch knapp eingehen möchte. Dies sind der Apologieeinwand und der Anachronismuseinwand. Der *Apologieeinwand* besagt, dass die Rekonstruktion des Staates als Träger von Verantwortung zweiter Ordnung ein unangemessen idealisiertes Bild dieser Herrschaftsform zeichnet, welches das oftmals verantwortungslose und an dem Schicksal seiner Bürger desinteressierte Wirken realexistierender Staaten ignoriere. Unabhängig davon, wie man die gegenwärtige Leistungsbilanz von Staaten einschätzt, geht dieser Einwand an der Logik des hier präsentierten Arguments vorbei: Sein Ziel ist es nicht, zu zeigen, dass Staaten eine bestimmte Funktion regelmäßig erfüllen und darum gerechtfertigt sind, sondern dass Staaten dazu *verpflichtet* sind, diese Funktion zu erfüllen und *nur dann* gerechtfertigt sind, wenn sie es tun. Aus diesem Verständnis des Staates ergibt sich ein kritischer Maßstab, der es erst zulässt, staatliches Tun und Unterlassen als verantwortungslos zu kennzeichnen und es für die Vernachlässigung der Belange der Bürgerinnen zu kritisieren.

Der *Anachronismuseinwand* stützt sich schließlich auf die Beobachtung, dass das goldene Zeitalter des Nationalstaats an sein Ende gekommen ist und dass angesichts von Phänomenen begrenzter Staatlichkeit einerseits und Globalisierungs- und Denationalisierungstendenzen andererseits neue Formen der Verantwortungszuweisung angezeigt seien. Hinter dem Einwand steht die Idee, dass der teilweise Verlust der staatlichen Steuerungsfähigkeit auch einen Verlust der staatlichen Verantwortungsfähigkeit impliziere. Statt sich an der Fiktion einer staatlichen Meta- und Letztverantwortung festzuklammern, sollte daher vielmehr Verantwortung an internationale Organisationen (z.B. Archibugi 2008) und gegebenenfalls nichtstaatliche Akteuren, wie etwa Unternehmen (O'Neill 2001; Neuhäuser 2011; 2017), übertragen werden.

Wie sich der vom Anachronismuseinwand diagnostizierte Rückgang staatlicher Kontrolle auf die Zuordnung politischer Aufgaben- und Haftungsverantwortung auswirken, ist eine zentrale Frage der zeitgenössischen politischen Theorie, die eine eigenständige Auseinandersetzung verdient und vielerorts bereits erfährt.[19] Dieser Diskussion kann ich hier unmöglich gerecht werden. Stattdessen möchte ich an dieser Stelle lediglich an einen Grundgedanken dieses Beitrags erinnern, der für diese Diskussion von Bedeutung ist.

Der Anachronismuseinwand behauptet im Kern, dass der Rückgang staatlicher Steuerungsfähigkeit in manchen Ländern oder bestimmten Politikfeldern auch eine Veränderung der Verantwortungsrelationen nach sich ziehen müsste. Diese Schlussfolgerung halte ich für verfehlt. Wie ich in der Diskussion des Verantwortungsbegriffs gezeigt habe, sind Verantwortungsrelationen in der Regel keine direkte Folge von empirischen Verursachungsbeziehungen oder Einflussmöglichkeiten, sondern soziale Konstrukte, die wir anhand normativer Überlegungen entwerfen und rechtfertigen sollten. Für diese Überlegungen sind der Einfluss und die Fähigkeiten der Akteure wichtige Faktoren, aber ebenso bedeutsam sind beispielsweise ihre Handlungsdispositionen und ihre soziale Akzeptanz. Aus diesem Grund folgt aus dem Wandel empirischer Rahmenbedingungen nicht automatisch eine Veränderung von Verantwortungsrelationen. Insofern ist es eine normative und keine empirische Frage, was der Wandel von Staatlichkeit für die staatliche Aufgaben- und Haftungsverantwortung bedeutet.

Ich glaube nun, dass es auch angesichts begrenzter Staatlichkeit einerseits und zunehmender transnationaler Interdependenz andererseits, nach wie vor gute normative Gründe gibt, Verantwortung zweiter Ordnung bei staatlichen Akteuren zu bündeln. Gerade unter Bedingungen von Interdependenz und diffuser Einfluss- und Verursachungsbeziehungen, ist es notwendig, einen Akteur zu identifizieren, dem die Aufgabe zukommt, soziales Handeln im Sinne des Gemeinwohls zu koordinieren und hierfür die politische Verantwortung zu tragen. Staaten sind, wie ich oben argumentiert habe, aufgrund ihrer Ressourcen und ihrer institutionellen Rolle als öffentliche Akteure für diese Aufgabe strukturell besonders gut geeignet (vgl. Schmelzle 2017; Jacob et al. 2018). Dies bedeutet nicht, das alle Staaten je-

19 Wichtige Beiträge der jüngsten Zeit stammen etwa von Beck (2016), Pavel (2015) und Wenar (2016).

derzeit diese Anforderung erfüllen, sondern lediglich, dass sie als Akteurstyp dazu tendieren und hierfür in die Pflicht genommen werden können.

Aus diesen Überlegungen folgt, dass sich staatliche Sekundärverantwortung unter Bedingungen begrenzter Staatlichkeit und internationaler Dependenz zwar wandelt, aber nicht auflöst: In dem Maße, in dem die staatliche Kontrolle interner Prozesse und externe Einflüsse zurückgeht, tritt die Autorisierung, Koordination und Kontrolle nichtstaatlicher Akteure sowie die Zusammenarbeit mit anderen Staaten und internationalen Organisationen in den Mittelpunkt der staatlichen Aufgabenverantwortung (Leibfried u. Zürn 2006). Gleichzeitig bilden sie aufgrund ihrer sekundären Rechenschaftsverantwortung für diese Prozesse das Relais, durch das die Bürgerinnen und Bürger politische Gestaltungsmacht erlangen. Sie sind der archimedische Punkt, von dem wir auf eine komplexe Welt einwirken können.

Literatur

Archibugi, Daniele. 2008. *The Global Commonwealth of Citizens: Toward Cosmopolitan Democracy*. Princeton: Princeton University Press.

Baier, Kurt. 1972. Guilt and Responsibility. In *Individual and Collective Responsibility. The Massacre at My Lai*, Hrsg. Peter French, 35–62. Cambridge: Schenkman.

Beck, Valentin. 2016. *Eine Theorie globaler Verantwortung. Was wir Menschen in extremer Armut schulden*. Berlin: Suhrkamp.

Börzel, Tanja. 2013. Business and Governance in Areas of Limited Statehood. In *Business and Governance in South Africa*, Hrsg. Tanja Börzel und Christian Thauer, 3–17. London: Palgrave.

Cipriani, Don. 2016. *Children's Rights and the Minimum Age of Criminal Responsibility: A Global Perspective*. London: Routledge.

Clapham, Christopher. 1998. Degrees of Statehood. *Review of international Studies* 24 (2): 143–157.

Colliot-Thélène, Catherine. 2007. Das Monopol der legitimen Gewalt. In *Max Webers Staatssoziologie. Positionen und Perspektiven*, Hrsg. Andreas Anter und Stefan Breuer, 39–55. Baden-Baden: Nomos.

Downie, Robert 1971. *Roles and Values. An Introduction to Social Ethics*. London: Methuen.

Elster, Jon. 1985. *Making Sense of Marx*. Cambridge: Cambridge University Press.

Epstein, Richard. 1973. A Theory of Strict Liability. *The Journal of Legal Studies* 2, 151–204.

Feinberg, Joel. 1970a. *Doing & Deserving. Essays in the Theory of Responsibility*. Princeton: Princeton University Press.

Feinberg, Joel. 1970b. The Nature and Value of Rights. *The Journal of Value Inquiry* 4 (4): 243–257.

Fischer, John Martin, und Mark Ravizza. 1998. *Responsibility and Control: A Theory of Moral Responsibility*. Cambridge: Cambridge University Press.

Frankfurt, Harry G. 1969. Alternate Possibilities and Moral Responsibility. *The Journal of Philosophy* 66 (23): 829–839.

French, Peter. 1991. A World without Responsibility. In *The Spectrum of Responsibility*. Hrsg. Peter French, 1–18. New York: St. Martin's Press.

Genschel, Philipp, und Bernhard Zangl. 2007. *Die Zerfaserung von Staatlichkeit und die Zentralität des Staates. TranState Working Papers* 62. Bremen: SFB 597.

Goodin, Robert 1986. *Protecting the Vulnerable: A Reanalysis of Our Social Responsibilities*. Chicago: University of Chicago Press.

Goodin, Robert 1988. What Is So special about Our Fellow Countrymen? *Ethics* 98 (4): 663–686.

Green, Leslie. 1988. *The Authority of the State*. Oxford: Oxford University Press.

Hahn, Susanne. 2014. Norm und Verantwortung. *Archiv für Rechts- und Sozialphilosphie* 100, 429–449.

Hardimon, Michael. 1994. Role Obligations. *The Journal of Philosophy* 91 (7): 333–363.

Hart, H. L. A. 1968. Postscript: Responsibility and Retribution. In *Punishment and Responsibility*, Hrsg. H. L. A. Hart, 210–237. Oxford: Oxford University Press.

Hart, H. L. A., und Tony Honoré. 1985. *Causation in the Law. Second Edition*. Oxford: Clarendon Press.

Jacob, Daniel, Ladwig, Bernd und Schmelzle, Cord. 2018. Implications for Normative Theory. In *Oxford Handbook of Governance in Areas of Limited Statehood*. Hrsg. Thomas Risse, Tanja Börzel und Anke Draude. Oxford: Oxford University Press (i. E.).

Jessop, Bob. 2003. Governance and Meta-Governance: On Reflexivity, Requisite Variety and Requisite Irony. In *Governance as Social and Political Communication*, Hrsg. Henrik Bang, 101–116. Manchester: Manchester University Press.

Kooiman, Jan, und Svein Jentoft. 2009. Meta-Governace: Values, Norms and Principles, and the Making of Hard Choices. *Public Administration* 87 (4): 818–836.

Kümper, Boas. 2012. Individualität und Kollektivität im Recht der öffentlichen Ersatzleistungen. In *Kollektivität-Öffentliches Recht zwischen Gruppeninteressen und Gemeinwohl*, Hrsg. Junge Wissenschaft im Öffentlichen Recht e.V., 229–48. Baden-Baden: Nomos.

Leibfried, Stephan, und Michael Zürn. 2006. Von der nationalen zur post-nationalen Konstellation. In *Transformation des Staates?*, Hrsg. Stephan Leibfried und Michael Zürn, 19–69. Frankfurt: Suhrkamp.

Levi, Margaret. 1988. *Of Rule and Revenue*. Berkeley: University of California Press.

Lichtenberg, Judith. 2010. Negative Duties, Positive Duties, and the "New Harms". *Ethics* 120 (3): 557–578.

Locke, John. 1689. *Zwei Abhandlung über die Regierung*. Frankfurt/Main [1977]: Suhrkamp.

McGrath, Sarah. 2005. Causation by Omission: A Dilemma. *Philosophical Studies* 123 (1): 125–148.

Mieth, Corinna. 2008. World Poverty as a Problem of Justice? A Critical Comparison of Three Approaches. *Ethical Theory and Moral Practice* 11 (1): 15–36.

Moore, Barrington. 1982. *Ungerechtigkeit. Die sozialen Ursachen von Unterordnung und Widerstand*. Frankfurt: Suhrkamp.

Neuhäuser, Christian. 2011. *Unternehmen als moralische Akteure*. Berlin: Suhrkamp.

Neuhäuser, Christian. 2014. Structural Injustice and the Distribution of Forward-Looking Responsibility. *Midwest Studies In Philosophy* 38 (1): 232–251.

Neuhäuser, Christian. 2017. Korporative Verantwortung für Menschenrechte in Räumen begrenzter Staatlichkeit. In *Normative Fragen von Governance in Räumen begrenzter Staatlichkeit.* Hrsg. Daniel Jacob, Bernd Ladwig und Cord Schmelzle, S. 101-125 Baden-Baden: Nomos

O'Neill, Onora. 2001. Agents of Justice. *Metaphilosophy* 32 (1–2): 180-195.

Pavel, Carmen E. 2015. Divided Sovereignty: International Institutions and the Limits of State Authority. Oxford.

Rawls, John. 1993. *Political Liberalism.* New York: Columbia University Press.

Rawls, John. 1999. *The Law of Peoples.* Cambridge: Harvard University Press.

Reno, William. 1999. *Warlord Politics and African States.* Boulder: Lynne Rienner.

Risse, Thomas. 2011. Governance in Areas of Limited Statehood. Introduction and Overview. In *Governance Without a State. Policies and Politics in Areas of Limited Statehood*, Hrsg. Thomas Risse, 1–35. New York: Columbia University Press.

Rotberg, Robert. 2004. The Failure and Collapse of Nation-States: Breakdown, Prevention and Repair. In *When States Fail: Causes and Consequences*, Hrsg. Robert Rotberg, 1–49. Princeton: Princeton University Press.

Schaffer, Jonathan. 2013. Causal Contextualism. In *Contrastivism in Philosophy.* Hrsg. Martijn Blaauw, 35–63. London: Routeledge.

Schedler, Andreas. 1999. Conceptualizing Accountability. In *The Self-Restraining State: Power and Accountability in New Democracies.* Hrsg, Andreas Schedler, Larry Diamond und Marc Plattner, 13–28. Boulder: Lynne Rienner.

Schmelzle, Cord. 2015. *Politische Legitimität und zerfallene Staatlichkeit.* Frankfurt: Campus.

Schmelzle, Cord. 2016. Institutionen und Organisationen. In *Handbuch Gerechtigkeit.* Hrsg. Anna Goppel, Corinna Mieth und Christian Neuhäuser, S. 400-405. Stuttgart: Metzler.

Schmelzle, Cord. 2017. Der Wert von Staatlichkeit. In *Normative Fragen von Governance in Räumen begrenzter Staatlichkeit.* Hrsg. Daniel Jacob, Bernd Ladwig und Cord Schmelzle, S. 33-59. Baden-Baden: Nomos.

Searle, John R. 1995. *The Construction of Social Reality.* New York: Free Press.

Shue, Henry. 1988. Mediating Duties. *Ethics* 98 (4): 687–704.

Singer, Peter. 1972. Famine, Affluence, and Morality. *Philosophy and Public Affairs* 1 (3): 229–243.

Strawson, Peter. 1962. Freedom and Resentment. *Proceedings of the British Academy* 48: 1–25.

Tadros, Victor. 2008. The Scope and the Grounds of Responsibility. *New Criminal Law Review* 11(1): 91–118.

Tilly, Charles. 1992. *Coercion, Capital, and European States. AD 990-1992.* Cambridge: Blackwell.

Vincent, Nicole A. 2011. A Structured Taxonomy of Responsibility Concepts. In *Moral Responsibility*, Hrsg. Nicole A. Vincent, Ibo van de Poel und Jeroen van den Hoven, 15–35. Dordrecht: Springer.

Watson, Gary. 1996. Two Faces of Responsibility. *Philosophical Topics* 24 (2): 227–248.

Watson, Gary (Hrsg.). 2003. Free Will, Oxford: Oxford University Press.

Weber, Max. 1964. *Wirtschaft und Gesellschaft. Grundriss der Verstehenden Soziologie.* Köln: Kiepenheuer & Witsch.

Wenar, Leif. 2006. Accountability in International Development Aid. *Ethics and International Affairs* 20 (1): 1–23.

Wenar, Leif. 2016. Blood Oil. Tyrants, Violence, and the Rules That Run the World. Oxford.

Williams, Garrath. 2006. 'Infrastructures of Responsibility': The Moral Tasks of Institutions. *Journal of Applied Philosophy* 23 (2): 207–221.

Wolf, Klaus Dieter. 2005. Möglichkeiten und Grenzen der Selbststeuerung als gemeinwohlverträglicher politischer Steuerungsform. *Zeitschrift für Wirtschafts-und Unternehmensethik* 6 (1): 51–66.

Wolf, Klaus Dieter, Nicole Deitelhoff, und Stefan Engert. 2007. Corporate Security Responsibility Towards a Conceptual Framework for a Comparative Research Agenda. *Cooperation and Conflict* 42 (3): 294–320.

Wright, Richard W. 1985. Causation in Tort Law. *California Law Review* 73 (6): 1735–1828.

Young, Iris Marion. 2004. Responsibility and Global Labor Justice. *Journal of Political Philosophy* 12 (4): 365–388.

Zartman, William. 1995. Introduction. Posing the Problem of State Collapse. In *Collapsed States: the Disintegration and Restoration of Legitimate Authority*, Hrsg. William Zartman, 1–14. Boulder: Lynne Rienner.

Vergangenes Unrecht und moralische Unwissenheit

Michael Schefczyk

1. Einleitung

In den letzten Jahrzehnten ist vor allem im englischsprachigen Raum eine Vielzahl von Beiträgen erschienen, die sich mit philosophischen Problemen historischen Unrechts befassen.[1] Es geht dabei vorrangig um die Frage, welche moralischen Ansprüche den nachgeborenen Angehörigen von Opfergruppen oder gewissen Kollektiven aus der Tatsache erwachsen, dass ihre Vorfahren spezifische Formen von Unrecht erlitten haben.

In diesem Aufsatz möchte ich mich nun einer anders gelagerten Frage zuwenden, die jüngst intensiv in der philosophischen Literatur über moralische Verantwortung erörtert wurde, aber bislang nur wenig Beachtung in der Debatte über historisches Unrecht gefunden hat: Unter bestimmten Bedingungen wirkt die Unwissenheit einer Person exkulpierend. Dies ist dann der Fall, wenn ihre Unwissenheit nicht auf die Verletzung von Pflichten zurückgeht. Die Pflicht, über gewisse Sachverhalte in Kenntnis zu sein, möchte ich die *epistemischen Obliegenheiten* einer Person nennen. Epistemische Obliegenheiten ergeben sich beispielsweise aus Aufgaben oder Rollen. Die Hausverwaltung muss wissen, ob die Leitungen in Ordnung und die Treppengeländer noch stabil sind. Die Offizierin hat sich kundig zu machen, ob die Stellung gefechtsbereit ist. Die Ärztin muss sich über die jüngsten Entwicklungen im Fach auf dem Laufenden halten. Unwissen, das sich aus der Verletzung epistemischer Pflichten ergibt, kann aus dem trivialen Grund nicht entschuldigend wirken, dass es *Resultat* einer Pflichtverletzung ist. Nun können sich die epistemischen Obliegenheiten einer Person nicht nur auf Vorgänge und Zustände, sondern auch auf Normen und Werte beziehen. Und bei letzterem setzt die Frage der erwähnten Debatte an: Inwiefern können wir historischen Akteuren, die Unrecht begangen haben, ihr moralisches Unwissen vorwerfen (Slote 1982, Moody-Adams 1994, Rosen 2003, 2004, Guerrero 2007, Harman 2011, Mason 2015, Wolf 1987)? Könnte es sein, dass bestimmte historische Akteure keine moralischen Vorwürfe verdienen, weil ihre Moral-Unwissenheit nicht auf die Verletzung epistemischer Obliegenheiten zurückzuführen ist? Ziel dieses Aufsatzes ist es, zu einem genaueren Verständnis der Faktoren zu gelangen, die für die Zuschreibung moralischer Verantwortung an Moral-unwissende historische Akteure relevant sein sollten.[2]

Abschnitt 2 rekonstruiert Argumente eines sehr einflussreichen Beitrags zu der Debatte. In „Sanity and the Metaphysics of Responsibility" von 1987 zieht Susan

1 Zur Einführung in die Thematik: Schefczyk 2016a, 2016b.

2 Es geht im Folgenden folglich nicht um die Frage der Tatsachen-Unwissenheit, die für die Exkulpationsversuche der Deutschen nach dem Krieg zentral war. Siehe hierzu: Longerich (2006).

Wolf die Möglichkeit in Betracht, dass die deutschen Nationalsozialisten unschuldig Moral-unwissend gewesen sein könnten. Der Grundgedanke Wolfs lautet, dass wir Personen nur dann moralisch verantwortlich machen, wenn sie moralisch zurechnungsfähig (*sane*) sind – anders gesagt, wenn sie (echten) moralischen Gründen zugänglich sind. Personen können aber ihr zufolge nur dann (echten) moralischen Gründen zugänglich sein, wenn sie durch ihre Gesellschaft dazu befähigt werden. Dies sei in Nazi-Deutschland aber nicht der Fall gewesen. Offen bleibt bei Wolf allerdings, für welche Deutsche dies gelten soll. Entsprechend unklar bleibt daher auch, in welcher Hinsicht und aufgrund welcher Ursachen die fraglichen Deutschen moralisch unzurechnungsfähig gewesen sein sollen.

Abschnitt 3 entwickelt einen Vorschlag, unter welchen Bedingungen die gesellschaftlich bedingte Moral-Unwissenheit einer Person als Entschuldigung für ihr moralisch falsches Handeln dienen kann. Zu diesem Zweck möchte ich den Begriff einer „moralisch (in)kompetenten Gesellschaft" einführen und Überlegungen aufgreifen, die Gideon Rosen (2003) zugunsten der Auffassung entwickelt hat, antike Sklavenhalter seien aufgrund ihrer Moral-Unwissenheit nicht für ihr moralisch falsches Handeln verantwortlich. Dabei wird sich zeigen, dass Rosen die Standards epistemischer Sorgfalt in puncto Moral niedrig ansetzt. Dies hat zur Folge, dass viele historische Akteure ihm zufolge keine epistemischen Obliegenheiten verletzten, indem sie sich an moralisch falschen Praktiken beteiligten.

Ich entwickle einen anderen Ansatz, um die bei Wolf aufgeworfene Frage nach der moralischen Zurechnungsfähigkeit einer Gesellschaft zu beantworten. Als moralisch zurechnungsfähig lässt sich eine Gesellschaft betrachten, wenn sie einen gewissen *Schwellenwert epistemischer Kompetenz* überschreitet. Dies ist dann der Fall, wenn intellektuelle Leistungen (Technik, Wissenschaft, Kunst...) vorliegen, die eine lokale Beherrschung der Prinzipien guter epistemischer Praxis bezeugen. Dieser Standard wird durch sehr viele Gesellschaften erfüllt, zu denen sicherlich auch das antike Griechenland und Nazi-Deutschland gehören. Folglich sind antike Sklavenhalter oder Deutsche der NS-Zeit nicht bereits dadurch exkulpiert, dass sie einer moralisch unzurechnungsfähigen Gesellschaft angehörten: Sie hätten erkennen müssen, dass sie an Unrecht beteiligt sind.

Dies wiederum scheint in bestimmten Fällen eine übermäßig fordernde Position zu ergeben. Demgegenüber mache ich geltend, dass zwar die Angehörigen moralisch kompetenter Kulturen grundsätzlich unter der epistemischen Pflicht stehen, gravierendes Unrecht als solches zu erkennen, dass es aber Umstände geben könnte, die sie dafür entschuldigen, diesen Pflichten nicht gerecht zu werden.

In *Abschnitt 4* geht es um die Frage, was unter moralischer Verantwortungszuschreibung überhaupt zu verstehen ist. Zunächst unterscheide ich zwischen der Kontroll- und der Normierungsauffassung und unterstreiche, dass meine eigene Position letzterer nahesteht. Angewendet auf historische Akteure verliert die Meinungsverschiedenheit zwischen beiden Lagern – wie ich zeige – einiges an Brisanz, weil auch Vertreterinnen und Vertreter einer Kontrollauffassung in der Regel nicht argumentieren, es bestünde kein Grund historische Akteure moralisch abzuwerten, die unschuldig oder entschuldigt Unrecht begangen haben. Selbst wer, wie Rosen und Wolf, meint, dass Sklavenhalter oder Nazis „nichts dafür konnten", hält sie nicht für „gute Menschen".

2. Susan Wolfs Naziargument

Susan Wolf (1987) hat in ihrem für die Debatte über moralische Verantwortungszuschreibung überaus einflussreichen Aufsatz „Sanity and the Metaphysics of Responsibility" folgende Überlegung zu der Frage entwickelt, unter welchen Bedingungen die Moral-Unwissenheit einer Person exkulpierend wirkt: Einer verbreiteten Auffassung zufolge sind Personen für Handlungen moralisch verantwortlich, die sich aus ihren ureigenen Anliegen ergeben.[3] Es sind dies Anliegen, die eine Person als wesentlich für ihre Identität erachtet. Sie haben im Vergleich zu anderen Anliegen sehr hohes Gewicht und organisieren das Denken und Handeln einer Person. Eben weil diese ureigenen Anliegen nicht aufzugeben wären, ohne das Selbstverständnis, die grundlegenden Werte und den Lebensplan der Person völlig zu verändern, sind sie nicht frei an- und abwählbar. Obwohl die Person über ihre ureigenen Anliegen nicht frei verfügen kann, sondern gewissermaßen mit ihnen „identifiziert" ist, zögern wir im Alltag in der Regel nicht, sie für die aus ihnen folgenden Taten verantwortlich zu machen. Um einen historischen Fall vor Augen zu haben, möchte ich an Adolf Eichmann erinnern. In Gesprächen, die das ehemalige SS-Mitglied Willem Sassen zwischen 1953 und 1955 in Argentinien mit ihm führte, sagte Eichmann:

> „Dass ich, und ich sage es Ihnen jetzt zum Abschluss unserer Sachen, ich, der vorsichtige Bürokrat, der war ich, jawohl. Aber ich möchte die Sache ‚vorsichtiger Bürokrat' etwas zu meinen Ungunsten erweitern. Zu diesem vorsichtigen Bürokraten gesellte sich ein fanatischer Kämpfer für die Freiheit meines Blutes, dem ich anstamme. [...] Was meinem Volke nützt, ist für mich heiliger Befehl und heiliges Gesetz. Jawohl. Und jetzt will ich Ihnen sagen, zum Abschluss dieser ganzen Platten, wir sind ja bald zu Ende, muss ich Ihnen erstens sagen: Mich reut gar nichts. Ich krieche in keinster Weise zu Kreuze. Die vier Monate, in denen wir jetzt so hier die Sachen aufgenommen haben, in den vier Monaten, in denen Sie sich bemühten, mein Gedächtnis aufzufrischen, sehr vieles davon wurde aufgefrischt, es wäre zu leicht und ich könnte ja es billig machen [...], dass ich es zutiefst bedaure, dass ich gewissermaßen etwa spiele, dass aus einem Saulus ein Paulus würde. Ich sage Ihnen, Kamerad Sassen, das kann ich nicht. Das kann ich nicht, weil ich nicht bereit bin, weil sich mir das Innere sträubt etwa zu sagen, wir hätten etwas falsch gemacht. Nein. Ich muss Ihnen ganz ehrlich sagen, hätten wir von den 10,3 Millionen Juden, die Korherr ausgewiesen hat, wie wir jetzt wissen, 10,3 Millionen Juden getötet, dann wäre ich befriedigt und würde sagen, gut, wir haben einen Feind vernichtet. Nun durch des Schicksals Tücke der Großteil dieser 10,3 Millionen Juden am Leben erhalten geblieben sind, sage ich mir, das Schicksal wollte es so. Ich habe mich dem Schicksal und der Vorsehung unterzuordnen."[4]

---

3 Diese Auffassung ist im Anschluss an Harry Frankfurt (1969) als Gegenentwurf zu der bis dahin vorherrschenden Ansicht entwickelt worden, dass eine Person nur dann Autorin ihres Handelns (und für dieses moralisch verantwortlich) wäre, wenn sie auch anders hätte handeln können.

4 http://www.fritz-bauer-archiv.de/index.php/genocidium/eichmann-vor-gericht (Quelle: Nachlass Eichmann, Bundesarchiv, N 1497, Tonbandinterview Wilhelm (sic.) Sassen mit A. Eichmann, um 1955, DAT 1747 / X/C (Forts.) + D, 6:44ff. und K X/C (Forts.), 408ff. und 692ff., K X / C (Forts.)+D, ab 0ff.)

Eichmann beschreibt sich als „fanatischen Kämpfer für die Freiheit seines Blutes“. Der völkische Antisemitismus ist eines seiner ureigenen Anliegen. Es steht ihm nicht (ohne weiteres) frei, kein Antisemit mehr zu sein, da es ihn als Person wesentlich ausmacht. Aber niemand wird deshalb meinen, Eichmann sei nicht Autor seiner Handlungen. Dies reicht der *Autorschaftskonzeption von Verantwortlichkeit* zufolge bereits aus, um ihn als moralisch verantwortlich zu betrachten. Es entspricht einer solchen Konzeption, wenn der stellvertretende Ankläger im Jerusalemer Eichmann-Prozess, Gabriel Bach, in einem Interview äußert, wenn jemals einer die Todesstrafe verdient habe, dann Eichmann.[5]

Wolf bestreitet nun, dass Autorschaft hinreichende Bedingung für moralische Verantwortlichkeit sei. Zur Illustration ihrer Überlegung gibt sie das Beispiel des fiktiven Diktatorensohns JoJo, dessen Erziehung darauf ausgerichtet ist, ihn zur Übernahme der moralisch perversen Werte seines Vaters zu führen. JoJos Erziehung hat den gewünschten Erfolg. Er ist völlig mit der ihm zugedachten Rolle identifiziert. Dies ändert sich auch nicht, wenn er über seine Werte und Ideale nachdenkt.

> „When he steps back and asks, ‚Do I really want to be this sort of person?' his answer is resoundingly ‚Yes', for this way of life expresses a crazy sort of power that forms part of his deepest ideal. In light of JoJo's heritage and upbringing – both of which he was powerless to control – it is dubious at best that he should be regarded as responsible for what he does. It is unclear whether anyone with a childhood such as his could have developed into anything but the twisted and perverse sort of person that he has become.“ (Wolf 1987, S. 54)

Der Diktatorensohn affirmiert die falschen Werte und Ideale, die ihm anerzogen wurden, aus vollem Herzen. Ist ihm das, was er ist und tut, vorwerfbar? Wolf unterstreicht, dass JoJo keinen Einfluss auf seine eigene Entwicklung nehmen konnte. Wem von Kindheit an verdorbene Werte und Ideale vermittelt werden, von dem könne nichts anderes erwartet werden, als dass er eine „twisted and perverse sort of person“ werde. Vor diesem Hintergrund legt sich die Deutung nahe, dass Wolf ein gewisses Maß an Kontrolle als notwendige Bedingung moralischer Verantwortung betrachtet:

Kontrollanforderung: Eine Person *P* ist nur dann moralisch verantwortlich für Handlungen, die aus ihren ureigenen Anliegen folgen, wenn sie Kontrolle über ihre ureigenen Anliegen ausübt.

Wenn die Kontrollanforderung tatsächlich eine notwendige Bedingung für moralische Verantwortung formulieren würde, so Wolf, dann hätte dies die unangenehme Konsequenz, dass *niemand* für das eigene Tun moralisch verantwortlich wäre. Denn niemand von uns hat die ureigenen Anliegen in geeigneter Weise unter Kontrolle. Auch Eichmann wäre demzufolge kein Vorwurf zu machen. Wenn jemals einer die Todesstrafe verdient hätte, dann Eichmann. Doch, so wäre mit der Kontrollanforderung zu ergänzen, auch Eichmann hätte keine Strafe verdient.

5 http://diepresse.com/home/innenpolitik/712028/Wenn-einer-die-Todesstrafe-verdient-hat-dann-Eichmann. (Zugriff: 27.08.2017)

Das Problem mit JoJo ist aber Wolf zufolge nicht, dass er einer Indoktrination unterworfen wurde, sondern dass die Indoktrination von einer Art war, die ihn für moralische Gründe unempfänglich gemacht hat. Als realen Fall einer solchen Indoktrination bringt sie Nazideutschland ins Spiel. Von den „Nazis of the 1930s“[6] erwägt sie:

> „These are people, we imagine, who falsely believe that the ways in which they are acting are morally acceptable, and so, we may assume, their behavior is expressive of or at least in accordance with these agents' deep selves. But their false beliefs in the moral permissibility of their actions and the false values from which these beliefs derived may have been inevitable, given the social circumstances in which they developed. If we think that the agents could not help but be mistaken about their values, we do not blame them for the actions those values inspired.“ (Wolf 1987, 57)

Wolf beschreibt Menschen, die (a) falsche moralische Überzeugungen haben, (b) angesichts der sozialen Gegebenheit zu diesen Überzeugungen gelangen mussten und (c) zudem soziokulturell nicht befähigt sind, diese Überzeugungen zu korrigieren. Der Punkt (c) enthält die eigentliche Pointe ihres Ansatzes. Wir nehmen manche Menschen von moralischen Vorwürfen aus, weil sie bestimmte Grundvoraussetzungen nicht mitbringen. Zu diesen Grundvoraussetzungen gehört die Fähigkeit, zu erkennen, dass das eigene Handeln falsch ist. Manche Gesellschaften machen nun Wolf zufolge ihre Mitglieder *in bestimmten Hinsichten* schuldunfähig (*locally insane*). Sie sind in gewissen Kontexten nicht in der Lage, relevante Tatsachen und Werte in angemessener Weise zu würdigen und ihr Verhalten entsprechend zu steuern.[7] Wenn wir im Fall des fiktiven Diktatorensohns JoJo zu dem Schluss gelangen, dass er für die aus seinem verdorbenen Charakter folgenden Handlungen nicht verantwortlich gemacht werden kann, dann muss dies Wolf zufolge auch für die Mitglieder realer Gesellschaften gelten. Solche Gesellschaften möchte ich als *moralisch inkompetent* bezeichnen.[8]

Betrachten wir nun, wie Wolf den Gedanken moralisch inkompetenter Gesellschaften auf einen konkreten Anwendungsfall bezieht:

Wolfs Naziargument

1. Eine Person *P* ist nur dann moralisch verantwortlich für ihre Handlungen *H*, wenn sie den für *H* relevanten moralischen Gründen in ausreichendem Maße zugänglich ist.

---

6 Es wird nicht ganz klar, warum sich Wolf auf die „Nationalsozialisten der dreißiger Jahre“ bezieht und nicht auf die gesamte Zeit der NS-Herrschaft. Ich teile die Auffassung der anonymen Gutachten, dass die Ungenauigkeit dieses historischen Bezugs unbefriedigend ist.

7 Ähnlich Slote 1982 für antike Sklavenhalter; kritisch hierzu: Moody-Adams (1994).

8 Strenggenommen sollte man stets hinzufügen, in Bezug auf *was* man eine Gesellschaft als moralisch inkompetent betrachtet, da der Begriff einen lokalen Anwendungsbereich hat. Eine Gesellschaft moralisch inkompetent zu nennen, legt nicht darauf fest, von ihren Mitgliedern zu behaupten, dass sie *ausschließlich* falsche moralische Überzeugungen hätten. Wolf nennt beispielsweise als Kandidaten für partielle moralische Schuldunfähigkeit Sklavenhalter im amerikanischen Süden der 1850er. Die Kultur des amerikanischen Südens habe deren Mitglieder unfähig gemacht, das Unrecht der Sklaverei zu erkennen. Dass diese Kultur moralisch inkompetent war mit Blick auf die Sklaverei, heißt aber nicht, dass sie in jeglicher Hinsicht moralisch inkompetent war.

2. Mitglieder von moralisch inkompetenten Gesellschaften sind den für *H* relevanten moralischen Gründen nicht in ausreichendem Maße zugänglich.
3. Nazis der dreißiger Jahre („Nazis of the 1930s") waren Mitglieder einer moralisch inkompetenten Gesellschaft.
4. Nazis der dreißiger Jahre („Nazis of the 1930s") waren für *H* nicht moralisch verantwortlich.

Das offensichtliche Problem dieses Arguments liegt darin, dass die vereinfachenden Voraussetzungen von Wolfs fiktivem Beispiel nicht oder nur in sehr eingeschränkter Form für das NS-Regime gelten. Am nächsten kommen dem JoJo-Fall diejenigen, die ihre Kindheit und Jugend ganz oder zum großen Teil unter der Naziherrschaft verbracht haben. Wer nach 1933 schulpflichtig wurde, war in hohem Maße der Indoktrination durch das Regime ausgesetzt. Von den betroffenen Personen würden wir am ehesten annehmen, dass die oben genannten Bedingungen (a) – (c) für sie gelten: Viele Angehörige dieser Generation hatten falsche moralische Überzeugungen, zu denen sie angesichts der sozialen Gegebenheit mit hoher Wahrscheinlichkeit gelangen mussten und zu deren Revision sie während der NS-Herrschaft soziokulturell nicht befähigt waren. Doch es wäre merkwürdig, von *dieser* Generation (deren Angehörige bei Kriegsende achtzehn Jahre oder jünger waren), als den „Nazis of the 1930s" zu sprechen. Es wäre merkwürdig, weil diese Generation keine (oder höchstens eine völlig marginale) Rolle für die Verbrechen des Regimes gespielt hat und sich die Frage der moralischen Verantwortung für sie damit ohnehin nicht stellt. Ungleich sinnvoller ist die Verantwortungsfrage für die mehrheitlich um 1900 herum geborenen Protagonisten des Reichssicherheitshauptamtes, die von Michael Wildt so genannte „Generation des Unbedingten" (Wildt 2002; s.a. Herbert 1996). Die Primärsozialisation dieser Generation war vor der Machtübernahme des Regimes abgeschlossen. Wenn jemand wie Eichmann sich als „fanatischen Kämpfer für die Freiheit seines Blutes" beschreibt, so ist dies nicht das Ergebnis der Indoktrination eines totalitären Staates oder der für das Kaiserreich (in dem er seine Kindheit verbrachte) typischen moralischen Erziehung. Es ist vielmehr Ausdruck der NS-Ideologie, deren Formierungsphase in die Zeit der Weimarer Republik fällt.[9] Wie immer man diesen Prozess im Einzelnen beschreiben möchte, er hat wenig *offensichtliche* Ähnlichkeit mit Wolfs JoJo-Fall. Um die Verantwortungsintuition aus diesem Fall auf die „Nazis of the 1930s" zu übertragen, wäre zu zeigen, dass – entgegen dem Anschein – für einen genauer zu bestimmenden Personenkreis ähnliche Bedingungen gälten wie für JoJo. Ohne solche Ausführungen ist die Plausibilität des Arguments von Wolf für die „Nazis of the 1930s" äußerst gering.[10]

9 Wolfgang Bialas hat die „nationalsozialistische Moral" vielmehr als Resultat der „weltanschaulich-moralischen Krise der Weimarer Republik" (Bialas 2014, S. 19–62) beschrieben.

10 Dass der damaligen deutschen Kultur ein eliminatorischer Antisemitismus eingeschrieben war (und sie insofern *locally insane* war), hat Daniel Goldhagen (1996) in *Hitlers willige Vollstrecker* vertreten. Wie sich diese These auf die Frage moralischer Verantwortung auswirkt, diskutiere ich in Schefczyk (2012, S. 168 ff.).

Damit ist nicht gesagt, dass die normativen Modell-Überlegungen Wolfs zu keinen anwendbaren Resultaten führen. Die allgemeine Form ihrer normativen These lautet:

Zugänglichkeitsthese: Eine Person *P* ist nur dann moralisch verantwortlich für ihre Handlungen *H*, wenn sie den für *H* relevanten moralischen Gründen in ausreichendem Maße zugänglich ist.

Es ist denkbar, dass wir bestimmten oder fast allen Mitgliedern einer gegenwärtigen Gesellschaft, wie Nordkorea, oder einer früheren Gesellschaft, wie dem Athen des fünften vorchristlichen Jahrhunderts, keine Vorwürfe für bestimmte ihrer moralisch falschen Handlungsweisen machen sollten. Um hier zu einem mehr als intuitiven Urteil gelangen zu können, muss jedoch der Gedanke einer „moralisch inkompetenten Gesellschaft" viel genauer gefasst werden als dies bei Wolf geschieht. Dies ist Aufgabe der nächsten beiden Abschnitte: Unter welchen Bedingungen lässt sich von der moralischen Inkompetenz einer Gesellschaft mit Blick auf Handlungen vom Typ *H* sprechen?

3. Moralisch inkompetente Kulturen

Um den Begriff einer moralisch inkompetenten Kultur zu präzisieren, möchte ich zunächst Thesen Gideon Rosens aufgreifen. In seinem wichtigen Aufsatz „Culpability and Ignorance" beschäftigt er sich mit der Frage, ob man antiken Sklavenhaltern moralische Vorwürfe machen könne. Sklaverei wurde in der Antike zwar als Übel für die Sklaven angesehen. Aber dieses Übel wurde als vergleichbar angesehen mit Krankheiten, Unfällen oder Naturkatastrophen. Gestützt auf Mendelsohn (1949) und Finley (1998), nimmt Rosen an, dass so gut wie niemand vor der Spätantike auf die Idee kam, Sklaverei aus moralischen oder religiösen Gründen abzulehnen.[11] Die Institution der Sklaverei wurde nicht in Frage gestellt. Sklaverei wurde als etwas Normales betrachtet, was keiner eigenen Rechtfertigung bedarf:

> „*Ancient Slavery.* In the ancient Near East in the Biblical period the legitimacy of chattel *slavery was simply taken for granted.* No one denied it was bad to be a slave, just as it is bad to be sick or deformed. The evidence suggests, however, that until quite late in antiquity it *never occurred to anyone to object to slavery on grounds of moral or religious principle.* So consider an ordinary Hittite lord. He buys and sells human beings, forces labor without compensation, and separates families to suit his purposes. Needless to say, what he does is wrong. The landlord is not entitled to do these things. But of course he thinks he is." (Rosen 2003, S. 64, Hervorhebung MS)

11 Hierzu ist anzumerken, dass im Athen des vierten vorchristlichen Jahrhunderts die Sklaverei ihre Selbstverständlichkeit zumindest soweit verloren hatte, dass Aristoteles in der *Politik* eine Behandlung der Frage für angezeigt hielt. „Ob es nun einen Menschen gibt, der von Natur derart ist oder nicht, und ob es besser und gerecht ist für einen Menschen, Sklave zu sein oder nicht, oder ob überhaupt jede Sklaverei gegen die Natur ist, dies ist nun zu untersuchen." (*Politik* 1254a10-20) Peter Garnsey (1996) geht davon aus, dass Kritik an jeglicher Sklaverei zur Zeit des Aristoteles wenig verbreitet war. Wir können diese Frage hier außer Acht lassen, weil Rosen im Beispiel auf die Hethiter Bezug nimmt, ein kleinasiatisches Volk des zweiten vorchristlichen Jahrtausends.

Die Summe der für moralisch erlaubt oder geboten gehaltenen sozialen Praktiken, rechtlichen Regeln und gesellschaftlichen Strukturen eines Kollektivs bilden das *soziokulturell Normale*. Überzeugungen über das Gebotene und Erlaubte und Überzeugungen über das Übliche und Normale stützen sich typischerweise wechselseitig. Personen orientieren sich im Handeln im Regelfall an dem, was sie für normal halten; und sie sind überzeugt, dass das Normale mit den Anforderungen der Moral im Einklang steht. Der Befund, dass in einer Gesellschaft moralisch falsche Überzeugungen als selbstverständlich und richtig angesehen werden, hat jedoch für sich genommen noch keine entlastende Wirkung. Entlastend wirkt er erst in Verbindung mit folgender These Rosens über die epistemischen Obliegenheiten einer durchschnittlichen Person:

> „(...) one is normally under no obligation to rethink the uncontroversial normative principles that form the framework for social life." (Rosen 2003, S. 65)

Ich möchte dies die Unangefochtenheitsthese nennen:

Unangefochtenheitsthese: Wenn die Praktiken *P* (a) zum soziokulturell Normalen in Gesellschaft *G* gehören und (b) das soziokulturell Normale unangefochten gilt, gehört es nicht zu den epistemischen Obliegenheiten der Mitglieder von *G*, den deontischen Status von *P* in Frage zu stellen.[12]

Die Intuition hinter dieser These lautet: Wenn niemand sonst in einer Gesellschaft auf den Gedanken kommt, die Erlaubtheit einer Praxis in Frage zu stellen, dann kann man dies billigerweise auch nicht von einem einzelnen Mitglied erwarten. Das offensichtliche Problem der Unangefochtenheitsthese liegt in der Interpretationsbedürftigkeit des Wortes „Unangefochtenheit" verborgen. In „Die Schuldfrage" schreibt Karl Jaspers, in Nazideutschland sei zwölf Jahre lang keine öffentliche Diskussion möglich gewesen (Jaspers 1946, 20). Das Regime hat dies nicht zugelassen, und in diesem Sinne war das in ihm Normale „unangefochten". Aber dies taugt kaum als Begründung dafür, dass die Deutschen nicht verpflichtet gewesen wären, die normativen Prinzipien der Naziherrschaft zu hinterfragen. Die Unangefochtenheitsthese ist daher sinnvollerweise auf die „kulturellen Ressourcen" einer Gesellschaft zu beziehen. Eine soziokulturelle Praxis *N* der Gesellschaft *G* gilt unangefochten, wenn ein Verzicht auf *N* für die Angehörigen von *G* undenkbar ist. „Undenkbarkeit" wiederum bedeutet, dass die Mitglieder einer Gesellschaft nicht auf den Gedanken kommen können, dass eine soziale Praxis moralisch falsch ist. Dies ist dann der Fall, wenn in einer Kultur keine *epistemische Auslöser* bezüglich des deontischen Status' einer Praxis vorhanden sind; liegen dagegen solche Auslöser vor, so ist in einer Gesellschaft der Verzicht auf diese Praxis nicht *undenkbar*.

Auslöserthese: Wenn für die Mitglieder von *G* epistemische Auslöser vorliegen, über den deontischen Status von *P* nachzudenken, so gilt *P* in *G* nicht unange-

12 Unter dem deontischen Status ist hier die Erlaubtheit (Gebotenheit) oder Verbotenheit einer sozialen Praxis zu verstehen.

fochten. Es gehört dann zu epistemischen Obliegenheiten der Mitglieder von *G* , über den deontischen Status von *P* nachzudenken.

Anknüpfend an Gideon Rosen, möchte ich drei Arten epistemischer Auslöser unterscheiden:[13]

(a) *Unbestreitbare innere Widersprüche der Normenordnung (hard cases):* Es treten Konflikte zwischen etablierten Normen einer Gesellschaft auf (zum Beispiel Antigones Konflikt, dem Befehl des Königs oder dem ungeschriebenen Gesetz des Unterweltgottes zu folgen);

(b) *Manifeste Meinungsverschiedenheiten zwischen gesellschaftlichen Akteuren über die Normenordnung:* Das Bestehen oder die Begründung eines Rechts oder einer Pflicht wird herausgefordert (zum Beispiel Haimons Kritik am Anspruch Kreons, Eigentümer der Polis zu sein, oder die zwischen Antigone, Haimon und Kreon bestehende Meinungsverschiedenheit über die Frage, ob Kreon berechtigt ist, die Beerdigung von Polyneikes zu untersagen);

(c) *Widersprüche im eigenen Überzeugungssystem:* Das eigene System moralischer Überzeugungen enthält Widersprüche (zum Beispiel zwischen den eigenen Überzeugungen, dass (i) alle Menschen gleiche Rechte haben, dass (ii) Frauen Menschen sind und dass (iii) Frauen weniger Rechte haben sollten als Männer).

Nehmen wir zur Illustration einen Fall, in dem die Unangefochtenheitsthese offensichtlich *nicht* gilt und in dem klarerweise epistemische Auslöser vorliegen: Harald Welzer hat nachgezeichnet, dass die „nationalsozialistische Moral“ das Ergebnis einer „kollektiven normativen Orientierungsveränderung in der deutschen Gesellschaft nach 1933“ (Welzer 2005, 46) war. Die Entrechtung der jüdischen Bevölkerung war innerhalb eines relativ kurzen Zeitraums zur Normalität geworden. Die meisten Täter hatten selbst einen bedeutenden Teil ihrer Lebenszeit in einer Gesellschaft verbracht, in der solche Entrechtung nicht praktiziert wurde (und entsprechend nicht als soziokulturell normal galt). Dass die Entrechtung von Juden zur soziokulturellen Normalität des NS-Regimes gehörte, kann insofern keine exkulpierende Wirkung haben. Den Deutschen standen damals die kulturellen Ressourcen zur Verfügung, die ihnen erlaubt haben, das Unrecht in Frage zu stellen.

Mithilfe der Auslöserthese lässt sich mit einer weiteren normativen These auf konzeptioneller Ebene ein Vorschlag präzisieren, wann historische Akteure keine Vorwürfe für ihre Beteiligung an moralisch falschen Praktiken verdienen.

Unschuldsthese: Wenn es nicht zu den epistemischen Obliegenheiten der Mitglieder der Gesellschaft *G* gehört, über den deontischen Status der soziokulturell normalen Praxis *P* nachzudenken, so kann ihnen nicht vorgeworfen werden, sich an *P* zu beteiligen.

---

13 “One is obliged to *reflect in hard cases, in response to serious criticism, in response to known diversity of opinion* and *in response to perceived tensions in one’s moral view*. But when what one takes to be a transparently correct moral verdict meets with no such friction, one is neither negligent nor reckless in failing to subject that verdict to special scrutiny.” (Rosen 2003, S. 65, Hervorhebung MS).

Das intellektuelle Leben der antiken Hochkulturen war wohl weit genug entwickelt, um epistemische Auslöser für das Nachdenken über die Erlaubtheit der Sklaverei zu enthalten. In noch höherem Maße gilt dies von Nazideutschland. Insofern kann der Gedanke der Unschuldsthese keine Anwendung auf sie finden.

Daraus folgt aber nicht unmittelbar, dass ihnen ihr moralisch falsches Handeln vorzuwerfen ist. Denn es ist eine Sache, die Mitglieder einer Kultur für verpflichtet zu halten, über den deontischen Status einer Praxis nachzudenken, und eine andere, sie dafür verantwortlich zu machen, in diesem Nachdenken zu falschen Ergebnissen zu gelangen. Susan Wolfs fiktiver JoJo-Fall ist nicht so aufgebaut, dass dieser niemals auf die Idee kommt, seine Werte und Ideale kritisch zu befragen. Er macht dies sehr wohl, kommt dabei aber nicht zum richtigen Ergebnis.[14] Die Frage ist daher nicht allein: „Wann können wir von den Angehörigen beliebiger Kulturen erwarten, dass sie in der Lage sind, die richtigen Fragen zu stellen?“, sondern auch: „Wann können wir erwarten, dass sie die richtigen Antworten auf die richtigen Fragen finden?“

Eine radikale Position könnte behaupten, dass dies immer dann erwartet werden darf, wenn epistemische Auslöser vorliegen. Wären diese nachweisbar, ließe sich sagen, dass die betreffende Gesellschaft in ausreichendem Maße moralisch kompetent war. Eine weniger radikale Antwort ist bei Rosen zu finden. Ähnlich wie Wolf lässt er seinen Hethiterfürsten fragen, ob seine Sklavenhaltung falsch wäre:

> „Let us suppose he asked himself, ‚Is this wrong (shameful, base)?‘ – and coming up with nothing, went on as before. There may be cogent arguments against slavery from premises our Hittite accepts, or might come to accept. But if there are, they are not obvious, and his failure to discover them need not signal recklessness or negligence on his part. To the contrary, it is compatible with his having been unusually reflective. Given the intellectual and cultural resources available to a second millennium Hittite lord, it would have taken a moral genius to see through to the wrongness of chattel slavery.“ (Rosen 2003, S. 66)

Auffällig an dieser Überlegung ist der Umstand, dass Rosen nicht verlangt, dass Personen in der Lage sind, logische Schlüsse aus ihren eigenen Überzeugungen zu ziehen („premises our Hittite accepts“). Selbst wenn die richtigen moralischen Überzeugungen sozusagen „logisch griffbereit liegen“ wäre es laut Rosen zu viel verlangt, sie von den normalen Mitgliedern einer Gesellschaft zu erwarten. Von normalen Menschen sind solche Erkenntnisse nur erwartbar, wenn sie offensichtlich („obvious“) sind. Ich möchte dies die Offensichtlichkeitsthese nennen:

Offensichtlichkeitsthese: Nur wenn eine zum soziokulturell Normalen gehörende falsche moralische Praxis *P* offensichtlich falsch ist, gehört es zu den epistemischen Obliegenheiten eines Mitglieds der Gesellschaft, die Falschheit von *P* zu erkennen.

Unter welchen Umständen eine solche „Offensichtlichkeit“ gegeben ist, bleibt bei Rosen unklar. War die moralische Falschheit der Sklaverei im Athen des vierten vor-

14 „When he steps back and asks, ‚Do I really want to be this sort of person?‘ his answer is resoundingly ‚Yes‘, for this way of life expresses a crazy sort of power that forms part of his deepest ideal.“ (Wolf 1987, S. 54).

christlichen Jahrhunderts für jeden offensichtlich, der bereit war, über die Frage nachzudenken? Die Schwächen in Aristoteles' Argumentation für die „natürliche Sklaverei" sind für die heutige Leserschaft leicht zu erkennen, doch waren sie es auch für ihn selbst? Um Fragen dieser Art in erster Annäherung zu beantworten, möchte ich den Begriff der „epistemischen Kompetenz einer Gesellschaft" einführen.

Unter der „epistemischen Kompetenz" möchte ich die graduelle Fähigkeit verstehen, richtige Überzeugungen zu erfassen. Eine Person oder Gesellschaft, die viele richtige und kohärente Überzeugungen bildet, ist epistemisch in hohem Maße kompetent; eine Person, die wenige richtige und kohärente Überzeugungen bildet, ist epistemisch in geringem Maße kompetent. Die Mitglieder einer Gesellschaft *G* sind für falsche moralische Überzeugungen nur dann verantwortlich, wenn sie einen ausreichenden Grad an epistemischer Kompetenz aufweisen.

Moralische Zurechnungsfähigkeit: Eine Gesellschaft *G* gilt als moralisch zurechnungsfähig, wenn *G* einen Schwellenwert epistemischer Kompetenz überschreitet.

Normierungsvorschlag: Eine Gesellschaft *G* überschreitet einen Schwellenwert epistemischer Kompetenz, wenn intellektuelle Leistungen vorliegen (Technik, Literatur, Wissenschaft, Philosophie, Gesetzgebung), die eine lokale Beherrschung der Prinzipien guter epistemischer Praxis demonstrieren.

Dem Normierungsvorschlag liegt – kantianisch gesprochen – der Gedanke der Einheit von theoretischer und praktischer Vernunft zugrunde. Epistemische Kompetenzen, die zur Entwicklung von technischen Lösungen oder Theorien benötigt werden, sind auch für die Entwicklung moralischer Überzeugungen entscheidend. Hierzu gehört die Fähigkeit, wesentliche von nicht-wesentlichen Eigenschaften zu unterscheiden, Ceteris-Paribus-Annahmen zu formulieren, Beschreibungen zu universalisieren, Widersprüche zwischen Vermutungen und Beobachtungen zu bemerken sowie Vorannahmen im Lichte von Erfahrungen zu revidieren. Die vorgeschlagene Normierung greift den auch bei Rosen zu findenden, dort aber unbestimmt bleibenden Gedanken „kultureller Ressourcen" auf. Ich möchte zumindest kursorisch aufzählen, welche Prinzipien zu einem Katalog *guter epistemischer Praxis* gehören könnten. 1. *Begründungsprinzip:* Personen sollten in der Lage sein, Gründe für ihre Überzeugungen zu nennen. Gründe für *p* sind (Überzeugungen über) Tatsachen, die dafür sprechen, dass *p* (der Fall ist/verboten ist). Das Begründungsprinzip fordert nicht, dass die für eine Überzeugung geltend gemachten Gründe tatsächlich tragfähig sind. Es fordert nur, dass eine Person Begründungsbeziehungen zwischen Überzeugungen herzustellen versucht. 2. *Abhängigkeitsprinzip:* Dieses epistemische Prinzip besagt, dass der subjektive Überzeugungsgrad von *p* eine Funktion der Gründe und Gegengründe darstellt.[15] Gemäß Abhängigkeitsprinzip müssen Evidenzen für *nicht-p* eine Korrektur des subjektiven Überzeugungsgrads von *p* nach sich ziehen. 3. *Quellenprinzip:* Zur guten epistemischen Praxis gehört, dass der subjektive Überzeugungsgrad von *p* berücksichtigt, wie hoch der Grad an epistemischer Zuverlässigkeit einer Quelle ist, auf die eine Überzeugung zurückgeht. Zuverlässige Quellen sollten ceteris paribus bei der Überzeugungsbildung höheres Gewicht haben als Propositionen, die von weniger zuverlässigen Quellen

15 Der subjektive Überzeugungsgrad nimmt Werte zwischen Null (unmöglich wahr/sicher falsch) und Eins (notwendigerweise wahr/keinesfalls falsch) an.

beglaubigt werden. 4. *Fallibilitätsprinzip:* Jegliche empirisch gehaltvolle Überzeugung könnte falsch sein. 5. *Überprüfungsprinzip:* Die Irrtumsmöglichkeit begründet das Prinzip, Überzeugungen systematisch zu überprüfen, so dass ein hoher Grad an epistemischer Zuverlässigkeit erreicht wird.

Der obige Normierungsvorschlag verlangt nicht, dass eine Gesellschaft in einem Großteil ihrer sozialen Praktiken jedes der fünf genannten Prinzipien beherzigt. Dies ist wohl nur in modernen wissenschaftlich-technologischen Zivilisationen weitgehend der Fall. Um von der moralischen Zurechnungsfähigkeit einer Gesellschaft auszugehen, ist lediglich die lokale Beherrschung der Prinzipien verlangt. Auch Gesellschaften, die in vielen Bereichen systematisch gegen das Abhängigkeits-, das Fallibilitäts- und das Überprüfungsprinzip verstoßen, können sehr wohl moralisch zurechnungsfähig sein. Dies wäre beispielsweise der Fall, wenn diese Gesellschaften über Wissenschaften verfügten oder andere Formen der systematischen Wissensgewinnung und -auswertung hätten (in der Seefahrt oder im Tempelbau), die eine fortgeschrittene epistemische Praxis erfordern. George Sher schreibt, sein Ansatz sei vereinbar mit der Auffassung, Menschen, die in Sklavenhaltergesellschaften aufgewachsen seien, seien ganz oder teilweise entschuldigt, „because they do not have reason to regard the relevant forms of behavior as wrong" (Sher 2009, S. 99 FN). Doch natürlich haben die Mitglieder von Sklavenhaltergesellschaften Grund, die Sklaverei für falsch zu halten. Die Frage ist, ob sie die „kulturellen Ressourcen" haben, diese Einsicht zu fassen – und der hier vertretene Normierungsvorschlag lautet, dass von dem Vorliegen dieser Ressourcen immer dann auszugehen ist, wenn Prinzipien guter epistemischer Praxis lokal beherrscht werden.

Die hier vorgeschlagene Normierung stellt Anforderungen, die hoch genug sind, um die Gesellschaft Athens im fünften und vierten vorchristlichen Jahrhundert als moralisch zurechnungsfähig zu betrachten, gesteht aber zu, dass nicht alle Gesellschaften diese Bedingung erfüllen. Aristoteles, der im Athen des vierten vorchristlichen Jahrhunderts lebte, verfügte meinem Normierungsvorschlag zufolge über die „kulturellen Ressourcen", richtige moralische Überzeugungen zu bilden. Vor diesem Hintergrund möchte ich folgende These vertreten:

These vorwerfbarer Moral-Unwissenheit: Liegen epistemische Auslöser vor, so sind die Mitglieder von moralisch zurechnungsfähigen Gesellschaften für ihre falschen moralischen Überzeugungen verantwortlich.

Diese These könnte als übermäßig fordernd angesehen werden.[16] Ginge es nicht zu weit, beispielsweise die Mitglieder einer theokratischen Gesellschaft für die Beteiligung an ungerechten Praktiken moralisch verantwortlich zu machen, nur weil im Bereich des Tempelbaus oder der Seefahrt Prinzipien guter epistemischer Praxis lokal beherrscht wurden? Doch dies würde übersehen, dass die These das Vorliegen epistemischer Auslöser verlangt. Der Gedanke der Normierung lau-

16 Eine noch strengere Auffassung vertritt Elizabeth Harman (2011, S. 459), der zufolge alle Menschen moralisch verpflichtet sind, von den für unser Handeln relevanten moralischen Wahrheiten überzeugt zu sein. Die Position hat den Vorzug der Einfachheit, insofern sie Personen für jegliche Handlung aus Moral-Unwissenheit verantwortlich macht; dieser Vorzug ist aber zugleich auch ihr Nachteil, da die Begründung dieser Normierung einzig darin bestehen könnte, dass moralisches Wissen selbstevident wäre – doch dies ist offensichtlich nicht der Fall (siehe hierzu auch: Schefczyk 2012, S. 39–42).

tet insofern: *Wenn* inhärente Widersprüche einer Normenordnung oder Meinungsverschiedenheiten über ihren Gehalt offenbar sind, *dann* sollten die Erwartungen über die Deliberationsergebnisse an den realisierten Prinzipien guter epistemischer Praxis geeicht werden.

Doch möglicherweise geht dies manchen immer noch zu weit. Wenn noch nicht einmal ein Genie wie Aristoteles die Falschheit der Sklaverei klaren Auges erkannte, ist es dann nicht verfehlt, nicht nur ihn, sondern beliebige Mitglieder seiner Gesellschaft für ihre moralische Fehlmeinung verantwortlich zu machen? In diese Richtung scheint Miranda Frickers (2010) Überlegung zu gehen, dass „strukturell verursachtes" moralisches Unwissen nicht vorgeworfen werden dürfe. Worin könnte jedoch solche „strukturelle Verursachung" im Falle *moralisch zurechnungsfähiger Gesellschaften* bestehen? Eine mögliche Antwort lautet, dass die mit der Sklaverei für die Gesellschaftsmitglieder verbundenen Vorteile von einer Art waren, der einen Verzicht auf sie „undenkbar*" gemacht hat. Als „undenkbar*" könnte ein solcher Verzicht gelten, wenn er die Aufgabe alles dessen bedeuten würde, was die „Identität" einer Gesellschaft und ihrer Mitglieder ausmachte. Die Gesellschaft Athens mit ihren bemerkenswerten Leistungen in den Bereichen Wissenschaft, Kultur und Politik basierte auf einem System der Sklavenausbeutung. Dies aufzugeben, hätte von den Athenern verlangt, dasjenige aufzugeben, was sie für ihre Einzigartigkeit und Großartigkeit hielten. „Undenkbar*" wäre ein solcher Verzicht für sie nicht, weil die Gesellschaft moralisch unzurechnungsfähig wäre, sondern weil die Deliberation durch die auf dem Spiel stehenden Interessen in einer Weise verzerrt würde, die erklärte, warum noch nicht einmal Aristoteles zu dem richtigen Ergebnis gelangte. Diese Überlegung führt zu folgender These:

These entschuldigter Moral-Unwissenheit: Mitglieder von moralisch zurechnungsfähigen Gesellschaften *G* können für ihre falschen moralischen Überzeugungen hinsichtlich Praxis *P* entschuldigt werden, wenn der Verzicht auf *P* mit der Aufgabe konstitutiver Werte und Ideale für die Mitglieder von *G* verbunden wäre.

Angenommen, die These entschuldigter Moral-Unwissenheit wäre plausibel. Mir scheint, dass sie eine Art von moralischem Vorwurf gegen eine Sklavenhaltergesellschaft, wie die des Aristoteles, festhält. Zwar ist richtig, dass eine erfolgreiche Entschuldigung dazu führt, dass wir einen Vorwurf ganz oder teilweise zurücknehmen – jedoch gilt dies nur in einem bestimmten Sinne, der das Bedeutungsspektrum moralischer Vorwürfe nicht ganz abdeckt. Wichtig ist hierbei, sich die Besonderheit *entschuldigter Moral-Unwissenheit* gegenüber der *unschuldigen Moral-Unwissenheit* zu vergegenwärtigen. Die unschuldige Moral-Unwissenheit lässt sich mit einer Situation vergleichen, in der eine bestimmte wissenschaftliche Entdeckung noch nicht gemacht wurde. Bei der entschuldigten Moral-Unwissenheit wird demgegenüber eine moralische Entdeckung durch nicht-moralische Gründe, durch Gründe des Eigeninteresses, blockiert.[17]

17 Die These entschuldigter Moral-Unwissenheit stellt keine Variante eines Überforderungseinwandes dar – zumindest, wenn ein solcher Einwand als Aufhebung der primären Pflicht verstanden wird. Die These besagt nicht, dass die Mitglieder der beschriebenen Gesellschaft keinen Fehler gemacht hätten, indem sie eine Praxis, wie die Sklaverei, für erlaubt hielten. Es besagt lediglich, dass Menschen Fehler solcher Art mit hoher Wahrscheinlichkeit begehen und daher als entschuldigt gelten.

4. Moralische Vorwürfe für Moral-Unwissenheit

In der Debatte über Zuschreibung moralischer Verantwortung lassen sich grob zwei Stränge unterscheiden, die *Kontrollauffassung* und die *Normierungsauffassung*:[18] In dem Kontroll-Strang – zu dem Smith (1983), Zimmerman (1997), Rosen (2003, 2004) und Levy (2003, 2009) gehören – wird angenommen, moralische Vorwürfe setzten voraus, dass eine Person in der kausalen Vorgeschichte einer Tat in relevanter Weise *wissentlich* falsch gehandelt habe. Ist einer Person zum Zeitpunkt des Handelns nicht klar, dass ihr Tun (ihr ϕ-en) moralisch falsch ist, so ist sie – dieser Auffassung zufolge – für ihr ϕ-en nur dann moralisch verantwortlich, wenn sie ihr Unwissen in vorwerfbarer Weise herbeigeführt hat – und dies bedeutet, dass das Unwissen seinerseits das Resultat eines wissentlich falschen Tuns oder Unterlassens sein muss.

In dem Normierungs-Strang – zu dem Sher (2006, 2009), FitzPatrick (2008), Harman (2011) und Mason (2015) zu rechnen sind – geht man demgegenüber davon aus, dass moralische Vorwürfe kein wissentlich falsches Handeln voraussetzen. In vielen Fällen richtet sich der moralische Vorwurf auf die Tatsache, dass eine Person in spezifischer Weise einer Normierung nicht gerecht geworden ist. Aus rollenspezifischen Aufgaben, Versprechen oder den Prinzipien guter epistemischer Praxis folgen epistemische Obliegenheiten, die das Vergessen, Übersehen, oder Falscheinschätzen vorwerfbar machen: Wenn jemand aus Flüchtigkeit, Vergesslichkeit, Unpünktlichkeit, Unkonzentriertheit, Aufregung, geistiger Trägheit oder Ähnlichem unwissentlich falsch handelt, so wird der Vorwurf nicht zurückgestellt, bis eine „Umnachtungshandlung", ein „benighting act" (Smith 1983, S. 547), ausgemacht ist;[19] vielmehr wird die Person gerade für ihre Flüchtigkeit, Vergesslichkeit, Unpünktlichkeit, Unkonzentriertheit, Aufregung, geistige Trägheit oder Ähnliches, die zu dem falschen Handeln und den missliebigen Konsequenzen geführt haben, unmittelbar verantwortlich gemacht.[20]

Doch was tun wir eigentlich, wenn wir eine Person für eine falsche Handlung moralisch verantwortlich machen? Einer verbreiteten Auffassung zufolge lizensieren solche Zuschreibungen das Haben und – gegebenenfalls – auch das Äußern von Gefühlen der Empörung und Abscheu.[21] Wenn die antiken Sklavenhalter (Rosens Beispiel) oder die Nazis (Wolfs Beispiel) nicht für ihre Handlungen moralisch verantwortlich gewesen wären, so würde es nach dieser Sichtweise nicht angemessen sein, Berichte über sie und ihr Handeln mit Empörung oder Abscheu zur Kenntnis zu nehmen. Vielmehr sollten wir ihr Tun als etwas verstehen, in das sie selbst auf unglückselige Weise verwickelt waren. Folgt man der Kontrollauffassung, so ist die Verantwortungszuschreibung – wie gesagt – nur dann angebracht, wenn die Person zu einem bestimmten Zeitpunkt wissentlich falsch gehandelt hat.

18 Die Unterscheidung ist wie gesagt grob – und sie ist nicht erschöpfend. Beispielsweise weist Talbert (2013) die Kontrollauffassung zurück, ohne die Normierungsauffassung zu vertreten.

19 Die Philosophin Holly Smith hat die einflussreiche These vertreten, dass Unwissenheit vorwerfbar wäre, wenn sie sich aus einem sogenannten „benighting act" (Smith 1983, S. 547) ergäbe, das heißt, dem bewussten Herbeiführen eines Zustands der Unwissenheit.

20 Eine präzise ausformulierte Fassung dieses Gedankens findet sich bei Sher (2009, S. 88).

21 Klassisch hierzu: Strawson (1993 [1962]).

Demgegenüber weitet die Normierungsauffassung die Menge der Handlungen, für die Individuen verantwortlich sind, auch auf solche aus, die nicht unter ihrer unmittelbaren Kontrolle stehen oder standen. Wie gesagt: Pflichten *normieren* Erwartungen an das Kontroll-Vermögen von Akteuren. Fehlende Kontrolle dispensiert insofern in vielen Fällen nicht von der Verantwortung – sie ist vielmehr Gegenstand des auf eine Normierung gestützten moralischen Vorwurfs.

So lizensieren aus dieser Sicht Berichte über antike Sklavenhalter oder Nazis moralische Verantwortungszuschreibungen, weil sie auf je unterschiedliche Weise relevante epistemische und (in der Folge) moralische Standards unterboten haben.[22] Die Normierungsauffassung kommt hier vermutlich unserer intuitiven Bewertung des konkreten Anwendungsfalls (Sklavenhalter, Nazis) näher als die Kontrollauffassung, die aus Sicht vieler die Schrecken der Geschichte zu großzügig entschuldigt (Levy 2003, S. 147). Andererseits findet die Kontrollauffassung in ihrer abstrakten Fassung so viel intuitive Zustimmung, dass – wie George Sher (2009) bemerkt – sie kaum je begründet wurde. Dieser Intuition zufolge ist es – wie gesagt – falsch, sich über Handlungen zu echauffieren, welche die handelnde Person unter den gegebenen Bedingungen nicht in eine andere Richtung hätte steuern können.

Wenn Intuitionen so nachhaltig entgegengesetzt sind, ist es oftmals lohnend, nach dem zu fragen, was beide Seiten *verbindet*. Wichtig scheint mir dabei: Wenn Rosen und Wolf argumentieren, dass wir Sklavenhaltern oder Nazis keine moralischen *Vorwürfe* machen sollten, wollen sie nicht sagen, dass deren jeweiliges Handeln nicht *moralisch kritikwürdig* gewesen sei. Formuliert man es in dieser Weise, verliert die Auseinandersetzung zwischen den beiden Strängen mit Blick auf historische Akteure einiges an Brisanz. Die Frage, ob man berechtigt sei, über das Handeln einer Person *empört* zu sein, oder ob man es lediglich als *moralisch kritikwürdig* begreifen dürfe, mag in vielen Fällen einen echten Unterschied machen, weil das Haben und Ausdrücken von moralischen Gefühlen sich auf das eigene und das Handeln anderer auswirkt. Indem wir empörte Vorwürfe gegeneinander erheben, versuchen wir, auf unsere Handlungsweisen einzuwirken. Wenn wir jedoch über die Frage der moralischen Verantwortung von historischen Akteuren, wie Nazis oder Sklavenhaltern, nachdenken, verfolgen wir dieses Ziel nicht. Vielmehr versuchen wir, sie in einer Art von „ethischer Rangordnung“ zu platzieren. Eine solche Rangordnung ordnet *Lebensformen* an. Selbst wenn jemand Wolf und Rosen Recht geben wollte, dass bestimmte Sklavenhalter und Nazis unschuldig unwissend waren, würde dies nichts daran ändern, dass die jeweilige Lebensform (aufgrund ihres moralisch kritikwürdigen Charakters) keine gute Platzierung in der ethischen Rangordnung erreichte. Selbst wenn man der Meinung wäre, sie wären nicht für ihr Handeln moralisch verantwortlich zu machen, würde man Sklavenhalter und Nazis doch aus moralischen Gründen ethisch abwerten.

Wäre in diesem Punkt Einigkeit zu erreichen, so hätte die Auseinandersetzung zwischen Kontroll- und Normierungsauffassung *mit Blick auf historische Akteure* – wie mir scheint – viel an Dramatik verloren. Zwar ließe sich noch darüber strei-

22 Siehe hierzu auch: Moody-Adams (1994, S. 296).

ten, ob unschuldige Moral-Unwissenheit zu einer schlechteren Platzierung in der ethischen Rangordnung führt als entschuldigte Moral-Unwissenheit – und ob zynische Unmoral schlimmer sei als beide, eines oder keines von beiden – aber diese Fragen würden in vielen Fällen mit der Gelassenheit relativer historischer Distanz geklärt werden können. Etwas anderes wäre es, wenn die Kontrollauffassung in einem Sinne verstanden würde, der verlangte, dass ein unschuldig Moral-unwissender Sklavenhalter oder Nazi *in keiner Weise* moralisch abgewertet würde, weil eine solche Abwertung irrational und ungerecht wäre. Zu betonen wäre, einer solchen Position zufolge, eben die *Unschuld* dieser Praktiken. Nähme man diesen Punkt Ernst, so wäre ein unschuldiger Sklavenhalter oder Nazi per se als Mensch nicht schlechter als ein unschuldiger Sklave oder Verfolgter. Mir scheint, dies wäre eine extreme und wenig attraktive Position. Wenn wir historische Akteure in einer ethischen Rangordnung platzieren, konzentrieren wir uns in aller Regel auf die Frage, was sie dachten und taten – ob die Bedingungen ihnen erlaubt hätten, anderes zu denken und zu tun, ist eher nebensächlich. Ein auf seine Rolle als Kommandant in Auschwitz gestütztes (Höß 2004 [1947]), abwertendes Urteil im Stile von „Rudolf Höß war ein Monster!" würde nicht durch den Hinweis in Frage gestellt, dass Höß' Charakter das unweigerliche Resultat seiner Umstände gewesen sein könnte. Denn auch dann würde Höß nicht als ein „guter Mensch" durchgehen, sofern mit „gut" so etwas wie „in relevanten Hinsichten vorzugswürdig" gemeint ist. Im Falle des SS-Mannes Kurt Gerstein hat Saul Friedländer demgegenüber von der „Zwiespältigkeit des Guten" gesprochen (Friedländer 1967). Nach Friedländer ist der Fall Gersteins vieldeutig. Die Beurteilung der moralischen Qualität seiner Person als ganzer ist unsicher. Um ihn eindeutig einordnen zu können, müssten wir über eine klare Vorstellung hinsichtlich der Bestimmung und Aggregation moralischer Einzelurteile verfügen. In Ermangelung einer derartigen Vorstellung ist es in solchen Fällen oft angezeigt, die Mehrdeutigkeit festzuhalten und sich auf grobe Vergleichsaussagen zu beschränken (zum Beispiel: „Gerstein war moralisch gesehen (sicher) besser als Höß aber (vermutlich) schlechter als Schindler!"). Vergleiche der moralischen Qualität von Personen unterscheiden sich in dieser Hinsicht nicht grundsätzlich von interpersonellen Nutzenvergleichen, die ebenfalls in vielen Fällen grob und unbestimmt bleiben. Wichtig ist aber, dass sie primär auf das Tun und Beabsichtigen bezogen sind und die Frage der Vermeidbarkeit dieses Tuns und Beabsichtigens nur eine untergeordnete Rolle spielt.

5. Schlussbemerkung

Könnte es sein, dass bestimmte historische Akteure keine moralischen Vorwürfe verdienen, weil ihre Moral-Unwissenheit nicht auf die Verletzung epistemischer Obliegenheiten zurückzuführen ist? Ich bejahe diese Frage. Der *Unangefochtenheitsthese* zufolge sind die Mitglieder einer Gesellschaft nicht verpflichtet, über das unangefochten geltende, soziokulturelle Normale nachzudenken. Doch wann gilt das soziokulturell Normale *unangefochten*? Hierzu äußert sich die *Auslöserthese:* Das soziokulturell Normale gilt unangefochten, wenn es keine epistemischen Auslöser für das Nachdenken über dessen epistemischen Status gibt. Epistemische Auslöser liegen vor, wenn das Normensystem einer Gesellschaft innere Widersprüche enthält oder Gegenstand von manifesten Meinungsverschiedenheiten zwischen gesellschaftlichen Akteuren ist. Auch Widersprüche im individuellen Überzeugungssystem können epistemische Auslöser sein. Das Vorliegen von Auslösern begründet die Pflicht, über den deontischen Status einer Praxis zu reflektieren. Doch unter welchen Umständen sollten auch richtige Ergebnisse solcher Reflexion erwartet werden? Hierzu äußert sich die *These vorwerfbarer Moral-Unwissenheit*, die auf den Begriff einer „moralisch zurechnungsfähigen Gesellschaft“ zurückgreift. Eine Gesellschaft ist moralisch zurechnungsfähig, wenn sie einen Schwellenwert epistemischer Kompetenz überschreitet. Dies ist dann der Fall, wenn Prinzipien guter epistemischer Praxis beherrscht werden. Liegen epistemische Auslöser vor, so sind die Mitglieder von moralisch zurechnungsfähigen Gesellschaften für ihre falschen moralischen Überzeugungen verantwortlich, sofern sie über keine Entschuldigungen für ihre Moral-Unwissenheit verfügen. Die *These entschuldigter Moral-Unwissenheit* macht einen Vorschlag, unter welchen Bedingungen Mitglieder einer moralisch zurechnungsfähigen Gesellschaft als entschuldigt angesehen werden könnten. Dies gilt, wenn der Verzicht auf eine moralisch falsche Praxis mit der Aufgabe konstitutiver Werte und Ideale für die Mitglieder der Gesellschaft verbunden wäre. Der Schlussabschnitt fragt, was es bedeutet, die Moral-Unwissenheit historischer Akteure als unschuldig oder entschuldigt zu betrachten – und was es *nicht* bedeutet.

Literatur

Aristoteles. 2011. *Politik*. München: dtv Klassik.

Bialas, Wolfgang. 2014. *Moralische Ordnungen des Nationalsozialismus*. Schriften des Hannah-Arendt-Instituts für Totalitarismusforschung, Band 52. Göttingen: Vandenhoeck & Ruprecht.

Finley, Moses. 1998. *Ancient Slavery and Modern Ideology*. Zweite, erweiterte Fassung der Erstausgabe von 1980, herausgegeben von Brent D. Shaw, Princeton: Marcus Wiener

FitzPatrick, William. 2008. Moral Responsibility and Normative Ignorance: Answering a New Skeptical Challenge. *Ethics* 118 (4): 589–613.

Frankfurt, Harry. 1969. Alternate Possibilities and Moral Responsibility. *Journal of Philosophy* 66 (23): 829–839.

Fricker, Miranda. 2010. The Relativism of Blame and Williams' Relativism of Distance. *The Aristotelian Society Supplementary Volume* 84 (1): 151–177.

Friedländer, Saul. 1967. *Kurt Gerstein oder die Zwiespältigkeit des Guten*. Gütersloh: Bertelsmann Sachbuchverlag.

Garnsey, Peter. 1996. *Ideas of slavery from Aristotle to Augustine*. Cambridge: Cambridge University Press.

Goldhagen, Daniel. 2000 [1996]. *Hitlers willige Vollstrecker. Ganz gewöhnliche Deutsche und der Holocaust*. München: Goldmann.

Guerrero, Alexander. 2007. Don't Know, Don't Kill: Moral Ignorance, Culpability, and Caution. *Philosophical Studies* 136 (1): 59–97.

Harman, Elizabeth. 2011. Does Moral Ignorance Exculpate? *Ratio* 24 (4): 443–468.

Herbert, Ulrich. 1996. *Best. Biographische Studien über Radikalismus, Weltanschauung und Vernunft*. Bonn: Verlag Dietz.

Höß, Rudolf. 2004 [1947]. *Kommandant in Auschwitz. Autobiographische Aufzeichnungen des Rudolf Höß*. Hrsg. Martin Broszat. München: dtv.

Jaspers, Karl. 1946. *Die Schuldfrage*. Heidelberg: Lambert Schneider.

Levy, Neil. 2003. Cultural Membership and Moral Responsibility. *The Monist* 86 (2): 145–163.

Levy, Neil. 2009. Culpable Ignorance and Moral Responsibility: A Reply to FitzPatrick. *Ethics* 119 (4): 729–741.

Longerich, Peter. 2006. *Davon haben wir nichts gewusst! Die Deutschen und die Judenverfolgung 1933-1945*. München: Siedler.

Mason, Elinor. 2015. Moral ignorance and blameworthiness. *Philosophical Studies* 172 (11), 3037–3057.

Mendelsohn, Isaac. 1949. *Slavery in the Ancient Near East*. Oxford: Oxford University Press

Moody-Adams, Michele. 1994. Culture, Responsibility and Affected Ignorance. *Ethics* 104 (2): 291–309.

Rosen, Gideon. 2003. Culpability and Ignorance. *Proceedings of the Aristotelian Society* 103 (1), 61–84.

Rosen, Gideon. 2004. Skepticism about Moral Responsibility. *Philosophical Perspectives* 18 (1): 295–313.

Schefczyk, Michael. 2012. *Verantwortung für historisches Unrecht. Eine philosophische Untersuchung*. Berlin/New York: De Gruyter.

Schefczyk, Michael. 2016a. Generationengerechtigkeit. In *Handbuch Gerechtigkeit,* Hrsg. Anna Goppel, Corinna Mieth und Christian Neuhäuser, 130–137. Stuttgart: J. B. Metzler.

Schefczyk, Michael. 2016b. Historische Gerechtigkeit. In *Handbuch Gerechtigkeit,* Hrsg. Anna Goppel, Corinna Mieth und Christian Neuhäuser, 147–154. Stuttgart: J. B. Metzler.

Sher, George. 2006. *In Praise of Blame*. Oxford: Oxford University Press.

Sher, George. 2009. *Who Knew? Responsibility Without Awareness*. Oxford: Oxford University Press.

Slote, Michael. 1982. Is Virtue Possible? *Analysis* 42 (2): 70–76.

Smith, Holly. 1983. Culpable Ignorance. *Philosophical Review* 92 (4): 543–571.

Strawson, Peter. 1993 [1962]. Freedom and Resentment. In *Perspectives on Moral Responsibility,* Hrsg. John Martin Fischer und Mark Ravizza, 45–66. Ithaca/London: Cornell University Press.

Talbert, Matthew. 2013. Unwitting Wrongdoers and the Role of Moral Disagreement in Blame. In *Oxford Studies in Agency and Responsibility.* Hrsg. David Shoemaker, 225–245. Oxford: Oxford University Press.

Welzer, Harald. 2005. *Täter. Wie aus ganz normalen Menschen Massenmörder wurden.* Frankfurt: Fischer Verlag.

Wildt, Michael. 2002. *Generation des Unbedingten. Das Führungskorps des Reichssicherheitshauptamtes*. Hamburg: Hamburger Edition.

Wolf, Susan. 1987. Sanity and the Metaphysics of Responsibility. In *Responsibility, Character, and the Emotions: New Essays in Moral Psychology*, Hrsg. Ferdinand D. Schoeman, 46–62. Cambridge: Cambridge University Press.

Zimmermann, Michael. 1997. Moral Responsibility and Ignorance. *Ethics* 107: 410–426.

Kollektive Verantwortung als politischer Begriff in der Debatte über historisches Unrecht

Christian Neuhäuser

1. Einleitung

Sowohl in der politischen Philosophie und Politikwissenschaft als auch im öffentlichen Diskurs und politischen Handeln ist der Verantwortungsbegriff umstritten und umkämpft. Das liegt nicht etwa daran, dass der Begriff bisher nur noch nicht genau genug gefasst und angemessen analysiert wurde. Vielmehr liegt das an seinem wesentlich praktischen und normativen Charakter. Auch die wissenschaftliche Auseinandersetzung mit dem Begriff der Verantwortung in der politischen Theorie und Philosophie kann niemals rein begriffsanalytisch stattfinden, sondern hat immer eine normative Dimension, so werde ich argumentieren. Denn die theoretische Begriffsarbeit besitzt zumindest das Potential zu einer unmittelbaren Auswirkung auf die Bedeutung des Verantwortungsbegriffs in der Praxis. Aus diesem Grund ist er bereits auf der theoretischen Ebene genauso umkämpft und ähnelt darin anderen normativen Grundbegriffen wie etwa der Gerechtigkeit, Freiheit oder Würde.

Den wesentlich politischen Charakter des Verantwortungsbegriffs möchte ich in Auseinandersetzung mit der Frage der Verantwortung für historisches Unrecht herausarbeiten. Dazu gehe ich in sechs Schritten vor. In einem ersten, kurz gehaltenen Schritt werde ich dafür plädieren, dass die Auseinandersetzung mit Verantwortung aus Sicht der Gebrauchstheorie der Bedeutung immer zumindest potentiell auf die Praxis wirkt und nie einen rein begriffsanalytischen Charakter besitzen kann. In einem zweiten Schritt werde ich einige für die weitere Untersuchung wichtige Unterscheidungen zum Verantwortungsbegriff einführen, die aufgrund der Überlegungen zur Gebrauchstheorie der Bedeutung den Charakter von vorläufigen Annahmen besitzen müssen. Allerdings wird dabei auch deutlich, dass wissenschaftliche Begriffsarbeit der Bedeutung eines Begriffs im praktischen Gebrauch nicht unbedingt folgen muss, sich aber dazu verhalten sollte.

In einem dritten Schritt werde ich in Auseinandersetzung mit der Theorie der kollektiven Verantwortung von Julian Nida-Rümelin zeigen, dass er den zuvor herausgearbeiteten, auch in politischer Hinsicht begrifflich-normativen Charakter von Verantwortung nicht hinreichend berücksichtigt. Seine Überlegungen können weder begrifflich, noch normativ überzeugen. In einem vierten Schritt diskutiere ich dann im Kontrast dazu die deutlich stärker ausdifferenzierte Position von Margaret Gilbert. Die Position von Gilbert zeigt, dass es eine theoretische Ausarbeitung des auch in der Praxis üblichen Begriffs der kollektiven Verantwortung im Sinne einer Kollektivschuld gibt und es daher notwendig ist, sich mit diesem Konzept wissenschaftlich zu beschäftigen. In einem fünften Schritt setze ich mich mit der Theorie von Michael Schefczyk und seiner Kritik an der Position von Gilbert auseinander. Schefczyk nimmt die Position von Gilbert auch als mögliche Beschreibung des praktischen Gebrauchs des Verantwortungsbegriffs ernst und argumentiert entsprechend gegen sie. In einem sechsten Schritt schließe ich die Untersuchung ab, indem ich auf die Überlegungen am Anfang zurückgreife und argumentiere, dass der Konflikt zwischen den Theorien von Gilbert und Schefczyk nicht begriffsanalytisch, sondern nur über eine normative Einschätzung der politischen Konsequenzen der jeweiligen Verantwortungskonzeption entschieden werden kann.

Die Auswahl der drei Autor*innen Nida-Rümelin, Gilbert und Schefczyk zur Frage der kollektiven Verantwortung ist nicht zufällig. Ein Grund für ihre Auswahl ist ihr direkter Bezug auf das Thema der Kollektivschuld. Denn es ist nicht klar, ob es sich auf Konzepte der kollektiven Verantwortung ohne Schuld reduzieren lässt. Ich möchte einen Beitrag zu der Frage leisten, ob und in welchem Ausmaß ein Konzept der kollektiven Verantwortung auch in Schuldfragen leistungsfähig ist. Dabei wird auch deutlich werden, dass die Adressaten der Verantwortung mehr Aufmerksamkeit verdienen, als sie in der Literatur üblicherweise bekommen. Gleichzeitig zeigt die Auswahl der drei Autor*innen, auf welche Weise diese Thematik einen potentiell praktischen und politischen Charakter besitzt. Nida-Rümelin vernachlässigt die politische Dimension in seinen theoretischen Überlegungen, obwohl er sich explizit mit politisch relevanten Fragestellungen wie der Vertriebenenproblematik beschäftigt. Insbesondere vernachlässigt er, dass es beispielsweise bei Margaret Gilbert eine facettenreiche theoretische Ausarbeitung einer Konzeption kollektiver Verantwortung und Schuld gibt. Die Arbeiten von Gilbert machen deutlich, dass praktische Überlegungen zur kollektiven Schuld theoretisch gestützt sind. Nida-Rümelin hat die Auseinandersetzung mit diesen Überlegungen versäumt. Schefczyk leistet hingegen genau diese Arbeit und sucht die Auseinandersetzung mit den Überlegungen von Gilbert.

2. Die Gebrauchstheorie der Bedeutung des Verantwortungsbegriffs

In der philosophischen Literatur ist es üblich, den Verantwortungsbegriff in seiner Komplexität zu erfassen, indem er als mehrstellig relationaler Begriff beschrieben wird. Damit wird ausgedrückt, dass in Sätzen, in denen von Verantwortung die Rede ist, immer mehrere Relationen benannt werden, auf die sich diese Rede von Verantwortung bezieht. Die in der Literatur verwendete einfachste Beschreibung erfasst Verantwortung als dreistellige Relation: X ist für Y gegenüber Z verantwortlich (Bayertz 1995; Buddeberg 2011, S. 38–40). Konkret ist damit zumeist gemeint, dass ein Akteur gegenüber einem anderen Akteur für eine Handlung verantwortlich ist. Allerdings gibt es auch Explikationen, die mit sechs oder sogar acht Relationen arbeiten (Lenk 1992; Lenk u. Mahring 1993; Beck 2015). Wie ist mit dieser begrifflichen Pluralität umzugehen, wenn der Verantwortungsbegriff für die Analyse politischer Fragen genutzt werden soll? Ich glaube, dass es für einen wissenschaftlichen, methodisch fundierten Umgang mit dem Verantwortungsbegriff hilfreich ist, von Wittgensteins Gebrauchstheorie der Bedeutung von Sprache auszugehen.

Die Grundidee von Wittgenstein (2001 [1953], § 43) lautet: „Die Bedeutung eines Wortes ist sein Gebrauch in der Sprache". Das Wort ‚Verantwortung' hat demnach also diejenige Bedeutung, die Akteure ihr in der Praxis ihres Sprachgebrauchs geben. Wenn verschiedene Akteure den Verantwortungsbegriff auf unterschiedliche Weise erfolgreich verwenden, dann hat er auch mehrere Bedeutungen. Die Bedeutung eines Begriffs von Verantwortung hängt folglich von sozialen Interaktionen ab (Winch 2008 [1958], 42; Schatzki 1996, S. 126–131; Rosenberg 2012, S. 130–131). Eine praktisch erfolgreiche Definition legt Akteure darauf fest, den Begriff nach dieser Definition und der sich daraus ergebenden Praxis zu verwenden (Winch 2008 [1958], 48).

An dieser Stelle sind zwei Klärungen nötig. Erstens will ich nicht behaupten, dass die Bemühungen jeder Theoretikerin auch Einfluss auf die Sprachpraxis und damit auch auf die soziale Wirklichkeit haben müssen. Aber das ist zumindest potentiell der Fall. Wichtige Beispiele dafür sind im Falle des Begriffs der Verantwortung die Unterscheidung von Gesinnungs- und Verantwortungsethik bei Max Weber (1988 [1919]) sowie das Verständnis von Verantwortung als normatives Prinzip bei Hans Jonas (2003 [1979]). Theoretikerinnen müssen sich darüber im Klaren sein, dass ihre theoretischen Bemühungen selbst sozial relevante Effekte haben können und nicht nur Teil einer neutralen Beobachtung sind. Zweitens soll der Verweis auf die Gebrauchstheorie der Bedeutung nicht implizieren, dass der praktische Gebrauch eines Begriffs immer in dem Sinne richtig ist, dass er aus einer reflektierten wissenschaftlichen Perspektive angemessen erscheint. Zwar liegt die Bedeutung des Begriffs in seinem praktischen Gebrauch, aber aus theoretischer Sicht lassen sich konzeptuelle und normative Gründe anführen, warum er anders gebraucht werden sollte.

Die Gebrauchstheorie hat Auswirkungen auf den theoretischen Umgang mit dem Begriff der Verantwortung. Wenn eine Theoretikerin den Verantwortungsbegriff als drei-, vier- oder fünfstellige Relation verwendet und diese Relationen dann auf eine bestimmte Weise ausbuchstabiert, dann macht sie ein Definitionsangebot. Je wirkungsmächtiger dieses Angebot ist und je mehr sie eine Praxis der Verwendung des Verantwortungsbegriffs beeinflusst, desto stärker bestimmt sie die Bedeutung des Begriffs. Wenn sich eine Theoretikerin mit einem politisch hochumstrittenen Thema wie der Verantwortung für historisches Unrecht beschäftigt, dann sollte sie sich aufgrund ihrer zumindest potentiell vorhandenen begrifflichen Wirkungsmächtigkeit als Teil dieses politischen Streits sehen. Denn ihre Bestimmung des Verantwortungsbegriffs kann erheblichen Einfluss darauf nehmen, wem im praktischen Gebrauch des Begriffs eine Verantwortung für historisches Unrecht zugewiesen werden kann und wem nicht. Sie sollte mit dieser politischen Rolle ihrer begrifflichen Arbeit möglichst reflektiert umgehen.

3. Verantwortung als dreidimensionales Konzept mit vier Relationen

Ein reflektierter Umgang mit der Pluralität und dem, im Wesentlichen, politischen Charakter des Verantwortungsbegriffs erfordert es meiner Ansicht nach, die Verwendung einer spezifischen Verantwortungskonzeption stets gut zu begründen. Dazu gehört, dass man einen Grund dafür angeben sollte, warum man sich vom alltäglichen Sprachgebrauch und der etablierten Bedeutung eines Verantwortungsbegriffs in normativer Absicht kritisch absetzt. Um diesem Begründungsanspruch nachkommen zu können, erscheint es mir angemessen, mit so wenig Relationen wie möglich und so vielen Relationen wie nötig zu arbeiten. Das bedeutet, stets von der einfachen dreistelligen Relation auszugehen und Erweiterungen nur dort vorzunehmen, wo sie als nötig ausweisbar sind. Jede Erweiterung bedarf dabei einer Erklärung. Nur so wird deutlich, dass erstens ein Verständnis für die praktische Bedeutung des Verantwortungsbegriffs gegeben ist, und zweitens jedes Abweichen davon einen ausweisbaren Grund besitzt.

Ich möchte diese Problematik anhand der Frage nach kollektiver Verantwortung für historisches Unrecht verdeutlichen. Der einfachen dreistelligen Bestimmung des Verantwortungsbegriffs gemäß geht es dann um die Frage, wann ein Kollektiv anderen Akteuren gegenüber für ein bestimmtes historisches Unrecht verantwortlich ist. So wird in der Praxis auch häufig von Verantwortung gesprochen. Die Ansätze der kollektiven Verantwortung für historisches Unrecht von Julian Nida-Rümelin, Margaret Gilbert und Michael Schefczyk lassen sich nach dieser Vorgabe kritisch auf ihre Plausibilität hin überprüfen.[1] Dabei ist es insbesondere wichtig, den praktischen und wegen der Thematik auch politischen Charakter ihrer begrifflichen Arbeit mit zu reflektieren. Das erlaubt es, nicht einfach nur von der üblichen Bedeutung des Verantwortungsbegriffs in der Sprachpraxis auszugehen. Vielmehr ermöglicht die theoretische Perspektive es, auch normative Überlegungen dazu anzustellen, welche Funktion der Verantwortungsbegriff in Bezug auf bestimmte normative Ansprüche besitzen sollte. Die theoretische Begriffsreflexion folgt aufgrund ihrer normativen Eigenständigkeit also nicht unbedingt dem praktischen Gebrauch, sondern geht von ihm aus, kann sich aber kritisch zu ihm verhalten.

Bevor ich die drei Autor*innen und ihre Arbeiten zu historischem Unrecht diskutiere, möchte ich aus normativer Perspektive zwei Erweiterungen der oben erwähnten einfachen Bestimmung des Verantwortungsbegriffs vorschlagen, weil mir diese Erweiterungen für die Diskussion der drei Ansätze weiterführend zu sein scheinen. Erstens möchte ich als vierte Relation den normativen Maßstab vorschlagen (Lohmann 2002). Wenn es um historisches Unrecht geht, erscheint es mir wichtig, diese Relation zu berücksichtigen, weil man aufgrund verschiedener normativer Maßstäbe zu unterschiedlichen Verantwortungszuweisungen kommen kann. Zweitens gibt es meiner Einschätzung nach in der praktischen Verwendung von Verantwortung drei fundamental unterschiedliche Verständnisse, nämlich Verantwortung als Schuld, als Haftung und als Sorge. Mir geht es nicht darum, das Verhältnis dieser drei Verwendungsweisen abschließend zu bestimmen. Wichtig ist nur die grundlegende Unterscheidung, dass sich Schuld auf Vorwerfbarkeit, Haftung auf Schadensersatz und Sorge auf Verbesserung und Schutz bezieht. Bei historischem Unrecht sind alle drei Dimensionen von Bedeutung, so möchte ich

1 David Miller (2007) und Doris Gerber (2010) vertreten gegenwärtig auf ähnliche Weise wie Julian Nida-Rümelin und Michael Schefczyk gemäßigt individualistische Modelle kollektiver Verantwortung. Sie beziehen ihre Modelle jedoch nicht direkt auf Fragen der historischen Verantwortung, weshalb ich nicht systematisch auf sie eingehe. Larry May (1987, 1992) vertritt eine Position, die näher an Gilbert herankommt. Seumas Miller (2001, 2009) verteidigt eine streng individualistische Position. Auch diese Ansätze werde ich aus Platzgründen nicht ausführlich diskutieren.

zeigen. Daher werde ich kurz erläutern, warum ich beide Erweiterungen des Verantwortungsbegriffs für eine normative Auseinandersetzung mit historischem Unrecht für wichtig halte.

Wenn man den normativen Maßstab zur Begriffsbestimmung hinzufügt, dann wird Verantwortung zu einem vierstellig-relationalen Begriff. Bei kollektiver Verantwortung für historisches Unrecht bedeutet das: Ein Kollektiv ist jemandem gegenüber aufgrund eines normativen Maßstabes für ein historisches Unrecht verantwortlich. Bereits Karl Jaspers (2012 [1946]) hat in seiner Auseinandersetzung mit der Schuld des deutschen Volkes für den Zweiten Weltkrieg und den Holocaust die Notwendigkeit verdeutlicht, diese vierte Relation des normativen Maßstabes zu berücksichtigen. Jaspers selbst hat primär von Schuld gesprochen, aber es ist üblich, seine Überlegungen auf Verantwortung allgemein zu beziehen. Dazu hat er vier normative Maßstäbe unterschieden: den rechtlichen, den politischen, den moralischen und den metaphysischen Maßstab (Jaspers 2012 [1946], S. 19f.). Abhängig davon, welchen Maßstab man anlegt, sind unterschiedliche Akteursgruppen für unterschiedliche Dinge verschiedenen Anspruchstellern gegenüber verantwortlich. Rechtlich sind Jaspers zufolge nur diejenigen Personen zur Verantwortung zu ziehen, die tatsächlich selbst Verbrechen begangen haben (Jaspers 2012 [1946], S.23). Moralisch sind darüber hinaus auch all diejenigen Deutschen verantwortlich, die das Verbrechensregime irgendwie gestützt haben, ohne dabei kriminell zu werden. Für Jaspers besteht moralische Verantwortung allerdings nur sich selbst gegenüber (Jaspers 2012 [1946], S. 26). Politisch sind hingegen alle Deutschen den Siegern gegenüber verantwortlich und ihnen gewissermaßen ausgeliefert. Hier zeigt sich, dass Jaspers ein eher realistisches, auf Macht beruhendes Politikverständnis besitzt (Jaspers 2012 [1946], S. 25, 45). Die Kategorie der metaphysischen Verantwortung ist etwas dunkel (Schefczyk 2012, S. 106ff.). Jaspers meint damit wohl, dass alle Deutschen sich fragen müssen, ob sie alles in ihrer Macht Stehende gegen das Unrechtsregime getan haben. In dieser Frage müssen sie sich vor Gott verantworten (Jaspers 2012 [1946], S. 29).

Die Ansätze der drei gegenwärtigen Autor*innen Nida-Rümelin, Gilbert und Schefczyk unterscheiden sich von Jaspers dadurch, dass sie sich mehr oder weniger explizit auf moralische Verantwortung konzentrieren. Dabei haben alle drei Autor*innen gemeinsam, dass ihrer Position gemäß moralische Verantwortung, anders als bei Jaspers, auch anderen gegenüber besteht, nämlich all denjenigen Menschen gegenüber, mit denen man eine moralische Gemeinschaft bildet. Da Nida-Rümelin und Schefczyk eindeutig von einem moralischen Universalismus ausgehen, bildet bei ihnen die gesamte Menschheit diese moralische Gemeinschaft. Bei Gilbert ist der Fall nicht ganz so eindeutig, wie wir noch sehen werden. Dafür, die moralische Verantwortung für historisches Unrecht in den Mittelpunkt der Untersuchung zu stellen, wie die drei gegenwärtigen Autor*innen es tun, spricht die von vielen Moraltheoretiker*innen geteilte Annahme, dass ihr ein Vorrang vor den anderen Formen der Verantwortung zukommt. Es ist demzufolge immer möglich, die anderen normativen Maßstäbe auch unter moralischen Gesichtspunkten zu betrachten und zu bewerten (Hoffmann et al. 2016). Die metaphysische Verantwortung von Jaspers scheint stark religiös geprägt zu sein und besitzt daher keine universelle Geltung, sondern hängt von sehr spezifischen Weltanschauungen ab.

Die strafrechtliche Verantwortung hängt zwar letztlich am positiven Recht, ob dieses Recht selbst jedoch gerecht ist oder nicht und die strafrechtliche Verurteilung daher gerechtfertigt werden kann, ist selbst eine moralische Frage. Etwas Ähnliches gilt für politisches Handeln. Diesen Vorrang der moralischen Verantwortung erkennt auch Jaspers zumindest implizit an, obwohl er die vier Formen der Verantwortung eigentlich klar voneinander trennt und den Vorrang der Moral an keiner Stelle deutlich macht. Er betont jedoch, dass sowohl die Siegermächte als auch der Internationale Militärgerichtshof in Nürnberg sich fragen müssen, wann ihr Handeln aus moralischer Sicht legitim ist und die Deutschen trotz ihrer Machtlosigkeit mit Gründen für gerechte Entscheidungen argumentieren dürfen (Jaspers 2012 [1946], S. 55). Obwohl Jaspers den Vorrang der Moral nicht explizit macht und sein Text sich auch nicht auf moralische Verantwortung konzentriert, so ist seine Argumentation selbst jedoch dezidiert moralisch. In ihrer Konzentration auf eine moralische Verantwortung für historisches Unrecht stehen Nida-Rümelin, Gilbert und Schefczyk daher durchaus in der Tradition von Jaspers.

Es gibt aber noch einen anderen wichtigen Unterschied zwischen diesen drei Autor*innen und der frühen Arbeit von Jaspers. Während sich Nida-Rümelin, Gilbert und Schefczyk primär auf Verantwortung beziehen, schreibt Jaspers, wie bereits erwähnt, nur über Schuld. Diese Konzentration von Jaspers auf eine kollektive Schuld für historisches Unrecht hatte bereits Hannah Arendt kritisch diskutiert und dafür plädiert, in der politischen theoretischen Reflexion anstatt von einer rückwärtsgerichteten Verantwortung als Schuld lieber auf eine zukunftsorientiere Verantwortung als Sorge umzustellen (Arendt 1987 [1968]; Young 2006, 2011). Diese Kritik von Arendt liefert – unabhängig davon, ob sie der Sache nach gerechtfertigt ist oder nicht – eine gute Erklärung dafür, warum die Umstellung von Schuld auf Verantwortung bei Nida-Rümelin, Gilbert und Schefczyk gerechtfertigt ist. Verantwortung lässt sich gegenüber Schuld als der weiter gefasste Begriff verstehen. Schuld wäre dann Arendt zufolge neben Sorge nur eine Dimension der Verantwortung.

In der praktischen Verwendung von Verantwortung gibt es neben der Dimension der Schuld, auf die Jaspers abstellt, und der Dimension der Sorge, von der Arendt spricht, noch die dritte Dimension der Haftung für Schaden. Diese drei Dimensionen des Verantwortungsbegriffs können zunächst als logisch unabhängig betrachtet werden. Bei historischem Unrecht kann es sein, dass eine Gruppe für das Unrecht in dem Sinne verantwortlich ist, dass sie die Schuld im Sinne der Vorwerfbarkeit für dieses Unrecht trägt. Eine zweite Gruppe kann für dasselbe Unrecht im Sinne der Sorge verantwortlich sein (Neuhäuser 2013). Dann muss sie beispielsweise dafür sorgen, dass sich solch ein Unrecht nicht wiederholt und angemessen daran erinnert wird. Eine dritte Gruppe kann im Sinne der Haftung verantwortlich sein und muss dann Entschädigung leisten. Es erscheint mir wichtig, diese drei Dimensionen analytisch auseinanderzuhalten.[2] Denn in einem spe-

2 Man könnte meinen, dass sich Haftung auf Schuld und Sorge reduzieren lässt, weil es eine Folge von Schuld oder Sorge darstellt. Aber das Beispiel der strikten Gefährdungshaftung zeigt, dass dem nicht so ist, weil hier auch Akteure haften müssen, die keine Schuld auf sich geladen und keine Sorgfaltspflichten verletzt haben (vgl. Simester 2005; Lotter 2012, S. 225–227).

zifischen Fall von historischem Unrecht die eine Dimension zu betonen und die anderen zu vernachlässigen, kann dazu führen, dass die hervorgehobene Dimension im politischen Diskurs so sehr im Vordergrund steht, dass von Verantwortung in diesem spezifischen Kontext tatsächlich auch nur in Bezug auf diese Dimension die Rede ist. Praktisch hätte Verantwortung, wenn man Winch folgt, dann auch nur diese Bedeutung. Es ist jedoch eine andere Frage, ob dieser praktische Gebrauch von einem normativen Standpunkt aus auch die Bedeutung von Verantwortung für das jeweilige Unrecht sein sollte.

Das ist eine der beiden politisch brisanten Fragen in der Bestimmung des Verantwortungsbegriffs im Kontext von historischem Unrecht, die ich nun mit Blick auf die Theorien von Nida-Rümelin, Gilbert und Schefczyk diskutieren möchte. Sie lautet konkret: Welche Dimension des Verantwortungsbegriffs berücksichtigen die Autor*innen jeweils und wie setzen sie die verschiedenen Dimension in ein Verhältnis zueinander, wenn sie mehrere berücksichtigen? Die zweite Frage betrifft das Subjekt der Verantwortung in dem vierstelligen Verantwortungsbegriff. Alle drei Autor*innen verfügen über ein Modell der kollektiven Verantwortung. Dennoch ist es bei Nida-Rümelin und Schefczyk so, dass nur individuelle Akteure auch Subjekte der Verantwortung sein können, allerdings auch auf der Grundlage kollektiven Handelns. Bei Gilbert hingegen sind tatsächlich auch Kollektive unmittelbar Subjekte von Verantwortung. Nida-Rümelin und Schefczyk vertreten also eine gemäßigt individualistische Theorie kollektiver Verantwortung und Gilbert eine kollektivistische Theorie kollektiver Verantwortung. Vor dem Hintergrund des politischen Charakters des Themas des historischen Unrechts provoziert diese Theoriedifferenz die zweite Frage: Wie begründen die Autor*innen, dass nur Individuen oder aber auch Kollektive direkt Verantwortungssubjekte sein können und wie überzeugend sind diese Begründungen?

Die anderen drei Dimensionen des vierstelligen Verantwortungsbegriffs spielen in der weiteren Untersuchung zunächst nur indirekt eine Rolle. Alle drei Autor*innen haben als Objekt der Verantwortung historisches Unrecht im Blick und alle drei Autor*innen gehen davon aus, dass historisches Unrecht durch kollektives Handeln zustande kommt. Sie haben jedoch unterschiedliche Konzeptionen von kollektivem Handeln. Zudem beziehen sich alle drei Autor*innen vor allem auf moralische Verantwortung, wie ich argumentieren werde, obwohl Nida-Rümelin von politischer Verantwortung spricht und Gilbert sich von moralischen Erwägungen ein Stück weit absetzen möchte. Der Adressat der Verantwortung spielt in den Überlegungen der drei Autor*innen eine nur untergeordnete Rolle. Ich möchte zum Schluss jedoch für eine größere Bedeutung dieser Relation argumentieren, weil sich darüber meiner Einschätzung nach ein Grund dafür formulieren lässt, warum die kollektivistische Theorie der kollektiven Verantwortung von Gilbert den gemäßigt individualistischen Ansätzen von Nida-Rümelin und Schefczyk gegenüber vorzuziehen ist.

3. Die gemäßigt individualistische Theorie der kollektiven Verantwortung von Julian Nida-Rümelin

In seiner Auseinandersetzung mit politischer Verantwortung macht Julian Nida-Rümelin deutlich, dass er sich der praktischen Wirkungsmächtigkeit des Verantwortungsbegriffs durchaus bewusst ist. Er schreibt dazu: „Politische Verantwortungszuschreibungen stehen fast immer auch im Kontext von Strategien des Machterwerbs, der Deutungshoheit, internationaler und nationaler Interessenkonflikte parteilicher Auseinandersetzungen." (Nida-Rümelin 2011, S. 151)

Er verdeutlicht dieses Problem anhand der öffentlichen Diskussion über die Ausstellung „Erzwungene Wege" des Bundes der Vertriebenen aus dem Jahre 2007. In dieser Ausstellung wurde unter anderem auch die Vertreibung von Deutschen aus ihren polnischen und tschechischen Siedlungsgebieten am Ende des zweiten Weltkrieges thematisiert. Am Beispiel eines Zeitungsartikels diskutiert Nida-Rümelin, was er für „die Gefahren, die von einem ungeklärten Verantwortungsbegriff ausgehen", hält (Rümelin 2011, S. 152). Diese Gefahren bestünden vor allem in der undifferenzierten und mystifizierenden Rede von Kollektiven, wie „den Deutschen" oder „den Heimatvertriebenen", denen als Kollektiv eine Verantwortung zugewiesen wird (Rümelin 2011, S. 152, 156). Einer Gruppe lässt sich eine Verantwortung jedoch nur dann zuweisen, so kritisiert er an diesem praktischen Gebrauch des Begriffs, wenn alle ihre individuellen Mitglieder tatsächlich auch eine individuelle Verantwortung tragen. Im Falle der Deutschen und Heimatvertrieben sei das nicht der Fall, argumentiert Nida-Rümelin am Beispiel dreier von ihm als paradigmatisch konstruierten Personen.

Person A hat sich als Mitglied der Waffen-SS gemeldet und die Verschleppung von Polen als Zwangsarbeiter zumindest gutgeheißen. Nida-Rümelin zufolge hat er dadurch sein Recht verloren, seine eigene Vertreibung zu kritisieren, unabhängig davon, ob diese Vertreibung selbst gerechtfertigt ist oder nicht (Rümelin 2011, S. 153f.). Person C hingegen hat die NSDAP und ihre Politik von Anfang an abgelehnt. Sie trägt daher keinerlei Verantwortung dafür und ihre Vertreibung ist eindeutig Unrecht (Rümelin 2011, S. 155). Komplizierter ist der Fall der Person B. Sie hat sich zwar nicht an Verbrechen beteiligt, aber die NSDAP gewählt, ihr zugejubelt und zumindest einige ihrer Verbrechen befürwortet. Nida-Rümelin zufolge trägt diese Person ebenfalls eine Verantwortung. Das liegt ihm zufolge nicht etwa daran, dass sie durch ihre Wahl kausal zu dem Sieg der NSDAP beigetragen habe, sondern sie hat sich damit an einer kooperativen Praxis beteiligt und ist für diese absichtliche Beteiligung verantwortlich.

Am Beispiel der Person B zeigt sich, dass Nida-Rümelin kollektive Verantwortung als kooperative Verantwortung rekonstruieren möchte, wie er es nennt. Er glaubt, dass es eine kollektive Verantwortung im Sinne verantwortlicher kollektiver Subjekte nicht gibt. Dann wäre nämlich auch Person C allein aufgrund der Zugehörigkeit zu dem verantwortlichen Kollektivsubjektiv der Deutschen verantwortlich. Das lehnt Nida-Rümelin jedoch ab und schreibt: „Da Kollektive im strengen Sinne nicht handeln, es also keine kollektive Verantwortung gibt, gibt es auch keine genuin korporative Verantwortung" (Rümelin 2011, S. 130). Gleichzeitig will Nida-Rümelin auch nicht behaupten, dass Verantwortung streng individualistisch zu verstehen und gemeinsames Handeln unmöglich sei. Gemeinsames Handeln ohne verantwortliche Subjekte erklärt er mit Hilfe seines Modells der kooperativen Verantwortung.

Den Ausgangspunkt für dieses Modell bildet sein Verständnis kollektiver – im Sinne gemeinsamer – Handlungen. Dabei handelt es sich um eine Menge individueller Handlungen, die durch kooperative Absichten zusammengehalten werden (Rümelin 2011, S. 129). Kooperative Absichten sind geteilte individuelle Absichten: Mehrere Akteure haben an einer kollektiven Handlung im Sinne eines gemeinsamen Handelns jeweils ein Interesse. Nida-Rümelin spricht auch davon, dass sich auf diese Weise eine kooperative Praxis ergibt (Rümelin 2011, S. 126). Aufgrund ihres geteilten Interesses bilden mehrere Akteure jeweils eine Absicht aus, sich an einer kooperativen Praxis zu beteiligen.[3] Diese Absicht führt dann wiederum zu der abgeleiteten Absicht, individuell bestimmte Handlungen durchzuführen, die eine Beteiligung an der kooperativen Praxis darstellen (Rümelin 2011, S. 127, vgl. auch Nida-Rümelin 2006, S. 35).

Als zentrales Argument für sein Modell führt Nida-Rümelin an, dass man so erklären kann, warum Akteure, die individuell an einer Praxis beteiligt sind, für die Konsequenzen dieser Praxis auch dann verantwortlich sind, wenn ihre Beteiligung keinen kausalen Beitrag zu diesen Konsequenzen geleistet hat.[4] So ist es bei Person B. Sie hat zwar die NSDAP gewählt, ihr individueller Wahlakt hat jedoch für das Wahlergebnis keinen kausalen Beitrag erbracht. Darüber hinaus hat sie sich an den Verbrechen der NSDAP nicht beteiligt und daher keinen aktiven Beitrag zu dem Unrecht des Zweiten Weltkrieges und des Holocaust geleistet, ganz im Gegensatz zu Person A. Person B ist trotzdem aufgrund ihrer absichtlichen Beteiligung an der kooperativen Praxis der Nazis verantwortlich, zumindest soweit sie das Ausmaß dieser Praxis des Unrechts überblicken konnte bzw. es von ihr erwartbar war, dieses Unrecht zu erkennen. Das unterscheidet Person B von Person C, die nicht durch eine absichtliche Handlung an einer kooperativen Praxis beteiligt war.

Dieses Modell der kooperativen Verantwortung von Nida-Rümelin lässt sich mithilfe des vierstelligen Verantwortungsbegriffs rekonstruieren. Der normative Maßstab scheint ein politisch-gerechtigkeitstheoretischer zu sein, denn Nida-Rümelin spricht zwar von politischer Verantwortung, aber auch von Unrecht in einem nicht bloß rechtspositivistischen, sondern in einem moralischen Sinne. Den Adressaten der Verantwortung macht er nicht explizit. Er scheint sich aber auf so etwas wie eine moralische Gemeinschaft zu beziehen. Zentraler sind in seinem Modell die anderen beiden Relationen, nämlich des Subjekts der Verantwortung und der Handlungen, für die Verantwortung besteht. Subjekte der Verantwortung sind nur individuelle Akteure (Nida-Rümelin 2012a, S. 374, 2012b, S. 396). Nida-Rümelin schließt damit explizit aus, dass Gruppen oder Organisationen direkte Subjekte von Verantwortung sein können. Außerdem sind Individuen nur

---

3 Hier könnte sich Nida-Rümelin durchaus auf die Theorie kollektiven Handelns von Michael Bratman (2009a, 2009b) stützen.

4 Unklar ist, ob Nida-Rümelin Unterlassungen eine kausale Wirkung zuschreibt oder das ablehnt, wofür beispielsweise Michael Moore (1999) argumentiert. Vgl. zu dieser Problematik auch Birnbacher (1995).

aufgrund ihrer eigenen Handlungen verantwortlich. Allerdings sind sie auf dieser Grundlage nicht nur für die Ergebnisse ihrer eigenen Handlungen verantwortlich, sondern ebenfalls für eine Praxis, an der sie beteiligt sind, und damit auch für die Ergebnisse der Handlungen anderer Akteure. An dieser Stelle entfernt sich Nida-Rümelin von einem strengen Individualismus und baut in seine Verantwortungstheorie ein schwaches kollektives Element ein. Schwach ist dieses Element deshalb, weil die individuelle Verantwortung für das Handeln Anderer nur dann zustande kommt, wenn man durch eigenes Handeln aktiv an einer Praxis beteiligt ist, und nicht beispielsweise bereits dann, wenn man diese Praxis stillschweigend gutheißt oder einfach Teil derjenigen Gruppe ist, von der diese Praxis ausgeht.

Was ist von diesem Modell der kollektiven Verantwortung als kooperative Verantwortung zu halten, insbesondere vor dem Hintergrund der Problematik historischen Unrechts, in dessen Kontext Nida-Rümelin sein Modell selbst explizit stellt? Er weist durch seinen Ansatz die in der Diskussion über historisches Unrecht verbreitete Verantwortungszuschreibung an generische Gruppen wie „die Deutschen" oder „die Vertriebenen" grundsätzlich zurück. Zuschreibungen von Verantwortung an eine Gruppe wären nach seinem Modell nur dann legitim, wenn die Gruppenbezeichnung explizit diejenigen und nur diejenigen benennt, die an einer für die Verantwortungszuschreibung relevanten Praxis beteiligt sind, wie beispielsweise „die Verbrecherbande" oder „die Tätergruppe". Damit nimmt Nida-Rümelin ganz im Sinne von Winch direkt Stellung zur Art und Weise, wie im öffentlichen Diskurs über Verantwortung gesprochen wird, und beabsichtigt offensichtlich, selbst zu der Bestimmung der Bedeutung von Verantwortung beizutragen. Er kritisiert beispielsweise den tatsächlichen kollektivistischen Sprachgebrauch in einem Zeitungsartikel und verlangt, weniger kollektivistisch mit Verantwortungszuweisungen umzugehen.

Problematisch sind an dieser nicht nur philosophischen, sondern über das Einsickern philosophischer Positionen in den öffentlichen Sprachgebrauch zumindest potentiell auch politischen Positionierung, vor allem zwei Punkte. Erstens unterscheidet er bei seiner Verwendung des Verantwortungsbegriffs nicht zwischen den drei Dimensionen der Schuld, der Haftung und der Sorge. Er scheint vor allem auf Schuld abzustellen, was seinen Ausführungen zur Individualität von Verantwortung eine gewisse Anfangsplausibilität gibt. Allerdings stellt sich unmittelbar die Frage, ob dasselbe auch für Haftung und Sorge gilt. Ist es in diesen Fällen ebenfalls so, dass Kollektive keine Verantwortung tragen können? Und trifft es ebenfalls zu, dass Individuen nur aufgrund ihrer aktiven Beteiligung an einer Praxis in Haftung genommen werden können oder Sorge tragen müssen? In beiden Fällen gibt es Positionen, die vielmehr behaupten, dass Haftung und Sorge bereits auf der Grundlage von Zugehörigkeit oder Handlungsmacht zugewiesen werden können (z.B. Miller 2001; Young 2006). Indem Nida-Rümelin sich implizit auf Schuld konzentriert, unterschlägt er diese Fragestellungen und nimmt sich zumindest die Möglichkeit, sie zu diskutieren. Das ist nicht frei von Problemen, wenn es um so wichtige Angelegenheiten wie historisches Unrecht und Vertreibung geht. Hier könnte sich Nida-Rümelin noch darauf zurückziehen, dass es ihm tatsächlich nur um Schuld geht. Allerdings wäre seine Kritik an dem Zeitungsartikel möglicherweise nicht mehr angemessen, weil es in diesem eventuell gerade nicht oder nicht nur um Schuld geht.

Zweitens ist Nida-Rümelins Argument dafür, dass Kollektive keine Subjekte der Verantwortung sein können, sehr schwach. Er behauptet einfach, dass Kollektive nicht handeln und daher auch keine verantwortlichen Akteure sein können, ohne diese Position weiter zu begründen. Dabei gibt es nicht nur in der Praxis, sondern auch in der philosophischen Literatur verschiedene Positionen, die die Handlungsfähigkeit von Kollektiven und Organisationen behaupten, und zwar auch im Kontext von Verantwortung und Schuld (French1979, 1995; May 1989; Pettit 2009; List u. Pettit 2011, Neuhäuser 2011). Für Kollektive allgemein vertritt diese Position besonders prominent Margaret Gilbert (Gilbert 1989, 1996, 2000, 2006a, 2015). Eine philosophisch hinreichend begründete und sich ihrer potentiellen politischen Wirkungsmächtigkeit bewusste Zurückweisung der Verantwortung von Kollektiven müsste sich also kritisch mit den Argumenten dieser Position auseinandersetzen. Nur dann hat sie die theoretischen Ressourcen, um auch im praktischen Sprachgebrauch die Rede von kollektiver Verantwortung zurückzuweisen. Ansonsten gerät sie in den Verdacht, selbst vor allem von einem politisch-strategischen Anliegen wie der öffentlichen Deutungshoheit motiviert zu sein. Ich werde daher im nächsten Abschnitt die Position von Gilbert darstellen, die zu ganz anderen Ergebnissen als Nida-Rümelin kommt. Dadurch wird die politische Relevanz der philosophischen Begriffsbildung noch einmal besonders deutlich. Die Position von Gilbert stützt praktische Bezüge auf eine kollektive Verantwortung und Schuld nämlich theoretisch ab.

4. Die kollektivistische Theorie der kollektiven Verantwortung von Margaret Gilbert

Der Ansatz von Margaret Gilbert unterscheidet sich von der Position von Julian Nida-Rümelin in signifikanter Weise dadurch, dass sie Kollektive als Subjekte der Verantwortung annimmt. Das ergibt sich aus ihrer Konstruktion von Pluralsubjekten im Rahmen ihrer Theorie kollektiven Handelns (Gilbert 2002a, 2002b, 2006b). Dieser Ansatz hat weitreichende Auswirkungen auf die Möglichkeit der Verantwortungszuweisung für historisches Unrecht im Rahmen dieses Theorieentwurfs von Gilbert. Es wäre demzufolge denkbar und nicht von vornherein unmöglich, Kollektiven, wie den Deutschen oder den Vertriebenen, eine Verantwortung im Sinne von Schuld, Haftung und Sorge zuzuweisen. Wenn diese Zuweisung von Verantwortung an das Kollektiv im Rahmen der Theorie von Gilbert unter bestimmten normativen Voraussetzungen legitim ist, dann folgt daraus, dass unter diesen Voraussetzungen auch die Zuweisung von Verantwortung an die individuellen Mitglieder des Kollektivs legitim sein kann. Eine Konsequenz davon könnte sein, dass der Theorie von Gilbert zufolge in mehr Fällen, als Nida-Rümelin das zulässt, zivilisierte Ausweisungen vielleicht rechtfertigbar gewesen wären. Wegen der zumeist äußerst grausamen und entwürdigenden Form ihrer Durchführung gilt das aber - auch im Theorierahmen von Gilbert - natürlich nicht für tatsächlich durchgeführte Vertreibungen am Ende des Zweiten Weltkriegs.[5]

Gilbert beschäftigt sich nicht mit diesem Fall und es wären zusätzliche normative Annahmen nötig, die eine Verantwortungstheorie allein nicht hergibt, um verschiedene Vertreibungen bzw. Ausweisungen moralisch und politisch beurteilen zu können.[6] Für die Frage nach der Möglichkeit kollektiver Verantwortung ist daher ein anderer allgemeiner Punkt entscheidend. Für das resultierende Urteil könnte es nämlich ganz irrelevant sein, was die vertriebenen oder ausgewiesenen Deutschen individuell getan haben und ob sie beispielsweise Mitglied der NSDAP waren oder nicht. Es kann vielmehr sein, dass die bloße Mitgliedschaft in dem verantwortlichen Pluralsubjekt „der Deutschen" ausreicht, um auch sie auf legitime Weise zur Verantwortung ziehen zu dürfen. Man sieht hier sehr deutlich, welche enorme Bedeutung verschiedene philosophische Verantwortungskonzeptionen für den politischen Umgang mit Verantwortung für historisches Unrecht haben können. Im Gegensatz zu der Position von Nida-Rümelin kann es in der Position von Gilbert möglicherweise so sein, dass es legitim ist, Menschen allein aufgrund ihrer Zugehörigkeit zu einem Kollektiv, das Schuld auf sich geladen hat, selbst zur Verantwortung zu ziehen. Es ist demnach gar nicht von Vornherein klar, dass es notwendigerweise illegitim ist, wie Nida-Rümelin behauptet hat, sie unabhängig von individuellen Handlungen verantwortlich zu machen. Wir hatten schon gesehen, dass Nida-Rümelin für seine Behauptung keine Argumente angeführt hat. Vielmehr hat er einfach festgelegt, dass Kollektive nicht handeln und daher keine Subjekte von Verantwortung sein können. Auf dieser Grundlage hat er auch die praktische Rede von Kollektivschuld zurückgewiesen. Genau in diesem Punkt scheint Gilbert ihm zu widersprechen und daher eine ganz andere Beurteilung zuzulassen.

In Gilberts Argumentation für kollektive Verantwortung sind zwei ihrer Konzepte zur Erklärung der Möglichkeit kollektiven Handelns von zentraler Bedeutung. Das sind die Begriffe der verbundenen Verpflichtung (joint commitment) und des Pluralsubjekts (plural subject) (Gilbert 2002a, S. 65–67, 2009a, S. 276–279). Pluralsubjekte bilden sich heraus, wenn sich mehrere einzelne Menschen dazu verpflichten, sich zu solch einem Pluralsubjekt zu verbinden. Wenn sie das getan haben, dann können sie Gilbert zufolge als Körperschaft (body) etwas glauben, beabsichtigen und tun (Gilbert 2002a, 2005). Damit sie tatsächlich etwas als Körperschaft glauben, beabsichtigen oder tun, ist es nicht notwendig, dass jedes Individuum die entsprechende Überzeugung bzw. Absicht besitzt oder die entsprechende Handlung durchführt. Vielmehr sind die einzelnen Individuen verpflichtet, diese Überzeugung bzw. Absicht zu besitzen oder ihren Teil zu der Handlung des Pluralsubjekts beizutragen (Gilbert 2002a, S. 69f.). Es ist bei Gilbert tatsächlich das Pluralsubjekt, das etwas glaubt, beabsichtigt oder tut, und zwar indem es die einzelnen Mitglieder des körperschaftlich verfassten Pluralsubjekts glauben, beabsichtigen oder tun.

5 Vgl. für eine nüchterne Darstellung beispielsweise Beer (2011, S. 128–134) und für eine sehr engagierte Darstellung Kossert (2008, S. 40–42).

6 Die Position von Gilbert ist durchaus auch damit vereinbar, dass auch Ausweisungen immer Unrecht sind, weil sie ein unveräußerliches Recht oder zumindest einen sehr starken Anspruch (Feinberg 1966) darauf, bleiben zu dürfen, verletzen.

Der Begriff des Pluralsubjekts macht deutlich, dass für Gilbert auch Kollektive direkt Subjekte von Verantwortung sein können. Mit ihrer Theorie der gemeinsamen Verbundenheit zu einem Pluralsubjekt setzt sie der Behauptung von Nida-Rümelin, Kollektive könnten nicht handeln, einen eigenen theoretischen und stärker substantiell ausgearbeiteten Entwurf entgegen. Das stützt auch den praktischen Gebrauch theoretisch ab. Die zentrale Frage in Fällen historischen Unrechts ist im Rahmen der Theorie von Gilbert, in welchem Verhältnis die Verantwortung eines Pluralsubjekts und die Verantwortung der individuellen Mitglieder dieses Pluralsubjektes zueinanderstehen.

Zur Beantwortung dieser Frage scheint es wichtig zu sein, genauer zu verstehen, auf welche Weise individuelle Akteure durch eine verbindende Verpflichtung zu einem Teil eines Pluralsubjekts werden. Gilbert schreibt dazu, dass die Akteure ihre Bereitschaft zum Ausdruck bringen müssen, diesem Pluralsubjekt durch eine verbundene Verpflichtung anzugehören. Sie macht sehr deutlich, dass dies nicht eine explizite Zustimmung, etwa in Form eines Vertragsschlusses sein muss (Gilbert 2002a, 2005, 2009a, S. 280–282). Gerade für häufig von Staaten ausgehendes historisches Unrecht ist das wichtig, weil Gilbert dadurch einem klassischen Einwand gegen Vertragstheorien entgeht. Dieser Einwand besteht darin, dass die meisten Staatsbürger*innen ihrem Staat nicht durch Vertragsschluss beitreten. Sie könnten daher auch nicht für das mitverantwortlich sein, was dieser Staat tut. Gilbert hält dem entgegen, dass es ausreichend ist, durch sein Handeln zum Ausdruck zu bringen, dass man Teil des Pluralsubjektes sein möchte (Gilbert 2009b). Selbst wenn man also seinen Staat nicht verlassen kann oder das nicht erwartbar ist, weil man sonst in eine inakzeptable Staatenlosigkeit gerät, so können Akteure doch zum Ausdruck bringen, dass sie eigentlich nicht Teil dieses Pluralsubjekts sein wollen.

An dieser Stelle ist es so, dass sich die Theorie von Gilbert interessanterweise doch wieder dem Ansatz von Nida-Rümelin annähert, weil auch sie Fälle von Akteuren zulässt, die nicht für das Handeln des Pluralsubjekts verantwortlich sind, obwohl sie in einer Verbindung zu diesem Pluralsubjekt stehen. Im Fall des nationalsozialistischen Deutschlands wären das sicher Widerstandskämpfer und Dissidenten, aber wohl auch Menschen, die in die äußere oder innere Emigration gegangen sind.[7] Allerdings bleibt ein zentraler Unterschied zu Nida-Rümelin. Denn solche Menschen, die sich selbst nicht an Verbrechen beteiligt, aber auch nicht aktiv von dem Pluralsubjekt des nationalsozialistischen Deutschlands distanziert haben, stünden bei Gilbert weiterhin in der Verantwortung (Gilbert 2002b, 2006b, S. 109ff.). In diesem Punkt ist ihr Ansatz deutlich kollektivistischer als der Ansatz von Nida-Rümelin. So kann es beispielsweise sein, dass in einem Pluralsubjekt, wie einem Staat, eine Regierung gewählt wird, die deswegen autorisiert ist, im Namen des Pluralsubjekts und all seiner Angehörigen zu handeln (Gilbert 2006a, 2006b, S. 102–104). Wenn diese Regierung dann Verbrechen begeht und ein individuelles Mitglied sich nicht hinreichend von dem Pluralsubjekt

7 Auch Jaspers war in die innere Emigration gegangen. Er war mit einem Lehrverbot belegt, weil er mit einer Jüdin verheiratet war und das Ehepaar musste zuletzt mit einer Deportation rechnen (vgl. Schefczyk 2014).

distanziert, dann ist es für das Verbrechen mitverantwortlich, auch wenn es daran nicht aktiv beteiligt war.

Gilbert geht sogar noch einen Schritt weiter. Selbst Akteure, die sich aktiv von dem Handeln des Pluralsubjekts distanzieren, aber in diesem Pluralsubjekt verbleiben, besitzen eine Verantwortung. Das liegt nicht nur daran, dass sie die Regierung mitautorisiert haben. Es liegt vor allem an ihrer weiterhin bestehenden Zugehörigkeit zu dem Pluralsubjekt (Gilbert 2006b). Es kann dann sein, dass diese Akteure selbst keine persönliche Schuld auf sich geladen haben und es auch nicht angemessen ist, ihnen individuell Vorwürfe zu machen. Trotzdem kann es Gilbert zufolge für diese Personen angemessen sein, zu sagen: „Wir haben dieses Verbrechen begangen" und sogar Schuldgefühle zum Ausdruck zu bringen (Gilbert 2002b, 2006b). Dafür reicht allein die Zugehörigkeit zum Pluralsubjekt. Das betrifft sogar Verbrechen, die stattgefunden haben, bevor das Individuum geboren wurde, also beispielsweise die Mehrheit der heute lebenden Deutschen mit Blick auf die Verbrechen des nationalsozialistischen Deutschlands (Gilbert 2006b, S. 113f.).

An dieser Stelle differenziert Gilbert offensichtlich zwischen Schuld auf der einen und Sorge auf der anderen Seite. Auch hier ist ihr Begriff der kollektiven Verantwortung deutlich differenzierter als derjenige von Nida-Rümelin. Angehörige eines Pluralsubjekts, die keine persönliche Schuld auf sich geladen haben, können demnach trotzdem für die Folgen eines historischen Unrechts verantwortlich sein. Sie können das Verbrechen nicht wieder gut machen, aber sie können beispielsweise Schadensersatz leisten, um Entschuldigung bitten und Kosten auf sich nehmen, um eine Versöhnung langfristig wahrscheinlicher zu machen (Gilbert 2002b). Schuld beruht bei Gilbert also auf individuellem Handeln oder der zumindest stillschweigenden Akzeptanz des Handelns eines Pluralsubjekts, dem man angehört. Haftung und Sorge hingegen sind auch dann angebracht, wenn man einem Pluralsubjekt angehört, von dessen Unrecht man sich distanziert hat.

Wenn Gilbert mit ihrer kollektivistischen Theorie kollektiver Verantwortung richtig liegt, dann hätten alle zur Zeit des nationalsozialistischen Deutschlands lebenden erwachsenen Deutschen bereits dann Schuld auf sich geladen, wenn sie sich nicht hinreichend von diesem Unrechtsregime distanziert haben. Darüber hinaus wäre es für alle Deutschen als Teil des Pluralsubjekts Deutschland angemessen, Schuldgefühle zum Ausdruck zu bringen, sowie Schadensersatz zu leisten und Sorge zu tragen, dass an das Unrecht angemessen erinnert und eine Wiederholung dauerhaft verhindert wird. Der Grund dafür lautet, dass sie Teil eines Pluralsubjekts sind, das Schuld auf sich geladen hat, und diese Verantwortlichkeiten sich aus ihrer Mitgliedschaft ableiten. Auch für das gegenwärtige Selbstbild der Deutschen, so zeigt sich hier, hätte das gravierende politische Konsequenzen. Es stellt sich also die Frage, wie die Theorie von Gilbert theoretisch und politisch einzuschätzen ist. Der Ansatz von Nida-Rümelin liefert für solch eine Einschätzung keine Ressourcen. Es gibt mit Michael Schefczyk jedoch einen anderen Autor, der eine ähnliche Position wie Nida-Rümelin vertritt und sich aktiv mit der Position von Gilbert auseinandersetzt.

5. Die gemäßigt individualistische Theorie der kollektiven Verantwortung von Michael Schefczyk

Ähnlich wie Nida-Rümelin vertritt auch Schefczyk einen gemäßigten Individualismus. Er möchte dabei allerdings den Begriff der Kollektivschuld im Anschluss an Karl Jaspers rehabilitieren, indem er ihn verantwortungsindividualistisch interpretiert, wie er es ausdrückt (Schefczyk 2012, S. 123f.). Auch Schefczyk macht explizit, dass er sich des potentiell politischen Charakters der Diskussion über kollektive Verantwortung für historisches Unrecht bewusst ist. Er schreibt: „Kollektivschuld ist ein diskreditierter Begriff. Wem in einer Debatte über nationalsozialistische Verbrechen vorgehalten wird, er vertrete die These von einer kollektiven Schuld der Deutschen, dem wird nicht vorgeworfen, etwas Triviales, sondern etwas Absurdes oder sogar Gefährliches, ‚Faschistoides' zu sagen" (Schefczyk 2012, S. 123, vgl. auch Schefczyk 2015, S. 124). Gegen diesen Vorwurf will er sein Verständnis von Kollektivschuld verteidigen.

Seine Argumentation für eine verantwortungsindividualistisch zu verstehende Kollektivschuld vollzieht sich in drei Schritten. In einem ersten Schritt weist Schefczyk ein Argument für den radikalen Individualismus zurück, das er als „Evidenten Grundsatz" bezeichnet (Schefczyk 2012, S. 125). In einem zweiten Schritt benennt er seinen eigenen Grundsatz, den er als „Individualistische Verantwortungsthese" bezeichnet (Schefczyk 2012.). In einem dritten Schritt bestimmt er dann sein verantwortungsindividualistisches Verständnis von Kollektivschuld, das er gegen ein stärker kollektivistisches Verständnis von Kollektivschuld, wie er es vor allem Margaret Gilbert zuschreibt, stark macht.

Ein radikalindividualistisches Verantwortungsverständnis, das jede Form von kollektiver Verantwortung und Schuld ablehnt, schreibt Schefczyk beispielsweise H. D. Lewis zu (Lewis 1948). Die Grundlage dieser Position bezeichnet er als Evidenten Grundsatz, weil Autor*innen wie Lewis sie für ganz selbstverständlich halten.[8] Der Grundsatz lautet: „Eine Person kann nicht für das Handeln einer anderen Person moralisch verantwortlich sein." (Schefczyk 2012, S. 125) Interessanterweise lässt auch Lewis zu, dass Personen für den von anderen Personen angerichteten Schaden aufkommen müssen (Lewis 1948). Es geht bei dem Evidenten Grundsatz also nicht um Verantwortung im Sinne von Haftung, sondern nur um Verantwortung im Sinne von Schuld. Schefczyk macht gegen diesen, seiner Meinung nach nur scheinbar Evidenten Grundsatz, zwei Argumente geltend. Erstens kann dieser Ansatz nicht mit Instrumentalisierungen umgehen. Wenn ein begnadeter Schwindler eine Bankangestellte dazu bringt, ihm einen ungerechtfertigten Kredit zu gewähren, dann ist vor allem er für ihr Handeln verantwortlich und sie nur in vermindertem Maße. Zweitens kann der Ansatz das Phänomen der Mittäterschaft nicht erfassen. Wenn zwei Täter ein Juwelengeschäft überfallen, der eine die Scheibe einschlägt und der andere die Juwelen raubt, dann sind beide für die kollektive Handlung des Juwelenraubs insgesamt verantwortlich (Schefczyk 2012, S. 128).

8 John L. Mackie (1981 [1977], S. 264) vertritt dieselbe Auffassung, dass Akteure nur und für alle ihre eigenen absichtlichen Handlungen verantwortlich sind.

Es zeigt sich bereits, inwiefern Schefczyk eine ähnliche Position bezieht wie Nida-Rümelin, der im Falle des Juwelenraubs von einer kollektiven Praxis sprechen würde. Die Subjekte der Verantwortung bleiben die Individuen, das Ereignis der Verantwortung ist jedoch eine kollektive Handlung, nämlich der Juwelenraub. Schefczyk möchte dieses Phänomen individueller Subjekte kollektiven Handelns mit seiner individualistischen Verantwortungsthese einfangen. Sie lautet: „Eine Person P ist moralisch verantwortlich für ein Übel Ü dann und nur dann, wenn P Ü pflichtwidrig alleine oder mit anderen herbeigeführt oder zugelassen hat." (Schefczyk 2012, S.125). Schefczyk meint, mit diesem Konzept einige in der Literatur zur kollektiven Verantwortung diskutierten Probleme in den Griff zu bekommen. Das betrifft erstens die von Virginia Held (1970, vgl. auch Schwenkenbecher 2014) aufgestellte These, dass selbst zufällige Ansammlungen von Menschen eine kollektive Verantwortung haben können. Bei einem Unfall können Passanten beispielsweise gemeinsam dafür verantwortlich sein, ein Unfallopfer aus einem Auto zu befreien, wenn es für eine Person allein unmöglich ist. Hier argumentiert Schefczyk, dass diese kollektive Verantwortung auf die individuelle Verantwortung der Passanten zurückgeht, sich zu einer Gruppe zusammenzutun (Schefczyk 2012, S. 133f.).[9] Zweitens hat Robert Sugden (2000) behauptet, dass auch Gruppen spezifische Präferenzen ausbilden können, weil nur so ihr koordiniertes Verhalten erklärt werden kann. Auch das ist mit der individualistischen Verantwortungsthese vereinbar, weil eine Gruppenpräferenz nichts anderes ist als die strukturell verbundenen und gewissen Rationalitätsbedingungen unterworfenen Präferenzen der Gruppenmitglieder (Sugden 2000, S. 130–133).

Schließlich wendet sich Schefczyk (2012, S. 135–140) noch gegen die von David Cooper (1991 [1968]) aufgestellte These, dass es Fälle gibt, in denen zwar ein Kollektiv, aber nicht ihre individuellen Mitglieder eine Verantwortung haben. Cooper macht das am Beispiel eines Tennisvereins deutlich, der schließen muss. Die einzelnen Mitglieder haben sich allesamt nicht hinreichend für den Verein eingesetzt, individuell aber immer gute Gründe dafür. Dennoch ist es angemessen, so argumentiert Cooper, ihnen als Gruppe Vorwürfe zu machen, obwohl sie individuell keinen Fehler gemacht haben. Dagegen wendet Schefczyk ein, dass entweder doch zumindest einigen der einzelnen Mitglieder des Vereins ein Vorwurf gemacht wird oder aber die Rede von Vorwürfen unangemessen sei. Man kann die Schließung des Vereins dann missbilligen oder bedauern, aber es gibt einfach niemanden, dem man wirklich einen Vorwurf machen kann. In ähnlicher Weise verteidigt Schefczyk sein gemäßigt individualistisches Modell der Kollektivschuld gegen die kollektivistische Position von Gilbert. Dazu will er ein Argument von Gilbert gegen das individualistische Modell entkräften und bringt selbst ein Argument gegen die kollektivistische Position von Gilbert vor. Im Kern dreht sich die Argumentation um die Frage, ob Angehörige eines Pluralsubjekts berechtigterweise über ein Unrecht sagen können, dass „wir es getan haben", und zwar auch

9 Diese Position in Bezug auf kollektive Verantwortung bezieht auch der in letzter Zeit viel diskutierte Ansatz von Iris Young (2011) mit ein. Young geht es allerdings explizit nur um Sorge und nicht um Schuld und Haftung. Vgl. zur Diskussion Neuhäuser (2014).

dann, wenn sie selbst gar nicht aktiv durch ihr Handeln oder ein bewusstes Unterlassen an diesem Unrecht beteiligt waren.

Gilbert macht für ihre Position geltend, wie wir gesehen haben, dass es für Angehörige eines Pluralsubjekts, also einer konstituierten sozialen Gruppe, angemessen ist, Schuldgefühle für ein von diesem Pluralsubjekt begangenes Unrecht zum Ausdruck zu bringen (Gilbert 2002b; 2006b). Dafür ist es ihr zufolge unerheblich, ob das Mitglied des Pluralsubjekts selbst aktiv an dem Unrecht beteiligt war. Für Deutsche wäre es demnach angemessen, über das Unrecht des Zweiten Weltkrieges und des Holocaust zu sagen: „Wir haben das getan". Außerdem wäre es auch angemessen, Schuldgefühle zum Ausdruck zu bringen. Gilbert hält es für kontraintuitiv, wenn man der Meinung ist, dass unbeteiligte Deutsche nicht verpflichtet und nicht einmal berechtigt seien, Schuldgefühle zum Ausdruck zu bringen und zu sagen: „Wir haben das getan" (Gilbert 2006b, S. 111).

Dagegen insistiert Schefczyk, dass dies seiner Meinung nach überhaupt nicht kontraintuitiv sei (Schefczyk 2012, S. 155). Diejenigen individuellen Deutschen, die keinen Beitrag zu dem Unrecht geleistet haben, sind auch nicht verpflichtet, Schuldgefühle zum Ausdruck zu bringen, und dürfen durchaus sagen: „Die anderen haben das getan." Zwar gesteht er zu, dass Gefühlsbekundungen nicht unbedingt von Herzen empfunden werden müssen. Es ist in vielen Kontexten so, dass von Menschen aufgrund ihrer sozialen Verbindungen verlangt wird, dass sie bestimmte Gefühle zum Ausdruck bringen, ganz unabhängig davon, ob sie diese Gefühle wirklich empfinden oder nicht. So ist es beispielsweise bei einer Beerdigung, bei der von Verwandten erwartet wird, dass sie Trauer zum Ausdruck bringen. Aber genau so funktioniert es bei Schuldgefühlen Schefczyk zufolge nicht. Hier sei vielmehr die herrschende und richtige Meinung, dass diese an individuelles Handeln gebunden bleiben müssen (Schefczyk 2012, S. 156). Es sei demnach die Position von Gilbert, die kontraintuitiv erscheine und daher weiter begründet werden müsse.

Schefczyk weist nicht nur das zentrale Argument von Gilbert zurück, sondern stellt auch eine Schwäche ihrer Konzeption des Pluralsubjekts heraus. Gilbert zufolge muss es möglich sein, dass ein Pluralsubjekt an einem Unrecht schuld ist, ohne dass irgendein Mitglied des Pluralsubjekts eine persönliche Schuld an diesem Unrecht trägt (Gilbert 2006b, S. 110). Dann ist es für die persönlich unschuldigen Mitglieder des Pluralsubjektes trotzdem angemessen, Schuldgefühle zum Ausdruck zu bringen. Dagegen wendet Schefczyk ein, dass wir normalerweise in der Lage sind, zwischen authentisch empfundenen Schuldgefühlen und bloß zur Schau gestellten Schuldgefühlen zu unterscheiden. Genau das funktioniert bei Pluralsubjekten jedoch nicht mehr, weil es in dem beschriebenen Fall nur noch zum Ausdruck gebrachte Schuldgefühle, aber keine authentisch empfundenen Schuldgefühle mehr gibt (Schefczyk 2012, S. 163).

Letztlich verwechselt Gilbert Verantwortung als Schuld mit einer Verantwortung ohne Schuld, so schließt Schefczyk (Schefczyk 2012, S. 158). Für Mitglieder eines Pluralsubjekts kann es durchaus angemessen sein, Verantwortung zu übernehmen, auch dann, wenn sie durch ihr eigenes Handeln keine Schuld auf sich geladen haben. Hier kann man Schefczyk vielleicht so verstehen, dass er bei Haftung und Sorge durchaus einem stärker kollektivistischen Modell der Verantwortung zuneigt, bei Schuld jedoch einen gemäßigten Individualismus vertritt. Das könnte auch ein Unterschied zu der Position von Nida-Rümelin sein. Die nach dem Ende des zweiten Weltkrieges Vertriebenen hätten dann Schefczyk zufolge zum großen Teil keine eigene Schuld auf sich geladen, könnten aber dennoch in der Verantwortung stehen, für die Verbrechen haften zu müssen. Trotzdem würde sein Urteil offensichtlich milder ausfallen als dasjenige von Gilbert. Denn die nur haftenden Deutschen müssten keine Schuldgefühle zum Ausdruck bringen. Außerdem wäre es nicht so, dass bereits all diejenigen Deutschen, die sich nicht hinreichend vom nationalsozialistischen Deutschland distanziert haben, auch persönliche Schuld auf sich geladen hätten, sondern nur diejenigen Deutschen, die auch in irgendeiner Weise aktiv am Regime beteiligt waren (vgl. Mellema 2006). Einmal mehr stellt sich also die Frage, ob es Schefczyk mit seiner Kritik gelingt, die Position von Gilbert zu entkräften. Meiner Meinung nach ist das nicht der Fall, und zwar aus politischen Gründen. Das möchte ich im folgenden, abschließenden Abschnitt darlegen.

6. Ein politisches Argument für die kollektivistische Theorie der kollektiven Verantwortung

Wie ist der Widerspruch zwischen dem kollektivistischen Modell der kollektiven Verantwortung von Gilbert und dem gemäßigt individualistischen Modell von Schefczyk zu bewerten? Sind Kollektive selbst Subjekte der Verantwortung? Und reicht es für Schuld und Schuldgefühle aus, sich als Mitglied eines schuldigen Kollektivs nicht hinreichend von dem Unrecht distanziert bzw. das Pluralsubjekt nicht verlassen zu haben? Schefczyk ist sicherlich darin Recht zu geben, dass das zentrale Argument von Gilbert für ihre Position schwach ist. Die Tatsache, dass sich viele Menschen in der Praxis allein aufgrund ihrer Zugehörigkeit zu einem Pluralsubjekt schuldig fühlen, das zum Ausdruck bringen und von anderen dasselbe verlangen, ist noch kein hinreichendes Argument für diese Position. Das ist Winch zufolge dann zwar die praktische Bedeutung dieser Konzepte in diesen Kontexten, aber es kann trotzdem angemessen sein, sich in solchen Fällen nicht schuldig zu fühlen, wie Schefczyk argumentiert. Dann müsste die Sprach- und Verantwortungspraxis sich einfach ändern. Die Gebrauchstheorie der Bedeutung ist keine konservative normative Theorie, die vorschreibt, wie Begriffe zu gebrauchen sind. Sie sagt nur, mit welchem tatsächlichen Gebrauch sich normative Theorien auseinandersetzen müssen.

Allerdings ist die Kritik von Schefczyk an der Position von Gilbert ebenfalls schwach. Erstens muss es kein Problem sein, dass in den wenigen Fällen, in denen ein Pluralsubjekt, aber keines seiner Mitglieder schuldig ist, jede Bekundung von Schuldgefühlen unauthentisch ausfallen muss, weil sie nicht wirklich gefühlt wird. Die Unterscheidung zwischen authentisch gefühlten und bloß artikulierten Schuldgefühlen wird dadurch nicht unterlaufen, es gibt jedoch nur einzelne Kontexte, in denen eben alle Schuldbekundungen in diesem Sinne unauthentisch sind. Es kann auch Beerdigungen geben, bei denen alle Trauerbekundungen in diesem Sinne unauthentisch sind, ohne dass dadurch die soziale Funktion von Trauerbekundungen unterlaufen wird. Zweitens gilt auch in Fällen eines schuldigen Pluralsubjekts ohne schuldige Mitglieder, dass auf eine andere Weise eine Unterscheidung zwischen authentischen und unauthentischen Schuldbekundungen aufrechterhalten bleiben kann. Einige Mitglieder eines Pluralsubjektes können nämlich der Meinung sein, dass es wirklich angemessen ist, Schuld zu bekunden, während andere dies vielleicht nur aus strategischem Kalkül heraus tun.

Es scheint so, als befänden sich die Positionen von Gilbert und Schefczyk in einer Pattsituation. Beide Ansätze könnten richtig sein und zumindest die Autor*innen selbst haben keine starken Argumente für die eigene und gegen die andere Position vorgebracht. Ich sehe auch nicht, wie die Wahrheit der einen oder anderen Position allein mithilfe analytischer Mittel bestimmt werden sollte (Stoutland 2009). Denn es ist nicht so, dass Gilbert in ihrem Modell stark kontroverse Annahmen über einen kollektiven Geist oder ähnliches macht, die sich theoretisch nur schwer verteidigen lassen. Vielmehr handelt es sich meiner Einschätzung nach bei der Differenz auch um eine normative Frage. Dann wäre zu fragen, ob es normativ richtig ist, Pluralsubjekte verantwortlich zu machen und ob es normativ richtig ist, dass Mitglieder bereits dann schuldig werden können, wenn sie sich nicht hinreichend distanzieren, und von allen Mitgliedern auch Schuldbekundungen erwartet werden können. Solch ein pragmatisches Vorgehen folgt der Ansicht von William James (2001 [1907], S. 63), dass normative Fragen immer dann über die Angemessenheit einer Theorie entscheiden können, wenn die epistemischen Gründe für und gegen diese Theorie gleich stark erscheinen.

Ich kann diese normative Frage hier nicht entscheiden, möchte aber ein Argument anführen, um ihre politische Dimension abschließend noch einmal zu verdeutlichen. Ein möglicher Ausgangspunkt, um zwischen den beiden Theorien eine normative Entscheidung fällen zu können, besteht darin, die bisher noch weitestgehend ausgeklammerten Adressaten der Verantwortung mit ins Spiel zu bringen. Denn darüber lässt sich die normative Funktion der Verantwortungszuweisungen in Fällen historischen Unrechts bestimmen. Dem kollektivistischen Ansatz zufolge müssen sich Kollektive und die meisten ihrer Mitglieder, dem gemäßigt individualistischen Ansatz zufolge aber nur einige ihrer Mitglieder einem Adressaten gegenüber verantworten. Wenn man diesen Adressaten bestimmt, wird die normative Funktion der Verantwortungszuweisung deutlicher. Darüber lässt sich, so meine ich, ein Argument für ihre normative Angemessenheit bestimmen. Gilbert und Schefczyk machen die Adressaten ihrer Verantwortungskonzeptionen nicht explizit. Sie scheinen aber beide von der Position von Jaspers abzuweichen, dass moralische Verantwortung letztlich nur einem selbst gegenüber besteht. Das zeigt sich schon allein daran, dass für beide Schuldbekundungen auch in moralischer und nicht nur in rechtlicher oder politischer Hinsicht eine wichtige Rolle spielen.

Bei Gilbert ist es zunächst so, dass Mitglieder eines Pluralsubjektes den anderen Mitgliedern dieses Pluralsubjektes gegenüber eine Verantwortung dafür haben, den gemeinsamen Festlegungen zu folgen. Diese anderen Mitglieder haben die Berechtigung, wie Gilbert das ausdrückt, jemanden zur Rede zu stellen, wenn er den gemeinsamen Festlegungen nicht folgt (Gilbert 2005). Wenn ein Pluralsubjekt jedoch Unrecht begeht, dann besteht aber nicht nur gegenüber den Mitgliedern dieses Pluralsubjekts Verantwortung. Gilbert betont, dass es in solchen Fällen moralisch gefordert ist, den gemeinsamen Festlegungen gerade nicht zu folgen (Gilbert 2005). Hier besteht offensichtlich eine übergeordnete moralische Verantwortung. Sie sagt es nicht deutlich, aber man kann davon ausgehen, dass hier eine Verantwortung allen Menschen gegenüber besteht, die gewissermaßen eine moralische Gemeinschaft bilden. Man ist dann aus moralischer Sicht gegenüber dieser Gemeinschaft dafür verantwortlich, den speziellen Verantwortlichkeiten im engeren Pluralsubjekt nicht zu folgen. Auch Schefczyk geht eindeutig von einem moralischen Universalismus aus, der alle Menschen einschließt. Insofern besteht auch bei ihm eine moralische Verantwortung gegenüber allen Menschen, die eine moralische Gemeinschaft bilden. Natürlich sind innerhalb dieser Gemeinschaft noch einmal Abstufungen möglich. Die Verantwortung gegenüber Opfern und deren Angehörigen ist eine andere als unbeteiligten Dritten gegenüber. Das betrifft sicher die Dimension der Sorge und Haftung, aber auch der Schuld. Schuldgefühle müssen Opfern gegenüber anders zum Ausdruck gebracht werden als Dritten gegenüber.

Obwohl sowohl Gilbert als auch Schefczyk die Gemeinschaft aller Menschen als letzten Adressaten der moralischen Verantwortung für historisches Unrecht im Blick haben, lässt sich darüber ein normatives Argument für die kollektivistische Position von Gilbert ableiten. Denn ihrer Position gelingt es in zwei Hinsichten, ein umfassenderes Netz von Verantwortung zu spannen, als dies bei der Position von Schefczyk der Fall ist. Erstens erlaubt es ihr Ansatz, dass Pluralsubjekten auch dann eine Verantwortung zugewiesen wird, wenn von außen betrachtet nicht ganz klar ist, welchen individuellen Akteuren als Mitglieder dieses Pluralsubjekts eine Verantwortung zukommt. Diese Verantwortung des Pluralsubjekts kann dann als Anlass genommen werden, um genauer zu untersuchen, welche persönliche Verantwortung welchen Mitgliedern jeweils zukommt. Gerade im politischen Kontext lässt sich leicht denken, dass die Verantwortung des Pluralsubjekts fest etabliert sein muss, um solch eine Untersuchung überhaupt erst beginnen zu können. Außerdem lassen sich Schadensersatzforderungen und die Aufforderung zur Sorge direkt an das Pluralsubjekt richten, ohne angeben zu müssen, wie sich diese Verantwortlichkeiten unter den Mitgliedern verteilen. Für Dritte wird es dadurch wesentlich leichter, in historisches Unrecht verstrickte Kollektive zur Verantwortung zu ziehen. Andersherum können sich diese Kollektive nicht mehr damit der Verantwortung entziehen, dass sie darauf hinweisen, wie diffus diese unter ihren Mitgliedern verteilt ist. Es kann diese Kollektive auch davon abschrecken, so die Hoffnung, solches Unrecht überhaupt erst zu begehen, wenn die Zuweisung von Verantwortung an sie einmal fest etabliert ist.

Zweitens führt die Tatsache, dass Mitgliedern eines Pluralsubjektes bereits dann eine Schuld zugesprochen werden kann, wenn sie sich von den Zielen dieses Pluralsubjektes nicht hinreichend distanziert haben, dazu, dass deutlich mehr Menschen solch eine Schuld zu tragen haben und auch die entsprechenden Schuldgefühle zum Ausdruck bringen müssen. Dagegen ließe sich einwenden, wie beispielsweise Hannah Arendt (Arendt 1987 [1968]) und Iris Young (Young 2006, 2011) es getan haben, dass diese Schuldorientierung rückwärtsgewandt sei und nur dazu führen würde, dass mehr Menschen versuchten, ihre Hände in Unschuld zu waschen. Allerdings lässt sich dagegen wiederum stark machen, dass man es den Opfern von historischem Unrecht schuldet, die Verantwortung so weit zu fassen. Bei gravierendem Unrecht, so kann man hier argumentieren, ist es zumindest dann falsch, einfach nur wegzuschauen und so zu tun, als sei nichts, wenn man derjenigen Gruppe angehört, die dieses Unrecht begeht. Man schuldet es dann den Opfern eines Unrechts, seine Verantwortung anzuerkennen. Außerdem besteht immerhin die Hoffnung, dass sich auch die Einstellung vieler Menschen ändert, wenn das Verantwortungskonzept von Gilbert praktisch wirksam und in der politischen Realität als moralischer Standard gilt. Sie werden die Pluralsubjekte, denen sie angehören, kritischer beurteilen und schneller bereit sein, sich von ihnen zu distanzieren oder aus ihnen auszutreten, wo das möglich ist.[10] Das wiederum sorgt dafür, dass diesen Pluralsubjekten schneller die passiven Mitläufer ausgehen. Sie werden labiler und weniger fähig, ihre Unrechtsabsichten effektiv zu verfolgen.

Reichen diese Gründe, um solch ein dicht gespanntes Netz der kollektiven moralischen Verantwortung für historisches Unrecht, wie die Position von Gilbert es aufspannt, für politisch angebracht zu halten? Ich glaube, dass dem so ist. Zwar sind mehr Menschen mit Verantwortung und Schuld konfrontiert und es ist schwieriger, Gras über historisches Unrecht wachsen zu lassen. Aber ich glaube, dass die normative Kontrolle von Pluralsubjekten, der Respekt vor den Opfern und die Hoffnung, dass die Mitglieder von Pluralsubjekten ihnen gegenüber eine stärker kritische Haltung einnehmen, schwerer wiegen (Neuhäuser 2013). Wenn es zutrifft, dass für das gemäßigt individualistische und das kollektivistische Modell der kollektiven Verantwortung aus epistemischer Sicht jeweils gleichviel spricht, dann erscheint mir das kollektivistische Modell aufgrund seiner praktischen politischen Wirkung vorziehungswürdig. Allerdings ist das natürlich nur ein Argument für die kollektivistische Position auf einer normativen und politisch sensiblen Ebene der normativen Theoriebildung. Dagegen lassen sich auf derselben Ebene auch andere Argumente stark machen. Ludger Heidbrink (2003, 2007) hat beispielsweise in mehreren Veröffentlichungen dafür argumentiert, dass Verantwortungszuweisungen ihre normative Kraft verlieren, wenn sie individuelle Akteure systematisch überfordern. Das könnte durchaus gegen ein kollektivistisches Verantwortungsmodell sprechen. Ob das der Fall ist oder nicht, hängt nicht zuletzt auch von den zu erwartenden politischen Konsequenzen bzw. der politischen Akzeptanz des einen oder anderen Verantwortungsbegriffs ab. Das zeigt noch einmal die politische Dimension der theoretischen Auseinandersetzung mit praktischen Fragen der Verantwortung, wie derjenigen für historisches Unrecht. Der Diskurs muss folglich zugleich philosophisch und politiktheoretisch geführt werden.

10 Das Argument folgt der verantwortungsethischen Position von Max Weber (1988 [1919]), der ebenfalls verlangt, dass man es ab einem gewissen Punkt zum Ausdruck bringen muss, wenn eine Politik mit der eigenen Werthaltung nicht mehr vereinbar ist. Allerdings bezieht sich Weber nur auf Politiker*innen und nicht auf Bürger*innen allgemein.

Literatur

Arendt, Hannah. 1987 [1968]. Collective Responsibility. In *Amor Mundi. Explorations in the Faith and Thought of Hannah Arendt. Boston College Studies in Philosophy* 26, Hrsg. James W. Bernauer, S.J., 43–50. Boston/Dordrecht/Lancaster: Martinus Nijhoff Publishers.

Bayertz, Kurt. 1995. Eine kurze Geschichte der Herkunft der Verantwortung. In ders. *Verantwortung. Prinzip oder Problem?*, 3–71. Darmstadt: Wissenschaftliche Buchgesellschaft.

Beck, Valentin. 2015. Verantwortung oder Pflicht? Zur Frage der Aktualität und Unterscheidbarkeit zweier philosophischer Grundbegriffe. *Zeitschrift für Praktische Philosophie* 2 (2): 165–202.

Beer, Matthias. 2011. *Flucht und Vertreibung der Deutschen: Voraussetzungen, Verlauf, Folgen*. München: C.H. Beck.

Birnbacher, Dieter. 1995. *Tun und Unterlassen*. Stuttgart: Reclam.

Bratman, Michael. 2009a. Ich beabsichtige, dass wir G-en. In *Kollektive Intentionalität. Eine Debatte über die Grundlagen des Sozialen*, Hrsg. Hans Bernhard Schmid und David P. Schweikard, 333–355. Frankfurt: Suhrkamp.

Bratman, Michael. 2009b. Geteiltes kooperatives Handeln, In *Kollektive Intentionalität. Eine Debatte über die Grundlagen des Sozialen*, Hrsg. Hans Bernhard Schmid und David P. Schweikard, 176-193. Frankfurt: Suhrkamp.

Buddeberg, Eva. 2011. *Verantwortung im Diskurs*. Berlin: de Gruyter.

Cooper, David E. 1991 [1968]. Collective Responsibility. In *Collective Responsibility. Five Decades of Debate in Theoretical and Applied Ethics*, Hrsg. Larry May und Stacey Hoffman, 35–46. Lanham: Rowman & Littlefield.

Feinberg, Joel. 1966. Duties, Rights, and Claims. *American Philosophical Quarterly* 3 (2): 137–144.

French, Peter. 1979. The Corporation as a Moral Person. *American Philosophical Quarterly* 16 (3): 207–215.

French, Peter. 1995. *Corporate Ethics*. Stamford: Harcourt Brace College Publishers.

Gerber, Doris. 2010. Der Begriff der kollektiven Verantwortung: Ist individuelle Verantwortung das richtige Modell für kollektive Verantwortung?. In *Kollektive Verantwortung und internationale Beziehungen*, Hrsg. Doris Gerber und Véronique Zanetti 66–93. Frankfurt: Suhrkamp.

Gilbert, Margaret. 1989. *On Social Facts*. Princeton: Princeton University Press.

Gilbert, Margaret. 1996. *Living Together: Rationality, Sociality, and Obligation*. Lanham: Rowman & Littlefield.

Gilbert, Margaret. 2000. *Sociality and Responsibility: New Essays in Plural Subject Theory*. Lanham: Rowman & Littlefield.

Gilbert, Margaret. 2002a. Acting Together. In Social Facts and Collective Intentionality, Hrsg. Georg Meggle, 53–72. Frankfurt: Hansel-Hohenhausen.

Gilbert, Margaret. 2002b. Collective Guilt and Collective Guilt Feelings. *Journal of Ethics* 6 (2): 115–143.

Gilbert, Margaret. 2005. Shared Values, Social Unity and Liberty. *Public Affairs Quarterly* 19: 25–49.

Gilbert, Margaret. 2006a. *A Theory of Political Obligation: Membership, Commitment, and the Bonds of Society*. Oxford: Clarendon Press.

Gilbert, Margaret. 2006b. Who is to Blame? Collective Moral Responsibility and Its Implications for Group Members. *Midwest Studies in Philosophy* 30 (1): 94–114.

Gilbert, Margaret. 2009a. A Real Unity of Them All? *The Monist* 92 (2): 268–285.

Gilbert, Margaret. 2009b. Pro Patria: An Essay on Patriotism. *Journal of Ethics* 13 (4): 319–346.

Gilbert, Margaret .2015. Plurale Subjekte: Ein Simmelscher Ansatz. *Zeitschrift für Kulturphilosophie* 1-2: 121–142.

Heidbrink, Ludger. 2003. *Kritik der Verantwortung. Zu den Grenzen verantwortlichen Handelns in komplexen Kontexten.* Weilerswist: Velbrück Wissenschaft.

Heidbrink, Ludger. 2007. *Handeln in der Ungewissheit: Paradoxien der Verantwortung.* Berlin: Kulturverlag Kadmos.

Held, Virginia. 1970. Can a Random Collection of Individuals Be Morally Responsible? *Journal of Philosophy* 67 (14): 471–481.

James, William. 2001 [1907]. *Pragmatismus. Ein neuer Name für eine alte Denkweise.* Darmstadt: Wissenschaftliche Buchgesellschaft.

Jaspers, Karl. 2012 [1946]. *Die Schuldfrage: Von der politischen Haftung Deutschlands.* München: Piper Verlag.

Jonas, Hans. 2003 [1979]. *Das Prinzip Verantwortung.* Frankfurt: Suhrkamp.

Kossert, Andreas (2008): Kalte Heimat. Die Geschichte der deutschen Vertriebenen nach 1945, Siedler Verlag.

Lenk, Hans (1992): „Deskriptive und normative Zuschreibungen von Verantwortung“, in: ders.: Zwischen Wissenschaft und Ethik. Suhrkamp Verlag: 76-100.

Lenk, Hans, und Matthias Maring. 1993. Verantwortung – Normatives Interpretationskonstrukt und empirische Beschreibung. In Ethische Norm und empirische Hypothese, Hrsg. L.H. Eckensberger und Ulrich Gähde, 222–243. Frankfurt: Suhrkamp.

Lewis, H. D. 1948. Collective Responsibility. *Philosophy* 23 (84): 3–18.

List, Christian, und Philip Pettit. 2011. *Group Agency.* Oxford: Oxford University Press.

Lohmann, Georg. 2002. Zur moralischen, ethischen und rechtlichen Verantwortung in Wissenschaft und Technik. In *Philosophieren aus dem Diskurs. Beiträge zur Diskurspragmatik*, Hrsg. Holger Burckhart und Horst Gronke, 366–378. Würzburg: Königshausen & Neumann.

Lotter, Maria-Sibylla. 2012. *Scham, Schuld, Verantwortung: Über die kulturellen Grundlagen der Moral.* Frankfurt: Suhrkamp.

Mackie, John L. 1981 [1977]. *Ethik. Die Erfindung des moralisch Richtigen und Falschen.* Stuttgart: Reclam.

May, Larry. 1987. *The Morality of Groups.* Notre Dame, IN: University of Notre Dame Press.

May, Larry. 1989. The Morality of Groups: Collective Responsibility, Group-Based Harm, and Corporate Rights. *Journal of Business Ethics* 8 (10): 772–816.

May, Larry. 1992. *Sharing Responsibility.* Chicago: University of Chicago Press.

Mellema, Gregory. 2006. Collective Responsibility and Qualifying Actions. *Midwest Studies in Philosophy* 30 (1): 168–175.

Miller, David. 1995. *On Nationality.* Oxford: Oxford University Press.

Miller, David. 2001. Distributing Responsibilities. *Journal of Political Philosophy* 9 (4): 453–471.

Miller, David. 2007. *National Responsibility and Global Justice*. Oxford: Oxford University Press.

Miller, Seumas. 2001. *Social Action: A Teleological Account*. Cambridge: Cambridge University Press.

Miller, Seumas. 2009. *Moral Foundations of Social Institutions: A Study in Applied Philosophy*. Cambridge: Cambridge University Press.

Moore, Michael. 1999. Causation and Responsibility. *Social Philosophy and Policy* 16 (2): 1–51.

Nida-Rümelin, Julian. 2006. Für einen erneuerten Humanismus. In ders.: *Humanismus als Leitkultur. Ein Perspektivenwechsel*, 28–35. München: C.H. Beck.

Nida-Rümelin, Julian. 2011. *Verantwortung*. Stuttgart: Reclam.

Nida-Rümelin, Julian. 2012a. Über menschliche Freiheit. In *Vernunft und Freiheit: Zur praktischen Philosophie von Julian Nida-Rümelin*, Hrsg. Dieter Sturma et al., 371–390. Berlin: de Gruyter.

Nida-Rümelin, Julian. 2012b. Freiheit und Kausalität. In *Vernunft und Freiheit: Zur praktischen Philosophie von Julian Nida-Rümelin*, Hrsg., 391-418. Dieter Sturma et al. Berlin: de Gruyter.

Neuhäuser, Christian. 2011. *Unternehmen als moralische Akteure*. Frankfurt: Suhrkamp.

Neuhäuser, Christian. 2013. Staatsbürgerschaft und Verantwortung für die Vergangenheit. *Archiv für Rechts- und Sozialphilosophie* 99 (3): 309–322.

Neuhäuser, Christian. 2014. Forward-looking Collective Responsibility. *Midwest Studies in Philosophy* XXXVIII: 232–251.

Pettit, Philip. 2007. Responsibility Incorporated. *Ethics* 117 (2): 171–201.

Rosenberg, Alexander. 2012. *The Philosophy of Social Science*. Boulder, CO: Westview Press.

Schatzki, Theodore. 1996. *Social Practices. A Wittgensteinian Approach to Human Activity and the Social*. Cambridge: Cambridge University Press.

Schefczyk, Michael. 2012. *Verantwortung für historisches Unrecht*. Berlin: de Gruyter.

Schefczyk, Michael. 2014. ‚Als Deutscher unter Deutschen': Karl Jaspers' Die Schuldfrage. In *Moralisierung des Rechts: Kontinuitäten und Diskontinuitäten nationalsozialistischer Normativität*, Hrsg. Werner Konitzer, 189–214. Frankfurt: Campus.

Schefczyk, Michael. 2015. Verantwortung, Schuld und historisches Unrecht. In *Schuld und Sühne. Nach dem Ende der Verantwortung. Philosophicum Lech 18*, Hrsg. Konrad P. Liessman, 116–139.

Schwenkenbecher, Anne. 2014. Joint Moral Duties. *Midwest Studies in Philosophy* 38 (1): 58–74.

Simester, Andrew (Hrsg.). 2005. *Appraising Strict Liability*. Oxford: Oxford University Press.

Sugden, Robert. 2000. Team Preferences. *Economicy and Philosophy* 16 (2): 175–204.

Stoutland, Frederik. 2009. Warum sind Handlungstheoretiker so antisozial? In *Kollektive Intentionalität. Eine Debatte über die Grundlagen des Sozialen*, Hrsg. Hans Bernhard Schmid und David P. Schweikard, 266–300. Frankfurt: Suhrkamp.

Tamir, Yael. 1995. *Liberal Nationalism*. Princeton: Princeton University Press.

Wittgenstein, Ludwig. 2001 [1953]. *Philosophische Untersuchungen*. Darmstadt: Wissenschaftliche Buchgesellschaft.

Weber, Max. 1988 [1919]. Politik als Beruf. In ders.: Gesammelte Politische Schriften, 505-560. Tübingen: Mohr Siebeck.

Winch, Peter. 2008 [1958]. *The Idea of a Social Science and Its Relation to Philosophy.* London: Routledge.
Young, Iris Marion. 2006. Responsibility and Global Justice: A Social Connection Model. *Social Philosophy & Policy* 23 (1): 102–130.
Young, Iris Marion. 2011. *Responsibility for Justice.* Oxford: Oxford University Press.

Verantwortung als Irritation: Ethische Überlegungen

Regina Ammicht Quinn

1. Einleitung

Seit Lévy-Bruhls Monographie zu „L'idée de responsabilité" (1884) ist Verantwortung eines der meistdiskutierten Themen der Ethik und der Sozialtheorien. Der vorliegende Text gibt keinen Überblick über diese Literatur, sondern nimmt diese kurze Karriere des Verantwortungsbegriffs auf, der „Pflicht" und „Schuld" ablösen soll (2), beschreibt dessen Entwicklung (2.1) und problematische Entgrenzung, die durch ebenso problematische vielstellige Relationen des Begriffs wieder eingeholt werden soll (2.2). Diese Tendenz wird deutlich in der Diskussion von Rollenverantwortung (3), bei der Verantwortung in Rechts- und Haftungsfragen überführt wird und damit tendenziell immer wieder den geistesgeschichtlichen Schritt zurück zu „Pflicht" und „Schuld" vollzieht (3.1); moralische Verantwortung ist nicht deckungsgleich mit diesen Funktionalisierungsanstrengungen (3.2). Am Beispiel von Willy Brandts Kniefall im Warschauer Ghetto wird dann die Frage nach anderen Formen der Verantwortungsübernahme gestellt (4.1); auf der Theorieebene dient dies der Unterscheidung zwischen Verantwortung als System und Verantwortung als Modell (4.2). Das abschließende Kapitel (5) entwirft moralische Verantwortung auf der Basis eines spezifischen Ethikverständnisses (5.1) als Irritation (5.2).

Wenn moralische Verantwortung aber als „Verbindlichkeit ohne System" (Adorno 1966, S. 37) verstanden wird, dann braucht die Beschreibung und das Verstehen dieser Verantwortung mehr als eine systematische Sprache. Narration und Metaphern spielen dabei eine entscheidende Rolle. Der Text konstatiert diese Notwendigkeit nicht nur, sondern zeigt sie; er bettet das Argument in Narrationen ein (1 und 5.2). Die beiden Texte, in einem Abstand von 200 Jahren entstanden, sind Kleists „Erdbeben von Chili" (1807) und McCarthys „The Road" (2006). Beide Texte beschreiben Katastrophen, die Welt in Unordnung, aus dem Gleichgewicht; beide Texte beschreiben Verantwortungsübernahmen, die auf das zerstörte Gleichgewicht reagieren; und beide Texte sind mit dem Abgleich von Naturkatastrophen und sozialen Katastrophen befasst. Sie ergänzen sich dort, wo für McCarthy die Katastrophe kein (erzählbares) Ereignis hat und verantwortungsfrei bleibt, während bei Kleist, dem älteren und vielleicht moderneren Text, die „Natur"-Katastrophe des Erdbebens mit Hilfe von religiöser und moralischer Verantwortungszuschreibung eingehegt wird, die Leser_innen aber damit keine Lösung auf Verantwortungsfragen erhalten, sondern zu Zeug_innen einer neuen Unsicherheit und einer neuen Katastrophe werden.

 PVS, Sonderheft 52/2017, S. 106-122

2. Über Verantwortung erzählen: Heinrich von Kleists und Cormack McCarthy

2.1 Naturkatastrophen und soziale Katastrophen: „Das Erdbeben von Chili"

In Kleists Novelle „Das Erbeben in Chili" (Kleist [1807] 1977) ist die „unerhörte" Begebenheit schon vergangen. Die illegitime Beziehung zwischen dem Hauslehrer Jeromino und seiner Schülerin Josephe hatte in St. Jago den festen Boden der sozialen Ordnung in Schwanken gebracht, die Gemüter erhitzt und das ‚gefallene Mädchen' Josephe ins Karmeliterkloster gezwungen. Aber auch damit war, dank des irgendwie zugänglichen Klostergartens, die Liebe zwischen Josephe und Jeronimo nicht zu Ende, und Josephe, die neun Monate nach dieser Begegnung während des Fronleichnamsfests „in Mutterwehen auf den Stufen der Kathedrale niedersank" (Kleist [1807] 1977, S. 144), wird zum Tode auf dem Scheiterhaufen verurteilt; Jeronimo kommt (nur) ins Gefängnis.

Der Beginn der Erzählung zeigt die Gesellschaft von St. Jago, die gerade dabei ist, dieses soziale Beben mithilfe einer Todesstrafe in Ordnung zurückzuführen. Und als die Glocken schon zur Hinrichtung läuten, bebt die Erde tatsächlich. Es ist der Tag von Josephes Hinrichtung: Die Hinrichtung wird durch die bebende Erde unterbrochen, Jeronimo, der sich im Gefängnis töten will, tritt durch die zerberstenden Mauern ins Freie; Josephe findet ihr Kind, Jeronimo findet Josephe – sie alle haben sowohl das soziale als auch das physische Erdbeben überlebt. Im Tal außerhalb der Stadt werden dann die Überlebenden zur „Familie":

> „Und in der Tat schien es, mitten in den grässlichen Augenblicken, in welchen alle irdischen Güter der Menschen zu Grunde gingen, und die ganze Natur verschüttet zu werden drohte, der menschliche Geist selbst, wie eine schöne Blume, aufzugehn. Auf den Feldern, so weit das Auge reichte, sah man Menschen von allen Ständen durcheinander liegen, Fürsten und Bettler, Matronen und Bäuerinnen, Staatsbeamte und Tagelöhner, Klosterherren und Klosterfrauen: einander bemitleiden, sich wechselseitig Hülfe reichen, von dem, was sie zur Erhaltung ihres Lebens gerettet haben mochten, freudig mitteilen, als ob das allgemeine Unglück alles, was ihm entronnen war, zu einer Familie gemacht hätte." (Kleist [1807] 1977, S. 152).

Beim Dankgottesdienst der Überlebenden in der Dominikanerkirche aber wird nicht nur gedankt, sondern auch Schuld an dem katastrophalen Ereignis zugeschrieben. Das „Sittenverderbnis der Stadt" bekommt Namen und Gesichter: „Hier stehen diese gottlosen Menschen!" (Kleist [1807] 1977, 156) ruft der Priester von der Kanzel und nennt Josephes und Jeronimos Namen. Das Erdbeben sei nur ein Vorbote für alles Kommende gewesen, darum müsse er „die Seelen der Täter, wörtlich genannt, allen Fürsten der Hölle" (Kleist [1807] 1977, S. 156) übergeben. Von diesem Moment an ist der Mob nicht mehr zu halten. Dieser Mob nun bringt fast den Falschen um, und Jeronimo gibt sich zu erkennen, übernimmt die Verantwortung für seinen Namen. Sowohl er als auch Josephe werden ermordet.

Kleists Novelle, zuerst 1807 in Cottas „Morgenblatt für gebildete Stände" in Tübingen veröffentlicht, bezieht sich historisch auf das Erdbeben von Santiago im Jahr 1647. Weit näher aber liegt für Kleist das Erdbeben von Lissabon im Jahr 1755, das einen Einschnitt in der europäischen Geistesgeschichte zur Folge hat, wie er selten präzise festzumachen ist (vgl. dazu Voltaire [1756] 1877, S. 473–

480); mit ihm wird die Frage nach der Katastrophe als Willen Gottes auf die Tagesordnung gesetzt. Kleists Novelle zeigt sich als ein Stück geschichtsphilosophischer Literatur, die deutlich macht, wie durch Schuldzuschreibung die Ordnung der Welt – in und nach der Katastrophe – aufrechterhalten oder wiederhergestellt werden soll; und wie diese Schuldzuschreibung tödlich endet.

„Das Erdbeben von Chili“ wird damit zum exemplarischen Szenario dafür, dass das, was wir heute als Verantwortungszuschreibung bezeichnen würden, in überzeugender und effektvoller Weise instrumentalisiert werden kann. Dies geschieht insbesondere dort, wo es um die Vermischung von Katastrophen sozialer und nicht-sozialer Art geht. Kleists Narration zeigt kein Interesse am Wiederaufbau nach einem Erdbeben, wohl aber ein Interesse an Formen des Rechtfertigungshandelns. Die Frage nach der Rückkehr zur Ordnung, zum Leben vor der Krise, hängt notwendig mit Rechtfertigung zusammen. Jemand muss schuld sein. Mit dieser Zuschreibung von Schuld für das geschehene Übel soll sowohl die Ordnung der Welt wiederhergestellt als auch die künftige Katastrophe gebannt werden. Damit fließen retrospektive und prospektive Moraldiskurse ineinander und werden destruktiv. Wie in den klassischen religiösen Apokalypsen zeigt Kleists Novelle sowohl den Untergang als auch die (Neu)Schöpfung in einem Garten Eden, in dem nicht Wölfe und Schafe, aber „Menschen von allen Ständen“ (für den Moment) friedlich leben. Und dennoch ist alles anders: Dieser Neuanfang, der nicht nur paradiesisch, sondern zugleich als empörende (ständische) Unordnung beschrieben wird, ist von kurzer Dauer. Übrig bleibt ein einziger Hoffnungsschimmer: Josephes und Jerominos Kind wird nach der Ermordung seiner Eltern von dem adoptiert, dessen eigenes Kind dem Mob zum Opfer fällt. Josephe und Jeromino aber sind tot; das soziale Beben ist aus der Welt geschafft und die paradiesische Unordnung im Klostergarten und im Tal außerhalb der Stadt ist zu Ende.

2.2 Verantwortung im Leben nach der Katastrophe: „The Road“

200 Jahre später werden Katastrophen neu und anders kulturell verarbeitet. „The Road“ (McCarthy 2006; Verfilmung durch John Hillcoat 2009) ist Teil eines neuen Genres, das nicht in erster Linie in Literatur, sondern in anderen Medien, Filmen und Computerspielen, erzählt wird. Hier hat die Katastrophe bereits stattgefunden. Sie ist aber nicht wie bei Kleist als begrenztes Erdbeben und als partielle Katastrophe des sozial-ordnenden Normensystems beschrieben. Sie ist das Ende der Welt, die Apokalypse, umfassend destruktiv.

In McCarthys Text ziehen Vater und Sohn gemeinsam durch eine Welt, die verdunkelt ist. Fast alle Menschen sind tot, nur noch Zivilisationsreste finden sich verstreut in einer kalten und düsteren Landschaft. Nichts wächst mehr, es gibt keine Tiere mehr, und marodierende Banden haben, wie neue wilde Tiere, das letzte Tabu gebrochen und sind zu Menschenfressern geworden. Gezeichnet wird das Bild des Menschen, der, wenn die Erde ihn nicht mehr ernährt, „sich selbst zur letzten Ressource [wird], die er verzehrt, nachdem er die Welt aufgezehrt hat“ (Horn 2014, S. 31). Übrig bleibt ein „Leben nach dem Leben, eine Existenz, die aus der Welt gefallen ist, weil es die Welt nicht mehr gibt“ (Horn 2014, S. 224). Nicht die Verhinderung der Katastrophe, die noch die Katastrophenfilme der finde-siècle-1990er Jahre dominierte, sondern das Überleben im „Leben nach dem Leben" wird zum Thema. Diese Beschreibung des Lebens nach dem Leben bleibt konstant nicht nur handwerklich herausgefordert, weil alle Gegenstände des alltäglichen Lebens am Zerfallen gehindert werden müssen, sondern genauso moralisch aufgeladen. Die Katastrophe also „testet" den Menschen (Horn 2014, S. 26). Jeder Tag ist unter unmöglichen Umständen zu bewältigen, und auf diesen einen nächsten Tag bezieht sich ein durchgehender identitätsstiftender kategorischer Imperativ. Das moralisch skrupulöse Kind muss sich immer wieder versichern, dass Vater und Sohn, „we", „the good guys" sind:

> „We wouldnt eat anybody, would we?
> No. Of course not.
> Even if we were starving?
> We are starving now. [...]
> But we wouldnt.
> No we wouldnt.No matter what.
> No. No matter what.
> Because we are the good guys.
> Yes." (McCarthy 2006, S. 128f).

Der Vater sieht sich in einer einzigen und ausschließlichen Pflicht für seinen Sohn („He knew only that the child was his warrant", McCarthy 2006, S. 5); dies bedeutet auch: *only the child* was his warrant. Dies erfordert nicht nur die ständige Sorge um Nahrung für seinen Sohn, sondern auch das Töten derer, die den Sohn gefährden: „My job is to take care of you. I was appointed to do that by God. I will kill anyone who touches you." (McCarthy 2006, S. 77).

In diesem Leben nach dem Leben ist das frühere Leben durchaus präsent, in Träumen, Orten und Erinnerungen. Das frühere Leben aber ist vom jetzigen Leben durch einen unzugänglichen symbolischen Raum getrennt. Denn die Katastrophe der zerstörten, verdunkelten Welt hat kein Ereignis (Horn 2014, S. 32) – zumindest keines, das erzählt wird oder erzählt werden kann. Mögen sich die Leser_innen auch einen nuklearen Winter vorstellen, im Text ist davon nicht die Rede. Genau diese Leerstelle ist eklatant laut in McCarthys Text: Die Frage danach, wer für die Situation verantwortlich ist, liegt schwer und omnipräsent in der Luft. Aber sie wird nicht in Sprache gefasst. Auch der unterliegende religiöse Diskurs des Buches kennt keine Theodizeefrage, nur eine ominöse Beauftragung zur Pflicht durch einen nicht existierenden Gott: „There is no God and we are his prophets" (McCarthy 2006, S. 170).

McCarthys Text ist somit in eigentümlicher Weise mit Verantwortung befasst. Das Leben und die Identität des Vaters sind dadurch strukturiert, dass er für einen einzigen Menschen und für eine einzige Beziehung in der Pflicht steht. Die Identität des Sohnes ist dadurch strukturiert, dass er ständig in der Angst lebt, er und sein Vater könnten nicht mehr „the good guys" sein. Damit vermischen sich konzentrierte, eng umrissene Pflichtdiskurse mit breiten, allgemeinen Verantwortungsdiskursen: Es gibt die klar umrissene Pflicht des Vaters als Vater für den Sohn, und es gibt die tentative, gefühlte Verantwortung des Sohnes für Menschlichkeit. Für den Vater kommen Aspekte der Verantwortungsübernahme außerhalb seiner einen einzigen Pflicht nicht vor. Eine solche Verantwortungsübernahme außerhalb der Vater-Sohn-Monade, „each the other's world entire" (McCarthy 2006, S. 6), wird vom Sohn manchmal eingefordert, vom Vater heftig, auch gewaltsam, zurückgewiesen; sie zeigt sich als eine klare Überforderung. Bei seltenen Begegnungen mit noch schwächeren und hilfebedürftigen Personen gewinnt der Vater in der Regel die Auseinandersetzung mit dem Sohn, der immer Hilfe leisten will.

Diese konträren Verantwortungswahrnehmungen sind unterlegt vom Phänomen nicht existierender Verantwortungszuschreibung. Während bei Kleist der Priester als religiöse Autorität die Frage nach der (schuldhaften) Ursache des geschehenen Übels stellt und sie mit klarer Eindeutigkeit beantwortet, bleibt dieser Raum in McCarthys Text leer. Es besteht offensichtlich kein Bedürfnis oder keine Möglichkeit, von Ursachen der Katastrophe oder von Schuld an dieser Katastrophe zu erzählen. Eine Verantwortung dafür, dass die Welt ist wie sie ist, spielt keine Rolle. Das Rechtfertigungshandeln, so scheint es, kommt an ein Ende, wenn die Rückkehr in ein Leben, wie es vor der Katastrophe war, unmöglich ist.

2.3 Katastrophen und Apokalypsen als Katalysatoren für Verantwortungsfragen

Klassische Apokalypsen zeigen die Verbindung von Schöpfung und Weltuntergang. Sie waren über lange Zeit die geübte Form des Zukunftsdenkens. Sie sind nicht nur dort moralische Denkweisen, wo die Sünden der Menschheit und deren Konsequenzen verhandelt werden, sondern auch dort, wo die (zweite) Moderne sich selbst die Übel schafft, die allein sie heilen zu können verspricht (vgl. dazu Beck 1986).

An apokalyptischen Denkfiguren werden Verantwortungsfragen virulent. Oder gerade nicht. Kleist zeigt, wie durch Verantwortungszuschreibung eine bestimmte Ordnung wiederhergestellt werden soll – ungeachtet dessen, dass diese Ordnung selbst katastrophal ist. Bei McCarthy scheint in der Situation der schon geschehenen Katastrophe der Vater jenseits der *Pflicht als Vater* keine Verantwortung mehr zu kennen. Das Ereignis der Katastrophe wird nicht erzählt. Eine solche Erzählung mag zu anstrengend und kräftezehrend, schlichtweg sinnlos oder aber zu kompliziert sein; möglicherweise existiert nicht mehr das eine wissenschaftlich komplexe, aber noch in Kausalitäten beschreibbare und in gewaltigen Bildern darstellbare Kinoereignis, sondern nur noch die Folge einer Vielzahl von Handlungen, Entscheidungen, Vorkommnissen, die im Zusammentreffen unüberschaubare und unlösbare Knoten bilden. Die Sprache der Verantwortung kann sich nur noch auf den absoluten Nahbereich beziehen; darüber hinaus ist sie an ein Ende gekommen.

Vor allem in der zeitgenössischen pop culture zeigen sich Katastrophen zunehmend in apokalyptischen Denkfiguren. Nicht der einzelne Sturm oder die einzelne Flut, sondern der Untergang von Welten wird beschrieben – oder die untergangene Welt. Nicht mehr die Verhinderung der Katastrophe, sondern Bewältigungsszenarien werden diskutiert. Damit stellt sich nicht mehr primär die Frage nach den Ursachen und Verursachern des Untergangs, sondern nach der Verantwortung *nach* dem Untergang. McCormack zeigt den höllischen dunklen Alltag nach der ereignislosen Katastrophe; Kleist verknüpft die Katastrophe mit einer Fülle von Ereignissen, die als Ursachen zugeordnet werden. Dies sind unterschiedliche Zugänge, die sich ergänzen: die Frage, wie sich Pflicht zu Verantwortung ausweiten könnte bei McCormack; und bei Kleist die Frage, wie Naturkatastrophen als soziale Katastrophen gedeutet werden können und wie das Soziale der Katastrophe in der Naturkatastrophe zum Vorschein tritt. All dies sind Fragen, die für aktuelle Verantwortungsdiskussionen relevant werden.

3. Die kurze Karriere des Verantwortungsbegriffs

Die Sprache der Verantwortung ist eine historisch junge Sprache. Verantwortung erscheint als ein genuin moderner Begriff und als solcher als „Legitimationskonzept" (Heidbrink 2003, S. 60), das „interpretative Zurechnungskonstrukte" (Kersting 2003, S. 22) erlaubt und erfordert.

3.1 Ideengeschichtliche Entwicklungen: Schuld – Pflicht – Verantwortung

„Verantwortung" ist heute zu einem Zentralbegriff der Ethik geworden (vgl. im Folgenden auch Ammicht Quinn 2014). Es scheint kaum vorstellbar, dass die Ethik bis vor relativ kurzer Zeit ohne diesen Begriff auskam. Die erste Monografie über „L'idée de responsabilité" erschien 1884 (Lévy-Bruhl 1884). Seit dem 15. Jahrhundert spielt der deutsche Begriff eine gewisse Rolle vor allem in juridischen Kontexten (Werner 2011, S. 543; vgl. Lenk u. Maring 2001; Bayertz 1995); systematisch diskutiert aber wird er erst seit der Mitte des 19. Jahrhunderts, mit steigender Intensität seit dem Ende des 1. Weltkriegs.

Natürlich aber wurde auch in der Philosophie, der Politik, den Rechtswissenschaften und nicht zuletzt den unterschiedlichen menschlichen Lebenskontexten schon vor dem 19. Jahrhundert darüber diskutiert, wer wem etwas schuldet und in welchen Beziehungen wer in welcher Form in der Pflicht steht. Der Sache nach wurde retrospektive Verantwortung unter dem Stichwort „Schuld", prospektive Verantwortung unter dem Stichwort „Pflicht" abgehandelt.

Kulturhistorisch macht diese Karriere des Verantwortungsbegriffs Sinn. Der Pflichtbegriff in diesem eher alltäglichen und nicht philosophiegeschichtlich ausdifferenzierten Gebrauch umfasst (als „officium") einen einigermaßen klar abgegrenzten Bereich von Aufgaben oder Zuständigkeiten, der sich aus einer Rolle, einem Amt oder einer Stellung in der Welt ergibt; der Schuldbegriff in seiner einfachsten Variante versucht einen linearen Bezug zwischen Täter und Tat, Handlung und Handlungsfolgen zu erfassen.

Dort, wo klare Pflichtbeschreibungen und Schuldzuschreibungen problematisch werden – sei es aus psychologischen, neurologischen, politischen, wirtschaftlichen oder anderen Gründen –, soll mit Hilfe des Verantwortungsbegriffs die hohe Komplexität der Situationen erfasst werden. Denn der Verantwortungsbegriff ist wesentlich flexibler und offener, damit aber auch diffuser. Er wird gerade zu einem Zeitpunkt wichtig, an dem Handlungsfolgen immer weniger linear und überschaubar sind: Wenn sich soziale Rollen mit ihren jeweiligen Pflicht-Standards multiplizieren und Rollenkonflikte unvermeidbar werden, wenn sich die Kontexte und Bedingungen menschlichen Handelns in bisher nicht gekannter Geschwindigkeit ändern, braucht es neue Konzepte, die weniger statisch sind.

Verantwortung wird dann zu einem „Wertbegriff", zur „Kennzeichnung einer Person, Haltung oder Handlungsweise", die in unterschiedlichen Kontexten Verantwortung vorbildlich wahrgenommen hat (Werner 2011, S. 543). Wie in jeder geistesgeschichtlichen Entwicklung ist dieser Umschlag ein tendenzieller und kein absoluter; „Pflicht" verschwindet nicht aus der Diskussion wie eine widerlegte naturwissenschaftlicher Theorie, sondern wird innerhalb eines diskursiven Feldes an die Ränder gedrängt. „Schuld" bleibt weiterhin wichtig als retrospektiver Begriff, wird aber selbst problematisiert und differenziert.

In seiner Struktur wird Verantwortung als „Zuschreibungsbegriff" (Ott 1997, S. 252) mit einer mehrstelligen Relation beschrieben. Im Kern ist diese Relation dreistellig, da Verantwortung durch ein *Verantwortungssubjekt* für einen *Verantwortungsgegenstand* vor oder gegenüber einer *Verantwortungsinstanz* wahrgenommen wird. Diese Relation lässt sich erweitern (vgl. Lenk 1992, S. 26; Ropohl 1994); vor allem für moralisch spezifizierte Verantwortungsbegriffe scheint eine vierstellige Relation nötig zu werden: *Jemand* (Verantwortungssubjekt) ist *für etwas* (Verantwortungsobjekt) *vor* oder *gegenüber jemandem* (Verantwortungsinstanz) *aufgrund bestimmter normativer Standards* (Normhintergrund) verantwortlich (Werner 2011, S. 543).

3.2 Entgrenzungen: Hans Jonas und die Totalisierung der Verantwortung

Seine erste Hoch-Zeit hatte der Verantwortungsbegriff nach dem Ende des Ersten Weltkriegs, wo er anstelle traditioneller Schuld- und Pflichtbegriffe komplexe Situationen besser beschreiben und strukturieren sollte. Eine zweite Blütezeit kam in den 1960er und 1970er Jahren, wo mit einer „Heuristik der Furcht" (Jonas 1979, S. 63; vgl. auch Werner 2003) drohende Atom- und Umweltkatastrophen durch neue Verantwortungszuschreibungen eingehegt werden sollten.

Hans Jonas' 1979 erschienenes Buch „Das Prinzip Verantwortung" (Jonas 1979) war ein Kristallisationspunkt für die Hochkonjunktur des Verantwortungsdiskurses und zugleich ein möglicher Ansatzpunkt für dessen Problematisierung. Jonas' Fokus richtet sich auf den Einfluss der technologischen Entwicklung auf zukünftige Generationen. „Handle so, dass die Wirkung deiner Handlung verträglich ist mit der Permanenz echten menschlichen Lebens auf Erden" (Jonas 1979, S. 35f), lautet sein kategorischer Imperativ. Damit wird der Verantwortungsbegriff radikal zeitlich und räumlich entgrenzt als „Verantwortung für das Ganze" (Jonas 1987, S. 72). Die Verantwortung des Einzelnen ist das Einzige, das sich der bedrohten und bedrohlichen Zukunft entgegenstellt. Diese Entgrenzung der Verantwortung scheint dort nötig zu werden, wo der (wissenschaftlich-technische) Fortschritt selbst als entgrenzt erfahren wird (vgl. Heidbrink, S. 128): „Wenn die Macht unserer Produkte, die Energien, die wir herstellen bzw. entbinden können, selbst unendlich sind", so Günter Anders (1993, S. 34), „dann ist auch unsere Verantwortung unendlich."

Diese Entgrenzung und Totalisierung der Verantwortung aber trifft auf unklare und global ausgeweitete Strukturen. Die Welt ist immer weniger durch intelligible Kausalitäten zu fassen. Dem Anspruch, Verantwortung „für das Ganze" zu übernehmen, kann nicht nachgekommen werden. Wenn Verantwortung „unabhängig von Kriterien der Zurechenbarkeit, Zumutbarkeit und Plausibilität auf komplexe Geschehensvollzüge übertragen wird, die sich als niemandes Handlung beschreiben lassen" (Heidbrink, 2003, S. 128), dann steht Verantwortung in Gefahr, sich selbst aufzuheben.

Dieser drohenden Diffusion des Verantwortungsbegriffs soll mit dessen immer weiterer Ausdifferenzierung begegnet werden. So bleibt es nicht bei einer vierstelligen Relation von Verantwortungssubjekt, Verantwortungsobjekt, Verantwortungsinstanz und Normhintergrund; der Begriff wird als fünfstellige (Lenk 1992, S. 26) oder sechsstellige (Ropohl 1994) Relation gefasst. Solche immer weiteren Differenzierungen aber schaffen nicht die nötige Klarheit. Sie sind Ergebnisse einer eher hilflosen kognitivistischen Verkürzung des Begriffs und letztlich ein „Symptom der normativen Ratlosigkeit" (Kersting 2003, S. 10).

Hat sich Verantwortung als Begriff und „interpretatives Zurechnungskonstrukt" (Kersting 2003, S. 22) also von der Lösung in ein Symptom verwandelt? Müssen wir dort, wo die großen Verantwortungsfragen für die Rettung der Welt pessimistisch unterwandert wurden, Verantwortung wieder auf den absoluten Nahbereich reduzieren und als Pflicht eines Standes, eines Berufs, einer Klasse, Kaste oder eines Haushalts und einer Beziehung verstehen? Muss aus Verantwortung wieder „Schuld" und „Pflicht" werden? Politik und Ethik scheinen diejenigen Bereiche zu sein, die dennoch am Verantwortungsbegriff festhalten. Und die Frage stellt sich, ob dies noch sinnvoll ist – und wenn ja, in welcher Weise.

4. Kann man Verantwortung „übernehmen"? Bemerkungen zur Rollenverantwortung

In zeitgenössischen öffentlichen Diskursen zeigt sich Verantwortung vor allem in zwei Formen. Die erste Form sind Rechtsdiskurse, die bestimmte Verantwortlichkeiten festzuschreiben suchen, um, vor allem prospektiv, ein gewünschtes Ergebnis möglichst zu sichern oder ein mögliches Versagen sanktionierbar zu machen. Die zweite Form sind Verantwortungsübernahmediskurse, bei denen retrospektiv aus einer Versagenssituation heraus ein Mensch in einer bestimmten Rolle die (politische, repräsentative, unternehmerische usw. Verantwortung für dieses Versagen übernimmt. Oder auch nicht.

Kann man aber im moralischen Sinn Verantwortung übernehmen? Ambrose Bierce, Autor von „The Devil's Dictionary" und immer erhellend ironisch, beschreibt „Verantwortung" als „detachable burden easily shifted to the shoulders of God, Fate, Fortune, Luck or one's neighbor. In the days of astrology it was customary to upload it upon a star" (Bierce 1911, Stichwort "Responsibility").

4.1 Maßnahmen gegen Verantwortungsdiffusionen

Verantwortungsübernahmen haben im öffentlichen Raum ihre eigene Rhetorik. Dies kann so klingen:

> „Als Vorstandsvorsitzender übernehme ich die Verantwortung für die bekannt gewordenen Unregelmäßigkeiten bei Dieselmotoren und habe daher den Aufsichtsrat gebeten, mit mir eine Vereinbarung zur Beendigung meiner Funktion als Vorstands-

vorsitzender des Volkswagen Konzerns zu treffen. Ich tue dies im Interesse des Unternehmens, obwohl ich mir keines Fehlverhaltens bewusst bin." (Winterkorn 2015)

Im Kontext des Skandals über Abgaswerte für Dieselmotoren bei VW wird hier die Verantwortungsübernahme funktional-politisch verstanden. Zugleich zeigt sich ein eigentümliches Doppelbild des Sprechers: Hinter ihm, ein Stück weit verdeckt, steht ein Doppelgänger, der als moralische Person agiert und mit dem Sprecher, der juristischen Person, nicht einig und nicht deckungsgleich ist. Politische, aber auch repräsentative oder unternehmerische Verantwortung zeigt sich hier und anderswo im Bild einer Rollenverantwortung, die sich auch als Berufs- oder Standesverantwortung darstellen kann.

Dort, wo Menschen in klar strukturierten Netzwerken agieren, tragen einzelne Personen „je nach Stellung und Position" (Heidbrink 2003, S. 205) abgestufte und je unterschiedene und unterscheidbare Verantwortung. Dies ist zu einem gewissen Grad eine sinnvolle Anpassung an und eine grundlegende Notwendigkeit für eine differenzierte Gesellschaft. Verantwortung scheint dort zu überleben, wo sie eingeübt wird, wo sie konkret und überschaubar definiert wird, wo sie an einen klaren Bereich oder Kontext gebunden wird, wo sie für das Verantwortungssubjekt bewältigbar bleibt, wo die notwendige Ausführung zeitlich geklärt ist und wo passende Sanktionsmechanismen gefunden werden können. Die Verantwortung für Arbeiten im Haushalt (Wer kauft ein? Wer bringt den Müll raus?) lässt sich zweifelsohne so beschreiben. Eine Institution und ein Unternehmen können nach dem Muster eines Haushalts gedacht werden. Damit sind Arbeitsteilungen als Verantwortungsteilungen sinnvoll. Hier entstehen abgestufte Verantwortlichkeiten als „verfahrenstechnisches Mittel der Abstufung und Differenzierung von Aufgaben- und Zuständigkeitsfeldern, deren Reichweite und Umfang durch relativ klare Richtlinien festgelegt ist" (Heidbrink 2003, S. 207). Diese werden ergänzt durch eine hierarchisch zugeschriebene Verantwortung der „Spitze" der Institution oder Korporation, bei der alle Teil-Verantwortlichkeiten zusammenlaufen.

Aber ebenso wie Hans Jonas' „Verantwortung für das Ganze" (Jonas 1987, S. 72) problematisch war, wird auch eine funktional ausdifferenzierte Teil-Verantwortung problematisch. Ein solcher Begriff politischer oder institutioneller (Rollen- oder Berufs-)Verantwortung begegnet der Diffusion des Verantwortungsbegriffs mit der Schaffung möglichst klarer, überschaubarer und an die jeweilige Rolle, das „officium", angepassten Verantwortlichkeitsstrukturen. Damit wird eine mögliche geistesgeschichtliche Rückwärtsbewegung in Gang gesetzt: Tendenziell wird aus Verantwortung wieder „Pflicht" bzw. „Schuld".

4.2 Differenzierung und Funktionalisierung der Verantwortung: Rettung oder Problem?

Differenzierung und Funktionalisierung des Verantwortungsbegriffs sind damit notwendig, wenn sie in komplexen und wenig überschaubaren gesellschaftlichen, institutionellen oder wirtschaftlichen Bereichen helfen sollen, Verantwortungsstrukturen aufrechtzuerhalten. Differenzierung und Funktionalisierung aber haben nicht nur eine begrenzte Reichweite, sondern eine eigene Problematik.

Verteilungsregeln für Verantwortlichkeiten sind nicht einfach zu formulieren und konfligierende Verantwortlichkeitsregelungen erfordern dauernde Ergänzungen auf je anderen Ebenen. Bei bestehenden Verteilungsregeln dann wird in unsicheren Fällen Regelkonformität erwartet und Abweichungen von Verhaltensroutinen werden sanktioniert. Sowohl die Überdehnung von Verantwortungsbereichen als auch die Verwässerung von Verantwortung bis hin zu dem Punkt, dass in einem Netzwerk, einer Organisation oder Institution niemand mehr verantwortlich ist, sind denkbar (vgl. dazu auch Heidbrink 2003, S. 204-209). Eine letztendliche Verantwortungsübernahme der „Spitze" zeigt sich immer wieder als Symbolpolitik, die eine nicht-moralische Verantwortung zu etablieren sucht. Und schließlich besteht die Gefahr, dass innerhalb der Verantwortungsregulierungen partikulare Interessen den Vorrang vor übergreifenden Wertsetzungen bekommen.

Verantwortungsteilung im gesellschaftlichen Kontext also kann als Regelsystem mit rechtlichen oder rechtsähnlichen Elementen etabliert werden. Dies bedeutet aber, dass die moralische Person von ihrer Rolle getrennt wird, so dass im Extremfall das Funktionieren der Rolle die moralische Haltung überdeckt. Symbolische Verantwortungszuschreibungen oder -übernahmen, die ein System stabilisieren sollen, erinnern dann an Kleists „Erdbeben in Chili": Hier wie dort soll durch Verantwortungszuschreibung Ordnung wiederhergestellt werden.

Die Gefahr besteht also, dass eine möglichst lückenlose Differenzierung und Funktionalisierung von Verantwortung – zugleich ein effektiver Schutz vor whistleblowing –, zu einer neuen Art des Abgesangs auf Verantwortung als *moralischer* Verantwortung wird. Dort, wo Verantwortung als Ganze in Rechts- und letztlich Haftungsfragen überführt wird, verliert sie letztlich ihre im engeren Sinn moralische Qualität: Pflichtenkataloge und justiziable Haftungsregeln sind nicht deckungsgleich mit moralischer Verantwortung.

5. Verantwortung als System und Verantwortung als Modell

5.1 Verantwortung jenseits der Haftung

Nachdem er einen Kranz niedergelegt hatte, kniete Willy Brandt im Dezember 1970 vor dem Mahnmal für die Opfer des Aufstandes im Warschauer Ghetto nieder. Auch dies ist eine Form der Verantwortungsübernahme. Allerdings scheint sie sich gravierend von Winterkorns Verantwortungsübernahme zu unterscheiden.

Zunächst gibt es klare Parallelen: Hier agieren Führungspersonen und reagieren auf Unrecht, ohne dass ein moralisches Fehlverhalten unmittelbar der Person zugeschrieben wird oder die Person ein solches für sich selbst akzeptiert. Und beide Verantwortungsübernahmen in der je unterschiedlichen Art der Repräsentation haben ihre je eigene Absurdität. Winterkorn will in seiner Aussage hinter der Rollen- und Berufsverantwortung als (unschuldiger) Mensch sichtbar bleiben, so dass hinter der Verantwortungsübernahme ein mittellautes „Ich war's nicht!" hervortönt. Schwierigere Fragen wie diejenigen nach Unternehmenskultur, Konkurrenzdruck und Führungsstrukturen haben keinen Platz. Die Rollenverantwortung, eine extrem unangenehme zu diesem Zeitpunkt, wird nicht als moralische Verantwortung betrachtet, sondern eher als *detachable burden*, eine Last, die, zufällig und sündenbockähnlich, gerade hier hängen geblieben ist. Zu sehen ist eine Pflichtübung, bei der jemand *allein*, aber nicht *selbst* Verantwortung trägt.

Willy Brandts Geste zeigt sich anders. Auch diese Geste hat Kontexte, die sie prägen und aus denen sie hervorgeht – in diesem Fall die Unterzeichnung der Ostverträge. Diese Geste aber als emotionale Instrumentalisierung einer schwierigen Situation zu lesen, greift zu kurz. Denn dafür war sie zu schwierig und hatte zu schwierige Konsequenzen. Für die einen war der Kniefall absurd, weil Brandt als deutscher Antifaschist und Exilant Verantwortung für Unrecht übernimmt, das nicht mit seiner Zustimmung, zustimmenden Gleichgültigkeit oder stummen Ablehnung und nicht während seiner Amtszeit verübt wurde. Für die anderen war er absurd, weil damit insbesondere der „Verrat deutscher Interessen" durch die Unterzeichnung der Ostverträge ein öffentliches Bild bekam.

Brandts Geste aber war – im Gegensatz zu Winterkorns Äußerung – freiwillig und nicht erzwungen. Weite Teile der deutschen Bevölkerung lehnten sie ab, unter anderem auch, weil sie diese stellvertretende Verantwortungsübernahme nicht auf sich selbst beziehen wollten. Sie erscheint auch nicht als Pflichtübung eines Menschen in einer bestimmten Rolle, sondern als wortlose Äußerung einer moralischen Person, die durch die Rolle dieser Person verstärkt wird: „Hier kniet einer", so der SPIEGEL, „der es nicht nötig hat, für alle, die es nötig haben, aber nicht da knien – weil sie es nicht wagen oder nicht können oder nicht wagen können" (Schreiber 1970).

Eine Verantwortung, wie Brandt sie übernimmt, lässt sich weder in Haftung noch in klar abgegrenzte Verantwortungsbereiche fassen. Hier gibt es keine vorgesehene Pflicht, sie ist nicht justiziabel und hier sind bei Unterlassung keine Sanktionen zu erwarten; hier lassen sich keine Verantwortungsbereiche klar voneinander unterscheiden. Genauso überschreitet sie den Bereich des Zurechenbaren oder Zumutbaren. Und dennoch steht eine Verantwortung wie diese im Kern sowohl moralischer als auch politischer Verantwortung. Diese Form der Verantwortung kann nicht in ein Regelwerk gefasst werden. Sie kann nur getan werden.

5.2 Verantwortung: Überlegungen zu ihrer Situierung zwischen Recht und Moral

Ver-Antwortung als Lehnwort aus dem Lateinischen bedeutet ursprünglich: einem Gericht Rede und Antwort zu stehen. Es ist weder sinnlos noch per se problematisch, wenn Verantwortung in gesellschaftlichen Kontexten in möglichst abgegrenzte Bereiche und möglichst sanktionierbare Regelsysteme überführt wird. Im besten Fall liegt dann Verantwortung im Grenzbereich zwischen Recht und Moral; im schlechteren Fall besteht der Versuch, Verantwortung ausschließlich als Haftung zu definieren. Dies wird insbesondere für institutionelle Kontexte relevant: Im moralischen Sinn „gute" Institutionen entlasten Menschen von einem Übermaß individueller Verantwortung. Zugleich müssen Institutionen aber gestaltet und verändert werden, sodass auch hier neben Rechtsfragen Fragen moralischer Verantwortung nicht einfach ignoriert werden können. Eine klare Formalisierung von Verantwortung aber schließt häufig im konkreten Fall moralische Verantwortung aus. Dies beruht auf einem letztlich falschen Entweder-Oder von Recht und Moral, deren Verhältnis auf unterschiedlichen Ebenen ein Verhältnis wechselseitiger Information, wechselseitiger Stabilisierung und wechselseitiger Kritik sein sollte.

Denn das Spezifikum moralischer Verantwortung ist, dass sie sich gerade nicht in klar umgrenzte Bereiche einteilen oder in mehr- oder vielstellige Relationen auflösen lässt. Verantwortung im moralischen Sinn ist keine wie auch immer komplizierte Gleichung, bei der kein Rest bleiben darf. Moralische Verantwortung ist kein System; sie lebt von dem Überschuss, der über systematische Regelwerke hinausgeht. Sie bezieht sich auf das, was Regelwerke nicht erfassen können, auf deren blinde Flecken. Damit ist moralische Verantwortung auf eine eigene Form des Denkens und eine eigene Sprache angewiesen.

Brandts Kniefall lässt sich nicht in ein formales System übersetzen oder einpassen; es taugt auch nicht als Vorbild. Es ist ein Modell, das durch seine „Konkretheit ebenso der Nachahmung entzogen wie der Nacheiferung empfohlen" ist (Rombach 1971, S. 257). Für Adorno (1966, S. 37) ist „[p]hilosophisch Denken soviel wie in Modellen denken": „Die Forderung von Verbindlichkeit ohne System ist die nach Denkmodellen. (...) Das Modell trifft das Spezifische und mehr als das Spezifische, ohne es in seinen allgemeinen Oberbegriff zu verflüchtigen."

Dieses Denken in Modellen verlangt nach einer Sprache, die, narrativ, ein Metaphernrepertoire zur Verfügung stellt, mit Hilfe dessen Vergangenes mit Zukünftigem im Kontext von Erfahrung verknüpft werden kann. Damit wird nicht Verantwortung definiert, sondern es werden Verantwortungsräume ausgeleuchtet (vgl. auch Horn 2014, S. 37). Diese so auszuleuchtenden Verantwortungsräume enthalten häufig Verantwortungsarrangements, die fragil, veränderbar, hypothetisch sind, weil sie sich auf ungewisse Zukünfte beziehen (vgl. Heidbrink 2003, S. 297); und sie verlangen nach Kreativität – und dem kritischen und kreativen Denken in Modellen.

Kleists Verantwortungsnarrativ, in dem das Erdbeben von Lissabon (1755) nur als Wiederhall im Bewusstsein der zeitgenössischen Lesenden erscheint, bezieht sich explizit auf einen früheren Zeitpunkt, das Erdbeben von Santiago 1647. Im 17. Jahrhundert ist das geistesgeschichtliche Zerbrechen einer besten aller möglichen Welten noch nicht zum Ernstfall geworden; mit Hilfe von Schuldzuschreibungen und zwei Morden lässt sich in Kleists Erzählung diese beste aller möglichen Welten zumindest scheinbar wiederherstellen. Die Ordnung aber ist nur scheinbar, und genau diese Denkstruktur entlarvt Kleist hundert Jahre nach Gottfried Wilhelm Leibniz' Tod. Denn das eine Erdbeben, das die Stadt zerstört, ist von anderen Katastrophen gerahmt: Es gibt die von vielen als Katastrophe wahrgenommene unangemessene Liebe und die von vielen nicht als Katastrophe wahrgenommene Ermordung der Liebenden. Damit erzählt der Text das Erdbeben in rational/kausalen Zusammenhängen und stellt das, was erzählt wird, gleichzeitig in Frage.

6. Verantwortung als Irritation

6.1 Verunsicherung als eine der Grundaufgaben der Ethik

Die Analyse moralischer Verantwortung basiert auf einem bestimmten Verständnis von Ethik. Ethik ist die kritische Reflexion und Analyse herrschender gelebter Moral, nicht nur im deskriptiven, sondern auch im präskriptiven Sinn. Damit ist sie eine Theorie menschlichen Handelns unter den Grund-Gegensätzen von gut/böse, richtig/falsch, aber auch gelingendes/misslingendes Leben. Wenn Ethik nicht deskriptiv, sondern präskriptiv arbeitet, stellt sie eine doppelte Frage: zum einen die Frage nach richtigem Handeln in Konfliktsituationen und zum anderen die Frage nach dem, was in der Antike das ‚gute Leben' genannt wurde und die häufig heißt: *In welcher Gesellschaft wollen wir leben?*

Dieses Verständnis von Ethik, das bis ins griechische 8. Jahrhundert v. Chr. zurück reicht, beruht auf der Voraussetzung, dass menschliches Leben nicht allein durch Gewohnheiten, Autoritäten und Traditionen, aber auch nicht allein durch rechtliche Regelungen gelenkt werden kann. Aristoteles, der Ethik als philosophische Disziplin einführt, geht davon aus, dass jede menschliche Praxis, auch Gewohnheiten und Traditionen, einer theoretisch fundierten Reflexion zugänglich sind.

Ethik gibt traditionellerweise Orientierung, indem sie Regeln oder Kriterien aufstellt, Grundlagen für moralische Entscheidungen bietet und komplexe gesellschaftlicher Felder nach moralischen Kriterien strukturiert – insgesamt also: Sicherheit gibt. Auch heute sind gesellschaftliche Handlungsfelder häufig nach Sicherheit gebenden Gewohnheiten, Traditionen und Üblichkeiten oder durch die Berufung auf Autoritäten strukturiert und gesteuert. Diese Elemente aber können nicht automatisch eine richtige Handlung oder die Orientierung auf ein gutes Leben hervorbringen. Gewohnheiten, Traditionen, Üblichkeiten und Autoritäten müssen selbst im Hinblick auf Gerechtigkeit, die Ermöglichung von Verantwortung und allgemeine moralische Akzeptabilität be- und hinterfragt werden. Damit gibt Ethik nicht nur Orientierung und damit Sicherheit, sondern sie verunsichert.

6.2 Moralische Verantwortung – ein Umriss

Bei Kleist stellt das Erdbeben, der ultimative Verlust von Sicherheiten und Stabilitäten, für kurze Zeit eine neue Sicherheit her, dort, wo „der menschliche Geist selbst, wie eine schöne Blume, aufzugehn [schien]" und die Welt aussieht, „als ob das allgemeine Unglück alles, was ihm entronnen war, zu einer Familie gemacht hätte" (Kleist [1807] 1977, S. 152). *The Road* zeigt die Welt jenseits jeder gewohnten Sicherheit. Der menschliche Geist, bei Kleist ein Geist der Menschlichkeit, geht nicht wie eine schöne Blume auf, sondern verschwindet, wo in der Not Menschen andere Menschen nur noch als Nahrungsquelle sehen. Der Vater übernimmt die Pflicht für den Sohn und tut dies mit bewundernswerter Starrköpfigkeit. Nichts und niemand anderes spielt eine Rolle, nichts und niemandem gehört seine geschuldete Pflicht.

Einmal sieht der Junge ein anderes Kind. Oder meint es zu sehen:

> „There's a little boy, Papa. There's a little boy.
> There's no little boy. What are you doing?
> Yes there is. I saw him. [...]
> The man took him by the arm and they went back through the yard. The boy would not stop crying and he would not stop looking back." (McCarthy 2006, S. 84f.)

Kurz vor dem Tod des Vaters spricht der Junge wieder von diesem einen anderen Kind:

> „Do you remember that little boy, Papa?
> Yes. I remember him.
> Do you think that he's all right that little boy?
> Oh yes. I think he's all right.
> Do you think he was lost?
> No. I don't think he was lost.
> I'm scared that he was lost.
> I think he's all right.
> But who will find him if he's lost? Who will find the little boy?
> Goodness will find the little boy. It always has. It will again." (McCarthy 2006, 208f).

In dieser Mischung aus pädagogischen Lügen und quasi-religiösem Trost wird auf einmal der Sohn selbst Gegenstand des Gespräches. Und der Vater behält recht mit seinen tröstenden Lügen. McCarthys Text hat den Tod des Vaters lange antizipiert. Und der Sohn wird nach dem Tod des Vaters genau darauf angewiesen sein, dass andere Menschen nicht nur die Pflicht einer klar definierten Rolle („Vater"), sondern auch im weiteren Sinn Verantwortung ausüben. Als der Vater stirbt und der Sohn zurückbleibt, gibt es einen anderen Vater, selbst schon in der Pflicht für zwei Kinder, der das vaterlose und allein nicht überlebensfähige Kind aufnimmt; alles andere als eine Selbstverständlichkeit: „There was some discussion about whether to even come after you at all", sagt er (McCarthy 2006, S. 283).

Das begrenzte Konzept der Pflicht funktioniert für Vater und Sohn. Für eine begrenzte Zeit. Die Entgrenzung hin zu einer umfassenden moralischen Verantwortung ist eine klare Überforderung. Aber sie ist auch die einzige Rettung in einer verloren gegangenen Welt.

Verantwortung braucht auf einer pragmatischen Ebene die Kontrolle und Beschränkung ausufernder Expansion. Verantwortung braucht Geltungsbereiche, Zurechnungsformen und eine konstante Reflexion der Normen, auf deren Grundlage die Geltungsbereiche und Zurechnungsformen definiert werden. Verantwortung braucht Institutionen, die die Einzelnen entlasten und sich darum konstant weiterentwickeln. Verantwortung braucht Systeme, die sich kontinuierlich selbst in Frage stellen.

Es ist die Aufgabe der moralischen Verantwortung, diese kontinuierliche Infragestellung und Verunsicherung zu leisten. Moralische Verantwortung zeigt sich darin als „Verbindlichkeit ohne System" und jenseits des Systems. Moralische Verantwortung bezieht sich auf das, was aus dem (systematischen oder formalisierten) Geltungsbereich von Verantwortung herausfällt, ohne sich ihm vollständig zu entziehen (Heidbrink 2003, S. 311). Es ist eine Form der Verantwortung, die übernommen, aber nicht anderen abgenommen werden kann. Sie erfordert ein moralisches Subjekt, das nicht jenseits einer Berufs- oder Rollenverantwortung steht. Und sie ermöglicht ein moralisches Subjekt, das mit dem Überschuss des Moralischen umgeht, indem es Verantwortung nicht verschiebt oder abgibt, sondern mit anderen teilt (vgl. dazu Young 2011; Ammicht Quinn 2014): „Shared responsibility is a responsibility I *personally* bear, but I do not bear it alone“ (Young 2011, S. 109). Dies bedeutet, dass moralische Verantwortung nicht kollektiviert, aber grundsätzlich kontextualisiert werden muss. Sie wird nicht *verteilt* (wie etwa Verantwortung zwischen cloud usern und cloud providern (etwa: Microsoft TechNet 2016), sondern sie wird *geteilt*. Darunter liegt ein Konzept von „shared agency“ (vgl. z.B. Bratman 2014), für das „group agents“ „the relevant underlying structure of interrelated individuals“ (Bratman 2014, S. 123) bilden.[1] Moralische Verantwortung als persönliche und überpersönliche Verantwortung sind damit kein Gegensatz, sondern eine je notwendige Ergänzung. Die in ihr enthaltene Überforderung, das Übermaß moralischer Verantwortung wird damit eingerahmt durch eine Verantwortung zweiter Ordnung: die Verantwortung für das Schaffen tragfähiger Strukturen für Menschen in ihrer wechselseitigen Verbundenheiten und Abhängigkeiten.

Wenn Verantwortung aber jenseits festgelegter Geltungsbereiche und Zurechnungsformen erwogen oder ausgeübt wird, dann werden klare Ordnungen, auch klare Verantwortungsordnungen, in Frage gestellt, verunsichert, manchmal auch durchbrochen. Verantwortung wird dann zur Irritation. Denn das Übermaß stellt das Maß in Frage.

Und wenn das, was nicht verlangt und nicht erwartet werden kann, dennoch getan wird – sei es ein Kniefall oder die Adoption eines fremden Kindes am Ende von Kleists wie auch am Ende von McCarthys Narrationen –, werden bestehende gesellschaftliche und politische (Un)Ordnungen mit einer Alternative konfrontiert. Solche Alternativen verlangen nicht unbedingt die Heldenhaftigkeit der Akteur_innen, sondern deren Phantasie (vgl. dazu Welzer 2012; Schoppmann 2002): die Phantasie, die Handlungsalternativen dort aufzeigt, wo andere keine sehen.

Literatur

Adorno, Theodor W. 1966. *Negative Dialektik*. Frankfurt a.M.: Suhrkamp.

Ammicht Quinn, Regina. 2014. „No Soul to Damn, No Body to Kick“: Fragen nach Verantwortung im Kontext der Herstellung von Sicherheit. In *Politik und Unsicherheit. Strategien einer sich wandelnden Sicherheitskultur,* Hrsg. Christopher Daase, Stefan Engert, und Georgios Kolliarakis, 119–134. Frankfurt/New York: Campus.

Anders, Günther. 1993. Über Verantwortung heute. In *Die atomare Drohung. Radikale Überlegungen zum atomaren Zeitalter*, Hrsg. Günther Anders, 6. erw. Aufl., 24–54. München: Beck.

Ban Ki-moon. 2016. *One Humanity: Shared Responsibility. Report of the Secretary-General for the World Humanitarian Summit.* https://consultations2.worldhumanitariansummit.

1 Vgl. dazu auch Ban Ki-moon 2016.

org/bitcache/e49881ca33e3740b5f37162857cedc92c7c1e354?vid=569103&disposition =inline&op=view. Zugegriffen: 11.7.2016.

Bayertz, Kurt. 1995. Eine kurze Geschichte der Verantwortung. In *Verantwortung: Prinzip oder Problem?*, Hrsg. Kurt Bayertz, 3–71. Darmstadt: Wissenschaftliche Buchgesellschaft.

Bratman, Michael E. 2014. *Shared Agency: A Planning Theory of Acting Together*. Oxford: Oxford University Press.

Beck, Ulrich. 1986. *Risikogesellschaft. Auf dem Weg in eine andere Moderne*. Frankfurt a.M.: Suhrkamp.

Bierce, Ambrose. 1911. *The Devil's Dictionary*. New York: Neale Publishing Company. http://www.thedevilsdictionary.com. Zugegriffen: 13.01.2016.

Busse, Tanja. 2000. *Weltuntergang als Erlebnis: Apokalyptische Erzählungen in den Massenmedien*. Wiesbaden: Dt. Universitätsverlag.

Heidbrink, Ludger. 2003. *Kritik der Verantwortung. Zu den Grenzen verantwortlichen Handelns in komplexen Kontexten*. Weilerswist: Velbrück Wissenschaft.

Horn, Eva. 2014. *Zukunft als Katastrophe*. Frankfurt a.M.: Fischer.

Jonas, Hans. 1979. *Das Prinzip Verantwortung*. Frankfurt a.M.: Suhrkamp.

Jonas, Hans. 1987. *Technik, Medizin und Ethik. Zur Praxis des Prinzips Verantwortung*. Frankfurt a. M.: Suhrkamp.

Kerstin, Wolfgang. 2003. Verantwortliche Verantwortung. Vorwort. In *Kritik der Verantwortung. Zu den Grenzen verantwortlichen Handelns in komplexen Kontexten*, Hrsg.

Kleist, Heinrich von. 1977. Das Erdbeben in Chili. In *Sämtliche Werke und Briefe,* Hrsg. Helmut Sembdner, Bd. 2, 144–159. München: Hanser.

Lenk, Hans und Maring, Matthias. 2001. Verantwortung. In *Historisches Wörterbuch der Philosophie,* Hrsg. Joachim Ritter, Karlfried Gründer und Gottfried Gabriel, Bd. 11, 569-575. Basel/Stuttgart: Schwabe.

Lenk, Hans. 1992. *Zwischen Wissenschaft und Ethik*. Frankfurt a.M.: Suhrkamp.

Lévy-Bruhl, Lucien. 1884. *L'idée de responsabilité*. Paris: Librairie Hachette. http://archive.org/stream/lidederesponsab00lvgoog#page/n13/mode/2up. Zugegriffen: 13.01.2016.

McCarthy, Cormac. 2006. *The Road*. New York: Vintage Books.

Ott, Konrad. 1997. *Ipso facto. Zur ethischen Begründung normativer Implikate wissenschaftlicher Praxis*. Frankfurt a.M.: Suhrkamp.

Microsoft TechNet. 2016. Shared Responsibilities for Claud Computing. https://gallery.technet.microsoft.com/Shared-Responsibilities-81d0ff91. Zugegriffen: 11.07.2016

Rombach, Heinrich. 1971. *Strukturontologie: Eine Phänomenologie der Freiheit*. Freiburg / München: Alber.

Ropohl, Günther. 1994. Das Risiko im Prinzip Verantwortung. *Ethik und Sozialwissenschaften* 5:109–120.

Schoppmann, Claudia (Hrsg.). 2002. *Überleben im Untergrund. Hilfe für Juden in Deutschland 1941–1945*. Berlin: Metropol.

Schreiber, Hermann. 1970. Ein Stück Heimkehr. *Der SPIEGEL* 51, 29–30.

Voltaire. 1877. Poème sur le désastre de Lisbonne ou examen de cet axiome: tout est bien (1756). In *Oeuvres complètes de Voltaire*, nouvelle édition Bd. 9, S. 473–480. Paris: Garnier Frères.

Werner, Micha H. 2011. Verantwortung. In *Handbuch Ethik,* Hrsg. Marcus Düwell, Christoph Hübenthal, und Micha H. Werner, 3. Auflg., 541–548. Stuttgart: Metzlersche Verlagsbuchhandlung.

Welzer, Harald. 2012. Zivilcourage im Ausnahmezustand. In *Helfer im Verborgenen: Retter jüdischer Menschen in Südwestdetuschland*, Hrsg. Haus der Geschichte Baden-Württemberg. (Laupheimer Gespräche 10). Heidelberg: Winter, 39–49.

Winterkorn, Martin. 2015. Erklärung. http://www.volkswagenag.com/content/vwcorp/info_center/de/news/2015/09/Statement.html. Zugegriffen: 13.01.2016.

II. VERANTWORTUNG ZWISCHEN POLITIK UND VERWALTUNG

Hybride Arrangements, Verantwortung und Pragmatismus: Infrastrukturmanagement und Behördenversagen im Fall der Loveparade-Kastrophe von 2010[1]

Wolfgang Seibel

1. Hybride Arrangements und das Verantwortungsproblem in der öffentlichen Verwaltung

In bestimmten Bereichen öffentlicher Aufgaben überlappen sich die Tätigkeitsfelder von öffentlicher Verwaltung, privaten Unternehmen und zivilgesellschaftlichen Organisationen. Beispiele sind gemeinnützige Stiftungen im Bereich von Bildung und Wissenschaft, freie Träger oder zivilgesellschaftliche Initiativen im Bereich sozialer Dienstleistungen oder öffentlich-private Partnerschaften bei Infrastrukturvorhaben. Es handelt sich um hybride Arrangements (vgl. Billis 2011; Denis et al 2015; Seibel 2015a, 2015b), bei denen unterschiedliche institutionelle Logiken und bevorzugte Steuerungsformen zusammenwirken und gegebenenfalls miteinander in Konflikt stehen. Führungspersonal in der öffentlichen Verwaltung hat im Umgang mit hybriden Arrangements daher relativ komplexe Aufgaben der Koordination und pragmatischer Kompromissbildung zu bewältigen. Wo sie auftreten, weichen diese Arrangements von den Routinen und etablierten Handlungsmustern der klassischen bürokratischen Verwaltung ab und damit auch von den Problemlösungsroutinen des Führungspersonals und den darauf bezogenen Ausbildungskonzepten. Dies macht hybride Arrangements im öffentlichen Sektor zu einem Risikofaktor, wenn es um die Gewährleistung verlässlicher Steuerung und die Sicherung von Verantwortungszusammenhängen geht. Das in diesem Beitrag vorgetragene Argument lautet, dass diese Risiken beherrschbar sind unter der Voraussetzung, dass das Führungspersonal den für hybride Arrangements charakteristischen Anreizen widersteht, die Spezifik gesetzesgebundenen Verwaltungshandelns zur Disposition zu stellen und die Grenze vom pragmatischen zum opportunistischen Entscheiden zu überschreiten. Zur empirischen Illustration dient das Versagen von Verwaltungsbehörden im Kontext eines hybriden Arrangements bei der Planung und Genehmigung der Loveparade, die am 24. Juli 2010 in Duis-

1 Ich danke Simon Fechti für die technische Bearbeitung des Manuskripts und zwei anonymen Gutachtern dieses Heftes für hilfreiche Kommentare. WS

burg stattfand und in einer Massenpanik mündete, in deren Verlauf 21 Menschen getötet und mehr als 652 verletzt wurden.

1.1 Strukturelle und individuelle Dimensionen des Verantwortungsproblems

Auch für die öffentliche Verwaltung gilt, dass Auftraggeber gewährleistet wissen wollen, dass ihre Aufträge ihrem Willen entsprechend ausgeführt werden, und dass dies auf die Schranke von Informationsasymmetrien trifft, die Anreize für eigennützige Zielabweichungen durch die Ausführenden setzen – bekannt als das *principal agent* Problem (Grossman u. Hart 1983; Hölmstrom 1979; Shapiro 2005). Gesetzesbindung und Hierarchie in der Verwaltung wirken dem entgegen, aber sie müssen Spielräume lassen, wenn die Verwaltung handlungsfähig und nicht zuletzt auch reaktionsfähig gegenüber wechselnden Anforderungen ihres Umfelds bleiben soll. Es gibt daher in rechtsstaatlichen Verwaltungen demokratischer Systeme zusätzliche Mechanismen für die Milderung des *principal agent* Problems, die sicherstellen, dass die Verwaltung rechenschaftspflichtig bleibt für die Verwendung und den Gebrauch von Ressourcen und Macht und somit das Prinzips verantwortlichen Regierungshandelns nicht durch Verwaltungshandeln unterlaufen wird. Das allgemeine Prinzip der Verantwortung (*responsibility*) formt sich aus in den Institutionen der parlamentarischen Kontrolle über die gerichtliche Kontrolle bis zur Rechnungskontrolle, deren effektive Ausübung jeweils die Steuerung und Kontrolle der Verwaltung über Gesetzgebung und Hierarchie zur Voraussetzung hat. Die Rechenschaftslegung in diesem engeren Sinne wird im Englischen als *accountability* bezeichnet. Eine weitere begriffliche Differenzierung des Verantwortungsphänomens, die in der deutschen Sprache in dieser Form nicht existiert, bezieht sich im Englischen auf *responsiveness*, also das ‚Antworten' der Verwaltung auf Anforderungen in ihrem Handlungsumfeld.

In der verwaltungswissenschaftlichen Theorie wurde früh thematisiert, dass die Kernanforderungen von *responsibility* und *accountability* in der öffentlichen Verwaltung nicht allein ein Problem der Institutionenbildung, sondern auch der konkreten Organisationsgestaltung sind. Eine klassische Beschreibung des Problems stammt von Woodrow Wilson:

> „Die Aufmerksamkeit des Volkes muss einfach, in jedem Fall guter oder schlechter Verwaltung, genau auf den Mann gerichtet sein, der Lob oder Tadel verdient. In der Macht liegt keine Gefahr, solange sie nicht unverantwortlich ist. Ist sie geteilt, zur Beteiligung an viele verteilt, wird sie verschleiert; und verschleiert man sie, macht man sie unverantwortlich. Wird sie jedoch auf die Leiter der Verwaltung und die Leiter der Verwaltungszweige konzentriert, kann man diese leicht überwachen und zur Rechenschaft ziehen." (Wilson 1976 [1887], 75).

Ähnliche organisationsstrukturelle Prinzipien führte Henri Fayol (1976 [1916]) unter seinen „Allgemeinen Verwaltungsprinzipien" an. Dazu zählte Fayol unter anderem die Einheit der Auftragserteilung (*unité de commandement*), die Unterstellung eines Verwaltungsangehörigen unter eine einzige Leitungsperson, um verlässliche Ausführung ebenso wie klare Verantwortlichkeiten zu gewährleisten.

Dies waren und sind Hinweise nach dem Muster von Max Webers Idealtyp der bürokratischen Organisation (Weber 2002 [1922], S. 128), also Grundsätze, die die Abweichungen bereits mitreflektieren. Denn offensichtlich können Konzentration und Vereinheitlichung von Unterstellungsverhältnissen und Auftragserteilung in der Verwaltung nicht immer gewährleistet werden. Finanz-, Rechts- und Personalabteilungen etwa müssen das sprichwörtliche Wörtchen mitzureden haben, wenn es um Planungsentscheidungen in der Verwaltung geht, und zwar aus naheliegenden Gründen, die wiederum etwas mit der Verantwortung gegenüber Steuerzahlern und Gesetzgeber zu tun haben. Insofern ist schon in jeder Normalverwaltung die Konzentration und Vereinheitlichung von Unterstellungsverhältnissen relativiert. Verwaltungen müssen außerdem externen Sachverstand in Anspruch nehmen, etwa bei der Beurteilung von Fachfragen medizinischer, naturwissenschaftlicher oder ingenieurwissenschaftlicher Arbeit. Ein Abteilungs- oder eine Behördenleiterin können dann im Einzelnen gar nicht beurteilen, was sie gegenüber vorgesetzten Stellen und im Zweifelsfall auch gegenüber dem Parlament oder der Öffentlichkeit formell zu vertreten haben. Sie können es im strengen Sinne nicht *verantworten*.

Hybride Arrangements, bei denen öffentliche Verwaltungen mit privaten Unternehmen oder auch gemeinnützigen Organisationen zusammenarbeiten, akzentuieren dieses Problem. Sie sind in westlichen Demokratien mit professionell-rechtsstaatlichen Verwaltungen seit langem in Gebrauch. Sie haben in den zurückliegenden Jahrzehnten sogar einen Bedeutungszuwachs erfahren, der sowohl auf die Stärkung zivilgesellschaftlicher Organisationen als auch auf die Generalphilosophie eines *New Public Management* (NPM) zurückzuführen ist. *Public Private Partnerships* etwa werden durch die NPM-Schule propagiert und in der Verwaltung auch praktiziert und die Zusammenarbeit mit zivilgesellschaftlichen Organisationen oder auch Bürgerinitiativen kann für die öffentliche Verwaltung sowohl aus Effektivitäts- als auch aus Legitimitätsgründen sinnvoll erscheinen.

Jedoch: Hybride Arrangements verzerren Verantwortlichkeiten in der öffentlichen Verwaltung nicht allein aufgrund der mit ihnen einhergehenden Steigerung struktureller Komplexität, sondern auch aufgrund divergierende Anreizstrukturen und institutioneller Logiken (vgl. Thornton et al. 2012; Seibel 2015a). In der öffentlichen Verwaltung stehen Rechtsbindung des Verwaltungshandelns und die Grundsätze der Wirtschaftlichkeit und Sparsamkeit im Vordergrund, bei zivilgesellschaftlichen Organisationen dagegen mitgliedschaftliche Strukturen und partizipative Mechanismen. Private Unternehmen wiederum müssen auch in Partnerschaft mit der öffentlichen Hand ihr Geschäftsergebnis im Auge behalten. Öffentliche Verwaltungen sind dem Vollzug des Gesetzes und dem öffentlichen Interesse verpflichtet, private Unternehmen hingegen ihren Eigentümer oder Investoren, zivilgesellschaftliche Organisationen wiederum ihren Mitgliedern und in der Regel auch einer besonderen Organisationphilosophie, die ihren Identitätspol gerade in der Abgrenzung gegenüber privatwirtschaftlichen Gewinninteressen und gegenüber der Organisation des Staates haben. Dennoch – also trotz der offenkundigen Abweichung vom Idealtypus einer verantwortungssichernden kohärenten Organisation – sind hybride Arrangements in der öffentlichen Verwaltung allgegenwärtig, sei es weil ihnen eine traditionsreiche kooperative Arbeitsteilung zwischen öffentlichem und privatem Sektor zugrunde liegt, sei es weil sie aus pragmatischen oder legitimatorischen Gründen unverzichtbar erscheinen.

Daraus folgt, dass Antworten auf das Verantwortungsproblem in der öffentlichen Verwaltung nicht allein durch organisationsstrukturelle Maßnahmen erfolgen können, wie sie Wilson oder Fayol im Sinn hatten, weil die Spielräume hierfür aus unterschiedlichen Gründen begrenzt sind. Es war Carl J. Friedrich (1940), der der Diskussion über das Verantwortungsproblem in der Verwaltung eine neue Wendung gab mit dem Hinweis, dass auch unter demokratisch-rechtsstaatlichen Verhältnissen das persönliche Verantwortungsbewusstsein, also eine individuelle Verantwortungsethik ganz im Sinne Max Webers (1988 [1919]), eine Schlüsselvoraussetzung für die Durchsetzung des Prinzips verantwortlichen Regierungshandelns (*responsible government*) bleibe. Herman Finer (1941) wandte hiergegen ein, dass persönliche Ethik und der von Friedrich eingeforderte individuelle Sinn für Verantwortung als Grundlage verantwortlichen Verwaltungshandelns gerade die Vorteile institutionalisierter Kontrollen und einer standardisierten Gewährleistung von Rechenschaftslegung (*accountability*) zu stark relativiere und die Gründung verantwortlichen Verwaltungshandelns auf individuelle Tugenden des Verwaltungspersonals im Sinne Friedrichs mit den Prinzipien demokratischer Kontrolle der Verwaltung eigentlich unvereinbar sei (zur *Friedrich vs. Finer debate* vgl. Jackson 2009; Plant 2011). Diese strukturbezogene Argumentation, die die Sicherung verantwortungsvollen Verwaltungshandelns sowohl auf Verfassungsinstitutionen als auch auf die Binnenorganisation der Verwaltung bezog, korrespondierte also wiederum mit den normativen Empfehlungen Woodrow Wilsons und Henri Fayols.

1.2 Hybride Arrangements als Verantwortungsproblem

Beide Perspektiven auf das Verantwortungsproblem, diejenige Friedrichs ebenso wie diejenige Finers, haben ihre Relevanz für eine angemessene Einschätzung der Verantwortungsrisiken, die mit hybriden Arrangements in der öffentlichen Verwaltung verbunden sind. Mit Herman Finer kann man hybride Arrangements als Risiko betrachten, das durch organisatorische Gegenmaßnahmen eingedämmt werden sollte. Mit Carl J. Friedrich wird man diese Risiken für beherrschbar halten unter der einen Bedingung, dass das Führungspersonal verantwortungsbewusst mit ihnen umgeht – mit Bewusstsein für die möglichen Folgen und die Bereitschaft, sich diese Folgen zurechnen zu lassen (Nida-Rümelin 2011, S. 29).

Beide Perspektiven sind für die Praxis von Politik und Verwaltung aus offensichtlichen Gründen unverzichtbar. Es gibt Situationen, in denen der Staat oder eine Kommune keine Alternative zur Zusammenarbeit mit privatwirtschaftlichen oder zivilgesellschaftlichen Akteuren hat, sei es aus Gründen einer gewachsenen Arbeitsteilung, sei es aus Gründen effektiver und professioneller Aufgabenerledigung. Dann sollten die Entscheidungsträger wenigstens die Risiken kennen, die mit diesen besonderen Arrangements verbunden sind. Es gibt aber auch Situationen, in denen öffentliche Aufgabenträger durchaus die Wahl haben zwischen der Erledigung einer Aufgabe in Eigenregie und der (Teil-)Delegation an private oder zivilgesellschaftliche Träger, für deren Tun oder Unterlassen sie gleichwohl verantwortlich bleiben, eben weil und insofern es der jeweils delegierenden Instanz spätestens dann zugerechnet wird, wenn ‚etwas schief geht' (zu dieser „Gewährleistungsverantwortung" s. Schuppert 2000, S. 404–407). Dann sollten die Entscheidungsträger die Vor- und Nachteile der unterschiedlichen institutionellen Arrangements analysieren. In beiden Fällen kann eine angemessene institutionelle Wahl und/oder ein angemessener Umgang mit gewählten oder vorgefundenen hybriden Arrangements nur erwartet werden, wenn der Zusammenhang zwischen strukturellen und individuellen Gewährleistungen verantwortlichen Verwaltungshandelns grundsätzlich bekannt und im Einzelfall zum Gegenstand einer abwägenden Entscheidung gemacht wird. Der im nächsten Abschnitt analysierte Fall des Umgangs mit hybriden Arrangements in der Verwaltung führt vor Augen, was auf dem Spiel stehen kann, wenn dies nicht geschieht.

Über die Ausprägungen der mit hybriden Arrangements verbundenen Verantwortungsrisiken lassen sich folgende Erwartungen formulieren:

Tabelle 1
Risikofaktoren für verantwortliches Führungsverhalten in hybriden Arrangements

Risikofakor	Mögliche Folgen
Strukturelle Komplexität	Verstärkte Informationsasymmetrien und Principal-Agent Probleme
'Multiple stakeholder' Arrangements / Geteilte Verantwortlichkeiten	'Veto Player' Verhalten von Stakeholdern; geteilte / divergierende Loyalitäten von Mitarbeitern
Inkonsistente Governance-Mechanismen	Spannungen und Konflikte zwischen Beteiligten
Fragmentierte Rechenschaftspflichten	Spannungen und Konflikte zwischen Rechtskontrolle, Finanzkontrolle, parlamentarischer Kontrolle

1.3 Verantwortung und Führung

Verantwortungsbewusster Umgang mit hybriden Arrangements ist notwendigerweise eine Führungsaufgabe. Gerade weil diese Arrangements Abweichungen vom Regeltypus öffentlicher Verwaltung bleiben, stellt ihre Steuerung und Kontrolle eine jener nicht-routinisierbaren Herausforderungen dar, die in der Literatur zu *Leadership* in der öffentlichen Verwaltung seit jeher als eigentliche Bewährungsprobe des Führungsverhaltens genannt werden (vgl. Selznick 1957 als klassische Behandlung der Problematik, ferner Bertelli et al. 2003; Boin u. t'Hart 2003; Fairholm 2004; t'Hart 2014; Nooteboom u. Termeer 2013; Van Wart 2003; Vogel u. Masal 2015; Zhang et al. 2015 für einschlägige jüngere Beiträge). Was allerdings den verantwortungsvollen Umgang mit den schwer routinisierbaren Herausforderungen hybrider Arrangements zusätzlich behindert, ist gerade ihr alternativer und nicht selten innovativer Charakter im Vergleich zur klassischen bürokratischen Verwaltung. So können die Einbeziehung zivilgesellschaftlicher Organisationen in die Bewältigung öffentlicher Aufgaben, *Public Private Partnerships* (PPP) oder das *Outsourcing* von Funktionen und Aufgaben leicht als modern, unternehmerisch und daher *per se* attraktiv gelten. Dies wiederum kann zu Verkürzungen der kritischen Distanz führen, die für die nüchterne Abschätzung der

Vor- und Nachteile konkurrierender Organisationskonzepte unerlässlich ist. Die Frage, wie prinzipienfest oder aber „pragmatisch" sich der Umgang mit hybriden Arrangements in der öffentlichen Verwaltung gestaltet, ist, wie das unten wiedergegebene Beispiel illustriert, von erheblicher Bedeutung für den verantwortungsvollen oder eben verantwortungs*losen* Umgang mit Hybridität im öffentlichen Sektor.

Der im Folgenden beschriebene Fall illustriert, wie hybride Arrangements das Risiko unverantwortlichen Führungsverhaltens selbst dann steigern können, wenn die damit verbundenen Gefahren hoch und die institutionellen Mechanismen zur Sicherung von Kontrolle und Rechenschaftslegung gut ausgebildet sind. In diesem Sinne handelt es sich um einen extremen Fall, der verallgemeinerungsfähige Schlussfolgerungen gerade deshalb zulässt, weil das zutage tretende unverantwortliche Führungsverhalten eigentlich unwahrscheinlich ist. Wenn es dennoch eintritt, wird es, so kann man schlussfolgern, unter weniger beschränkenden Umständen erst recht zum Tragen kommen (zu dieser Inferenzfunktion eines *least likely case design* vgl. Blatter u. Haverland 2012, S. 199; Levy 2008, S. 12).

2. Hybride Arrangements und Führung als organisierte Verantwortungslosigkeit: Die Duisburger Loveparade-Katastrophe von 2010 als exemplarischer Fall

2.1 Sequenz der Ereignisse und Schlüsselentscheidungen[2]

Am 24. Juli 2010 endete in Duisburg die als „Loveparade" bekannte Techno-Musik-Großveranstaltung in einer Massenpanik, in deren Verlauf 21 überwiegend junge Menschen den Tod fanden und 652 Personen verletzt wurden. Der verantwortliche Veranstalter war die Firma Lopavent GmbH, deren Firmenbezeichnung indirekt darauf hindeutete, dass der Veranstalter bereits langjährige Erfahrung mit der Ausrichtung dieser Art von Veranstaltung hatte. Diese war zuvor lange Jahre in Berlin und im Rahmen des Kulturprogramms „Kulturhauptstadt Europas", für das sich die Stadt Duisburg zusammen mit anderen Ruhrgebietsstädten im Rahmen eines EU-weiten Wettbewerbs qualifiziert hatte, zuletzt in den Städten Dortmund und Essen durchgeführt worden. Im Jahr 2009 allerdings hatte die Stadt Bochum die dort vorgesehene „Loveparade" unter Hinweis auf unzureichende Infrastruktur abgesagt.

Als Veranstaltung unter freiem Himmel, zu der mehrere 100.000 Besucher erwartet wurden, erforderte die „Loveparade" die Genehmigung durch die Stadtverwaltung Duisburg. Unter Federführung des Dezernats für Sicherheit und Recht der Stadtverwaltung (Dezernat II) bildete die Stadt Duisburg im September 2009 eine Arbeitsgruppe zur Planung und Vorbereitung der Loveparade. Sie bestand anfänglich aus Vertretern der Duisburger Stadtverwaltung, des Veranstalters Lopavent, dem Eigentümer des für die Abschlussveranstaltung vorgesehenen Geländes und der Marketingfirma Wirtschaftsförderung Metropoleruhr GmbH (Dokument 1; s. Dokumentenverzeichnis im Anhang).

2 Ich danke Timo Wenzel für die Unterstützung bei der Beschaffung des Dokumentenmaterials.

Es stellte sich noch im Herbst 2009 heraus, dass das vorgesehene Gelände für die Abschlussveranstaltung als kritischer Faktor der Planung und auch der Genehmigung der Loveparade gelten musste. Im Unterschied zu den Veranstaltungsflächen bisheriger Loveparades handelte es sich um ein geschlossenes Gelände, das zudem nur durch einen einzigen Zu- und Abgang zu erreichen bzw. zu verlassen war. Hierfür stand eine einzelne Straße zur Verfügung, die durch einen Tunnel führte. Von einer offenen Stelle dieses Tunnels wiederum führte im rechten Winkel eine Rampe auf das eigentliche Veranstaltungsgelände. Die Rampe selbst hatte eine Weite von etwas mehr als 18 Metern, da sie zudem auch gegen Veranstaltungsende als Abgang zu nutzen war, war das Risiko einer Staubildung gegeben und den Planern in der Vorbereitungsgruppe seit einer Beratung im Oktober 2009 auch bewusst (Dokument 3).

Zu den Besonderheiten der Loveparade in Duisburg zählte aber nicht allein das abgeschlossene und damit mit besonderen Sicherheitsrisiken behaftete Veranstaltungsgelände, sondern auch die einhellige politische Unterstützung, die die Durchführung dieser Großveranstaltung über alle politischen Parteien hinweg in der Stadt Duisburg und darüber hinaus genoss (Dokument 2). Hintergrund war der hohe Stellenwert, der dem Gesamtprogramm „Ruhr 2010 – Kulturhauptstadt Europas“ zugemessen wurde und die Tatsache, dass nach der Absage der Loveparade durch die Stadt Bochum im Jahr 2009 der Nachweis der Fähigkeit der Ruhrgebietsstädte zur Durchführung einer solchen Großveranstaltung insgesamt zur Debatte stand. Der daraus resultierende politische Druck prägte das Planungs- und Genehmigungsverfahren von Anfang bis zum Schluss.

Gleichwohl erfolgte erst Anfang März 2010 eine Klärung der Zuständigkeiten innerhalb der Duisburger Stadtverwaltung, soweit das eigentliche Genehmigungsverfahren für die Loveparade betroffen war. Die vorübergehende Umnutzung des vorgesehenen Geländes für die Abschlussveranstaltung, eines stillgelegten Güterbahnhofs, erforderte eine baurechtliche Genehmigung, die durch das Bauordnungsamt (Amt 62) der Stadt Duisburg zu erteilen war. Dessen Vertreter machten auf einer Sitzung am 2. März 2010 deutlich, dass eine Genehmigung der Loveparade auf dem vorgesehenen Veranstaltungsgelände nicht möglich war, weil die Sicherheitsvorschriften nach der Sonderbauverordnung Nordrhein-Westfalen nicht erfüllt werden konnten. Diese Vorschriften bezogen sich insbesondere auf die Obergrenze für die Anzahl der Veranstaltungsbesucher pro Quadratmeter Veranstaltungsfläche und auf die Mindestabmessungen der vorzusehenden Fluchtwege (Dokument 4).

Von diesem Zeitpunkt an, also viereinhalb Monate vor der eigentlichen Veranstaltung, waren folglich die substantiellen Sicherheitsrisiken und die Unvereinbarkeit der Gegebenheiten auf dem vorgesehenen Veranstaltungsgelände für die Loveparade mit den erwarteten Besucherzahlen bekannt und aktenkundig. Das Planungs- und Genehmigungsverfahren hätte also an dieser Stelle entweder abgebrochen oder mit der Suche nach einem alternativen Veranstaltungsgelände fortgesetzt werden müssen. Stattdessen folgte ein komplexer und konfliktreicher Planungsprozess, in dessen Verlauf ein Teil der Duisburger Stadtverwaltung ein Bündnis mit der privaten Veranstaltungsfirma Lopavent einging, das in eine Manipulation von Planungsparametern, insbesondere der ins Auge zu fassenden Besucherzahlen, und die schlichte Missachtung der gesetzlichen Sicherheitsvorschriften mündete.

Hauptprotagonist der Durchsetzung der Genehmigung der Loveparade gegen die Bedenken der zuständigen Genehmigungsbehörde wurde der Leiter des Dezernats für Sicherheit und Recht (Dezernat II). Dieser Dezernatsleiter war Parteifreund und enger Vertrauter des Oberbürgermeisters, der seinerseits seine Entschlossenheit, die Loveparade in Duisburg durchzuführen, mehrfach zum Ausdruck gebracht hatte. Eine weitere Schlüsselfigur war der Leiter des Dezernats für Stadtentwicklung (Dezernat V), zu dessen Geschäftsbereich die Genehmigungsbehörde, das Bauordnungsamt (Amt 62), gehörte. Der Leiter des Dezernats V tat allerdings nichts, um die eigenen Mitarbeiter in dem sich abzeichnenden Konflikt mit dem Leiter des Dezernats II zu unterstützen. Daraus ergab sich eine Machtasymmetrie zwischen der Genehmigungsbehörde, die zunächst an den eindeutigen gesetzlichen Sicherheitsbestimmungen festhielt, und dem Leiter des für die Genehmigung fachlich gar nicht zuständigen Dezernats II, der die Loveparade unter allen Umständen genehmigt sehen wollte.

Als Kunstgriff diente dem Leiter des Dezernats II der Stadtverwaltung Duisburg dabei die freihändige Vergabe von Gutachteraufträgen zum Zweck einer Besucherstromanalyse. Keines dieser erst wenige Wochen oder gar Tage vor dem Veranstaltungstag eingehenden Gutachten nahm allerdings auf die schlichten Genehmigungsvoraussetzungen der Sonderbauverordnung Nordrhein-Westfalen Bezug (Dokumente 6, 7). Sie waren stattdessen in den entscheidenden Punkten der Sicherheitsanforderungen und Sicherheitsrisiken vage und mit salvatorischen Klauseln versehen. Nichtsdestotrotz benutzte der Leiter des Dezernats II diese Gutachten, um die Genehmigungsentscheidung des gar nicht zu seinem Zuständigkeitsbereich gehörenden Bauordnungsamts ‚durchzudrücken'. Es ergab sich also innerhalb der Stadtverwaltung Duisburg eine klare Frontstellung zwischen dem Dezernat II im Bündnis mit dem privaten Veranstalter Lopavent GmbH einerseits und dem Dezernat V, zu dem die Genehmigungsbehörde, das Bauordnungsamt (Amt 62) gehörte, andererseits.

Schaubild 1
Öffentlich-private Koalitionsbildung und Ämterrivalität bei der Planung und Vorbereitung der Loveparade vom 24. Juli 2010

Im Rahmen des hybriden Arrangements zwischen der Stadtverwaltung Duisburg und dem privaten Veranstalter der Loveparade wurde also die Grenzlinie zwischen Rechtsbindung der öffentlichen Verwaltung und privaten Interessen nicht nur überschritten, vielmehr wurden die Rollen und die Kompetenzen der öffentlichen und privaten Akteure geradezu in ihr Gegenteil verkehrt. Bei einer weiteren Planungsbesprechung am 18. Juni 2010 räumten die Vertreter des Veranstalters

Lopavent GmbH ein weiteres Mal ein, dass sie sich außerstande sahen, mehr als ein Drittel der gesetzlich vorgeschriebenen Entfluchtungswege auf dem für die Loveparade vorgesehenen Veranstaltungsgelände sicherzustellen (Dokument 5). Es war damit vollkommen zweifelsfrei und aktenkundig, dass die Genehmigung der Loveparade zu versagen war.

Davon unbeeindruckt verstärkte der Leiter des Dezernats II der Stadtverwaltung Duisburg, neuerlich unter Verletzung der geltenden Zuständigkeiten, den Druck auf das zum Dezernat V gehörende Bauordnungsamt, die Genehmigung der Loveparade durch „Kooperation" mit dem Veranstalter Lopavent GmbH zu ermöglichen (Dokument 5). Das Bauordnungsamt, so der Leiter des Dezernats II, solle ein Sicherheitskonzept für die Loveparade gemeinsam mit dem Veranstalter Lopavent GmbH erarbeiten. Es musste allerdings allen Beteiligten klar sein, dass dies aus rein tatsächlichen Gründen unmöglich blieb, weil die gesetzlichen Sicherheitsbestimmungen der Sonderbauverordnung Nordrhein-Westfalen auf dem Veranstaltungsgelände nicht zu erfüllen waren. Hinzu kam die durch den Leiter des Dezernats II ausgelöste Interessenkollision im Bauordnungsamt selbst. Denn das Bauordnungsamt hatte das Sicherheitskonzept, an dem es nun mitarbeiten sollte, als Genehmigungsbehörde selbst wieder zu beurteilen. Die Vertreter des Bauordnungsamtes wiesen auf der Besprechung vom 18. Juni 2010 durchaus darauf hin, dass sie für die Entwicklung eines solchen Sicherheitskonzepts weder zuständig noch fachlich kompetent seien (Dokument 5). Dieser Hinweis blieb jedoch folgenlos.

Der Leiter des Dezernats V wiederum, zu dessen Geschäftsbereich das Bauordnungsamt gehörte, brachte an dem von seinen eigenen Mitarbeitern erstellten Vermerk zu der Besprechung vom 18. Juni 2010 folgenden handschriftlichen Vermerk an: „Ich lehne aufgrund dieser Problemstellung eine Zuständigkeit und Verantwortung von [Amt] 62 [= Bauordnungsamt] ab. Dieses entspricht in keinerlei Hinsicht einem ordentlichen Verwaltungshandeln und einer sachgerechten Projektsteuerung. Die Entscheidung in allen Belangen obliegt [Dezernat] II." (Dokument 5).

Dieser Vermerk war in doppelter Hinsicht aufschlussreich. War es zum einen vollkommen richtig, dass die vom Leiter des Dezernats II betriebene Missachtung der gesetzlichen Sicherheitsbestimmungen für die Loveparade „in keinerlei Hinsicht einem ordentlichen Verwaltungshandeln" entsprach, so war es andererseits abwegig und pflichtwidrig, wenn der Leiter des Dezernats V glaubte, nach eigenem Gutdünken die Zuständigkeit „in allen Belangen", also faktisch auch für die Genehmigung der Loveparade, dem Dezernat II zuschieben zu können. Auch dies war in keinerlei Hinsicht einem ordentlichen Verwaltungshandeln vereinbar. Der Leiter des Dezernats V, zu dessen Geschäftsbereich das Bauordnungsamt (Amt 62) als Genehmigungsbehörde gehörte, hätte auf eine rechtskonforme Entscheidung hinwirken müssen und diese wäre nach Lage der Dinge auf die Versagung der Genehmigung aus Sicherheitsgründen hinausgelaufen. Dies wäre umso mehr die Pflicht des Leiters des Dezernats V gewesen als der auf das Bauordnungsamt durch den Leiter des Dezernats II ausgeübte Druck, eine faktisch rechtswidrige Genehmigungsentscheidung zu erwirken, nur durch ihn selbst als dem ranggleichen Dezernatsleiter hätte neutralisiert werden können.

Statt den eigenen Leuten den Rücken zu stärken, stahl sich der Leiter des Dezernats V aus der Verantwortung und überließ die Mitarbeiter des Bauordnungsamtes als Genehmigungsbehörde gewissermaßen ihrem Schicksal. Es musste ihm klar sein, dass er damit den Weg ebnete für eine rechtswidrige Genehmigungsentscheidung, die nicht allein Leben und Gesundheit der Veranstaltungsbesucher gefährden konnte, sondern seine Mitarbeiter im Bauordnungsamt auch dem Risiko einer strafrechtlichen Verfolgung aussetzte, falls „etwas passierte". Dieses Risiko hatten die Vertreter des Bauordnungsamtes im Übrigen bei jener Besprechung am 2. März 2010 selbst angesprochen (Dokument 4). Und zu einer solchen strafrechtlichen Verfolgung sollte es, wenn auch erst nach jahrelangen Verzögerungen, letztendlich auch kommen. Denn unter dem Druck des einen Dezernenten, des Leiters des Dezernats II, und im Stich gelassen vom eigenen Vorgesetzten, dem Leiter des Dezernats V, gab die Leiterin des Bauordnungsamts schließlich nach und ließ die Genehmigung der Loveparade entgegen allen amtsinternen Bedenken erteilen, und zwar genau einen Tag vor der Veranstaltung, am 23. Juli 2010.

2.2 Fallanalyse

Planung und Vorbereitung der in der Katastrophe vom 24. Juli 2010 endenden Loveparade in Duisburg bieten nahezu lehrbuchmäßiges Anschauungsmaterial für die verantwortungsverzerrenden Wirkungen hybrider Arrangements im öffentlichen Sektor, insbesondere aber dafür, dass diese ihre negativen Wirkungen nicht von sich aus entfalten, sondern durch das Führungsversagen derjenigen, die durchaus in der Lage sind, die Risikozonen dieser Arrangements zu erkennen und zu neutralisieren. Genau dieser Zusammenhang ist es, der diesen Fall lehrreich und die aus ihm zu gewinnenden Erkenntnisse verallgemeinerungsfähig macht.

Von den oben genannten vier Risikofaktoren, die mit hybriden Arrangements im öffentlichen Sektor verbunden sind und potentielle Gegenanreize für verantwortliches Führungsverhalten freisetzen – strukturelle Komplexität, multiple stakeholder Arrangements, inkonsistente Governance-Mechanismen, fragmentierte Rechenschaftspflichten – waren die Faktoren „strukturelle Komplexität" und „fragmentierte Rechenschaftspflichten" bei der Planung und Vorbereitung der Loveparade irrelevant. Die Organisationsstruktur war ein simples hybrides Arrangement in Form einer öffentlich-privaten Partnerschaft zwischen der Stadtverwaltung Duisburg und dem privaten Veranstalter Lopavent GmbH, die Zuständigkeit für die Genehmigung der Loveparade lag bei einer einzigen Behörde, dem Bauordnungsamt (Amt 62) der Duisburger Stadtverwaltung. Auch die formalen Rechenschaftspflichten (*accountability structure*) waren denkbar einfach und transparent. Die einzig relevante Frage war, ob der Veranstalter Lopavent GmbH die gesetzlichen Sicherheitsbestimmungen nach der Sonderbauverordnung Nordrhein-Westfalen erfüllen konnte oder nicht. Allein davon war die Genehmigung der Loveparade abhängig zu machen. Der entscheidende Faktor aber, der diese einfache Ja- oder Nein-Frage, in eine komplexe, intransparente und quasi-chaotische Szenerie ausarten ließ, war der pflichtwidrige Umgang leitender Verwaltungsbeamter mit ihren jeweiligen Verantwortlichkeiten.

Tabelle 2
Risikofaktoren für verantwortliches Führungsverhalten in hybriden Arrangements und ihr Auftreten bei der Planung und Vorbereitung der Loveparade in der Stadtverwaltung Duisburg 2009/2010

Risikofakor	Tatsächliches Auftreten
Strukturelle Komplexität	irrelevant
'Multiple stakeholder' Arrangements / Geteilte Verantwortlichkeiten: Zuständigkeit Dezernat II und Lopavent für Organisation; Zuständigkeit Dezernat V/Bauordnungsamt für Genehmigung.	geteilte und divergierende Loyalitäten von Mitarbeitern
Inkonsistente Governance-Mechanismen: Gesetzesvollzug ./. *political entrepreneurship*	Spannungen und Konflikte zwischen städtischer Genehmigungsbehörde und Organisatoren auf städtischer und privatwirtschaftlicher Seite
Fragmentierte Rechenschaftspflichten	irrelevant

Aufgabe der leitenden Verwaltungsbeamten, namentlich der Leiter der Dezernate II und V der Duisburger Stadtverwaltung, wäre es gewesen, für klare Prioritäten unter den miteinander konkurrierenden Steuerungsanreizen zu sorgen. Das betraf die schlichte Gesetzesbindung der Verwaltung. Sie allein hätte ausgereicht, die Genehmigung der Loveparade auf dem vorgesehenen Veranstaltungsgelände zu versagen. Die Leiter der Dezernate II und V waren aber zwei konkurrierenden Anreizen ausgesetzt, die beide aus den geteilten Verantwortlichkeiten der öffentlich-privaten Partnerschaft zwischen Stadtverwaltung und privatem Veranstalter resultierten. Das eine war das wirtschaftliche und unternehmerische Interesse des Veranstalters Lopavent GmbH, das andere das Profilierungsinteresse der Stadt Duisburg als Ausrichtungsort der spektakulären Großveranstaltung Loveparade.

Diese Anreize blieben nicht abstrakter Natur, sie entfalteten ihre Wirkung über Schlüsselakteure, die in den Entscheidungsprozess erhebliche Machtressourcen einbrachten und über verschiedene Optionen impliziter Koalitionsbildung verfügten. Diejenigen, die, wie maßgebliche Vertreter der Stadt Duisburg und die Geschäftsleitung des Veranstalters Lopavent GmbH, die Loveparade aus unternehmerischen und politischen Gründen unter allen Umständen durchführen wollten, konnte sich, wohlgemerkt, auf breite Unterstützung der Öffentlichkeit, der Medien und der lokalen und politischen Elite über alle Parteien hinweg stützen. Daher die ‚natürliche' Allianz zwischen dem Oberbürgermeister der Stadt Duisburg und seiner engsten Mitarbeiter mit dem privaten Veranstalter Lopavent GmbH.

Im Unterschied dazu hatten die wenigen Beamtinnen und Beamten der eigentlichen Genehmigungsbehörde, des Bauordnungsamts (Amt 62) der Stadtverwaltung Duisburg, die über die Einhaltung der gesetzlichen Sicherheitsbestimmungen bei der Durchführung der Loveparade zu wachen und diese Bestimmungen notfalls durchzusetzen hatten, keinerlei politische Verbündeten. Sie wurden in der fortgesetzten Auseinandersetzung mit dem Leiter des Dezernats für Sicherheit und Recht (Dezernat II), der die Rolle des ‚Enforcers' der Vorbereitung der Loveparade gegen alle Widerstände und Sicherheitsbedenken übernommen hatte, von ihrem eigenen Vorgesetzten, dem Leiter des Dezernats für Stadtentwicklung (Dezernat V), im Stich gelassen. Erst durch dieses im Wortsinne verantwortungslose Führungsverhalten entfalteten die hybriden Organisationsstrukturen und verteilten Verantwortlichkeiten im Rahmen der öffentlich-rechtlichen Partnerschaft zwischen der Stadt Duisburg und dem privaten Veranstalter der Loveparade ihre desaströse Wirkung.

Was bedeutete dies im Einzelnen? Dass Arbeitsteilung, Ressortegoismen und verteilte Verantwortlichkeiten selektive Wahrnehmungen, negative Koordination und divergierende Loyalitäten erzeugen, ist ein Standardproblem formaler Organisation und damit auch öffentlicher Verwaltungen (Dearborn u. Simon 1958; Mayntz u. Scharpf 1973; Allison u. Halperin 1972). Aus eben diesem Grund waren Kontrolle und Neutralisierung der negativen Folgen des unter den gegebenen Umständen unvermeidlichen hybriden Arrangements aus Stadtverwaltung und privatem Veranstalter der Loveparade auch kein Hexenwerk. Zumal die Aufgabe, die zunächst zu erfüllen war – die Genehmigung einer öffentlichen Großveranstaltung oder die Ablehnung dieser Genehmigung in Abhängigkeit von den geltenden rechtlichen Bestimmungen, insbesondere der gesetzlichen Sicherheitsbestimmungen – eher einfach strukturiert war.

Statt die leicht erkennbaren Sollbruchstellen des hybriden Arrangements und zwischen den an der Planung und Vorbereitung der Loveparade zu beteiligenden Dezernate zu stabilisieren, entwickelte sich aus diesem Arrangement ein fragmentiertes Konglomerat untereinander rivalisierender Lager, mit dem Dezernat für Sicherheit und Recht (Dezernat II) im Bündnis mit dem privaten Veranstalter Lopavent GmbH auf der einen Seite und dem Bauordnungsamt (Amt 62) als Genehmigungsbehörde auf der anderen Seite. Natürlich hatten die Mitarbeiterinnen und Mitarbeiter des Dezernats II die gesetzlichen Sicherheitsbestimmungen ebenso zu beachten wie das Bauordnungsamt als eigentliche Genehmigungsbehörde. Die Mitarbeiterinnen und Mitarbeiter des Dezernats II waren aber dem politischen Druck des eigenen Dezernatsleiters notwendigerweise noch wesentlich direkter ausgesetzt als die Mitarbeiterinnen und Mitarbeiter des zum Dezernat V gehörenden Bauordnungsamts.

Allerdings sahen sich auch die Angehörigen des Bauordnungsamts als Genehmigungsbehörde mit divergierenden Verhaltenserwartungen konfrontiert. Auf der einen Seite hatten sie nachweislich über mehrere Monate hinweg die Einhaltung der gesetzlichen Sicherheitsbestimmungen durch den privaten Veranstalter Lopavent GmbH eingefordert. Auf der anderen Seite waren sie dem im Zeitverlauf immer stärker ansteigenden Druck derjenigen an der Spitze der Duisburger Stadtverwaltung ausgesetzt, die die Loveparade in jedem Fall „durchziehen“ wollten und daher die Mitarbeiter des Bauordnungsamts als Genehmigungsbehörde direkt oder indirekt dazu aufforderten, es mit ihrem rechtsstaatlichen Pflichtgefühl nicht zu übertreiben. Die Mitarbeiter des Bauordnungsamtes waren sich vermutlich auch des Risikos bewusst, sowohl innerhalb als auch außerhalb der Verwaltung als bürokratische Neinsager und mögliche Verhinderer einer von allen politischen Kräften und der Öffentlichkeit unterstützten und gewollten Veranstaltung dazustehen.

Dadurch wurde das Grundrecht der Veranstaltungsbesucher auf Leben und körperliche Unversehrtheit verhandelbar. Die Verwaltungsbeamten, die dieses Grundrecht ohne Wenn und Aber hätten schützen müssen, setzten Leib und Leben derjenigen aufs Spiel, die Vertrauen in die Professionalität und Gesetzestreue der Verwaltung haben durften. Statt dieses Vertrauen zu rechtfertigen, hatte sich die Stadtverwaltung korrumpieren lassen – nicht durch Bestechung und noch nicht einmal durch den privaten Veranstalter Lopavent GmbH und dessen Geschäftsinteressen, sondern durch den politischen Ehrgeiz von Wahlbeamten, die die Loveparade zu einem spektakulären Werbeträger für die an Veranstaltungen von überregionaler Strahlkraft nicht eben reiche Stadt Duisburg machen wollten.

Die maßgeblichen Entscheidungsträger der Stadtverwaltung Duisburg standen also keineswegs vor einem besonders schwierigen oder vertrackten (*wicked*) Problem. Ihre fatale Fehlentscheidung war nicht Ausdruck unangemessener Komplexitätsreduktion, sondern mutwilliger Komplexitätssteigerung, nämlich der Transformation einer einfachen Ja-Nein-Entscheidung in ein Geflecht organisierter Verantwortungslosigkeit. Der Anreiz, sich über die klaren gesetzlichen Sicherheitsbestimmungen der Sonderbauverordnung Nordrhein-Westfalen hinwegzusetzen, war unabhängig von dem hybriden Arrangement aus Stadtverwaltung und privatem Veranstalter, aber dieses Arrangement erweiterte die Gelegenheitsstrukturen, diesen Anreizen nachzugeben (vgl. hierzu Hood 2011). Die erweiterten Spielräume der Verantwortungsverzerrung wurden nicht etwa passiv hingenommen, sondern aktiv erzeugt und zum Unterlaufen der Sicherheitsbestimmungen ausgenutzt. Auf der einen Seite wurde die zuständige Genehmigungsbehörde, das Bauordnungsamt im Dezernat V, durch den Leiter des unzuständigen Dezernats II in eine Rolle gedrängt, die das Bauordnungsamt mangels fachlicher und rechtlicher Kompetenz gar nicht ausfüllen konnte. Das betraf die Planung eines Sicherheitskonzepts in Kooperation mit dem Veranstalter Lopavent GmbH, dessen Hauptaufgabe es schlicht und einfach gewesen wäre, gegenüber dem Bauordnungsamt den Nachweis über die Einhaltung der gesetzlichen Sicherheitsbestimmungen zu führen. Auf der anderen Seite musste das Bauordnungsamt nach wie vor dasselbe Veranstaltungs- und Sicherheitskonzept, an dem es nun mitarbeiten sollte, einer amtlichen Prüfung unterziehen. Durch diese Vermischungen und Verzerrungen ursprünglich klarer und getrennter Verantwortlichkeiten wurde also sowohl die Professionalität als auch die Objektivität der Prüfung des Veranstaltungskonzepts für die Loveparade in Frage gestellt.

Hieraus wiederum entwickelte sich eine Pfadabhängigkeit, die in die fehlerhafte und damit rechtswidrige Genehmigungsentscheidung der Stadt Duisburg vom 23. Juli 2010 mündete. Weil die Stadtverwaltung ihre Funktion als unabhängige Prüf- und Genehmigungsinstanz für die öffentliche Großveranstaltung Loveparade aufgegeben und die Einhaltung oder Nichteinhaltung der gesetzlichen Sicherheitsbestimmungen zum Gegenstand politischer Opportunitätskalküle gemacht hatte, mussten die finanziellen und politischen Kosten eines Ausbrechens aus dem gewählten Pfad kontinuierlich steigen und die Chancen, doch noch eine rechtskonforme und die Sicherheit der Veranstaltungsteilnehmer gewährleistende Entscheidung zu treffen, kontinuierlich sinken.

Damit wurde die Genehmigungsbehörde, das Bauordnungsamt der Stadt Duisburg, zu einer Entscheidung gedrängt, deren Logik aus der Prospect-Theorie (Kahnemann & Tversky 1979) geläufig ist. Die durch eine Genehmigung der Loveparade unter den vor Ort gegebenen Bedingungen unvermeidlichen Risiken für Leib und Leben der Veranstaltungsteilnehmer waren intangible ‚Kosten', denn das Bauordnungsamt hätte sie nicht operationalisieren oder gar beziffern können. Der Nutzen einer Genehmigungsentscheidung dagegen lag auf der Hand und war für jeden Interessierten klar ersichtlich. Umgekehrt folgte daraus: Mit der Versagung der Genehmigung der Loveparade wäre in der Perspektive der Urheber und der Adressaten einer solchen Entscheidung ein abstrakter Gewinn an Sicherheit, aber ein sehr konkreter Verlust an Reputation der Stadt Duisburg und an Nutzen für die Öffentlichkeit verbunden gewesen. Das Momentum der daraus resultierenden Entscheidungsdynamik war so stark, dass nach Angaben der Leiterin des Bauamts die Leiter der Dezernate II und V verabredetet hatten, dass auf eine Anwesenheit von Angehörigen der Genehmigungsbehörde zum Zweck der Überwachung der mit der Genehmigung vom 23. Juli 2010 immer noch verbundenen Auflagen verzichten werden solle (Landgericht Duisburg 2016, 91; Oberlandesgericht Düsseldorf 2017, 139). Dies konnte nur Ausdruck der Erwartung sein, dass selbst diese Auflagen in Verbindung mit einer ohnehin rechtswidrigen Genehmigungsentscheidung vom Veranstalter nicht eingehalten würden.

Den Kern des Desasters bildete also in der Tat Führungsversagen. Dabei waren die hierfür verantwortlichen leitenden Beamten der Duisburger Stadtverwaltung keineswegs inkompetent. Sie handelten weder bürokratisch noch dilettantisch, sondern ausgesprochen geschickt und mit verwaltungspraktischer Cleverness. Schließlich waren die beiden Schlüsselakteure, die Leiter der Dezernate II und V, erfahrene und versierte Beamte. Ihr Verhalten und ihre fatalen Fehlentscheidungen waren nicht auf Betriebsblindheiten oder „skilled incompetence" (Argyris 1999) im Sinne einer relativen Unfähigkeit zur Relativierung professioneller Routinen und deren Anpassung an veränderte Umstände gekennzeichnet. Diese Schlüsselakteure hatten vielmehr ein klares Verständnis vom außergewöhnlichen Charakter der mit der Planung und der Vorbereitung der Loveparade verbundenen Aufgaben und sie waren nach allem, was aus den Dokumenten zu erschließen ist, sogar von besonderem Ehrgeiz getragen, ihre Flexibilität und Befähigung zu unkonventionellem Verwaltungshandeln unter Beweis zu stellen. Insbesondere der Leiter des Dezernats für Sicherheit und Recht (Dezernat II) war bemüht, sich von der beamtenhaften Regelhaftigkeit abzusetzen, mit der das Bauordnungsamt als Genehmigungsbehörde den Fall „Loveparade" behandelte. Er war es, der besondere Findigkeit und Hartnäckigkeit an den Tag legte, um die gesetzlichen Sicherheitsbestimmungen unter anderem mit Hilfe freihändig vergebener Sondergutachten zu unterlaufen.

Tatsächlich, so lässt sich schlussfolgern, war es gerade das gewollt-unbürokratische Handeln der Schlüsselakteure in der Duisburger Stadtverwaltung, die diese in enger Kooperation mit dem privaten Veranstalter Lopavent GmbH die besondere Natur dieses hybriden Arrangements einer öffentlich-privaten Partnerschaft regelrecht ignorieren ließ. Auch dies war allerdings keine Frage unzureichender intellektueller Kapazitäten oder fehlender rechtlicher oder verwaltungspraktischer

Kenntnisse. Allen Hauptbeteiligten war klar, dass die Sicherheitsbestimmungen der Sonderbauverordnung Nordrhein-Westfalen insbesondere im Hinblick auf die erforderlichen Fluchtwege umgangen werden sollten und ebenso war allen klar, dass diese Bestimmungen ihren Sinn im Schutz von Leib und Leben der Veranstaltungsbesucher hatten. Die Hauptbeteiligten glaubten aber, sich angesichts der massiven Nachteile für die Stadt Duisburg, die eine Absage der Loveparade bedeutet hätte, über geltendes Recht und das Gebot des unbedingten Schutzes von Leben und körperlicher Unversehrtheit der Veranstaltungsbesucher hinwegsetzen zu sollen. Der Kern des Führungsversagens war also nicht intellektueller oder professioneller, sondern ethischer Natur.

3. Schlussfolgerungen: Führungsverhalten in hybriden Arrangements und Grenzen des Pragmatismus

Hybride Arrangements in der öffentlichen Verwaltung erzeugen besondere Steuerungsanforderungen, die ungewöhnlich aber beherrschbar sind. Das hier entwickelte Argument lautet, dass die Herausforderung weder in gesteigerter struktureller Komplexität, die hybriden Arrangements von vornherein eigen ist, noch in zusätzlichen Risikofaktoren wie verteilten Verantwortlichkeiten, inkonsistenten Governance-Mechanismen oder fragmentierten Rechenschaftspflichten liegt. Vielmehr legt der hier untersuchte Fall eines exemplarischen Scheiterns der Steuerung eines hybriden Arrangements mit buchstäblich katastrophalen Folgen die generelle Hypothese nahe, dass es eher Anreize zur Missachtung bekannter Standardrisiken sind, die zu drastischen Fehlleistungen und Organisationsversagen selbst dann führen, wenn die damit verbundenen Risiken klar ersichtlich und entsprechendes Risikomanagement durch eindeutige gesetzliche Regelungen dem Grundsatz nach einfach ist.

Was das Loveparade-Desaster zu einem extremen und unwahrscheinlichen, aber paradoxerweise zugleich exemplarischen Fall macht, ist die Demonstration der Wirkung hybrider Arrangements als einer eben solchen Anreizstruktur. Diese, so die hier favorisierte Interpretation, begünstigt unverantwortliches Führungsverhalten selbst unter restriktiven Bedingungen, nämlich bei Entscheidungen über Fragen physischer Sicherheit auf klarer und eindeutiger gesetzlicher Grundlage. Es kommt sehr selten vor, dass Verwaltungsangehörige, wenn die physische Sicherheit von Menschen auf dem Spiel steht, derart fahrlässig handeln, wie die Hauptverantwortlichen in der Duisburger Stadtverwaltung dies ungeachtet eindeutiger gesetzlicher Sicherheitsbestimmungen getan haben. Umso stärker, so die Schlussfolgerung, mussten die zugrundeliegenden kausalen Mechanismen sein, und diese müssten ihre negative Wirkung demzufolge unter weniger restriktiven Bedingungen umso stärker entfalten. Dies stützt die Generalhypothese, dass es nicht hybride Arrangements in der öffentlichen Verwaltung als solche sind, die Risikozonen verzerrter Verantwortlichkeit und eines daraus resultierenden Verwaltungsversagens erzeugen, sondern dass die Risiken für Fehlentscheidungen mit möglicherweise drastischen Konsequenzen durch das Zusammentreffen von hybriden Arrangements und fehlendem Sinn für Verantwortung gesteigert werden.

Dass es die Standardrisiken hybrider Arrangements in Form struktureller Komplexität, multipler stakeholder Arrangements, inkonsistenter Governance-Mechanismen und fragmentierter Rechenschaftspflichten als solche sind, die drastische Formen des Organisationsversagens auslösen, ist eben auch deshalb unwahrscheinlich, weil erfahrenes Führungspersonal in der öffentlichen Verwaltung an den Umgang mit entsprechenden Problemlagen gewöhnt ist. Erfahrene Führungskräfte in der Verwaltung wissen um die Notwendigkeit des Ausgleichs zwischen politischen und technisch-administrativen Erfordernissen im Verwaltungsalltag (vgl. bereits Waldo 1948; Selznick 1949, 1957) und sie bewältigen auch komplexere oder gar dilemmatische Koordinationsaufgaben in der Regel reibungslos und erfolgreich (vgl. a. Nooteboom u. Teermeer 2013; Vogel, Rick u. Masal. 2015; Zhang et al. 2015). Dass sie mit der Steuerung hybrider Arrangements grundsätzlich überfordert wären, ist daher wenig wahrscheinlich. Auch der Loveparade-Fall zeigt, dass der Umgang mit zusätzlicher organisatorischer Komplexität oder divergierender Wahrnehmungen und Interessen von den Hauptbeteiligten durchaus hätte bewältigt werden können.

Die eigentliche Herausforderung, die der Fall des Loveparade-Desasters und dessen verwaltungsinterne Entstehungsgeschichte vor Augen führen, liegt in dem ethischen Urteilsvermögen, das erforderlich wird, wenn der durchaus realisierbaren Neutralisierung von Standardrisiken komplexerer Organisationsstrukturen Anreize entgegenstehen, die Verwaltungsangehörige dazu verleiten können, unvertretbare Risiken zu Lasten Dritter auszulösen. Dies relativiert nicht die Bedeutung formaler und institutionalisierter Rechenschaftslegung (*accountability*), die Herman Finer (1941) im Blick hatte, unterstreicht aber doch die Berechtigung der von Finer kritisierten Betonung des individuellen Verantwortungsbewusstseins durch Carl J. Friedrich (1940).

Die über die Friedrich-Finer-Debatte hinausgehende theoretische Relevanz dieser Diagnose liegt in der kritischen Auseinandersetzung mit dem entscheidungstheoretischen Pragmatismus und der Logik der Angemessenheit, bekannt als *bounded rationality* Theorem (Simon 1947; March u. Simon 1958; March u. Olsen 1983, 1989; Olsen 2008; zur neueren Diskussion über Pragmatismus in der öffentlichen Verwaltung vgl. Hildebrandt 2005, 2008; H. Miller 2004; Shields 2003, 2008). In der *bounded rationality* Perspektive einer Logik der Angemessenheit weist das Entscheidungsverhalten der Hauptverantwortlichen in der Duisburger Stadtverwaltung im Prozess der Vorbereitung der Loveparade nichts Besonderes und insbesondere nichts ethisch Verwerfliches auf. Schließlich haben diese Akteure nach pragmatischen Brauchbarkeitskriterien und nachvollziehbaren, nämlich situationsspezifischen Opportunitätserwägungen entschieden: Nicht die „deontologischen" Prinzipen einer Pflichtethik wurden in Anschlag gebracht, sondern die situative Angemessenheit einer zweifelsfrei gegen die Amtspflichten verstoßenden Entscheidung. Der Schutz von Leben und körperlicher Unversehrtheit wurde zum Gegenstand von Brauchbarkeitskriterien und Opportunitätserwägungen.

Somit führt die nähere Betrachtung extremer und dementsprechend seltener Fälle von Organisationsversagen unter dem Einfluss begünstigender struktureller Faktoren, wie hybride Arrangements in der öffentlichen Verwaltung es sind, zu einer deutlich nüchterneren Einschätzung von Pragmatismus in Staat und Verwaltung als sie von der *bounded rationality* Schule nahegelegt wird. Pragmatismus und Pflichtethik stehen in einem grundlegenden Spannungsverhältnis zueinander und die Bewältigung dieser Spannung ist eine originäre Führungsaufgabe (vgl. t'Hart 2014, 26-32; Nooteboom u. Teermeer 2013). Dies setzt Urteilsvermögen voraus und das wiederum die Fähigkeit, im Verwaltungsalltag zwischen Standardsituationen und Ausnahmesituationen zu unterscheiden, und für Ausnahmesituationen klare Entscheidungsparameter zur Hand zu haben. Der Schutz der Grundrechte, die in Deutschland die Verwaltung wie alle staatliche Gewalt unmittelbar binden, die Gesetzesbindung der Verwaltung, ein verfahrensfehlerfreies Verwaltungshandeln, Transparenz und die individuelle Zurechnung von Verantwortung der Verwaltungsangehörigen sind unverrückbare Maßstäbe staatlichen Handelns, wie immer pluralistisch und ausdifferenziert dessen organisatorische Strukturen und das Umfeld politischer und wirtschaftlicher Anforderungen und gesellschaftlicher Werte sein mögen.

Literatur

Allison, Graham T. und Morton H. Halperin. 1972. Bureaucratic Politics. A Paradigm and Some Policy Implications. *World Politics* 24: 40–79.

Argyris, Chris. 1999. *On Organizational Learning*. Oxford und Malden (Mass.): Blackwell.

Bertelli, Anthony M. und Lawrence E. Lynn. 2003. Managerial Responsibility. *Public Administration Review* 63: 259–268.

Billis, David. 2011. *Hybrid Organizations and the Third Sector*. Basingstoke u.a.: Palgrave MacMillan.

Blatter, Joachim und Markus Haverland. 2012. *Designing Case Studies. Explanatory Approaches in Small-N Research*. Houndmills: Palgrave.

Boin, Arjen und Paul t'Hart. 2003. Public Leadership in Times of Crisis: Mission Impossible? *Public Administration Review* 63: 544–553.

Dearborn, DeWitt C. und Herbert A. Simon. 1958: Selective Perception: A Note on the Department Identifications of Executives. *Sociometry* 21: 140–144.

Denis, Jean-Louis, Ewan Ferlie und Nicolette van Gestel. 2015. Understanding Hybridity in Public Organizations. *Public Administration* 93: 273–289.

Fairholm, Matthew R. 2004. Different Perspectives on the Practise of Leadership. *Public Administration Review* 64: 577–590.

Fayol, Henri. 1976 [1916]. Allgemeine Verwaltungsprinzipien. In *Verwaltungswissenschaft*, Hrsg. Heinrich Siedentopf, 121–152. Darmstadt: Wissenschaftliche Buchgesellschaft.

Finer, Herman. 1941. Administrative Responsibility in Democratic Government. *Public Administration Review* 1: 335–350.

Friedrich, Carl J. 1937. *Constitutional Government and Politics. Nature and Development*. New York u. a: Harper & Brothers Publishers.

Friedrich, Carl J. 1940. Public Policy and the Nature of Administrative Responsibility. *Public Policy*: 3–24.

Grossman, Sanford J. und Oliver D. Hart. 1983. An Analysis of the Principal-Agent Problem. *Econometrica* 51: 7–45.

t'Hart, Paul. 2014. *Understanding Public Leadership*. London und New York: Palgrave.

Hildebrand, David L. 2005. Pragmatism, Neopragmatism and public administration. *Administration & Society* 37: 360–374.

Holmström, Bengt. 1979. Moral Hazard and Observability. *The Bell Journal of Economics* 10: 74–91.

Hood, Christopher. 2011. *The Blame Game. Spin, Bureaucracy and Self-Preservation in Government.* Princeton (NJ): Princeton University Press.

Jackson, Michael. 2009. Responsibility versus accountability in the Friedrich Finer debate. *Journal of Management History* 15: 66–77.

Kahneman, Daniel und Amos Tversky. 1979. Prospect Theory: An Analysis of Decision under Risk. *Econometrica* 47: 263–291.

Landgericht Duisburg. 2016. Beschluss der 5. Großen Strafkammer vom 30.3.2016, Gesch.Z. 35KLs–112 Js 23/11–5/14.

Levy, Jack S. 2008. Case Studies. Type, Designs, and Logics of Inference. *Conflict Management and Peace Science* 25: 1–18.

March, James G. und Johan P. Olsen. 1989. *Rediscovering Institutions. The Organizational Basis of Politics.* New York: The Free Press.

March, James G. und Johan P. Olson. 1983. Organizing Political Life: What Administrative Reorganization Tells Us about Government. *American Political Science Review* 77: 281–296.

March, James G. und Herbert A. Simon. 1958. *Organizations.* New York u.a.: Wiley.

Mayntz, Renate und Fritz W. Scharpf. 1973. *Planungsorganisation. Die Diskussion um die Reform von Regierung und Verwaltung des Bundes.* München: Piper.

Miller, Hugh T. 2004. Why Old Pragmatism Needs an Upgrade. *Administration & Society* 36:234–249.

Nida-Rümelin, Julian. 2011. *Verantwortung.* Stuttgart: Reclam.

Nooteboom, Sibout G. und Catrien J. A. M. Termeer. 2013. Strategies of Complexity Leadership in Governance Systems. *International Review of Public Administration* 18: 25–40.

Oberlandesgericht Düsseldorf 2017. Beschluss vom 18.4.2017, Gesch.Z. III–2 Ws 528–577/16 112 Js 23/11 StA Duisburg.

Olsen, Johan P., und James G. March. 2008. The Logic of Appropriateness. In *The Oxford Handbook of Public Policy,* Hrsg. Michael Moran, Martin Rein und Robert E. Goodin, 690–704. Oxford: Oxford University Press.

Plant, Jeremy F. 2011. C. J. Friedrich on Responsibility and Authority. *Public Administration Review* 71: 471–482.

Seibel, Wolfgang. 2015a. Studying Hybrids: Sectors and Mechanisms. *Organization Studies* 36: 697–712.

Seibel, Wolfgang. 2015b. Welfare Mixes and Hybridity: Analytical and Managerial Implication. *VOLUNTAS: International Journal of Voluntary and Nonprofit Organisations* 26: 1759–1768.

Seibel, Wolfgang. 2016. *Verwaltung verstehen. Eine theoriegeschichtliche Einführung.* Berlin: Suhrkamp.

Schuppert, Gunnar F. 2000. *Verwaltungswissenschaft. Verwaltung, Verwaltungsrecht, Verwaltungslehre.* Baden-Baden: Nomos Verlagsgesellschaft.

Shields, Patricia M. 2003. The community of Inquiry: Classical Pragmatism and Public Administration. *Administration & Society* 35: 510–538.

Shields, Patricia M. 2008. Rediscovering the Taproot: Is Classical Pragmatism the Route to Renew Public Administration? *Public Administration Review* 68: 205–221.

Simon, Herbert A. 1947. *Administrative Behavior. A Study of Decision-Making Process in Administrative Organization.* New York: Macmillan.

Selznick, Philip. 1957. *Leadership in Administration. A Sociological Interpretation.* New York, Evanston und London: Harper and Row.

Shapiro, Susan P. 2005. Agency Theory. *Annual Review of Sociology* 31: 264–283.

Thornton, Patricia H., William Ocasio und Michael Lounsbury. 2012. *The Institutional Logics Perspective: A New Approach to Culture, Structure and Process.* New York: Oxford University Press.

Vogel, Rick und Doris Masal. 2015. Public Leadership. A review of the literature and framework for future research. *Public Management Review* 17: 1165–1189.

Waldo, Dwight. 1948. *The Administrative State. A Study of the Political Theory of American Public Administration.* New York: The Ronald Press Company

Weber, Max. 1988 [1919]. Politik als Beruf. In *Gesammelte Politische Schriften,* Hrsg. Johannes Winckelmann, 505–560. Tübingen: Mohr.

Weber, Max. 2002 [1922] *Wirtschaft und Gesellschaft. Grundriss der verstehenden Soziologie*, Hrsg. Johannes Winckelmann, 5. Aufl., Tübingen.

Wilson, Woodrow. 1976 [1887]. Das Studium der Verwaltung. In *Verwaltungswissenschaft,* Hrsg. Heinrich Siedentopf, 57–85. Darmstadt: Wissenschaftliche Buchgesellschaft.

Zhang, Yan, David A. Waldman, Yu-Lan Han und Xiao-Bei Li. 2015. Paradoxical Leader Behaviors in People Management: Antecedents and Consequences. *Academy of Management Journal* 58: 538–566.

Dokumente

[1] Niederschrift über ein Gespräch zum Thema Loveparade 2010 in Duisburg, 25. September 2009.
http://file.wikileaks.org/file/loveparade2010/loveparade-2010-anlage-03-protokoll-25-09-09.pdf, Zugegriffen: 01.09.2016.

[2] Ergebnisniederschrift zur Besprechung Loveparade 2010, 2. Oktober 2009.
http://file.wikileaks.org/file/loveparade2010/loveparade-2010-anlage-04-protokoll-02-10-09.pdf, Zugegriffen: 01.09.2016.

[3] Loveparade 2010 in Duisburg – Präsentation Lopavent, 29. Oktober 2009.
https://www.duisburg.de/ratsinformationssystem/bi/getfile.php?id=1458557andtype=do, Zugegriffen: 11.03.2015.

[4] Niederschrift über ein verwaltungsinternes Gespräch, 2. März 2010.
http://file.wikileaks.org/file/loveparade2010/loveparade-2010-anlage-20-protokoll-02-03-10.pdf, Zugegriffen: 01.09.2016.

[5] [Der Oberbürgermeister der Stadt Duisburg – Amt für Baurecht und Bauberatung, Amtsleiterin Geer] Herr Stadtbaurat Dressler, Gespräch am 18.6.2010 bei Lopavent.
http://file.wikileaks.org/file/loveparade2010/loveparade-2010-anlage-25-aktenvermerk-und-ablehnung-dressler-18-06-10.pdf, Zugegriffen: 01.09.2016.

[6] Polizeipräsidium Duisburg, Vorbereitungsstab Loveparade – 60.11.01, Besprechung am 12.07.2010 zur Problematik Sperrstellen, Ergebnisprotokoll, Duisburg, 12.07.2010,

Anwesend: Herr Prof. Dr. Schreckenberg (Universität Duisburg-Essen), Vertreter der Stadt Duisburg, der Berufsfeuerwehr Duisburg und des Polizeipräsidiums Duisburg. http://docunews.org/loveparade/go/LoPaDokumente/, ZIP-Ordner, 2010_07_12, Zugegriffen: 12.03. 2015

[7] E-Mail, Absender Prof. Dr. Michael Schreckenberg, 16.07.2010, 17:41. https://www.duisburg.de/ratsinformationssystem/bi/getfile.php?id= 1458602 &type=do [https://www.duisburg.de/ratsinformationssystem/bi/vo0050.php?__ kvonr=20056110&voselect=20049862, Anlage 50, Zugegriffen: 01.09. 2016.

Verantwortung und Rücktritt: Ideengeschichtliche Grundlagen und konkrete Aktualisierungen in unterschiedlichen westlichen Demokratien

Jürgen Plöhn

1. Zur Einführung

Für Journalisten erscheint ein Regierungsmitglied nie interessanter als bei Zuspitzung einer Krise, die zu einem politisch motivierten Rücktritt vom Amte führt. Den betreffenden Zeitungsartikeln fehlt es allerdings regelmäßig an Kategorien zu einer systematischen Einordnung des Geschehens, weshalb Reflexionen über Handlungsbedingungen in einem Regierungsamt oder gar über legitimationstheoretische Fragen des Staatsapparates selten anzutreffen sind. Dies gilt selbst für journalistisch verfasste Bücher (Beucker u. Überall 2011; Philipp 2007).

Kontrastierend dazu sind politologischerseits vor allem in Deutschland, wo die amerikanischen Diskussionen um „*Leadership*" und „*Presidency*" keine Rolle spielen, personale Aspekte gegenüber den strukturell-funktionalen und inhaltlichen Dimensionen politischer Prozesse jahrzehntelang tendenziell vernachlässigt worden. Verfassungshistorisch ist in Deutschland indes der Zusammenhang zwischen Ministerverantwortlichkeit und Rücktritt seit der konstitutionalistischen Monarchie ein klassischer Topos der Staatsrechtslehre.

Wie erklärt sich dieser Bezug? Wie lässt sich die Geltendmachung von Verantwortung politikwissenschaftlich analysieren? Hierzu soll einerseits entstehungsgeschichtlich anhand entwicklungsprägender Länder der legitimationstheoretische Erklärungsgehalt des Ausscheidens aus dem Amte geklärt und andererseits anhand präzedenziell und exemplarisch wirkender jüngerer Fälle eine kategorial angeleitete Analyse vorgelegt werden.

2. Begriff, Modernität und Relevanz der Verantwortung

Sprachlich gesehen begegnet dem politisch interessierten Bürger Verantwortung in Presse und politischer Populärliteratur in geradezu inflationärer Häufung. Historisch ist ein Zusammenhang mit der Entwicklung des betreffenden politischen Systems auffällig. In Großbritannien hatte sich der Gebrauch von „responsible" und „responsibility" im 18. Jahrhundert intensiviert, bevor der Begriff bei Edmund Burke und Jeremy Bentham in den 70er Jahren in den politischen Kontext Eingang fand. In die französische Sprache wurde „responsabilité" erst in den 80er Jahren des 18. Jahrhunderts aus dem Englischen übernommen (Oxford English Dictionary, online version June 2017; Le Grand Robert 2001 Bd. 5, S. 2024 f.). Hierfür nennen die führenden Wörterbücher der französischen Sprache an erster Stelle die für Minister in parlamentarischen Regierungssystemen bestehende

Verpflichtung, ihr Amt zu verlassen, sofern die gesetzgebende Versammlung ihnen ihr Vertrauen entzieht (Le Grand Robert 2001 Bd. 5, S. 2024 f.; vgl. Le Petit Robert 2012, S. 2219; Grand Larousse 1977, Bd. 6, S. 5124)[1].

Im Deutschen ist die inhaltsbezogene „Verantwortung“ seit der zweiten Hälfte des 15. Jahrhunderts nachweisbar, die formal-einstandsbezogene „Verantwortlichkeit“ jedoch erst seit dem 19. Jahrhundert (Jacob u. Wilhelm Grimm 1984, Bd. 25, Sp. 81 f.). Die hieraus von Niklas Luhmann (1976, S. 174 f.) konstruierte gegensätzliche Verwendung der beiden Wörter hat sich in der deutschen Umgangssprache nicht durchgesetzt. Vielmehr hat sich „Verantwortung“ im 20. Jahrhundert mit rasanter Begriffskarriere zu einem „neuen Grundwort unserer Sprache“ entwickelt (Schwartländer 1974, S. 1577, 1580).

3. Rücktritts-, Vertrauens- und Verantwortungskonzeptionen

Der Bezug der Verantwortung zum Regierungssystem soll nunmehr historisch-genetisch anhand markanter Systeme und Autoren nachgezeichnet werden.

3.1 Das britische Muster

Im britischen Modellfall parlamentarisch-repräsentativer Demokratie ist die Verwendung der Metapher des Vertrauens derjenigen der Verantwortung um rund ein Jahrhundert vorausgegangen. John Locke stand als eingeführter Begriff der politischen Rhetorik des 17. Jahrhunderts *„trust“*, nicht aber *„responsibility“* zur Verfügung, als er in seinem *„Second Treatise“* zum Regierungssystem die Rationalität der *Glorious Revolution* entfaltete (Gough 1973, S. 180; Parry 1976, S. 131 f.; Dunn 1990, S. 39). Jedoch kannte er bereits *„accountability“*, die formale Rechenschaftspflicht.

Spezifika des *„trust“* im Vergleich zu „Amt“ und „Vertrag“ betreffen insbesondere die Beziehungen zwischen den Beteiligten: „A trust is not a contract; and the trustee does not enter into relations of contract with the trustor – or with the beneficiary. Roughly, he may be said to consent to incur a unilateral obligation [...].“ Demzufolge kann ein Treuhänder gegenüber dem Treugeber keine Rechte geltend machen – für Ernest Barker die besondere Pointe der Locke'schen Konstruktion: „We may say that Locke did not assign a contractual position to the sovereign because it would have given him rights of his own, derived from contract; and he had no wish to vest the sovereign with *eigenes Recht*“ (Barker 1934, Bd. 2, S. 299 f.; vgl. Silver 1985, S. 61; Ganzin 1972, S. 264).

Für Locke folgt hieraus die Möglichkeit, die Exekutivgewalt der gesetzgebenden Versammlung und diese dem Willen der Gesellschaft zu unterwerfen: „The *executive power*, placed in any where but in a person that has also a share in the legislative, is visibly subordinate and *accountable* to it, [...]“ (Locke 1823 Bd. 5,

1 Der Grand Robert und der Grand Larousse verweisen auf den Unterschied zwischen straf- und verfassungsrechtlicher Verantwortlichkeit, wie er zum Repertoire politischer Rechtfertigungen gehört. Bettati 1993; von Münchhausen: Verantwortlich, aber nicht schuldig, FAZ 262, 10.11.1992, S. 16; Wiegel: Juppé: Ich war verantwortlich, bin aber nicht schuldig, FAZ 227, 30.9.2003, S. 6.

§ 152; Hervorhebung hinzugefügt, J. P.). Nach 1689 stellte eine personenbezogene Verwendung des Vertrauensbegriffes in England eine übliche, jedoch unscharfe Ausdrucksweise dar (Kleinhenz 1991, S. 42, 61-69; vgl. Gough 1973, S. 185 f.; Klemmt 1983, S. 23). Für die Herausbildung der Doktrin des *responsible government* waren indes Veränderungen in Regierung und Parlament ausschlaggebend.

Mitte des 18. Jahrhunderts stand der Kompetenz des Monarchen, sein Vertrauen in Minister zu investieren und es ihnen zu entziehen, ein mit effektiven Sanktionspotentialen bewehrtes Recht des Unterhauses auf Rechenschaftslegung gegenüber. So formulierte Sir Robert Walpole 1739 im *House of Commons*: „When I speak here as a minister, I speak as possessing my powers from his Majesty, but as being answerable to this House for the exercise of these powers" (Costin u. Watson 1952, Bd. 1, S. 217; vgl. Birch 1964, S. 133; Williams 1960, S. 67-135). Parlamentarisch wurde „*confidence*" erst in der Debatte des *House of Commons* vom 22. November 1770 von Edmund Burke zu einer seither üblichen Formulierung verdichtet. Etwa zeitgleich begann Burke zunächst adjektivisch, den Begriff der Verantwortung zu verwenden (Kleinhenz 1991, S. 65-68).

In seiner Dankesrede an die Wähler von Bristol spricht Burke noch formal von einer Rechtfertigungspflicht der Abgeordneten: Die Urteilsfähigkeit eines Mandatsträgers sei „a trust from Providence, for the abuse of which he is deeply answerable" (Burke 1975b (1774) Bd. 2, S. 95). Hatte sich damit die von Locke bekannte *Trust*-Metapher mit ihrem herrschaftskritischen Potential einem Parlamentarismusverständnis mit elitären Zügen anverwandelt, findet sich bei Burke die elitäre Fürsorge für die Nation durch politisch-aktuelle Stellungnahmen kombiniert mit akzentuierten Rechenschafts- und Einstandsforderungen: Zentrale Aufgabe des Parlaments sei „its old office of control." Hierzu könne und solle es sich sowohl des „Impeachment, that great guardian of the purity of the constitution" als auch politischer Misstrauensbekundungen bedienen (Burke 1975a (1770), Bd. 1, S. 495, 536). Letztere seien stets für notwendig gehalten worden, "until power was in the hands of persons who were acceptable to the people" (Burke 1975a (1770) Bd. 1, S. 472). Im Idealfall bestehe „a ministry, which thinks itself accountable to the House of Commons; when the House of Commons thinks itself accountable to its constituents" (Burke 1975a (1770) Bd. 1, S. 537).

Während Burke die Inhaber der „great trusts of the state" gegenüber den Repräsentanten regelmäßig formal für „accountable" hält, findet sich 1770 adjektivisch eine explizite Bezugnahme auf „Verantwortung": Konkret führt Burke aufgetretene gesellschaftliche Spannungen auf eine Differenzierung der Regierung in ein inneres und ein äußeres Kabinett zurück:

> „(...) two systems of administration were to be formed; one of which should be in the real secret and confidence; the other merely ostensible to perform the official and executory duties of government. The latter were alone to be responsible; while the real advisers, who enjoyed all the power, were effectually removed from all the danger."

Eine „faction" am Hofe Georgs III. bewirke Unzufriedenheit im Lande, bleibe aber absichtsvoll im Hintergrund: „its members are scarcely ever to aim at high and responsible offices of the state" (Burke 1975a (1770) Bd. 1, S. 447 f., 464).

Der Ausdruck „*responsible*“ deutet hier einerseits eine Einstandspflicht an, andererseits charakterisiert er ein kompetenzreiches Amt und geht insoweit über eine Verpflichtung zur Rechenschaftslegung hinaus. Damit ist der Ansatz für eine ethisch gehaltvolle Begriffsbildung gegeben, die in den Adjektiven „*accountable*“ und „*answerable*“ noch nicht zum Ausdruck kommt. In jenem Sinne gebraucht Burke später auch das Substantiv „*responsibility*“ angesichts der Bedrohung durch das revolutionäre Frankreich in Zusammenhang mit dem Vertrauen des englischen Volkes: „They have, in all things, reposed an enduring, but not an unreflecting confidence. That confidence demands a full return. It fixes a responsibility on the Ministers entire and undivided“ (Burke 1991 (1797), Bd. 9, S. 385). Für Edmund Burke gehören „Vertrauen“ – sowohl interpersonal als auch treugutbezogen – und „Verantwortung“ unmittelbar zusammen. Verpflichtetes Subjekt der Verantwortlichkeit ist bei Burke im Unterschied zu Locke nicht das Machtpotential, sondern eine Person. Damit ist eine Bezugnahme der politisch-systemischen Argumentation auf die moralphilosophische Diskussion möglich geworden.

Zwischen den beiden letztgenannten Zitaten Edmund Burkes ist der Begriff „*responsibility*“ 1776 von Jeremy Bentham zur Charakterisierung freiheitlicher Regierungssysteme im Unterschied zu Despotien verwendet worden. Dabei knüpft Bentham inhaltlich recht deutlich an die Rechenschaftspflicht an: „the responsibility of the governors“ sei zu verstehen als „the right which a subject has of having the reasons publicly assigned and canvassed of every act of power that is exerted over him“ (Bentham 1988 (1776), S. 97; vgl. Mandt 1974, S. 90). Ohne Bezug zum *Trust*-Gedanken fasst Bentham Verantwortung hier als *subjektives Recht* der Herrschaftsunterworfenen – eine Extremposition, die nicht prägend geworden ist.

Im politisch-parlamentarischen Bereich finden sich in den folgenden Jahren Bezugnahmen auf „Verantwortung“, die eine Verbindung mit der inhaltlichen Aufgabe eines Amtes erkennen lassen. So hat Charles James Fox am 9. Juli 1782 zwischen bloßen Ratgebern und Ministern, „who hold great responsible situations“, unterschieden (Aspinall 1954, S. 209). Am 12. Januar 1784 verknüpfte Lord Frederick North in normativer Weise die Beratung der Krone mit einem Amt: „to take the seals and become a minister, that advice and responsibility might go hand in hand“ (Williams 1960, S. 110). Neben der Rechenschafts- und Einstandsverpflichtung ist damit konzeptionell auch die politisch aktive Übernahme von Verantwortung erkennbar.

3.2 Das amerikanische Modell

In den USA kann die Verfassungsordnung in legitimatorischer Hinsicht an die englischen *Trust*-Auffassungen anknüpfen, wobei in konkret-institutioneller Hinsicht eine Fortentwicklung zu erkennen ist: Das Volk erscheint nicht nur als Treugeber des politischen *Trust*, sondern gegenüber der Regierung zugleich auch als auswählende und kontrollierende Instanz. In den *Federalist Papers* von Hamilton,

Madison und Jay[2] verbindet sich daher der *Trust*-Gedanke unmittelbar mit Überlegungen zu seiner optimalen organisatorischen Umsetzung:

> „The genius of republican liberty seems to demand on one side not only that all power should be derived from the people, but that those intrusted with it should be kept in dependence on the people by a short duration of their appointments; and that even during this short period the trust should be placed not in a few, but a number of hands" (Madison 1787, Art. 37 (1961, S. 227)).

Andererseits finden sich bei allen drei Autoren Wendungen, die Abgeordnete oder andere Personen „*in public trust*" ohne spezifisch politische Konnotationen als Träger persönlichen Vertrauens ihrer Mitbürger verstehen (Jay 1787, Art. 2, S. 39, Art. 64, S. 391; Hamilton 1787, Art. 35, S. 214, No. 66, S. 404; Madison 1787, Art. 40, S. 253). Insoweit erscheinen die Inhaber öffentlicher Ämter im Gesamtzusammenhang der *Federalist Papers* als Exponenten der amerikanischen Gesellschaft, die der „necessary confidence between man and man" einschließlich der „necessary confidence in the public councils" bedürfe (Madison 1787, Art. 44, S. 281; vgl. Art. 37, S. 226; Hamilton 1787, Art. 78, S. 470). Vertrauen wird somit gleichermaßen als staatliches Verfassungsprinzip und soziales Ordnungsmuster verstanden.

Ziel jedes politischen Systems sollte nach Madison sein, zunächst die bestgeeigneten Politiker als Träger öffentlicher Ämter zu gewinnen und sodann Vorsorge zu treffen „for keeping them virtuous whilst they continue to hold their public trust" (Madison 1787, Art. 57, S. 350). Dabei gilt Herrschaft innerhalb eines politischen Systems als unvermeidlich und ihre effektive Ausübung als wünschenswert. Optimal erscheint Hamilton demzufolge eine Staatsordnung, die eine durchsetzungsfähige Exekutive an wirksame institutionelle Sicherungen bindet.

> „The ingredients which constitute energy in the executive are unity; duration; an adequate provision for its support; and competent powers.
>
> The ingredients which constitute safety in the republican sense are a due dependence on the people, and a due responsibility"(Hamilton 1787, Art. 70, S. 424)[3].

Den mit Vertrauensrelationen korrespondierenden Begriff der Verantwortung verwenden die *Federalist Papers* in zahlreichen Zusammenhängen und Varianten. Ohne irgendeine Form der Verantwortlichkeit von Mitgliedern der Exekutive gegenüber dem Volk („the nation") ist für Hamilton ein freiheitliches Regierungssystem („a free government") schlechthin undenkbar (Hamilton 1787, Art. 70, S. 429; vgl. Mandt 1974, S. 91). Die Aufschlüsselung des verwendeten Verantwortungsbegriffes zeigt hierzu eine beachtliche Breite angesprochener Aspekte.

Sowohl mit Bezug auf völkerrechtliche Verpflichtungen der USA als auch hinsichtlich der staatsrechtlichen und politischen Position öffentlicher Amtsträger kennen die Autoren des *Federalist* Verantwortung als das Einstehen für die Folgen

---

2 Die drei Autoren sind nachfolgend mit den ihnen individuell zurechenbaren Artikeln aufgeführt. Im Literaturverzeichnis steht dagegen das Gesamtwerk unter Hamilton, Madison und Jay.

3 Die Formulierung „due responsibility" ist nach dem Kontext nicht normativ, sondern instanziell zu verstehen.

eigenen Handelns. Die innenpolitische Variante erfährt eine nähere Spezifizierung wie auch eine Ergänzung durch das Element der Verhaltensanlastung im Rahmen öffentlicher Diskussionen (Hamilton 1787, Art. 70, S. 429, Art. 80, S. 476; Madison 1787, Art. 44, S. 281), wobei Hamilton auch die Sanktionierung unmittelbar in den Verantwortungsprozess einbezieht, wenn er mit Blick auf die Inhaber öffentlicher Ämter ausführt:

> „Responsibility is of two kinds – to censure and to punishment. The first is the more important of the two, especially in an elective office. Men in public trust will much oftener act in such a manner as to render them unworthy of being any longer trusted, than in such a manner as to make them obnoxious to legal punishment“ (Hamilton 1787 Art. 70, S. 427).

Mithin soll die *politische* Verhaltenssanktionierung in der Verweigerung eines neuen Mandates liegen. Hamilton geht folglich davon aus, dass jeder Amtsinhaber ein Interesse an der Fortführung seiner Karriere hat, wie es ursprünglich auch für den Präsidenten vorgesehen war.

Die *rechtsförmigen* Sanktionsmittel, die dazu dienen, gegenüber einem Amtsinhaber dessen Verantwortung zu thematisieren, können differenziert werden in

- die Durchführung des öffentlichen Amtsenthebungsverfahrens – von dem zugleich ein persönlicher Reputationsverlust erwartet wird (Jay 1787, Art. 64, S. 396) –,
- das Aussprechen von Amtsverlust und Berufsverbot sowie
- ein mögliches nachfolgendes Strafverfahren mit dem Sanktionspotential des allgemeinen Gesetzes (Hamilton 1787, Art. 77, S. 463).

Damit wird in den *Federalist Papers* Verantwortung als Verhaltenssanktionierung auf staats- und strafrechtlicher sowie auf politischer Ebene thematisiert, jedoch ohne die Aspekte privater Haftung oder politisch motivierter Abberufung aus einem öffentlichen Amt. Als „idea“ oder „sense of responsibility“ trägt der Begriff hingegen auch eine subjektive Ausrichtung und implizit moralisch-werthaften Gehalt (Hamilton 1787, Art. 77, S. 461, Art. 74, S. 447). Darüber hinaus umfasst bei Madison die Vorstellung von „wahrer Verantwortung“ („due responsibility“) die Zuordnung von Aufgaben zu Personen oder Personengruppen, woran sich organisatorische Überlegungen knüpfen. Denn inhaltliche Bindungen für die Wahrnehmung eines durch öffentliches Vertrauen verliehenen Amtes in einer Republik sehen die Autoren grundsätzlich durch die Periodizität der Wahlen gesichert, so dass bei kurzen Amtszeiten eine besonders enge Bindung der Gewählten an ihre Wähler vorliegen soll (Madison 1787, Art. 57, S. 350 f.). In Bezug auf die relativ langen Wahlperioden der US-Senatoren heißt es jedoch:

> „Responsibility, in order to be reasonable, must be limited to objects within the power of the responsible party, and in order to be effectual, must relate to operations of that power, of which a ready and proper judgment can be formed by the constituents“ (Madison 1787, Art. 63, S. 383).

In temporaler Hinsicht erscheint Verantwortung folglich an die jeweilige, befristete Aufgabe gebunden. Wenn Hamilton weiterhin „the reponsibility implied in the duty assigned" kennt, ist ihm das Kongruenzverhältnis zwischen zugewiesener Aufgabe und darin angelegter Verantwortung geläufig. Parallel zu Madison hält er weiterhin eine Abhängigkeit zwischen der Zurechnung eines Geschehens und den zur Verfügung stehenden Kompetenzen für erforderlich, denn „the responsibility for an injury ought ever to be accompanied with the faculty of preventing it" (Hamilton 1787, Art. 23, S. 155, Art. 80, S. 476; vgl. Mandt 1974, S. 93). Schließlich plädiert Hamilton mit Bezug auf Republiken im Unterschied zu Monarchien für monokratische Aufgabenzuweisungen im Bereich der Exekutive. Hierdurch sollen Verantwortlichkeiten exakt festgestellt werden können, wohingegen es bei Kollegien schwierig oder unmöglich sei, Schuld an Fehlentwicklungen konkret zuzurechnen (Hamilton 1787, Art. 70, S. 428; vgl. Friedrich 1967, S. 379). Im Übrigen sei – gegenläufig zum Selbstvertrauen – auch das subjektive Verantwortungsgefühl grundsätzlich am stärksten, wenn die Verantwortung ungeteilt auf einer Person ruhe (Hamilton 1787, Art. 74, S. 447 f., Art. 76, S. 455).

Mithin charakterisieren „*trust*" und „*confidence*" gemäß den *Federalist Papers* das gesamte Gemeinwesen; „*responsibility*" wird zur Beschreibung funktionaler Relationen herangezogen, insbesondere zwischen Institutionen des Gesamtstaates und der Wählerschaft. Der technisch-organisationsbezogen akzentuierte Problemzugang lässt erhebliche Einsichten in Zuordnungsprobleme erkennen, wobei Verantwortung mit Sanktionen in Verbindung gebracht wird. Zugleich wird eine vage werthafte Komponente der Verantwortung angesprochen.

Inhaltlich erscheint „Verantwortung" deutlich der „Pflicht" verwandt, was sich sowohl anhand expliziter Bezugnahmen, als auch am rechtsförmigen Sanktionsmechanismus für konkrete Pflichtverletzungen zeigt. Demgemäß bleibt Verantwortung auf willentliches Handeln beschränkt. Eine allgemeine Rechenschaftspflicht für Geschehnisse innerhalb eines übertragenen Zuständigkeitsbereiches ist hingegen nicht erkennbar. Auch bleiben Parteien als spezifische Institutionen des politischen Systems unberücksichtigt[4].

3.3 Die französische Rezeption

Im prärevolutionären Frankreich hat Montesquieu die 1688/89 neugeordnete englische Verfassung ohne deren Ableitung aus Vertrauensgewährungen rezipiert. Die gesetzgebende Körperschaft und das von Montesquieu zur Vermeidung einer Willkürherrschaft der gesetzgebenden Gewalt überhöhte Staatsoberhaupt („Sa personne doit être sacrée") als Träger der Exekutivgewalt stehen damit unverbunden nebeneinander. Für administrative Fehler in der Ausführung geltender Gesetze gelte es, die zuständigen Minister, anscheinend böswillige Berater des Monarchen, ausfindig zu machen und als Kriminelle abzustrafen. Hierfür zieht Montesquieu das *Impeachment* in Betracht. Staatspolitisch-formal sieht er das Instrument als notwendig an „pour conserver la dignité du peuple et la sureté du particulier" (Montesquieu 1748, Buch XI, Kap. VI, 1950 Bd. 1, S. 218). Ohne

4 Der Ausdruck „responsible party" im obigen Zitat meint die zuständige Stelle im Regierungssystem; zutreffend Zehnpfennig 1993, S. 378.

Theorie des öffentlichen Amtes bleibt Montesquieu dabei hinsichtlich der Herrschaftslegitimierung jedoch defizient.

Wie Montesquieu figuriert auch Abbé Sieyes, führender Theoretiker der Repräsentativverfassung zur Zeit der Französischen Revolution, nur als *Vorläufer* für den prägend gewordenen Benjamin Constant. Mit Praktikabilitätsargumenten hält Sieyes die Mitglieder einer verfassunggebenden Versammlung für den unvermeidlichen Ersatz der versammlungsunfähigen Nation, denen diese die notwendigen Kompetenzen anvertrauen müsse (Sieyes 1789a, S. 82-84; kritisch: Graf Kielmansegg 1988, S. 43-74; vgl. Kriele 1994, S. 145-149). Seiner mechanistischen Auffassung vom Gemeinwesen entsprechend fasst Sieyes den Vorgang der Vertrauensübertragung als einmaligen, in der Wahl der Abgeordneten liegenden Akt auf, der eine von Interessen unbeeinflusste Gesetzgebung ermöglichen soll (Sieyes 1789a, S. 71; 1789c, S. 14-19; vgl. Schmitt 2001, S. 127 f.). Gegenüber einer solchen Versammlung hält Sieyes eine inhaltlich auf die Verwendung finanzieller Mittel sowie die Gesetzeskonformität des Verhaltens begrenzte Rechenschaftspflicht der Minister für erforderlich: „Les Ministres seront comptables aux Etats-Généraux de l'emploi des fonds qui leur seront confiés, [et] responsables auxdits Etats de leur conduite en toute ce qui sera relatif aux Loix du Royaume" (Sieyes 1789b, S. 5, Art. VII). Legitimationstheoretisch über Montesquieu hinausgehend nutzt Sieyes somit die Begrifflichkeit von Vertrauen und Verantwortung in einer auf konkrete Einzelakte beschränkten Weise zur Beschreibung staatsrechtlicher Relationen (vgl. Fraenkel 1991, S. 32).

Nach der Revolution erlangten für die Anhänger verfassungsgebundener Monarchien Benjamin Constants Ausführungen über Vertrauen und Verantwortung in Regierungsämtern besondere Relevanz (Gall 1963, S. 265, 270 ff.; von der Gablentz 1968, S. 497). Constants Ziel, die im nachrevolutionären Frankreich unverzichtbar gewordene Institution einer Volksvertretung mit der restaurierten Krongewalt in Einklang zu bringen, entsprach der Problemlage etlicher kontinentaleuropäischer Staaten, sein Regelungsansatz, eine Anlehnung an die britische Verfassungsordnung, ermöglichte eine Entschärfung revolutionärer Potentiale durch evolutionäre Veränderungen. Hierfür hat Constant die Vorstellung vom „*pouvoir neutre*" des konstitutionellen Monarchen entwickelt, den der Autor grundsätzlich vom „*pouvoir exécutif*" der Regierung abgehoben hat (Constant 1814 (1818, Bd. 1, Teil 1), S. 1 ff.; 1815 Kap. II, S. 34 f.): Die auf die Auflösung der Abgeordnetenkammer und die Auswahl der Minister beschränkte Krongewalt solle als Schiedsrichter zwischen den anderen Gewalten wirken und die Ausübung der Regierungsgeschäfte „verantwortlichen" Ministern überlassen. Sämtliche Akte des Monarchen – mit Ausnahme der Ministerernennungen – sollten daher der Gegenzeichnung unterliegen. In dieser Form stellt sich die Verantwortlichkeit der Minister für Constant als „la condition indispensable de toute monarchie constitutionnelle" dar. Dabei hebt er im Gegensatz zu Montesquieu die Ministerverantwortlichkeit nachdrücklich von kriminellem Handeln ab und bezieht sie allein auf die übertragenen Kompetenzen des anvertrauten Amtes. Deren Gebrauch sei darauf zu überprüfen, ob er „mauvais ou inutile" sei (Constant 1818, Bd. 2, Teil 3, S. 55, 59 f., 62; 1815, Kap. IX, S. 137 f.; vgl. Bastid 1966, S. 946 f.).

Für Constant haben anvertraute Handlungsmacht und Einstandspflicht einander zu entsprechen, wobei sich die inhaltliche Reichweite nur auf eigene Handlungen erstreckt, das Verhalten subalterner Amtsträger bei ihm von der ministeriellen Verantwortlichkeit hingegen nicht erfasst wird. Als Konsequenz ist Constant genötigt, auch die Beamten für „verantwortlich“ zu erklären. Für diese sieht er Geschworenengerichte und damit anscheinend die Anwendung strafrechtlicher Normen vor. Die Beschränkung der Ministeranklage auf Verrat oder Veruntreuung („*trahison*“ oder „*concussion*“) nach der Charte von 1814 (vgl. Chevallier u. Conac 1991, S. 136-142), sucht er durch deren Uminterpretation in Blankettbegriffe zu umgehen; eine nähere inhaltliche Präzisierung ministerieller Verantwortlichkeit durch gesetzliche Bestimmungen lehnt Constant als undurchführbar ab (Constant 1818 Bd. 2, Teil 3, S. 87-88, 1815 Kap. IX, S. 143 f.; vgl. Bastid 1966, S. 948-950; gegenteilig: Privy Council Office 2011 (Kanada)).

Gewinnt die Ministerverantwortlichkeit bei ihm damit inhaltlich stark politische Züge, bleibt er institutionell im Sinne Montesquieus einem dualistischen Staatsverständnis mit monarchischer Legitimation der Exekutivgewalt verhaftet, denn Amt und Rechenschaftsforderung sind für Constant unterschiedlichen Ursprungs, so dass monarchische Bekundung von Vertrauen und die parlamentarische Geltendmachung der Verantwortung bei ihm auseinanderfallen. Dementsprechend interpretiert er Anklagen als Streitfälle „entre le pouvoir exécutif et le pouvoir du peuple“ (Constant 1818, Bd. 2, Teil 3, S. 90; vgl. Bluntschli 1885, S. 264 f.; Bastid 1966, S. 951). Für solche Fälle erwartet Constant, Minister würden „souvent dénoncés, accusés quelquefois, condamnés rarement, punis presque jamais“, schließlich sei nicht die justizförmige Verurteilung, sondern die tatsächliche Entfernung von Ministern aus ihrem Amt sowie die öffentliche Anteilnahme an den diesbezüglichen parlamentarischen Verhandlungen das primäre Ziel der Ministerverantwortlichkeit (Constant 1818, Bd. 2, Teil 3, S. 97-99, 118 f., 1815, Kap. IX, S. 163 f.).

Diese ist bei Constant bereits durch das Rederecht und die uneingeschränkte Rechenschaftspflicht der königlichen Minister gegenüber dem Parlament angelegt. Er wendet sich jedoch gegen die Einführung eines parlamentarischen Misstrauensvotums: „Quand vous accusez les ministres, ce sont eux seuls que vous attaquez; mais quand vous les déclarez indignes de la confiance publique, le prince est inculpé ...“, da dessen Wahl auf einen Unwürdigen gefallen sein müsse (Constant 1818, Bd. 2, Teil 3, S. 91-93, Zitat S. 93, 1815, Kap. X, S. 174 f.). Damit wird *öffentliches Vertrauen* nicht vom anvertrauten Amte, sondern von einer unterstellten individuellen *Charaktereigenschaft* her verstanden. Eine Einschränkung der Prärogative des Königs bei der *Ernennung* von Ministern will Constant indes keinesfalls akzeptieren. Eine solche ergäbe sich jedoch bereits aus der konsequenten Anwendung eines formellen parlamentarischen Abberufungsrechts (Constant 1818, Bd. 2, Teil 3, S. 94, 1815, Kap. X, S. 174 f.; vgl. Strong 1963, S. 73 f.; Steffani 1979, S. 39).

Mithin bleibt Constants Haltung zur parlamentarischen Demokratie ambivalent.[5] Auch erlangt bei ihm die Verantwortlichkeit der Regierung noch nicht die Gestalt einer generellen politischen Einstandspflicht für einen anvertrauten Zuständigkeitsbereich (kritisch: Gall 1963, S. 259-261; von Beyme 1970, S. 87; 2014, S. 98-100). Seine Konzeption konnte dabei zum Ausgangspunkt unterschiedlicher Realverfassungen werden.

3.4 Die deutsche Rezeption

Die Verfassungsentwicklung im deutschen Sprachraum hat die westeuropäischen Entwicklungen rezipiert. So knüpft im Vormärz Johann K. I. Buddeus zugleich an Ministerverantwortlichkeit und *Trust*-Gedanken an. Grundsätzlich postuliert Buddeus: „Jedes Staatsmitglied hat die Folgen seiner Handlungen selbst zu tragen". Müsse danach „das erste Mitglied des Staats", der Monarch, „nach allgemeinen Grundsätzen" wegen des ihm anvertrauten Wohles aller Bürger „der strengsten Verantwortlichkeit unterworfen sein" (Buddeus 1833, S. 6), stehe dem jedoch konkret die „Würde des Königs" entgegen, die einen stellvertretenden Verantwortungsträger erforderlich mache:

> „Es soll der Minister die Nachteile für den Monarchen empfinden, welche Letztern eigentlich wegen irgend einer unrechten Regierungshandlung treffen müßten, wenn er nicht unverantwortlich wäre. Es soll der Minister der *Souffre-douleur* des Monarchen sein – [...]." (Buddeus 1833, S. 5).

Diese langfristig nachwirkende Auffassung vom Minister als „Prügelknaben" des Monarchen, wird inhaltlich mit der Stellung der Minister als „nicht zu umgehende Rathgeber des Königs" begründet. Doch ist bei Buddeus das Staatsoberhaupt der aktive Gestalter, dem die „beiwirkenden Minister" zur Seite stehen (Buddeus 1833, S. 7, 14; vgl. Ellwein 1978, S. 26). Stellt damit die Ministeranklage primär einen symbolischen Akt dar, erlangt der Minister gegenüber dem Volke eine Garantenstellung für Form (Verfassung) und Inhalt (Verfolgung des Staatswohls) des Regierungshandelns, da er „das Recht und die Pflicht" habe, seine Mitwirkung an einem Regierungsakt zu verweigern, „wenn dieser seiner Ueberzeugung zuwider ist" (Buddeus 1833, S. 56). Subjektive ethische Bindungen werden so zu normativen Elementen eines Regierungsamtes.

In Robert von Mohls vier Jahre später publizierter Studie beschränkt sich die Verantwortlichkeit von „Großbeamten" auf Gerichtsinstanzen *vor denen* und staatsrechtliche Normen *nach denen* individuell zurechenbare Handlungen oder Unterlassungen zu verantworten seien. Die materiellen Aspekte reduzieren sich dabei auf „die von einem Minister begangenen *Verletzungen der Verfassung*" (von Mohl 1837, S. 33, 86 f., Zitat S. 127). Wie bei Welcker (1848, S. 710) bleibt

5 Parlamentarische Interpretation: Gall (1963, S. 256, 258, 262-265, 269); noch weitergehend Bastid (1966, S. 946: „la source même de la doctrine du gouvernement parlementaire"); auch von der Gablentz (1968, S. 497); zutreffendes Verständnis als Theoretiker der konstitutionellen Monarchie bei von Beyme (1970, S. 85-87; 2014, S. 98-100) und Bermbach (1986, S. 343).

als Inhalt der Relation folglich allein die Aufrechterhaltung der normativen Ordnung des Staates.

Diese von Mohl geforderte strafprozessuale Geltendmachung staatsrechtlicher Verantwortlichkeit grenzt er ab gegen die *„allgemeine parlamentarische Verantwortlichkeit* der Minister“: die Rechenschaftspflicht vor Plenum und Ausschüssen. Inhaltlich umfassend angelegt und als strukturelle Handlungsbedingung relevant, hält Mohl ihr Sanktionspotential, eine nachträgliche Missbilligung und die Beeinflussung der Stimmung in der Bevölkerung, für unzureichend (von Mohl 1837, S. 10 f.). Parlamentarische Vertrauensrelationen werden im Vormärz durch Mohl ebensowenig wie von Welcker in den Blick genommen. In einer „Erklärung der Unwürdigkeit“ sehen beide vielmehr – wie Constant – einen Angriff auf die Monarchie (von Mohl 1837, S. 13; Welcker 1848, S. 709)[6]. Ohne Entsprechungsverhältnis zwischen anvertrautem Amt und Einstandsverpflichtung erscheint Mohl sogar Constants Unterscheidung zwischen Amtsmissbrauch und kriminellen Handlungen als „in jeder Beziehung schief und unrichtig“ (von Mohl 1837, S. 136). Wesentlich ist für ihn hingegen die jederzeitige Entlassungs- und Rücktrittsmöglichkeit der Minister: Während der Fürst sein Entlassungsrecht zur Verwirklichung eigener politischer Ziele benötige, trage eine Amtsführung mit Rücktrittsoption einen politisch-demonstrativen Charakter, da ein Minister sich die Position des Monarchen schon durch seinen Verbleib im Amte zu eigen mache (von Mohl 1837, S. 68).

Mohls frühliberales Konzept bleibt deutlich hinter Constants Modell zurück (Gall 1963, S. 270 ff.; Böckenförde 1972, S. 161 f.; Botzenhart 1977, S. 176-182; von Beyme 2014, S. 113 f.). Das politische System Großbritanniens gerät dabei angesichts seiner nur indirekten Rezeption aus dem Blick (Fraenkel 1991, S. 26 f., 54 ff.). Erst deutlich später hat Mohl im „System der Mehrheitsministerien“ eine „notwendige Ergänzung der politischen Verantwortlichkeit“ gesehen (von Mohl 1860, S. 367-458, besonders S. 395, 400 f.; von Mohl 1902, Bd. 1, S. 269 f., Zitat S. 270 [1874]; vgl. Schmitt 1928, S. 313, 331; Bermbach 1986, S. 356 f.; von Beyme 2014, S. 114-117).

Das angelsächsische Verhältnis zwischen Vertrauen und Verantwortung kehrt sich somit um: Statt einer *verantwortungsmäßig konditionierten politischen Vertrauensvergabe* wird literarisch ein Ausbau der politischen *Verantwortlichkeit zu existentieller Abhängigkeit* empfohlen – eine Sichtweise, die noch die Problemwahrnehmung Ellweins (1978, S. 19) hat prägen können.

In der Realität des deutschen Konstitutionalismus wurde der Monarch, gemäß Art. 57 der Wiener Schlussakte (1820) Träger der Staatsgewalt, nur in deren Ausübung als durch eine Verfassung beschränkt gesehen. Seinen Ministern, deren „Verantwortlichkeit“ als persönliche Eigenschaft und konstitutionelles Unterscheidungskriterium aufgefasst wurde, kam die Stellung von Beratern und Gehilfen zu. Qua Gegenzeichnung der Anordnungen des Monarchen hatten diese jedoch die Bindung der Regierung und Verwaltung an die geltende Rechtsordnung zu sichern (vgl. Art. 43, 44 preuß. Verf. (1850); Laband u. Mayer 1919, S. 88; Huber 1963,

6 Nach von Beyme (2014, S. 114) habe Mohl unverbindliche Parlamentsvoten gegen Minister akzeptiert. Dieser hielt indes nur ihr Verbot für zwecklos, da sie faktisch unvermeidbar seien.

S. 6; Böckenförde 1972, S. 151; Ellwein 1978, S. 20). Für das Kaiserreich hatte der Kanzler mit Kontrasignatur, Entlassungs- und Rücktrittsoption sowie Rechenschaftslegung vor dem Reichstag nach Art. 17 Satz 2 RV diese Stellung inne, die sowohl *de constitutione lata* als auch *de constitutione ferenda* diskutiert werden konnte (Passow 1904, S. 11; Laband 1911, Bd. 1, S. 381; Meyer u. Anschütz 1919, S. 275; Freiherr Marschall von Bieberstein 1930, S. 520 f.).

Erst Max Weber überwand mit dem von ihm befürworteten Systemwechsel zur parlamentarischen Demokratie, der „das Parlament fähig zur Macht" werden lassen sollte (Weber 1988a (1918), S. 363), die eingetretene Erstarrung des „Prinzips" Verantwortlichkeit. Im Gegensatz zu Constant unterschied Weber dazu kategorial scharf zwischen weisungsgebundenen Beamten und überzeugungsgeleiteten Politikern:

> „Der *Beamte* hat seine eigenen Überzeugungen seiner *Gehorsamspflicht zu opfern.* Der leitende *Politiker* hat die Verantwortung für politische Handlungen öffentlich *abzulehnen*, wenn sie seiner Überzeugung widersprechen, und hat dieser seine Amtsstellung zu opfern" (Weber 1988a (1918), S. 377).

Die Beamtenschaft dürfe nicht länger in der Lage sein, durch den Monarchen gedeckt, „*unkontrolliert* und *verantwortungslos* schalten zu können" (Weber 1988a (1918), S. 338). Hier wird eine moralphilosophische Begriffsverwendung erkennbar, der auch kurz darauf Webers Begriff „Verantwortungsethik" zuzurechnen ist (Weber 1988b (1919), S. 551 f.).

Auf das politische System bezogen kommt es Weber auf eine qualitative Verbesserung der Personalauswahl für die Spitzenpositionen an. Dazu kontrastiert er die deutschen Verhältnisse mit denen anderer Länder:

> „Anders, wo das Parlament durchgesetzt hat, daß die Verwaltungsleiter entweder geradezu aus seiner Mitte entnommen werden müssen […] oder doch, um im Amt zu bleiben, des ausdrücklich ausgesprochenen Vertrauens seiner Mehrheit bedürfen oder wenigstens der Bekundung des Mißtrauens weichen müssen […] und aus diesem Grunde [*sic*!], erschöpfend und unter Nachprüfung des Parlaments oder seiner Ausschüsse, Rede und Antwort stehen (*parlamentarische Verantwortlichkeit* der Führer) und die Verwaltung nach den vom Parlament gebilligten Richtlinien führen müssen […]" (Weber 1988a (1918), S. 340).

Denn nach englischem Vorbild sieht Weber in parlamentarischen Parteiführern geeignete Kandidaten für Regierungsämter, da solche Führer nicht beliebig austauschbar seien. Von entscheidender Bedeutung sei daher, ob „der politische Leiter als *Vertrauensmann eines machtvollen Parlaments die Verantwortung*" zu tragen hat. Ein Parlament, „dem gegenüber *effektive* Verantwortlichkeit der Beamten besteht", sei „schlechterdings durch keine andere Macht zu ersetzen" (Weber 1988a (1918), S. 378).

In der britischen Massendemokratie hänge der Premierminister bereits effektiv nicht mehr vom „Vertrauen des Parlaments", sondern von demjenigen der Mehrheit der Wählerschaft ab. Dann aber komme der Volksvertretung neben einer kontrollierenden und stabilisierenden insbesondere eine selektierende und terminierende Funktion zu. Denn das Parlament biete „eine geordnete Form der politischen *Bewährung* der um das Vertrauen der Massen werbenden Politiker" und eine Möglichkeit zur „*Ausschaltung* des cäsaristischen Diktators, wenn er das Massenvertrauen *verloren* hat" (Weber 1988a (1918), S. 395).

Politik werde „stets von wenigen gemacht", doch müssten politische Führer von ihren „Gefolgschaften" zu eigenständigen Entscheidungen ermächtigt werden. Wie die Autoren der *Federalist Papers* hebt Weber hierzu hervor, eine enge Begrenzung der Anzahl von Entscheidungsträgern gewährleiste zugleich, „daß auf bestimmten Persönlichkeiten der Öffentlichkeit gegenüber die *Verantwortlichkeit* ruht" (Weber 1988a (1918), S. 348, 356). Dem korrespondiert seine Auffassung zur subjektiven Handlungsorientierung von Politikern:

> „Ein politischer Führer ... erstrebt nicht das Amt und dessen pensionsfähiges Gehalt und auch nicht die möglichst kontrollfreie Ausübung einer Amtskompetenz, sondern politische, und das heißt: politisch *verantwortliche Macht*, gestützt auf das Vertrauen und die Gefolgschaft einer *Partei*, [...]." (Weber 1988a (1918), S. 424)

Das Eigeninteresse der Politiker möchte Weber dabei für die Gewinnung qualifizierten politischen Personals nutzen, indem als Preis für erfolgreiche politische Führung „die *Macht* und: die *Verantwortung* im Staate" winken (Weber 1988a (1918), S. 350). Webers Bemerkungen über eine „künftig einmal mögliche parlamentarische '*Mehrheitswirtschaft*'" (Weber 1988a (1918), S. 359) und seine deutliche Orientierung am englischen Vorbild lassen hierzu sein Ziel einer funktionierenden parlamentarischen Demokratie erkennen, auch wenn er den „Spektakelstückchen des französisch-italienischen *unorganisierten* Parlamentarismus" – Regierungsstürze ohne politische Richtungsänderungen – nichts abgewinnen konnte (skeptisch: Mommsen 1974, S. 436; von Beyme 2014, S. 122).

Angesichts ihrer stark plebiszitärdemokratischen Züge war Webers Konzeption der Gefahr autoritärer Umdeutung ausgesetzt (vgl. Mommsen 1974, S. 436; Schmitt 1928, S. 277, 341; 1932, S. 94). Einer solchen Interpretation ist indes Webers gleichzeitige Betonung politischer Verantwortung entgegenzuhalten. Denn im Unterschied zu seinem inhaltlich nicht näher spezifizierten Gebrauch des politischen „Vertrauens" lassen Webers Verwendungen von „Verantwortung" sowohl den Aspekt politischer *Anlastung* als auch den persönlicher Übernahme erkennen. Verantwortung erscheint dadurch nicht allein als Bürde, sondern ebenso als werthaftes Gut, das aktiv erstrebt werden kann und gepaart ist mit anvertrauter Entscheidungsmacht.

3.5 Ergebnisse des Vergleichs der Konzeptionen

Die dargestellten Beiträge aus den Zeiten vor oder bei Etablierung verfassungsmäßiger, im Laufe der Zeit demokratisierter Ordnungen in Großbritannien, den USA, Frankreich und Deutschland lassen verschiedene Charakteristika der Verwendung von Verantwortungsrelationen in repräsentativen Demokratien erkennen:

1. In ausgereiften westlichen Verfassungsordnungen erscheint Verantwortung gepaart mit spezifisch politischem Vertrauen. Thematisierungen erfolgen sowohl bei der Übernahme eines Amtes als auch bei dessen Aufgabe.

2. Als Träger von Verantwortung werden sowohl Individuen als auch Kollektive ins Kalkül gezogen. In der monarchisch-vorparlamentarischen Phase hat auch die Problematik von politischer Täterschaft und Tatherrschaft eine Rolle gespielt.
3. Hinsichtlich der inhaltlichen Normen lassen sich unterschiedliche Standards erkennen: Diese reichen von der Einhaltung strafrechtlicher Normen über die Beachtung spezifisch staatsrechtlicher Anforderungen und deren erweiterter Interpretation als Blankettbegriffe bis zu politischen Verhaltensanforderungen. Die Vereinbarkeit heteronom gesetzter Regeln mit individueller Autonomie resultiert dabei jeweils aus der durch die Übernahme eines Amtes dokumentierten Bereitschaft zur Akzeptierung der für die betreffende Position geltenden Normen. Dem Eintritt in das Amt kommt damit ebenso wie dem Rücktritt vom Amte ein konkludenter Erklärungsgehalt zu.
4. Der normativen Komponente korrespondiert die instanzielle: Für die Einhaltung positivierter rechtlicher Bestimmungen kommen in erster Linie Gerichte in Betracht, wobei die Strafgerichtsbarkeit von Staatsgerichtshöfen zu unterscheiden ist. Eine Stellung zwischen Justiz und politischen Organen nehmen die zu exzeptionellen Entscheidungen in Impeachment-Verfahren berufenen Staatsorgane ein. Parlamente mit ihren Ausschüssen sowie das Elektorat und die öffentliche Meinung bilden spezifisch politische Verantwortungsinstanzen. Bei selbstgewählten Rücktritten leuchtet schließlich das individuelle Gewissen des Amtsträgers als Instanz der Verantwortung auf.
5. Im politischen Bereich verbindet sich in der Figur der Verantwortung eine zweckbezogene Verhaltensanforderung mit einer Rechtfertigungspflicht für das Verhalten im Amte und einer Einstandsverpflichtung. Angesichts der Machtträgerschaft der Betroffenen wird damit in der verfassungspolitischen – anders als in der philosophischen – Diskussion die Verhängung von Sanktionen als Element der Verantwortung behandelt.
6. Bezüglich der Reichweite einzubeziehender Geschehnisse lassen sich zwei unterschiedliche Konzeptionen erkennen: Unstrittig ist die Berücksichtigung eigener Handlungen und Unterlassungen des Amtsträgers. Da ein Amt der Erfüllung von Aufgaben für andere dient, wird dabei durch die externe Verhaltensevaluierung faktisch eine teleologische Ethik zugrunde gelegt. Über das Amtsgewissen des Trägers kann diese subjektiv auch an deontologisch-absolute Maßstäbe rückgebunden sein.

Während eine potentielle Möglichkeit zur Beeinflussung eines Geschehens in jedem Falle vorausgesetzt wird, findet sich der formale amtliche Zuständigkeitsbereich seltener diskutiert, wobei mit Bezug auf die Aktivitäten von Mitarbeitern unterschiedliche Antworten gegeben werden. Bei normgebundenen gerichtsförmigen Amtsenthebungsverfahren spielt das Verhalten subalterner Amtsträger keine Rolle, bei Rechtfertigungsforderungen politischer Instanzen ist es von der Konzeption her einbezogen. Einer reinen Erfolgsverantwortung wird hingegen nicht das Wort geredet.

7. Länderbezogen entstammt der *Nexus* zwischen *Treugut*, *Aufgabe*, deren *aktiver* Übernahme und *Rechenschaft* der englischen Diskussion, von der aus der Bezug zwischen *Vertrauen und Verantwortung* in die USA übertragen worden

ist. Dort findet man die schon in England anklingende *Kongruenz* zwischen übertragener *Aufgabe*, *Handlungspotential* und *Einstandspflicht* formuliert. Konträr zu der angelsächsischen *Dauerbeziehung* auf Vertrauensbasis ist in Frankreich die Wahl als *singuläre Vertrauensinvestition* interpretiert worden. Zur Verantwortung sind dort die *Bandbreite individueller Handlungen*, in Deutschland mit der *Garantenstellung* der Regierungsmitglieder neben *Anlastungen* die *Ablehnung* angesonnener Handlungen sowie die *Einstandsbereitschaft* für *Fehler im Ressort* diskutiert worden.

8. Zusammengenommen lassen sich Parallelen zu philosophischen Begriffsanalysen feststellen, die Verantwortung als mehrstellige Relation charakterisieren mit den Elementen (a) eines ursächlichen und zurechnungsfähigen *Subjekts*, (b) einer *Instanz*, (c) eines *Zuständigkeitsbereiches*, bisweilen davon unterschieden: eines zu schützenden *Adressaten*, (d) eines – häufig nur indirekt angelegten – *normativen Elements* sowie (e) umstrittener Weise einer *Sanktionierungsmöglichkeit* (Höffe 1986 S. 75; 1993, S. 23; Müller 1992, S. 105; Lenk u. Maring 1993, S. 229; 2001, Sp. 569-575; Härle 2011, S. 201 f.; Buddeberg 2011, S. 12; Lotter 2012, S. 218).

Schematisiert werden diese Resultate nun konkreten Rücktrittsanalysen zugrunde gelegt.

4. Empirische Rücktrittsanalysen

4.1 Vorbemerkungen zur Auswahl Deutschlands und der USA

Zur Historiogenese politischer Verantwortungsstrukturen westlicher Demokratien war die Systemauswahl durch den Diskussionsverlauf geprägt (Fraenkel 1991); für die Selektion von Ländern und Zeiten für Fallanalysen bestehen höhere Freiheitsgrade. Allgemeine Aussagen zu repräsentativdemokratischen Systemen erfordern eine gezielte Länderauswahl unter Einbeziehung des parlamentarischen wie des präsidentiellen Grundtyps, wobei die elaborierte, spät abgeschlossene Diskussion für das deutsche System spricht, die idealtypische Gestalt für das US-amerikanische.

In zeitlicher Hinsicht bietet sich ein synchroner Vergleich zu Perioden an, in denen nachwirkende Präzedenzentscheidungen gefallen sind. Solche Phasen sind nach den verstärkten Partizipationsforderungen Ende der 60er Jahre ab der Kanzlerschaft Willy Brandts und der Präsidentschaft Richard Nixons samt der Watergate-Affäre zu erkennen. Jüngere Fälle sowie Vorgänge in anderen Ländern können illustrativ in die Darstellung einbezogen werden. Die Unterscheidung einschlägiger Fälle von nicht legitimationsrelevanten alters-, krankheits-, familien- oder karrierebedingten Rücktritten – wie etwa denjenigen von Papst Benedikt XVI. (Vatikan 2013), Bundesrat Jean-Pascal Delamuraz (Schweiz 1998), Bundesministerin Kristina Schröder (2013) oder Ministerpräsident Donald Tusk (Polen 2014) – (Philipp 2007, S. 24), kann nur in Einzelstudien erfolgen, die hier vorausgesetzt werden müssen (Plöhn 2015).

4.2 Kategorien für Rücktrittsanalysen

Aus den länderbezogenen Vergleichsergebnissen lassen sich Unterscheidungen dazu gewinnen,

- ob sich ein Amtsträger ein Geschehnis zurechnen lassen muss oder er selbst ein polisches Ziel verfolgt (s. u., Spalten) und
- ob er sich aktiv oder reaktiv zu der Problematik stellt (Zeilen).

Kombinatorisch möglich sind sodann die vier Kategorien im Schaubild. Die aktive Verfolgung eigener Ziele betrifft dabei primär den Antritt, seltener die Niederlegung des Amtes.

Schaubild 1: Kategorien für das Ausscheiden von Regierungsmitgliedern[7]

	Verfolgung eigener Handlungsziele	*Vorwerfbarkeit eines Geschehens*
Aktive Haltung des Amtsträgers zu einem Vorgang	Appell	Übernahme
Reaktive Haltung des Amtsträgers zu fremdinduziertem Geschehen	Ablehnung	Anlastung

Die Kategorien können folgendermaßen erläutert werden:

Die „*Anlastung*“ eines Geschehens erfasst Vorwürfe gegen einen Amtsträger, dessen Amtsführung von einer Instanz nicht gebilligt wird. Dazu kann der Betroffene eine akzeptierende oder nicht-akzeptierende Haltung einnehmen. Verfügt die Verantwortungsinstanz zugleich über ein rechtlich verbindliches Entscheidungspotential, kann sie auch eine *Entlassung* vornehmen (z.B. Entlassung des FBI-Direktors James Comey durch Präsident Donald Trump; Michael Shear u. Matt Apuzzo 2017). Die von Gladstone, Asquith und Churchill geteilte Ansicht: „The first essential for a Prime Minister is to be a good butcher” (Churchill 1942), hängt jedoch von der Perzeption der Maßnahme durch die jeweilige Öffentlichkeit ab.

Eine „Übernahme“ der Verantwortung liegt vor, wenn ein Amtsträger Einsicht in die Vorwerfbarkeit eines Geschehens zeigt und daraufhin von sich aus sein Amt niederlegt (vgl. Mill 1979 (1865), S. 454).

„*Ablehnungen*“ treten auf, wenn Amtsträger Ansinnen aufgrund gegenteiliger persönlicher Bindungen nicht zu akzeptieren bereit sind und im Konfliktfall zur Aufrechterhaltung ihrer persönlichen Integrität sich für die Aufgabe des Amtes entscheiden.

Von einem „*Appell*“ kann gesprochen werden, wenn der Rücktritt dazu genutzt wird, unter Einsatz der eigenen politischen Existenz ein demonstratives Zeichen zu setzen.

7 Vgl. hierzu Burke (3.1), Buddeus, Mohl und Weber (3.4).

4.3 Exemplarische Fälle für die Rücktrittskategorien

Anlastung

In evidenter Weise wurde Richard Nixon sein Verhalten in der Watergate-Affäre angelastet (1973/74), wie zuvor bereits seinem Secretary of Health, Education and Welfare (HEW), Robert Finch, die Lage seines von inneren Spannungen und Auflösungserscheinungen gezeichneten Ressorts (1970). Bundesverkehrsminister Lauritz Lauritzen ist die monatelange Lähmung des Luftverkehrs durch einen Fluglotsenstreik zugerechnet worden (1973/74), Walter Arendt, Bundesminister für Arbeit und Soziales, die Lage der Rentenversicherung (1976). Von der verbrämten Amtsniederlegung Finchs und dem Beschweigen der Probleme durch Arendt lassen sich graduell Fälle unterscheiden, in denen ein Minister die Berechtigung öffentlich erhobener Vorwürfe einräumt (Werner Maihofer 1978 im Zusammenhang mit der Schleyer-Entführung) und hieraus die Konsequenz zieht (Plöhn 2015, S. 61-69, 173-205, 493-498, 520-533, 577-582).

Übernahme

Eine exemplarische Verantwortungsübernahme hat Georg Leber vorgeführt, als ihm 1978 die Unhaltbarkeit seiner dem Deutschen Bundestag gegebene Versicherung, ein bestimmter rechtswidriger Lauschmitteleinsatz sei singulär gewesen, offenbar wurde (Plöhn 2015, S. 553, 556). In den USA ist Attorney General Richard Kleindienst 1973 während der Watergate-Affäre zurückgetreten, als er erkannte, mit seiner Interpretation des *executive privilege* mögliche Tatbeteiligte aus dem Weißen Haus gedeckt zu haben. Gerhard Stoltenberg legte 1992 das Amt des Verteidigungsministers nieder, als er einräumen musste, dass entgegen einem Beschluss des Haushaltsausschusses ohne sein Wissen Panzer aus Bundeswehrbeständen an die Türkei geliefert worden waren (Plöhn 2015, S. 118; Biermann 2001, S. 683).

Ablehnung

Ein markanter Fall der Ablehnung einer Aktion ist mit dem Rücktritt des US Attorney General Elliot Richardson im Oktober 1973 verbunden, als dieser nicht bereit war, entgegen seinem vor dem Senat gegebenen Versprechen Archibald Cox als Special Prosecutor der Watergate-Affäre zu entlassen. Ebenso sah Cyrus Vance 1980 den hasardeurhaften Versuch der Geiselbefreiung in Teheran unabhängig von dessen Ausgang als unvereinbar mit eigenen Verpflichtungen gegenüber den amerikanischen Diplomaten und Verbündeten an (Plöhn 2015, S. 154-161, 336-338).

In Deutschland hat Bundeswirtschafts- und Finanzminister Karl Schiller 1972 sein Amt niedergelegt, als er sich als Exponent marktwirtschaftlicher Prinzipien durch einen als dirigistisch beurteilten Kabinettsbeschluss desavouiert sah. Erhard Eppler hielt 1974 Kabinettsbeschlüsse zum Etat seines Ministeriums für wirtschaftliche Zusammenarbeit für unvereinbar mit vorherigen eigenen Zusicherungen (Plöhn 2015, S. 415, 510). Bundesjustizministerin Sabine Leutheusser-

Schnarrenberger geriet 1996 zur Frage des sogenannten „Großen Lauschangriffs" in Regierungsmehrheit und eigener Partei in eine Minderheitsposition, auf die sie mit Rücktritt reagierte (Metzler 2015, S. 106).

Appell

Parlamentarischen Regierungschefs steht für dramatische Appelle die Vertrauensfrage zur Verfügung – von John Major 1993 zum Vertrag von Maastricht eingesetzt, von Gerhard Schröder zum Bundeswehreinsatz in Afghanistan 2001 (Norton 1997, S. 75; Plöhn 2006, S. 142 f.). Als Kabinettsmitglied hat Brock Adams 1979 in den USA eine entsprechend selbstbewusst-kämpferische Haltung eingenommen, als er anlässlich Jimmy Carters Kabinettsumbildung eigene Erwartungen an den Präsidenten hinsichtlich dessen Zugänglichkeit für *Secretaries* öffentlich machte, was Carter sich vorhersehbarerweise nicht bieten ließ. In der ersten Regierung Brandt stellte Finanzminister Alex Möller sein Amt wiederholt zur Disposition, um die Unterstützung des Kanzlers gegen Ausgabenwünsche von Kabinettskollegen zu erzwingen, so auch bei der von Brandt 1971 angenommenen Rücktrittserklärung. Der dramatische Vorgang wirkte als Mäßigungsappell. Nachgeschoben hat Herbert Ehrenberg 1981 seine Entlassung appellhaft umzudeuten versucht (Plöhn 2015, S. 312 f., 387, 620).

Gleichfalls als Appell zur Wirtschafts- und Sozialpolitik hat Ian Duncan Smith 2016 sein Ausscheiden aus der britischen Regierung begründet, obgleich es mit der EU-Debatte in Verbindung gebracht worden war (Theurer 2016, S. 18). Micheil Saakaschwili protestierte mit seinem Rücktritt als Gouverneur von Odessa gegen mangelnde Unterstützung im Kampf gegen Korruption in der Ukraine (Wechlin 2016, S. 2; Dobbert 2016, S. 4).

4.4 Rücktritte und Begriffsaspekte der Verantwortung

Aus den kategorisierten Beobachtungen lässt sich unmittelbar eine Aussage zu den *Instanzen der Verantwortung* gewinnen:

Ungeachtet ubiquitärer Medienpräsenz sind die für Berufungen wie für Abberufungen von Regierungsmitgliedern maßgeblichen Instanzen verfassungsrechtlich vorgegeben und damit systemspezifisch. Vor allem bei Ablehnung und Übernahme tritt aber daneben das individuelle Gewissen von Amtsträgern als wirksame systemunabhängige Verantwortungsinstanz in Erscheinung.

Die Identifizierung des *Subjekts der Verantwortung* trifft bei verschiedenen Fällen auf Zurechnungsprobleme:

Der Rücktritt Willy Brandts (1974) warf trotz der Deklaration politischer Verantwortung für „Fahrlässigkeiten im Zusammenhang mit der Agentenaffaire Guillaume" (Brandt 1974, S. 557) Fragen nach den real Handlungsbeteiligten auf, unter denen Horst Ehmke als ehemaliger Chef des Bundeskanzleramtes ohne Anerkennung eigener Fehler seine Einstandsbereitschaft bekundete und mit Brandt aus der Bundesregierung ausschied, wohingegen der für den Verfassungsschutz zuständige Ressortchef, Hans-Dietrich Genscher, keine Bereitschaft zum Rücktritt zeigte, nur verhalten dazu aufgefordert wurde und ein neues Ministeramt antreten konnte (Brandt 1992, S. 334; Genscher 1995, S. 200-202; Soell 2008, S. 331; Plöhn 2015, S. 470 f.). Ehmke indes war zum Zeitpunkt seines Amtsverzichts für Forschung und Technologie, Post und Fernmeldewesen zuständig. In den USA erfolgte 1973 der vor Gericht vereinbarte Verzicht Spiro Agnews auf die Vizepräsidentschaft aufgrund von Korruptionsvorwürfen, die sich auf seine Tätigkeit als Gouverneur von Maryland bezogen (Time Magazine 1973, S. 22; Cohen u. Witcover 1974; Payne 1989).

Die genannten Fälle dokumentieren: Politische Anlastungen weisen dezisive Momente auf, wie sie auch anlässlich des Rücktritts Hans-Peter Friedrichs 2014 zur Edathy-Affäre in Hinblick auf seine Gesprächspartner bei der SPD, Sigmar Gabriel und Thomas Oppermann, diskutiert worden sind (Souza Soares 2014; Sturm 2015). Wie Friedrich, der vom Innen- in das Landwirtschaftsressort gewechselt war, hatten auch Ehmke und Agnew zum Zeitpunkt ihres Amtsverzichts nicht mehr jene Ämter inne, auf die sich das inkriminierte Verhalten bezog. Die Anknüpfung ist somit über die *Person*, nicht über das Amt erfolgt.

Zur Zurechnungsproblematik entspricht bei Anlastungen ein Abstellen auf das eigene Handeln und Unterlassen eines Amtsträgers der strafrechtlichen Vorgehensweise wie auch staatsrechtlichen Impeachment-Verfahren. Der organisationsbezogene Zuständigkeitsansatz korrespondiert hingegen der parlamentarischen Rechenschaftspflicht von Regierungsmitgliedern. Empirisch wurden in den USA zwischen 1969 und 1981 nur dem HEW-Secretary Robert Finch und James Schlesinger als Secretary of Energy unter Jimmy Carter Zustände in ihrem Kompetenzbereich angelastet. Achtmal ging es bei Vorwürfen um eigenes Verhalten (Hickel, Kennedy, Kleindienst, Agnew, Nixon, Schlesinger (Defense), Blumenthal, Califano).

Demgegenüber sind in Deutschland von 1969 bis 1983 verhaltens- und zuständigkeitsbasierte Vorgänge mit jeweils fünf Fällen in ausgeglichenem Verhältnis zu finden (Ehmke, Schlei, Maihofer, Ehrenberg, Genscher/Lambsdorff (Koalitionsbruch 1982) – Brandt, Lauritzen, Arendt, Leber, Schmidt). Ein *aktives Eintreten* eines Amtsträgers für seine Verantwortung erscheint indes in Übernahme, Ablehnung oder Appell jeweils an dessen persönlichen Entscheidungsbereich gebunden, wobei sowohl Handlungs- als auch Führungsverantwortung relevant werden können (Plöhn 2015, S. 731-734).

Etliche Rücktritte von Regierungsmitgliedern lassen sich indes über das Verhalten im Amt nicht erfassen. So hat sich Gerald Fords Secretary of Agriculture, Earl Butz, während des Präsidentschaftswahlkampfes von 1976 zum Rücktritt veranlasst gesehen, als ruchbar wurde, dass er in vermeintlich privatem Kreise, jedoch in Anwesenheit eines Journalisten eine rassistische Zote erzählt hatte (Henry 1976, S. 1/10; Mintz 1976, S. A9; Time Magazine 1976, S. 25 f.). Im folgenden Jahre sah sich Bert Lance, Jimmy Carters Direktor des Office of Management and Budget, wegen seiner früheren Geschäftspraktiken als Vorstand einer Privatbank zur Niederlegung seines Amtes genötigt (US Senate, 95-1, 1977). Unter Ronald Reagan schied 1983 der Secretary of the Interior, James Watt, aus dem Amt, nachdem er auf einer Pressekonferenz eine ehrverletzende Bemerkung über die Mitglieder eines Beratungsgremiums gemacht hatte und im Senat ein Votum über einen Missbilligungsantrag anstand (Shabecoff 1983, S. 1; Beck 3.10.1983, S. 45 f.; Davis 1983, S. 2120-2123).

In Deutschland ist ein Großteil der Vorgänge („Putzfrauenaffäre" und andere), die 1993 zum erzwungenen Ausscheiden Verkehrsminister Günther Krauses aus der Bundesregierung führten, in dessen private Sphäre gefallen (Feldmeyer 1993, S. 3; Hölzlein 2001, S. 386 f.). Gleiches gilt für die über ihre Dissertationen „gestolperten" Regierungsmitglieder Karl-Theodor Freiherr von und zu Guttenberg (BPA 1.3.2011; F.A.Z. 2011; Krauel 2011) und Annette Schavan (Schmoll 2013a; BPA 9.2.2013; Schmoll 2013b).

Die genannten Fälle tangieren nicht den mit dem Verantwortungsbegriff zu erfassenden Kompetenzbereich, sondern die persönliche *Vertrauenswürdigkeit* des Regierungsmitglieds (Kohler 2011, S. 1). Da das Vertrauen mit seinen intentional- und potentialorientierten Komponenten die private wie auch die amtliche Sphäre erfasst, reicht es weiter als die stärker formalisierte, zuständigkeitsgebundene Verantwortung. Im Falle zwischenzeitlicher Amtswechsel (Agnew, Ehmke, Friedrich) überbrücken Vertrauensargumente weiterhin Diskrepanzen zwischen angelasteter Amtsführung und aktueller Position (Plöhn 2013, S. 179).

Nicht jedes Ausscheiden aus dem Amt erfolgt aufgrund der ersten begründeten Anschuldigung; in manchen Fällen erzwang erst eine Serie negativ konnotierter Vorgänge den Rücktritt. Werner Maihofer überstand die „Traube-Affäre", Georg Leber den Spionagefall „Lutze/Wiegel" (beide 1977), Manfred Wörner den Fall „Kießling" (1984) im Amt, Cyrus Vance eine Desavouierung durch Carter zur israelischen Siedlungspolitik (1980), James Schlesinger seine Spannungen mit Henry Kissinger unter Nixon (1974).

Diese „Nicht-Ereignisse" belegen: *Für die Sanktionierung politischer Fehler gibt es keine verbindliche Norm.* Vielmehr zeigt sich die kommunikative Dimension der Verantwortung: Die Entscheidung bedarf plausibler Vermittlung. So ist ein Drängen auf eine Amtsniederlegung nicht opportun, sofern das Regierungsmitglied bei der Instanz der Verantwortung noch Vertrauen in sein politisches Potential genießt. Dessen Verlust erscheint zumindest in Deutschland als allgemeine Voraussetzung einer zum Rücktritt führenden Verantwortungsanlastung (Plöhn 2015, S. 749). Anders steht es in Deutschland und den USA bei substantiierten strafrechtlichen Anschuldigungen. Dann ist regelmäßig vor einer Verurteilung ein Rücktritt zu beobachten (z.B. Raymond Donovan, Capitol Boxscore 1985, S. 511; Otto Graf Lambsdorff, Leicht 1984), doch steht hier ein intentionales Vertrauensproblem in Rede.

Vor diesem Hintergrund lassen sich als normative Elemente von Verantwortungsthematisierungen in Anlastung, Übernahme und Ablehnung insbesondere finden (Plöhn 2015, S. 735 f.):

- Scheitern an den Aufgaben des Amtes und Hervorrufen negativer Medienberichte (Robert Finch, David Kennedy, James Schlesinger (Energy) – Hans Leussink, Lauritz Lauritzen, Marie Schlei, Werner Maihofer; ebenso: Werner Faymann (Österreich – Baumann, 2016, S. 3));
- Gefährdung der Integrität des Staates (Richard Kleindienst, Elliot Richardson, Richard Nixon, Cyrus Vance – Willy Brandt, Georg Leber, Walter Arendt);

- Unwilligkeit, Anweisungen des Regierungschefs und seines Stabes, des Kabinetts oder der Regierungsmehrheit entgegen eigenen Überzeugungen auszuführen (Walter Hickel, James Schlesinger (Defense), W. Michael Blumenthal, Joseph Califano, Brock Adams – Karl Schiller, Erhard Eppler, Antje Huber).

Die Aufgabe eines Amtes unter Ablehnung eines Ansinnens kann mit der intentionalen Komponente des Vertrauens in Verbindung gebracht werden: Wer sich als „Exponent" einer klar konturierten politischen Position versteht, *sollte* (problematisch insofern Werner Maihofer, konsequent dagegen Karl Schiller und Sabine Leutheusser-Schnarrenberger), wer die Stellung eines „Garanten" für andere einnimmt, *muss* bei seiner vorherigen Haltung bleiben und sein Amt gegebenenfalls niederlegen (Elliot Richardson, Cyrus Vance, auch Micheil Saakaschwili), will er seine personale Integrität und Vertrauenswürdigkeit nicht verlieren. Entgegen heroischer Interpretation *geht dem „Selbsteinsatz"* jedoch *eine Niederlage voraus.*

Mit Bezug zur Sanktion einer von politischen Instanzen zu beurteilenden Verantwortung zeigt sich ein deutlicher Gegensatz zu gerichtlich abzuurteilenden Sachverhalten: *Eine politische Sanktionierung hängt davon ab, ob eine personelle Alternative zur Verfügung steht.* So erlangte ein Impeachment-Verfahren gegen Richard Nixon erst durch die Ersetzung Spiro Agnews durch Gerald Ford Erfolgsaussichten. Helmut Schmidt war aus Sicht der SPD-Fraktion als Bundeskanzler eine plausible Alternative zu Willy Brandt. Marie Schlei soll angenommen haben, mangels Alternative in ihrem Ressort bleiben zu können. Georg Leber wurde Ende 1977 nicht entlassen, da kein Nachfolger bereitstand (Plöhn 2015, S. 758).

Der kommunikativen Dimension übernommener Verantwortung als Bedingung legitimen staatlichen Handelns wird ein Verantwortungsträger nicht gerecht, wenn er seinen Rücktritt als *Ersatz* für die Begründung seines Verhaltens verwendet. Sowohl Richard Nixon (1974) als auch Walter Arendt (1976) sind der Öffentlichkeit Begründungen schuldig geblieben. Auch Horst Köhlers Amtsniederlegung als Bundespräsident erscheint legitimationsbezogen defizitär, da deren Begründung vielfach als nicht nachvollziehbar angesehen worden ist (Weiland 2010; Geerken 2013).

5. Resümee

Resümiert man die dargelegten Befunde, gehört politische Verantwortung in einen strukturellen Zusammenhang mit politischem Vertrauen. In ihrer Bezogenheit aufeinander können Vertrauensinvestitionen und die Einforderung übernommener Verantwortung Verhalten und Zustände an Rechtfertigungen und damit plausible Gründe binden. Insbesondere Entscheidungen unter Unsicherheit werden hierdurch an instanzielle Erwartungshaltungen rückgekoppelt.

Angesichts der vom politischen System ausgehenden Steuerungsimpulse einerseits, der verfügbaren Verhaltenssanktionen für politische Entscheidungsträger andererseits handelt es sich dabei um eine *Internalisierung externer Effekte.* Für die Gesellschaft liegt darin eine Möglichkeit zur *Absorption* des mit dem Anvertrauen politischer Gestaltungsmacht verbundenen *Risikos.* Nach beiden Sichtweisen liegen indes Antworten auf spezifische Herausforderungen der Moderne vor.

Literatur

Aspinall, Arthur. 1954. The Cabinet Council 1783–1835. *Proceedings of the British Academy* 1952 (38): 145–252.

Barker, Sir Ernest. 1934. *Natural Law and the Theory of Society 1500 to 1800 by Otto Gierke*, Übersetzung und Einleitung von Ernest Barker, Bd. 2, Cambridge: Cambridge University Press.

Bastid, Paul. 1966. *Benjamin Constant et sa Doctrine*, 2. Aufl., Paris: Armand Colin.

Baumann, Meret. 2016. Der Kanzler geht, die Krise bleibt. *Neue Zürcher Zeitung* 11.05.2016: 3.

Beck, Melinda. 1983. James Watt's Last Gaffe? *Newsweek* 03.10.1983: 45–46.

Bentham, Jeremy. 1988. *A Fragment on Government* (1776), Hrsg. James H. Burns und Herbert L. A. Hart, Cambridge: Cambridge University Press.

Bermbach, Udo. 1986. Liberalismus. In *Pipers Handbuch der politischen Ideen*, Hrsg. Iring Fetscher und Herfried Münkler, Bd. 4, 323–368. München/Zürich: Piper.

Bettati, Caroline. 1993. *Responsables et coupables. Une affaire de sang*. Paris: Édition du Seuil.

Beucker, Pascal und Frank Überall. 2011. *Endstation Rücktritt? Warum deutsche Politiker einpacken*, Neuausgabe, Bonn: Bouvier Verlag.

Beyme, Klaus von. 1970. *Die parlamentarischen Regierungssysteme in Europa*. München: Piper.

Beyme, Klaus von. 2014. *Die parlamentarische Demokratie*, 4. Aufl., Opladen/Wiesbaden: VS Verlag.

Biermann, Harald. 2001. Gerhard Stoltenberg. In *Kanzler und Minister 1949-1998*, Hrsg. Udo Kempf und Hans-Georg Merz, Bd. 1, 677–684. Wiesbaden: VS Verlag.

Birch, Anthony H. 1964. *Representative and Responsible Government*. London: George Allen & Unwin Ltd.

Blaeschke, Axel und Lothar Gall (Hrsg.). 1970. *Benjamin Constant: Werke in vier Bänden*. Berlin: Propyläen.

Bluntschli, Johann Caspar. 1885. *Allgemeines Staatsrecht*, Bd. 2, 6. Aufl., Stuttgart: Cotta.

Böckenförde, Ernst-Wolfgang. 1972. Der Verfassungstyp der deutschen konstitutionellen Monarchie im 19. Jahrhundert. In *Moderne deutsche Verfassungsgeschichte (1815-1918)*, Hrsg. Ernst-Wolfgang Böckenförde, 146–170, Köln: Kiepenheuer & Witsch.

Botzenhart, Manfred. 1977. *Deutscher Parlamentarismus in der Revolutionszeit 1848-1850*. Düsseldorf: Droste.

BPA (Presse- und Informationsamt der Bundesregierung). 2011. Statement: *Merkel: „Ich bedaure seinen Rücktritt sehr“*. http://www.bundesregierung.de/ContentArchiv/DE/Archiv17/Artikel/2011/03/2011-03-01-ruecktritt-guttenberg.html. Zugegriffen: 11.08.2017.

BPA. 2013. *Mitschrift Pressekonferenz. Statements von Bundeskanzlerin Merkel und Bundesforschungsministerin Schavan in Berlin*. http://www.bundesregierung.de/ContentArchiv/DE/Archiv17/Mitschrift/Pressekonferenzen/2013/02/2013-02-09-statements-merkel-schavan.html. Zugegriffen: 11.08.2017.

Brandt, Willy. 1974. Schreiben an Bundesminister Walter Scheel vom 6. Mai 1974. In *Rücktritt von Bundeskanzler Brandt*. Bulletin der Bundesregierung 09.05.1974: 557.

Brandt, Willy. 1992. *Erinnerungen*, 3. Aufl., Frankfurt a. M./Berlin: Ullstein.

Buddeberg, Eva. 2011. *Verantwortung im Diskurs*. Berlin/Boston: de Gruyter.

Buddeus, Johann Karl Immanuel. 1833. *Ministerverantwortlichkeit in constitutionellen Monarchien*. Leipzig: Köhler.

Burke, Edmund. 1975a (1770). Thought on the Cause of the Present Discontents. In *The Works. Twelve Volumes in Six* (1887), Bd. 1, Hildesheim/New York: Olms.

Burke, Edmund. 1975b (1774). Speech to the Electors of Bristol. In *The Works. Twelve Volumes in Six* (1887), Bd. 2, Hildesheim/New York: Olms.

Burke, Edmund. 1991. *The Writings and Speeches of Edmund Burke*, Paul Langford (Gesamt-Hrsg.), Bd. 9: The Revolutionary War, 1794–1797. Ireland, R. B. McDowell, Hrsg., Oxford: Clarendon Press.

Capitol Boxscore: Donovan Resigns; Must Stand Trial in New York. *Congressional Quarterly Weekly Report* 16.3.1985: 511

Chevallier, Jean-Jacques und Gérard Conac. 1991. *Histoire des institutions et des régimes politiques de la France de 1789 à nos jours*, 8. Aufl., Paris: Dalloz.

Churchill, Winston. 1942. Duty of a Prime Minister. *The Spectator* 19.02.1942: 14.

Cohen, Richard und Jules Witcover. 1974. *A Heartbeat Away. The Investigation and Resignation of Vice President Spiro T. Agnew*. New York: Viking Adult.

Constant, Benjamin. 1814. Réflexions sur les Constitutions. In *Collection complète des ouvrages*, Bd. 1, Teil 1, Paris: Plancher 1818.

Constant, Benjamin. 1815. *Principes de politique*. Paris: A. Eymery.

Constant, Benjamin. 1818. De la responsabilité des ministres. In *Collection complète des ouvrages*, Bd. 2, Teil 3, 53–124, Paris: Plancher.

Costin W. C. und J. S. Watson. 1952. *The Law and Working of the Constitution: Documents 1660-1914*, Bd. 2, London: Adam and Charles Black.

Davis, Joseph: Clark Named to Interior Post as Watt Resigns Under Fire. *Congressional Quarterly Weekly Report* 15.10.1983: 2120–2123.

Dobbert, Steffen. 2016. „Jetzt ist Poroschenko mein politischer Feind. „*Neue Zürcher Zeitung*“ 17.11.2016: 4.

Dunn, John. 1990. *Interpreting Political Responsibility: Essays 1981-1989*. Oxford: Polity Press.

Ellwein, Thomas. 1978. *Über politische Verantwortung*. Konstanz: Universitätsverlag.

F.A.Z. 2011. Guttenberg tritt zurück. *Frankfurter Allgemeine Zeitung* 02.03.2011: 1

Feldmeyer, Karl. 1993. Vor Schwierigkeiten graute es ihm nicht. *Frankfurter Allgemeine Zeitung* 07.05.1993: 3

Fraenkel, Ernst. 1991. *Deutschland und die westlichen Demokratien*, erw. Neuausg., Frankfurt a.M.: Suhrkamp.

Friedrich, Carl Joachim. 1967. Die Verantwortung der Regierung in den Vereinigten Staaten, Großbritannien und der Bundesrepublik Deutschland. *Politische Vierteljahresschrift* 8 (3): 374–390.

Gablentz, Otto Heinrich von der. 1968. Responsibility. In *International Encyclopedia of the Social Sciences*, Hrsg. David Sills, Bd. 13, 496–500, Houndsmills/New York: The Macmillan Company.

Gall, Lothar. 1963. *Benjamin Constant. Seine Ideenwelt und der deutsche Vormärz*. Wiesbaden: Franz Steiner Verlag.

Ganzin, Michel. 1972. *La pensée politique d'Edmund Burke*. Paris: Librairie Générale de Droit et de Jurisprudence.

Geerken, Kurd. 2013. Euro-Krise und Köhler-Rücktritt. *Frankfurter Allgemeine Zeitung* 54, 05.03.2013: 30.

Genscher, Hans-Dietrich. 1995. *Erinnerungen*. Berlin: Siedler.

Gough, John Wiedhofft. 1973. *John Locke's Political Philosophy: Eight Studies*, Bd. 2, Oxford: Oxford University Press.

Grand Larousse de la langue française 1977 6e tome, ed. par Louis Guilbert u.a., Paris.

Grimm, Jacob und Wilhelm. 1984. *Deutsches Wörterbuch*, bearb. von E. Wülcker u.a., Bd. 25 (1956), München: dtv Verlag.

Hamilton, Alexander, James Madison und John Jay. 1961. *The Federalist Papers*, [1787/88]. New York/Scarborough: Mentor.

Härle, Wilfried. 2011. *Ethik*. Berlin/New York: de Gruyter.

Henry, Diane. 1976. Ford rebukes Butz for slur on blacks. *New York Times*, 02.10.1976: 1/10

Höffe, Otfried. 1986. Tragen die Wissenschaften eine Verantwortung für unsere Zivilisation?. In *Zukunftsethik und Industriegesellschaft*, Hrsg. Thomas Meyer und Susanne Miller, 73–92. München: Schweitzer Verlag.

Hölzlein, Mathias. 2001. Krause, Günther. In *Kanzler und Minister 1949-1998*, Hrsg. Udo Kempf und Hans-Georg Merz, 384–387, Wiesbaden: VS Verlag.

Huber, Ernst Rudolf. 1963. *Deutsche Verfassungsgeschichte seit 1789*, Bd. 3, Stuttgart: Kohlhammer.

Kielmansegg, Peter Graf. 1988. *Das Experiment der Freiheit. Zur gegenwärtigen Lage des demokratischen Verfassungsstaates*. Stuttgart: Klett-Cotta.

Kleinhenz, Roland. 1991. *Königtum und parlamentarische Vertrauensfrage in England 1689-1841*. Berlin: Duncker & Humblot.

Klemmt, Rainer. 1983. *Die Verantwortlichkeit der Minister in Großbritannien: Eine Studie zur Kontrolle der Regierung im parlamentarischen Regierungssystem (Juristische Studien)*. Tübingen: Mohr Siebeck.

Kohler, Berthold. 2011. Ikarus. *Frankfurter Allgemeine Zeitung* 02.03.2011: 1.

Krauel, Torsten. 2011. Vom Aufstieg und Fall eines Hoffnungsträgers. *Welt am Sonntag* 06.03.2011: 17–20.

Kriele, Martin. 1994. Einführung in die Staatslehre. Die geschichtlichen Legitimitätsgrundlagen des demokratischen Verfassungsstaates, 5. Aufl., Wiesbaden: VS Verlag.

Laband, Paul. 1911. *Das Staatsrecht des Deutschen Reiches*, Bd. 1, 5. Aufl., Tübingen: Mohr Siebeck.

Laband, Paul und Otto Mayer. 1919. *Deutsches Reichsstaatsrecht*, 7. Aufl., Tübingen: Mohr Siebeck.

Le Grand Robert de la langue française 2001, 2e éd. dirigée par Alain Rey, nouvelle édition augmentée, tome 5, Paris.

Le Petit Robert 2012. Dictionnaire alphabétique et analogique de la langue française. Nouvelle édition millésime, Hrsg. Josette Rey-Debove und Alain Rey Paris: Le Robert.

Leicht, Robert. 1984. Bonn in Not. *Süddeutsche Zeitung* 16.06.1984.

Lenk, Hans und Matthias Maring. 1993. Verantwortung – Normatives Interpretationskonstrukt und empirische Beschreibung. In *Ethische Norm und empirische Hypothese*, Hrsg. Lutz Eckensberger und Ulrich Gähde, 222–243, Frankfurt a. M.: Suhrkamp.

Locke, John. 1823. *The Works of John Locke in Ten Volumes*, Bd. 5, new ed. London: Tegg. Nachdruck: Aalen: Scientia 1963.

Loewenstein, Karl. 1967. *Staatsrecht und Staatspraxis von Großbritannien*, Bd. 2, Berlin/Heidelberg: Springer Verlag.

Lotter, Maria-Sibylla. 2012. *Scham, Schuld,* Verantwortung. *Über die kulturellen Grundlagen der Moral.* Berlin: Suhrkamp.

Luhmann, Niklas. 1976. *Funktionen und Folgen formaler Organisation*, 3. Aufl., Berlin: Duncker und Humblot.

Mandt, Hella. 1974. „Responsible Government" und kontinentale Demokratietheorie. In *Civitas. Jahrbuch für Sozialwissenschaften*, Bd. 13, 84–103, Mainz.

Marschall von Bieberstein, Fritz Freiherr. 1930. Die Verantwortlichkeit der Reichsminister. In *Handbuch des Deutschen Staatsrechts,* Hrsg. Gerhard Anschütz und Richard Thoma, Bd. 1, 520–544, Tübingen: Mohr Siebeck.

Metzler, Gabriele. 2015. Sabine Leutheusser-Schnarrenberger. In *Kanzler und Minister 2005-2013*, Hrsg. Udo Kempf und Hans-Georg Merz, Bd. 3, 104–116, Wiesbaden: VS Verlag.

Meyer, Georg und Gerhard Anschütz. 1919. *Lehrbuch des deutschen Staatsrechts*, 7. Aufl., München/Leipzig: Duncker & Humblot.

Mill, John Stuart. 1979. An Examination of Sir William Hamilton's Philosophy (1865). In *Collected Works of John Stuart Mill*, Bd. 9, Toronto/London: Univ. of Toronto Press.

Mintz, Morton. 1976. Critics Urge Resignation or Firing of Butz for Remarks About Blacks. *Washington Post* 03.10.1976: A9.

Mohl, Robert von. 1837. *Die Verantwortlichkeit der Minister in Einherrschaften mit Volksvertretung.* Tübingen: Laupp.

Mohl, Robert von. 1860. Das Repräsentativsystem, seine Mängel und die Heilmittel. In *Staatsrecht, Völkerrecht und Politik*, Bd. 1, 367–458, Tübingen: Laupp.

Mohl, Robert von. 1902. *Lebens-Erinnerungen.* Bd. 2, Stuttgart/Leipzig: Deutsche Verlags-Anstalt.

Mommsen, Wolfgang. 1974. *Max Weber und die deutsche Politik 1890-1920*, 2. Aufl., Tübingen: Mohr Siebeck.

Montesquieu, Charles-Louis de Secondat, Baron de la Brède et de. 1950. De l'esprit des lois (1748). In Œuvres Complètes de Montesquieu, Hrsg. André Masson, Bd. 1, Paris: Nagel.

Müller, Christian. 1992. Verantwortungsethik. In *Geschichte der neueren Ethik*, Hrsg. Annemarie Pieper, Bd. 2, 103–131, Tübingen/Basel: Francke.

Münchhausen, Thankmar von. 1992. Verantwortlich, aber nicht schuldig. *Frankfurter Allgemeine Zeitung* 262 10.11.1992: 16.

Norton, Philip. 1997. Political leadership. In *Half a century of British politics*, Hrsg. Lynton Robins und Bill Jones, 69–86, Manchester/New York: St. Martin's Press.

Oxford English Dictionary. 2017 (online version). Artikel "Responsible" und „Responsibility". June 2017. www.oed.com. Zugegriffen: 24.08.2017.

Parry, Geraint. 1976. Trust, Distrust and Consensus. *British Journal of Political Science* 6: 129–142.

Passow, Richard. 1904. *Das Wesen der Ministerverantwortlichkeit in Deutschland.* Tübingen: Laupp.

Payne, Bruce. 1989. Spiro Agnew and Maryland Customs. In *Political Corruption. A Handbook*, Hrsg. Arnold Heidenheimer, Michael Johnston und Victor T. LeVine, 601–625, New Brunswick/London: Transaction Books.

Philipp, Michael. 2007. *Persönlich habe ich mir nichts vorzuwerfen.* München: Süddeutsche Zeitung.

Plöhn, Jürgen. 2006. „Konstruktives Mißtrauensvotum“ und „Vertrauensfrage“ im internationalen Vergleich – eine Fehlkonstruktion der deutschen Verfassung?. In *Sofioter Perspektiven auf Deutschland und Europa*, Hrsg. Jürgen Plöhn, 127–165, Berlin: LIT Verlag.

Plöhn, Jürgen. 2013. *Vertrauen und Verantwortung in den politischen Systemen westlicher Demokratien. – Band 1: Begriffliche, ideengeschichtliche und theoretische Grundlagen.* Frankfurt a.M.: Peter Lang.

Plöhn, Jürgen. 2015. *Vertrauen und Verantwortung in den politischen Systemen westlicher Demokratien. – Band 2: Der Fall der Regierenden in parlamentarischen und präsidentiellen Systemen. Empirische Studien zum Amtsverlust in Deutschland und den USA.* Frankfurt a.M.: Peter Lang.

Privy Council Office. 2011. *Accountable Government: a Guide for Ministers and Ministers of State*, o.O. [Ottawa].

Schmitt, Carl. 1928. *Verfassungslehre.* München/Leipzig: Duncker & Humblot.

Schmitt, Carl. 1932. *Legalität und Legitimität.* München/Leipzig: Duncker & Humblot.

Schmitt, Eberhard. 2001. Sieyes. In *Klassiker des politischen Denkens*, Hrsg. Hans Maier und Horst Denzer, Bd. 2, Neuausg. der 5. Aufl., 119–129, München: C. H. Beck Verlag.

Schmoll, Heike. 2013a. Nur Verlierer. *Frankfurter Allgemeine Zeitung* 07.02.2013: 1

Schmoll, Heike. 2013b. Wanka folgt Schavan als Bundesbildungsministerin. Rücktritt wegen Plagiatsaffäre (oll.). *Frankfurter Allgemeine Zeitung* 11.02.2013: 1

Schwartländer, Johannes. 1974. Verantwortung. In *Handbuch philosophischer Grundbegriffe, Studienausgabe*, Hrsg. Hermann Krings, Hans M. Baumgartner und Christoph Wild, Bd. 6, 1577–1588, München: Kösel Verlag.

Shabecoff, Philip: Watt Battled a Rising Tide. *New York Times* 10.10.1983: 1.

Shear, Michael und Matt Apuzzo. 2017. F.B.I. Director James Comey Is Fired by Trump. *New York Times* 9.5.2017. https://www.nytimes.com/2017/05/09/us/politics/james-comey-fired-fbi.html. Zugegriffen: 25.08.2017.

Sieyes, Emmanuel Joseph. 1789a. Qu’est-ce que le Tiers-Etat?. In Œuvres de Sieyès, Bd. 1, Teil 3, (1989) Paris: EDHIS.

Sieyes, Emmanuel Joseph. 1789b. Instruction donnée pas S.A.S. Monseigneur le duc d’ Orleans à ses Représentans aux bailliages. Suivie de délibérations àprendre dans les assemblées. In Œuvres de Sieyès, Bd. 1, Teil 4, (1989) Paris: EDHIS.

Sieyes, Emmanuel Joseph. 1789c. Dire de l’abbé Sieyès, sur la question du veto royal, à la séance du 7 septembre 1789. In Œuvres de Sieyès, Bd. 2, Teil 12, (1989) Paris: EDHIS.

Silver, Allan. 1985. „Trust“ in Social and Political Theory. In *The Challenge of Social Control: Citizenship and Institution Building in Modern Society*, Hrsg. Gerald Suttles und Mayer Zald, 52–67, Norwood, N.J., S.: Ablex Publishing.

Soell, Hartmut. 2008. *Helmut Schmidt. 1969 bis heute. Macht und Verantwortung.* München: Deutsche Verlags-Anstalt.

Souza Soares, Philipp Alvarez. 2014. Regierungskrise: Die wichtigsten Fragen und Antworten im Fall Edathy. *Spiegel Online.* 14.2.2014. http://www.spiegel.de/politik/deutschland/edathy-und-friedrichs-ruecktritt-fragen-und-antworten-zur-affaere-a-953467.html. Zugegriffen: 24.08.2017.

Steffani, Winfried. 1979. *Parlamentarische und präsidentielle Demokratie*. Opladen: Westdeutscher Verlag.

Strong, Charles Frederick. 1963. *Modern Political Constitutions*, 6. Aufl., London: G.P. Putnams Sons.

Sturm, Daniel Friedrich. 2015. *Edathy-Affäre. „Gabriel sagte ‚Oh Gott' oder ‚Ach du Scheiße'"*. http://www.welt.de/politik/deutschland/article142712367/Gabriel-sagte-Oh-Gott-oder-Ach-du-Scheisse.htm. Zugegriffen: 11.08.2017.

Time Magazine. 1973. *The Case Against Agnew*. 22.10.1973:19–22.

Time Magazine. 1976. *Exit Earl, not Laughing*. 18.10.1976: 25–26.

Theurer, Marcus. 2016. Sozialabbau spaltet die britische Regierung. Der Arbeitsminister tritt aus Protest gegen Sparkurs zurück. Aber ist das der wahre Grund? (theu). *Frankfurter Allgemeine Zeitung* 21.03.2016: 18.

US Senate, 95-1, 1977. Matters Relating to T. Bertram Lance, Hearings before the Committee on Governmental Affairs, Part 1–4, Washington.

Weber, Max. 1988a (1918). Parlament und Regierung im neugeordneten Deutschland. In *Gesammelte politische Schriften*, 5. Aufl., 306–443, Tübingen: Mohr Siebeck.

Weber, Max. 1988b (1919). Politik als Beruf. In *Gesammelte politische Schriften*, 5. Aufl., 505–560, Tübingen: Mohr Siebeck.

Wechlin, Daniel [daw]. 2016. Saakaschwili wirft den Bettel hin. *Neue Zürcher Zeitung* 09.11.2016: 2

Weiland, Severin. 2010. *Rücktritt des Bundespräsidenten: Gauweiler stellt die 148-Milliarden-Euro-Frage*. http://www.spiegel.de/politik/deutschland/ruecktritt-des-bundespraesidenten-gauweiler-stellt-die-148-milliarden-euro-frage-a-702722.html. Zugegriffen: 11.08.2017.

Welcker, Carl. 1848. Verantwortlichkeit der Fürsten und der Minister. In *Das Staatslexikon*, Hrsg. Carl von Rotteck und Carl Welcker, Bd. 12, Neuaufl., 709–711, Altona: Hammerich.

Wiegel, Michaela. 2003. Juppé: Ich war verantwortlich, bin aber nicht schuldig (mic). *Frankfurter Allgemeine Zeitung* 227 30.09.2003: 6.

Williams, E. Neville. 1960. *The Eighteenth-Century Constitution 1688-1815. Documents and Commentary*. Cambridge: Cambridge University Press.

Zehnpfennig, Barbara. 1993. Einleitung. In *Die Federalist Papers*, Hrsg. Barbara Zehnpfennig, 1–44, Darmstadt: Wissenschaftliche Buchgesellschaft.

Partizipative Politik und Verantwortungsdiffusion am Beispiel der Planung städtebaulicher Vorhaben

Chantal Magnin

1. Einleitung

Der Befund einer zunehmenden Diffusion von politischer Verantwortung verweist auf die heutige Komplexität bei der gesellschaftlichen Problemlösung und die sich verändernde Arbeitsteilung zwischen Staat, Politik und Stadt. Dies wird bei der Planung städtebaulicher Vorhaben und öffentlicher Infrastrukturen durch neue Formen der Zusammenarbeit besonders gut deutlich. Ob sich darin nun der Rückbau staatlicher Verantwortung oder eine dem Präventivgedanken innewohnende vermehrte staatliche Verantwortungsübernahme zeigt, in beiden Fällen können Probleme der Wahrnehmung und Zuschreibung von politischer Verantwortung entstehen. Hinzu kommt die vermehrte informelle Beteiligung von Bürgerinnen und Bürgern bei solchen Projekten. Die in den letzten Jahren stärker partizipativ ausgerichtete Politik von kommunalen Behörden in westlichen Ländern lässt sich als Antwort auf Forderungen aus der Zivilgesellschaft betrachten und zugleich als Versuch, den Projekten dadurch mehr Legitimität zu verschaffen. Größere Bauprojekte bieten besonders viel Zündstoff für politische Konflikte, geht es dabei doch um Grundsatzfragen des urbanen Lebens und öffentlicher Infrastruktur. „Wem gehört die Stadt?“ und „Recht auf Stadt“ lauten denn auch die Slogans sozialer Bewegungen, die den Anspruch erheben, stärker auf die Gestaltung des urbanen Raums einwirken zu können.

Im Beitrag soll anhand des Themas der Beteiligung von Bürgerinnen und Bürgern bei der Planung städtebaulicher Vorhaben das Augenmerk darauf gerichtet werden,[1] ob und inwiefern die informelle Partizipation von Bürgerinnen und Bürgern mittels beispielweise Workshops, runder Tische und Begleitgruppen das Problem der Zurechenbarkeit politischer Entscheidungen stärker akzentuiert. An zwei Beispielen aus Frankfurt am Main und Hamburg soll diskutiert werden, ob sich in diesem Kontext eine veränderte Konstellation von Verantwortungszuschreibung und -wahrnehmung in Richtung einer Diffusion bemerkbar macht. So lässt das Engagement der Bürgerinnen und Bürger zunächst vermuten, dass ihr Handeln darin motiviert ist, planerische Entscheidungen zu baulichen Vorhaben nicht allein den dafür zuständigen Gremien und Behörden überlassen zu wollen.[2] Sollte ihnen das gelingen, würde dies zu einer allgemeinen Diffusion politischer

---

1 An dieser Stelle bedanke ich mich bei den beiden Gutachtern für die wertvollen Hinweise.

2 Der Beitrag beruht auf dem laufenden Forschungsprojekt „Bürger_in aus Betroffenheit?“, das am Institut für Sozialforschung in Frankfurt am Main durchgeführt und von der Deutschen Forschungsgemeinschaft (DFG) finanziert wird.

 PVS, Sonderheft 52/2017, S. 170-195

Verantwortung beitragen. In begrifflicher Hinsicht sind die informellen Formen wie zum Beispiel die Teilnahme an einem Workshop den legalen Formen nicht-institutionalisierter Partizipation zuzuordnen. Zwar ist rechtlich vorgesehen, dass es diese Form der Beteiligung geben soll, doch es besteht keine rechtliche Verbindlichkeit hinsichtlich der Berücksichtigung der dabei erzielten Diskussionsergebnisse im politischen Entscheidungsprozess.

Im Beitrag wird als erstes auf die Bedeutung des Begriffs „Verantwortung“ und das Problem ihrer Zurechenbarkeit eingegangen. Danach soll diskutiert werden, warum und inwiefern die Aktivierung der Zivilgesellschaft und dabei eine stärkere Verantwortungsübernahme durch die Bürgerinnen Bürger als erwünscht erscheinen. Die weiteren Ausführungen machen deutlich, dass dies gerade im Bereich der Stadtentwicklung nicht geschieht, zumal stadtplanerische Fragen von den neuen direktdemokratischen Möglichkeiten auf der Ebene der Länder und Kommunen oftmals ausgenommen sind. Stattdessen gibt es immer mehr informelle Beteiligung, wie es auch den Empfehlungen internationaler Organisationen entspricht. Dies wird danach erläutert. Dabei zeigt sich, dass bei dieser Form von Deliberation kein Anspruch auf eine Delegation von politischer Verantwortung an die Bürgerinnen und Bürger verbunden ist. Vielmehr sollten diese Beratungen der Politik dazu dienen, das Regieren zu verbessern. Ob dies jemals eintrifft, lässt sich durch wissenschaftliche Studien zwar kaum je bestätigen. Festhalten lässt sich dennoch, dass vor Ort eine verstärkte Ansprache der Bürgerinnen und Bürger erfolgt. Zugleich zeigt sich, dass durch die wachsende wirtschaftliche Bedeutung von Städten vermehrt Regierungsmodi einer Zusammenarbeit zwischen Politik und Wirtschaft zum Zug kommen. Wegen der Undurchsichtigkeit entsprechender Partnerschaften und der gleichzeitigen Wahrnehmung öffentlicher Aufgaben durch privatwirtschaftliche Akteure ist es aus der Sicht von Bürgerinnen und Bürger kaum mehr möglich, politische Verantwortung zuzuordnen. Die politische Zurechenbarkeit und öffentliche Kontrolle erweisen sich als erschwert. Im Beitrag soll dies anschließend anhand von zwei Beispielen der Planung großer städtebaulicher Vorhaben in Hamburg und Frankfurt am Main gezeigt werden. Interviewausschnitte dienen dabei der Verdeutlichung dessen, inwiefern das zivilgesellschaftliche Engagement und die informelle Beteiligung bei städtebaulichen Vorhaben durch solche Partnerschaften zwischen Wirtschaft und Politik und der Relativierung eines hoheitlichen Anspruchs der Stadtplanung eine neue Rahmung erfahren. Im Fazit wird abschließend festgehalten, dass sich die Schwierigkeit einer institutionellen Verankerung von demokratischer Politik im Kontext der Globalisierung nicht nur in internationaler Hinsicht, sondern vor allem auch bezogen auf die Gestaltung des unmittelbaren Lebensumfelds zeigt. Dabei spielt die Frage nach der Zurechenbarkeit von politischer Verantwortung eine entscheidende Rolle.

2. Diffusion von politischer Verantwortung und die Zivilgesellschaft

Die Entstehung des Verantwortungsbegriffs geht auf dessen Verwendung im Mittelalter zurück. Er bezeichnete das „Antworten“ vor Gericht. Dies zeigt, dass es bei Verantwortung stets darum geht, die Folgen für das eigene Handeln zu tragen und das eigene Handeln zu rechtfertigen. Rechtlich gesehen ist das nur dann möglich, wenn davor eine Zuweisung von Verantwortung erfolgt ist (vgl. dazu auch Günther 2006). In diesem Sinne von Rechenschaft wurde der Verantwortungsbegriff später dann auch auf „andere Bereiche (Gott, Parlament, Geschichte, Volk, usw.)" übertragen (Historisches Wörterbuch der Philosophie 2001). Das eigene Tun rechtfertigen lässt sich also nur bezogen auf Entscheidungen, für die auch eine gewisse Zuständigkeit besteht. Wird politische Verantwortung demnach problematisiert, dann ließe sich zunächst festhalten, dass eine Debatte, die diese zum Gegenstand hat, letztlich von Delegitimierungs- und Relegitimierungsprozessen handelt. So geht es dabei immer auch um die Fraglichkeit einst getroffener Vereinbarungen, die die Zuständigkeiten von Regierung, Parlament sowie den Staatsbürgerinnen und Staatsbürgern regeln.

Dass sich Verantwortung nur noch schwerlich fassen lässt, wenn sie zu stark diffundiert, machte sich angesichts der Verwerfungen im Finanzmarkt bemerkbar, die 2007 zur Krise führten. Zugleich war die Debatte geprägt von der Suche nach den Verantwortlichen. Dass viele nicht mehr wussten, was sie taten, war der Eindruck, den die in Banken tätigen Angestellten von sich selbst vermittelten. Dies war eines der Ergebnisse einer in Frankfurt am Main, in Wien und Bern durchgeführten Studie zu Einschätzungen der Akteure innerhalb der Banken nur ein Jahr nach der Finanzmarktkrise (Honegger et. al. 2010), weshalb diese dann auch unter dem Titel „Strukturierte Verantwortungslosigkeit" veröffentlicht wurde. Er verweist auf die Zerstückelung von Risiken und Prozessen, die einzelne Handlungsketten nicht mehr als in sich konsistent und logisch verknüpft erscheinen ließ, selbst für die Akteure nicht, die damit zu tun hatten. Die Verantwortungslosigkeit ist in diesem Fall somit als das Ergebnis einer strukturell bedingten Schwierigkeit zu sehen, die Zurechnung und Wahrnehmung von Verantwortung in Übereinstimmung zu bringen. Als Grund dafür sind die in der Finanzwelt charakteristischen arbeitsteiligen, insbesondere ausgeprägt hierarchischen Organisationsstrukturen zu sehen. Der einerseits eng abgesteckte Handlungsrahmen Einzelner, in Kombination mit einer für viele unverständlichen Quantifizierung von Risiken mittels komplizierter Modelle, gepaart dennoch mit einer großen Zahlengläubigkeit, ließ die Frage unbeantwortet, in Bezug worauf sie sich zu bewähren und wofür sie sich dann auch moralisch zu rechtfertigen haben. Insofern klafften Zuständigkeit, Sachverstand und Rechenschaftspflicht stark auseinander, was die Weigerung der Verantwortungsübernahme durch die Akteure, auch vor Gericht, aus strukturellen Gründen als mitunter plausibel, aber dadurch noch nicht gerechtfertigt erscheinen ließ. Geht die Diffusion von Verantwortung also letztlich über deren willentliche Zurückweisung oder ihre Verlagerung in Zukunft durch Akteure hinaus? Dann wäre sie als Ergebnis einer strukturellen Unmöglichkeit zu deuten, Zuständigkeit und Rechenschaftspflicht in Übereinstimmung zu bringen.

Analog zum Beispiel aus der Finanzwelt lässt sich „politische Verantwortung" als Zuständigkeit und Rechenschaftspflicht betrachten, allerdings nur für jene Belange und Probleme gesellschaftlichen Lebens, die in den Zuständigkeitsbereich der „Politik" fallen und somit einer politischen Bearbeitung und Lösung harren. Hypothetisch gesehen könnten dafür auch die Staatsbürgerinnen und Staatsbürger und zwar mittels ihrer Rechte und Pflichten zuständig sein. Ihre politische

Partizipation erweist sich in einer liberalen Denk- und Demokratietradition jedoch meist als auf den Wahlakt begrenzt. So gesehen werden in einem liberalen rechtsstaatlichen Verständnis von Demokratie die Bürgerinnen und Bürger durch die von ihnen gewählten Vertretungen von der politischen Verantwortung denn auch weitgehend entlastet. Es gibt aber eine breit geführte Debatte darüber, dass sich dies ändern soll. Als Gründe dafür nennt beispielsweise Heidbrink (2006) die aus der Pluralisierung und Individualisierung von Gesellschaft hervorgehende zunehmende Komplexität. So seien komplexe Gesellschaften auf kognitive Selbstdeutungen von Problemlagen angewiesen (S. 23). Und weil aus der Komplexität normative Ungewissheit erwachse, werde die kollektive Steuerung in die Hände der „Staatsbürger" zurückverlagert, und es werde ihnen „zugemutet", sich auf dem Weg der „aktiven Mitverantwortung an der Organisation des Gemeinwesens zu beteiligen". Mit dem Begriff der „Zurückverlagerung" verweist der Autor auf die Allokation politischer Macht. Es soll neu verteilt werden, was der Staat in seinen Händen konzentriert hatte. Dies habe den Nebeneffekt einer die Gesellschaft integrierenden Wirkung zur Folge. Das Verantwortungsprinzip soll damit zum einigenden Band der zentrifugalen Kräfte in einer pluralistischen Gesellschaft werden. Dies lässt zunächst vermuten, dass Bürgerinnen und Bürgern gefordert sind, mehr politische Verantwortung zu übernehmen. Ob dies im Bereich der Stadtplanung tatsächlich geschieht, ist im Weitern zu prüfen.

3. Zur Verlagerung von politischer Verantwortung

Tatsächlich ist die repräsentative Demokratie in Deutschland in Bewegung geraten. Ständige Arbeitsgruppen, runde Tische und Workshops bieten neue Möglichkeiten der Partizipation und Willensbildung. Seit der deutschen Vereinigung wurden auch die direktdemokatischen Partizipationsmöglichkeiten sukzessive ausgebaut (vgl. Schiller 2011), dies allerdings nicht auf Bundesebene, sondern vor allem in den Bundesländern und auf kommunaler Ebene. Roth (2006, S. 134) beschreibt dies als Ergebnis eines bereits davor in Gang gekommenen Prozesses hin zu einer „mit vielfältigen Beteiligungsmöglichkeiten ausgestatteten Kommunalverfassung" der „Wende-Regierung", der in der „Ausdehnung der süddeutschen Ratsverfassung mit ihren direktdemokratischen Angeboten (vor allem der Direktwahl der Bürgermeisterin bzw. des Bürgermeisters, Bürgerbegehren und Bürgerentscheid sowie die Abkehr von starren Parteilisten durch Kumulieren und Panaschieren)" mündete.[3] Allen diesen Instrumenten, inklusive der informellen Verfahren wie Integrationsräten und Seniorenvertretungen, sei gemeinsam, dass sie Beteiligungschancen über die repräsentativ-demokratischen Formen hinaus eröffneten, ohne deren Rang in Frage zu stellen. Sie erhöhten aber den Druck auf „Bürgermeister, Kommunalparteien und Gemeinderäte, sich öfter als zuvor der Interessen und der Unterstützung der Bürgerinnen und Bürger zu vergewissern". Durch die neu hinzu gekommenen direktdemokratischen Möglichkeiten änderte sich für den kommunalen Aufgabenbereich der Stadtplanung allerdings nicht sehr

3 Roth bezieht sich dabei auf die Arbeiten von Knemeyer 1995 und Schefold u. Neumann 1996.

viel, da dieser in den einzelnen Bundesländern (und Kommunen) oftmals explizit davon ausgenommen wird (Schiller 2011, S. 58). So verbleibt die politische Entscheidungsmacht und damit die Verantwortung bei Fragen der Stadtplanung und des Städtebaus weitgehend bei den Behörden und den gewählten Vertretungen. Dort, wo die Möglichkeit eines Bürgerbegehrens auch stadtplanerische Projekt einschließt, wie zum Beispiel in Hessen, wird sie aufgrund der zu erfüllenden Quoren nur bedingt an die Bürgerinnen und Bürger delegiert. Insgesamt ergibt sich für Schiller denn auch ein Bild der Regulierung in Deutschland, die nicht „liberal", sondern vielmehr durch restriktive Tendenzen gekennzeichnet sei (S. 56).

Die direkt-demokratischen Beteiligungsmöglichkeiten spielen in der Debatte um eine Aktivierung von Zivilgesellschaft in Deutschland, wie sie Heidbrink vorschweben mag, jedoch nur eine untergeordnete Rolle. Diese gilt vielmehr als ein Charakteristikum einer neuen Governance in Richtung „Gewährleistungsstaat" – unter Aufgabe eines hoheitlichen staatlichen Planungsanspruchs – wie sie von Schuppert in mehreren Publikationen beschrieben wird (vgl. Schuppert 2005). Die damit verknüpften neuen Formen von Staatlichkeit fassen Gosewinkel und er wie folgt zusammen: von der Gefahrenabwehr zur Risikovorsorge; vom anordnenden zum kooperativen Staat; vom formalen zum informalen Verantwortungshandeln, Netzwerkbildung und Hybridisierung bei der öffentlichen Aufgabenwahrnehmung: von der hierarchischen zur konsensualen Steuerung respektive der hoheitlichen Regulierung zur ‚regulierten Selbst-Regulierung' (2008, S. 33-34). Eine partizipative und dem Selbstverständnis nach sich auf eine die verschiedenen Interessen koordinierende, sich zurückziehende Stadtplanung bringt die erwähnten Entwicklungen besonders gut zum Ausdruck (vgl. dazu auch Dröge et. al. 2010). Angesichts der Formel „Gewährleistungsstaat" ließe sich nun vermuten, dass die Aufgabe eines steuernden Anspruchs in einem schwachen Staat münden müsse. Eine dazu im Gegensatz stehende Entwicklung beschreibt Grimm (1991, S. 1994), wenn er auf die paradoxalen Folgen einer verstärkten Risikovorsorge respektive des präventiven Gedankens aus verfassungstheoretischer Sicht hinweist: So gesehen wird es in Zukunft nicht weniger, sondern mehr Staat geben. Der Staat werde seine Reservehaltung immer mehr verlassen und seine Tätigkeit verliere auf diese Weise „ihre punktuelle und retrospektive Ausrichtung" und gewinne „einen flächendeckend –prospektiven Charakter, der dem absoluten Staat wegen seiner geringen Gestaltungsmöglichkeiten und dem liberalen Staat wegen seiner geringen Gestaltungsbefugnisse" fremd gewesen sei (1991, S. 414). Dadurch komme es zu einer allmählichen Verschiebung von „natürlicher Freiheit" hin zu einer staatlich vermittelten und konditionierten Freiheit. In beiden Fällen aber – also im Falle des Rückbaus staatlicher Verantwortung, wie im Falle einer dem Präventivgedanken innewohnenden vermehrten staatlichen Verantwortungsübernahme – können Probleme der Wahrnehmung und Zuschreibung von staatlicher und politischer Verantwortung entstehen und somit Prozesse ihrer Diffusion. Nicht nur die Trennlinien zwischen Politik und Wirtschaft verändern sich stark, sondern auch zwischen Öffentlichkeit und Privatheit.

Was die vermehrte politische Berücksichtigung von Forderungen und Anliegen seitens sozialer Bewegungen und der Zivilgesellschaft anbelangt, fallen die Einschätzungen sehr unterschiedlich aus. Für Frankreich fällt auf, dass eine ganze

Reihe von Autorinnen und Autorinnen darin eine Chance für eine verbesserte Legitimität politischer Entscheidungen in der repräsentativen Demokratie und damit in der informellen Beteiligung ein geeignetes Mittel gegen Politikverdrossenheit und Apathie sehen (Blondiaux 2008; Rosanvallon 2006, 2010; Sintomer 2007; Manin 2007). Politikverdrossenheit wird hier als eine Folge mangelnden Vertrauens in Regierungen und Parlamente und somit in deren Fähigkeit gesehen, politische Verantwortung in einem Maße wahrzunehmen, wie dies durch die institutionelle Ausgestaltung des politischen Systems einer repräsentativen „Demokratie" im Grunde vorgesehen ist. Insbesondere Rosanvallon, der die Entstehung neuer Beteiligungsmöglichkeiten ursprünglich auf Aktivitäten der neuen sozialen Bewegungen zurückführt, sieht in den Ausdrucksformen dieser Beteiligungen spannenden „Experimente" und spricht von einem durch sie hervorgerufenen „Echo", das von einem „tiefgreifenden Wandel in der Wahrnehmung dessen" zeuge, „was legitime Macht konstituiert" (2010, S. 250). Die neuen experimentellen Formen einer Beteiligungspolitik sollen in dieser Sicht dazu dienen, dem konstatierten Vertrauens- und Demokratiedefizit Abhilfe zu verschaffen. So gesehen handelt es sich bei der Zunahme an informeller Beteiligung zugleich um eine typische Ausdrucksform dessen, was als Aufstieg einer Legitimitätspolitik in unterschiedlichen Bereichen der Politik derzeit beschrieben wird (Geis et. al. 2012). Es gilt letztlich, die Legitimität politischer Entscheidung zu verbessern. Dies kann nur unter Zuhilfenahme demokratischer Mittel geschehen.

4. Mehr informelle Beteiligung zwecks Verbesserung der Legitimität

Internationale Organisationen wie die UNO und ihre Agenda 21, die EU, aber auch die OECD befördern in ihren Empfehlungen die Einrichtung von informellen Verfahren der Partizipation insbesondere im lokalen Kontext. Dem angeblichen Demokratiedefizit in vielen westlichen Ländern soll durch informelle Formen der Partizipation, also die Beratung der Behörden durch interessierte Bürgerinnen und Bürger begegnet werden. Die Betroffenen gelten dann sozusagen als Expertinnen und Experten vor Ort. Hierbei nahm das Aufgabengebiet der Stadtplanung eine Vorreiterrolle ein. In einem vom Deutschen Städtetag 2013 veröffentlichten Paper zum Thema „Culture of participation in integrated urban development", also Partizipationskultur in der integrierten Stadtentwicklung, wird festgehalten, dass Partizipation ein zentrales Element in jeder kommunalen Körperschaft („local authority democracy") sein solle (S. 5). Dies geschehe im Interesse der Legitimation und Akzeptanz. Wie auch eine eigene frühere Untersuchung zeigte, steht für die Stadtplanung und die Behörden die Zielsetzung im Vordergrund, den städtebaulichen Vorhaben dadurch zu mehr Akzeptanz zu verhelfen (vgl. Dröge et. al. 2010; Magnin 2012). Die vorzeitige Kenntnis über heikle Aspekte der Planung und im Vorfeld auszuräumender Widerstände sowie die Steigerung der Identifikation stellen wichtige Gründe für die Durchführung von Workshops und Informationsveranstaltungen dar. Von den interviewten Expertinnen und Experten erwähnt werden auch eine stärkere Inpflichtnahme der Bürgerinnen und Bürger, was die Nutzung und auch Pflege des zu bebauenden Areals anbelangt.

Die Beteiligungspolitik zur Verbesserung von Legitimität von oben trifft im lokalen Kontext nun auf Initiativen, mit denen sozusagen von unten ein Recht auf Stadt auf eingefordert wird. Marcuse (2009), der Letzteres im Weiterklang der Proteste von 1968 verankert sieht, hält die Einforderung eines „Rechts" für einen symbolischen Akt: Es handle sich um eine auf die Schriften Henry Lefebvres zurückgehende Metapher, die dazu diene, eine die materiellen und immateriellen Bedürfnisse ihrer Bewohnerinnen und Bewohner ausgerichtete und dadurch im Grunde gemeinwohlorientierte Gestaltung städtischer Politik einzufordern.[4] Doch was bedeutet dies jenseits der Symbolik?

Zur erwähnten Entwicklung hin zu stärker partizipativ ausgerichteten Politik passt der in der Literatur weitgehend unbestrittene Befund eines Bedeutungsverlusts der großen Parteien und damit ihrer Deutungshoheit. Ihre Mitgliederzahl nimmt seit den 1970er Jahren stetig ab. Engagement in politischen Aktionen tritt hier an die Stelle an die Dauerbindung an eine Partei. Doch diese Entwicklung kann im für die Demokratie schlechteren Fall auch in einer Konsumenten-Demokratie münden, bei der es nur noch um die Verwirklichung der an den jeweiligen Lebensstil gebundenen individuellen Präferenzen ginge. Eine solche „Postdemokratie", wie sie von Crouch (2008) in zeitdiagnostischer Absicht kritisch kommentiert wird, ergäbe in Kombination mit der Prognose Grimms eines in die Privatsphäre eingreifenden Präventionsstaats ein eher düsteres Bild. In Anlehnung an Alexis de Tocquevilles wäre dann zu befürchten, dass die moderne Demokratie zu einem „Verwaltungsdespotismus" mit entpolitisierter Bürgerschaft verkommen könnte, nachdem sich diese an ihre Freiheit gewöhnt hat (1984 [1835/1840], dazu vgl. Hidalgo 2016). Dies wäre nun allerdings genau das gegenteilige Szenario dessen, was sich Heidbrink von einer aktiven Zivilgesellschaft erhofft.

5. Besseres Regieren dank Deliberation

Ausgehend von der Programmatik einer partizipativen Politik sollte die stärkere Berücksichtigung der Bedürfnisse künftiger Nutzerinnen und Nutzer einen angeblich besser legitimierten Output zur Folge haben. Ob dies dann auch passiert, ist kaum je Gegenstand einer wissenschaftlichen Überprüfung. Auch sollte das Regieren durch die informelle Beteiligung der Bürgerinnen und Bürger besser werden. Ein Grund dafür ist, dass aufgrund der Globalisierung die Gefahr besteht, dass eine globale Elite weit entfernt vom Leben der Bürgerinnen und Bürger stellvertretend für sie folgenreiche Entscheidungen trifft. Dies erschwert auch die Zurechenbarkeit politischer Verantwortung. In der Literatur thematisierte Lösungsvorschläge für dieses Problem fassen Steffek und Nanz (2008, S. 1 ff.) in drei Hauptrichtungen zusammen: Erstens in solche für die Verbesserung der repräsentativ-parlamentarischen Institutionen, zweitens in jene für neue Mechanismen

4 Er wiederum plädierte für eine stärkere Verbindung und Zusammenarbeit zwischen diesen sozialen Bewegungen, die das Recht auf Stadt einfordern, und einer in der kritischen Theorie verankerten „critical urban theory".

einer verbesserten Accountability[5] sowie drittens in jene Ansätze, die sich mehr Deliberation wünschen. Interessant ist der bereits erwähnte Vorschlag Rosanvallons (2016), der auf eine Verbindung der zweiten mit der dritten hinausläuft: Durch deliberative Verfahren soll die Accountability, also die Zurechenbarkeit von politischer Verantwortung, verbessert werden. Verwirklichen ließe sich dies durch eine vermehrte Rechenschaftslegung der Regierungsbehörden gegenüber einem Gremium extra dafür ausgewählter Bürgerinnen und Bürgern. Der Einbau ständiger Bürgerkonsultationen könnte dann in der „Konsultative" münden, gewissermaßen einer Art vierter Gewalt (vgl. dazu Nanz et. al. 2016). Eine solche ständige Beratung der Politik durch Bürgerinnen und Bürger auf allen Ebenen, die dem Gesetzgebungs- und Entscheidungsverfahren voranzustellen und nachzuordnen wäre, sollte „positiv auf den oft überfordert wirkenden Politikbetrieb" zurückwirken (S. 9). Bürgerinnen und Bürger wären also dahingehend gefordert, den angeblich überforderten Behörden und Politiker_innen bei der Wahrnehmung ihrer politischen Verantwortung durch geeignete Ratschläge unterstützend zur Seite zu stehen. Was oft als Form der Demokratisierung gesehen wird, besteht also zunächst aus der Beeinflussung der Administration durch die Zivilgesellschaft und deren intermediäre Instanzen. Auch für Habermas ging es einst darum, politischen Entscheidungen durch Deliberation zu einer verbesserten Legitimität zu verhelfen. Aber es war die Idee, dass diese durch andere Instanzen hätten getroffen werden sollen.. Es galt stattdessen, mittels „Verfahren und Kommunikationsvoraussetzungen" die „diskursive Rationalisierung der Entscheidungen von Regierung und Verwaltung" voranzutreiben (Habermas 2008, S. 144). Das Ergebnis von Deliberation wäre demzufolge ein rationaleres Planungsergebnis durch eine verbesserte Beratung. Zugleich befand Habermas (1973) dieses Mittel zur Behebung von Legitimationsdefiziten als riskant (S. 102 f.). Riskant sei die Deliberation deshalb, weil sich die Planer im Planungsprozess selbst unter den Zwang zur Konsensbildung setzen, „um so eher ist mit einer Belastung zu rechnen, die auf zwei konträre Motive zurückgeht: einerseits auf Überforderung durch Legitimationsansprüche, die das administrative System unter Bedingungen eines asymmetrischen Klassenkompromisses nicht befriedigen kann, andererseits auf konservative Planungswiderstände, die den Zeithorizont der Planung beschränken und den Innovationsgrad" senken (S. 103). Innovation könnte dadurch behindert werden. Ein noch größeres Risiko, als es Habermas beschreibt, besteht bei direktdemokratischen Sachentscheidungen mittels Mehrheitsprinzip. Hier könnte gar die Situation entstehen, dass Bürgerinnen und Bürger mehrheitlich nicht gutheißen, was die Behörden zuvor geplant haben.[6]

5 Unter „accountability" und auch „liability" wird die aus der Zurechnung vergangener Ereignisse sich ergebende Rechenschaftspflicht verstanden.

6 Dass ein solches Risiko besteht, ist in Deutschland jedoch meist von vornherein ausgeschlossen, da bei Fragen der Stadtplanung in den Bundesländern und Kommunen vielfach keine direktdemokratischen Verfahren zugelassen sind. Doch dieses Risiko besteht beispielsweise in Schweizer Kommunen. Hier kommt es bei grossen baulichen Vorhaben häufig zu Abstimmungen durch die wahlberechtigten Bürgerinnen und Bürger, so wenn dafür der Bauzonenplan geändert werden soll, oder die geplanten öffentlichen Ausgaben einen festgelegten Betrag übersteigen. Jede Kommune regelt selbst, in welchen Fällen das Erfordernis für die Behörden besteht, eine Abstimmung durchzuführen. Dies schafft für die informelle Beteiligung eine ganz andere Ausgangslage.

Bei der Politikberatung durch die Zivilgesellschaft, wie sie Habermas vorschwebte, vollzog sich die Ausübung von Herrschaft nicht nur weiterhin nach den Spielregeln der repräsentativen Demokratie, sondern auch durch eine einerseits von der wirtschaftlichen Wertschöpfung abgrenzbare und anderseits diese zähmende politische Regierung. Doch die Voraussetzung eines hoheitlichen Anspruchs der Stadtplanung ist heute gerade nicht mehr gegeben. Mit der Dezentralisierung staatlicher Exekutiv- und Regierungsstrukturen geht ein neues Selbstverständnis einer nicht nur mit zivilgesellschaftlichen, sondern auch wirtschaftlichen Akteuren kooperierenden kommunalen Verwaltung einher (vgl. Holtkamp et. al. 2006). Trotz der von Habermas geäußerten Befürchtung, deliberative Verfahren könnten sich innovationshemmend auswirken, gelangen sie heutzutage vor allem bei Themen zur Anwendung, die für die Gesellschaft neu sind und gerade deshalb Regelungsbedarf besteht. So sind dies nebst Stadtplanung und Städtebau vor allem Technologiefragen. So zeigen ethnographische und konversationsanalytische Untersuchungen im Bereich Bio- und Gentechnologie (Abels et. al. 2004; Bora et. al. 2006, 2009), Biomedizin (Görsdorf 2007) und Nanotechnologie (Görsdorf 2011) sowie zu Beteiligungsexperimenten im Rahmen sozialökologischer Forschung (Bogner et. al. 2011; Bogner 2010) die grundlegenden Schwierigkeiten zwischen dem Anspruch des freien Austauschs von Argumenten und der Einrichtung eines Rahmens, der die Sachhaltigkeit der Diskussion zu gewährleisten vermag. Stattdessen besteht anscheinend die Gefahr, dass lediglich Scheindebatten geführt werden. Dazu passt auch der Befund von Geißel, die darauf hinweist, dass sich die gewünschten Effekte wie Legitimität, Effektivität, Qualifizierung und Bildung von Sozialkapital insgesamt nicht bestätigen ließen (2008, S. 44). Als erwiesen erachtet sie lediglich eine Zunahme an politischer Informiertheit derjenigen, die an den Verfahren teilnehmen. Obwohl die Stadtplanung eines der ersten Aufgabengebiete der öffentlichen Hand war, bei dem informelle Verfahren der Bürgerbeteiligung zum Einsatz gelangten, gibt es dazu zwar viele Berichte, aber nur sehr wenige Studien unabhängiger Forscher. Eine wurde von Geis (2005, S. 62) vorgelegt und zwar die Fallstudie zu einem Mediationsverfahren im Zusammenhang mit der Entwicklung des Flughafens in Frankfurt am Main.[7] Geis hebt eine „frühzeitige Politisierung" des Themas, „Rationalisierung" sowie eine „Institutionalisierung von Akteursbeziehungen" als Effekte des Verfahrens hervor (2005, S. 255 ff.).[8] Dies verweisen auf eine Aufklärung der sich beteiligenden Bürgerinnen und Bürger. Mehr politische Verantwortung wird ihnen durch die Verfahren aber nicht zugestanden.

Nach gelingenden Bedingungen für die informelle Beteiligung suchten Fung und Wright (2003) in ihrer Untersuchung „Thinking about Empowered Participatory Governance". Durch den Vergleich von Nachbarschaftsräten in Chicago, dem Bürgerhaushalt in Porto Alegre in Brasilien sowie Reformen in Westbengalen und Kerala gelangen sie zum Schluss, dass folgende ermöglichende Bedingungen

7 In Anlehnung an Schuppert (1990, S. 332) beschreibt Geis „Mediation" als eine definierte Sonderform informeller Partizipation, die eine „im Prinzip von außen einsehbare Arena mit bekannten Akteuren" darstellt.

8 In einer Untersuchung zu deliberativen Verfahren in Distrikten der Arbeiterklasse und des sozialen Wohnungsbaus in Frankreich kommt Carrel (2015) ebenfalls zum Schluss, dass es leichte Effekte in Richtung einer Politisierung zu beobachten geben würde.

(„enabling conditions“ im Original) erfüllt sein müssten: als Erstes, dass es bei den organisierten Diskussionen um einen spezifischen öffentlichen Belang („specific area of practical public concern“) gehen müsse. Zweitens soll die Entscheidungsfindung auf der ermächtigenden Beteiligung („empowered involvement“) beruhen und zum Dritten mittels Deliberation zur Problemlösung beigetragen werden (S. 24). Bei der Planung von Arealen, in denen es auch um die Ausgestaltung städtischer Einrichtungen, Räume und Infrastruktur geht, wäre eine entsprechende Betroffenheit aufgrund öffentlicher Belange gegeben, zumeist aber die zwei weiteren Bedingungen nicht: dass die Beteiligung einerseits zur tatsächlichen Entscheidungsfindung, andererseits tatsächlich zur Problemlösung beitragen kann. Ein Befund unserer Studie zeigt, dass viele der sich bei der Planung beteiligenden Personen enttäuscht sind, weil sie nicht erkennen können, dass sie durch ihr Engagement tatsächlich einen Beitrag zur Problemlösung hätten leisten können. Dies gelangt in der vielfach geäußerte Enttäuschung zum Ausdruck, das gar nicht diskutiert worden sei, sondern lediglich Ideen gesammelt wurden. Die Enttäuschung speist sich somit aus der Quelle, dass es sich wider Erwarten als unmöglich erwies, durch ihre Teilnahme auf den politischen Willensbildungsprozess einwirken zu können zu können, dies durch die Möglichkeit, andere von den eigenen Argumenten zu überzeugen.

Zur Erfüllung dieser beiden Bedingungen müsste – bezogen auf die Fragen der Stadtplanung und Stadtentwicklung – die von Fung und Wright ebenfalls erwähnte institutionelle Voraussetzung gegeben sein, dass lokale Gemeinwesen über ausreichend viel Macht verfügen, um selber gestalten zu können. Dass dies oftmals nicht zutrifft, zeigen später im Beitrag die Beispiele städtebaulicher Vorhaben in Hamburg und Frankfurt am Main.

6. Zum Bedeutungsgewinn des Lokalen und des Stadtbürgers

Auch wenn die partizipative Politik im Bereich der Stadtplanung nur bedingt die erwünschte Wirksamkeit entfalten kann, stehen die Bürgerinnen und Bürger vor Ort stärker in ihrem Fokus. Auch stellt sich die Frage, ob dieser allfällige Bedeutungsgewinn nicht zu Ungunsten des Staatsbürgers ausfällt. Denn Städte erleben im Verhältnis zum Nationalstaat einen Aufschwung. Die oft zitierte „Renaissance der Städte“ (Häußermann et. al. 2008) geht auf die Bildung von „Innovationsfeldern der Wissens- und Kulturproduktion“ zurück (Läpple 2003, S. 74). Dabei spielt ein weiterer Aspekt eine Rolle, der insbesondere von Harvey betont wird: In gleichem Masse wie die Lohnarbeit bei der Kapitalakkumulation an Bedeutung verliere, werde der städtische Boden wichtiger, was in einer Politik der Lenkung von Ressourcen auf „dynamische, ‚unternehmerische‘ Wachstumszentren“ (2013, S. 68) münde. Solche Zentren sieht auch Sassen entstehen, dies in Form von Global Cities. Doch sie sieht darin nicht in erster Linie nur lukrative Investitionsmöglichkeiten für das frei zirkulierende Kapital, sondern vielmehr globale Markzentren, die aufgrund der internationalen Arbeitsteilung herausbildendeten. So würden die Gobal Cities die Koordination der internationalen Finanzflüsse übernehmen (2001, S. 333), wie es auf Frankfurt am Main zutrifft. Aus dieser Perspektive stehen die Städte bei der wirtschaftlichen Wertschöpfung nicht nur im

Wettbewerb um Arbeit und Kapital, sondern auch in funktionaler Abhängigkeit. Die daraus resultierenden Widersprüche einer urbanisierten Globalisierung äußerten sich, so auch Swyngedouw und andere (2004, S. 248), deshalb nicht in einem schwächeren, sondern in einem eher willkürlicheren Staat, „in „disturbing autocratic touches and less democratic and non-transparent forms of political organization". Soziale Polarisierung sei die Folge, dies zugunsten der Akkumulationsstrategie städtischer Eliten.

Die Lokalpolitik gerät damit nicht nur stärker in den Fokus eines beschleunigen Wandels. Deren Ausgestaltung gewinnt außerdem an Einfluss für weitere Ebenen der politischen Entscheidungsfindung. Dies zumindest vertritt der viel zitierte Brenner (2004). Die Lokalpolitik werde regelrecht zum Ausgangspunkt einer Transformation des Staates, des „Rescaling of statehood" (S. 172 ff.). Swyngedouw hatte einen solchen Bedeutungsgewinn des Lokalen, der paradoxerweise auf die Globalisierung zurückzuführen ist, bereits 1997 in die Formel einer „Glokalisierung" gefasst. Ihm und den Mitautoren zufolge sind es denn auch die Stadtentwicklungsprojekte, die solche global-lokale Umstrukturierungsprozessen besonders gut veranschaulichten (2003, S. 2). Da die Bürgerinnen und Bürger bei solchen Projekten zum Teil vor Ort einbezogen werden, liegt die Vermutung nahe, diese könnten an Vorhaben mitwirken, die Bedeutung über den Ort hinaus erlangen. Währenddessen sich die moderne Staatsbürgers durch allgemeine Rechte und Pflichten auszeichnet, die gerade nicht an soziale Herkunft, Familie und sonstige Belange der Person gekoppelt sind, ist der Stadtbürger dagegen durch seine Bindung an den Siedlungsort „Stadt" aufgefordert, zur Lösung der Probleme beizutragen.[9]

Es gibt Hinweise, wonach gerade die Beteiligung in den Städten auf einen neuen Modus des Regierens verweist. So habe sich ein solch neuer Modus zuerst bei der Stadterneuerung und Sanierungen von Häusern gezeigt, wie Häußermann, Läpple und Siebel (2008) geltend machen. Sie erkennen darin einen Wandel „von einer vor allem staatlich induzierten, finanzierten und gelenkten Strategie zu einer moderierenden, die Marktprozesse ausnutzenden Steuerung" (S. 237).

Die neue Form der Steuerung kulminierte in den so genannten Business Improvement Districts (BID).[10] Hier überträgt die Stadt die Verwaltung des öffentlichen Raums und damit einen Teil ihrer politischen Verantwortung an Geschäft- und Immobilieneigentümer (Häußermann et. al. 2008, S. 302). Eine wichtige Rolle spielten solche Distrikte beim Stadterneuerungsprogramm der Labour Regierung,

---

9 So entstand der Bürger-Begriff einst im städtischen Kontext des Mittelalters, womit jene Personen bezeichnet wurden, die „sich des neuen Rechtsstatus eines vollwertigen Mitgliedes einer mit Stadtrechten versehenen Gemeinde erfreuten", wie der Historiker Bartlett (1998, S. 333 f.) festhält. Ausgehend vom Zentrum Westeuropas habe sich der Begriff dann weiter ausgebreitet. Wie deutlich wird, war die Freiheit des politischen Gemeinwesens „Stadt" eine wichtige Voraussetzung für dessen Entstehung.

10 Bei den „Business Improvement Disctricts" (BIDs) handelt es sich um abgegrenzte Bereiche, in denen die Eigentümer gefordert sind, sich an der öffentlichen Infrastruktur wie sanitäre Anlagen und Sicherheit zu beteiligen. Ursprünglich entstanden sie in Kanada, danach fanden sie in den USA und mittlerweile überall Verbreitung, auch in Deutschland. Hier heissen sie Immobilien- und Standortgemeinschaften zum Beispiel in Berlin: https://www.berlin.de/ba-tempelhof-schoeneberg/politik-und-verwaltung/service-und-organisationseinheiten/wirtschaftsfoerderung/akteure-und-projekte/bid/, abgerufen am 21.10.2016.

das ironischerweise „Urban Renaissance" hieß. Die Eigentümer wurden bei der Gestaltung des öffentlichen Raums und im Kontext partizipativer Verfahren zu den entscheidenden Akteuren, wie dies MacLeod und Johnston in ihrer Untersuchung des Programmes verdeutlichen: „In England's downtowns, business improvement districts are choreographing spatial practices and civic participation in accordance with consumerist ethic." (2012, S. 21). Privateigentümer organisierten Partizipation in der Logik einer Kundenbindung in Übereinstimmung mit einer gewissen Konsumethik und damit rückgebunden an den Lebensstil jener, die außerdem partizipieren. Dies ist insbesondere vor dem Hintergrund des Szenarios der Ausbreitung politischer Apathie interessant, das ausgehend von der Befürchtung Tocquevilles thematisiert wurde (siehe Abschnitt vier in diesem Beitrag) . Die hier sichtbare Entwicklung könnte tatsächlich in einem Desinteresse breiter Schichten an Politik münden, nämlich jene, die nicht informell partizipieren wollen. Doch dies ginge zumindest in diesem Fall nicht wie von Tocqueville vermutet auf die den Prinzipien der modernen Demokratie selbst innewohnenden Wirkungskräfte zurück. Vielmehr zeigt sich in der Entwicklung eine Vorstellung von städtischer Demokratie, die älter ist als die moderne Demokratie. Letztlich liegt der Initiative des „Housing Market Renewal" durch die New-Labour Regierung die Idee einer Eigentümer-Demokratie zugrunde (MacLeod et. al. 2012).[11] Ziel der Initiative war die attraktivere Gestaltung jener städtischen Gegenden, für die es keine große Nachfrage gab. Mit dem Programm sei ein fundamentalistischer Glaube an Privateigentum verbunden gewesen, weshalb es sich um einen „archetypical case" einer spät-neoliberalen Kapitalakkumulation durch die Vertreibung der einstigen Bewohnerschaft handle (MacLeod et. al. 2012, S. 3). Vormodern ist die Idee einer Eigentümer-Demokratie deshalb, weil sie zum modernen Gleichheitsprinzip im Widerspruch steht, das die politische Teilhabe der Bürgerinnen und Bürger unabhängig von ihren persönlichen Eigenschaften sichert. Wenn nun die in einem BID organisierten Bürgerinnen und Bürger nicht nur zusätzliche Pflichten, zum Beispiel in Form einer Sondersteuer, sondern über zusätzliche Teilhabemöglichkeiten und damit auch mehr politische Macht verfügen sollten, dann geschieht dies kraft ihrer Eigenschaft als Besitzer: Aufgrund dieses Merkmals dürfen sie in die Rolle von Polizisten schlüpfen, indem sie Lizenzen für Straßenkunst verteilen, politische Proteste unterbinden und den Handel überwachen würden (MacLeod et. al. 2012, S. 15). In diesem Fall erlebt der Stadtbürger tatsächlich auf eine gewisse Weise ein Revival, allerdings eher die vormoderne Variante.

11 Alan Norton (1990, S. 17) verortet diese Form einer Eigentümer-Partizipation in der Regierungspolitik Großbritanniens zeitlich Ende der 1980er Jahre. So tauchte der Begriff „Eigentümer-Demokratie" explizit im Zusammenhang mit der geplanten Förderung von Hauseigentum in einem Bericht der Thatcher-Regierung von 1988 auf. Mit der geplanten Förderung galt es die angebliche britische Kultur der Abhängigkeit von Sozialhilfeleistungen zurückzudrängen. Auch MacLeod und Johnstone (2012) sehen in der von ihnen kritisierten Politik von New-Labour letztlich die Fortsetzung dessen, was der neoliberale Thatcherismus in den 1970er Jahren bereits angestoßen hatte.

7. Zur zwiespältigen Rolle von Bürgerinitiativen

Dass einzelne Gruppen der städtische Bürgerschaft neuen Schwung erhalten, legt auch Sassen (2008, S. 46 f.) dar. Doch sind es bei ihr die sozialen Bewegungen und damit ganz anders gelagerte Akteure, die durch informelle Politiken mehr Gewicht erhalten würden. In dieser Perspektive bilden soziale Bewegungen den Ausgangspunkt der Gestaltung öffentlichen Lebens. Sassen weist darauf hin, dass „informelle Politiken" die über den Nationalstaat gestiftete Staatsbürgerschaft aufweichen könnten, indem ein großes Feld partikularer Interessen bekräftigt werden würde. Informelle Politiken, wie sie Sassen nennt, umfassen nicht nur die einer partizipativen Politik verpflichteten informellen Verfahren der Beteiligung und des Einbezugs von Betroffenen, sondern auch politische Aktionen, bei denen sozusagen ein Recht auf Stadt, in Aktualisierung des einst von Lefebvre vertretenen Ansatzes (2016 [1968]), eingefordert wird und sich Gruppen öffentliche Räume beispielweise mittels Urban Gardening Raum kollektiv aneignen. Eine solche Form der Aneignung städtischen Raums vollzieht sich gewissermaßen von unten, wie dies Holston unter dem Gesichtspunkt einer „Insurgent Citizenship" (2008) begrifflich zu fassen versucht. Er beschreibt dies allerdings am Beispiel der Verstetigung von Behausungen rund um die Zentren brasilianischer Großstädte durch in der Industrie tätige Arbeiterschichten. Dabei handle es sich nicht einfach nur um eine eigenmächtige Aneignung des Bodens, sondern um politische Aktivitäten, die zur Qualität städtischen Lebens beitragen würden. Primärer Adressat sei das politische Gemeinwesen Stadt, mit dem die Akteure wechselseitig eine Verbindung bei der Gestaltung eingingen.[12] Entsprechende politische Aktivitäten entwickeln in dieser Sicht vor allem dann Wirksamkeit, wenn sich die städtischen Behörden darauf einlassen, weil sie sich dabei einen Mehrwert für die Stadt versprechen. Zugespitzt formuliert hieße das, dass das Engagement in Bürgerinitiativen zum Beispiel für gemeinschaftliches Wohnen oder Freiräume bei den Behörden dann auf fruchtbaren Boden fällt, wenn deren Projekte zum Allgemeinwohl und einer verbesserten Lebensqualität in der Stadt beitragen. Genau dies aber kann zur Einpassung solcher Initiativen in die kapitalistische Verwertungslogik des städtischen Bodens führen und zwar in jenen Fällen, in denen das politische Gemeinwesen „Stadt" seine Politik vor allem danach richtet, wonach Harvey behauptet. Die Ambivalenz hinsichtlich der Funktion sozialer Bewegungen zwischen Protest und Gentrifizierung wird in der internationalen Debatte, insbesondere im disziplinären Kontext der Geographie denn auch unter dem Stichwort „Urban Governance" kritisch beleuchtet (z.B. auch durch MacLeod et. al 2012; Rosol 2010, 2016). Nicht nur marktförmige Angebote würden an die Stelle ehemals öffentlicher Dienstleistungen treten, sondern auch das ehrenamtliche Engagement. Wenn eine solche Instrumentalisierung auch der städ-

12 Holston formuliert vier Bedingungen, die erfüllt sein müssen, damit sich eine so genannte "urban citizenship" konstituiere: „when urban residence is the basis of mobilization, right claims adressing urban experience compose their agenda, the city is the primary political community of reference of this developments, and residents legitimate this agenda of rights and participatory practices on the basis of their contributions to the city itself" (2008, 23). Diese Definition entwickelte Holston am Beispiel der Peripherie Sao Paulos, wo es Betroffenengruppen gelang, ihre Siedlungsbedingungen zu verbessern.

tischen Bürgerinitiativen stattfände, dann wäre die normative Voraussetzung dafür, ein Gemeinwesen demokratisch zu nennen, tatsächlich in Frage gestellt: Ihre Unabhängigkeit wäre nicht mehr gegeben. Doch die für die demokratische Entscheidungsfindung unabdingbare Voraussetzung eines freien Austausch von Argumenten ist auf die Existenz einer von staatlichen Zuständigkeiten unabhängigen politischen Sphäre angewiesen (Honneth 2011, S. 470 ff.). Vor diesem Hintergrund erwiese sich die Instrumentalisierung der dafür wichtigen Akteure als für die Demokratie möglicherweise verhängnisvoll.

Doch wie Untersuchungen zeigen, erfolgt oftmals keine so eindeutige Instrumentalisierung sozialer Bewegungen durch die als neoliberal bezeichneten Regierungstechniken. Planungs- und Partizipationsprozesse zeigten diesbezüglich widersprüchlichere Effekte als angenommen, so Hilbrandt (2016). Am Beispiel des Freiraums auf dem Gelände des ehemaligen Flughafens Berlin Tempelhof macht sie geltend, dass es zwar auch bei dieser partizipativ ausgerichteten Bauplanung für die Behörden darum ging, für eine vordefinierte Agenda Unterstützung und damit Legitimation durch die Bürgerinnen und Bürger zu organisieren, dann aber im Grunde das Gegenteil dessen passierte, was beabsichtigt war: Erst diese Art der informellen Beteiligung führte zu einer politischen Mobilisierung der Gegnerschaft und damit letztlich zum Erhalt des Freiraums.[13]

Die Beteiligung der Öffentlichkeit wurde in Deutschland schon 1976 ins Baugesetzbuch aufgenommen, doch der Paragraph 3 enthält lediglich die Verpflichtung, dass die Behörden diese möglichst frühzeitig über die allgemeinen Ziele und Zwecke der Planung „zu unterrichten". Außerdem sind die Bebauungspläne für die Dauer eines Monats aufzulegen. Dazu können in einer gegebenen Frist Stellungnahmen erfolgen, die von der Behörde zu prüfen und zu beantworten sind. Eine besondere Rolle spielt dabei die so genannte „Vorweggenehmigungsreife" der Entwürfe von Bebauungsplänen unter gewissen Bedingungen (BauGB § 33, Abs. 1). Mit anderen Worten: Mit der Vergabe von Projekten und Aufträgen können die Behörden schon anfangen, noch bevor der Bebauungsplan von der kommunalen Vertretung der Bürgerinnen und Bürger beschlossen wurde. Eine der Bedingungen dafür ist, dass eine „Öffentlichkeits- und Bürgerbeteiligung" stattfand, wie sie das Baugesetzbuch generell vorsieht. Wenn also Bürgerinnen und Bürger sich informell bei der Planung beteiligen, ermöglichen sie es den Behörden damit, das Verfahren zu beschleunigen. In Kombination mit einem „vereinfachten Verfahren" (BauGB § 13) ist es dann auch nicht notwendig, das Ergebnis aus den Einwendungen abzuwarten.[14] Dass die sich beteiligenden Bürgerinnen und Bürger

13 Eine entsprechend differenzierte Bewertung nimmt auch Rosol (2014) am Fallbeispiel Vancouvers in Kanada und Elwood (2002) ausgehend von einer in Minneapolis in den USA durchgeführten Forschung zu einem Revitalisierungsprogramm vor. Eine vergleichende Untersuchung von Projekten in Berlin und Tel Aviv liefern Kemp et. al. 2015. Kritischer dazu äußert sich Rosol (2016) dann aber, was das freiwillige Engagement bei Gemeinschaftsgärten in Berlin anbelangt. Sie identifiziert diese als ein Element einer neoliberalen Strategie: „Thus, community gardens are seen as serving several goals at once: encouraging residents to take on responsibility for their neighbourhood, cleaning empty lots, and preventing future garbage dumps, while at the same time also addressing the financial precariousness of municipal budgets"(S. 87).

14 Auch können beim „vereinfachten Verfahren" nur die direkt von der Planung Betroffenen Einwände gegen den Bebauungsplan überhaupt einbringen.

damit den Behörden paradoxerweise den willkommenen Vorwand liefern, ihre Einwände durch ein beschleunigtes Verfahren unbeantwortet übergehen zu können, zeigte sich im Zusammenhang mit dem geplanten Vorhaben für die Bebauung in „Mitte Altona“ in Hamburg. An einer von mir besuchten Informationsveranstaltung informierte die zuständige Behörde für Stadtentwicklung über die Vorweggenehmigungsreife des Bebauungsplans.[15] Sie tat dies ausgerechnet gegenüber einem Publikum, aus dem bei der zuständigen Planungsbehörde viele schriftliche Einwände gegen den Plan eingereicht worden waren. Zum Zeitpunkt der Veranstaltung waren diese durch die Behörden noch nicht beantwortet und der Plan durch die kommunale Vertretung noch nicht beschlossen worden. Dieselben aber, die Einwände geltend machten, hatten durch ihre frühere Beteiligung an Veranstaltungen und Diskussionsrunden es den Behörden ermöglicht, das Verfahren auf diese Weise zu beschleunigen und auf der Grundlage der sogenannten „Vorweggenehmigungsreife“ das Bauvorhaben bereits zu bewilligen, bevor der Bebauungsplan formell vollständig beschlossen war. In einem solchen Fall entpuppt sich der Nutzen der informellen Beteiligung für die Behörden in der Beschleunigung des Vorgehens und der baldigen Schließung von Verträgen mit privaten Investoren. Ob nun beabsichtigt oder nicht: Das partizipative Verfahren und damit die sich engagierenden Bürgerinnen und Bürger werden von den Behörden für ihre eigenen Zwecke der raschen politischen Durchsetzung gegen deren Willen und Interessen instrumentalisiert, die im erwähnten Fall in der Klärung von Sachverhalten und Diskussion einzelner Aspekte bestanden hätte. Von nach rationalen Gesichtspunkten besser fundierten Planungsergebnissen und auch Bemühungen um einen Konsens kann hier also nicht die Rede sein.

8. Neue Partnerschaften zwischen Wirtschaft und Politik in der unternehmerischen Stadt

Indem die öffentliche Hand mit privaten Investoren vermehrt Partnerschaften eingeht, erhalten wirtschaftliche Partikularinteressen mehr Gewicht (vgl. Nuñes Silva 2004; Le Galès 2000). Albers (2011, S. 345), der sich in Fallstudien mit der so genannten Corporate Urban Responsability befasste, beschreibt die Entwicklung hin zur „unternehmerischen Stadt“ als Folge einer zunehmend individualisierten Gesellschaft und knapper werdender finanzieller Ressourcen. Ausserdem wollten Unternehmen durch ihr Engagement eine gute Reputation und Vertrauen bei der anspruchsvollen Kundschaft herstellen, die bei Produkten neben dem Gebrauchswert auf Ethik und Lifestyle schauten (S. 350). Nun verändert sich durch entsprechende Partnerschaften zwischen privatwirtschaftlichen Akteuren und städtischen Behörden, wie auch das weiter oben diskutierte Beispiel der „Business Improvement Districts“ zeigt, die Zuschreibung von politischer Verantwortung auf erhebliche Art und Weise. Zwar wurden private Investoren und zivilgesellschaftliche Organisationen mittels Verträgen punktuell in die Bewältigung staatlicher Aufga-

15 Im Baurecht besteht die Möglichkeit einer so genannten vorgezogenen Vorweggenehmigung des Bebauungsplans (BauGB § 33 Abs. 3), in Verbindung mit einem „vereinfachten Verfahren“ (BauGB § 13) oder einem „beschleunigten Verfahren“ (BauGB § 13a).

ben schon früher einbezogen (vgl. dazu Abegg 2010). So sei die Variante kooperativer „Entscheidungszusammenhänge mit den Regulierten“ und „Problemlösungen, bei denen die Verwaltung auf Vertrags- und Gesellschaftsrecht zurückgreift anstelle der Wahl einer hoheitlichen Intervention“, bereits aus dem deutschen Kaiserreich bekannt gewesen, wie dies Hoffmann-Riem geltend macht (2006, S. 631). Heutzutage wird aber vermehrt davon Gebrauch gemacht. Auch Roth (2006) verweist auf den Umstand, dass es diese Zusammenarbeit historisch gesehen schon lange gegeben habe, sie heutzutage aber neue Dimensionen annimmt: “Solche Investitionen in das lokale Gemeinwesen werden mit der Hoffnung auf einen mittelfristigen Nutzen für die Unternehmen wie für die örtliche Gemeinschaft („Win-Win-Situationen“) angeregt und gelegentlich auch realisiert, wenn z.B. wie im Landkreis Hersfeld-Rotenburg ein lokales Bauunternehmen einen Bildungsträger gründet, der mit gezielten Sprachkursen und Weiterbildungsangeboten für die gewünschten Qualifikationen bei potentiellen Beschäftigten sorgt und zugleich einen aktiven Beitrag zur Integration von Menschen mit Migrationshintergrund leistet.“ (S. 139 f.).

Die politische Machtinstanz, welche mittels Deliberation und durch die Zivilgesellschaft beeinflusst werden soll, ist im Rahmen einer neuen Governance längst Partnerschaften eingegangen, die sich einer zivilgesellschaftlichen und öffentlichen Kontrolle entziehen. Swyngedouw und andere (2004, S. 264) gelangen in einer vergleichenden Untersuchung der Planung von Megaprojekten in europäischen Städten denn auch zum Schluss, dass die auffälligste Folge von Stadtentwicklung und einer neuen urban Governance die Fragmentierung politisch verantwortlichen Handelns sei (S. 265): Die Fragmentierung und erschwerte Accountability sei der Absenz von Regeln und formalisierter Partizipation geschuldet: „Although a varying choreography of state, private sector, and non-governmental organization (NGO) participation is usually present (...), these forms of urban governance show a significant deficit with respect to accountability, representation, and the presence of formal rules of inclusion or participation“ (S. 250). Es besteht demnach Unklarheit darüber, welche institutionellen Akteure nun genau rechenschaftspflichtig sind und welche Formen der Rechenschaft über das Erreichte und Nicht-Erreichte im Verhältnis zur ursprünglichen Zielsetzung gegeben werden sollen. Evidenzbasierte Forschungen und Wirkungsanalysen können zwar Aufschluss geben über den Grad der Zielerreichung – im Sinne von guten oder schlechten Noten – , nicht aber die Lücke füllen, wenn sich Verantwortlichkeit wegen unklarer Zuständigkeiten per se in der Komplexität zu verflüchtigen droht. Dass mit der Öffnung der Planung gegenüber Investoren die Zurechenbarkeit von politischer Verantwortung in den entstehenden hybriden Strukturen erschwert sei, hält beispielsweise Albers für ein Problem, dass es in Zukunft noch zu beheben gelte (2011, S. 355). Auch Abegg (2010, S. 390 f.) verweist darauf, dass es angesichts der aktuellen Literatur zum Verwaltungsvertrag heute vor allem darum gehe, die „kooperierende Verwaltung in den sicheren Hafen der traditionellen demokratisch-rechtsstaatlichen Legitimationsmechanismen“ der Gesetzesbindung und der erweiterten Grundrechtsrechtsbindung zurückzuführen. Anscheinend werden diese durch die verstärkte Kooperation mit der Wirtschaft fraglich. So ist das Binnenverhältnis von vertraglich besiegelten Partnerschaften zwischen öffentlicher und privater Hand zwecks Realisierung eines Projektes für die Öffentlichkeit nicht immer nachvollzieh- und kontrollierbar. Die „sektorübergreifende Kooperation", wie dies Sack (2007) am Beispiel der Public-Private-Partnerships beschreibt, würden Probleme der „Zurechenbarkeit und der Verantwortlichkeit für lokales Regieren" aufwerfen (S. 272). Auch Teisman und Klijn (2000, S. 183 f.) weisen darauf hin, dass die für die Partnerschaft notwendige Teilung von Verantwortung zwischen Business und Regierung zu einer Unschärfe führen könne.

Es sind Begriffe wie „Ökonomisierung" und „Vermarktlichung", mit denen in der Theorie der Versuch unternommen wird, die sich verändernde Staatlichkeit zu beschreiben. Brown versucht darüber hinauszugelangen. Sie macht geltend, dass in Zeiten des Neoliberalismus selbst gesellschaftliche Verantwortung, die den Prinzipen der Nachhaltigkeit und Gerechtigkeit Beachtung schenkt (2015, S. 28), dem „Unternehmertum" untergeordnet werden würden. Diese bildeten dann nur noch Attraktivitätsmerkmale.[16] In Folge des Bedeutungsverlusts von Politik verlören auch sie den eigenen Stellenwert. Trifft diese These zu, dann würde dies bedeuten, dass auf Gerechtigkeit zielende Partizipationsbestrebungen bei städtebaulichen Vorhaben letztlich nur der Steigerung der Attraktivität der Bauten und ihrer Umgebung für Investoren und Konsumenten dienten. Ein entsprechend ausgerichtetes Partizipationsangebot würde zwar am Bürgerkonzept andocken, hätte aber nicht den homo politicus zur Zielgruppe, sondern den homo oeconomicus – dies entweder in seiner Funktion als Eigentümer oder Konsument. Eine Privatisierung von Demokratie und demokratischer Artikulation wäre die Folge. Partizipative Verfahren entpuppten sich letztlich nicht mehr zu sein als eine Technik der Kundenbindung. Hinzu kommt, dass die informellen partizipativen Verfahren und Prozesse oftmals ausgelagert werden, dies an private Unternehmen für Mediation und Moderation, was für die Ansprache der politisch Verantwortlichen durch Bürgerinnen und Bürger zusätzliche Hindernisse schafft. Diese Tendenzen gilt es nun zum Schluss anhand von zwei ausgewählten Beispielen zu veranschaulichen. Es handelt sich dabei um zwei für die Stadtentwicklung relevante zentrumsnahe Bauprojekte, für welche eine gemischte Nutzung vorgesehen ist.

9. Zur Sicht von engagierten Bürgerinnen und Bürger auf die partizipative Politik bei städtebaulichen Vorhaben

Anhand von zwei Beispielen aus Hamburg und Frankfurt am Main soll aufgezeigt werden, wie und inwiefern sich die Zuschreibung der Wahrnehmung von Verantwortung bei partizipativen Bauvorhaben präsentiert. Dabei zeigt sich, dass es sich bei der Planung der entsprechenden Bauvorhaben um jeweils sehr spezifische Konstellationen handelt, was insbesondere auf die unterschiedlichen Varianten der Zusammenarbeit zwischen politischen und wirtschaftlichen Akteuren zurückgeht. Dabei sind auch die Handlungsspielräume der zuständigen städtischen Behörden oftmals sehr unterschiedlich groß. Über eine gute Ausgangslage verfügt beispielsweite die Stadt Heidelberg bei der Planung von Konversionsflächen, die

16 Brown legt dies anhand der Analyse einer vom US-amerikanischen Präsidenten Barack Obama gehaltenen Rede dar (2015, S. 24).

durch den Wegzug der US-Armee frei wurden.[17] So befinden sich die frei gewordenen Flächen heute im Besitz der Stadt. Anders stellt sich die Situation in Frankfurt und Hamburg dar, wo die Städte kaum oder gar nicht im Besitz der zu bebauenden Flächen sind, deren Bebauung es zu planen gilt.

Im Folgenden interessiert, wie sich die interviewten Bürgerinnen und Bürger vor dem Hintergrund der jeweiligen Planungen für „Mitte Altona“ und den „Kulturcampus“ positionieren, und mit welchem Anspruch sie ihr Engagement verknüpfen. Aufgrund der daraus resultierenden enttäuschten Erwartungen lässt sich eruieren, inwiefern für sie die Zuschreibung von politischer Verantwortung problematisch ist.

10. Das Stadtgebiet „Mitte Altona“ in Hamburg

In Hamburg geht es im Rahmen städtischer Entwicklung um die Bebauung eines Areals, das durch die Verlegung des Fern- und Güterbahnhofs Altona nach Diebsteich frei geworden ist. Weil die Deutsche Bahn dafür keine Verwendung mehr hat, soll das Areal in Zukunft für Wohnsiedlungen, einen Park und eine Schule genutzt werden. Die Stadt Hamburg erklärte das zu bebauende Gebiet zum „Entwicklungsgebiet“,[18] verzichtete aber größtenteils auf das dadurch ihr zustehende Vorkaufsrecht und überließ den Kauf des sich in Besitz einer Tochterfirma der Deutschen Bahn befindlichen Bodens weitgehend lokalen privaten Investoren.[19] Diese werden den Boden nun zu höheren Preisen an künftige Wohnungsbesitzer, aber auch die Stadt verkaufen können, sofern diese genossenschaftlichen und sozialen Wohnungsbau ermöglichen und verwirklichen möchte, wie sie es versprochen hatte. Der größte Teil des Areals ging bisher in den Besitz der Investoren Aurelis asset GmbH sowie der Firma Panta, mit denen die Stadt

17 Weitere Beispiele der in der Untersuchung (vgl. Fussnote 2) berücksichtigten Bauvorhaben befinden sich nebst Frankfurt am Main und Hamburg in Heidelberg, Rostock, Basel und Bern. Diese Städte unterscheiden sich hinsichtlich ihrer Grösse und ihrer Wirtschaftsstruktur. Mit Deutschland und der Schweiz fanden aus Gründen des Vergleichs ausserdem zwei unterschiedliche Länderkontexte Berücksichtigung. Die qualitative Studie beruht auf Analysen sowohl von Informationsflyern und Einladungsschreiben zu partizipativen Veranstaltungen wie Interviews mit Personen, die sich dabei beteiligten. Dadurch stehen sowohl die Ansprache der Bürgerinnen und Bürger wie umgekehrt deren Erwartungen und Erfahrungen im Fokus. Insgesamt liegen 33 Interviews mit 12 Frauen und 21 Männern vor. Die Erarbeitung detaillierten Fallrekonstruktionen, die an anderer Stelle ausführlich vorgestellt werden sollen, beruht auf sequenzanalytischen Interpretationen der erwähnen Dokumente und Interviewprotokolle nach den Verfahrensprinzipien der objektiven Hermeneutik (vgl. dazu Oevermann 2000). Im Projekt geht es darum, Vorstellungen und Deutungsmuster zu politischer Willensbildung, Partizipation und Demokratie zu rekonstruieren.

18 Bei der Festlegung von Entwicklungsgebieten als klar abgegrenzte Areale in Städten und Dörfern durch die Gemeinden handelt es sich um eine im Städtebaurecht vorgesehene städtebauliche Entwicklungsmaßnahme (BauGB, §165 ff.). Dies ist rechtlich gesehen dann möglich, wenn es das Wohl der Allgemeinheit erfordert. Die Beteiligung der Öffentlichkeit und Mitwirkung der „Betroffenen“ ist bei einer solchen Maßnahme vorgeschrieben. Eingeführt wurde dieses Instrument des Städtebaurechts in Deutschland durch das Städtebauförderungsgesetz vom 27. Juli 1971.

19 Dies war der Stand zum Zeitpunkt der Interviews im Juli 2014. Sollte der Bahnhof Mitte Altona nach Diebesteich vorschoben werden, ist vorgesehen, dass die Stadt das Gelände des bestehenden Bahnhofs erwirbt.

einen „städtebaulichen Vertrag" abschloss,[20] der das Ergebnis mehrjähriger Verhandlungen dokumentierte. Die Stadt trägt zur Erschließung des Geländes bei, während die Investoren die Zuständigkeit für das Quartiersmanagement und den Bau des öffentlichen Parks übernehmen. Ob diese dann dafür tatsächlich so viel aufwenden werden wie ursprünglich behauptet, wird sich der Kenntnis der Öffentlichkeit entziehen. Das ebenfalls noch zu bauende Schulgebäude wird die Stadt von der Firma Aurelis mieten, die es übernommen hat, dieses zu bauen. Parallel zu den Verhandlungen mit den Investoren wurden für die Bürgerinnen und Bürgern Informationsveranstaltungen und Workshops durchgeführt.

Mit den Investoren hatte die Stadt Hamburg schon früh Eckpunkte der geplanten Bebauung vereinbart, die aber erst nachträglich bekannt wurden und zwar nachdem die Behörde für Stadtentwicklung (BSU) bereits Informationsveranstaltungen durchgeführt und eine ständige, aus interessierten Bürgerinnen und Bürgern bestehende Arbeitsgruppe namens Koordinierungsgremium ins Leben gerufen hatte. Noch bevor die bei solchen Entwicklungsnahmen erforderlichen „vorbereitenden Untersuchungen" für die Sanierung (BauGB § 141) zum Abschluss gebracht worden waren, wurde der Wettbewerb für das ganze Gebiet ausgelobt. Die Gründe für diese Abweichung von der im Baurecht vorgesehenen Plansystematik sind der Öffentlichkeit nicht bekannt. Zwecks Klärung offener Fragen verlangten mehrere hundert Unterzeichner und Unterzeichnerinnen einem vom Koordinierungsgremium 2012 initiierten Moratorium unter anderem, dass die Inhalte der Verhandlungen mit den Investoren öffentlich gemacht werden sollen. Diese Initiative blieb allerdings ohne Erfolg.

Eine interviewte Person, die dereinst in einem von Baugemeinschaften erbauten Haus leben möchte, sieht das Problem bezüglich der schief gelaufenen moderierten Partizipation rückblickend dahingehend, dass diese Baugeschichten „unter einem hohen finanziellen Druck" gestanden hätten, dies in einer Metropole wie Hamburg, wo der Markt „aus dem Ruder läuft". Dies passe nicht zu dem, was sich die Bürgerinnen und Bürger unter Bürgerbeteiligung vorstellten. Sie beschreibt das aus Bürgersicht nur schwer nachzuvollziehende und von Machtasymmetrien geprägte Geschehen wie folgt: Die städtischen Behörden hätten jahrelang mit den Investoren „hinter verschlossenen Türen" verhandelt. Und ergänzt: „Da dringt nichts nach außen. Wir äußern uns immer öffentlich. Die Investoren saßen immer auf den Veranstaltungen rum, haben aber nie was gesagt, saßen da herum und haben sich dann auch kaum gezeigt. (…) Und dann kommt der städtebauliche Vertrag raus und dann wird der vorgestellt und ist unterschriftsreif und dann sagt die Stadt zu uns, den diskutieren sie jetzt mit uns. Und ich habe gesagt, ‚so und jetzt sagen Sie uns, wie gehen Sie mit unseren Vorschlägen um, wenn wir jetzt was anders haben wollen? Ja, das würden sie mit aufschreiben. ‚Wie aufschreiben? Und wie kommt das dann da rein? Ja, schlussendlich hat der Oberbaudirektor gesagt, ‚ja alles was,

20 Beim „städtebaulichen Vertrag" handelt es sich um ein im Baurecht vorgesehenes Instrument (BauGB § 11), das die Zusammenarbeit zwischen der öffentlichen Hand und privaten Investoren im Kontext von Verfahren der Bebauungsplanung regelt. Dabei übernimmt der Investor Teile der Kosten beispielsweise der Erschliessung oder der Planung. Die Gemeinde wiederum schafft durch die Aufstellung eines Bebauungsplans Baurecht.

was kein Geld kostet, nehmen wir auf und alles, was Geld kostet, nehmen wir nicht'. Das heißt, die haben mit den Investoren um die letzten zwanzig Euro gefeilscht. Und zu mehr sehen sie sich nicht in der Lage. Die Verwaltung denkt natürlich, wir haben ja diese ganzen Ideen mit aufgebaut. Wir tun das ja. Was sie aber de facto nicht tun. Also das ist eine sehr schwierige Lage."

Ein anderer Interviewter reagiert mit Unverständnis gegenüber dem, sich in den geschilderten Ereignissen manifestierenden Verlust öffentlicher Kontrolle. Seiner Meinung nach wird die Stadt „über den Tisch gezogen". Und er fragt, ob es „Dummheit" sei, „oder warum passiert das hier?" Solche Frage stellen sich, weil die städtischen Behörden die im Bauprojekt involvierten privaten Interessen von Investoren gleich mitvertreten, ohne dies aber richtig kenntlich zu machen. Die physische Präsenz der Investoren bei den durch die Behörde organisierten Veranstaltungen, ohne dass sie je selber das Wort ergriffen hätten, lässt den Eindruck entstehen, als wäre die Stadt nur noch Handlanger von Kapitalinteressen. Der Bebauungsplan wurde mittlerweile verabschiedet. Medienberichten zufolge konnte im Frühling 2016 der Grundstein für das neue Wohngebiet gelegt werden.

11. Der „Kulturcampus" in Frankfurt am Main

In Frankfurt geht es um die neue Bebauung des von der Universität nur noch zum Teil genutzten Areals im Stadtteil Bockenheim. Im Jahr 2007 begann die Universität mit dem Umzug in den neu gebauten Campus Westend. Doch schon im Jahr 2003 wurde ein städtebaulicher Ideenwettbewerb für das zu bebauende Gebiet durchgeführt, auf dessen Basis der Preisträger einen Rahmenplan ausarbeitet. Es sollten alle Gebäude der Universität und somit auch alle Universitätsbauten des Architekten Ferdinand Kramer abgerissen werden. Es bildeten sich Bürgerinitiativen, die dies verhindern wollten. 2011 erwarb dann die städtische Wohnbaugesellschaft ABG Frankfurt Holding, deren Mehrheitsgesellschafterin die Stadt Frankfurt ist, den größten Teil des Areals des früheren Uni-Campus Bockenheim vom Land Hessen. Von städtischer Seite sind für das Gelände eine kulturelle Nutzung, Wohnen, soziale Infrastruktur, Bildung, Einzelhandel, Nahversorgung, Dienstleistungen, Gastronomie, und Bürodienstleistungen vorgesehen. „Kulturcampus" wird das Gelände wegen der Schauspielstätte im Bockenheimer Depot sowie dem geplanten Neubau der Hochschule für Musik und Darstellende Kunst und der Erweiterung des Senckenberg-Museums genannt. Ebenfalls 2011 begannen die Stadt Frankfurt und die Wohnungsgesellschaft ABG mit der ersten Informationsveranstaltung einen so genannten dialogischen Planungsprozess. Die ABG beauftrage ein privates Unternehmen für Mediation mit der Durchführung von entsprechenden Foren. Zugleich verkaufte die ABG einzelne Flächen an Investoren auf der Basis von marktüblichen Preisen weiter, so auch das ehemalige Philosophicum, für dessen Erhalt und Schaffung als bezahlbaren Wohnraum sich eine aus mehreren hundert Personen bestehende Projektgruppe eingesetzt hatte. Das denkmalgeschützte Gebäude wurde von einem Investor erworben und saniert. In Zukunft soll es als privates Studentenwohnheim betrieben werden.

Ein Interviewer, der sich im Kontext der Planung beteiligt hatte, vermisst die tatsächliche Diskussionen von Sachfragen und den Austausch von Argumenten, aber vor allem auch die Verbindlichkeit dessen, was mit den Diskussionsergebnissen letztlich geschieht. Er erzählt davon, wie er versucht hatte, mit dem Mediator, mit dem er sich anscheinend gut verstand, wegen der für ihn nicht erkennbaren Planungsfortschritte ins Gespräch zu kommen: " ..., wo ich dann auch sagte ‚Sie machen Ihren Job hier als Mediator, Sie müssen doch auch merken, wenn hier überhaupt nichts bei rumkommt. Wenn diese Gegenseite überhaupt, wenn wir das spüren, müssen Sie als Mediator, als Profi das doch auch spüren, dass da überhaupt nichts läuft.' Alles Verbindliche wird weggeschoben, auf andere Gremien sozusagen und immer unter dem Finanzvorbehalt." Doch es ist nicht Aufgabe einer solchen Mediation, auf Fragen Antworten zu liefern, der Interviewte lief damit ins Leere lief. Vor dem Hintergrund dieser Erfahrung veranschaulicht die sich für ihn daraus ergebende Funktion der Mediation bei Beteiligungs- und Planungsverfahren durch einen Vergleich mit dem roten Kreuz: „Es gibt da so einen Plan, jetzt hat man da die Bürger ein bisschen beruhigt. Mediation ist ja dann doch so ein bisschen, das Rote Kreuz kommt mal die Verletzten holen und danach wird weiter (lacht) gemacht." An anderer Stelle im Interview beschreibt der Interviewte die Stadt als Ort gemeinsamen Lebens und formuliert, ähnlich wie die beim Beispiel in Hamburg zitierten Interviewten, einen über den herkömmlichen Weg der politischen Entscheidungsfindung hinausgehenden Anspruch auf die Gestaltung des eigenen Lebensumfelds. Damit reicht sein Anspruch weit über jenen der reinen Beratung der Behörden und damit über ein deliberatives Modell von Demokratie hinaus. Das Engagement der Bürgerinnen und Bürger – sei es nun mit einem solchen Anspruch verbunden oder nicht – trifft jedoch gleichermaßen auf eine Verflüssigung von politischer Verantwortung zwischen staatlichen und privatwirtschaftlichen Akteuren. Es ist nicht mehr einfach ersichtlich, wer im Zweifel die Verantwortung für getroffene Entscheidungen trägt und an wen sich eine allfällige politische Forderung in solchen Fällen noch richten ließe. Politische Zuständigkeit und Zurechenbarkeit haben sich in den beiden erwähnten Konstellationen verflüchtigt.

12. Fazit

Was in der politischen Theorie im Themenbereich der internationalen Beziehungen und Organisationen auf vielfältige Weise thematisiert wird (z. B Held et. al. 2005) zeigt sich auch im lokalen Kontext: eine Ausdifferenzierung von politischer Verantwortung und damit politischer Kontrolle („public accountability"). Eine durch eine lokale, partizipativ ausgerichtete Politik beabsichtigte stärkere Verantwortungsübernahme durch die Bürgerinnen und Bürger für den öffentlichen Raum wird durch dessen teilweise Privatisierung und Transnationalisierung – sowohl hinsichtlich der Eigentumsverhältnisse wie der Planung und Nutzung – unterlaufen, ohne dass die städtischen Behörden bei den beiden erwähnten Beispielen in Hamburg und Frankfurt am Main diesem Umstand Rechnung tragen würden. Eher halten sie eine Art Scheinpartizipation aufrecht. In letzter Konsequenz ginge es dann aber nicht um eine „Demokratie ohne Volk" (Catherine Colliot-Thélène), sondern im Zweifel um ein Volk ohne Demokratie, dann nämlich, wenn der Demokratie sowohl der zu diskutierende öffentliche Gegenstand wie die politische Zuständigkeit dafür durch die Privatisierung abhandenkommen würde. Selbst wenn Politikerinnen und Politiker dafür Verantwortung übernehmen wollten, würde ihnen dies unter dieser Voraussetzung nicht mehr glaubwürdig gelingen können. Doch für die Bauvorhaben ließe sich dann auch keine demokratische Legitimität mehr herstellen, wenn wir in Anlehnung an Sheila Benhabib davon ausgehen, dass sich diese den „Institutionen und Kanälen diskursiver Rechtfertigung" verdankt, „die in allen Sphären der Gesellschaft zirkuliert und durch die sich die Menschen sowohl als gesetzgebende wie auch als gesetzestreue Rechtsgenossen verstehen können" (Benhabib 2016, S. 71). Eine solche für die Demokratie problematische Entwicklung des allmählichen Verschwindens von Zuständigkeit und Zurechenbarkeit würde sich ganz unabhängig von der Frage vollziehen, ob die interessierten Bürgerinnen und Bürger bei der Planung durch die Behörden oder Unternehmen beteiligt wurden, auch wenn diese damit das Ziel verfolgen, Akzeptanz und Legitimität zu schaffen. Mit der beschriebenen Entwicklung drohen auch die Adressaten zu verschwinden, an die sich politischen Forderungen durch die Bürgerinnen und Bürger richten ließen. Außerdem fehlen die formalen Bestimmungen, wie sie nötig wären, um den Einfluss der im Rahmen von Workshops und Begleiträten erzielten Diskussionsergebnissen und damit die Kompromissfindung zu sichern. Das Demokratieproblem zeigt sich nicht darin, dass es zu wenig Deliberation durch die Bürgerinnen und Bürger gibt, sondern dass die demokratische Teilhabe in zu wenig formalisierten Bahnen verläuft. Wie die Interviews zeigen, kollidieren die der partizipativen Regierungsweise inhärenten Demokratisierungsversprechen mit den dadurch bei den Bürgerinnen und Bürger geweckten Erwartungen, durch ihre Partizipation auf die Gestaltung der städtebaulichen Vorhaben Einfluss nehmen zu können. Wenn Brown argumentiert, dass die von ihr beschriebene neoliberale Rationalität „die letzten republikanischen Spuren der Staatsbürgerschaft, verstanden als Engagement für das öffentliche Interesse, eliminiert" (2015, S. 253), dann ließe sich dies bezogen auf die sich bei städteplanerischen Fragen engagierenden Bürgerinnen und Bürgern bestätigen, wenn zugleich angenommen wird, dass deren Enttäuschung letztlich zu Resignation führen werde. Doch der Fokus von Brown erweist sich als zu stark nur auf die Regierungstechniken gerichtet. Denn die Enttäuschung kann auch zu einer politischen Mobilisierung führen. Dabei wird der Anspruch auf die Mitgestaltung des gemeinsamen Lebensortes „Stadt" erhoben, der über eine Deliberation von Behörden und Investoren bei weitem hinausreicht. Insofern lässt sich im Anschluss an Günther (2002) und seiner Diagnose der Verantwortung im gegenwärtigen Kapitalismus zwischen Ermächtigung und Disziplinierung argumentieren, dass es sich bei den informellen Formen der Bürgerpartizipation in einer eher repräsentativen Demokratie (und hypothetisch gesehen auch in einer Autokratie) um ein weiteres Beispiel dafür handelt, dass Individuen vor allem in symbolischer und moralischer Hinsicht dazu aufgefordert werden, mehr Verantwortung zu übernehmen, ohne dass die rechtlichen und sonstigen strukturellen Voraussetzungen dafür tatsächlich gegeben wären.

Literatur

Abegg, Andreas. 2010. *Die Evolution des Verwaltungsvertrags zwischen Staatsverwaltung und Privaten. Der kontrahierende Staat in Deutschland, Frankreich und der Schweiz seit dem 18. Jahrhundert.* Bern: Stämpfli Verlag und Stuttgart: Lucius & Lucius Verlagsgesellschaft.

Abels, Gabriele, und Alfons Bora. 2004. *Demokratische Technikbewertung.* Bielefeld: Transcript.

Albers, Hans-Hermann. 2011. *Corporate Urban Responsibility. Die gesellschaftliche Verantwortung von Unternehmen in der Stadtentwicklung.* Frankfurt/New York: Campus.

Bartlett, Robert.1998. *Die Geburt Europas aus dem Geist der Gewalt.* München: Knaur.

Benhabib, Seyla. 2016. *Kosmopolitismus ohne Illusionen. Menschenrechte in unruhigen Zeiten.* Berlin: Suhrkamp.

Blondiaux, Loïc. 2008. *Le nouvel esprit de la démocratie. Actualité de la démocratie participative.* Paris: Seuil.

Bogner, Alexander. 2010. Partizipation als Laborexperiment – Paradoxien der Laiendeliberation in Technikfragen. *Zeitschrift für Soziologie* 39 (2): 87–105.

Bogner, Alexander, Veronika Gaube, und Barbara Smetschka. 2011. Partizipative Modellierung – Beteiligungsexperimente in der sozialökologischen Forschung. Österreichische *Zeitschrift für Soziologie* 36 (2): 74–97.

Bora, Alfons, und Heiko Hausendorf. 2006. Citizenship. Participatory Science Governance Revisted. Normative Expectations Versus Empirical Evidence. *Science and Public Policy* 33 (7): 478–488.

Bora, Alfons, und Heiko Hausendorf. 2009. Participation and Beyond: Dynamics of Social Positions in Participatory Discourse. *Comparative Sociology* 8 (4): 602–625.

Brenner, Neil. 1997. Globalisierung und Reterritorialisierung: Städte und Staaten und die Politik der räumlichen Redimensionierung im heutigen Europa. *WeltTrends* 5 (17): 7–30.

Brenner, Neil. 2004. *New State Spaces. Urban Governance and the Rescaling of Statehood.* Oxford: Oxford University Press.

Brown, Wendy. 2015. *Die schleichende Revolution. Wie der Neoliberalismus die Demokratie zerstört.* Berlin: Suhrkamp.

Carrel, Marion. 2015. Politicization and publicization: the fragile effects of deliberation in working-class districts. *European Journal of Cultural and Political Sociology* 2 (3-4): 189–210.

Crouch, Colin. 2008. *Postdemokratie.* Frankfurt am Main: Suhrkamp.

Deutscher Städtetag. 2013. *Culture of participation in integrated urban development. Working paper of the Working group on Public Participation by the German Association of Cities.* Berlin www.staedtetag.de/fachinformationen/stadtentwicklung/067471/index.html. Abgerufen im Mai 2014.

Dröge, Kai, und Chantal Magnin. 2010. Integration durch Partizipation? Zum Verhältnis von formeller und informeller Bürgerbeteiligung am Beispiel der Stadtplanung. *Zeitschrift für Rechtssoziologie* 31 (1): 103–121.

Elwood, Sarah. 2002. Neighborhood revitalization through collaboration: Assessing the implications of neoliberal urban policy at the grassroots. *GeoJournal* 58 (2): 121–130.

Fung, Archon, und Erik Olin Wright. 2003. Thinking about Empowered Participatory Governance. In *Deepening Democracy. Institutional Innovations in Empowered Participatory Governance*, Hrsg. Archon Fung und Erik Olin Wright, 3–42. London, New York: Verso.

Geis, Anna. 2005. *Regieren mit Mediation. Das Beteiligungsverfahren zur zukünftigen Entwicklung des Frankfurter Flughafens.* Wiesbaden: VS.

Geis, Anna, Frank Nullmeier, und Christopher Daase (Hrsg.). 2012. *Der Aufstieg der Legitimitätspolitik. Rechtfertigung und Kritik politisch-ökonomischer Ordnungen.* Leviathan Sonderband 27. Baden-Baden: Nomos Verlagsgesellschaft.

Geißel, Brigitte. 2008. Wozu Demokratisierung der Demokratie? Kriterien zur Bewertung partizipativer Arrangements. In *Erfolgsbedingungen lokaler Bürgerbeteiligung*, Hrsg. Angelika Vetter, 29–48. Wiesbaden: VS.

Gosewinkel, Dieter, und Gunnar Folke Schuppert. 2008. Politische Kultur. Auf der Suche nach Konturen eines schillernden Begriffs. In *Politische Kultur im Wandel von Staatlichkeit*, Hrsg. Dieter Gosewinkel und Gunnar Folke Schuppert, 11–40. Berlin: edition sigma.

Görsdorf, Alexander. 2007. *Die „Weisheit der Laien" als politische Ressource? Ethnographie eines Szenario-Workshops zur Bürgerbeteiligung am Diskurs um die Biomedizin.* Saarbrücken: VDM Verlag Dr. Müller.

Görsdorf, Alexander. 2011. *Das offene Gespräch und seine Grenzen. Strukturprobleme von Verfahren partizipativer Technikbewertungen am Beispiel der Verbraucherkonferenz Nanotechnologie.* Baden-Baden: Nomos.

Grimm, Dieter. 1991. *Die Zukunft der Verfassung.* Frankfurt am Main: Suhrkamp.

Günther, Klaus. 2002. Zwischen Ermächtigung und Disziplinierung. Verantwortung im gegenwärtigen Kapitalismus. In *Befreiung aus der Mündigkeit. Paradoxien des gegenwärtigen Kapitalismus*, Hrsg. Axel Honneth, 117–139. Frankfurt am Main/New York: Campus.

Günther, Klaus. 2006. Aufgaben- und Zurechnungsverantwortung. In *Verantwortung in der Zivilgesellschaft. Zur Konjunktur eines widersprüchlichen Prinzips,* Hrsg. Ludger Heidbrink und Alfred Hirsch, 295–329. Frankfurt am Main: Campus.

Habermas, Jürgen. 1973. *Legitimationsprobleme im Spätkapitalismus.* Frankfurt am Main: Suhrkamp.

Habermas, Jürgen. 2008. Hat die Demokratie noch eine epistemische Dimension? Empirische Forschung und normative Theorie. In *Ach, Europa,* Hrsg. Jürgen Habermas, 138–191. Frankfurt am Main: Suhrkamp.

Harvey, David. 2013. *Rebellische Städte.* Berlin: Suhrkamp.

Häußermann, Hartmut, Dieter Läpple, und Walter Siebel. 2008. *Stadtpolitik.* Frankfurt am Main: Suhrkamp.

Held, David, und Mathias Koenig-Archibugi (Hrsg.). 2005. *Global Governace and Public Accountability.* Malden/Oxford/Carlton: Blackwell Publishing.

Heidbrink, Ludger. 2006. Verantwortung in der Zivilgesellschaft: Zur Konjunktur eines widersprüchlichen Prinzips. In *Verantwortung in der Zivilgesellschaft: Zur Konjunktur eines widersprüchlichen Prinzips,* Hrsg. Ludger Heidbrink und Alfred Hirsch, 13–38. Frankfurt am Main: Campus.

Hidalgo, Oliver. 2016. Tocqueville im Spiegel aktueller (Post-)Demokratie-theorien – Ambivalenz, Agonalität, Antinomien. In *Alexis de Tocqueville. Analytiker der Demokratie,* Hrsg. Harald Bluhm, 323–341. Paderborn: Wilhelm Fink.

Hilbrandt, Hanna. 2016. Insurgent participation: consensus and contestation in planning the redevelopment of Berlin-Tempelhof airport. *Urban Geography* 38 (4): 537–556.

Holston, James. 2008. Insurgent Citizenship. Disjunctions of Democracy and Modernity in Brasil. Princeton: Princeton University Press.

Holtkamp, Lars, Jörg Bogumil, und Leo Kißler. 2006. *Kooperative Demokratie. Das politische Potenzial von Bürgerengagement.* Frankfurt am Main, New York: Campus.

Honegger, Claudia, Sighard Neckel, und Chantal Magnin (Hrsg.). 2010. *Strukturierte Verantwortungslosigkeit. Berichte aus der Bankenwelt.* Berlin: Suhrkamp.

Honneth, Axel. 2011. *Das Recht der Freiheit.* Berlin: Suhrkamp.

Kemp, Adriana, Henrik Lebuhn, und Galia Rattner. 2015. Between Neoliberal Governance and the Right to the City. *International Journal of Urban and Regional Research* 39 (4): 704–725.

Läpple, Dieter. 2003. Thesen zu einer Renaissance der Stadt in der Wissensgesellschaft. In *Jahrbuch Stadtregion*, Hrsg. Norbert Gestring et al., 61–77: Opladen: Leske + Budrich.

Le Galès, Patrick. 2000. Private-sector interests and urban governance. In *Cities in Contemporary Europe*, Hrsg. Arnaldo Bagnasco und Patrick Le Galès, 178–197. Cambridge: University Press.

Lefebvre, Henri. 2016 [1968]. *Das Recht auf Stadt.* Hamburg: Edition Nautilus.

MacLeod, Gordon, Craig Johnstone. 2012. Stretching Urban Renaissance: Privatizing Space, Civilizing Place, Summoning 'Community'. *International Journal of Urban and Regional Research* 36 (1): 1–28.

Magnin, Chantal. 2012. Zur Moderation von Nutzungsbedürfnissen. Normative Vorstellungen zur Partizipation von Bürgern bei der Stadtplanung. In *Mikrostrukturen der Governance. Beiträge zur materialen Rekonstruktion von Erscheinungsformen neuer Staatlichkeit*, Hrsg. Alfons Bora und Peter Münte, 163–193. Baden-Baden: Nomos Verlagsgesellschaft.

Manin, Bernard. 2007 [1997]. *Kritik der repräsentativen Demokratie.* Berlin: Matthes & Seitz.

Michelmann, Frank. 1988. Law's Republic. *The Yale Law Journal* 97: 1493–1537.

Marcuse, Peter.2009. From critical urban theory to the right to the city. *City* 13 (2-3): 85–197.

Nanz, Patrizia, und Claus Leggewie. 2016. *Die Konsultative. Mehr Demokratie durch Bürgerbeteiligung.* Berlin: Verlag Klaus Wagenbach.

Norton, Alan. 1990. Die britische Wohnungssituation und Wohnungspolitik an der Schwelle der 90er Jahre – einige Vergleiche mit der Bundesrepublik. In *Soziale Wohnungspolitik der 90er Jahre. Probleme aus Handlungsansätze aus britisch-deutscher Sicht,* Hrsg. Alan Norton, Klaus Novy, 9–25. Basel: Birkhäuser Verlag.

Nuñes Silva, Carlos. 2004. Public-Private Partnerships and Urban Governance: Towards a New Concept of Local Government. In *New Challenges in Local and Regional Administration*, Hrsg. Max Barlow und Doris Wastl-Walter, 73–84. Aldershot, Burlington: Ashgate.

Oevermann, Ulrich. 2000. Die Methode der Fallrekonstruktion in der Grundlagenforschung sowie der klinischen und pädagogischen Praxis. In *Die Fallrekonstruktion*, Hrsg. Klaus Kraimer, 58–156. Frankfurt a. M.: Suhrkamp.

Rosanvallon, Pierre. 2006. *La contre-démocratie. La politique à l'âge de la défiance.* Paris: Éditions du Seuil.

Rosanvallon, Pierre. 2010. *Demokratische Legitimität. Unparteilichkeit, Reflexivität, Nähe*. Hamburg: Hamburger Edition.

Rosol, Marit. 2010. Public Participation in Post-Fordist Urban Green Space Governace: The Case of Community Gardens in Berlin. *International of Urban and Regional Research* 34 (3) :548–563.

Rosol, Marit. 2014. On Resistance in the Post-political City: Conduct and Counter-conduct in Vancouver. *Space and Polity* 18 (1): 70–84.

Rosol, Marit. 2016. Community Volunteering and The Neo-Liberal Production of Urban Green Space. In *The Participatory City,* Hrsg. Yasminah Beebeejaun, 85–93. Berlin: Jovis Verlag.

Roth, Roland. 2006. Bürgerorientierung, Bürgerengagement, Corporate Citizenship – Bürgerschaft als Akteur des Stadtmanagements. In *Stadtmanagement. Strategien zur Modernisierung der Stadt(-Region)*, Hrsg. Heidi Sinnig, 132–143. Dortmund: Verlag für Architektur, Bau- und Planungsliteratur.

Sack, Detlef. 2007. Spiele des Marktes, der Macht und der Kreativität – Öffentlich-private Partnerschaften und lokale Governance. In *Local Governance – mehr Transparenz und Bürgernähe*, Hrsg. Lilian Schwalb u. Heike Walk, 251–277. Wiesbaden: VS.

Sassen, Saskia. 2001. *The Global City. New York, London, Tokyo*. Princeton: Princeton University Press.

Sassen, Saskia. 2008. *Das Paradox des Nationalen*. Frankfurt am Main: Suhrkamp.

Schiller, Theo. 2011. Local direct democracy in Germany – varieties in a federal state. In *Local Direct Democracy in Europe*, Hrsg. Theo Schiller, 54–74. Wiesbaden: VS.

Schuppert, Gunnar. 1990. Resümée und Ausblick. In *Konfliktbewältigung durch Verhandlungsformen. Informelle und mittlerunterstützte Verhandlungen in Verwaltungsverfahren*, Hrsg. Wolfgang Hoffmann-Riem und Eberhard Schmidt-Assmann, 327–335. Baden-Baden: Nomos Verlagsgesellschaft.

Schuppert, Gunnar Folke. 2005. Der Gewährleistungsstaat – modisches Label oder Leitbild sich wandelnder Staatlichkeit. In *Der Gewährleistungsstaat – ein Leitbild auf dem Prüfstand*, Hrsg. Gunnar Folke Schuppert, 11–52. Baden-Baden: Nomos Verlagsgesellschaft.

Sintomer, Yves. 2007. *Le pouvoir au peuple*. Paris: La Découverte.

Steffek, Jens, und Patrizia Nanz. 2008. Emergent Patterns of Civil Society. Participation in Global and European Governance. In *Civil Society Participation in European and Global Governance*, Hrsg. Jens Steffek, Claudia Kissling und Patrizia Nanz, 1–29. Basingstoke: Palgrave Macmillan.

Swyngedouw, Erik. 1997. Neither Global nor Local: "Glocalization" and the Politics of Scale. In *Spaces of Globalization. Reasserting the Power of the Local*, Hrsg. Kevin R. Cox, 137–166. New York/London: The Guilford Press.

Swyngedouw, Erik, Frank Moulaert, und Arantxa Rodríguez. 2004. The Contradictions of Urbanizing Globalization. In *The Globalized City. Economic Restructuring and Social Polarization in European Cities*. Hrsg. Frank Moulaert, Aranta Rodríguez, Erik Swyngedouw, 247–266. Oxford: Oxford University Press.

Teisman, Geert R. u. Klijn, Erik-Hans. 2000. Public-private partnerships in the European Union. In *Public-Private Partnerships. Theory and practice in international perspective*, Hrsg. Stephen P. Osborne, 165–186. London, New York: Routledge.

Tocqueville, Alexis de. 1984 [1835/1840]. Über die Demokratie in Amerika. München: Deutscher Taschenbuchverlag.

„Neue Verantwortung“ in der deutschen Außenpolitik zwischen Fluchtdebatte und Militäreinsätzen*

Corinna Hauswedell

1. Kontext und Fragestellungen

Die öffentliche Debatte über eine „neue Verantwortung“ Deutschlands in der internationalen Politik erlebte infolge der Auftritte des Bundespräsidenten, des Außenministers und der Verteidigungsministerin auf der Münchner Sicherheitskonferenz 2014 eine – politisch nicht unbeabsichtigte – Dynamik. Mit der Initiative *Review 2014: Außenpolitik Weiter Denken* übernahm das Auswärtige Amt dabei zeitweilig eine Federführung. Das ambitionierte, für die deutsche Politikkultur ungewohnte Projekt, eine Mischung aus Experten- und Bürgerdialog unter Einsatz klassischer Formate sowie neuer Medien, konnte bereits nach knapp einem Jahr Laufzeit den politischen Eindruck relativieren, Außenpolitik führe auf der Interessenskala der Deutschen eine Schattenexistenz. Gegenüber den internationalen Partnern schuf das Berliner Regierungshandeln dieser Monate auch jenseits der Rhetorik eindrückliche Beispiele für die bereits seit längerem nachgefragte Verantwortungsübernahme. Die Bandbreite reichte von einer zwischen Interessenausgleich und Sanktion angesiedelten Verhandlungs- und Vermittlungsstrategie in der Ukraine-Krise bis zur militärischen Beteiligung an der Anti-IS-Koalition, die unter anderem Ausbildungs- und Waffenhilfe für verschiedene (Kriegs)Akteure im Nahen und Mittleren Osten einschloss (Hauswedell 2015, S. 34ff).[1]

Die Sichtbarkeit deutscher Außenpolitik erhöhte sich erneut im Laufe des Jahres 2015 und zu Beginn 2016, als nahezu eine Million in Europa Schutz und Zuflucht Suchende hier Aufnahme fanden.[2] Zugleich mit einer großen Welle der Hilfsbereitschaft wurde aber – nicht nur in Deutschland – die innenpolitische Zerreißprobe spürbar, die mit einer stärkeren Präsenz der unterschiedlichen internationalen Krisenfolgen im europäischen Alltag verbunden ist: Nationalistische und fremdenfeindliche Strömungen erlebten und erleben einen massiven Zulauf.

---

* Ich danke insbesondere meinen Kolleginnen und Kollegen bei der FESt für die sorgfältige Durchsicht und kritische Kommentierung einer früheren Fassung dieses Beitrages.

1 Die wichtigsten Ergebnisse des *Review2014*, der sich selbst als Prozess zwischen Politikerklärung, Deliberation und Identitätssuche verstand und in dessen Folge innerhalb des Ministeriums eine Umstrukturierung wichtiger Arbeitsfelder der Konfliktbearbeitung stattfand, ist zusammengefasst in einem Abschlussbericht des Auswärtigen Amtes (AA 2015). Vgl. auch den Beitrag von Geis u. Pfeifer in diesem Heft.

2 Das US-Magazin TIME titelte im Dezember 2015: „Angela Merkel – Kanzlerin der freien Welt“ (http://www.welt.de/politik/ausland/article149804486/Angela-Merkel-ist-jetzt-die-Anfuehrerin-des-Westens.html). Die ersten Monate des deutschen Regierungshandelns während der „Flüchtlingskrise“ wurde somit an prominenter Stelle westlicher Werteskalierung mit „moralischer Führungsqualität“ ausgezeichnet.

Auch wenn in den Debatten über die Fluchtproblematik weniger häufig als 2014 explizit von Verantwortung die Rede war, der inzwischen legendäre und im Juli 2016 wiederholte Satz der deutschen Kanzlerin „Wir schaffen das“ meinte genau dies: Wir übernehmen Verantwortung für diese vor Krieg und Not fliehenden Menschen – ein Signal nach außen und innen mit weitreichenden Konsequenzen, die inzwischen ihrerseits zum Gegenstand vielfältiger kritisch-diskursiver Reflexionen geworden sind.[3]

Der immer mehr als permanent wahrgenommene Krisenmodus trägt Merkmale eines erheblichen politischen „Kontrollverlustes“ (Heitmeyer 2016) der international Agierenden; polyvalente Gewaltstrukturen stimulieren sich gegenseitig und müssen die Suche nach geeigneten neuen Sicherheitsarchitekturen provozieren. Das ohnehin zwischen Eliten, Wissenschaft und zivilgesellschaftlichen Akteuren[4] kontroverse sicherheits- bzw. friedenspolitische Verständnis unterliegt angesichts schwindender Bindewirkungen in der Gesellschaft einem Stresstest. Im Juli 2016 erschien unter Federführung des Bundesministeriums der Verteidigung nach einem Konsultationsprozess mit Experten das „Weißbuch 2016 zur Sicherheitspolitik und zur Zukunft der Bundeswehr“ (BMVg 2016), mit dem ein neuer regierungsamtlicher Konsens über den sicherheitspolitischen Akteur Deutschland befestigt werden soll. In Ergänzung dazu plante das Auswärtige Amt, noch vor dem Ende der Legislatur im Frühjahr 2017 ein Leitliniendokument „Krisenengagement und Friedensförderung“ mit einem Schwerpunkt auf zivilen Instrumenten der Konfliktbearbeitung zur Verabschiedung ins Kabinett bringen; zu dessen Begleitung wurde erneut ein diskursives Medium „PeaceLab 2016: Krisenprävention Weiter Denken“ (AA 2016) initiiert. Offenbar provoziert die – je nach Blickwinkel entweder als Komplexität oder als Unordnung wahrgenommene – weltpolitische Situation ein durchaus positiv zu bewertendes, semi-öffentliches Ratsuchen seitens der deutschen Politik. In gewissem Umfang wird hier auch Verantwortung in die Gesellschaft delegiert. Diese Form einer „Verantwortungsdiffusion“ ist aber nicht unproblematisch, weil dadurch künftig Zurechenbarkeiten von und Legitimationskontexte für politisches Handeln verschwimmen könnten (siehe Einleitung zu diesem Heft).

Der vorliegende Beitrag untersucht einige Verläufe, Muster und Dilemmata dieses an politisch-ethischen Kernbegriffen wie „Verantwortung“ oder „Macht“ reichen (außen)politischen Diskurses. Dabei kann ein interessanter rhetorischer

3 Die Bewertung dieser – politischen und bürgerschaftlichen – Verantwortungsübernahme als „subjektive Selbstüberforderung“ (Bernd Ulrich, Die Zeit, 28.7.2016, S.2) scheint sich inzwischen hoher medialer Meinungsakzeptanz zu erfreuen. Allenthalben werden Symptome einer „Überforderung“ (Augstein 2016) diagnostiziert. Konrad Ott warf in seinem Essay „Zuwanderung und Moral“ (Ott 2016) die Frage nach einem *clash of morals* auf: ob nicht angesichts des gesellschaftlichen Dissenses im Falle der Fluchtthematik von Gesinnungsethik und Verantwortungsethik als konkurrierenden Moralauffassungen gesprochen werden müsse. Die HerausgeberInnen des Friedensgutachtens 2016 (Johannsen et.al., 2016, S. 3–31) kritisierten u.a., dass die wünschenswerte Stärkung der Fluchtursachenanalyse nur sehr halbherzig in Gang kam. Seltsam unterbelichtet erschien das Fluchtthema in der Juli-Ausgabe „Aus Politik und Zeitgeschichte“, die sich erneut umfänglich mit der „Deutschen Außenpolitik“ befasste (APuZ 28-29, 2016).

4 Verwiesen sei hier v.a. auf die Diskurse um „menschliche Sicherheit“ (Brock 2013 u.a.), „vernetzte Sicherheit“ (Hauswedell 2014 u.a.), den „erweiterten Sicherheitsbegriff“ (Daase 2010 u.a.) und um „Friedenslogik vs. Sicherheitslogik“ (Birckenbach 2015).

Spannungsbogen sichtbar gemacht werden: Verantwortungsübernahme wurde – auch im Rekurs auf formulierte Erwartungen internationaler Partner – zunächst vorrangig mit einer stärkeren militärischen Rolle Deutschlands in Verbindung gebracht (Hauswedell 2015 u.a.), also sicherheitspolitisch konnotiert; im Zusammenhang mit der „Flüchtlingskrise" erhielt der Begriff dann zunehmend ein ziviles, von humanitären Kontexten bzw. menschenrechtlichen Diskursen geprägtes Gesicht. Durch den Parlamentsbeschluss im Dezember 2015 über den Bundeswehreinsatz im Rahmen des Anti-Terror-Kampfes in Syrien wurden dann beide Ebenen miteinander verbunden. Das Weißbuch 2016 wiederum reklamiert in seinem Eingangskapitel mit der Formulierung „[...] Verantwortung zu leben und Führung zu übernehmen [...]" (BMVg 2016: 23) einen emphatischen Bezug des Verantwortungsbegriffs zur Sicherheitspolitik.

Es soll deshalb im Folgenden um die Frage gehen, ob sich der Begriff der Verantwortung als normative Orientierung in zwei Richtungen als tragfähig erweisen kann: auf dem Feld militärisch gehärteter Machtpolitik ebenso wie auf dem Terrain einer durch *Soft Power* bestimmten Außenpolitik. Lassen sich konkurrierende bzw. kooperierende außenpolitische Handlungsoptionen – klassische Diplomatie *und* Militäraktionen, Migrations-, Entwicklungs- *und* Umweltpolitiken – sinnvoll mit dem gleichen Verantwortungsbegriff fassen? Ist Verantwortung angesichts der heutigen Krisenrealität nur noch im Zusammenhang mit „Sicherheit" zu denken? Oder markiert militärisches Handeln, von Frank-Walter Steinmeier als „Gretchenfrage" der Außenpolitik bezeichnet,[5] einen Rubikon auch für den Gebrauch des Begriffs der Verantwortung? Zur Erörterung dieser Fragen werden hier einige für verantwortungsethische Diskurse einschlägige Gewährsleute wie Georg Picht, Max Weber, Hannah Arendt, Hans Jonas und Ulrich Beck zu Rate gezogen: Die Dilemmata einer „Unabgrenzbarkeit" von Verantwortung, Fragen des Zusammenhangs von Gesinnungs- und Verantwortungsethik oder der schwierigen „Verortung" von Menschenrechten im Kontext der Globalisierung strukturieren die folgenden Abschnitte des Beitrages; die Debatte um die Fluchtpolitik seit 2015 wird aus einer friedenswissenschaftlichen Perspektive mit dem deutschen militärischen Engagement im gleichen Zeitraum kontrastiert.

2. Ergebnisse aus *Review 2014 – Außenpolitik Weiter Denken*

Als ein zentrales Ziel der neuen deutschen Außenpolitik formulierte der Auswertungsbericht des *Review2014*-Prozesses, durchaus im Einklang mit einem klassischen (westlichen) Normenkatalog internationaler Politik: Es gehe darum, „[...] Verantwortung [zu] übernehmen, um der globalen Unübersichtlichkeit Elemente der Ordnung entgegenzustellen." (AA 2015, S. 20). Der Außenminister antwortete an gleicher Stelle auf die selbstgestellten Fragen:

> „Wo liegen unsere Interessen? Wo stehen wir in der Verantwortung? Was ist die „DNA" der deutschen Außenpolitik? [...] Wir brauchen einen Friedensrealismus, der Widersprüche aushält und darüber Zuversicht und die Fähigkeit zum verantwort-

5 https://www.bicc.de/fileadmin/Dateien/pdf/press/2015/Speech_of_German_Foreign_Minster_Steinmeier_at_the_German_peace_research_colloquium.pdf

> lichen Handeln nicht verliert. Die für unseren Wohlstand und unsere Sicherheit längst lebenswichtige globale Vernetzung unseres Landes erlaubt weder ein Selbstverständnis als Insel noch einen Anspruch als weltpolitischer Revolutionär“ (AA 2015, S. 8; 12).

Im Sommer 2016 stellte Steinmeier in einem Essay für *Foreign Affairs* die neue globale Rolle für Deutschland unter anderem so vor:

> „[...] as a reflective power, Germany struggles to reconcile the lessons of history with the challenges of today. Germany will continue to frame its international posture primarily in civilian and diplomatic terms and will resort to military engagement only after weighing every risk and every alternative“ (Steinmeier 2016, S. 6).

Bewusstsein für die eigenen Interessen, globale Einbettung und Lehren aus der deutschen (Gewalt)geschichte begründen demnach einen realistischen, reflexiven Umgang mit internationalem Engagement und einen expliziten Vorrang ziviler gegenüber militärischen Mitteln. Mit dieser pragmatischen und zugleich normativen Rahmung wird zwar ein auf künftige Gestaltung und Führung gerichtetes Verantwortungsverständnis formuliert; das Auswärtige Amt hat damit auch einen zeitweiligen Punkt hinter die nicht nur akademisch geführte Debatte gesetzt, ob in der „neuen deutschen Außenpolitik“ mehr „Zäsur“ oder mehr „Kontinuität“ zur Geltung komme (u.a. Maull 2015). Wegen der zunehmenden „globalen Unübersichtlichkeit“ wird aber die Herausforderung darin bestehen, die Reichweiten bzw. Grenzen derjenigen Felder zu vermessen, auf die sich dieses Verständnis von Verantwortung beziehen soll.

3. „Unabgrenzbarkeit“ der Verantwortung und die besondere deutsche Freiheit

„In dem Begriff Verantwortung“ – so hatte Georg Picht in seiner berühmten Definition von 1969 geschrieben – „liegt eine doppelte Verweisung: man ist verantwortlich *für* eine Sache oder *für* andere Menschen, und man ist verantwortlich *vor* einer Instanz, welche den Auftrag erteilt, der die Verantwortung begründet“ (Picht 1969, S. 319f.). Diese Kontextualisierung verband Picht mit der Beobachtung, dass sich der Begriff der Verantwortung von anderen rechtlichen und moralischen Begriffen dadurch unterscheide, „dass er in sich einen eigentümlichen Überschuss enthält, der sich in die klar umrissenen Bezüge, die diese Verweisung zunächst bezeichnet, nicht einfangen lässt“ (Picht 1969, S. 319f.). Verantwortliche Außenpolitik etwa muss sich innenpolitisch „vor einer Instanz“ (z.B. Grundgesetz, Parlament, Wählerschaft) und nach außen im Sinne von „für eine Sache“ (z.B. völkerrechtliche oder Bündnisverpflichtungen) legitimieren. Das betrifft Handlungskontexte, die werteorientiert begründet sind, wie z.B. die (Vor)Sorge *für* friedensfördernde und sozial bzw. ökologisch verträgliche Entwicklungen in der Welt. Diese Normativität konstituiere, so Picht, auch einen auf die Zukunft gerichteten „Überschuss“. Außenpolitische Verantwortung ist, weil sie sich permanent im Spannungsfeld von Innen- und Außenbindungen und -erwartungen bewegt, deshalb besonders schwer ein- bzw. abzugrenzen. Mit dieser Art „Unabgrenzbarkeit“ hänge zusammen, so Picht, dass Verantwortung durch „alle Zeiten und Kulturen“ als „unaufhebbar tragisch“ zu bezeichnen sei (Picht 1999, S. 689).[6]

Will (deutsche) Außenpolitik angesichts dieser „Tragik“ nicht verzweifeln oder in opportunistischen Relativismus verfallen, muss sie grundsätzlich und von Fall zu Fall die Balance zwischen Innen- und Außenbindung in normativer und politisch-rechtlicher Hinsicht austarieren. Die repräsentative Demokratie sieht für die Klärung dieser Fragen ein mit relativ hoher Legitimation ausgestattetes Set von Prozeduren und Instrumenten vor; in Deutschland gehört dazu unter anderem der Parlamentsvorbehalt zur Entsendung der Bundeswehr. Aber die „Dilemmata“, die der deutsche Außenminister angesichts der umstrittenen, erstmaligen Lieferung von deutschen Waffen in ein Kriegsgebiet an die kurdischen Peschmerga im Nordirak am 1. September 2014 beschrieb (Steinmeier 2014), sind trotz dieser Legitimation offensichtlich. Im Falle des seit Dezember 2001 laufenden Afghanistan-Einsatzes der Bundeswehr wurde die deutsche Bevölkerungsmehrheit in ihrer skeptischen bis ablehnenden Haltung jahrelang ignoriert, während die entsprechenden Mandate der Bundeswehr im Parlament über inzwischen mehr als fünfzehn Jahre erneuert oder modifiziert wurden. Das gesellschaftliche Bewusstsein von einer besonderen deutschen Verantwortung für zivile Friedensförderung, das man auch als Ausprägung eines modernen Pazifismus bezeichnen kann, speist sich aus einer historisch bitter erworbenen und wohlbegründeten militärkritischen Ratio. Daran hat bislang auch der vom Außenminister im gleichen Kontext beschriebene „Reifeprozess“ der deutschen Gesellschaft nichts geändert. Die aus der Katastrophe des Zweiten Weltkrieges abgeleitete, besondere militärische Zurückhaltung gehört zu den Gründungsnarrativen Deutschlands nach 1945 und konstituiert eben diesen Reifeprozess. „Neue Macht“, wie sie Deutschland seit 1989/90 zuwächst bzw. zugeschrieben wird (SWP/GMF 2014), sollte diesen Grundsatz äußerster militärischer Zurückhaltung nicht aus Sorge vor Gesichts- oder Gewichtsverlust opfern. Es läge geradezu eine besondere Freiheit deutscher Außenpolitik darin, dass sie vorsorgende Strategien der zivilen Krisenprävention oder eines *„preemptive peace“*[7] als für sich typischen Primat im Sinne verantwortlichen Handelns zu reklamieren und entsprechend auszugestalten sucht. Gleichzeitig wäre aber darauf zu achten, dass hieraus keine Attitüde moralischer Überlegenheit erwächst, in deren Windschatten sich sicher segeln lässt, während andere die Drecksarbeit machen.

---

6 Eine Verantwortung, die sich vernünftigerweise ihrer potenziellen Transzendenz bzw. ihres eschatologischen Charakters bewusst sein muss, habe es, so Georg Picht, schwer, sich gegen die partikularisierte Rationalität, wie sie in Wissenschaft und Gesellschaft des 20. Jahrhunderts dominiere, zu behaupten.

7 Der Begriff des *preemptive peace* mit einer Vorgeschichte in den vor allem anglo-amerikanischen kirchlich-ökumenischen Debatten nach 9/11, findet zunehmend Eingang in regierungsoffizielle Diskurse. Steinmeier selbst spricht häufiger von „vorsorgender Politik“ als wichtigem Impetus für eine verantwortliche Außenpolitik.

4. Grenzüberschreitungen: Flucht und „Prinzip Verantwortung“

Die Aufnahme von hunderttausenden vor Krieg und Verfolgung Fliehenden hat wie wenige politische Herausforderungen in der jüngeren deutschen Geschichte die Dilemmata der „Unabgrenzbarkeit“ politisch verantwortlichen Handelns aufgerufen. Die Probleme, Ursachen und Folgen von Migration und Zuwanderung sind in besonderer Weise im Schnittfeld von „Außen“ und „Innen“ angesiedelt. Aber auch die in den gleichen Zeitraum fallenden Entscheidungen zum verstärkten Einsatz der Bundeswehr im Kampf gegen den transnationalen Terrorismus verweisen auf eine unter Umständen „tragische“ Reichweite – nach außen wie nach innen. Wie verhalten sich Faktoren der „Innen“bindung, also des gesellschaftlichen Zusammenhaltes, gegenüber Verpflichtungen im „Außen“feld deutscher Interessen? Gibt es normativ begründbare Regeln, die eine Priorisierung von „Innen“ gegenüber „Außen“ oder in umgekehrter Richtung, insbesondere in Fällen krisenhafter Zuspitzungen, nahelegen?

Max Webers Bezugsrahmen für die Beschreibung politischer Verantwortung und seine für den Beruf des Politikers bis heute relevante Unterscheidung zwischen Gesinnungsethik und Verantwortungsethik (Weber 1992) war eindeutig der Nationalstaat, wie er auch als Bindung unserer Politiker in der Eidesformel des Art. 56 GG noch zum Ausdruck kommt. Picht hat demgegenüber wie andere Zeitgenossen auch mit seinen Analysen zur atomaren Bedrohung und zur ökologischen Katastrophe seit den späten 1960er Jahren einen globalen Horizont verantwortlichen politischen Handelns eröffnet. Hans Jonas hat diesen dann mit seinem „Prinzip Verantwortung“ (1984) als „Versuch einer Ethik für die technologische Zivilisation“ ausgemessen: Sein Imperativ „Handle so, daß die Wirkungen deiner Handlung verträglich sind mit der Permanenz echten menschlichen Lebens auf Erden“ war gedacht für einen „neuen Typ von Handlungssubjekt“ im individuellen wie im gesellschaftlichen Sinn (Jonas 1984, S. 36). Nicht nur die aktiven „Weltbürger“ einer wachsenden Zivilgesellschaft, auch die Regierenden waren gemeint.

Der Fokus, den Jonas auf die strikte Beachtung der Folgen des Handelns richtet, enthält – darin den Picht‘schen Paradigmen nicht unähnlich – eine räumlich und zeitlich ausgreifende, entgrenzende Perspektive: die „Anderen“ jenseits der eigenen Nation und den „Horizont der Zukunft“ (Jonas 1984: 214ff.). Dieses kosmopolitische und zugleich transzendierende Verständnis von Menschheitsinteressen und Nachhaltigkeit denkt *a priori* Gesinnungsethik und Verantwortungsethik zusammen.[8] Mit dem Postulat einer „Fernstenliebe“ eröffnete Jonas bereits im letzten Jahrzehnt des Kalten Krieges eine Perspektive für internationale Kooperation und Konfliktbearbeitung zwischen den Machtzentren, die geradezu als Gegenentwurf zur Gewaltdominanz und Verfeindung in den gegenwärtigen

8 Erstaunlicherweise finden sich, trotz der in ähnliche Richtungen weisenden Perspektiven, bei Jonas kaum explizite Bezugnahmen auf Picht. Der eschatologische Ansatz ist bei Jonas aus einem gebrochenen Gottesverständnis heraus primär weltlich geprägt, während Picht in letzter Instanz Verantwortung nur vor Gott denken kann (Eisenbart 1985, S. 12). Picht holt sein Veranwortungsgebot aus der Geschichte, Jonas aus der Natur. Beide kommen aber zu dem Schluss, Gesinnungsethik nicht gegen Verantwortungsethik zu stellen.

internationalen Beziehungen gelesen werden kann. In Entwürfen für eine „Gemeinsame Sicherheit" (Bahr/Lutz 1986; Schubert 1992) zwischen Staaten und Gesellschaften unterschiedlicher Werteorientierungen wurden bereits in den 1980er Jahren Antworten auf die Gewaltpotenziale des Kalten Krieges gesucht, die schließlich mit dazu beitrugen, einer Deeskalation zwischen den militärisch und ideologisch hoch gerüsteten Machtblöcken den Weg zu ebnen.

4.1 *Clash of Morals?* Verantwortungs- und Gesinnungsethik im Widerstreit

Ob sich Angela Merkel in ihrem fluchtpolitischen Impetus im Spätsommer 2015 von solchen Gedanken leiten ließ, sei dahingestellt. Die Orientierung an „offenen Grenzen"[9] kann jedenfalls in aller Umstrittenheit als ein Signal für Verantwortungübernahme seitens eines Nationalstaates in einem Moment global bedingter Krisenlage gelten. Genau an dieser Frage scheiden sich andererseits die neuen Geister eines fremdenfeindlichen Nationalismus von der mit „Willkommenskultur" nur unzureichend beschriebenen Aufnahmebereitschaft einer auf Humanität setzenden Zivilgesellschaft. Konrad Ott bringt in kritischer Absicht den – gesinnungsethischen – Kern der Position der Kanzlerin auf diesen Punkt:

> „Damit ist ein konzeptioneller Übergang von einer Moral der begrenzten Hilfspflichten zu einer Moral der unbegrenzten Erfüllung von Rechtsansprüchen, oder wie manche sagen, der Übergang von einer Moral der Gnade und Barmherzigkeit zu einer Moral der Menschenrechte vollzogen worden" (Ott 2016, S. 20).[10]

Entlang dieser seiner Meinung nach problematischen Entgrenzung und Neuverrechtlichung von Moral sieht und zieht Ott (wie auch manche andere in den Debatten des Jahres 2016) eine klare Trennlinie zur Verantwortungsethik. Der Ratsvorsitzende der Evangelischen Kirche Deutschlands (EKD) Heinrich Bedford-Strohm warnte dagegen zum Jahresbeginn 2016, als die öffentliche Stimmung in vielen EU-Staaten und auch in Deutschland im Zuge der Diskussion um „Obergrenzen" in Richtung Abschottung gegenüber den Geflüchteten zu kippen drohte: Der Verantwortungshorizont dürfe nicht „an unseren eigenen nationalen Grenzen enden"; man dürfe „Verantwortungsethik und Gesinnungsethik nicht gegeneinander ausspielen [...] Jede Verantwortung hat auch eine Gesinnung." Das sei eine wesentliche christliche Grundhaltung (Bedford-Strohm 2016; @evangelisch.de 2016). Davon, dass diese Auffassung auch in kirchlich geprägten Kontexten keineswegs Konsens war, zeugte beispielsweise die Kritik des evangelischen Landessynodalen und früheren Präsidenten des NRW-Verfassungsgerichtshofs Michael Bertrams. Er warf Angela Merkel eine Überschreitung ihrer Kompetenzen und einen möglichen Verfassungsbruch vor: Anstelle einer „Selbstermächtigung" wäre für die Entscheidung in der Fluchtproblematik – vergleichbar den Bundeswehrein-

---

9 Der Generaldirektor der Internationalen Organisation für Migration bezeichnete Merkel in dieser Hinsicht als „Visionärin": http://www.welt.de/politik/deutschland/article151162114/Merkel-ist-eine-Visionaerin-der-offenen-Grenzen.html

10 Ott bezieht sich hier auf ein Interview mit Angela Merkel in der Frankfurter Allgemeinen Zeitung vom 17. Oktober 2015, wo sie u.a. sagte: "Menschen, die vor Krieg, Verfolgung und Terror zu uns fliehen, brauchen Schutz und haben ein Recht darauf" (Merkel 2015a; Ott 2016, S. 20).

sätzen – eine Zustimmung des Parlaments angemessen gewesen.[11] Die Grenzöffnung für die Geflüchteten wurde hier als nicht abgedeckt durch die Richtlinienkompetenz der Kanzlerin angesehen, ihre Legitimation stand damit sowohl politisch-rechtlich als auch moralisch auf dem Prüfstand. Der Tenor der beispiellosen, seit Herbst 2015 geführten Abgrenzungskampagne der CSU, die in dem Vorwurf an Merkel gipfelte, dies sei die „Herrschaft des Unrechts"[12], wies in die gleiche Richtung und noch darüberhinaus und trug wesentlich zur politischen Polarisierung bei gleichzeitiger Diskreditierung humanitärer Handlungsparameter bei.

Hinsichtlich der „Außen"-Dimension der Verantwortung formulierte Ott:

> „Es geht also auch um das Ausmaß exterritorialer Verantwortung für Flüchtlinge [...] Die Verantwortung für afrikanische Flüchtlinge begänne dann spätestens direkt vor der Küste Nordafrikas. Diese Verantwortungslinie wurde von der EU im Frühjahr 2015 im Gefolge einer Bootskatastrophe faktisch anerkannt, in dem sie die Seenotrettungseinsätze vor die libysche Küste verlagerte" (Ott 2016, S. 24).

Anhand dieses Beispiels kontrastiert Ott erneut den Deutungsansatz einer Gesinnungsethik, die im Falle ertrinkender Menschen die Grenzpolitik der EU schuldhaft verantwortlich gemacht habe, mit einer Verantwortungsethik, die dies zurückgewiesen und vielmehr die Seenotrettung tausender Menschen als einen humanitärem Akt beschrieben habe (Ott 2016: 25). Ethische Bewertungen des gleichen Sachverhalts könnten kaum weiter auseinanderliegen. Die Picht'sche „doppelte Verweisung" entfaltete hier in klassischer Weise ihr tragisches Potenzial: Die deutsche Regierung möchte und muss beiden Menschengruppen, den von außen kommenden Hilfesuchenden und den innen um souveräne Mitgestaltung besorgten Bürgerinnen und Bürgern, in ethisch verantwortbarer Weise „gerecht" werden – ein Dilemma, aus dem wenn überhaupt nur ein Politikverhalten herausführen kann, das zeitweilige Prioritätensetzung begründet und erklärt.

4.2 Menschenrechte „ortlos"?

Im Hintergrund dieser Kontroverse – das wurde insbesondere im Zusammenhang mit dem umstrittenen „Türkei-Deal" zur Rückführung von in die EU eingereisten Geflüchteten vom März 2016 sichtbar[13] – liegt die Dichotomie von Menschenrecht und Staatsbürgerrecht, wie sie prominent von Hannah Arendt in den frühen

11 Michael Bertrams: Alleingang der Grenzöffnung war Akt der Selbstermächtigung, *Kölner Stadtanzeiger*, 13.01.2016 (http://www.presseportal.de/pm/66749/3223414) (22.08.2016)

12 Das Meinungsmagazin *Cicero* dokumentierte im Februar 2016 einen Teil der nicht nur polemisch, sondern auch mit verfassungsrechtlichen Argumenten geführen Debatte: http://www.cicero.de/herrschaft-des-unrechts/60554

13 In der Stellungnahme der Herausgeber des Friedensgutachtens 2016 z.B. wurde das Abkommen mit der Türkei unterschiedlich bewertet: Einer Kritik u.a. an der Verantwortungsdelegation der EU an die Türkei stand ein Plädoyer für die Relativierung der Unbedingtheit von Asylrecht und Schutzverantwortung, und damit der gesinnungsethischen Argumente, gegenüber (Johannsen et al. 2016, S. 25f.).

1950er Jahren in den bis heute relevanten Diskurs eingeführt wurde:[14] Es existiert eine Spannung zwischen dem Flüchtlingsschutz nach der Genfer Konvention, der vor allem gültig ist für vor Krieg und militärischer Gewalt Fliehenden, auf der einen Seite und den Interessen und Sorgen der aufnehmenden Gesellschaften auf der anderen Seite, die sich auf die staatliche Souveränität, Zuwanderung selbst steuern zu können, berufen. Diese Spannung ist schwer aufzulösen, der notwendige Diskurs darüber in Zeiten des transnationalen Terrorismus mit einer scheinbaren Allgegenwart von Gewalt nicht einfacher geworden. Menschenrechte sind zwar seit der UN-Charta von 1948 universell zu denken, bleiben aber gleichsam „ortlos", wo sie nicht in einem Rechtsstaat einklagbar sind. Die internationale Gerichtsbarkeit steckt nicht ohne Gründe immer noch in den Kinderschuhen, sieht sich dem permanenten Druck politischer Doppelmoral der Mächtigen ausgesetzt.

Die vor fast 15 Jahren angestoßene Debatte über eine „Schutzverantwortung", die *Responsibility to Protect* (R2P) (Staack u. Krause 2015; vgl. auch Junk u. Kroll und Vogelmann in diesem Heft), hätte prinzipiell das Potenzial, als (neuer) völkerrechtlicher und normativer Bezugsrahmen für verantwortliche internationale Politik zu dienen. Im äußersten Fall, als Schutzversprechen bei schwersten Menschenrechtsverletzungen, könnten unter R2P künftig sogar internationale Militärinterventionen als politisch verantwortlich im Sinne ihres Auftrages und als legitim im Sinne völkerrechtlicher Normen gelten. Noch hat sich R2P allerdings nicht als eine neue ethische Maßgabe etablieren können, die Schutz- und Friedenspflicht der UN-Charta in Übereinstimmung bringen könnte. Macht und Verantwortung scheinen sich weiterhin auszuschließen, auch fast dreißig Jahre nach dem Ende des Kalten Krieges: Die mangelnde moralische Selbstbindung mächtiger Sicherheitsratsmitglieder in der langen Dekade des Interventionismus im Zusammenhang mit dem *war on terror* seit 2001 hat es z.B. erschwert, die Begründungspflicht vor einem Veto einzuführen. Der – unter Bezugnahme auf R2P erfolgte – Mandatsmissbrauch zum Diktatorensturz im Falle Libyens 2011 unterstreicht die akuten Glaubwürdigkeitsprobleme in Sachen internationaler Verantwortung. Rückblickend hat der mit anschließendem Gewaltexport verbundene Staatszerfall in Libyen – heute eine gefährliche Durchgangsstation für viele Flüchtende und Hilfesuchende aus Nordafrika – die Frage aufgeworfen, ob die damals innenpolitisch höchst umstrittene und von den meisten westlichen Bündnispartnern als Irritation empfundene Enthaltung Deutschlands im Sicherheitsrat nicht doch ein größeres Verantwortungspotenzial besaß, als es die Beteiligung an der Bombardierung des Landes *ex post* offenbart hätte.

---

14 In „Elemente und Ursprünge totaler Herrschaft" schrieb Hannah Arendt u.a.: „Was diese Verquickung der Menschenrechte mit der im Nationalstaat verwirklichten Volkssouveränität eigentlich bedeutet, stellte sich heraus, als immer mehr Menschen und immer mehr Volksgruppen erschienen, deren elementaren Rechte als Völker im Herzen Europas so wenig gesichert waren, als hätte sie ein widriges Schicksal plötzlich in die Wildnis des afrikanischen Erdteils verschlagen" (Arendt 1986, S. 605) und: „Staatenlosigkeit in Massendimensionen hat die Welt faktisch vor die unausweichliche und höchst verwirrende Frage gestellt, ob es überhaupt so etwas wie unabdingbare Menschenrechte gibt, das heißt Rechte, die unabhängig sind von jedem besonderen politischen Status und einzig der bloßen Tatsache des Menschseins entspringen" (Arendt 1986, S. 607).

Die von Picht beschriebene Tragik im richtigen Umgang mit (außen)politischer Verantwortung und die heute angesichts von Krieg und Gewalt besonders im Nahen und Mittleren Osten überdeutlichen ethischen und politischen Aporien fordern unser Vorstellungsvermögen heraus und haben zu einer Rückkehr der politischen Philosophie auf die Bühnen öffentlicher Diskurse geführt. Seila Benhabib beispielsweise gibt im Rückgriff auf Kant und im Anschluss an Arendt zu bedenken,

> „[...] ob der rechtliche Kosmopolitismus mehr als ein regulatives Ideal werden und selbst konstitutiven Charakter annehmen kann..[...] Dass Staaten weiterhin den erstrangigen Rahmen bilden, in dem Menschenrechte eingefordert und interpretiert werden, bedeutet aber nicht, dass sie die einzige politische Öffentlichkeit unserer Zeit bilden. In Wahrheit ist eine internationale und auch transnationale Menschenrechtspolitik entstanden, die über Staatsgrenzen hinausgreift, gleichzeitig aber den Kampf für Menschenrechte innerhalb von Staaten stark beeinflusst. Arendt konnte diese Entwicklung so noch nicht absehen“ (Benhabib 2016, S. 62).

Carolin Emcke dagegen verzweifelte wie Manche angesichts des Kriegsverlaufs in Syrien und des Dramas von Aleppo und endete vorläufig mit einem apodiktischen Schluss: “Es gibt keine Moral, die der Globalisierung der Welt entsprechen würde“ (Emcke 2016). Der SPIEGEL bilanzierte ein Jahr später das „Märchen eines Sommers“ und kam zu einem ähnlichen Ergebnis:

> „Flüchtlingspolitik ist ein Geschäft der schmutzigen Kompromisse zwischen Moral und dem Möglichen [...] Was bleibt aus diesen zwei Wochen im September ist deshalb die Erinnerung, dass man es auf einer Woge der Euphorie anders versucht und tatsächlich ein wenig Elend von der Welt genommen hat [...] Es gibt in der Flüchtlingspolitik keine einfachen Lösungen, alles hat unerwünschte Folgen, ob man handelt oder nicht handelt, ob man hilft oder nur zusieht. Dem Guten folgt das Böse, als gäbe es eine Gleichung des Elends, die am Ende immer aufgehen muss.“ (SPIEGEL 33/2016, S. 29)

Um eine der Ausgangsfragen wieder aufzugreifen: Regeln für politisches Handeln, die eine Priorisierung von „Innen“- gegenüber „Außen“-Veranwortung oder umgekehrt normativ nahelegen, insbesondere in Fällen krisenhafter Zuspitzungen, sind bis heute schwerlich zu identifizieren. Im Herbst 2015 erschien einigen Regierenden, vor allem in Deutschland, Österreich und Schweden, das Elend der Welt so groß, dass das „Außen“ vorübergehend Priorität gegenüber den möglichen Folgen im Inneren ihrer Gesellschaften gewann. Die Regierungen in Ungarn, Tschechien und Polen, aber auch in Frankreich und Großbritannien haben bekanntlich anders entschieden. Die Krise eines gemeinsam abgestimmten fluchtpolitischen Handelns innerhalb der EU hat in der Folge wie kaum ein anderes Thema zuvor die Abwesenheit einer allgemeine Akzeptanz findenden politischen Moral in Zeiten der Globalisierung offenbart. Das Vorangehen „mit gutem Beispiel“ mag Verantwortungsübernahme und hohe Moral signalisieren, aber es wird nicht immer gern gesehen. Wenn es zur Nachahmung aufruft, fühlen sich viele überfordert. Deutschland sah sich seit dem Spätsommer 2015 unversehends in der Rolle des verantwortungsbewusstem Musterknaben – eine für die Binnenwie für die Außenwahrnehmung durchaus ambivalente historische Umkehrung deutscher Geschichte.

> „We cannot give in to the rising desire of certain groups of the electorate to respond on a solely national level, by setting arbitrary limits on the acceptance of refugees, for example. Germany cannot and will not base its foreign policy on solutions that promise quick fixes but in reality are counterproductive, be they walls or wars" (Steinmeier 2016, S. 10).

4.3 „Organisierte Unverantwortlichkeit" oder: Fluchtursachen in den Fokus?

Die Fragwürdigkeit kurzfristig erfolgversprechender, aber in der Folgewirkung kontraproduktiver Lösungsversuche, sei es in Gestalt von Zaun- oder Mauerbau oder gar Kriegführung, die der deutsche Außenminister hier kritisiert, verweist auch auf die Begrenztheit nationaler Alleingänge – die „gute Tat" deutscher Aufnahmepolitik im Herbst 2015 war zunächst ein solcher. Gefordert ist vielmehr, den Blick in aller Konsequenz auf die Flucht*ursachen* zu lenken: Hinter den akuten Gewaltprozessen scheinen zumeist unterschiedliche Konfliktebenen der globalisierten Welt auf, die einer grundlegenden Friedensförderung als Strategie bedürfen. Nur so ließe sich mittel- und langfristig auch mit den moralischen Dilemmata der Zuwanderungsfrage und der doppelten Verweisung auf die Innen- und Außen-Verantwortung produktiv umgehen.

Ähnlich wie Picht und Jonas bot sich auch Ulrich Beck bereits in der letzten Dekade des Kalten Krieges als Ratgeber einer in dieser Weise dimensionierten (außen)politischen Verantwortung an. Er teilte mit Jonas die meisten Ausgangspunkte hinsichtlich der international relevanten Gegenstände von Verantwortungsübernahme, orientierte aber seinen Risiko-Gefahren-Sicherheits-Diskurs auf die Handelnden in Politik und Bürokratie: Was passiert, wenn Verantwortung *nicht* adäquat wahrgenommen wird? Beck sprach angesichts der vielfältigen hausgemachten Bedrohungen der technokratischen Industriegesellschaft von einer „organisierten Unverantwortlichkeit": „Das individuell ausgelegte Verursacherprinzip, die Rechtsgrundlage der Gefahrenabwehr, schützt die Verursacher, die es zur Verantwortung ziehen soll" (Beck 1988, S. 11). Auch wenn Beck vor allem Probleme technologischer und ökologischer Gefahrenabwehr im Blick hatte, war damit auch eine (Außen)politik kritisch angesprochen, die für diese Probleme einer risikobasierten Technikfolgenabschätzung, wie wir sie heute im Bereich von Cyber- und Netzpolitik diskutieren (vgl. den Beitrag von Hempel in diesem Heft), keine Verantwortung übernimmt. Becks Kritik betraf nicht nur die Unschärfe im Umgang mit der Krisen*verursachung*, sondern zugleich auch die Verkürzung auf „individuelle" Veranwortung, wo eher kollektive Prozesse mit mehrdimensionalen bzw. diffusen Verantwortungsstrukturen am Werk sind.

Ohne Analyse und Bearbeitung der multiplen Ursachen von politischen Krisen und Fehlentwicklungen – das zeigt die Fluchtdebatte paradigmatisch – bleibt der moralische Appell an die Übernahme von Verantwortung kraftlos und kann sogar kontraproduktiv werden; wichtige Aspekte der Realität werden ausgeblendet, die für wertegebundenes Handeln relevant und legitimationsstiftend sein können. Die

Bundeskanzlerin hatte vermutlich deshalb zu Beginn der Debatte im Herbst 2015 mehrfach auf die Fluchtursachen und die Notwendigkeit ihrer Bekämpfung verwiesen, so z.B. anlässlich der Eröffnung des UN-Gipfels zur Verabschiedung der Agenda 2030 am 25. September 2015:

> „Wer das Leid derjenigen sieht, die ihre Heimat hinter sich lassen und sich anderswo Schutz und Zukunft erhoffen, wer auch die Herausforderung für die Länder kennt, die Flüchtlinge aufnehmen, der weiß, dass es letztlich nur eine Lösung gibt: Wir müssen den Ursachen für Flucht und Vertreibung entgegenwirken“ (Merkel 2015b).

Dass dies wesentlich auf der rhetorischen Ebene verblieb und bisher nicht konsequent in ein neues strategisches Konzept eingebunden wurde, hat mit dazu beigetragen, dass es im Verlaufe der Krise immer schwieriger wurde, die moralisch richtige – und verantwortliche – Forderung nach Solidarität im Umgang mit Geflüchteten gegen die Mobilisierung nationalistischer und fremdenfeindlicher Ressentiments abzuschirmen.

4.4 Globalisierung als gemeinsame Verantwortung

Die Verursachung von Krisen und Konflikten in den Mittelpunkt zu stellen, wie Jonas, Beck und andere dies seinerzeit vorschlugen, ist nicht trivial. In heutiger Begrifflichkeit bedeutet es, die Fluchtthematik auch in den Kontext eines Diskurses zu stellen, der relevante Ausprägungen der Globalisierung problematisiert:

> „Der Druck auf die Flüchtlingspolitik ist deswegen so ungeheuer, weil den Menschen allmählich bewusst wird, dass die Globalisierung an einem Punkt angekommen ist, an dem ein paar alte Rechnungen fällig werden. Zunächst die zwischen Erster und Dritter Welt und, in deren Folge, auch die zwischen Arm und Reich in der Ersten Welt.“ (Krupa u. Ulrich 2016; S.3)

Es mag (zu)viel verlangt sein von der konservativen Regierungschefin Deutschlands: Aber wenn man versäumt, die Rolle westlicher Interventionspolitik bei der Destabilisierung des Nahen und Mittleren Osten auch seitens der Eliten zu diskutieren, bleibt der Verantwortungsbegriff schal – auch dies ist eine Spielart von Verantwortungsdiffusion. Die Regimewechselkriege in Afghanistan, im Irak und in Libyen haben zwar schlechte Staatsführer beseitigt, aber ohne Friedensstrategien für die Zeit danach, die auf eine Inklusion aller Konfliktparteien zielen, haben sie die Spaltung und die Gewaltpotenziale in den Gesellschaften und innerhalb der Regionen verschärft. Wer über Fluchtursachen redet, darf über das Debakel der westlichen Militärinterventionen nicht schweigen (Heinemann-Grüder 2016, S. 60ff.; Friedensgutachten 2016, S. 6f.).

Ökonomische Ungleichheit, Ressourcenmissbrauch und Umweltzerstörung müssen als post-koloniale Realitäten auf dem afrikanischen Kontinent beim Namen genannt werden; das bedeutet nicht, die Mitverantwortung der lokalen Eliten an diesen Prozessen zu negieren. Die Ursachen für die dortigen Konfliktlagen, Kriege und Gewalt sind in den meisten Fällen fremd- *und* hausgemacht. Eine vorsorgende, verantwortungsvolle deutsche Außenpolitik, die friedliche Entwicklung in Zukunft fördern will, muss dieser schwierigen Melange Rechnung tragen, ohne neuen Paternalismus zu praktizieren. Das globale Gerechtigkeitsdilemma – während und nach der Finanzkrise von 2008 schon einmal im Fokus der nunmehr digital kommunizierenden Weltöffentlichkeit – hat mit der Zuspitzung der Fluchtproblematik weitere Aufmerksamkeit in den Berichten und Statistiken der Vereinten Nationen erhalten, die damit erneut zu Zeugen für eine hoch „organisierte Unverantwortlickeit" unserer Zeit werden.[15] Ohne ernsthaft und auf Augenhöhe mit den teilweise fragilen Staaten und ihren Gesellschaften im globalen Süden auf eine gerechtere Welthandelsordnung hinzuarbeiten, werden die Interessen der nord-westlichen Exportwirtschaft weiter Vorrang vor der Fluchtursachenbekämpfung behalten. Das hieße in der Konsequenz auch Abschied zu nehmen von wenig fruchtbaren Konzepten der bisherigen Entwicklungszusammenarbeit.[16] Der Blick, so Lothar Brock, wird bald über die klassische Nord-Süd-Perspektive hinausgehen müssen: „Weltgesellschaftlich" denken lernen hieße demnach auch, „zivile Krisenprävention als Teil einer Weltgemeinwohlpolitik" zu verstehen (Brock 2015, S. 160). Die UN-Agenda 2030 hat mit der Verabschiedung der langfristigen Ziele nachhaltiger Entwicklung (*Sustainable Development Goals*, SDGs)[17] einen Rahmen angegeben, in dem „universelle Verantwortung" ausbuchstabiert werden könnte. Nach längeren Kontroversen, in denen die Staaten des Südens unter anderem ihre Sorgen vor erneuter Bevormundung artikulierten, wurde dort auch ein explizit friedenspolitischer Zielkatalog aufgenommen: friedliche und inklusive Gesellschaften im Sinne einer nachhaltigen Entwicklung zu fördern, allen Menschen Zugang zur Justiz zu ermöglichen und effektive, rechenschaftspflichtige und inklusive Institutionen auf allen Ebenen aufzubauen (SDG 16).

Das Flüchtlingsdrama war und bleibt ein Weckruf: Es besteht ein eklatanter Zusammenhang zwischen versäumter Prävention und Fluchtbewegungen. Die Krise im Umgang mit den Geflüchteten hat im Auswärtigen Amt offenbar den Impuls ausgelöst, Friedens- und Sicherheitspolitik nicht allein den Formulierungen des Weißbuchs 2016 zu überlassen, sondern, wie von der Friedens- und Konfliktforschung und der auf diesen Feldern engagierten Zivilgesellschaft schon länger gefordert, an einer Weiterentwicklung des Aktionsplans Zivile Krisenprävention von 2004 zu arbeiten mit dem Ziel, ein regierungsamtliches Leitbild für ziviles „Krisenengagement und Friedensförderung" zu entwickeln.[18]

Möglicherweise hat die polarisierende Auseinandersetzung um Ausmaß und Richtung von Verantwortung auch ihre positiven Aspekte. Nach einem Jahr Fluchtdebatte liegt deutlicher zutage, dass, wer die Verursachung negativer

15 Der Bericht des UNHCR über die Ursachen und Faktoren für Flucht aus Syrien, die sich keineswegs nur auf den Kriegsalltag beziehen, sind ein Beispiel (http://www.unhcr.org/news/briefing/2015/9/560523f26/seven-factors-behind-movement-syrian-refugees-europe.html) (20.8.2016). Vgl. auch UNHCR (Ed.). Global Trends. Forced Displacement in 2015. June 2016. Geneva (https://www.uno-fluechtlingshilfe.de/fileadmin/redaktion/Infomaterial/global_trends_2015.pdf) (20.8.2016).

16 Vgl. dazu u.a. Forschungen und Aktivitäten des Deutschen Institut für Entwicklungspolitik (DIE) rund um die Themen Flucht, Vertreibung und deren Ursachen: www.die-gdi.de/flucht/.

17 https://sustainabledevelopment.un.org/ (20.8.2016).

18 Näheres zu den Zielstellungen dieses Prozesses, der im Frühsommer 2016 eingeleitet wurde, findet sich bei: http://www.peacelab2016.de/peacelab2016/debatte/friedensfoerderung/article/grundlagendokumente-aktionsplan-leitlinien-fragile-staaten-zivilgesellschaftliche-stellungnahmen/ (22.8.2016).

Globalisierungseffekte nicht mitdenkt, den Verantwortungsdiskurs wichtiger Potenziale beraubt: Zum einen werden, indem dieser Teil der Verantwortung de facto „gekappt“ wird bzw. diffundiert, Aspekte einer ethischen Orientierung verschenkt, welche der Fluchtdebatte eigentlich inhärent sind (Kleist 2015). Der Diskurs über Solidarität als Ausdruck nicht nur humanistischer Gesinnung, sondern auch gemeinsamer Interessenlagen – im Sinne des Jonas‘schen Imperativs einer „Permanenz echten menschlichen Lebens auf Erden“ – wird dann vielfach reduziert auf „Emotionalität“; so wurden wir z.B. Zeugen medialer Spekulationen über das „Gefühl“, das die Bundeskanzlerin bei ihren Entscheidungen in der Flüchtlingsfrage geleitet haben mochte. Dies wurde von der „Rationalität“ und dem „Realitätssinn“ argumentativ abgetrennt, die für wichtige Entscheidungen notwendig wären und denen deshalb valide Ursachenanalysen zugrunde liegen müssen (Frevert 2015). Zweitens bietet man damit Einfallstore für einen gewendeten Sicherheitsdiskurs: In einem bereits für Gewalt sensibilisierten Klima, wie wir es durch die Zunahme terroristischer Anschläge auch in Europa erleben, kann das Gebot, „Sicherheit für Flüchtlinge“ zu schaffen, leicht umgemünzt werden in eine „Sicherheit vor Flüchtlingen“. Der mediale – und zunächst wenig verantwortliche – Umgang mit den Ereignissen der Sylvesternacht 2015/16 in einigen deutschen Großstädten lieferte an einem sensiblen Punkt innenpolitischer Verantwortung Munition für eine solche sicherheitsrhetorische Umkehrung. Eine „friedenslogische Flüchtlingspolitik“, so formuliert Hanne-Margret Birckenbach, nimmt dagegen auch den eigenen Beitrag europäischer und deutscher Politik für die Entstehung struktureller und direkter Gewalt, Ungerechtigkeit und Ungleichheit wahr. Und sie erfasst die eigene Sicherheit als Ergebnis einer Politik, die die Sicherheit der zur Flucht Gezwungenen in den Mittelpunkt ihres Handelns stellt (Birckenbach 2015).

5. „Gretchenfrage“ Militär: Sicherheitsgarant oder Grenze der Verantwortung?

Die Kontroversen des vergangenen Jahres um Flucht und nationale wie internationale Gewalteskalation zwingen verantwortungsbewusste deutsche Außenpolitik noch mehr dazu, Sicherheit nicht ohne oder anstelle eines strategischen Konzepts von Friedensförderung zu denken. Dazu gehört es auch, den Versuchungen zu widerstehen, die neuen Herausforderungen, die durch den transnationalen Terrorismus entstehen, kausal immer wieder mit der Fluchtproblematik zu verknüpfen.[19] Ein verantwortungsvoller Umgang mit verständlichen Ängsten in der Bevölkerung muss sich gegen eine Vermengung dieser beiden Themenfelder wenden, wie sie in den jüngeren nationalistischen Diskursen *en vogue* ist. Angst vor (dem) Fremden war selten ein guter Ratgeber. Eine Konsequenz hingegen, wenn man aus den Globalisierungsprozessen eine transnationale Veranwortung ableitet,

19 Herfried Münkler hat diese Verknüpfung im Anschluss an den Berliner Anschlag vom 19. Dezember 2016 als „unprofessionelles Gerede“ gekennzeichnet, das den ersten Schein für die Sache selbst halte. Hierin läge u.a. auch eine Unterschätzung des IS, der seinerseits geradezu ein strategisches Interesse an „der Verbindung zwischen Terroristen und Flüchtlingen“ habe, die man nicht „verantwortungslos“ bedienen sollte (Münkler 2016).

wäre diese: Sicherheit sollte nicht nur im Kontext von Migration und Zuwanderung sondern in den allermeisten anderen internationalen Handlungsfeldern (Energie, Ressourcen, Technologie, Handel, Gesundheit etc.) mittel- und langfristig als *gemeinsames* Gut und nicht als Verteidigung *gegen* andere bzw. Schutz vor anderen konzipiert werden – „außen“ und „innen“. Dafür sprechen wertegebundene Gründe einer gelebten Humanität ebenso wie rationale Argumente, die sich von gemeinsamen Interessen am Erhalt einer lebenswerten Welt ableiten. So begründet sich eine außenpolitische Verantwortung für Dialogstrategien mit Partnern oder auch mit Gegnern, die nicht unbedingt das gleiche Werte- oder Interessenverständnis teilen.

5.1 Gegen Terrorismus: Mehr Trennschärfe statt mehr „Vernetzung“

Was bedeuten solche Einsichten aus dem Kontext der Fluchtdebatte für den künftigen Einsatz von Militär bzw. für eine mögliche Rolle der Bundeswehr bei Kriseninterventionen? Bei einigen öffentlichen Auftritten der Verteidigungsministerin im Vorfeld der Veröffentlichung des Weißbuchs 2016 konnte man den Eindruck gewinnen, dass das Mantra „Entwicklung braucht Sicherheit – Sicherheit braucht Entwicklung“ heute so interpretiert werde, dass Kriseninterventionen im Regelfall unter Einbeziehung des Militärs stattfinden sollten: Der Bundeswehreinsatz in Mali, zunächst als Akt politischer Solidarität mit Frankreich und zum Zwecke internationaler Terrorabwehr auf den Weg gebracht, wird hierfür offenbar als ein Prototyp angesehen.[20] Die Pläne der EU-Kommission, Entwicklungshilfemittel künftig auch für militärische Zwecke, z.B. der Streitkäfteertüchtigung in fragilen Staaten, zu bewilligen oder umzuwidmen, gehen in eine ähnliche Richtung.[21] Das aus fünfzehn Jahren *war on terror* gewonnene Verständnis eines solchen „vernetzten Ansatzes“ (*comprehensive approach*) ziviler und militärischer Kapazitäten ignoriert jedoch die höchst negativen Folgen militärischer Interventionen der letzten Jahre, die eben auch in einer Diskreditierung von in die Einsätze eingebundenen (vernetzten) Hilfs- und Entwicklungsvorhaben zum Ausdruck kamen. Auch die umstrittenen Überlegungen aus dem BMVg, bei der Terrorbekämpfung neue Einsatzspielräume für die Bundeswehr im Inneren zu schaffen, weisen auf einen fragwürdigen Umgang mit der im Grundgesetz wohlbegründeten Trennung zwischen Militär und Polizei hin.

Einen zweiten kritischen Blick auf die primär aus der Bedrohung durch den Terrorismus seit 9/11 entstandenen Konzeption der „vernetzten Sicherheit“ zu werfen (Hauswedell 2014), erscheint deshalb dringend geboten. Neue Bedrohungen erfordern zunächst nicht zwingend ein Mehr an Vernetzung verschiedener

---

20 Auf einer gemeinsamen Konferenz des BMZ mit dem BMVg am 6. Juni 2016 wies die Rede von Ursula von der Leyen in eben diese Richtung (http://www.bmz.de/de/presse/aktuelleMeldungen/2016/juni/160606_Gemeinsam-fuer-eine-neue-Entwicklungs-Sicherheits-und-Friedenspolitik-des-21-Jahrhunderts/index.js).

21 Das Vorhaben, Militärhilfe für sog. Krisenstaaten aus dem entwicklungspolitischen Instrument für Stabilität und Frieden (ISP) zu finanzieren, könnte für die Jahre 2016 bis 2018 rund 100 Millionen Euro betreffen, Geld, das eigentlich zur Bekämpfung von Armut gedacht ist. Vgl. http://www.spiegel.de/politik/ausland/eu-kommission-will-militaer-mit-entwicklungshilfe-staerken-a-1101301.html.

Instrumente, sondern ein Mehr an Trenn- und Tiefenschärfe hinsichtlich der Ursachenanalyse: Welche Faktoren begünstigen transnationalen Terrorismus an welchem Ort? Welche Strategien und Mittel sind deshalb geeignet, um diesen Faktoren wirksam zu begegnen? Die Analysen zur Ausbreitung des IS im Nahen und Mittleren Osten einerseits und seiner Rekrutierungs- bzw. Identifikationsstrategien in Europa andererseits erfordern eine Differenzierung und eine möglichst deutliche Trennung zwischen zivilen, einschließlich polizeilichen und juristischen, Maßnahmen der Bekämpfung und militärischer bzw. geheimdienstlicher Abwehr (FGA 2016, S. 11ff).

Die Grenzen zwischen Frieden und Krieg, zwischen kriegerischer und krimineller Gewalt schwinden bzw. verschwimmen mehr und mehr, das staatliche Gewaltmonopol steht in vielen Konfliktregionen in Frage oder zur Disposition. Das liegt an der Permanenz politisch nicht beigelegter Konflikte, an verdeckten Formen der Kriegführung („Hybridität") und am Einsatz neuer Technologien (Drohnen; *Cyber War*) im Dienst des Militärs (Schörnig 2014; Neuneck 2014). Erschwerte Zurechenbarkeit bzw. Diffusion von Verantwortlichkeit, die ohnehin mit der Automatisierung jeder Technologie einhergeht, betrifft in besonderer Weise den militärischen Bereich mit seinen brüchigen Abgrenzungen einer *ultima-ratio*-Verantwortung. Die Strafrechtlerin und Rechtsphilosophin Susanne Beck gibt angesichts von Entwicklung und Einsatz neuer Waffentechnologien zu bedenken:

> „Kaum eine politische oder ethische Frage ist für die Gesellschaft von größerer Brisanz als die, in welchen Bereichen sie sich mit diffuser Verantwortung arrangiert, und in welchen sie unter allen Umständen individuelle Veranwortlichkeit aufrechterhalten will."[22]

In dem Bestreben, eigene Opfer möglichst zu vermeiden und die Schwelle zur Akzeptanz von militärischem Handeln zu senken, werden heute in den Industrienationen Waffentechniken und Kommunikationswege entwickelt, die Kriege zunehmend wie erweiterte Polizeieinsätze erscheinen lassen (Schörnig 2014). Das Internet wird zum Schauplatz virtueller und realer Operationen. Während das Weißbuch 2016 darauf orientiert ist, in dieser Liga künftig möglichst erfolgreich mitzuspielen, müsste sich verantwortliche Außenpolitk vielmehr um die ethische, rechtliche und politische Einhegung dieser neuen Systeme „organisierter Unveranwortlichkeit" durch internationale Konventionen der Ächtung und durch Kontrollregime der Abrüstung bemühen (Neuneck 2014). Dies wiederum ist nur glaubwürdig auf den Weg zu bringen, wenn der Export der konventionellen Waffen aus eigener Produktion mit einem eben solchen ethischen Bann begleitet würde.

5.2 … *et respice finem:* Krieg als intentionaler Akt

Max Webers bekannte Unterscheidung zwischen einer die Folgen des Handelns bedenkenden „Verantwortungsethik" und einer, unabhängig von den Folgen, durch das moralisch Richtige getragenen „Gesinnungsethik" sei nochmals aufge-

22 „Maschinen ohne Erbarmen", Interview mit Susanne Beck, Süddeutsche Zeitung, 15.7.2016, S. 11.

rufen. Weber selbst wandte sich gegen eine einfache Dichotomie der beiden Begriffe: Gesinnungs- und Verantwortungsethik machten erst in einer gegenseitigen Ergänzung ihrer Elemente den „echten Menschen“ aus, der den „Beruf zur Politik“ haben kann (Weber 1992, S. 250). Schwer versöhnbare Unterschiede existieren laut Weber allerdings zwischen dem Verantwortungs- und dem Gesinnungsethiker, wenn es um die Anwendung von (militärischer) Gewalt gehe:

> „ [...] an diesem Problem der Heiligung der Mittel durch den Zweck, scheint nun auch die Gesinnungsethik überhaupt scheitern zu müssen. Und in der Tat hat sie logischerweise nur die Möglichkeit, *jedes* Handeln, welches sittlich gefährliche Mittel anwendet, zu *verwerfen*“ (Weber 1992, S. 240).

Die Pflicht, sich in Kenntnis historisch vergleichbarer Erfahrungen eingehend mit den möglichen Folgen außenpolitischen Handelns – oder auch außenpolitischen Nicht-Handelns im Sinne von Unterlassungen – zu befassen, gehört in der Tat zu den verantwortungsethischen Kerngeboten. Der Einsatz von Militär stellt insofern immer einen Sonderfall dar, als negative Folgen *a priori* bekannt sein können: Das meint nicht nur die angesichts notleidender Zivilbevölkerung kaum ohne Sarkasmus zu beschreibenden „Kollateralschäden“; der Einsatz von Militär schließt Vernichtung, Besiegen, und in der Regel Tötung als *intentionalen* Akt ein; die Folgen werden nicht nur kalkuliert sondern sind gewollt. Militärisches Handeln enthält *sui generis* ein auf Feindlichkeit und Abwehr gerichtetes, eskalatorisches Potenzial. Dies birgt eine mit christlicher und humanistischer Ethik schwer vereinbare Gewalt-Gegengewalt-Dynamik; diese wiederum kann auch als politisch unklug und sogar irrational eingestuft werden: Wenn die Bundeswehr an immer mehr Schauplätzen als Konfliktpartei wahrgenommen wird, besteht die große Gefahr, dass das wachsende Gewicht Deutschlands als Vermittlerin in Konflikten, etwa bei den Syrien-Verhandlungen, empfindlich gestört bzw. konterkariert wird.[23] Frank-Walter Steinmeier hat die Entscheidung des Bundestages am 4. Dezember 2015, Soldaten und Kampfflugzeuge in die Anti-IS-Koalition in Syrien einzubringen, auch so begründet wurde, dass man „gegen den IS Terror statt in Angststarre zu verfallen, Verantwortung übernehmen müsse“.[24] Damit ist nicht nur die Frage nach den für deutsche Außen- (und Innen-)politik adäquaten Anti-Terror-Strategien aufgerufen.[25] Es geht im normativen wie im operativen Sinne auch darum, wie mit unter Umständen widerstreitenden Verantwortungsrhetoriken im eigenen Haus oder zwischen den verschiedenen Ressorts einer Regierung umzugehen wäre. Die Erhöhung des Haushaltstitels im Auswärtigen Amts für Krisenprävention, Friedenserhaltung und Konfliktbewältigung im Bundeshaushalt 2016 von

23 Dieser Dreischritt „ethisch fragwürdig, völkerrechtlich umstritten, politisch unklug“ war der Tenor der Stellungnahme der FESt zum Syrieneinsatz der Bundeswehr vom 17.12.2015: http://www.fest-heidelberg.de/images/FestPDF/Stellungnahme_FEST_zum_Bundeswehreinsatz_in_Syrien_17.12.2015.pdf.

24 https://www.linkedin.com/pulse/steinmeier-zum-kampf-gegen-is-terror-nicht-verfallen-kiourktsoglou (22.8.2016).

25 Ich plädiere unter verantwortungsethischen Gesichtspunkten dafür, die Terrorismus-Forschungen von Peter Waldmann zur „Provokation der Macht“ und zum Terrorismus als „Kommunikationsstrategie“ wieder stärker zu berücksichtigen (Waldmann 1998; Neuauflage 2010).

95 Mio. auf 248,5 Mio. Euro war jenseits der Rhetorik ein Schritt, um in dieser Richtung mehr Verantwortungsübernahme zu signalisieren. Gemessen an den Aufgaben bleibt sie jedoch immer noch marginal, wie der Vergleich mit den ebenfalls für 2016 geplanten Ausgaben für militärische Beschaffung um 4,5 Mrd. Euro zeigt.

6. Warnschilder für den Umgang mit dem Verantwortungsbegriff

Das Weißbuch 2016 bietet in seinem Eingangskapitel mit der Formulierung „Deutschland ist bereit, sich früh, entschieden und substanziell als Impulsgeber in die internationale Debatte einzubringen, Verantwortung zu leben und Führung zu übernehmen“ (BMVg 2016: 23) eine emphatische Rückanbindung des Begriffs der Verantwortung an die Sicherheitspolitik; diese soll die Öffentlichkeit hinsichtlich einer Ausweitung der Kompetenzen der Bundeswehr (in künftig vermehrten Auslandseinsätzen und in der inneren Terrorabwehr) legitimatorisch stimulieren.[26]

Insofern kann eine der Ausgangsfragen dieses Beitrages grundsätzlich bejaht werden: Der Begriff der Verantwortung wurde und wird im jüngeren deutschen außenpolitischen Diskurs – in aller Ambivalenz – im Sinne einer normativen Richtschnur in zwei Richtungen verwendet: für militärisches Handeln ebenso wie für zivile Aufgaben, wie Wahrnehmung von Diplomatie, humanitäre Hilfe, Migrationspolitik oder Entwicklungszusammenarbeit. Sachlich unter Umständen konkurrierende außenpolitische Handlungsoptionen haben bisher nicht zum rhetorischen Ausschluss des Verantwortungsbegriffs in dem einen oder anderen Fall geführt. Der Begriff erhielt seine Prominenz seit 2014 gerade deshalb, weil man seine normativ positiv besetzte (und nach „außen“ wie „innen“ adaptionsfähige) Konnotation für den tatsächlichen Machtzuwachs Deutschlands auf der internationalen Bühne flexibel einsetzen konnte. Verantwortungskommunikation funktionierte insofern als Voraussetzung wie auch als Ergebnis von Politik. Dass der Begriff in der Fluchtdebatte einem derartigen Stresstest ausgesetzt sein würde, dass deutsche Verantwortung quasi „übererfüllt“ wurde, war so nicht vorhersehbar, hat aber unter anderem Instrumente für eine kritische Diskursanalyse bereitgestellt, die hier getestet wurden. Im Ergebnis können mehrere Warnschilder aufgestellt werden:

Erstens: Es scheint so, als ob internationale Verantwortung angesichts der heutigen Krisenrealität nur noch im Zusammenhang mit „Sicherheit“ zu denken ist. Das mag man bedauern, es ist aber nicht *per se* negativ zu sehen, sondern fordert zu einer größeren analytischen Trennschärfe im akademischen wie im politischen Diskurs darüber heraus, was unter Sicherheit (und Verantwortung) verstanden werden soll. Ein kritischer Rekurs auf die Probleme der „Vernetzung“ ziviler und militärischer Handlungsoptionen kann eine Frucht dieser Bemühungen sein, das

26 Es übersteigt den Rahmen dieser Arbeit, das Weißbuch entlang des Verantwortungsbegriffs einer detaillierten Textanalyse zu unterziehen; verwiesen sei hier jedoch auf die Relativierung des Parlamentsvorbehalts, wie sie auf S. 109 angedacht wird: Dort wird die „mögliche Reform des verfassungsrechtlichen Rahmens für Auslandseinsätze der Bundeswehr“ als wünschenswert in Aussicht gestellt.

Einfordern einer friedenslogischen Durchdringung von Verantwortung (und Sicherheit) eine andere.

Zweitens: Die Wahrnehmung außenpolitischer Veranwortung ist zwar nach wie vor auf den nationalstaatlichen Rahmen verwiesen, lässt sich aber hinsichtlich der Gegenstände der Verantwortung nicht mehr ohne den globalen Horizont konzipieren. Diese bereits komplizierte „doppelte Verweisung" erhält eine zusätzlich kritische Dimension durch die negativen Effekte der Globalisierung, die mit einem eklatanten Gerechtigkeitsdilemma und einer Doppelmoral in Menschenrechtsfragen einhergehen, und auch die weltweiten Fluchtursachen befeuern. Wie also umgehen mit diesen „tragischen" Komponenten der Verantwortung, wie mit „den unvermeidlichen Widersprüchen, Risiken und Dilemmata [...] in einer Welt in Unordnung" (Steinmeier 2014)?

Drittens: Die aktuellen Gewalteskalationen in verschiedenen Weltregionen, Stellvertreterkriege und der transnationale Terrorismus, aber auch die digitale Revolution der Waffentechnologien verleiten zu einem verstärkten militärischen Engagement. Hier wiegt aber die Diffusion und damit einhergehend eine potenzielle Vernebelung von Verantwortung besonders schwer. Terrorismus *und* Kriegführung sind intentionale Prozesse, deren Akteure die Folgen ihres (Gewalt)Handelns beabsichtigen und kalkulieren können – weder gesinnungsethisch noch verantwortungsethisch ist dies zu vertreten.

Viertens: Angesichts der polarisierten Debatte um die Aufnahme der Geflüchteten kann man zu dem – aporetischen – Schluss kommen: „Gesinnungsethik lässt sich aus verantwortungsethischer Sicht politisch nicht durchhalten, wohingegen sich die Verantwortungsethik aus gesinnungsethischer Perspektive moralisch nicht durchhalten lässt" (Ott 2016, S. 88). Beide Standorte können eine ethische Legitimation für sich behaupten, deshalb müssen im gesellschaftlichen Diskurs Positionen gefunden werden, die keine Formelkompromisse darstellen: Respektlosigkeit und Diskriminierung gegenüber Geflüchteten bzw. Migranten sind grundsätzlich abzuwehren; gleichzeitig gibt es in digitalen Zeiten eine besondere Verantwortung für die reflektierte Vermittlung von Moral, die nicht als „hyper" missinterpretiert werden möchte. Ein auch aus christlicher Ethik vertretener Universalismus der Menschenrechte muss jenseits internationaler Proklamation Orte finden, an denen diese auch zu realisieren sind; dies wird auf absehbare Zeit nicht ohne die Verantwortung der Nationalstaaten und ohne lokales gesellschaftliches Engagement gehen.

Es ist hier versucht worden, einige der Ambivalenzen zu begreifen, die dem Verantwortungsbegriff in den diskursiven Kontexten der Krisenjahre 2014, 2015 und 2016 innewohnten. Die Flucht- und Migrationsthematik reflektiert wie vielleicht kaum ein anderes Politikfeld das komplexe Zusammenwirken außen- und innenpolitischer Verantwortungsfaktoren. Sie kann insofern als eine Dimension der Globalisierung gelten, bei der „Sicherheit" einen relevanten Bezugspunkt bildet und die „Unabgrenzbarkeit" des Verantwortungsbegriffs zu einer besonders kritischen Reflexion der Dilemmata einlädt. Dass Autoren wie Georg Picht, Hans Jonas oder Ulrich Beck, die aus den diskursiven Zusammenhängen des Kalten Krieges kamen, heute erneut Auskünfte über Verantwortung geben können, liegt auch darin begründet, dass spätestens in den 1980er Jahren die neuen globalen

Herausforderungen sichtbar wurden, die uns heute bedrängen: Das erwachende Bewusstsein über die Risiken und die Verletzlichkeit einer hochtechnisierten Zivilisation half seinerzeit, einen Ausstieg aus der Konfrontation des Ost-West-Konfliktes zu bahnen, der zumindest partiell und zeitweise durch ein gemeinsames Verständnis von Sicherheit und Kooperation getragen wurde.

Literatur

Arendt, Hannah. 1986. *Elemente und Ursprünge totaler Herrschaft.* München (12. Aufl.): Piper

Augstein, Jakob. 2016. Welt aus den Fugen. *Der Freitag* 29/2016. https://www.freitag.de/autoren/jaugstein/welt-aus-den-fugen.

Auswärtiges Amt (AA). 2015. „Review 2014. Außenpolitik weiterdenken. Krise, Ordnung, Europa." Berlin: Auswärtiges Amt.

Auswärtiges Amt (AA). 2016. PeaceLab2016 Krisenprävention Weiter Denken. https://www.auswaertiges-amt.de/DE/Aussenpolitik/Friedenspolitik/Aktuelles/160705_PeaceLab2016.html. Zugegriffen: 21.7.2016.

Aus Politik und Zeitgeschichte (APuZ). 2016. *Deutsche Außenpolitik* 66 (28-29).

Bahr, Egon und Dieter S. Lutz (Hrsg.). 1986. *Gemeinsame Sicherheit – Idee und Konzept, Band I: Zu den Ausgangsüberlegungen, Grundlagen und Strukturmerkmalen Gemeinsamer Sicherheit.* Baden-Baden: Nomos Verlagsgesellschaft.

Beck, Ulrich. 1988. *Gegengifte. Die organisierte Unverantwortlichkeit.* Frankfurt a. M.: Suhrkamp

Bedford-Strohm, Heinrich. 2015.Verantwortung aus christlicher Gesinnung. *Frankfurter Allgemeine Zeitung,* 7. Dezember: 6. http://www.faz.net/aktuell/politik/die-gegenwart/fluechtlingskrise-verantwortung-aus-christlicher-gesinnung-13951414.html?printPagedArticle=true#pageIndex_2. Zugegriffen: 07.09.2017.

Benhabib, Seila. 2016. Menschenrechte ohne Nationalstaaten. *Philosophie Magazin* Sonderausgabe 06: 60-62.

Birckenbach, Hanne-Margret. 2015. *Leitbild Frieden. Was heißt friedenslogische Flüchtlingspolitik?* Evangelisches Werk für Diakonie und Entwicklung. https://www.brot-fuer-die-welt.de/fileadmin/mediapool/2_Downloads/Fachinformationen/Dialog/Dialog14_Leitbild_Frieden.pdf.

Brock, Lothar. 2013. Human Security and the Politics of Protection. Avoiding or Enhancing Responsibility? *PRIF Working Paper No. 17.* Frankfurt/M.: HSFK

Brock, Lothar. 2015. Globale Veranwortung: Von der Entwicklungszusammenarbeit zur Weltgemeinwohlpolitik. In *Friedensgutachten* 2015, Hrsg. Janet Kursawe, Margret Johannsen, Claudia Baumgart-Ochse, Marc von Boemcken, und Ines-Jaqueline Werkner, Ines-Jacqueline, 149–160. Münster: LIT.

Bundesministerium der Verteidigung (BMVg) (Hrsg.). 2016. Weißbuch 2016 zur Sicherheitspolitik und zur Zukunft der Bundeswehr. Berlin. https://www.bmvg.de/portal/a/bmvg/!ut/p/c4/04_SB8K8xLLM9MSSzPy8xBz9CP3I5EyrpHK9pNyydL3y1Mzi4qTS5Az9gmxHRQBg2ftX/. Zugegriffen: 21.7.2016.

Daase, Christopher. 2010. Wandel der Sicherheitskultur. *Aus Politik und Zeitgeschichte* 50 (9): 9–16.

Eisenbart, Constanze (Hrsg.). 1985. *Georg Picht. Philosophie der Veranwortung*. Stuttgart: Klett

Emcke, Carolin. 2016. Aleppo. *Süddeutsche Zeitung*, 13./14./15. August: 5. http://www.sueddeutsche.de/politik/kolumne-aleppo-1.3118837. Zugegriffen: 07.09.2017.

@evangelisch.de. 2016. *EKD-Ratsvorsitzender sieht Obergrenzen für Flüchtlinge kritisch*. https://www.evangelisch.de/inhalte/130530/20-01-2016/ekd-ratsvorsitzender-bedford-strohm-sieht-obergrenzen-fuer-fluechtlinge-kritisch . Zugegriffen: 20.8.2016.

FESt. 2015. *Stellungnahme der Forschungsstätte der Evangelischen Studiengemeinschaft e.V. zum Bundeswehreinsatz in Syrien.*

Frevert, Ute. 2015: Noch einmal mit Gefühl. *Süddeutsche Zeitung* vom 21. Januar: 9

Hauswedell, Corinna. 2014. Comprehensive Approach – ein Auslaufmodell? Die fragwürdige Geschichte erweiterter Sicherheit. *Die Friedens-Warte, Journal of International Peace and Organization* 89 (3-4): 111–124.

Hauswedell, Corinna. 2015. Sind wir Mit-Krieger? Deutschlands Verantwortung für den Frieden. In *Friedensgutachten* 2015, Hrsg. Janet Kursawe, Margret Johannsen, Claudia Baumgart-Ochse, Marc von Boemcken und Ines-Jacqueline Werkner, 32–44. Münster: LIT.

Heidbrink, Ludger, und Alfred Hirsch (Hrsg.). 2006. *Verantwortung in der Zivilgesellschaft. Zur Konzeption eines widersprüchlichen Prinzips*. Frankfurt am Main/New York: Campus.

Heitmeyer, Wilhelm. 2016. Kontrollverlust tut weh. *Süddeutsche Zeitung*. 2. August: 2. http://www.sueddeutsche.de/politik/aussenansicht-kontrollverlust-tut-weh-1.3103163.

Hellmann, Gunther. 2016. Zwischen Gestaltungsmacht und Hegemoniefalle. Zur neuesten Debatte über „neue deutsche Außenpolitik“. In *Aus Politik und Zeitgeschichte* 66 (28-29): 4–12.

Heinemann-Grüder, Andreas. 2016. Fluchtursache Interventionismus. In *Friedensgutachten,* Hrsg. Margret Johannsen, Bruno Schoch, Max M. Mutschler, Corinna Hauswedell, und Jochen Hippler, 59–70. Münster: LIT.

Johannsen, Margret, Bruno Schoch, Max M. Muschler, Corinna Hauswedell, und Jochen Hippler. 2016. *Friedensgutachten 2016*. Münster: LIT.

Jonas, Hans. 1988. *Das Prinzip Verantwortung. Versuch einer Ethik für die technologische Zivilisation*. Frankfurt a. M.: Suhrkamp.

Kleist, Olaf J. 2015. Über Flucht forschen. Herausforderungen der Flüchtlingsforschung. *Peripherie* 35 (138-139): 150–169.

Krupa, Mathias, und Bernd Ulrich. 2016: Wird sie springen? *Die Zeit*, 28. Januar: 3 http://www.zeit.de/2016/05/fluechtlingspolitik-angela-merkel-europa-eu. Zugegriffen: 07.09.2017.

Lehmann, Julian. 2015. Flucht in die Krise – Ein Rückblick auf die EU-“Flüchtlingskrise“ 2015. *Aus Politik und Zeitgeschichte* 65 (52): 7–11.

Maull, Hanns W. 2015. Es gilt beides: Zäsur und Kontinuität. *Wissenschaft&Frieden* 4 (15): 7–8.

Merkel, Angela. 2015a. *Rede bei der Eröffnung des UN-Gipfels zur Verabschiedung der Agenda 2030 am 25. September 2015*. https://www.bundesregierung.de/Content/DE/Rede/2015/09/2015-09-28-rede-merkel-eroeffnung-vn-gipfel.html. Zugegriffen: 20.8.2016.

Merkel, Angela. 2015b. Arbeite mit aller Kraft für tragfähige Lösungen. *Frankfurter Allgemeine Zeitung* 17.10.2015. https://www.bundeskanzlerin.de/Content/DE/Interview/2015/10/2015-10-17-merkel-faz.html.

Münkler, Herfried. 2015. *Kriegssplitter. Die Evolution der Gewalt im 20. und 21. Jahrhundert*, Berlin: Rowohlt.

Münkler, Herfried. 2016. Die Vertrauensfrage. Terror könnte wirksamer bekämpft werden, wenn einige deutsche Politiker nicht so verantwortungslos daherreden würden. *Die Zeit* 29.12.2016: 42.

Neuneck, Götz. 2014. Die Geheimdienste und das Militär: neue Bedrohungen im Cyberspace. In *Friedensgutachten 2014*, Hrsg. Ines-Jacqueline Werkner, Janet Kursawe, Margret Johannsen, Bruno Schoch und Marc von Boemcken, 237–251. Münster: LIT.

Ott, Konrad. 2016. *Zuwanderung und Moral.* Stuttgart: Reclam.

Picht, Georg. 1999. *Von der Zeit.* Stuttgart: Klett.

Picht, Georg. 1969. Der Begriff der Verantwortung, In ders: *Wahrheit, Vernunft, Verantwortung*, Stuttgart: Klett.

Schörnig, Niklas. 2014. Die „neue westliche Kriegsführung“ wirft mehr Probleme auf als sie löst. In *Friedensgutachten 2014*, Hrsg. Ines-Jacqueline Werkner, Janet Kursawe, Margret Johannsen, Bruno Schoch und Marc von Boemcken, 224–236. Münster: LIT.

Schubert, Klaus von. 1992. Von der Abschreckung zur gemeinsamen Sicherheit. Ausgewählte Aufsätze , Hrsg. Friedhelm von Solms. Baden-Baden: Nomos.

Staack, Michael und Dan Krause (Hrsg.). 2015. *Schutzverantwortung in der Debatte. Die „Responsibility to Protect“ nach dem Libyen-Dissens.* Opladen: Budrich.

Steinmeier, Frank-Walter. 2014. *Irak-Entscheidung ist tiefer Einschnitt.* www.evangelisch.de/inhalte/109136/23-08-2014/steinmeier-irak-entscheidung-ist-tiefer-einschnitt Zugegriffen: 10.8.2016.

Steinmeier, Frank-Walter. 2016. Germany’s New Global Role. Berlin Steps Up. *Foreign Affairs* July/August: 1–13.

Stiftung Wissenschaft und Politik (SWP)/German Marshall Fund (GMF). 2014. *Neue Macht – Neue Verantwortung*, 48. Berlin. https://www.swp-berlin.org/fileadmin/contents/products/projekt_papiere/DeutAussenSicherhpol_SWP_GMF_2013.pdf.

Waldmann, Peter. 2010. *Terrorismus. Provokation der Macht.* Hamburg: Murmann Verlag.

Weber, Max. 1992. Politik als Beruf. In ders.: *Gesamtausgabe*, Band 17. Tübingen: Mohr Siebeck.

Deutsche Verantwortung in der „Mitte der Gesellschaft“ aushandeln? Über Politisierung und Entpolitisierung der deutschen Außenpolitik

Anna Geis und Hanna Pfeifer

1. Über Behaglichkeit und Unbehagen der Deutschen, Verantwortung zu übernehmen[1]

Der Begriff „Verantwortung“ gehört nicht erst seit den 1990er Jahren zu den Schlüsselbegriffen (west-)deutscher Außenpolitik. Nach der Wiedervereinigung Deutschlands mehrten sich allerdings im In- und Ausland die Forderungen, dass das Land seine internationale Rolle neu bestimmen müsse, „mehr Verantwortung“ übernehmen solle und auch den Einsatz militärischer Mittel nicht ausschließen dürfe. Politikwissenschaftliche Analysen des Begriffsgebrauchs zeigen, dass zahlreiche deutsche hochrangige Sprecher/-innen unter größerer Verantwortungsübernahme nach der Wiedervereinigung nunmehr häufiger *auch* den Einsatz militärischer Mittel meinten (Baumann 2006, S. 154–159; Hellmann et al. 2008, S. 164–171). Das Verhältnis der Deutschen zu Militäreinsätzen ist bis heute die sensibelste Frage in der deutschen Außenpolitik geblieben, die lange Zeit durch eine sog. Kultur der Zurückhaltung geprägt war. Die *ex negativo* formulierten Maximen „niemals wieder“ (völlige Abkehr von Krieg und außenpolitischen Großmachtphantasien) und „niemals allein“ (keine deutschen Sonderwege und unilaterale Politik) verwandelten sich über die Jahrzehnte in eine positive Rollenbeschreibung, die oft als Rollenkonzept einer „Zivilmacht“ diskutiert wurde (Maull 2004, S. 19–20).

Trotz seiner ökonomischen Stärke, seiner für europäische Verhältnisse großen Bevölkerung, der Lage in der Mitte Europas und der politischen Bedeutung innerhalb der EG/EU galt (West-)Deutschland als Staat, der eine Rolle als Großmacht aufgrund von Lehren aus der Geschichte bewusst ablehnte. Obwohl sich Deutschland seit den 1990er Jahren in wachsender Intensität auch an Militäreinsätzen beteiligt[2], hält sich bis heute hartnäckig die Diagnose, dass die deutsche Bevölkerung sehr kritisch gegenüber der Entsendung von Bundeswehrsoldaten sei und dadurch Deutschland an der internationalen Wahrnehmung von „mehr Verantwortung“ gehindert werde (Krause 2016, S. 21–22, 38).

Diese Diagnose wurde in einer 2014 von der Körber-Stiftung durchgeführten Studie nochmals untermauert. Demnach habe sich in den vergangenen 20 Jahren eine klare Mehrheit unter den Deutschen herausgebildet, die sich außenpolitisch

---

1 Wir danken insbesondere Rainer Schmalz-Bruns, Wolfgang Seibel, Christian Volk und den anonymen Gutachter/-innen für hilfreiche Kommentare zu einer früheren Fassung des Beitrags.

2 Der sozialdemokratische Bundeskanzler Schröder erachtete die „Enttabuisierung des Militärischen“ als einen der großen Erfolge seiner Regierungszeit (Geis 2005b, S. 2)

eine Politik der Zurückhaltung in internationalen Krisen wünscht: Während sich 1994 noch 62% der Befragten dafür aussprachen, dass sich Deutschland stärker engagieren solle, und 37% dagegen, hatte sich dieses Verhältnis 2014 quasi umgekehrt (37% dafür, 60% dagegen, AA 2015, S. 26). Besonders abgeneigt zeigten sich die Deutschen gegenüber Waffenlieferungen an verbündete Länder und Militäreinsätzen der Bundeswehr (jeweils 82% dagegen).

Diese Präferenzen der deutschen Bevölkerung stehen im scharfen Gegensatz zu einem sich herausbildenden Konsens innerhalb außenpolitischer Eliten zu einer deutschen Rolle als „Gestaltungsmacht"[3]. Im Kontext internationaler Krisen wie der Finanz-, Ukraine-, Nahost- und sog. Flüchtlingskrise steht die Rolle Deutschlands wieder vermehrt zur Debatte. In einer sich stark wandelnden Umwelt, zu der auch der Bedeutungsverlust enger Partnerstaaten gezählt wird, sind deutlicher als vorher Forderungen von außen zu vernehmen, die mehr deutsches Engagement erwarten (Janning 2016, S. 14–16). Dies geht oft einher mit dem faktischen Konstatieren eines Hegemonie- oder Führungsstatus Deutschlands innerhalb der EU durch deutsche wie internationale Beobachter/–innen, der jedoch gleichzeitig kontrovers beurteilt wird (Hellmann 2016, S. 5–7).

Vor diesem Hintergrund ergibt sich für die deutsche Außenpolitik die grundlegende Herausforderung, wie diese Kluft zwischen außenpolitischen Vorstellungen der Eliten und der Bürger/-innen in einer demokratischen Gesellschaft adressiert werden kann. Diese Spannungen auszutragen war Ziel des vom Auswärtigen Amt organisierten Selbstverständigungsprozesses namens „Review 2014 – Außenpolitik weiter denken": Die traditionell von der Exekutive dominierte Außenpolitik sollte stärker in die allgemeine Öffentlichkeit getragen werden. Dies könnte man zunächst als ‚top-down' organisierten Versuch einer *Politisierung* von Außenpolitik deuten, in dem der Begriff der Verantwortung im doppelten Sinne relevant wurde: Zum einen wollte das Auswärtige Amt seine Politik gegenüber der Bürgerschaft direkt verantworten und diese einladen, genauer über ihre außenpolitischen Einstellungen und ihre Identität zu reflektieren. Zum anderen wurde innerhalb dieses Prozesses der Begriff auch als inhaltlich-normativer Bezugspunkt der außenpolitischen Debatte quasi schon ‚gesetzt': Der Selbstverständigungsdiskurs sollte nicht völlig ergebnisoffen sein, sondern die Bevölkerung intensiver mit der Vorstellung konfrontieren, dass Deutschland der Verantwortung gegenüber den Partnerstaaten gerecht werden und mehr Verantwortung in der globalisierten Welt übernehmen ‚müsse'.

Ein dem *Review 2014* verwandter, breit angelegter Prozess hat (nach unseren Erkenntnissen) bisher in keinem anderen NATO-Staat stattgefunden und stellt unseres Erachtens ein bemerkenswertes Phänomen dar, das nicht bloß als clevere „public diplomacy" zur Imagewerbung Deutschlands in anderen Staaten oder als manipulative Selbstvermarktungsstrategie eines mächtigen Ministeriums gegen-

3 Siehe hierzu das entsprechende Konzeptpapier der Bundesregierung (AA 2012), das allerdings vor allem die sog. BRICS-Staaten als „Gestaltungsmächte" und regionale Hegemone identifiziert. Diese spielten eine zunehmend wichtigere Rolle in der Gestaltung der Weltordnung und Deutschland sollte mit ihnen jenseits schon etablierter Foren enger zusammenarbeiten. Eine *Selbstidentifikation* Deutschlands als „Gestaltungsmacht" fand in dem Papier noch nicht statt, wird sich jedoch später in diversen Reden von Spitzenpolitiker/-innen zeigen.

über seinen innerstaatlichen Adressaten einzustufen ist. Daher soll in diesem Beitrag unter Rückgriff auf die Arbeiten von Iris Marion Young untersucht werden, wie die *Form* dieses Bürgerbeteiligungsprozesses wie auch die *inhaltlichen* Implikationen unterschiedlicher Verwendungsweisen des Begriffs „Verantwortung" in außenpolitischen Selbstverständigungsdiskursen aus demokratie- und verantwortungstheoretischer Perspektive einzuordnen sind[4]. Das Ziel dieses Beitrags ist aufzuzeigen, dass zwischen dem Anspruch einer Politisierung *und* einer gleichzeitigen vorgängigen Bindung der Außenpolitik an den Verantwortungsbegriff eine Spannung besteht, die sich nicht einfach auflösen lässt. Hinsichtlich des selbstgesteckten Ziels, Außenpolitik stärker in der „Mitte der Gesellschaft" zu verhandeln (Steinmeier 2015b), war der *Review*-Prozess daher zum Scheitern verurteilt.

Was soll in diesem Kontext unter dem vielschichtigen Begriff der „Politisierung"[5] verstanden werden? Politisierung bezeichnet hier die konflikthafte kollektive Aushandlung dessen, was für eine Gesellschaft das ‚Gemeinwohl' sein soll; das „Umstritten-Machen des vermeintlich Gesetzten, Natürlichen oder Normalen hinsichtlich des gemeinen Besten" (Nonhoff et al. 2009, S. 244). Politisierung kann ein Indikator dafür sein, dass eine Thematik, eine Institution, ein Akteur oder eine Akteurin, usw. nunmehr als legitimationsbedürftig angesehen und von unterschiedlichen Akteur/-innen in einer Gesellschaft zum Gegenstand kontroverser öffentlicher Debatten gemacht wird. Politisierungsprozesse zeigen daher oft Legitimitätsdefizite an (Nullmeier et al. 2012, S. 31–32) – in diesem Fall in der außenpolitischen Rollenbestimmung Deutschlands. Entpolitisierung verweist umgekehrt auf Versuche von Akteur/-innen, die Umstrittenheit und Kontingenz politischer Entscheidungen quasi unsichtbar zu machen, z.B. indem man auf „Sachzwänge" oder auf „Alternativlosigkeit" verweist und damit versucht, politische Kontroversen gar nicht erst zuzulassen (Jenkins 2011, S. 150-160)..

Im Hinblick auf den *Review*-Prozess möchten wir argumentieren, dass einerseits durch den Verantwortungsdiskurs in der Außenpolitik das normativ Erwünschte und politisch Erhoffte bereits (vor)formuliert wird – nämlich eine aktivere Rolle Deutschlands in der Welt, die auch von breiten Teilen der Bevölkerung unterstützt werden soll –, gleichzeitig aber die Explikation der normativen Maßstäbe dieses Verantwortungsprogramms oft unterbleibt. Andererseits wird eine demokratischere Außenpolitik angestrebt, die durch die Politisierung globaler Themen und eine Einbindung von Bürgern/-innen und der Zivilgesellschaft den politischen Diskurs öffnen würde. Dieses gleichzeitige (verdeckte) Schließen *und* (vermeintliche) Öffnen des außenpolitischen Diskurses führt letztlich zu einer Scheinpolitisierung der Außenpolitik, die sich nicht dem Risiko einer tatsächlichen ergebnisoffenen Aushandlung aussetzt.

4 Iris Marion Youngs Arbeiten werden im deutschsprachigen Raum und insbesondere jenseits der politischen Theorie nur selten herangezogen, obwohl sie wichtige Impulse sowohl für die Demokratietheorie als auch Verantwortung unter den Bedingungen der Globalisierung gibt und damit auch für die Disziplin der Internationalen Beziehungen und Internationalen Politischen Theorie hochrelevant sind.

5 Für eine ausführliche Erörterung unterschiedlicher Konzepte von Politisierung siehe Jenkins (2011, S. 163–171) und Hegemann u. Kahl (2016, S. 9–19).

Im folgenden Kapitel 2 werden zunächst zwei theoretische Perspektiven vorgestellt, mit denen man sowohl die Form als auch den Inhalt des *Review*-Prozesses kritisieren kann. Diese basieren auf den Arbeiten von Iris Marion Young zur Kritik deliberativer Verfahren einerseits (2.1) und zur Entwicklung eines politischen Verantwortungsbegriffs andererseits (2.2). Im letzten Unterkapitel (2.3) zeigen wir eine grundsätzliche Spannung auf, die sich zwischen dem Anspruch einer Politisierung von Außenpolitik und einem anspruchsvollen substantiellen Konzept von Verantwortung ergibt. Diese Spannung hat auch Young selbst in ihren Arbeiten nicht aufgelöst.

In Teil 3 stellen wir den Verlauf des *Review*-Prozesses dar, um in Kapitel 4 seine Grenzen und Ziele zu beleuchten. Im Ausblick plädieren wir für eine offene Repolitisierung von Außenpolitik und deutscher Identität unter den Bedingungen der Globalisierung.

2. Youngs Kritik deliberativer Verfahren und ihr politischer Verantwortungsbegriff

Iris Marion Youngs politiktheoretische Studien bieten zwei Anknüpfungspunkte zur kritischen Reflexion des *Review 2014*: zum einen ihre demokratietheoretischen Arbeiten, welche die Grenzen und Möglichkeiten deliberativer Verfahren thematisieren; zum anderen ihre davon relativ unabhängig formulierten Überlegungen zu einem „politischen“ Verantwortungsbegriff unter Bedingungen der Globalisierung, der eine Alternative zu gängigen Paradigmen globaler Gerechtigkeit eröffnen soll.

2.1 Schattenseiten deliberativer Verfahren

Wie in Kapitel 4 zu erläutern ist, kann der *Review*-Prozess unter einem breiten Begriff von Deliberation gefasst werden. Iris Marion Young macht in ihrer Kritik an deliberativen Verfahren demokratischer Meinungs- und Willensbildung auf mehrere Exklusionsmechanismen aufmerksam (Young 2000, S. 36–51). Deliberation (1) privilegiere bestimmte Arten des Argumentierens, (2) sie ziele auf Einigkeit ab oder setze diese bereits voraus, (3) sie imaginiere den Raum politischer Aushandlung als *face-to-face*-Situation, und (4) sie normiere, was ‚ordentliche‘ bzw. zivile Formen der politischen Artikulation sind.

(1) Zunächst weist Young darauf hin, dass oftmals Anforderungen an die Ausdrucksform von Argumenten gestellt würden („articulateness“, Young 2000, S. 38), die typisch für hochgebildete und sozial privilegierte Menschen seien. In deliberativen Verfahren würden Argumente bevorzugt, die in formaler und allgemeiner Sprache formuliert sind. Dies sei mit der Forderung verbunden, die Argumente mögen möglichst leidenschaftslos und ohne Emotionen vorgetragen werden: Emotionen und Vernunft würden hier in einem Oppositionsverhältnis gegenübergestellt (vgl. Jörke 2013). Dabei werde nicht nur missachtet, dass Formen der Artikulation kulturell und sozial variabel seien, sondern auch die zentrale Rolle von „emotional and figurative expression“ als „important tools of reasonable persuasion and judgement“ (Young 2000, S. 39) verkannt. Gerade in der Außenpolitik spielen emotional unterlegte Konstruktionen des „Selbst“ als „In-

nen“ und des „Anderen“ als „Außen“ eine zentrale Rolle, da „Emotionen zur diskursiven Konstruktion sozialer Identitäten und Statusdifferenzierung in den internationalen Beziehungen bei[tragen]. (...). Die emotionale Unterfütterung von Diskursen kann somit plausibel machen, warum bestimmte Diskurse eine gesellschaftliche Resonanz erzeugen, während andere dies wiederum nicht tun“ (Koschut 2015, S. 13–14).

(2) Darüber hinaus zielen deliberative Prozesse nach Young (2000, S. 40–44) auf Einigkeit als normatives Ideal ab. Entweder sie setzten einen bestimmten Grad an Einigkeit darüber, was als Gemeinwohl zu betrachten sei und welche Ziele eine Gemeinschaft habe, bereits voraus und riskierten dadurch, bestimmte Gruppen mit ihren Ansprüchen zu marginalisieren, oder sie suggerierten, dass ein Überdenken der eigenen Überzeugung gar nicht vonnöten sei. Ansätze wiederum, die auf die Herstellung von Einigkeit und Überwindung von Differenz durch deliberative Verfahren abzielen, seien oftmals blind gegenüber sozialen und Machtungleichheiten innerhalb einer Gesellschaft; entpolitisierten[6] Themen eher, um einen Konsens zu ermöglichen; oder verkennten, dass ernstgemeinter Dialog eher Differenzen als Einigkeit erzeuge und „(is) more about struggle than agreement“ (Young 2000, S. 44).

(3) Gerade unter den strukturellen Bedingungen von modernen Massendemokratien, die in Globalisierungsprozesse eingebunden sind, hält Young es darüber hinaus für unplausibel, sich deliberative Verfahren als zentralisiertes Forum vorzustellen, in dem die Bürger/-innen von Angesicht zu Angesicht diskutieren oder Repräsentanten/-innen dies mit dem Anspruch tun, über die Gesellschaft als Ganzes zu deliberieren. Da eine Gesellschaft weit mehr ausmacht als nur ihre politischen Institutionen, plädiert sie für eine dezentrierte Sicht auf politische Prozesse, in denen demokratische Kommunikationsprozesse zwischen nichtstaatlichen Institutionen der Zivilgesellschaft und staatlichen Institutionen zwischen unterschiedlichsten Sektoren *permanent* stattfinden (Young 2000, S. 46).

(4) Young (2000, S. 47–51) kritisiert schließlich, dass deliberative Ansätze Artikulationsformen von politischer Kommunikation normierten und dadurch Formen des Protests diskriminierten, die nicht den Normen von Ordnung und Zivilität zu entsprechen scheinen. Dies führe auch dazu, dass Inhalte, die in solch einer ungeordneten Form vorgetragen würden, oft als ‚extrem‘ ausgewiesen, während in deliberativen Foren vorgetragene Argumente als ‚moderat‘ angesehen würden. Dabei seien gerade kreative Formen des Protestes eines der wichtigsten Mittel von Kritik und Opposition gegen die Mächtigen und ein wesentliches Element der Demokratie.

2.2 „Politische Verantwortung“ als emanzipatorischer Begriff?

Wie wir in der Rekonstruktion des *Review*-Prozesses in Kapitel 3 zeigen werden, war „Verantwortung“ ein zentraler Ankerbegriff in den Debatten um die deutsche Außenpolitik seit 2014. Dies legt die Frage nahe, was in normativer Hinsicht

6 Diese Entpolitisierungskritik wurde dezidierter von Chantal Mouffe vorgetragen, siehe z.B. Mouffe (2000, S. 45–49).

mit dem Begriff von Verantwortung gemeint sein kann und welche Voraussetzungen und Implikationen die Rede von Verantwortung hat.

In diesem Kapitel sollen die Arbeiten von Iris Marion Young[7] zu Verantwortungsbegriffen zugrunde gelegt werden, um mit ihrem Verantwortungsmodell sozialer Verbundenheit ein durchaus emanzipatorisches, repolitisierendes Konzept zu skizzieren. Dieses könnte sogar eine weit größere internationale Verantwortungsübernahme für Deutschland begründen, als im aktuellen Diskurs um „mehr Verantwortung" angelegt ist. Young wendet sich gegen liberale bzw. kosmopolitisch-utilitaristische Ansätze in der Internationalen Politischen Theorie, die in den letzten Jahrzehnten die „Handlungsverantwortung von Individuen in den Mittelpunkt gestellt und damit eine durchgehende Remoralisierung des Feldes herbeigeführt haben. [...] Youngs stark entmoralisierter, zukunftsbezogener Verantwortungsbegriff erlaubt es, die Debatte zu re-politisieren und internationale Makro-Strukturen in den Blick zu nehmen, ohne damit die Individuen völlig von politischen Beiträgen zu Abhilfe und Reform zu entlasten" (Niesen u. Eckes 2013, S. 10).

Young möchte mit ihrem „Sozialen-Netzwerk-Modell"[8] von Verantwortung wechselseitige Gerechtigkeitsverpflichtungen aus bestehenden Sozialbeziehungen ableiten, die nicht nur innerhalb des Nationalstaates, sondern auch in der internationalen Gesellschaft bestehen (Young 2006, S. 105–107). Diese transnationalen Sozialstrukturen sind es, auf die sich Youngs Begriff von struktureller Ungerechtigkeit beziehen kann. Diese liegt vor, wenn durch soziale Prozesse bestimmte Personengruppen systematisch der Gefahr der Beherrschung ausgesetzt sind oder ihnen diejenigen Mittel vorenthalten werden, die ihnen eine Entwicklung und Ausübung ihrer Fähigkeiten ermöglichen, während sie gleichzeitig anderen Personengruppen die Möglichkeit zur Herrschaft oder eine Vielzahl von Gelegenheiten bieten, ihre Fähigkeiten zu entwickeln und auszuüben (Young 2006, S. 114). Verantwortung bezieht sich dann auf die Herstellung und Reproduktion dieser Strukturen, so dass all diejenigen, die durch ihre Handlungen an den die Strukturen erhaltenden Kooperationsformen teilnehmen, verantwortlich sind. Dies ist Youngs Verarbeitung dessen, was als Verantwortungsdiffusion bezeichnet wird (siehe die Einleitung zu diesem Heft): Verantwortung kann nicht ursächlich einem Akteur oder einer Akteurin zugeschrieben werden, sondern bezieht sich vielmehr auf eine gemeinsam hervorgebrachte und reproduzierte Struktur.

Um diesen Begriff von Verantwortung näher zu beschreiben, grenzt Young ihn ab gegen den Begriff der Verantwortung als Haftung (*liability*). Das Haftungsmodell von Verantwortung unterstellt, dass ein Zustand kausal durch die Handlung eines Akteurs, einer Akteurin oder mehrerer Akteur/-innen oder mehrerer Akteur/-innen herbeigeführt wird und diesen insofern *rückwirkend* Verantwortung für diesen Zustand zugeschrieben werden kann. Dieses Modell könne jedoch keine

7 Siehe v.a. Young (2004, 2006, 2011). Die neueren Überlegungen von Young zu Verantwortungsbegriffen sind posthum (Young 2011) veröffentlicht worden, blieben jedoch unvollständig (Nussbaum 2011).

8 Dies ist die Übersetzung von Kreide (2013), im englischen Original heißt es „social connection model".

adäquate Antwort auf strukturelle Ungerechtigkeit in Zeiten der Globalisierung bieten (wie sie etwa in kapitalistischen Weltwirtschafts- und Finanzstrukturen eingelassen ist): Diese nämlich kennzeichnet sich gerade durch eine diffuse Urheberschaft, so dass keine „direct interaction between wrongdoer and wronged party" (Young 2006, S. 118) hergestellt werden kann. Daher könne man mit guten Gründen die Verantwortung für eine ungerechte Situation durch einzelne Akteur/-innen ablehnen, während es gleichzeitig unplausibel erscheine, dass diese mit dem Zustand nichts zu tun hätten (Young 2011, S. 100).

Das von Young vorgeschlagene Modell basiert daher auf einem Begriff von Verantwortung, der von der sozialen Position oder Rolle ausgeht, die ein ein/e Akteur/-in in herrschenden Strukturen einnimmt, und sich somit weniger auf vergangenes Unrecht als vielmehr darauf konzentriert, wie Akteur/-innen ihre Handlungen in einer moralisch angemessenen Weise und mit Blick auf bestimmte Ergebnisse ausführen.

> "Our responsibility derives from belonging together with others in a system of interdependent processes of cooperation and competition through which we seek benefits and aim to realize projects. [...] Responsibility in relation to injustice thus derives not from living under a common constitution, but rather from participating in the diverse institutional processes that produce structural injustice" (Young 2011, S. 105).

Daraus leiten sich fünf Charakteristika des Sozialen-Netzwerk-Modells von Verantwortung ab (Young 2006, S. 119–124; 2011, S. 105–113): (1) Es kann keine Akteur/-innen isolieren, die für eine Situation verantwortlich sind, und diese von der Gruppe der Nichtverantwortlichen abgrenzen. (2) Während sich das Haftungsmodell auf die moralische Devianz einer Handlung im Verhältnis zu bestimmten, geltenden normativen Standards bezieht, stellt das Soziale-Netzwerk-Modell bereits einige derjenigen normativen Hintergrundbedingungen selbst in Frage, vor denen überhaupt Schuldzuschreibungen erfolgen können. (3) Geht das Haftungsmodell in der Regel von abgeschlossenen Handlungen und einer dadurch hergestellten Situation aus, um Verantwortung *retrospektiv* zuzuschreiben, ist das Soziale-Netzwerk-Modell tendenziell *prospektiv* ausgerichtet: Es fokussiert auf zukünftige Handlungen, da die andauernden Prozesse der Herstellung von Sozialstrukturen und damit struktureller Ungerechtigkeit den Gegenstand der Verantwortung konstituieren, sofern nicht interveniert wird: „The point is not to blame, punish, or seek redress from those who did it, but rather to enjoin those who participate by their actions in the process of collective action to change it" (Young 2006, S. 122). (4) Verantwortung ist daher als geteilte (*shared*) Verantwortung zu verstehen: Jede/r Akteur/-in ist individuell nur teilweise verantwortlich, weil die Ergebnisse sozialer Prozesse nicht durch ihn alleine bestimmt werden; gleichzeitig jedoch kann dieser Anteil nicht genau bestimmt oder isoliert werden. (5) Daher können die Akteur/-innen ihrer Verantwortung immer nur gemeinsam durch kollektives Handeln gerecht werden, das auf die Veränderung von Institutionen und Prozessen und die Herstellung weniger ungerechter Folgen abzielt. Verantwortung ist dann in dem Sinne ‚politisch', dass sie ein „public communicative engagement with others for the sake of organizing our relationships and coordinating our actions most justly" (Young 2006, S. 123) erfordert.

Welche spezifischen Akteur/-innen sind verantwortlich in Youngs Modell, wenn letztlich „alle" verstrickt sind in die komplexen Handlungsstrukturen der globalisierten Welt: Staaten, Unternehmen, internationale Organisationen, ‚die Zivilgesellschaft', (fast) jedes Individuum? Young selbst befürwortete einen aktivistischen, reformerischen Ansatz, der ausdrücklich auch Individuen und zivilgesellschaftliche korporative Akteur/-innen adressiert, sich aber auch auf Staaten erstreckt (Nussbaum 2011, S. xvii–xviii). Sie räumte jedoch ein, dass nicht alle gleichermaßen Verantwortung tragen können. „We who share responsibility ought to take action, but it is up to us to decide what is reasonable for us to do, given our abilities and our particular circumstances" (Young 2011, S. 143).

Young gibt vier Parameter an, die als Maßstab dafür gelten können, welche/r Akteur/-in vernünftigerweise wie viel und in welcher Form Verantwortung übernehmen sollte (Young 2011, S. 144-147): Der erste Parameter bezieht sich auf die soziale Position und damit verbundene Macht des oder der jeweiligen Akteurs oder Akteurin, sozialstrukturelle Prozesse zu beeinflussen. Zweitens haben diejenigen Akteur/-innen, die von der Sozialstruktur profitieren oder durch sie privilegiert sind, eine größere Verantwortung, strukturelle Ungerechtigkeit zu bekämpfen. Drittens haben diejenigen eine Verantwortung für die Bekämpfung struktureller Ungerechtigkeit, die ein Interesse an ihrer Verringerung haben. Dies bedeutet, dass in Youngs Modell von Verantwortung auch die Opfer oder Benachteiligten einer ungerechten Situation Verantwortung für deren Veränderung tragen. Schließlich hängt das Maß der Verantwortung auch davon ab, inwieweit Akteur/-innen dazu fähig sind, sich kollektiv zu organisieren und auf Ressourcen zurückzugreifen.

Es liegt auf der Hand, dass die Aushandlung von politischer Verantwortungsübernahme an intensive politische Kämpfe und Auseinandersetzungen geknüpft ist, zumal die Akteur/-innen, welche die größte Macht zur Veränderung haben, oft diejenigen sind, die auch am stärksten von Strukturen der Ungerechtigkeit profitieren (Young 2011, S. 147–148).

Young bezeichnet ihr Soziales-Netzwerk-Modell insgesamt als ein Modell „politischer Verantwortung" und grenzt es von demjenigen ab, das Hannah Arendt als kollektive Verantwortung entwirft. Dieses basiert auf der Vorstellung, dass Menschen insofern Träger von Verantwortung sind, als sie zu einer politischen Gemeinschaft gehören, was auch eine historische Verantwortung einschließt (Young 2011, S. 79–80): Weil man zu derselben politischen Gemeinschaft gehört wie die eigenen Mütter und Väter, teilt man die Verantwortung für die im Namen dieser Gemeinschaft begangenen Verbrechen. Während schuldig lediglich diejenigen sind, die selbst Verbrechen begangen oder direkt zu ihnen beigetragen haben, tragen diejenigen politische Verantwortung, die aktive oder passive Unterstützung für Regierungen, Institutionen oder Praktiken leisteten, welche erst die Struktur für das Begehen dieser Verbrechen ermöglichten. Im Gegensatz zu Arendts vorwiegend vergangenheitsorientierten Begriff von Verantwortung betont Young die gegenwärtige und zukunftsorientierte Ausrichtung von Verantwortung: „One *has* the responsibility always *now*, in relation to current events and in relation to their future consequences" (Young 2011, S. 92; Herv. i.O.). Für sie ergibt sich die Verantwortung aus den Sozialbeziehungen, in die man unvermeidlich verstrickt ist – allerdings eben nicht nur im Arendt vorschwebenden Kontext einer nationalstaatlichen Gemeinschaft, sondern auch der Weltgesellschaft (Kreide 2013, S. 62–63).

2.3 Wie viel „Mehr" kann „mehr Verantwortung" bedeuten?

Youngs Konzept von Verantwortung lässt sich kritisieren, wenn man zunächst die begriffliche Struktur von „Verantwortung" offenlegt. Verantwortung ist stets ein relationaler Begriff, wobei die Anzahl der Relate erheblich variieren kann. Es sind mindestens die Subjektpositionen eines Trägers bzw. einer Trägerin und eines Zuschreibers bzw. einer Zuschreiberin von Verantwortung impliziert (Vogelmann 2016, S. 279). Die meisten Verantwortungsbegriffe in der Philosophie sind als Zurechnungsrelation mindestens dreistellig (z.B Buddeberg 2016, S. 235; für einen vierstellig relationalen Begriff siehe Neuhäuser 2014). Danach kann man ein Verantwortungssubjekt, eine Verantwortungsinstanz (verstanden als Akteur/-in, als normative Ordnung oder als Idee) und ein Verantwortungsobjekt (verstanden als Handlung oder auch Ereignis) unterscheiden; als viertes Relat führt Christian Neuhäuser den normativen Verantwortungsmaßstab ein: „Who is accountable to whom, for what, and *on the basis of which moral standard*?" (Neuhäuser 2014, S. 235, Herv. d. Autorinnen). Eine Kritik lässt sich gegenüber allen vier Relaten in Youngs Verantwortungsmodell formulieren[9]; aus Platzgründen beschränken wir uns hier auf die Problematisierung des normativen Maßstabs, der am eindrücklichsten verdeutlicht, warum „Verantwortung" als wenig geeignet erscheint, den außenpolitischen Diskurs zu strukturieren.

Youngs Modell setzt als normativen Maßstab die strukturelle Ungerechtigkeit (Neuhäuser 2014, S. 237), der sie sich zunächst sozialtheoretisch über soziostrukturelle Prozesse annähert (Young 2011, S. 52–64): Diese zeigen sich dem Akteur oder der Akteurin zunächst als objektive soziale Fakten, die sowohl ermöglichend als auch einschränkend auf das Handeln wirken, und manifestieren sich materiell, etwa in der Architektur von Städten, oder in Form von Institutionen, Regeln und Normen. Eine Sozialstruktur besteht weiterhin aus Sozialpositionen, die durch die Beziehungen einer Person zu anderen Personen gekennzeichnet sind und die eigentliche Interaktion zwischen diesen Personen bedingen. Beispiele hierfür sind etwa Klasse oder Gender. Sozialstrukturen sind jedoch nicht unveränderlich, sondern werden durch die Handlung von Akteur/-innen geschaffen, reproduziert und mobilisiert. Weil Sozialstrukturen in diesem Sinne das akkumulierte Produkt einer Vielzahl individueller, oft unkoordinierter Handlungen sind, führt die Kombination derselben oft zu unintendierten Ergebnissen, so dass die Intention des oder der Handelnden und die erzeugte Situation nicht mehr in direkter Verbindung zueinander stehen.

Es ist plausibel, dass solche sozialen Prozesse in Zeiten globalisierter Handlungsstrukturen sehr komplex sind, jedoch bleibt Young recht unspezifisch, was die genauere Identifizierung globaler Ungerechtigkeit substanziell bedeutet: Sie wendet sich gegen Strukturen der Beherrschung und der unfairen Entwicklung

9 Eine weit umfassendere kritische Würdigung von Youngs Konzeption, die in vielerlei Hinsicht unterbestimmt geblieben ist, bieten etwa Kreide (2013), Neuhäuser (2014) und Nussbaum (2011).

von Fähigkeiten. Es geht um die Aufhebung von Verhältnissen ungerechtfertigter Herrschaft, also Ausbeutung, Diskriminierung, Erniedrigung, Marginalisierung (Kreide 2013, S. 66). Eine genauere Bestimmung dessen, was von einem bzw. einer Verantwortung tragenden Akteur/-in behoben werden müsste, ist ausgeblieben. Neuhäuser sieht in den demokratietheoretischen Arbeiten Youngs (z.B. Young 2000) Hinweise, dass eine solche substanzielle Bestimmung vermutlich immer nur in deliberativen öffentlichen Verständigungsprozessen erfolgen kann (Neuhäuser 2014, S. 238).

3. Der *Review-2014*-Prozess: die staatliche Einladung zum gemeinsamen Nachdenken über „Verantwortung" in der Außenpolitik

Im in der Einleitung skizzierten Spannungsfeld von gewachsenen äußeren Ansprüchen, faktischer Übernahme einer Führungsrolle und deren klarer Ablehnung durch die eigene Bevölkerung eröffneten deutsche Spitzenpolitiker/-innen sowie das Auswärtige Amt im Jahr 2014 eine neue Debattenoffensive. Dieser neue Impuls wird auch als Reaktion der Elite auf die harsche Kritik an der Libyen-Entscheidung 2011 gedeutet. Die Entscheidung der Bundesregierung, sich im UN-Sicherheitsrat bei der Abstimmung der UN-Resolution 1973 zu enthalten und an der Militärintervention der NATO-Partner in Libyen nicht teilzunehmen, hatte im Inland wie im Ausland teils geradezu Empörung hervorgerufen (Seibel 2013).

Die Reden von Bundespräsident Joachim Gauck sowie der Verteidigungsministerin Ursula von der Leyen und des Außenministers Frank-Walter Steinmeier auf der Münchner Sicherheitskonferenz 2014 sollten eine intensive Auseinandersetzung mit der deutschen Außenpolitik anstoßen. „Verantwortung" wurde in diesen Reden verstanden als aktivere Rolle Deutschlands in der Welt. Gauck bekundete sein „Gefühl, dass unser Land eine Zurückhaltung, die in vergangenen Jahrzehnten geboten war, vielleicht ablegen sollte zugunsten einer größeren Wahrnehmung von Verantwortung" (Gauck 2014), während der Außenminister zu bedenken gab, dass Deutschland eine „Verantwortung für (sein) Nicht-Handeln genauso wie für (sein) Handeln" (Steinmeier 2014c) trage und daher „bereit sein [müsse], sich außen- und sicherheitspolitisch früher, entschiedener und substanzieller einzubringen" (Steinmeier 2014a), so die inzwischen viel zitierte Formel. Auch von der Leyen (2014) bekräftigte: „Wenn wir über die Mittel und Fähigkeiten verfügen, dann haben wir auch eine Verantwortung, uns zu engagieren." Die Reden riefen in Wissenschaft und Medien ein teils kritisches, teils wohlwollendes Echo hervor, wobei insbesondere die Befürchtung einer schleichenden Remilitarisierung deutscher Außenpolitik kontrovers diskutiert wurde (Maull 2015, S. 223).

Diese konzertierten Formulierungen durch Spitzenpolitiker/-innen bildeten jedoch nur einen Teil der Debattenoffensive. Im Mai 2014 eröffnete Außenminister Steinmeier feierlich die Konferenz zum *Review 2014 – Außenpolitik weiter denken*. Dieser Prozess sollte aus drei Phasen bestehen, genannt „Die Experten",

„Die Öffentlichkeit“ und „Das Amt“ (AA 2015)[10]. Die folgende Betrachtung wird sich nur mit dem Aspekt der Öffentlichkeitsbeteiligung befassen.

3.1 Verlauf des *Review-2014*-Prozesses

Wie die Broschüre *Review – Krise, Ordnung, Europa* (AA 2015) erläutert, führte das Auswärtige Amt insgesamt rund 60 Veranstaltungen unterschiedlichen Formats durch, die jedoch alle der Auseinandersetzung „mit Kritik und Fragen der Bürgerinnen und Bürger“ (AA 2015, S. 29) dienten. Dabei war der Außenminister bei einigen der Veranstaltungen persönlich anwesend, in der Regel nahmen jedoch Vertreter/-innen des Auswärtigen Amtes teil. Die Mehrzahl der Veranstaltungen fand in Berlin statt; die anderen meist in Großstädten mit entsprechenden Kooperationspartnern, v.a. Universitäten, Forschungsinstitute, Stiftungen und NGOs. Teils brachen die Veranstaltungen mit dem konventionellen Format der Podiumsdiskussion und ließen den Außenminister etwa im sog. „Fish Bowl“ agieren, bei dem Steinmeier und ein Moderator neben einem leeren, vom Publikum zu besetzenden Stuhl saßen, so dass spontane Kurzdiskussionen mit interessierten Bürger/-innen geführt werden konnten. Ein anderes Format war die Simulation eines „Situation Room“ (in Dresden, Düsseldorf, Saarbrücken, Potsdam), bei der Bürger/-innen in eine Entscheidungssituation zu einem vorgegebenen Problemkomplex versetzt wurden.

Der Prozess wurde medial intensiv in digitaler Form begleitet. Die inzwischen archivierte Seite *review2014.de* diente dabei sowohl dem Zweck der Dokumentation als auch der Diskussion: Die Ergebnisse von Veranstaltungen wurden in Form von Beiträgen in einem Blog veröffentlicht, wobei dieser darüber hinaus Gast- und Meinungsbeiträge von NGO-Vertreter/-innen, Professor/-innen, Politiker/-innen, Vertreter/-innen der politischen Stiftungen, Studierenden sowie Angehörigen von Kulturinstituten und Unternehmens- und politischen Beratungen veröffentlichte. Das Themenspektrum reichte hier von der Diskussion regionalspezifischer Problematiken über spezielle Policy-Bereiche in der Außenpolitik bis hin zur Reform der Institutionen globalen Regierens. Schließlich wurden auch soziale Medien eingebunden, etwa durch die Möglichkeit, Beiträge der Website zu teilen, durch Online-Live-Übertragung einiger Veranstaltungen sowie durch einen sog. „Facebook-Berlin-Talk“ mit Live-Chat-Zuschaltung und einer Online-Abstimmung über die Beiträge zu einem Essay-Wettbewerb.

10 In der ersten Phase wurden internationale Expertenmeinungen eingeholt. Bis zum vorläufigen Ende des *Reviews* wurden über 50 Expertisen aus aller Welt für die Öffentlichkeit einsehbar auf der Online-Präsenz des Prozesses unter dem Titel „Außensicht“ gesammelt. Das Ergebnis, so Steinmeier, sei gewesen, dass Deutschland „Verantwortung übernehmen [müsse], um der neuen globalen Unübersichtlichkeit Elemente der Ordnung entgegenzustellen“ (AA 2015, S. 20). Der Teilprozess „Das Amt“ richtete sich nach innen und zog Umstrukturierungen der Abteilungen des Auswärtigen Amtes nach sich. Die wesentlichsten Neuerungen sind die Schaffung der „Abteilung für Krisenprävention, Stabilisierung und Konfliktnachsorge“ sowie die Zusammenlegung der „Abteilung Vereinte Nationen“ und der „Abteilung für Abrüstung und Rüstungskontrolle“ zur neuen „Abteilung für Internationale Ordnungsfragen, Vereinte Nationen und Rüstungskontrolle“.

3.2 Ziele des *Review*-Prozesses

Den Bedarf für solche Beteiligungsformen formulierte Steinmeier selbst, und zwar unter Bezugnahme auf die eingeholten Expertisen und auf die oben genannte Umfrage der Körber-Stiftung zur Sicht der Deutschen auf die Außenpolitik.

> „So tief ist der Graben zwischen Erwartungen im In- und im Ausland, zwischen außenpolitischen Eliten und breiter Öffentlichkeit. Ein Ingenieur würde vielleicht sagen: Guten Gewissens würd ich über den Graben keine Brücke bauen. Doch Politik hat keine Wahl – sie muss sich über solche Gräben bewegen, um überhaupt handlungsfähig zu sein" (Steinmeier 2014b).

Das erste Ziel[11] dieser Phase des *Review 2014* bestand daher darin, diese Erwartungen von außen und Wahrnehmungen von innen einander anzunähern. Das zweite Ziel lässt sich mit dem umschreiben, was man in der Demokratieforschung als Rechenschaftspflicht (*accountability*) der gewählten Regierung ihren Wähler/-innen gegenüber bezeichnet: Den Bürgern/-innen sollte erklärt werden, warum die deutsche Außenpolitik dieses, aber nicht jenes tut. Der Außenminister wollte den Bürger/-innen Rede und Antwort stehen und ihnen außenpolitische Entscheidungen erklären, „für [die] Überzeugungen [der Bundesregierung] und den Inhalt der Entscheidungen werben" (AA 2015, S. 30). Steinmeier strebte dabei eine aktive Veränderung der in seinen Augen vereinfachenden Debatte an:

> „Zu oft wird Verantwortung auf militärisches Engagement verkürzt. Dieser Fehlwahrnehmung müssen wir unbedingt entgegentreten und klar machen, was wir meinen, wenn wir von Verantwortung in der Außenpolitik sprechen" (Steinmeier 2014d).

Es gehe ihm darum, die Bürger/-innen mit dem gesamten umfangreichen „Instrumentenkasten von Außenpolitik" (Steinmeier 2014d) vertraut zu machen und zu erläutern, was Verantwortung genau bedeute: „Über mehr oder weniger außenpolitische Verantwortung Deutschlands kann man trefflich streiten – aber am Ende ist Verantwortung immer konkret" (AA 2015, S. 6). Dass Verantwortung „immer konkret" sein müsse, betonte Steinmeier mehrfach: Es seien die akuten Krisen und Herausforderungen, im Kontext derer die Verantwortung Deutschlands zu bestimmen sei.

> „Dabei kann zur Absicherung von politischen Lösungen auch der Einsatz militärischer Mittel geboten oder gar unumgänglich sein. Diese Frage müssen wir mit der gebotenen Zurückhaltung und Sorgfalt behandeln, aber nicht reflexhaft ausblenden" (AA 2015, S. 9–10).

---

11 Unser Beitrag setzt sich nur mit bestimmten Zielen des *Review*-Prozesses auseinander und muss dabei einige Motive der Initiatoren des Prozesses ausklammern: Der *Review*-Prozess diente neben der grundlegenden außenpolitischen Sensibilisierung der Deutschen *auch* organisationsstrategischen Zielen des Auswärtigen Amts im Hinblick auf die Selbstbehauptung dieses traditionell hoch angesehenen Ministeriums in der Öffentlichkeit und in der Konkurrenz mit anderen Ministerien und vor allem dem Kanzleramt. Vor Beginn des Review-Prozesses wurde eine drohende Abwertung des Ministeriums bzw. ein schon eingetretener Bedeutungsverlust beklagt angesichts der Dominanz des Kanzleramts. Der *Review*-Prozess sollte der Öffentlichkeit *auch* die hohe Fachkompetenz und Bedeutung des Ministeriums (wieder) verdeutlichen. Siehe hierzu Bertram (2015b) sowie zahlreiche Aussagen in Remme (2015).

Andererseits liege die dauerhafte Verantwortung jedoch darin, eine sog. „vorsorgende Außenpolitik“ zu betreiben, also „[besser] gezielt und flexibel in Stabilität und Frieden investieren, als spät – und oft zu spät – eingreifen zu müssen“ (Steinmeier 2014d). Eine verantwortungsvolle deutsche Außenpolitik kennzeichne sich durch ein auf Prävention orientiertes, rechtzeitiges und aktives Handeln. Krisensituationen erforderten hingegen kreative Lösungen und flexible Reaktionen. Dabei müsse Deutschland als ressourcenreiches Land in beiden Feldern mehr tun und auf ein breites Spektrum an außenpolitischen Instrumenten zurückgreifen können (AA 2015, S. 9).

Außenpolitiker/-innen eines demokratischen Staates müssen jedoch um die mehrheitliche Zustimmung der Bevölkerung werben. Wie steht es um die „Bewusstseinslage“ dieser Bevölkerung in Deutschland? Folgt man zahlreichen Diagnosen zur zögerlichen Selbstanerkennung der Deutschen als derzeitige Führungsmacht innerhalb EUropas, so wirken diese Deutschen aus Sicht aktivistisch gesinnter außen- und sicherheitspolitischer Diskursteilnehmer/-innen oder externer Beobachter/-innen eher als ‚Bremser‘. So diagnostiziert etwa Christoph Bertram – der frühere Direktor der Stiftung Wissenschaft und Politik, der von Außenminister Steinmeier berufen wurde, das Auswärtige Amt in der Organisation des *Review 2014* zu unterstützen – eine langjährige „strategische Gleichgültigkeit“ innerhalb der breiten deutschen Öffentlichkeit wie auch im Parlament und den wissenschaftlichen Fachzirkeln (Bertram 2015a) und moniert, dass sich die Deutschen „(l)ieber (e)innischen statt (e)inmischen“ wollten (Bertram 2015b).

Die relativ geringe Zustimmung der Deutschen zu einer größeren Verantwortungsübernahme bei internationalen Krisen (AA 2015, S. 26) führt Außenminister Steinmeier auch auf die Komplexität internationaler Politik zurück:

> „[Wenn] Außenpolitik ins Spiel kommt, zucken viele zurück: ‚zu kompliziert – was soll man schon tun?‘ Fast folgerichtig ist die größte Mehrheit in den sozialen Medien immer derselben Meinung. Egal, ob es um Nahost, Mali, Afghanistan oder die Ukraine geht: ‚Raushalten! Was geht uns das an?‘“ (Steinmeier 2014b)

Die Deutschen als Bürger/-innen mit eher kosmopolitischer Perspektive auf die globalisierte Welt neu zu erfinden, ihnen ein neues Selbstverständnis anzutragen, kann deshalb als drittes Ziel des *Review 2014* gelten: Der einzelne Bürger bzw. die einzelne Bürgerin soll sich fragen, wie er oder sie sich zur Weltpolitik positioniert und sich als Deutsche verantwortlich fühlen für das, was sich außerhalb der eigenen Grenzen politisch ereignet. Es gehe „nicht um Belehrung, sondern um gemeinsames Nachdenken über die Rolle und die Verantwortung unseres Landes in der Welt“ (AA 2015, S. 29). Der *Review*-Prozess strebte also eine inklusivere Außenpolitik an, die in der Mitte der Gesellschaft ausgehandelt wird. Dies ist der Erkenntnis geschuldet, dass die Elitenfixierung außenpolitischer Entscheidungsfindung[12] nicht mehr angemessen sei (Steinmeier 2015).

12 Die mangelnde Demokratisierung von Außenpolitik ist in der Fachliteratur oft thematisiert worden; stellvertretend für viele der normative Beitrag von Czempiel (1996).

3.3 Außenpolitik aushandeln: ... „at the heart of society“?

Betrachtet man das Publikum und die Formate dieser Phase des *Review 2014*, sind drei Merkmale auffällig: Es handelt sich um ein auf gesellschaftliche Eliten abzielendes Projekt, das auf kognitive Prozesse durch rationale Deliberation setzt und inhaltlich stark an vorhandenes Expertenwissen anschließt.

Die meisten Formate richteten sich an ein sehr spezifisches Publikum, nämlich eine für Fragen der internationalen Politik aufgeschlossene, akademisch gebildete Zuhörerschaft – nur vereinzelt fanden Veranstaltungen statt, die tatsächlich auf eine breite Beteiligung der Öffentlichkeit abzielten. Dies entspricht nicht unbedingt dem selbsterklärten Ziel, Außenpolitik – traditionell Entscheidungssache von „pretty exclusive circles (...) in Berlin and Brussels“ – nun „at the heart of society“ (Steinmeier 2015) aushandeln zu lassen. Der *Review*-Prozess beteiligte vor allem Bildungseliten, denen dann jedoch die Rolle als Trägerin des außenpolitischen Meinungs- und Willensbildungsprozesses zugeschrieben wurde.

Entsprechend war der offene Austausch mit den Bürger/-innen stark auf kognitive Prozesse fokussiert, die durch öffentliches Deliberieren angestoßen werden sollten. Dass die Veranstaltungen des *Review*-Prozesses in der Regel als Podiumsdiskussionen mit akademischen Partner/-innen gestaltet wurden, dürfte kein Zufall sein: Es geht um den Austausch von Argumenten[13], die angesichts der Komplexität internationaler Politik durch Expertise abgesichert werden müssen. Vom Bürger und von der Bürgerin wird erwartet, zunächst rational einzusehen, dass eine Auseinandersetzung mit Außenpolitik in einer globalisierten Welt seine Pflicht, aber auch sein bzw. ihr wohlverstandenes Interesse ist. Als Grundlage hierfür wird das Verstehen internationaler Politik angesehen.

Dafür spricht auch die Einbindung von Expertenwissen in den unterschiedlichen Veranstaltungen. Auf den Podien saßen in der Regel ein/e Vertreter/-in des Auswärtigen Amtes gemeinsam mit ausgewiesenen Experten/-innen aus der Wissenschaft, den Medien, von Parteistiftungen und Parteien oder spezialisierten NGOs und gesellschaftlichen Interessengruppen. Die Diskussion wurde also in der Regel in Fachsprache und auf einem hohen inhaltlichen Niveau geführt und war entsprechend voraussetzungsreich.

Die Reaktion der Medien auf den *Review 2014* war auffällig schwach: Wie unsere Auswertung von deutschen lokalen und überregionalen Tages- und Wochenzeitungen im Gesamtzeitraum vom Beginn des Prozesses Anfang 2014 bis Mitte 2016 ergibt, bezogen sich insgesamt nur 45 Artikel auf den *Review 2014*, ein Großteil davon in Lokalzeitungen. Die Beteiligung der Öffentlichkeit wurde in 17 dieser Beiträge lediglich erwähnt; nur ein Artikel bezog sich dezidiert auf die Bürgerbeteiligung als Novum in der Außenpolitik und als „Schock [...] für seine [Steinmeiers, Anm. d. Autorinnen] selbstbewussten Beamten“ (Südwest Presse 2014). Die Wahrnehmung in der Öffentlichkeit jenseits der beteiligten Institutio-

13 Dies stellt ein Kernelement deliberativer Politikmodelle dar, siehe z.B. Hüller (2005, S. 26–27).

nen ist daher als sehr gering einzustufen; insbesondere die Dimension der Bürgerbeteiligung erregte kaum Aufmerksamkeit in den Medien[14].

Die für das Jahr 2015 durchgeführte Nachfolgestudie der Körber-Stiftung vermittelt das Bild einer leichten Veränderung der Haltung des Deutschen zur Außenpolitik: Statt 34% geben nun 40% der Befragten an, Deutschland solle sich stärker engagieren, während eine Mehrheit von 55% für weitere Zurückhaltung plädiert. Diese Ergebnisse sind angesichts des Kontextes der sog. Flüchtlingskrise jedoch leicht zu erklären, wie auch die Studie selbst thematisiert: Als wichtigste Themen identifizierten die Befragten Flüchtlinge und die Syrienkrise (Körber-Stiftung 2015). Dass die genannten leichten Veränderungen in den Zahlen auf den *Review*-Prozess zurückzuführen sein sollten, wäre angesichts der radikalen Kontextveränderung durch die Dominanz der Flüchtlingsthematik in der öffentlichen Debatte abwegig. Angesichts des geringen Medienechos ist davon auszugehen, dass der *Review 2014* die öffentliche Meinung nicht beeinflusst hat.

Die Wirkung des *Review 2014* auf die breite Öffentlichkeit ist damit als äußerst gering einzustufen. Empirische Forschung zu deliberativen Prozessen zeigt, dass die mangelnde Resonanz in der Medienöffentlichkeit sowie die eher geringe Wirkung auf politisches Entscheidungshandeln häufiger zu beobachten ist (Bächtiger 2016, S. 269). Dennoch investierte das Auswärtige Amt nicht nur einiges an finanziellem und personellem Aufwand für den *Review*-Prozess, sondern blieb auch bei seinen Beteuerungen, dass die Deutschen mehr in die außenpolitische Debatte einbezogen, an Entscheidungen beteiligt und für globale Zusammenhänge sensibilisiert werden müssten – in unserer Lesart: dass die Bürger/-innen *selbst* auch mehr Verantwortung für „mehr deutsche Verantwortung" in der internationalen Politik übernehmen müssten.

4. Kritik der Form und der Inhalte des Review-Prozesses

4.1 Neue „pretty exclusive circles"?

Nimmt man diesen normativen Anspruch des Auswärtigen Amtes ernst, Bürgerbeteiligung und öffentliche Reflexion mehr zu fördern, erscheint es schließlich auch gerechtfertigt, die *Form*, in welcher der neue Verantwortungsdiskurs gestaltet wurde, aus demokratietheoretischer Perspektive kritisch zu beleuchten. Das Experimentieren mit verschiedenen Formen der Bürgerbeteiligung im *Review*-Prozess kann man unter einen breiten Begriff von „Deliberation" fassen, in dem es um rationale diskursive Überzeugungsprozesse, um das Geben und Nehmen guter Gründe geht[15]. Es handelte sich um einen partizipativen Typ horizontaler Prozes-

14 Christoph Bertram (2015b) deutet an, dass sich das Auswärtige Amt eine größere Berichterstattung in den Medien erhofft hatte. Das geringe Echo könne „auch daran gelegen haben, dass deutsche Diplomaten selten die kontroverse Debatte in der Öffentlichkeit suchten und damit nicht die Medienaufmerksamkeit erfuhren."

15 Aus Platzgründen können wir uns nicht ausführlich mit dem Konzept der „deliberativen Demokratie" befassen sowie den davon inspirierten empirischen Ausprägungsformen. Stellvertretend für viele siehe Bächtiger (2016), Gutmann u. Thompson (1996), Hüller (2005), sowie Ritzi u. Schaal (2013).

se kollektiver Selbstverständigung, der nicht auf kollektiv verbindliche Regelungen ausgelegt war (vgl. Hüller 2005, S. 30, 35).

> „In a deliberative forum, each is accountable to all. Citizens and officials try to justify their decisions to all those who are bound by them and some of those who are affected by them. This is the implication of the reason-giving process of deliberative democracy" (Gutmann u. Thompson 1996, S. 128).

Wie in Kapitel 2.1 ausführlicher dargelegt, wies Young (2000, S. 36–51) in ihrer Kritik an deliberativen Verfahren auf mehrere Exklusionsmechanismen hin:

(1) Auch im *Review*-Prozess zeigte sich, dass deliberative Verfahren tendenziell exkludierend wirken können. Es lassen sich zwei Gründe identifizieren, warum der *Review 2014* nicht in dem Maße wirkte, wie es der Zielsetzung des Auswärtigen Amtes – Außenpolitik in die Mitte der Gesellschaft zu tragen – entsprochen hätte: Zum einen ist davon auszugehen, dass die Wahl der deliberativen Foren zur Exklusion derjenigen gesellschaftlichen Gruppen führte, die sich nicht als Teil einer akademischen Elite verstehen. Argumente in einer Universitätsöffentlichkeit vorzutragen, ist mit hohen Hürden verbunden, so etwa die Frage der sprachlichen Formulierung, der inhaltlichen Expertise und der Anerkennung mit Blick auf den eigenen Status. Dies ist demokratietheoretisch umso problematischer, als es einen in der Partizipationsforschung nachgewiesenen Trend verstetigt, der eine Unterrepräsentation bestimmter sozialer Schichten bei direktdemokratischen Beteiligungsformen verzeichnet. Auch wenn in deliberativen Verfahren punktuell andere Personen als die gut gebildeten sozialen Mittelschichten einbezogen werden konnten (Bächtiger 2016, S. 260), so zeigt generell der Wahl*demos* „Schlagseite" zugunsten einer „Dominanz der Mittelschichten" (Merkel 2014, S. 35).

Zum anderen vernachlässigt die Form der öffentlichen Debatte, die in deliberativen Foren auf das rationale, wohl durchdachte Argumentieren der Bürger/-innen abzielt, die emotionale Komponente eines ohnehin sehr komplexen Diskurses. Der *Review*-Prozess sollte die Deutschen für die Außenpolitik und das globale politische Geschehen sensibilisieren und sie zur Selbstverständigung über ihre Identität anregen. Die von Steinmeier gestellte Frage, wer die Deutschen in der Welt sein wollen, ist dann eher ein anspruchsvolles Gedankenexperiment in den Köpfen, als dass dies die Herzen der Bürger/-innen bewegen könnte. Eine Politisierung der Außenpolitik, die ein kritisches Bewusstsein für globale Themen schaffen würde, erscheint über diesen Weg als unwahrscheinlich.

(2) Ein zweites Problem ist die von Young kritisierte Konsensorientierung deliberativer Verfahren. Auch in dieser Hinsicht ist der *Review*-Prozess des Auswärtigen Amtes kritisch zu beurteilen: Nicht nur stellte er den Versuch dar, eine Einigung der Bürger/-innen zu erzielen – der *Review*-Prozess setzte auch bereits das inhaltliche Ziel dieses Konsenses voraus. Zwar betonten der Außenminister und Vertreter/-innen des Auswärtigen Amts immer wieder, dass sie in einen offenen Dialog mit den Bürger/-innen treten wollten. Allerdings sollte der Selbstverständigungsprozess nicht wirklich ergebnisoffen sein: Man erhoffte sich die Erkenntnis (oder ‚Einsicht') der Deutschen, dass die Übernahme von mehr Verantwortung und ein größeres Engagement Deutschlands in der internationalen Politik der Weg

der Zukunft sei. Die Marginalisierung der Bürgerbeteiligungselemente des Prozesses in der Medienberichterstattung unterstützen diesen Eindruck. Mangelnde Ergebnisoffenheit kennzeichnet eine Reihe von partizipativen Verfahren, die in der Innenpolitik eingesetzt werden, und daher von Kritikern oft als aufwändige Instrumente der Akzeptanzbeschaffung für längst getroffene Entscheidungen betrachtet werden (Geis 2005a, S. 19, 84, 179) – oder in diesem Falle für bestimmte gesetzte Leitlinien der Außenpolitik.

(3) Ein wichtiger Aspekt in Youngs demokratietheoretischen Überlegungen verweist darauf, dass in Massendemokratien politische Prozesse als dezentral vorgestellt und organisiert werden müssen. In dieser Hinsicht ist dem *Review 2014* zu attestieren, dass er die aktive Einbindung der Zivilgesellschaft anstrebte und damit eben jene Verknüpfung zwischen staatlichen und nicht-staatlichen Institutionen kommunikativ herstellte, die Young einfordert. Gleichzeitig verweist sie aber auch auf die notwendige Offenheit und permanent stattfindenden Aushandlungsprozesse, auf denen demokratische Politik beruhe. In diesem Sinne betonte auch Außenminister Steinmeier, dass der offene Dialog mit den Bürger/-innen ein fortdauernder, stets anzustrebender Prozess sei. Während die zunächst versprochene Bürgerkonferenz zum *Review* nicht mehr stattfand, sind inzwischen als Fortsetzung der Idee unter dem Titel „Außenpolitik live“ zahlreiche weitere Versuche unternommen worden, den Dialog mit den Bürgern/-innen über außenpolitische Themen fortzuführen; diese sind jedoch teils punktueller und zu spezifischeren Themen angelegt als der *Review*[16]. Es ist derzeit zu früh, die Resonanz dieser neuen Veranstaltungen zu bewerten, jedoch scheint das Auswärtige Amt bemüht, weiterhin partizipative Formate für interessierte Bürger/-innen anzubieten.

(4) Da der *Review*-Prozess eine ‚geregelte‘ Kommunikationsform darstellt, die ausschließlich *top-down* vom Auswärtigen Amt organisiert wurde, fehlt auch der bei Young zentrale Aspekt einer aktivistischen *bottom-up*-Auseinandersetzung hier völlig. So steht der *Review*-Prozess etwa unverbunden neben den ‚auf der Straße‘ stattfindenden Kommunikationsprozessen, wie sie im Zuge der sog. Flüchtlingskrise immer häufiger zu beobachten sind.

Neben der Form des *Review*-Prozesses lässt sich auch kritisch reflektieren, inwiefern der Begriff „Verantwortung“ als inhaltlicher Fluchtpunkt in der Debatte über Außenpolitik sinnvoll erscheint.

4.2 „Verantwortung“ als entpolitisierender Begriff?

Der inflationäre Gebrauch der Verantwortungsrhetorik in dem jüngsten Selbstverständigungsdiskurs über deutsche Außenpolitik ist vielfach kritisiert worden: Was für auswärtige Beobachter/-innen in Partnerstaaten, die mehr Engagement von Deutschland erwarten, alles noch viel zu unverbindlich klingt, ruft bei diversen Adressat/-innen im Inland eher Skepsis hervor. Viele haben den Eindruck, es gehe hier vor allem um die versuchte Rechtfertigung von weiteren Militäreinsätzen der

16 Siehe etwa die Formate „Open Situation Room“, „Diplomaten im Dialog“ oder „Bürgerwerkstatt Außenpolitik“ unter „Außenpolitik live“ unter http://www.auswaertiges-amt.de/DE/AAmt/AussenpolitikLive/Uebersicht_node.html (20.02.2017).

Bundeswehr (Hauswedell 2015, S. 33–34; Bertram 2015a, S. 94). Im neuen Weißbuch zur Sicherheitspolitik Deutschlands, das im Juli 2016 erschienen ist, taucht der Begriff tatsächlich relativ häufig auf, und zwar zumeist so vage wie auch schon zuvor in vielen Reden der Spitzenpolitiker/-innen. Eine genauere Vorstellung von Deutschlands „mehr Verantwortung" vermag hier allenfalls der Begriff (militärischer) „Führungsverantwortung" aufzurufen, die Deutschland als sog. „Rahmennation" in multinationalen Militärverbänden schon übernehme und weiter ausbauen werde (BMVg 2016, S. 68, auch S. 63).

Andere Formen der Kritik halten den Verantwortungsbegriff für generell eher ungeeignet für die Außenpolitik, da dieser ‚verbrämende' Begriff wesentlich präziser durch das Formulieren eigener „Interessen" ersetzt werden könne (Bertram 2015a, S. 95) oder da er zu Entpolitisierung, Moralisierung und Simplifizierung der außenpolitischen Debatte führe (Pfeifer u. Spandler 2014).

Das in den 1990er Jahren entstehende Phänomen der humanitär gerechtfertigten Militäreinsätze von Demokratien, zu denen auch der Kosovo-Einsatz der Bundeswehr 1999 zu zählen ist, deutete David Chandler (2003) zeitdiagnostisch als Reaktion der Regierungen auf das Verschwinden von innenpolitischen „Missionen" und gesellschaftlichem Konsens, sodass politische Energien missionarisch nach außen gelenkt würden – zumal sich in diesem Außen die Regierungen der Rechenschaftspflicht gegenüber denjenigen Staaten, in die sie intervenieren, folgenlos entzögen. So könnten die ethisch argumentierenden demokratischen Intervent/-innen zwar demonstrieren, dass sie international, überall wo humanitäre Notlagen existieren, ihrer Verantwortung nachkommen und so moralische Pflichten über eigennützige Interessen stellen; letztlich wollten sie jedoch nicht für die Folgen ihrer Interventionen haftbar gemacht werden. Verantwortungsübernahme und Rechenschaftspflicht entkoppelten sich so auf fatale Weise (Chandler 2003, S. 306–307).

Auch aus einer vergleichenden sozialanthropologischen Perspektive ist eine weit verbreitete Tendenz zur Moralisierung von Verantwortungszuschreibungen in globalen Kontexten festgestellt worden, die zu einer Entpolitisierung führen könne (Eckert 2016, S. 255). Die Übernahme von moralischer Verantwortung, so etwa Julia Eckert, sei oft unspezifisch und Verantwortlichkeit werde „von einem auf andere Sachverhalte verlagert" – so baue man lieber eine Schule statt bessere Arbeitsbedingungen durchzusetzen (Eckert 2016, S. 255). Es entstünden asymmetrische Verantwortungsbeziehungen, in denen Handlungsmacht nur bei dem- oder derjenigen liegt, der bzw. die (freiwillig, aus moralischer Selbstverpflichtung) Verantwortung trägt, die andere Person indes ist passiv, abhängig und hilfsbedürftig (Eckert 2016, S. 255).

Chandler und Eckert umreißen hiermit schon einige weitere Schwierigkeiten in der entpolitisierenden Nutzung des Verantwortungsbegriffs im Außenpolitikdiskurs – folgt aus dieser Kritik insgesamt, dass man auf den Begriff in der Außenpolitik komplett verzichten sollte? Da es auch repolitisierende Konzeptionen von Verantwortung gibt, möchten wir im Folgenden die vielfältigen Implikationen des Begriffs im Kontext einer globalisierten Welt weiter ausdifferenzieren.

4.3 Von vergangenheitsorientierter zu prospektiver Verantwortung?

Die oben eingeführte Unterscheidung zwischen zwei Begriffen von politischer Verantwortung lässt sich auch für die Analyse der deutschen Außenpolitik fruchtbar machen. Lange dominierte in den Selbstverständigungsdiskursen über (west-) deutsche Außenpolitik die Orientierung an der politischen Verantwortung im Sinne Hannah Arendts: Die Bundesrepublik Deutschland übernahm als Rechtsnachfolgerin des nationalsozialistischen „Dritten Reiches" die Verantwortung für dessen Verbrechen, auch in der Außenpolitikgestaltung. Bis zum Beginn der 1990er Jahre konnte man eine klare Prägung der deutschen Außenpolitik durch die historische Verantwortung erkennen, während diese Orientierungskraft danach sowohl in innerdeutschen als auch internationalen Debatten allmählich nachließ (Schwelling 2007, S. 102–104).

Die sog. „Kultur der Zurückhaltung" bezog sich nicht nur, aber doch insbesondere auf den Einsatz militärischer Mittel (Stark Urrestarazu 2015, S. 183–186). In der Erinnerungskultur der Bundesrepublik Deutschlands ist bis heute eine retrospektive Konzeption von Verantwortung identifizierbar, die Bestandteil der kollektiven Identität geworden ist. Auch diese Konzeption ist allerdings mit einer prospektiven Verantwortung verbunden, da die ‚erzieherische' Funktion von Erinnerungskultur den Deutschen weiterhin nahelegt, sich der zukünftigen Verhinderung solcher Gräueltaten besonders zu verpflichten (vgl. Radzik 2014, S. 32, 36–38).

In den letzten Jahren lässt sich jedoch eine Diskursverschiebung in der Außenpolitik erkennen: Der Begriff der Verantwortung, der im *Review*-Prozess und den Reden von Spitzenpolitikern/-innen aufgerufen wird, ist recht vage – aber er scheint auf den ersten Blick eher dem nahezukommen, was Young unter politischer Verantwortung versteht: Er ist vorausschauend, setzt auf Aktion und Prävention und betont die globale Vernetzung von Sozialstrukturen, innerhalb derer auch Deutschland Verantwortung zukomme und übernehmen müsse. Bereits im Konzeptpapier der Bundesregierung zu „Globalisierung gestalten" von 2012 ist diese Bedeutung angelegt:

> „In unseren partnerschaftlichen Beziehungen und in unserer internationalen Zusammenarbeit wollen wir konstruktive Gestaltungsmacht auf der Basis von *gemeinsamer Verantwortung* fördern. Wir sind Gestaltungspartner in *gemeinsamer, gleichberechtigter Verantwortung für globale Fragen* in unserer globalisierten, interdependenten und multipolaren Welt" (AA 2012, Herv. d. Autorinnen).

Es wird häufig behauptet, kein anderes Land profitiere so von der Globalisierung wie Deutschland (z.B. Bagger 2015, S. 31), sei also besonders stark vernetzt, und es habe ein besonderes „Gewicht" und eine „Stärke" gewonnen innerhalb der EU, die es geradezu verpflichte, eine größere Verantwortung zu übernehmen. Allerdings zeigt sich in der theoretischen Kritik wie in der praktischen Reflexion für die Außenpolitik, wie problematisch ein solcher Verantwortungsbegriff ist, wenn man seine weitreichenden Konsequenzen bedenkt. Es ist keinesfalls klar, ob deliberative Verständigungsprozesse eine Einigung darüber herbeiführen würden, dass (globale) strukturelle Ungerechtigkeit als normativer Maßstab für das eigene

Handeln akzeptiert wird. Dies zeigt sich beispielhaft in der Kluft zwischen Außenminister Steinmeiers Insistieren auf der Unausweichlichkeit einer stärkeren deutschen Rolle in der Welt und der gleichzeitigen Ablehnung einer solchen durch die Mehrheit der deutschen Bevölkerung. Deliberationsprozesse können alternative normative Maßstäbe, wie hier etwa die historisch gewachsene Kultur der Zurückhaltung, als entscheidend hervorbringen. Ein weiteres Ergebnis solcher Verständigungsprozesse könnte prinzipiell auch sein, dass man sich keinem Maßstab unterwerfen möchte, der auf der Annahme beruht, Verantwortung transzendiere nationale Grenzen und müsse sich an globalen Maßstäben orientieren. Darüber hinaus sind deliberativen Verfahren nicht nur die von Young selbst benannten Grenzen gesetzt; selbst wenn sie möglichst inklusiv für unterschiedliche Beteiligte und möglichst offen für diverse Formen der politischen Artikulation sind, so bleibt ihr Ergebnis doch grundsätzlich ungewiss – und muss keineswegs auf das Akzeptieren einer grundsätzlichen „Verstricktheit" in einen kosmopolitischen Kontext hinauslaufen. Abschließend soll gezeigt werden, wie sich die theoretisch dargelegten Spannungen auch praktisch in der Ziel- und Umsetzung des *Review*-Prozesses widerspiegeln und letztlich zu dessen Scheitern führten.

5. Außenpolitik zwischen normativen Wünschen und demokratischen Realitäten

Wie gezeigt wurde, fand der Bürgerbeteiligungsteil des *Review*-Prozesses wenig öffentliche Resonanz, zudem wurde dieser vom Auswärtigen Amt angestrebte Selbstverständigungsprozess auch nicht wirklich ergebnisoffen angelegt. Daher ließe sich hier von einer Scheinpolitisierung sprechen – oder auch expliziter von einem Scheitern des *Review*-Prozesses hinsichtlich des selbstgesteckten Ziels, Außenpolitik in der Mitte der Gesellschaft aushandeln zu lassen und gleichzeitig mehr Zustimmung für eine Außenpolitik der „mehr Verantwortung" zu erzielen. Allerdings hatte dieser mit den beiden anderen Säulen der Expertenbeteiligung und der internen Strukturdebatte im Ministerium durchaus auch wirkungsvolle Aspekte.

Kurz nach Beendigung des *Review*-Prozesses machte dann die sog. „Flüchtlingskrise" im Jahr 2015 auf eindringliche Weise die enge Verknüpfung von „Außen"-politik und „Innen"-politik in einer globalisierten Welt greifbar (siehe Hauswedell in diesem Heft). Deutschland nahm rund 890.000 Geflüchtete im Jahr 2015 auf. Die sehr kontrovers geführte Debatte um die Aufnahme von Geflüchteten (wie viele? wie lange? welche? warum vor allem ‚wir'?, usw.) zeigte mit einer besonderen emotionalen Wucht die Unentrinnbarkeit globaler Zusammenhänge und damit auch die Unausweichbarkeit von Themen internationaler Politik im gesellschaftlichen Diskurs. Die Aufnahme der Geflüchteten hat die Außenpolitik unmittelbar in den Alltag der Deutschen gebracht – und damit viele der Fragen schlagartig auf die Agenda gesetzt, die der *Review 2014* ein Jahr vorher durch rationale Deliberation und ‚gemeinsames Nachdenken' ins ‚Herz der Gesellschaft' tragen sollte: Wer sind wir als Deutsche in Europa und der Welt? Welche Verantwortung tragen wir für Krisen, Fluchtursachen und damit Geflüchtete? Und auch eine nach innen gewandte nationale Selbstbefragung: Wer gehört zu Deutschland und wer nicht?

Diese Art der Konfrontation mit Krieg, Not, Armut, transnationaler Verflechtung sowie das Ausmaß an Hilfsbereitschaft durch die deutsche Zivilgesellschaft haben möglicherweise weitreichendere Auswirkungen auf das außenpolitische kollektive Bewusstsein der Deutschen als die in diesem Beitrag rekonstruierten Verantwortungs-Diskurse. Für eine solide Bewertung ist es derzeit zu früh. Wurde vorher eine Entpolitisierung der außenpolitischen Debatte in Deutschland konstatiert (Bertram 2015a, S. 92; Pfeifer u. Spandler 2014), zeigt die seit 2015 eingetretene Polarisierung innerhalb der Bevölkerung (und der Elite) bezüglich der Aufnahme von Geflüchteten zumindest die Politisierungsfähigkeit auch von außenpolitischen Themen und auch die bereits angesprochene Rolle von Emotionen[17]. Auch im engeren Kern von Sicherheitspolitik werden in jüngster Zeit deutlichere Politisierungsschübe beobachtet, etwa im Bereich der Überwachungspolitik (Hegemann u. Kahl 2016). Allerdings gab es solche Politisierungsschübe auch in früheren Zeiten, etwa zu Zeiten der Wiederbewaffnung, der Notstandsgesetze oder der Nachrüstung, die massive Proteste in der (west-)deutschen Gesellschaft hervorriefen.

Diese Politisierungsschübe unterstreichen, dass Fragen nach den konkreten Inhalten außenpolitischer Verantwortung tatsächlich – und zwar dauerhaft – mitten in einer Gesellschaft verhandelt werden müssen, um Legitimation für hoch kontroverse Entscheidungen herstellen zu können. Die derzeitigen Bemühungen des Auswärtigen Amtes, einige Beteiligungsformate mit Bürger/-innen sowie Experten/-innen weiterzuführen, mögen in diesem legitimitätspolitischen Licht zu sehen sein, dürften aber weiterhin eher begrenzte Resonanz bei Bürger/-innen wie Medien finden.

Die sog. „Flüchtlingskrise“ hat zudem verdeutlicht, dass die Übernahme politischer Verantwortung immer auch eine kollektive Aufgabe sein muss, wie es Young in ihrem Konzept von Verantwortung hervorhebt. Allerdings könnte Deutschland als das Land, das gemäß der von der außenpolitischen Elite publizierten Selbstbeschreibungen (z.B. Bagger 2015, Steinmeier 2016) am meisten von Globalisierung und vom Erhalt der EU profitiere, besonders ressourcenstark und aufs intensivste mit anderen Akteur/-innen politisch vernetzt sei, im Sinne von Youngs Verantwortungsbegriff als eine der Hauptkandidat/-innen gelten, sich aktiv für die Reform internationaler Institutionen und Strukturen einzusetzen. Wie oft genug betont wurde, sind zum Beispiel auch „wir“ mitverantwortlich für das Entstehen von Fluchtursachen und daher aufgerufen, die zugrundeliegenden Strukturen zu verändern.

Besonders die einflussreichen und mächtigen Akteur/-innen sind nach Young verpflichtet, die Strukturen, von denen gerade sie oft besonders profitieren, aktiv zu verändern. An diesem Punkt kommt man allerdings wieder auf besonders kontrovers diskutierte Fragen zurück. Wie viel „Macht“ sollte Deutschland haben, und auf welche Instrumente und Ressourcen sollte diese sich stützen? Welche Rolle spielen militärische Instrumente in einer ‚verantwortungsvollen‘ Politik? Ein immer wieder aufgebrachtes Thema seit den 1990er Jahren ist hier z.B. das Streben Deutschlands nach einem Sitz im UN-Sicherheitsrat. Im Weißbuch 2016 lässt die Bundesregierung erneut wissen, dass Deutschland „weiterhin bereit [ist], nach

17 Siehe zur Rolle von Emotionen in der Politik auch den jüngsten „emotional turn“ in den Internationalen Beziehungen (z.B. Koschut 2015) und der Politischen Theorie (z.B. Heidenreich u. Schaal 2012).

einer Reform auch als ständiges Mitglied des VN-Sicherheitsrates mehr Verantwortung zu übernehmen“ (BMVg 2016, S. 63).

Die innergesellschaftliche wie internationale Debatte um Deutschlands Art der Verantwortungsübernahme ist nicht abgeschlossen und kann dies in einer demokratischen Gesellschaft auch niemals sein. Sie unterstreicht zudem, dass Außenpolitik von zahlreichen Dilemmata geprägt wird, für die es keine Lösung gibt – und trotzdem muss politisch entschieden werden. Die Spannung zwischen einer vergangenheitsorientierten Verantwortungskonzeption nach einem Haftungsmodell, die Deutschland militärische Zurückhaltung nahelegt, und einer zukunftsorientierten kollektiven politischen Verantwortung ist gegenwärtig unauflösbar und wird fallweise politisch entschieden werden. Außenminister Steinmeier hat dies 2016 in einer international platzierten Positionsbeschreibung der Deutschen in der Welt nochmals unterstrichen:

> „Germans always seek to balance the responsibility to protect the weak with the responsibility of restraint. If Germany's partners and allies walk an extra mile for diplomacy and negotiations, Germans want their government to walk one mile further, sometimes to our partners' chagrin. That does not mean Germany is overcompensating for its belligerent past. Rather, as a reflective power, Germany struggles to reconcile the lessons of history with the challenges of today. Germany will continue to frame its international posture primarily in civilian and diplomatic terms and will resort to military engagement only after weighing every risk and every possible alternative.“ (Steinmeier 2016: Absatz 13).

Ob diese Suche nach einem Ausgleich zwischen historischem Erbe und gegenwärtigen Herausforderungen unter dem Schlagwort der Verantwortung stattfinden sollte, kann angesichts der oben diskutierten Probleme dieses Begriffes sicherlich angezweifelt werden. Entscheidender ist: Unabhängig von dieser Semantik wird eine letztgültige Klärung der Maximen für die Gestaltung deutscher Außenpolitik nicht möglich sein – und noch viel weniger ein von oben verordneter Wille zur Gestaltung der Welt unter den Bürger/-innen. Wie die derzeitigen Debatten in vielen Gesellschaften des globalen Nordwestens zeigen, ist durchaus auch ein Ergebnis demokratischer Aushandlung denkbar, das mit der globalen politischen Verantwortung im Sinne Youngs nicht vereinbar ist. Auch wenn Matthias Ecker-Ehrhardt und Michael Zürn (2013, S. 367) auf Basis empirischer Studien resümieren, „(d)er Wunsch und die Bereitschaft zur Politisierung des Globalen wächst“, so war es doch allzu optimistisch, durch die wachsende Politisierung der internationalen Politik die Förderung „kosmopolitischer“ Einstellungen von Bürger/-innen zu erwarten (Ecker-Ehrhardt u. Zürn 2013, S. 352–353). Der Aufschwung populistischer Bewegungen führt vor Augen, dass Politisierung von unten und Aktivierung von zivilgesellschaftlichen Bewegungen auch zu Renationalisierung und Ablehnung internationaler Verantwortungsübernahme führen kann.

Literatur

Baumann, Rainer. 2006. *Der Wandel des deutschen Multilateralismus*. Nomos: Baden-Baden.

Bächtiger, André. 2016. Empirische Deliberationsforschung. In *Zeitgenössische Demokratietheorie, Band 2: Empirische Demokratietheorien*, Hrsg. Oliver W. Lembcke, Claudia Ritzi und Gary S. Schaal, 251–278. Wiesbaden: Springer VS.

Buddeberg, Eva. 2016. Verantwortung. Existenzial oder Versatzstück neoliberaler Apologetik? *Deutsche Zeitschrift für Philosophie* 64 (2):232–245.

Chandler, David. 2003. Rhetoric without Responsibility. The Attraction of "Ethical" Foreign Policy. *British Journal of Politics and International Relations* 5 (3):295–316.

Czempiel, Ernst-Otto. 1996. Kants Theorem. Oder: Warum sind die Demokratien (noch immer) nicht friedlich? *Zeitschrift für Internationale Beziehungen* 3:79–101.

Ecker-Ehrhardt, Matthias und Michael Zürn. 2013. Die Politisierung der Weltpolitik. In *Die Politisierung der Weltpolitik*, Hrsg. Michael Zürn und Matthias Ecker-Ehrhardt, 335–412. Berlin: Suhrkamp.

Eckert, Julia. 2016. Tugend, Recht und Moral. Tendenzen der Verantwortungszuschreibung. *Deutsche Zeitschrift für Philosophie* 64 (2):246–257.

Geis, Anna. 2005a. *Regieren mit Mediation*. Wiesbaden: VS Verlag.

Geis, Anna. 2005b. Die Zivilmacht Deutschland und die Enttabuisierung des Militärischen. *HSFK-Standpunkte* 2. Frankfurt am Main: HSFK.

Gutmann, Amy, und Dennis Thompson. 1996. *Democracy and Disagreement*. Cambridge, MA: Harvard University Press.

Hauswedell, Corinna. 2015. Sind wir Mitkrieger? Deutschlands Verantwortung für den Frieden. In *Friedensgutachten*, Hrsg. Janet Kursawe, Margret Johannsen, Claudia Baumgart-Ochse, Marc von Boemcken und Ines-Jacqueline Werkner, 32–44. Münster: LIT.

Hegemann, Hendrik und Martin Kahl. 2016. (Re-)Politisierung der Sicherheit? *Zeitschrift für Internationale Beziehungen* 23 (2):6–41.

Heidenreich, Felix und Gary S. Schaal (Hrsg.). 2012. *Politische Theorie und Emotionen*. Baden-Baden: Nomos.

Hellmann, Gunther. 2011. Das neue Selbstbewusstsein deutscher Außenpolitik und die veränderten Standards der Angemessenheit. In *Deutsche Außenpolitik*, Hrsg. Thomas Jäger, Alexander Höse und Kai Oppermann, 735–757. Wiesbaden: Springer VS.

Hellmann, Gunther. 2016. Germany's World. Power and Followership in a Crisis-ridden Europe. *Global Affairs* 2 (1):3–20.

Hellmann, Gunther, Christian Weber, und Frank Sauer (Hrsg.). 2008. *Die Semantik der neuen deutschen Außenpolitik*. Wiesbaden: VS Verlag.

Hüller, Thorsten. 2005. *Deliberative Demokratie. Normen, Probleme und Institutionalisierungsformen*. Münster: LIT Verlag.

Janning, Josef. 2016. Suche nach Gestaltungsmacht. Deutschlands Außenpolitik in Europa. *Aus Politik und Zeitgeschichte* 66 (28–29):13–18.

Jenkins, Laura. 2011. The Difference Genealogy Makes. Strategies für Politicisation or How to Extend Capacities for Autonomy. *Political Studies* 59 (1):156–174.

Jörke, Dirk. 2013. Motive und Probleme in Iris Marion Youngs Demokratietheorie. In *Zwischen Demokratie und globaler Verantwortung. Iris Marion Youngs Theorie politischer Normativität*, Hrsg. Peter Niesen, 151–166. Baden-Baden: Nomos.

Körber-Stiftung. 2015. *Aktualisierung 2015. Einmischen oder zurückhalten? Ergebnisse einer repräsentativen Umfrage im Auftrag der Körber-Stiftung zur Sicht der Deutschen auf die Außenpolitik*. Berlin: Körber-Stiftung.

Koschut, Simon. 2015. Macht der Gefühle. *Zeitschrift für Internationale Beziehungen* 22 (2):7–33.

Kreide, Regina. 2013. Die Verantwortung für ein T-Shirt. Individuelle und kollektive Verpflichtungen bei Iris Marion Young. In *Zwischen Demokratie und globaler Verantwortung. Iris Marion Youngs Theorie politischer Normativität*, Hrsg. Peter Niesen, 59–76. Baden-Baden: Nomos.

Maull, Hanns W. 2004. „Normalisierung" oder Auszehrung? Deutsche Außenpolitik im Wandel. *Aus Politik und Zeitgeschichte* 11:17–23.

Maull, Hanns W. 2015. Deutsche Außenpolitik. Verantwortung und Macht. In *„Früher, entschiedener und substantieller"? Die neue Debatte über Deutschlands Außenpolitik*, Hrsg. Gunther Hellmann, Daniel Jacobi und Ursula Stark Urrestarazu, 213–237. Wiesbaden: Springer VS.

Merkel, Wolfgang. 2014. Ist die Krise der Demokratie eine Erfindung? In *Zukunft der Demokratie. Ende einer Illusion oder Aufbruch zu neuen Formen?*, Hrsg. Michael Reder und Mara-Daria Cojocaru, 27–46. Stuttgart: Kohlhammer Verlag.

Mouffe, Chantal. 2000. *The Democratic Paradox*. London/New York, NY: Verso.

Neuhäuser, Christian. 2014. Structural Injustice and the Distribution of Forward-Looking Responsibility. *Midwest Studies in Philosophy* 38 (1):232–251.

Niesen, Peter und Tim Eckes. 2013. Zwischen Demokratie und globaler Verantwortung. Iris Marion Youngs Theorie politischer Normativität. In *Zwischen Demokratie und globaler Verantwortung. Iris Marion Youngs Theorie politischer Normativität*, Hrsg. Peter Niesen, 7–30. Baden-Baden: Nomos.

Nonhoff, Martin, Jennifer Gronau, Frank Nullmeier und Steffen Schneider. 2009. Zur Politisierung internationaler Institutionen. Der Fall G8. *Zeitschrift für Internationale Beziehungen* 16 (2):237–267.

Nullmeier, Frank, Anna Geis und Christopher Daase. 2012. Der Aufstieg der Legitimitätspolitik. In *Der Aufstieg der Legitimitätspolitik. Rechtfertigung und Kritik politisch-ökonomischer Ordnungen*, Hrsg. Anna Geis, Frank Nullmeier und Christopher Daase, 11–38. Baden-Baden: Nomos (Sonderband Leviathan Nr. 27).

Nussbaum, Martha C. 2011. Foreword. In. Iris Marion Young. *Responsibility for Justice*. ix–xxv. Oxford: Oxford University Press.

Pfeifer, Hanna und Kilian Spandler. 2014. Komplexität aufbauen statt abbauen. Wider eine Politik der neuen deutschen Verantwortung. *Osnabrücker Jahrbuch Frieden und Wissenschaft* 21:185-188.

Radzik, Linda. 2014. Historical Memory as Forward- and Backward-Looking Collective Responsibility. *Midwest Studies in Philosophy* 38 (1):26–39.

Ritzi, Claudia und Gary S. Schaal. 2013. Iris Marion Youngs Communicative Democracy. Normative Theorie im Spiegel empirischer Deliberationsforschung. In *Zwischen Demokratie und globaler Verantwortung. Iris Marion Youngs Theorie politischer Normativität*, Hrsg. Peter Niesen, 167–186. Baden-Baden: Nomos.

Schwelling, Birgit. 2007. Die Außenpolitik der Bundesrepublik und die deutsche Vergangenheit. In *Handbuch zur deutschen Außenpolitik*, Hrsg. Siegmar Schmidt, Gunther Hellmann und Reinhard Wolf, 101–111. Wiesbaden: VS Verlag.

Seibel, Wolfgang. 2013. Libyen, das Prinzip der Schutzverantwortung und Deutschlands Stimmenthaltung im UN-Sicherheitsrat bei der Abstimmung über Resolution 1973 am 17. März 2011. In *Internationale Schutzverantwortung. Normative Erwartungen und politische Praxis*, Hrsg. Christopher Daase und Julian Junk, 87–116. Berlin: Berliner Wissenschaftsverlag.

Stark Urrestarazu, Ursula. 2015. Neue Macht, neue Verantwortung, neue Identität? „Deutschlands Rolle in der Welt" aus identitätstheoretischer Perspektive. In *„Früher, entschiedener und substantieller"? Die neue Debatte über Deutschlands Außenpolitik*, Hrsg. Gunther Hellmann, Daniel Jacobi und Ursula Stark Urrestarazu, 173–195. Wiesbaden: Springer VS.

Vogelmann, Frieder. 2016. Drei Gefahren philosophischer Begriffsanalysen von Verantwortung. *Deutsche Zeitschrift für Philosophie* 64 (2):273–286.

von Krause, Ulf. 2016. *Bundeswehr und Außenpolitik. Zur Rolle des Militärs im Diskurs um mehr Verantwortung Deutschlands in der Welt*. Wiesbaden: Springer VS.

Young, Iris Marion. 2000. *Inclusion and Democracy*. Oxford/New York, NY: Oxford University Press.

Young, Iris Marion. 2004. Responsibility and Global Labor Justice. *The Journal of Political Philosophy* 12 (4):365–388.

Young, Iris Marion. 2006. Responsibility and Global Justice. A Social Connection Model. *Social Philosophy and Policy* 23 (1):102–130.

Young, Iris Marion. 2011. *Responsibility for Justice*. Oxford: Oxford University Press.

Primärquellen

AA (Auswärtiges Amt). 2012. *Globalisierung gestalten – Partnerschaften ausbauen – Verantwortung teilen*. Berlin: Auswärtiges Amt.

AA (Auswärtiges Amt). 2015. *Review 2014. Außenpolitik weiterdenken. Krise, Ordnung, Europa*. Berlin: Auswärtiges Amt.

Bagger, Thomas. 2015. The German Moment in a Fragile World. *The Washington Quarterly* 37:25–35.

Bertram, Christoph. 2015a. Die Rückgewinnung der Außenpolitik. In *„Früher, entschiedener und substantieller"? Die neue Debatte über Deutschlands Außenpolitik*, Hrsg. Gunther Hellmann, Daniel Jacobi und Ursula Stark Urrestarazu, 89–97. Wiesbaden: Springer VS.

Bertram, Christoph. 2015b. Lieber Einnischen statt Einmischen. Interview. *Das Blättchen*, 18: 25. Mai 2015. http://das-blaettchen.de/2015/05/%E2%80%9Elieber-einnischen-statt-einmischen-%E2%80%9Cim-gespraech-mit-%E2%80%93-christoph-bertram-32946.html. Zugegriffen: 17.07.2016.

BMVg (Bundesministerium der Verteidigung). 2016. *Weißbuch zur Sicherheitspolitik und zur Zukunft der Bundeswehr*. Berlin: Bundesministerium der Verteidigung.

Gauck, Joachim. 2014. *Deutschlands Rolle in der Welt. Anmerkungen zu Verantwortung, Normen und Bündnissen. Eröffnung der 50. Münchner Sicherheitskonferenz*. http://

www.bundespraesident.de/SharedDocs/Reden/DE/Joachim-Gauck/Reden/2014/01/140131-Muenchner-Sicherheitskonferenz.html. Zugegriffen: 20.01.2016.

Remme, Klaus. 2015. *Steinmeiers Ringen um Außenwirkung*. Sendung vom 24.2.2015. http://www.deutschlandfunk.de/auswaertiges-amt-steinmeiers-ringen-um-aussenwirkung.724.de.html?dram:article_id=312584. Zugegriffen: 17.07.2016.

Steinmeier, Frank-Walter. 2014a. *Rede von Außenminister Frank-Walter Steinmeier anlässlich der 50. Münchner* Sicherheitskonferenz. http://www.auswaertiges-amt.de/DE/Infoservice/Presse/Reden/2014/140201-BM_M%C3%BCSiKo.html. Zugegriffen: 20.01.2016.

Steinmeier, Frank-Walter. 2014b. *Rede von Außenminister Frank-Walter Steinmeier anlässlich der Eröffnung der Konferenz „Review 2014 – Außenpolitik Weiter Denken"*. http://www.auswaertiges-amt.de/DE/Infoservice/Presse/Reden/2014/140520-BM_Review2014.html. Zugegriffen: 20.01.2016.

Steinmeier, Frank-Walter. 2014c. *Schlussrede von Außenminister Frank-Walter Steinmeier anlässlich der Konferenz „Review 2014 – Außenpolitik Weiter Denken"*. http://www.auswaertiges-amt.de/DE/Infoservice/Presse/Reden/2014/140520-BM_Review2014_Abschlussrede.html. Zugegriffen: 20.01.2017.

Steinmeier, Frank-Walter. 2014d. *Verantwortungsvolle Außenpolitik ist vorsorgende Außenpolitik. Krisen werden zur Normalität der nächsten Jahre gehören. Meinungsbeitrag*. http.//www.aussenpolitik-weiter-denken.de/de/blog/show/article/verantwortungsvolle-aussenpolitik-ist-vorsorgende-aussenpolitik.html. Zugegriffen: 07.02.2016.

Steinmeier, Frank-Walter. 2015a. *Germany. Looking Beyond its Borders. Speech by Federal Foreign Minister Steinmeier at "Carnegie Europe" in Brussels*. http://www.auswaertiges-amt.de/EN/Infoservice/Presse/Reden/2015/150316_BM_Carnegie.html. Zugegriffen: 06.02.2017.

Steinmeier, Frank-Walter 2015b. *Rede von Außenminister Frank-Walter Steinmeier bei der Abschlussveranstaltung zu „Review 2014 – Außenpolitik weiter denken"*. http://www.auswaertiges-amt.de/DE/Infoservice/Presse/Reden/2015/150225-BM_Review_Abschlussveranstaltung.html. Zugegriffen: 23.02.2017.

Steinmeier, Frank-Walter. 2016. *Germany's New Global Role. Berlin steps up. Article for* Foreign Affairs *(July/August 2016)*. https://www.auswaertiges-amt.de/DE/Infoservice/Presse/Interviews/2016/160615_BM_ForeignAffairs.html. Zugegriffen: 15.07.2016.

Südwest Presse. 2014. *Neue Horizonte der Außenpolitik*. http://www.swp.de/ulm/nachrichten/politik/Neue-Horizonte-der-Aussenpolitik;art4306,2615639. Zugegriffen: 11.05.2016.

von der Leyen, Ursula 2014. *Rede der Bundesministerin der Verteidigung, Dr. Ursula von der Leyen anlässlich der 50. Münchner Sicherheitskonferenz München*. http://www.nato.diplo.de/contentblob/4123416/Daten/3885836/redevdleyensiko2014.pdf. Zugegriffen: 20.01.2016.

III. INTERNATIONALE VERANTWORTUNG

Umkämpfte Verantwortungszuschreibung: Extraterritoriale Menschenrechtsverletzungen der USA in der Terrorismusbekämpfung

Monika Heupel

1. Einleitung

Kein Staat streitet heute prinzipiell ab, dass Staaten Verantwortung für den Schutz der Menschenrechte haben. Gleichzeitig behaupten Wissenschaftler, dass den Menschenrechten der Status einer globalen Norm zukommt (Hafner-Burton et al. 2008, S. 121). Dieser breite Konsens bezieht sich allerdings nur auf die Verantwortung von Staaten für den Schutz der Menschenrechte ihrer eigenen Bürger oder auf ihrem Staatsgebiet. Wie es um die Verantwortung von Staaten für extraterritoriale Menschenrechtsverletzungen bestellt ist, wie sich Staaten also gegenüber Ausländern im Ausland verhalten sollen, ist hingegen strittig.[1]

Während Recht, und vor allem das Völkerrecht, naturgemäß interpretationsbedürftig ist und zu Streit über die Deutungshoheit einlädt, trifft dies auf strittige Aspekte des Rechts wie die extraterritoriale Anwendbarkeit internationaler Menschenrechtsbestimmungen in besonderem Maße zu. Wenn es keine akzeptierte Interpretation der Pflichten gibt, die aus den Bestimmungen erwachsen, wird darüber gestritten, welche Verantwortung den Akteuren zukommt, die sich zu den Bestimmungen bekannt haben. Es wird Verantwortung zugewiesen und abgestritten, Behauptungen werden begründet und entkräftet, neue Verständnisse und Interpretationen werden hergestellt, geteilt und verworfen – kurzum, es entsteht ein Prozess der umkämpften Verantwortungszuschreibung.

In diesem Artikel entwickle ich ein einfaches Modell, das den Prozess der umkämpften Zuschreibung von Verantwortung für extraterritoriale Menschenrechtsverletzungen nachvollziehbar macht. Das Modell basiert auf Mechanismen der Verantwortungszuweisung und korrespondierenden Mechanismen der Abwehr von Verantwortung, die auf unterschiedlichen Ebenen angesiedelt sind. Das Modell

1 Das Papier versteht unter extraterritorialen Menschenrechtsverletzungen solche Menschenrechtsverletzungen, die Staaten im Ausland an *Ausländern* begehen und schließt Menschenrechtverletzungen aus, mit denen Staaten im Ausland ihre eigenen Staatsbürger schädigen. Dass Staaten gegenüber ihren eigenen Staatsbürgern auch außerhalb ihrer Staatsgrenzen Pflichten haben, ist unter Völkerrechtlern und in der Staatenwelt weitgehend unstrittig, auch wenn das Ausmaß der Pflichten kontrovers diskutiert wird.

 PVS, Sonderheft 52/2017, S. 244-267

gilt für fortgeschrittene Demokratien, denn nur dort sind die Bedingungen für die Entfaltung aller Mechanismen gegeben. Auf der Ebene der Öffentlichkeit weisen formal schwache Akteure Verantwortung zu, indem sie rechtsverletzende Staaten bloßstellen, während rechtsverletzende Staaten versuchen, ihr Handeln geheim zu halten oder als notwendig für die nationale Sicherheit zu rechtfertigen. Auf der Ebene der *Gerichtsbarkeit* greifen betroffene Akteure zu strategischer Prozessführung, um Verantwortung zuzuschreiben, während sich rechtsverletzende Staaten durch entlastende Rechtsinterpretationen zu immunisieren versuchen. Auf der *intergouvernementalen* bzw. *supranationalen* Ebene weisen Staaten oder internationale Organisationen rechtsverletzenden Staaten über das Mittel der Konditionalität Verantwortung zu, während die beschuldigten Staaten potentielle Kritiker zu kooptieren versuchen. Das Modell unterscheidet darüber hinaus zwischen rhetorischer und handlungsleitender Anerkennung von Verantwortung, in Abhängigkeit davon, ob sich die Anerkennung auf öffentliche Absichtsbekundungen beschränkt oder zu einem für die Betroffenen spürbaren Politikwechsel führt.

Auf den folgenden Seiten wende ich das Modell auf den Konflikt um zwei extraterritoriale Menschenrechtsverletzungen an, die im Zuge der Terrorismusbekämpfung der Vereinigten Staaten von Amerika (USA) aufgetreten sind, nämlich *Folter* an und anlasslose *Massenüberwachung* von Ausländern im Ausland. Die Allgemeine Erklärung der Menschenrechte (AEMR) und der Zivilpakt der Vereinten Nationen (UN) verpflichten die USA, das Recht auf Freiheit von Folter und das Recht auf Privatsphäre zu schützen;[2] zudem haben die USA die UN-Antifolterkonvention ratifiziert. Dennoch entstanden kontrovers geführte Debatten darüber, inwiefern den USA Verantwortung für den extraterritorialen Schutz der betreffenden Menschenrechte zukommt bzw. was die USA konkret tun müssen, um ihrer Verantwortung gerecht zu werden. In beiden Fällen stellten die USA zunächst in Abrede, dass die kritisierten Handlungen tatsächlich Rechtsverletzungen darstellten. Außerdem bezweifelten sie vor allem in Bezug auf den Schutz des Rechts auf Privatsphäre, aber auch – wenn auch weniger konsistent und nachdrücklich – in Bezug auf den Schutz des Rechts auf Freiheit von Folter, extraterritoriale Pflichten zu haben. Mittlerweile erkennen die USA in beiden Fällen eine generelle Verantwortung an, Ausländern jenseits ihrer Staatsgrenzen keinen Schaden zuzufügen. Im Ergebnis zeigt sich, dass das Modell sowohl erklären kann, warum Staaten in einem vergleichsweise neuen und (noch) stark umkämpften Bereich schrittweise Verantwortung anerkennen (Massenüberwachung), als auch, warum Staaten Verantwortung für den extraterritorialen Schutz eines Menschenrechts, das bereits als etabliert galt, aber aufgrund eines externen Schocks in bestimmtem Maße wieder zur Disposition gestellt wurde, erneut anerkennen (Folter).

Der Artikel ist folgendermaßen aufgebaut: Abschnitt 2 fasst stark verkürzt die völkerrechtliche Debatte über die Verantwortung von Staaten für den extraterritorialen Schutz der Menschenrechtsschutz zusammen. Abschnitt 3 stellt das Modell der umkämpften Zuschreibung von Verantwortung für extraterritoriale Menschenrechtsverletzungen vor. Die Abschnitte 4 und 5 wenden das Modell auf den

2 Für das Recht auf Freiheit von Folter siehe AEMR, Art.5 und UN-Zivilpakt, Art.7. Für das Recht auf Privatsphäre siehe AEMR, Art.12 und UN-Zivilpakt, Art.17.

Prozess der umkämpften Zuschreibung von Verantwortung für den extraterritorialen Schutz des Rechts auf Freiheit von Folter und des Rechts auf Privatsphäre an. Abschnitt 6 fasst zusammen.

2. Verantwortung für extraterritoriale Menschenrechtsverletzungen im Völkerrecht

In der völkerrechtlichen Literatur besteht weitgehend Einigkeit darüber, dass die Vorstellung, dass Staaten nur die Menschenrechte ihrer Bürger oder auf ihrem Territorium schützen müssen, nicht (mehr) angemessen ist. Angesichts der vielfältigen transnationalen Interdependenzen, über die Staaten immer öfter außerhalb ihrer Staatsgrenzen mit Bürgern anderer Staaten in Kontakt treten, ist demnach offensichtlich, dass eine solche Vorstellung zu eklatanten Lücken im Menschenrechtsschutz führt (Skogly 2006, S. 206-207). Zudem lasse sie sich kaum mit der Idee vereinbaren, wonach die Menschenrechte für alle Menschen gleichermaßen gültig sind (Gibney et al. 1999). Die Norm der Universalität der Menschenrechte hat danach eine solche Kraft entfaltet, dass Staaten Menschenrechtsverletzungen im Ausland nicht länger mit Souveränitätsrechten rechtfertigen können (Milanovic 2011, S. 5). Einige Autoren sprechen bereits von einer entstehenden gewohnheitsrechtlichen Norm, wonach Staaten zumindest eingeschränkte extraterritoriale Menschenrechtspflichten haben (van Schaack 2014, S. 2-3).

Vor diesem Hintergrund fragen Völkerrechtler, wie die Verantwortung von Staaten für den extraterritorialen Menschenrechtsschutz beschaffen ist. Dabei wird in der Regel zwischen positiven und negativen Pflichten unterschieden. Die 'Pflicht zur Beachtung' bezieht sich auf die negative Pflicht, die Menschenrechte von Ausländern durch eigene Handlungen nicht zu verletzen. Die 'Pflicht zur Verwirklichung' bezieht sich auf die positive Pflicht, aktiv die Lage der Menschenrechte von Individuen im Ausland zu verbessern. Ob Staaten neben negativen auch positive extraterritoriale Pflichten haben, ist dabei strittig (z.B. Skogly 2006, S. 66-72).

Ebenso wenig besteht Einigkeit darüber, wie die Beziehung zwischen einem Staat und ausländischen Bürgern beschaffen sein muss, damit es zu einer dem Staat zurechenbaren Rechtsverletzung kommen kann. Im Kern geht es dabei um die Frage, wie der Begriff der Jurisdiktion zu interpretieren ist. Traditionell wurde Jurisdiktion territorial definiert und Staaten wurde primär Verantwortung für den Schutz der Rechte von Individuen auf ihrem Staatsgebiet zugewiesen. Heute lehnen immer mehr Völkerrechtler eine solche territoriale Jurisdiktionsdefinition ab. Nach King (2009) etwa unterstehen Individuen auch dann der Jurisdiktion eines Staates, wenn a) das Gebiet, auf dem sie sich befinden, unter militärischer Besatzung des Staates ist, b) der Staat rechtmäßige Kompetenzen im Ausland ausübt oder c) die Individuen aufgrund einer faktischen Beziehung zum Staat direkt von dessen rechtsverletzenden Handlungen betroffen sind.

Im Hinblick auf die Rechtsquellen, aus denen sich Verantwortung für den extraterritorialen Menschenrechtsschutz ableiten lässt, interpretieren Völkerrechtler die Jurisdiktionsklauseln internationaler Menschenrechtsverträge. Im UN-Sozialpakt etwa gibt es keine Klausel, die die territoriale Anwendbarkeit der Verträge einschränkt. Der UN-Zivilpakt und die Europäische Menschenrechtskonvention (EMRK) beinhalten hingegen Klauseln, wonach ein Unterzeichnerstaat/die Unterzeichnerstaaten die aufgeführten Rechte „allen in seinem Gebiet befindlichen und seiner Herrschaftsgewalt unterstehenden Personen“[3] bzw. „allen ihrer Hoheitsgewalt unterstehenden Personen“[4] gewährleisten soll/sollen. Dies impliziert nicht, dass Staaten, wenn sie Verträge mit Jurisdiktionsklauseln unterzeichnen, keine Verantwortung für den Schutz der Menschenrechte von Ausländern im Ausland haben. Vielmehr hängt eine solche Einschätzung wiederum von der Interpretation des Begriffs der Jurisdiktion ab.

Völkerrechtler sehen Gerichtsurteile und Verlautbarungen der Gremien, die die Einhaltung der UN-Menschenrechtsverträge überwachen, als Hilfsquellen an, aus denen sich Erkenntnisse über die extraterritoriale Verantwortung von Staaten für den Schutz der Menschenrechte ableiten lassen. Die Rechtsprechung ist nicht eindeutig, Gerichte und UN-Überwachungsgremien sind aber immer öfter bereit, Staaten Verantwortung für den extraterritorialen Menschenrechtsschutz zuzuschreiben. Die entsprechenden Urteile beziehen sich dabei sowohl auf innerstaatliches Handeln mit extraterritorialen Effekten als auch auf Konsulardienste, militärische Besatzung und faktische staatliche Kontrolle über ausländische Einzelpersonen im Ausland. Van Schaack (2014, S. 23) spricht bereits von einer Doktrin extraterritorialer Anwendbarkeit.[5]

Der Überblick macht deutlich, dass unter Völkerrechtlern zwar Einigkeit herrscht, dass sich Staaten, wenn sie extraterritoriale Menschenrechtsverletzungen begehen, nicht in einem “legal black hole“ (Wilde 2005, S. 739) bewegen, zugleich aber strittig ist, was unter der Verantwortung von Staaten für den extraterritorialen Menschenrechtsschutz genau zu verstehen ist. Für den Prozess der Zuschreibung von Verantwortung impliziert dies zweierlei: Einerseits lädt die Offenheit des Völkerrechts dazu ein, über die Deutungshoheit darüber zu streiten, was genau die Verantwortung von Staaten für den extraterritorialen Schutz der Menschenrechte ausmacht. Andererseits steckt der Minimalkonsens – kein ‘legal black hole‘ – aber auch die Grenzen der Deutungsmöglichkeiten ab, so dass die Position, die Staaten jegliche Verantwortung abspricht, kaum haltbar ist.

3. Modell umkämpfter Verantwortungszuschreibung für extraterritoriale Menschenrechtsverletzungen

In diesem Abschnitt entwickle ich ein einfaches Modell umkämpfter Verantwortungszuschreibung für extraterritoriale Menschenrechtsverletzungen. Das Modell fußt auf der Annahme, dass Kritiker einem Staat, der in ihren Augen eine extra-

3 UN-Zivilpakt, Art.2.

4 EMRK, Art.1.

5 Meilensteine in der Entwicklung der Judikatur sind u.a. das Urteil des Europäischen Gerichtshofs für Menschenrechte (EGMR) im Fall Loizidou v. Türkei aus dem Jahr 1995 (15318/89), die Abschlussbemerkungen des Menschenrechtskomitees zu Israel aus dem Jahr 2003 (CCPR/CO/78/ISCR), aber auch das Urteil des EGMR im Fall Bankovic v. Belgien und andere aus dem Jahr 2001 (52207/99). Für einen Überblick über die Rechtsprechung siehe z.B. King (2009: 522-536) und van Schaack (2014: S. 9-23).

territoriale Menschenrechtsverletzung begeht, Verantwortung für sein Verhalten zuschreiben, indem sie verschiedene Mechanismen in Gang setzen, und zwar die Mechanismen Bloßstellen, strategische Prozessführung und Konditionalität. Ein zentrales Unterscheidungsmerkmal der Mechanismen ist, dass Kritiker entweder direkt auf den vermeintlich rechtsverletzenden Staat einwirken (Konditionalität) oder andere Akteure, nämlich die Öffentlichkeit (Bloßstellen) oder Gerichte (strategische Prozessführung), mobilisieren. Der beschuldigte Staat versucht seinerseits, sich gegen die Zuweisung von Verantwortung zu immunisieren, nämlich über Geheimhaltung und Sicherheitsrhetorik (gegen Bloßstellen), entlastende Rechtsinterpretation (gegen strategische Prozessführung), und Kooptation (gegen Konditionalität). Wenn der Druck auf den am Pranger stehenden Staat groß genug wird, erkennt der Staat rhetorisch Verantwortung dafür an, Ausländer außerhalb seiner Staatsgrenzen nicht zu schädigen und verspricht, sein Handeln entsprechend auszurichten. Über Zeit kann die rhetorische Anerkennung von Verantwortung handlungsleitend werden.

3.1 Bloßstellen v. Geheimhaltung und Sicherheitsrhetorik

Bloßstellen zielt darauf ab, die Reputation des mutmaßlich rechtsverletzenden Staates zu beschädigen. Die zu Grunde liegende Annahme ist, dass Staaten nicht öffentlich als Akteure wahrgenommen werden wollen, die fundamentale Rechtsnormen missachten. Das Offenlegen von Fehlverhalten ist eine klassische Waffe formal schwacher Akteure, die weder über richterliche Autorität noch über materielle Ressourcen verfügen, um Staaten Verantwortung für ihr Handeln zuzuweisen (Keck u. Sikkink 1998). Die Forschung zur *compliance* mit Menschenrechtsnormen hat gezeigt, dass Staaten unter bestimmten Bedingungen bereit sind, Verantwortung für den Schutz der Menschenrechte anzuerkennen, wenn ihr Fehlverhalten öffentlich angeprangert wird (Risse et al. 1999; Hafner-Burton 2008). Besonders dann, wenn Menschen Opfer körperlicher Gewalt werden und als unschuldige Opfer dargestellt werden können, aber auch dann, wenn es gelingt, eine kurze Kausalkette zwischen Täter und Opfer zu konstruieren, können Kampagnen Regierungen zum Umdenken zwingen (Keck u. Sikkink 1998, S. 27).

Staaten, die Ausländern im Ausland Schaden zufügen, antizipieren, dass ihr Handeln öffentlich als extraterritoriale Menschenrechtsverletzung gebrandmarkt werden kann. Deshalb versuchen sie, sich *ex ante* gegen die Zuweisung von Verantwortung zu schützen. Das Mittel der Wahl dazu ist die *Geheimhaltung*. Geheimhaltung ist ein klassisches Mittel zur Konsolidierung von Macht (Fenster 2014). Wenn das, was man tut, der Öffentlichkeit unbekannt ist, läuft man gar nicht erst Gefahr, öffentlich für Verfehlungen zur Rechenschaft gezogen zu werden. Selbst eine Demokratie wie die USA hat heute vielfältige Möglichkeiten, das, was sie tut, geheim zu halten. Regierungs- und Verwaltungsbeamte können unter Verweis auf die nationale Sicherheit Dokumente klassifizieren und gerade Präsidenten machen von diesem Recht, häufig unter Verweis auf das sogenannte Staatsgeheimnis-Privileg, immer häufiger Gebrauch (Weaver u. Pallitto 2005). Gleichzeitig schließt der *Freedom of Information Act* das Einklagen der Veröffentlichung offizieller Dokumente aus, die für die nationale Sicherheit relevante Informationen enthalten (Coglianese 2009, S. 537).[6]

Wenn Geheimhaltung fehlschlägt und ein Staat, der extraterritoriale Menschenrechtsverletzungen begeht, öffentlich bloßgestellt wird, wird der Staat versuchen, durch eine entsprechende *Sicherheitsrhetorik* Deutungshoheit über die Legitimität seines Handelns zurückzugewinnen. Um extraterritoriale Menschenrechtsverletzungen zu rechtfertigen und Verantwortung von sich zu weisen, argumentieren Regierungen vielfach, dass ihr Handeln notwendig ist, um die nationale Sicherheit zu gewährleisten. Auf dieses Argumentationsmuster weisen auch die Versicherheitlichungstheoretiker hin, die gezeigt haben, dass Staaten unter Berufung auf einen vermeintlichen Ausnahmezustand außergewöhnliche Maßnahmen rechtfertigen (z.B. Weaver 1995). Zu Pass kommt den Staaten dabei, dass das Völkerrecht vorsieht, dass die meisten Menschenrechte in einer Notstandssituation vorübergehend eingeschränkt werden dürfen.

3.2 Strategische Prozessführung v. entlastende Rechtsinterpretation

Mit *strategischer Prozessführung* ist in diesem Artikel gemeint, dass Betroffene, oft unterstützt durch Anwälte und zivilgesellschaftliche Gruppen, einen Prozess gegen Akteure, die in ihren Augen Menschenrechte verletzen, anstrengen, um politischen Wandel herbeizuführen. Strategische Prozessführung zielt damit nicht nur darauf ab, ein günstiges Urteil für den Kläger zu erreichen oder einen Täter zur Rechenschaft zu ziehen, sondern will Handlungsdruck erzeugen, damit die rechtlichen Grundlagen, die der Rechtsverletzung zu Grunde liegen, geändert werden (Fuchs 2013; Cichowski 2007). Strategische Prozessführung hat nicht nur dann Effekte, wenn es zu einem Urteilsspruch und zur Rechtsfortentwicklung im Sinne des Klägers kommt, sondern auch dann, wenn die öffentliche Wahrnehmung des Problemdrucks beeinflusst wird (Fuchs 2013, S. 190). Vermeintlich gescheiterte Fälle können bei Entscheidungsträgern die Überzeugung reifen lassen, dass das Instrument der strategischen Prozessführung wie ein Damoklesschwert über ihnen hängt, wenn sie die Gesetzgebung nicht so verändern, dass sie extraterritoriale Menschenrechtsverletzungen nicht länger begünstigt.

Staaten antizipieren, dass Individuen, deren Rechte sie verletzen, Gerichte anrufen, um ihnen formal Verantwortung für ihr Fehlverhalten zuweisen zu lassen. Sie versuchen sich gegen strategische Prozessführung deshalb durch eine *entlastende Rechtsinterpretation* zu immunisieren, die durch die Verfasstheit des Rechts als offene Struktur (Hart 1961) begünstigt wird. Damit ist gemeint, dass Staaten, die extraterritoriale Menschenrechtsverletzungen begehen, Begriffe und Handlungen so interpretieren, dass Gerichte, wenn sie den Interpretationen folgen, keine Verantwortung für extraterritoriale Menschenrechtsverletzungen zuweisen kön-

6 Geheimhaltung ist freilich nicht nur ein probates Mittel gegen Bloßstellen, sondern kann auch hilfreich sein, um Verantwortungszuschreibung durch strategische Prozessführung oder Konditionalität auszubremsen. Bei den Mechanismen strategische Prozessführung und Konditionalität ist Geheimhaltung als „Gegenmittel" allerdings weniger zentral, da nachrangig ist, ob die breite Öffentlichkeit informiert ist, solange die Betroffenen bzw. andere Staaten oder internationale Organisationen mobilisiert sind.

nen und Klagen entweder gar nicht zulassen oder nach Vorermittlungen zurückweisen. Staaten versuchen zum Beispiel, glaubhaft zu machen, dass die Handlung, die von Kritikern als Menschenrechtsverletzung gebrandmarkt wird, unterhalb der Schwelle einer solchen Menschenrechtverletzung liegt. Sie versuchen außerdem, Menschen, deren Rechte sie verletzen, bestimmten Personenkategorien zuzuordnen, die gemäß internationaler Bestimmungen weniger Schutz genießen als andere Personenkategorien. Oder sie interpretieren die Jurisdiktionsklauseln der Menschenrechtsverträge so, dass ihnen nur Verantwortung für den Schutz der Menschenrechte innerhalb ihrer Staatsgrenzen zukommt.

3.3 Konditionalität v. Kooptation

Anders als Nichtregierungsorganisationen (NGOs), Gerichte und die formal zahnlosen UN-Überwachungsgremien verfügen Staaten und zumindest einige internationale Organisationen über materielle Ressourcen, die sie einsetzen können, um rechtsverletzende Staaten dazu zu bewegen, Verantwortung für den Schutz der Menschenrechte anzuerkennen. Der Logik der *Konditionalität* (Checkel 2000) folgend können sie ihre materiellen Ressourcen so einsetzen, dass die Anerkennung von Verantwortung für den Schutz der Menschenrechte belohnt wird, während die Zurückweisung einer solchen Verantwortung bestraft wird. Schimmelfennig und Sedelmeier (2004) haben etwa gezeigt, dass die mittel- und osteuropäischen Staaten mehr Verantwortung für den Menschenrechtsschutz übernommen haben, als die Europäische Union (EU) dies zur Bedingung für den Beitritt gemacht hat. Und Hafner-Burton (2005) hat gezeigt, dass Staaten vor allem dann Verantwortung für den Schutz der Menschenrechte anerkennen, wenn sie ein präferentielles Handelsabkommen abschließen, das aufgekündigt wird, wenn Verbesserungen beim Menschenrechtsschutz ausbleiben. Wenn Staaten oder Staatenbündnisse Belohnungen davon abhängig machen, dass Staaten Verantwortung für den extraterritorialen Schutz der Menschenrechte übernehmen bzw. Strafen verhängen oder androhen, falls dies nicht geschieht, dann weisen sie zumindest indirekt Verantwortung für den Schutz der Menschenrechte zu.

Staaten, die Ausländer im Ausland schädigen, wissen, dass sie Gefahr laufen, dass die Staaten, deren Bürger von den Rechtsverletzungen betroffen sind oder auf deren Territorium die Rechtsverletzungen stattfinden, ihnen Verantwortung für die Rechtsverletzungen zuweisen und über Konditionalität versuchen, besseren Menschenrechtsschutz zu erwirken. Um ihrerseits die Anreize für andere Staaten zu senken, ihnen Verantwortung für extraterritoriale Menschenrechtsverletzungen zuzuweisen, versuchen beschuldigte Staaten deshalb, andere Staaten zu *kooptieren*. D.h., sie versuchen, andere Staaten zu Komplizen der extraterritorialen Rechtsverletzungen zu machen, indem sie ihr Stillschweigen oder ihre Unterstützung belohnen und bringen damit ihrerseits eine Form der Konditionalität zur Anwendung.

3.4 Anerkennung von Verantwortung

Ab einem bestimmten Zeitpunkt wird der Druck auf den rechtsverletzenden Staat so groß, dass es ihm nicht länger gelingt, Verantwortung für seinen Umgang mit Ausländern jenseits seiner Staatsgrenzen gänzlich von sich zu weisen. Wenn Geheimhaltung scheitert, der Notstandskurs nicht als Rechtfertigung für Rechtsverletzungen verfängt, Richter den entlastenden Rechtsinterpretationen nicht länger konsistent folgen und Staaten, deren Bürger oder deren Staatsgebiet von den extraterritorialen Menschenrechtsverletzungen betroffen sind, nachhaltig besseren Rechtsschutz einfordern, erkennen Staaten die legitimen Interessen von Ausländern im Ausland an und versprechen, ihr Handeln entsprechend auszurichten.

Grundsätzlich lassen sich dabei zwei Stufen der Anerkennung von Verantwortung unterscheiden. Auf der ersten Stufe erkennen Staaten ihre Verantwortung rhetorisch an. Hochrangige Regierungsvertreter äußern sich zum Thema und machen dabei deutlich, dass die Schädigung von Ausländern im Ausland inakzeptabel ist. Rhetorische Anerkennung kann auch bedeuten, dass die Regierung eine Direktive erlässt oder das Parlament ein Gesetz verabschiedet, das Schutzmaßnahmen für Ausländer generell begrüßt, aber keine oder kaum konkrete Maßnahmen vorsieht. Bereits die rhetorische Anerkennung von Verantwortung ist ein bedeutender politischer Akt, weil sich politische Entscheidungsträger öffentlich zu ihrer Verantwortung bekennen. Auf der zweiten Stufe wird die Anerkennung von Verantwortung handlungsleitend. Staaten erlassen Gesetze, die konkret genug sind, dass sich vor Gericht einklagbare Handlungsimplikationen ableiten lassen. Auch wenn die zweite Stufe erreicht wird, ist der Prozess der Verantwortungszuschreibung nicht zu Ende. Auch eine sozusagen institutionalisierte Verantwortung für den extraterritorialen Schutz der Menschenrechte wird umkämpft bleiben. Für Staaten wird es aber schwieriger sein, Verantwortung für den extraterritorialen Schutz der Menschenrechte wieder von sich zu weisen, wenn sie sich durch die Einrichtung entsprechender Regeln und Verfahren formal dazu bekannt haben.

4. Umkämpfte Zuschreibung von Verantwortung für den extraterritorialen Schutz des Rechts auf Freiheit von Folter

Nach den Anschlägen vom 11. September 2001 haben die USA ausländische Terrorverdächtige und mutmaßliche Unterstützer mit Schlägen, *waterboarding*, Kaltwassergüssen, sexueller Erniedrigung, Schlafentzug und anderen Maßnahmen gefoltert. Die Rechtsverletzungen fanden außerhalb der USA statt, und zwar sowohl in vom Militär betriebenen Internierungseinrichtungen in Guantánamo/Kuba, im Irak und in Afghanistan als auch in von der *Central Intelligence Agency* (CIA) betriebenen Gefängnissen. Außerdem wurden Terrorverdächtige und mutmaßliche Helfer entführt und an Drittstaaten überstellt, um dort unter Folter verhört zu werden (Priest 2005, Senate Select Committee on Intelligence 2014). Damit haben die USA unter Präsident George W. Bush ihre Verantwortung für den Schutz des Rechts auf Freiheit von Folter, die sie mit der Ratifizierung internationaler Menschenrechtsverträge und entsprechender nationaler Gesetzgebung zuvor formal anerkannt hatten, *de facto* von sich gewiesen. Mit der Ratifizierung des UN-Zivilpakts 1992 hatten sich die USA dazu verpflichtet, keine Person Folter auszusetzen (UN-Zivilpakt, Art.7). Mit der Ratifizierung der UN-Antifolterkonvention 1994 waren die USA die Verpflichtung eingegangen, „(to) take effective legislative, administrative, judicial or other measures to prevent acts of torture in any territory under its jurisdiction" (UN-Antifolterkonvention, Art. 2). Die nationale amerikanische Gesetzgebung sah zum Zeitpunkt der Anschläge vom 11. September 2001 Gefängnisstrafen für Personen vor, die Personen im Ausland gefoltert haben (18 U.S. Code § 2340A).

Während die Bush Administration also *de facto* ihre Verantwortung für den universellen Schutz des Rechts auf Freiheit von Folter aufkündigte, war sie in ihrer Rhetorik deutlich ambivalenter. Einerseits waren Bush und hochrangige Regierungsbeamte darauf bedacht, das, was gemeinhin unter Folter verstanden wird, mit dem Label verschärfte Verhörmethoden zu versehen, um sich Vorwürfen, sie würden Menschenrechte verletzen, entziehen zu können. Andererseits gibt es Äußerungen, in denen Mitglieder der Administration die extraterritoriale Anwendbarkeit der UN-Folterkonvention für die USA in Frage stellen. In dem umkämpften Zuschreibungsprozess ging es dementsprechend sowohl darum, die Praktiken der USA tatsächlich als Folter zu kennzeichnen, als auch den USA Verantwortung für den Schutz des Rechts auf Freiheit von Folter auch außerhalb ihrer Staatsgrenzen zuzuweisen. Die folgenden Abschnitte zeichnen den umkämpften Prozess nach.

4.1 Bloßstellen v. Geheimhaltung und Sicherheitsrhetorik

Die Bush Regierung war sich bewusst, dass ihr öffentlich Verantwortung für die Verletzung eines fundamentalen Menschenrechts zugeschrieben werden würde, sollte die systematische Folter von Terrorverdächtigen öffentlich werden. Deshalb war sie darauf bedacht, ihre Praxis aber auch die Dokumente, die die sogenannten verschärften Verhörmethoden implizit oder explizit autorisierten, geheim zu halten. So wurde zum Beispiel das *Memorandum of Notification* vom 17. September 2001, mit dem Bush die CIA autorisierte, Terrorverdächtige festzuhalten, als geheim eingestuft (Neskovic 2015, S. 45). Zudem wurde der Senat nur selektiv und oberflächlich über das Vorgehen der Regierung informiert. Von den CIA-Gefängnissen im Ausland wusste nur eine überschaubare Gruppe von Regierungs- und Verwaltungsbeamten (Priest 2005), in einigen Fällen wurde nicht einmal der amerikanische Botschafter darüber in Kenntnis gesetzt, dass die CIA in dem betreffenden Land ein Geheimgefängnis errichtet (Neskovic 2015, S. 43).

Dennoch sickerten Berichte über Folter in Militär- und CIA-Gefängnissen durch und das Versagen der USA, im Umgang mit ausländischen Terrorverdächtigen ihrer Verantwortung für den Schutz des Rechts auf Freiheit von Folter nachzukommen, wurde schon bald in der Öffentlichkeit diskutiert. 2002 machte ein Artikel der *Washington Post* publik, dass die CIA in etlichen Staaten Geheimgefängnisse unterhielt, in denen Geheimdienstmitarbeiter Terrorverdächtige und mutmaßliche Unterstützer folterten (Priest und Gellman 2002). Humanitäre Organisationen und Menschenrechts-NGOs skandalisierten die Rechtsverletzungen ebenfalls, wie zum Beispiel in einem Bericht von *Human Rights Watch*, der Folter in vielen Einrichtungen belegte und hochrangigen Regierungsbeamten Verantwortung für Menschenrechtsverletzungen zuwies (Human Rights Watch 2005). Auch die UN-Menschenrechtsgremien betonten die Verantwortung der USA für den Schutz des Rechts auf Freiheit von Folter. Der UN-Ausschuss gegen Folter etwa kritisierte 2006 in seinen abschließenden Beobachtungen die Interpretation der Bush Regierung, dass die USA außerhalb ihrer Staatsgrenzen nicht an die Anti-Folterkonvention gebunden seien (UN Committee against Torture 2006). Den größten Reputationsschaden erlitten die USA durch die Veröffentlichung der Folterbilder aus dem amerikanischen Militärgefängnis Abu Ghraib im Irak (Hersh 2004). Ausgewählte Fotos wurden in der CBS Nachrichtensendung *60 Minutes II* gezeigt und wiesen den USA vor einem Millionenpublikum bildlich Verantwortung für die Verletzung des Rechts auf Freiheit von Folter zu.

Die Bush Administration reagierte auf die öffentlichen Anschuldigungen zunächst mit dem Versuch, das System der Geheimhaltung zu reparieren. Die erste Reaktion auf die Veröffentlichung der Fotos aus Abu Ghraib war deshalb nicht Aufklärung, sondern der Versuch, die Veröffentlichung weiterer Fotos zu verhindern (Sontag 2004). Auch im Umgang mit anderen Anschuldigungen war die Strategie, nur das zuzugeben, was ohnehin schon an die Öffentlichkeit durchgesickert war. Zugleich versuchte die Regierung, Verantwortung für Menschenrechtsverletzungen von sich zu weisen, indem sie ihr Handeln mit einer alternativen Norm, nämlich der Pflicht, den Terrorismus zu bekämpfen und so die nationale Sicherheit zu schützen, rechtfertigte (Sikkink 2013, S. 146). Mehrfach argumentierte Bush, dass die Informationen, die durch die sogenannten verschärften Verhörmethoden gewonnen werden, von entscheidender Bedeutung für die Sicherheit der USA seien: „Were it not for this program, our intelligence community believes that Al Qaida and its allies would have succeeded in launching another attack against the American homeland. Making us – giving us information about terrorist plans we couldn't get anywhere else, this program has saved innocent lives" (Bush 2006a: 1648); oder ähnlich: „Captured terrorists have unique knowledge about how terrorist networks operate. (...) The security of our nation and the lives of our citizens depend on our ability to learn what these terrorists know" (Bush 2006b).

4.2 Strategische Prozessführung v. entlastende Rechtsinterpretation

Der Bush Administration war klar, dass sie sich rechtlich auf dünnem Eis bewegte und Gefahr lief, vor allem von amerikanischen Gerichten zu einem besseren Schutz des Rechts auf Freiheit von Folter gezwungen zu werden. Sie entwickelte deshalb in den *torture memos* unorthodoxe Interpretationen der amerikanischen Verfassung und der internationalen Menschenrechtsbestimmungen, die sie vor Gerichtsverfahren schützen sollten (Sikkink 2013). In einem Memorandum erklärte Bush, dass die USA im Kampf gegen Al Qaeda nicht an die Genfer Konventionen gebunden seien und dass Al Qaeda-Kämpfern nicht der Status von Kriegsgefangenen zukomme (The White House 2002). Im Bybee Memorandum des Justizministeriums wurde Folter so eng interpretiert, dass viele der als verschärfte Verhörmethoden bezeichneten Praktiken nicht unter Folter fielen; außerdem wurde argumentiert, dass sich der amerikanische Präsident als Oberbefehlshaber der Armee über internationales und amerikanisches Recht hinwegsetzen dürfe (US Department of Justice 2002). Darüber hinaus vertrat Justizminister Alberto Gonzales die Auffassung, dass die UN-Folterkonvention keine rechtlichen Implikationen für den Umgang der USA mit Ausländern im Ausland habe (US Senate 2005: 121). Und schließlich rechnete die Regierung damit, dass sie sich auf das sogenannte Staatsgeheimnis-Privileg würde berufen können, wonach der Präsident Dokumente unter Verweis auf deren Bedeutung für die nationale Sicherheit klassifizieren und Gerichten vorenthalten kann.

Vor diesem Hintergrund überrascht es nicht, dass es sich bis heute als schwierig erwiesen hat, den Architekten der US-Folterpolitik mittels strategischer Prozessführung formal Verantwortung zuzuweisen. Bislang war keine der Klagen ausländischer Folteropfer vor einem amerikanischen Gericht erfolgreich. Wie von der Regierung antizipiert, erkannten die Gerichte in der Regel das Staatsgeheimnis-Privileg an und konnten deshalb Ermittlungen nicht durchführen, weil ihnen Dokumente, die von der Regierung als geheim eingestuft wurden, nicht zur Verfügung gestellt wurden (McConnell 2013). Auch Klagen, die vor ausländischen Gerichten eingereicht wurden, um hochrangigen Regierungs-, Verwaltungs- und Militärangehörigen Verantwortung für die extraterritoriale Verletzung des Rechts auf Freiheit von Folter zuzuschreiben, haben bislang nicht zu Verurteilungen geführt. In Deutschland wurden etwa 2004 und 2006 Klagen gegen den ehemaligen Verteidigungsminister Donald Rumsfeld, den ehemaligen CIA-Direktor George Tenet und weitere hochrangige Militär- und Regierungsvertreter eingereicht. Die Generalbundesanwaltschaft sah jedoch davon ab, Ermittlungen aufzunehmen (European Center for Constitutional and Human Rights 2014).

Bislang haben die Versuche der strategischen Prozessführung also nicht dazu geführt, dass Richter Urteile gefällt hätten, die formal eine Verantwortung der amerikanischen Architekten der Folterpolitik etabliert und eine Änderung der amerikanischen Gesetzgebung notwendig gemacht hätten. Trotzdem hatte die strategische Prozessführung Effekte. Die Versuche, hochrangige amerikanische Regierungsbeamte, Militärs und Geheimdienstler vor ausländischen Gerichten zur Rechenschaft zu ziehen, boten ein Forum, um öffentlich Verantwortung zuzuschreiben. Außerdem fällten amerikanische Gerichte in anderen Fällen Urteile, in denen sie feststellten, dass die USA bei der Terrorismusbekämpfung an internationales Recht gebunden sind. Im Fall *Hamdan v. Rumsfeld* etwa, in dem es um die Frage ging, ob Gefangene von Militärkommissionen verurteilt werden dürfen, entschied der Oberste Gerichtshof der USA 2006, dass die USA beim Umgang mit Gefangenen die Genfer Konventionen achten müssen – und stellte damit implizit auch die Folterpraxis der USA in Frage. Und schließlich kam es vor dem Europäischen Gerichtshof für Menschenrechte (EGMR) zu erfolgreichen Klagen gegen Staaten, die wie zum Beispiel Polen den USA auf ihrem Territorium Gefängnisse zur Verfügung gestellt hatten, in denen die CIA Gefangene foltern konnte (z.B. Europäischer Gerichtshof für Menschenrechte 2014). Damit stellte der EGMR keine direkte Verantwortung der USA für Folter im Ausland fest, signalisierte aber, dass Polen durch seine Kooperation mit den USA seiner Verantwortung für den Schutz der Menschenrechte nicht nachgekommen war.

4.3 Konditionalität v. Kooptation

Die Bush Regierung hatte großes Interesse daran, Terrorverdächtige nicht in den USA sondern außerhalb ihrer Staatsgrenzen zu foltern und foltern zu lassen, weil sie annahm, für Folter im Ausland weniger einfach vor einem amerikanischen Gericht zur Verantwortung gezogen werden zu können. Gebiete wie Guantánamo und der Militärstützpunkt Diego Garcia im Indischen Ozean, die die USA von Kuba bzw. Großbritannien gepachtet hatten, boten sich deshalb für *black sites* an (Priest u. Gellman 2002). Daneben errichtete die CIA Geheimgefängnisse in Polen, Rumänien, Thailand und anderen Staaten, um dort Terrorverdächtige unter Folter zu verhören. Außerdem übergaben die USA Terrorverdächtige an Ägypten, Syrien, Marokko und weitere Staaten, damit sie dort von lokalen Geheimdiensten verhört werden konnten (Priest 2005). Die USA taten sich zunächst schwer, Regierungen zu finden, die der CIA die Erlaubnis erteilen wollten, ein Geheimgefängnis auf ihrem Territorium zu errichten. Die CIA musste deshalb Staaten, mit denen sie kooperieren wollte, zum Teil fürstlich entlohnen; der CIA-Folterbericht des amerikanischen Kongresses spricht von Barzahlungen an Regierungsbeamte in Millionenhöhe (Goldman 2014; Neskovic 2015, S. 53-54).

Auch wenn sich Staaten fanden, die gegen Geld oder andere Vergünstigungen CIA-Gefängnisse auf ihrem Territorium erlaubten, erwies sich die Zusammenarbeit oft als kurzlebig. Gerade demokratische Regierungen kündigten die Kooperation auf, wenn sie herausfanden oder wenn öffentlich wurde, dass die CIA in den Gefängnissen Terrorverdächtige und mutmaßliche Helfer folterte. Thailand etwa bestand darauf, dass das Gefängnis, das die CIA errichtet hatte, geschlossen wird, als dessen Existenz im Juni 2003 publik wurde (Priest 2005). Und der ehemalige polnische Präsident Aleksander Kwaśniewski gibt an, dass er 2003, als ihm klar geworden war, dass in dem CIA-Gefängnis in Polen gefoltert wurde, Präsident Bush angewiesen habe, die Folter zu stoppen, worauf die USA das Gefängnis in Polen schlossen (Ernst 2014). Freilich fanden die USA immer wieder neue Staaten, die bereit waren, gegen entsprechende Vergünstigungen geheime CIA-Gefängnisse auf ihrem Territorium zu erlauben. Der Widerstand zumindest einiger Staaten signalisierte den USA aber, dass es Staaten gab, die nicht bereit waren, Verantwortung für die Verletzung des Rechts auf Freiheit von Folter mitzutragen.

4.4 Anerkennung von Verantwortung

Bereits die Bush Regierung reagierte auf den Druck, der von der Öffentlichkeit, von Gerichtsverhandlungen aber auch von anderen Staaten ausging. Zunächst verlegte sie sich darauf, ihre Anerkennung der Verantwortung für den Schutz des Rechts auf Freiheit von Folter, zu der sie sich zuvor ambivalent verhalten hatte, zu bekräftigen. Das Justizministerium veröffentlichte Ende 2004 ein Memorandum, das Folter als unvereinbar mit amerikanischen Werten und Gesetzen bezeichnete (U.S. Department of Justice 2004). 2005 unterzeichnete Bush den *Detainee Treatment Act*, der vorsah, dass Gefangene unabhängig von ihrer Nationalität und ihrem Aufenthaltsort keiner grausamen, unmenschlichen oder entwürdigenden Behandlung und Bestrafung ausgesetzt werden dürfen. Darüber hinaus sah das Gesetz vor, dass

Militärangehörige bei Verhören den Vorgaben des *Army Field Manual on Intelligence Interrogation* folgen müssen (Detainee Treatment Act 2005). Die Anerkennung von Verantwortung blieb unter Bush aber weitgehend rhetorisch. Die Regierung gestand nicht ein, dass sie ihrer Schutzverantwortung nicht gerecht geworden war und Folter als Instrument der Terrorismusbekämpfung eingesetzt hatte. Die meisten *torture memos* hatten bis zum Ende der zweiten Amtszeit Bushs Bestand und einige CIA-Foltergefängnisse blieben ebenso lange in Betrieb (Sikkink 2013). Zudem legte Bush 2008 ein Veto gegen ein vom Kongress verabschiedetes Gesetz ein, das auch die CIA dazu verpflichtet hätte, nur die Verhörmethoden anzuwenden, die das Feldhandbuch der Armee erlaubte (Neskovic 2015, S. 41).

In der Präsidentschaft Barack Obamas wurde die Anerkennung von Verantwortung für den Schutz des Rechts auf Freiheit von Folter handlungsleitend. Obama schloss Anfang 2009 alle CIA-Geheimgefängnisse und erließ *Executive Order 13491 – Ensuring Lawful Interrogations*, die allen Akteuren (und damit nicht nur Militärangehörigen) alle Handlungen (einschließlich Folter) verbietet, die nicht durch das Feldhandbuch der Armee explizit autorisiert sind (The White House 2009). 2015 unterzeichnete Obama den *National Defense Authorization Act for Fiscal Year 2016*, mit dem der Kongress die Bestimmungen der *Executive Order* in Gesetzesform gegossen hatte (US Congress 2015). Außerdem veröffentlichte der Geheimdienstausschuss des Senats Ende 2014 eine redigierte Fassung des CIA-Folterberichts, in dem die Ausschussvorsitzende die verschärften Verhörmethoden als Folter anerkannte (Senate Select Committee on Intelligence 2014, Foreword). An einer rechtlichen Aufarbeitung und Zuschreibung von Verantwortung hatte Obama hingegen kein Interesse. Genauso wie sein Vorgänger bremste er erfolgreich Gerichtsverfahren aus, indem er sich auf das Staatsgeheimnis-Privileg des Präsidenten berief.

5. Umkämpfte Zuschreibung von Verantwortung für den extraterritorialen Schutz des Rechts auf Privatsphäre

Seit den Terroranschlägen vom 11. September 2001 haben die USA ihre Bemühungen, Kommunikation und Internetaktivitäten von Ausländern zu sammeln und auszuwerten, massiv verstärkt. Wie wir durch die Enthüllungen Edward Snowdens wissen, zapft die *National Security Agency* (NSA) Internetkabel an, um Daten von Ausländern abzufangen. Daneben greift sie direkt auf die Daten von Telekommunikations- und Internetunternehmen zu, sei es auf der Basis freiwilliger oder erzwungener Kooperation seitens der privaten Unternehmen. Außerdem hackt sich die NSA in Computersysteme ein und tauscht Daten mit ausländischen Geheimdiensten aus (Greenwald 2014). Mit diesen Maßnahmen werden nicht nur Informationen über ausgewählte verdächtige Personen zusammengetragen, sondern auch anlasslos Daten unbescholtener ausländischer Bürger. Die rechtlichen Grundlagen der Maßnahmen sind der *US Patriot Act* und der *FISA*[7] *Amendment Act*. Der *US Patriot Act* bestimmt, dass Unternehmen den öffentlichen Behörden für

7 FISA steht für den *Foreign Intelligence Surveillance Act* aus dem Jahr 1978.

den Zweck der Terrorismusbekämpfung Daten von Ausländern zur Verfügung stellen müssen (US Congress 2001, Sec. 215). Der *FISA Amendment Act* legte fest, dass Ausländer überwacht werden dürfen, wenn eine Autorisierung des *Foreign Intelligence Surveillance Court* (FISC) vorliegt (US Congress 2008, Sec. 702). Vorgaben zum Schutz der Privatsphäre von Ausländern enthalten die Gesetze nicht.

Anfang 2014, sieben Monate nach den ersten Enthüllungen Snowdens, erließ Präsident Obama eine Direktive, mit der er die Verantwortung der USA für den Schutz der Privatsphäre von Ausländern akzeptiert (The White House 2014). Zwei Jahre später verständigten sich das US-Handelsministerium und die EU Kommission auf das *EU-U.S. Privacy Shield*, das formal den Schutz der Persönlichkeitsrechte von EU-Bürgern stärkt (US Department of Commerce 2016). Die beiden Dokumente sind die bislang wichtigsten Konzessionen der amerikanischen Regierung in einer noch immer andauernden Auseinandersetzung um die Deutungshoheit über die legitime Überwachung von Ausländern. Dabei versuchen Journalisten, NGOs, UN-Institutionen, Richter und Staatenvertreter eine Verantwortung der USA für den extraterritorialen Schutz des Rechts auf Privatsphäre zu etablieren, während die USA viele dieser Versuche zu konterkarieren versuchen und völkerrechtlich bindende Standards ablehnen, zu niederschwelligeren Schritten aber durchaus bereit sind. In den folgenden Abschnitten wird diese Auseinandersetzung nachgezeichnet.

5.1 Bloßstellen v. Geheimhaltung und Sicherheitsrhetorik

Vor den Enthüllungen Snowdens war öffentlich kaum etwas über Ausmaß und Willkür der NSA Auslandsüberwachung bekannt (Bauman et al. 2014, S. 122).[8] Zwar berichtete die *New York Times* bereits 2005, dass die NSA die Kommunikation unbescholtener Bürger abhört, der Fokus lag aber auf der Inlandsüberwachung (Risen u. Lichtblau 2005). Dass es den USA gelungen ist, die Massenüberwachung von Ausländern lange geheim zu halten, hat mehrere Gründe: Die Exekutiv-Privileg-Doktrin gibt dem amerikanischen Präsidenten weitreichende Rechte im Hinblick auf die Klassifizierung sicherheitsrelevanter Dokumente (Weaver u. Pallitto 2005). Geheimdienstmitarbeiter genießen weniger Whistleblower-Schutz als die meisten anderen Staatsbediensteten (D'Isidoro 2014). Außerdem war es den Kommunikations- und Internetunternehmen lange verboten, öffentlich zu machen, wie oft sie der FISC aufforderte, Daten an die NSA zu übermitteln (Ackerman 2014).

Mit den Snowden Enthüllungen brach das System der Geheimhaltung, auf das sich NSA und US Regierung gestützt hatten, auf spektakuläre Weise zusammen. Snowden hatte als Mitarbeiter einer Zulieferfirma Einblicke in die Arbeitsweise der NSA gewonnen. Im Sommer 2013 gab er interne Dokumente an die investigativen Journalisten Glenn Greenwald und Laura Poitras und einen Journalisten des *Guardian* weiter (Greenwald 2014). Daraufhin erschienen im *Guardian*, in der *Washington Post* und in anderen Zeitungen Artikel, die die anlasslose Massen-

8 Eine Ausnahme ist der Bericht des Europäischen Parlaments zum Echelon Spionagenetz aus dem Jahr 2001.

überwachung der NSA auch von Ausländern offenlegten und scharf kritisierten (z.B. Gellman u. Poitras 2013). Auch Menschenrechts-NGOs beriefen sich auf die Enthüllungen, um die USA öffentlich dazu zu drängen, Verantwortung für den Schutz der Persönlichkeitsrechte von Ausländern zu übernehmen (Amnesty International 2013).

Auch formal schwache UN Gremien wurden aktiv. Die Generalversammlung verabschiedete Ende 2013 eine Resolution mit dem Titel *The right to privacy in the digital age*. Die Resolution erwähnt die USA nicht explizit, weist mit der Formulierung „*Deeply concerned* (kursiv im Original) at the negative impact that surveillance and/or interception of communications, including extraterritorial surveillance and/or interception of communications, as well as the collection of personal data, in particular when carried out on a mass scale, may have on the exercise and enjoyment of human rights" aber Staaten generell eine Verantwortung für den extraterritorialen Schutz des Rechts auf Privatsphäre zu (UN General Assembly 2013, S. 2). Der Hochkommissar für Menschenrechte veröffentliche 2014 einen Bericht, in dem er mahnt, dass Staaten ihre Verantwortung für den Schutz der Menschenrechte nicht aushebeln können, indem sie außerhalb ihres Territoriums Handlungen durchführen, die sie auf ihrem Territorium nicht durchführen dürfen (UN General Assembly 2014, para. 33 und 35). Andere Gremien wiesen explizit den USA Verantwortung für den Schutz der Persönlichkeitsrechte von Ausländern zu. Der UN-Menschenrechtsausschuss forderte etwa 2014 in seinen abschließenden Beobachtungen die USA auf, „(to) (T)take all necessary measures to ensure that its surveillance activities, both within and outside the United States, conform to its obligations under the Covenant, including article 17; in particular, measures should be taken to ensure that any interference with the right to privacy complies with the principles of legality, proportionality and necessity, regardless of the nationality or location of the individuals whose communications are under direct surveillance" (UN Human Rights Committee 2014, para 22(a)).

Die USA sträubten sich zunächst dagegen, das Schutzbedürfnis von Ausländern im Ausland anzuerkennen. Vielmehr bemühten sie sich anfangs vor allem darum, das System der Geheimhaltung zu reparieren. Mitglieder der Obama Administration trugen deshalb nicht nur nicht zur Aufklärung bei, sondern versuchten vielmehr, durch harte Rhetorik gegen Snowden potentielle Nachahmer abzuschrecken. Zugleich bedienten sich Entscheidungsträger eines Notstandsdiskurses, der die Überwachungstätigkeit der NSA im Ausland als notwendig rechtfertigte und so Verantwortung für die öffentlich kritisierten Rechtsverletzungen zurückwies. James R. Clapper, Direktor der nationalen Nachrichtendienste, unterstrich zum Beispiel, dass die gesammelten Information genützt würden, um die USA vor einer Vielfalt unterschiedlicher Bedrohungen zu schützen (Gellman u. Poitras 2013). Und Obama betonte, dass das Sammeln von Geheimdienstinformationen dem Schutz des amerikanischen Volks diene (Obama 2014). Demnach befänden sich die USA in einem globalen Krieg gegen den Terrorismus, in dem auch außergewöhnliche Mittel erlaubt seien, sofern sie dem Schutz der nationalen Sicherheit dienten.

5.2 Strategische Prozessführung v. entlastende Rechtsinterpretation

Ausländer können bislang nicht vor einem amerikanischen Gericht gegen die NSA oder die US Regierung klagen (Sanger 2015). Und auch vor nationalen Gerichten im Ausland oder vor internationalen Gerichten ist es noch nicht zu erfolgreichen Klagen gegen die NSA oder die US Regierung im Zusammenhang mit der anlasslosen Überwachung von Ausländern gekommen. Somit gibt es kein Fallrecht, auf das sich Richter, an die entsprechende Klagen herangetragen werden, stützen könnten. Hinzu kommt, dass das Recht auf Privatsphäre weder Teil des Völkergewohnheitsrechts noch ein unveräußerliches Menschenrecht ist, das Staaten unter keinen Umständen verletzen dürfen.

Dass die Klagemöglichkeiten für betroffene Individuen so beschränkt sind und es kein Fallrecht gibt, ist freilich kein Zufall. Vielmehr haben die USA, aber auch andere Staaten, durch entlastende Rechtsinterpretationen ihren Teil dazu beigetragen, dass Richter so zögerlich sind, Urteile zu fällen, in denen sie den USA (oder anderen Staaten) Verantwortung für die extraterritoriale Verletzung des Rechts auf Privatsphäre zuweisen. Die USA haben wiederholt das Argument vorgetragen, dass Auslandsspionage durch nationales und internationales Recht gedeckt sei, da sie nicht anlasslos unbescholtene Bürger überwachen, sondern Individuen, die eine Gefahr für die nationale Sicherheit der USA darstellten (Obama 2014). Außerdem haben die USA, um Gerichten ihre Handlungsgrundlage zu entziehen, die Jurisdiktionsklausel des UN-Zivilpakts eng interpretiert. Demnach haben sich die USA nur dazu verpflichtet, das Recht auf Privatsphäre auf ihrem Territorium zu schützen (vgl. Brown u. Korff 2014, S. 248).

Auch wenn die Versuche von Ausländern, direkt gegen die US Regierung oder die NSA zu klagen, bislang gescheitert sind, haben es Ausländer zumindest geschafft, den USA von Gerichten indirekt Verantwortung für den extraterritorialen Schutz des Rechts auf Privatsphäre zuschreiben zu lassen. Als gangbarer Weg erwies sich nämlich, gegen Unternehmen, die mit der NSA bei der Massenüberwachung freiwillig oder erzwungenermaßen 'kooperieren', Klage einzureichen. Der prominenteste Fall ist der Fall *Maximilian Schrems gegen Data Protection Commissioner* vor dem Europäischen Gerichtshof (EuGH). Im Oktober 2015 fällte die Große Kammer des EuGH ein viel beachtetes Urteil, das es Facebook untersagte, Daten europäischer Nutze an Server in den USA zu übermitteln, weil sie dort nicht ausreichend vor dem Zugriff der NSA geschützt seien (Europäischer Gerichtshof 2015). Besondere Relevanz kommt dem Urteil auch deshalb zu, weil es das *Safe-Harbor*-Abkommen für ungültig erklärte, das die Übermittlung personenbezogener Daten zwischen der EU und den USA regelt. Freilich stellte das Urteil nicht explizit eine Verantwortung der USA für den Schutz der Persönlichkeitsrechte von Ausländern fest. Indem es diagnostizierte, dass der Schutz der Daten von Europäern in den USA nicht gewährleistet ist, schreibt es den USA aber zumindest implizit eine solche Verantwortung zu.

5.3 Konditionalität v. Kooptation

Wenn die USA Ausländer im Ausland in großem Stil überwachen wollen, sind sie auf Unterstützung oder zumindest Stillschweigen anderer Regierungen angewiesen, die Kontrolle über die entsprechenden Daten haben. Da Staaten aber grundsätzlich kein Interesse daran haben, dass ausländische Geheimdienste anlasslos Daten ihrer Bürger oder auf ihrem Territorium sammeln, mussten die USA andere Regierungen kooptieren, ihnen also Anreize für eine Kooperation geben. Ein aufschlussreiches Beispiel ist die Zusammenarbeit zwischen der NSA und dem Bundesnachrichtendienst (BND). Die NSA stellte dem BND moderne Spionagesoftware und technologische Ausrüstung zur Verfügung. Im Gegenzug lieferte der BND Daten an die NSA, zeitweise gestattete der BND der NSA sogar direkten Zugriff auf deutsche Kabel (Biermann 2015). Die Bundesregierung profitierte von der Kooperation und war zögerlich, die USA lautstark zu kritisieren und ihr öffentlich Verantwortung für die extraterritoriale Verletzung des Rechts auf Privatsphäre deutscher und anderer Staatsbürger zuzuschreiben.

Auch wenn die Snowden Enthüllungen nicht zu einem lauten Aufschrei der Regierungen geführt haben, deren Bürger durch Massenüberwachung geschädigt wurden, haben einzelne Staaten immerhin damit gedroht, die Rechtsverletzungen sanktionieren zu wollen. Die brasilianische Regierung hat angekündigt, Maßnahmen zu ergreifen, um die Persönlichkeitsrechte brasilianischer Bürger zu schützen. Das Land plant, nationale Email- und Cloud-Speicher-Angebote aufzubauen und gemeinsam mit Russland, Indien, China, Südafrika ein sogenanntes BRICS Kabel zu errichten, das die fünf Staaten unabhängig von den USA miteinander verbindet (Bauman et al. 2014, S. 128-130). Auch die EU versuchte, die USA über negative Anreize zu besserem Rechtsschutz für ihre EU Bürger zu bewegen. Die EU Kommission drohte den USA im Herbst 2013, das SWIFT-Abkommen über den Austausch von Banktransaktionsdaten auszusetzen, sollten die USA nicht glaubwürdig versichern, die Persönlichkeitsrechte von EU Bürgern zu achten (Traynor 2013). Man mag die Rechtschaffenheit solcher Drohgebärden anzweifeln, zumal gerade auch viele europäische Staaten durch Auslandsspionage die Persönlichkeitsrechte von Ausländern im Ausland verletzen (vgl. Brown et al. 2015, S. 2, 33). Nichtsdestotrotz ist das Koppeln von Anreizen an einen verbesserten Schutz der Persönlichkeitsrechte von Ausländern ein wichtiger politischer Akt, mit dem andere Staaten und die EU den USA Verantwortung für den extraterritorialen Schutz des Rechts auf Privatsphäre zuweisen.

5.4 Anerkennung von Verantwortung

Über Zeit wuchs der Druck auf die USA, Verantwortung für den Schutz der Privatsphäre von Ausländern im Ausland anzuerkennen. Die Geheimhaltung ist spektakulär gescheitert. Die Argumentationsfiguren, mit denen Entscheidungsträger versuchten, ihr Handeln zu rechtfertigen, verfingen nicht. Kläger fanden über Klagen gegen Unternehmen einen Angriffspunkt; und die USA konnten nicht länger sicher sein, dass andere Staaten das Ausspähen ihre Bürger ohne Weiteres hinnehmen würden.

Vor diesem Hintergrund erließ Obama Anfang 2014 eine präsidentielle Direktive, in der ein amerikanischer Präsident zum ersten Mal anerkannte, dass auch die Auslandsüberwachung gewissen Einschränkungen unterworfen sein soll. In der *Presidential Policy Directive – Signals Intelligence Activities (PPD-28)* heißt es: „All persons shall be treated with dignity and respect, regardless of their nationality or wherever they may reside, and all persons have legitimate privacy interests in the handling of their personal information." (The White House 2014, Sec.4). Des Weiteren heißt es: „The United States will therefore impose new limits on its use of signals intelligence in bulk. These limits are intended to protect the privacy and civil liberties of all persons, whatever their nationality and regardless of where they might reside" (The White House 2014, Sec.2).[9] Anfang 2016 vereinbarten das US-Handelsministerium und die EU Kommission darüber hinaus als unmittelbare Reaktion auf das Urteil des EuGH, das das *Safe-Harbor*-Abkommen zu Fall gebracht hatte, das *EU-U.S. Privacy Shield*, zu dem sich Unternehmen bekennen müssen, die Daten aus der EU in die USA transferieren wollen. Amerikanische Unternehmen, die sich zu der Vereinbarung bekennen, versprechen, Daten ihrer Kunden nur für „limited and specified purposes" weiterzugeben (US Department of Commerce 2016: II.3). Sie versprechen außerdem, Beschwerdemechanismen einzurichten, die Individuen, die sich in ihren Persönlichkeitsrechten verletzt sehen, zugänglich sind (ibid.: II.7).

PPD-28 enthält klarere Bestimmungen als die vergleichbaren rechtlichen Grundlagen der meisten EU Staaten (Brown et al. 2015, S. 3, 19). Wie die Vorgaben der Direktive umgesetzt werden, bleibt allerdings abzuwarten. Zumindest eröffnen einige Formulierungen der Direktive großen Spielraum, den Schutz der Persönlichkeitsrechte von Ausländern einzuschränken. So findet sich in der Direktive zum Beispiel ein Passus, wonach Maßnahmen zum Schutz der Rechte von Ausländern nur dann getroffenen werden sollen, wenn dies der nationalen Sicherheit der USA nicht schadet (The White House 2014, Sec.4a). Zugleich bleibt offen, wie die Ankündigung, die Persönlichkeitsrechte von Ausländern schützen zu wollen, damit vereinbar ist, dass PPD-28 die massenhafte Sammlung von Daten prinzipiell nach wie vor erlaubt (Sec.2). Und auch der rechtliche Status der PPD-28 bleibt unklar (Arnbak u. Goldberg 2015, S. 358), insbesondere solange es kein Gesetz gibt, das die Vorgaben der Direktive umsetzt. Auch die Schutzbestimmungen des *Privacy Shield* sind in vager Sprache verfasst und dürfen eingeschränkt werden, wenn dies für die nationale Sicherheit erforderlich ist (US Department of Commerce 2016: I.4). Viele Beobachter gehen deshalb davon aus, dass das *Privacy Shield* einer wahrscheinlichen erneuten Überprüfung durch den EuGH nicht

9 Ein Jahr später veröffentlichte die NSA *USSID SP0018 Supplemental Procedures for the Collection, Processing, Retention, and Dissemination of Signals Intelligence Information and Data Containing Personal Information of Non-United States Persons*, um die Direktive zu implementieren. Das Dokument schreibt unter anderem vor, dass Daten, die über Massenüberwachung von Ausländern gewonnen werden, nur für bestimmte Zwecke verwendet (5.2.) und nur für fünf Jahre aufbewahrt werden dürfen (6.1.). In einem Begleittext erläutert die NSA, das Ziel der Verfahren sei, „to ensure that proper civil liberties and privacy safeguards are in place" und „(to) extend comparable safeguards currently provided for U.S. persons to all persons, regardless of nationality" (NSA 2015).

standhalten wird. Trotzdem sind PPD-28 und das *Privacy Shield* enorm wichtige politische Akte. Trotz der begründeten Zweifel im Hinblick auf ihre Umsetzung sind die beiden Dokumente die ersten Dokumente, in denen sich die USA zu ihrer Verantwortung bekennen, die Privatsphäre von Ausländern jenseits ihrer Staatsgrenzen zu respektieren. Nachfolgende Regierungen mögen sich von diesem Bekenntnis wieder distanzieren, können dies aber nicht ohne politische Kosten tun.

6. Schluss

Die USA haben als Reaktion auf die Terroranschläge vom 11. September 2001 eine Reihe an Maßnahmen ergriffen, die zukünftige Anschläge verhindern sollten, zugleich aber die Menschenrechte von Ausländern im Ausland verletzten. Ausländische Terrorverdächtige wurden zum Teil über Jahre gefoltert. Außerdem verletzten die USA das Recht auf Privatsphäre unzähliger unbescholtener Menschen weltweit, deren Kommunikation und Internetaktivitäten überwacht wurden. Heute erkennen die USA ihre Verantwortung für den extraterritorialen Schutz des Rechts auf Freiheit von Folter nicht nur rhetorisch an, sondern haben auch Praxis und gesetzliche Grundlagen entsprechend angepasst. Im Fall der Massenüberwachung lässt sich mittlerweile zumindest eine rhetorische Anerkennung einer Verantwortung für den Schutz der Privatsphäre auch von Ausländern beobachten. Beide Entwicklungen sind das vorübergehende Resultat eines umkämpften Prozesses der Verantwortungszuschreibung, in dem Medien, zivilgesellschaftliche Akteure, internationale Organisationen, Richter und Staatenvertreter in unterschiedlichen Arenen – im öffentlichen Raum, vor Gericht, in den zwischenstaatlichen Beziehungen – den USA Verantwortung für den extraterritorialen Schutz der Menschenrechte zuweisen. Im Folter-Fall resultierte der umkämpfte Prozess darin, dass die USA die Verantwortung für den Schutz eines unveräußerlichen Menschenrechts, die sie für eine bestimmte Zeit *de facto,* und vereinzelt auch rhetorisch, abgestritten hatten, wieder akzeptieren. Im Massenüberwachungs-Fall führte der umkämpfte Prozess dazu, dass die USA eine im Entstehen begriffene globale Norm, nämlich die Norm, die Privatsphäre auch von Ausländern zu achten, zumindest rhetorisch anerkennen.

Die Bestandsaufnahmen in den Kurzfallstudien sind freilich nur Wegmarken in einem fortdauernden umkämpften Prozess der Zuschreibung von Verantwortung für den extraterritorialen Schutz der Menschenrechte. Vor allem der Folter-Fall hat gezeigt, dass Staaten unter dem Eindruck eines externen Schocks bereit sind, sich von einer bereits akzeptierten und institutionell verankerten Verantwortung zu distanzieren. Gleichwohl gibt es Anzeichen dafür, dass sich eine generelle Norm herausbildet, gemäß der Staaten Verantwortung für den extraterritorialen Schutz der Menschenrechte übernehmen sollen, ihre Verantwortung für den Schutz der Menschenrechte also nicht an ihren Grenzen endet. Unter Völkerrechtlern wird nicht mehr darüber gestritten, ob Staaten extraterritoriale Menschenrechtspflichten haben, sondern was diese Pflichten ausmacht. Gerichte und die Überwachungsgremien der UN-Menschenrechtskonventionen sind immer öfter bereit, Staaten Verantwortung für extraterritoriale Menschenrechtsverletzungen zuzuweisen. Und die USA sind auch über die behandelten Fälle hinaus zwar oftmals zögerlich, bindende Verpflichtungen im Hinblick auf den extraterritorialen Schutz der Menschenrechte einzugehen, übernehmen aber zunehmend zumindest eine rhetorische Verantwortung für einen angemessenen Umgang mit Ausländern im Ausland. Mit etwas Optimismus lassen sich die Entwicklungen deshalb als Ausdruck einer Konstitutionalisierung der Beziehungen zwischen Staaten und den Bürgern anderer Staaten verstehen. Zumindest aber lassen sich die Entwicklungen als wichtiger Baustein auf dem Weg zu einem kosmopolitischen Verständnisses der Menschenrechte interpretieren, wonach Staaten nicht nur eine Verantwortung für den Schutz der Menschenrechte ihrer Bürger haben, sondern die fundamentalen Rechte aller Menschen achten müssen.

Abschließend stellt sich die Frage nach der Generalisierbarkeit des entwickelten Modells umkämpfter Verantwortungszuschreibung für extraterritoriale Menschenrechtsverletzungen. Es spricht nichts dagegen, das Modell nicht nur auf die USA sondern auch auf andere Staaten anzuwenden. Dass Australien mittlerweile zumindest einige Einschränkungen im extraterritorialen Umgang mit Flüchtlingen anerkennt, kann zum Beispiel als vorläufiges Resultat eines umkämpften Zuschreibungsprozesses verstanden werden, in dem etliche Mechanismen des Modells sichtbar sind. Schwächere Staaten, die über weniger Ressourcen verfügen, um andere Staaten zu kooptieren und zugleich empfindlicher gegenüber öffentlicher Skandalisierung sind, sollten dabei sogar verletzlicher gegenüber den Zuschreibungsmechanismen des Modells sein als die USA. Das Gleiche sollte für Staaten gelten, die sich in stärkeren Maße als die USA der Jurisdiktion internationaler Gerichte unterworfen haben. Darüber hinaus spricht auch nichts dagegen, das Modell zu nützen, um umkämpfte Prozesse der Zuschreibung von Verantwortung für die Einhaltung anderer Normen nachzuvollziehen. Die Bedeutung der einzelnen Zuweisungsmechanismen mag dabei in unterschiedlichen Kontexten variieren. So mag der Mechanismus strategische Prozessführung in stark juridifizierten Rechtsbereichen besonders durchschlagskräftig sein, während der Mechanismus Bloßstellen in normativ stark aufgeladenen Kontexten besonders effektiv sein sollte. Die dem Modell zugrunde liegende Annahme, nämlich dass sich der umkämpfte Prozess der Zuschreibung von Verantwortung in der Öffentlichkeit, auf der Ebene der Gerichtsbarkeit und auf der intergouvernementalen bzw. supranationalen Ebene vollzieht, sollte aber auch jenseits des Bereichs des extraterritorialen Schutzes der Menschenrechte gültig sein.

Literatur

Ackerman, Spencer. 2014. Tech Giants Reach White House Deal on NSA Surveillance of Customer Data. 27.01.2014. *The Guardian*. http://www.theguardian.com/world/2014/jan/27/tech-giants-white-house-deal-surveillance-customer-data. Zugegriffen: 11.01.2016.

Alter, Karen J. 1998. Who Are the "Masters of the Treaty"?: European Governments and the European Court of Justice. *International Organization* 52 (1): 121–147.

Amnesty International. 2013. *Lof off, Mr Obama*. http://act.amnestyusa.org/ea-action/action?ea.client.id=1839&ea.campaign.id=36747. Zugegriffen: 11.01.2016.

Arnbak, Axel, und Sharon Goldberg. 2015. Loopholes for Circumventing the Constitution. Unrestrained Bulk Surveillance on Americans by Collecting Network Traffic Abroad. *Michigan Telecommunications and Technology Law Review* 21 (2): 317–361.

Bauman, Zygmunt, Didier Bigo, Paulo Esteves, Elspeth Guild, Vivienne Jabri, David Lyon, und Walker, R. B. J. 2014. After Snowden: Rethinking the Impact of Surveillance. *International Political Sociology* 8 (2): 121–144.

Biermann, Kai. 2015. BND-Spionageaffäre: BND liefert NSA 1,3 Milliarden Metadaten – jeden Monat. 12.05.2015. *ZEITonline*. http://www.zeit.de/politik/deutschland/2015-05/bnd-nsa-milliarden-metadaten. Zugegriffen: 11.01.2016.

Brown, Ian, Morton H. Halperin, Ben Hayes, Ben Scott, und Mathias Vermeulen. 2015. *Towards Multilateral Standards for Surveillance Reform*. https://cihr.eu/wp-content/uploads/2015/01/Brown_et_al_Towards_Multilateral_2015.pdf. Zugegriffen: 11.01.2016.

Brown, Ian, und Douwe Korff. 2014. Foreign Surveillance: Law and Practice in a Global Digital Environment. *European Human Rights Law Review* 3: 243–251.

Bush, George W. 2006a. The President's News Conference. September 15, 2006. In *George W. Bush, 2006, Book II – July 1-December 31, 2006*, Hrsg. United States Government Printing Office: Washington (2010).

Bush, George W. 2006b. We're Fighting for Our Way of Life. 06.09.2006. *CNN*. http://edition.cnn.com/2006/POLITICS/09/06/bush.transcript/index.html. Zugegriffen: 11.01.2016.

Checkel, Jeffrey T. 2000. Compliance and Conditionality. *ARENA Working Papers* WP00/18, ARENA Centre for European Studies, https://www.sv.uio.no/arena/english/research/publications/arena-publications/workingpapers/working-papers2000/wp00_18.htm. Zugegriffen: 18.03.2016.

Cichowski, Rachel A. 2007. *The European Court and Civil Society: Litigation, Mobilization and Governance*. Cambridge: Cambridge University Press.

Coglianese, Cary. 2009. The Transparency President? The Obama Administration and Open Government. *Governance* 22 (4): 529–544.

Detainee Treatment Act. 2005. https://www.icrc.org/ihl-nat/a24d1cf3344e99934125673e00508142/b22319a0da00fa02c1257b8600397d29/$FILE/Detainee%20Treatment%20Act%20of%202005%20.pdf. Zugegriffen: 12.01.2016.

D'Isidoro, Daniel. 2014. Protecting Whistleblowers and Secrets in the Intelligence Community. *Harvard National Security Journal*. http://harvardnsj.org/2014/09/protecting-whistleblowers-and-secrets-in-the-intelligence-community/. Zugegriffen: 12.01.2016.

Ernst, Douglas. 2014. Aleksander Kwasniewski admits Poland hosted CIA 'black sites'. 10.12.2014. *The Washington Times*. http://www.washingtontimes.com/news/2014/dec/10/aleksander-kwasniewski-admits-poland-hosted-cia-bl/. Zugegriffen: 11.01.2016.

Europäischer Gerichtshof. 2015. *Große Kammer, Urteil, 6.10.2015, C-362/14, Maximilian Schrems gegen Data Protection Commissioner*. http://curia.europa.eu/juris/liste.jsf?num=C-362/14#. Zugegriffen: 14.12.2015.

Europäischer Gerichtshof für Menschenrechte. 2014. *Judgment in case Husayn (Abu Zubaydah) v. Poland, Application no. 7511/13*. http://hudoc.echr.coe.int/eng?i=001-146047#{%22itemid%22:[%22001-146047%22]}. Zugegriffen: 21.12.2015.

European Center for Constitutional and Human Rights. 2014. *Zehn Jahre aktiv gegen US-Folter: ECCHR, Center for Constitutional Rights und Wolfgang Kaleck*. http://www.ecchr.eu/de/unsere-themen/voelkerstraftaten-und-rechtliche-verantwortung/usa.html?file=tl_files/Dokumente/Universelle%20Justiz/ECCHR-Sondernewsletter-Folter%20-de%2017-12-2014.pdf. Zugegriffen: 11.01.2016.

Fenster, Mark. 2014. The Implausibility of Secrecy. *Hastings Law Journal* 65: 309 – 362.

Fuchs, Gesine. 2013. Strategic Litigation for Gender Equality in the Workplace and Legal Opportunity Structures in Four European Countries. *Canadian Journal of Law and Society* 28 (2): 189–208.

Gellman, Barton, und Laura Poitras. 2013. U.S., British Intelligence Mining Data From Nine U.S. Internet Companies in Broad Secret Program. 07.06.2013. *The Washington Post.* https://www.washingtonpost.com/investigations/us-intelligence-mining-data-from-nine-us-internet-companies-in-broad-secret-program/2013/06/06/3a0c0da8-cebf-11e2-8845-d970ccb04497_story.html. Zugegriffen: 11.01.2016.

Gibney, Mark, Katarina Tomasevski, und Jens Vedsted-Hansen. 1999. Transnational State Responsibility for Violations of Human Rights. *Harvard Human Rights Journal* 12: 267–296.

Goldman, Adam. 2014. The Hidden History of the CIA's Prison in Poland. 23.01.2014. *The Washington Post.* https://www.washingtonpost.com/world/national-security/the-hidden-history-of-the-cias-prison-in-poland/2014/01/23/b77f6ea2-7c6f-11e3-95c6-0a7aa80874bc_story.html. Zugegriffen: 11.01.2016.

Greenwald, Glenn. *No Place to Hide. Edward Snowden, the NSA, and the U.S. Surveillance State.* New York: Metropolitan Books.

Hafner-Burton, Emilie M. 2005. Trading Human Rights: How Preferential Trade Agreements Influence Government Repression. *International Organization* 59 (3): 593–629.

Hafner-Burton, Emilie M., Kiyoteru Tsutsui, und John W. Meyer. 2008. International Human Rights Law and the Politics of Legitimation: Repressive States and Human Rights Treaties. *International Sociology* 23 (1): 115–141.

Hart, H.L.A. 1961. *The Concept of Law.* Oxford: Oxford University Press.

Hersh, Seymour M. 2004. Torture at Abu Ghraib. 10.05.2004. *The New Yorker.* http://www.newyorker.com/magazine/2004/05/10/torture-at-abu-ghraib. Zugegriffen: 11.01.2016.

Human Rights Watch. 2004. *U.S.: Justifying Abuse of Detainees.* https://www.hrw.org/news/2005/01/24/us-justifying-abuse-detainees. Zugegriffen: 21.09.2016.

Human Rights Watch. 2005. *Getting Away with Torture? Command Responsibility for the U.S. Abuse of Detainees.* https://www.hrw.org/reports/2005/us0405/us0405.pdf. Zugegriffen: 11.01.2016.

Keck, Margaret E., und Kathryn Sikkink. 1998. *Activists Beyond Borders. Advocacy Networks in International Politics.* Ithaca, N.Y.: Cornell University Press.

King, Hugh. 2009. The Extraterritorial Human Rights Obligations of States. *Human Rights Law Review* 9 (4): 521–556.

McConnell, Kyle. 2013. Torture by the U.S.A.: How Congress Can Ensure Our Human Rights Credibility. *The John Marshall Law Review* 46 (4): 1209 –1231.

Milanovic, Marko. 2011. *Extraterritorial Application of Human Rights Treaties.* Law, Principles, and Policy. Oxford: Oxford University Press.

Nešković, Wolfgang. 2015. *Der CIA-Folterreport. Der offizielle Bericht des US-Senats zum Internierungs- und Verhörprogramm der CIA.* Frankfurt am Main: Westend Verlag.

NSA. 2015. *PPD-28 Section 4 Procedures.* https://www.nsa.gov/public_info/_files/nsacss_policies/PPD-28.pdf. Zugegriffen: 11.01.2016.

Obama, Barack. 2014. Obama's Speech on N.S.A. Phone Surveillance. 17.01.2014. *New York Times.* http://www.nytimes.com/2014/01/18/us/politics/obamas-speech-on-nsa-phone-surveillance.html. Zugegriffen: 11.01.2016.

Priest, Dana. 2005. CIA Holds Terror Suspects in Secret Prisons. 02.11.2005. *The Washington Post.* http://www.washingtonpost.com/wp-dyn/content/article/2005/11/01/AR2005110101644.html. Zugegriffen: 11.01.2016.

Priest, Dana, und Barton Gellman. 2002. U.S. Decries Abuse but Defends Interrogations. 26.12.2002. *The Washington Post.* http://www.washingtonpost.com/wp-dyn/content/article/2006/06/09/AR2006060901356.html. Zugegriffen: 12.01.2016.

Risen, James, und Eric Lichtblau. 2005. Bush Lets U.S. Spy on Callers Without Courts. 16.12.2005. *New York Times.* http://www.nytimes.com/2005/12/16/politics/bush-lets-us-spy-on-callers-without-courts.html. Zugegriffen: 11.01.2016.

Risse, Thomas, Steve C. Ropp, und Kathryn Sikkink. 1999. *The Power of Human Rights. International Norms and Domestic change.* New York: Cambridge University Press.

Sanger, David E. 2015. President Tweaks the Rules on Data Collection. 03.02.2015. *New York Times.* http://www.nytimes.com/2015/02/03/world/president-tweaks-the-rules-on-data-collection.html?_r=0. Zugegriffen: 11.01.2016.

Schimmelfennig, Frank, und Ulrich Sedelmeier. 2004. Governance by Conditionality: EU Rule Transfer to the Candidate Countries of Central and Eastern Europe. *Journal of European Public Policy* 11 (4): 661–679.

Senate Select Committee on Intelligence. 2014. *Committee Study of the Central Intelligence Agency's Detention and Interrogation Program.* https://web.archive.org/web/20141209165504/http://www.intelligence.senate.gov/study2014/sscistudy1.pdf. Zugegriffen: 21.12.2015.

Sikkink, Kathryn. 2013. The United States and Torture: Does the Spiral Model Work? In *The Persistent Power of Human Rights*, Hrsg. Thomas Risse, Stephen C. Ropp, und Kathryn Sikkink, 145–63. Cambridge: Cambridge University Press.

Skogly, Sigrun. 2006. *Beyond National Borders. States' Human Rights Obligations in International Cooperation.* Anwerpen-Oxford: Intersentia.

Sontag, Susan. 2004. Regarding The Torture Of Others. 23.05.2004. *The New York Times Magazin.* http://www.nytimes.com/2004/05/23/magazine/regarding-the-torture-of-others.html. Zugegriffen: 11.01.2016.

Stone Sweet, Alec. 2000. *Governing with Judges.* Constitutional Politics in Europe. Oxford: Oxford University Press.

The White House. 2002. *Memorandum on Humane Treatment of Taliban and Al Qaeda Detainees.* http://www.pegc.us/archive/White_House/bush_memo_20020207_ed.pdf. Zugegriffen: 11.01.2016.

The White House. 2009. *Executive Order 13491 – Ensuring Lawful Interrogations.* https://www.whitehouse.gov/the_press_office/EnsuringLawfulInterrogations. Zugegriffen: 11.01.2016.

The White House. 2014. *Presidential Policy Directive -- Signals Intelligence Activities.* https://www.whitehouse.gov/the-press-office/2014/01/17/presidential-policy-directive-signals-intelligence-activities. Zugegriffen: 11.01.2016.

Traynor, Ian. 2013. EU Threatens to Suspend Deal with US on Tracking Terrorists' Funding. 24.09.2013. *The Guardian.* http://www.theguardian.com/world/2013/sep/24/eu-threat-us-data-sharing-terrorist-funding. Zugegriffen: 11.01.2016.

UN Committee against Torture. 2006. *Considerations of reports Submitted by States Parties under Article 18 of the Convention, Conclusions and Recommendations of the Convention against Torture, United States of America.* http://tbinternet.ohchr.org/_

layouts/treatybodyexternal/Download.aspx?symbolno=CAT%2fC%2fUSA%2fCO%2f2&Lang=en. Zugegriffen: 12.01.2016.

UN General Assembly. 2013. *The Right to Privacy in the Digital Age*. http://www.un.org/en/ga/search/view_doc.asp?symbol=A/RES/68/167. Zugegriffen: 04.12.2015.

UN General Assembly. 2014. *Report of the Office of the United Nations High Commissioner for Human Rights, The right to privacy in the digital age*. http://www.ohchr.org/EN/HRBodies/HRC/RegularSessions/Session27/Documents/A.HRC.27.37_en.pdf. Zugegriffen: 11.01.2016.

UN Human Rights Committee. 2014. *Concluding Observations on the Fourth Periodic Report of the United States of America*. http://www.refworld.org/docid/5374afcd4.html. Zugegriffen: 11.01.2016.

US Congress. 2001. *Patriot Act*. https://www.gpo.gov/fdsys/pkg/BILLS-107hr3162enr/pdf/BILLS-107hr3162enr.pdf. Zugegriffen: 11.01.2016.

US Congress. 2008. *FISA Amendment Act*. https://www.gpo.gov/fdsys/pkg/BILLS-110hr6304enr/pdf/BILLS-110hr6304enr.pdf. Zugegriffen: 11.01.2016.

US Congress. 2015. *National Defense Authorization Act for Fiscal Year 2016*. https://www.gpo.gov/fdsys/pkg/BILLS-114s1356enr/pdf/BILLS-114s1356enr.pdf. Zugegriffen: 12.01.2016.

US Department of Commerce. 2016. *EU-U.S. Privacy Shield Framework Principles Issued by the U.S. Department of Commerce*. https://www.privacyshield.gov/servlet/servlet.FileDownload?file=015t00000004qAg. Zugegriffen 28.11.2016.

US Department of Justice. 2002. *Memorandum for Alberto R. Gonzales, Council to the President. Re: Standards of Conduct for Interrogation under 18 U.S.C. §§ 2340-2340A*. http://www.justice.gov/sites/default/files/olc/legacy/2010/08/05/memo-gonzales-aug2002.pdf. Zugegriffen: 11.01.2016.

US Department of Justice. 2004. *Memorandum for James B. Comey, Deputy Attorney General*. http://fl1.findlaw.com/news.findlaw.com/hdocs/docs/terrorism/dojtorture-123004mem.pdf. Zugegriffen: 11.01.2016.

US Senate. 2005. *Confirmation Hearing on the Nomination of Alberto T. Gonzales to be Attorney General of the United States*, Committee on the Judiciary, January 6, 2005. https://www.gpo.gov/fdsys/pkg/CHRG-109shrg99932/pdf/CHRG-109shrg99932.pdf. Zugegriffen: 22.09.2016.

van Schaack, Beth. 2014. The United States' Position on the Extraterritorial Application of Human Rights Obligations: Give it Up. *Santa Clara Law Digital Commons*, http://digitalcommons.law.scu.edu/cgi/viewcontent.cgi?article=1849&context=facpubs. Zugegriffen: 11.01.2016.

Waever, Ole. 1995. Securitization and Desecuritization. In *On security*, Hrsg. Lipschutz, Ronnie D., 46-86. New York: Columbia University Press.

Weaver, William G., und Robert M. Palitto. 2005. State Secrets and Executive Power. *Political Science Quarterly* 120 (1): 85–112.

Wilde, Ralph. 2005. Legal "Black Hole"?: Extraterritorial State Action and International Treaty Law on Civil and Political Rights. *Michigan Journal of International Law* 26 (3): 739–806.

Das Verhältnis von Souveränität und Verantwortung im internationalen Recht: Schutzverantwortung und Staatenverantwortung

Julian Junk und Stefan Kroll

1. Souveränität als Verantwortung?*

Die internationale Ordnung basiert darauf, dass die Staaten sowohl souverän als auch verantwortlich sind. Staaten sind nach außen hin unabhängig, allerdings nur bis hin zu den Grenzen, die ihnen durch internationale Verpflichtungen gesetzt sind. Georg Nolte zitiert den Fall *Wimbledon* aus dem Jahr 1923, um diese Verhältnisbestimmung aus Souveränität und Verantwortlichkeit zu illustrieren. Demnach sei Souveränität zu verstehen „simply as the liberty of a state within the limits of international law" (Nolte 2005, S. 389). Diese traditionelle Sichtweise, in der internationale Verantwortlichkeit das kontrastierende Gegenüber der Souveränität markiert, wurde in den vergangenen zwei Dekaden durch ein Verständnis der Souveränität ergänzt, welches Verantwortlichkeit als ein zentrales Element der Souveränität versteht – „Sovereignty as Responsibility" (Deng et al. 1996) – und damit die eigentliche Spannung zwischen Souveränität und Verantwortlichkeit überspielt.

Im Völkerrecht werden ganz unterschiedliche Begriffe der Verantwortung diskutiert. Besonders sichtbar wurde dies im Jahr 2001. In diesem Jahr legten zwei Völkerrechtskommissionen unabhängig voneinander Konzepte vor, die sich im Kern mit dem Verantwortungsbegriff befassten und die seither in der theoretischen und praktischen Völkerrechtsdebatte sowie in der internationalen Politik von herausragender Bedeutung sind. Es handelt sich einerseits um das Konzept der Schutzverantwortung, welches durch die *International Commission on Intervention and State Sovereignty* (ICISS) entwickelt wurde sowie andererseits um die in einem Jahrzehnte dauernden Prozess durch die *International Law Commission* (ILC) abgefassten *Draft Articles on Responsibility of States for Internationally Wrongful Acts*, die 2001 durch die Generalversammlung der Vereinten Nationen (VN) per Resolution angenommen wurden.

Das Ziel des Beitrags ist, anhand dieser beiden Beispiele der Spannung zwischen Souveränität und Verantwortung im internationalen Recht und in der inter-

* Frühere Versionen dieses Beitrags wurden vorgestellt im Lehrstuhlkolloquium der Professuren Daase und Deitelhoff an der Goethe Universität Frankfurt sowie im Rahmen der Tagung der Autorinnen und Autoren für dieses Sonderheft, die im Februar 2016 in den Räumen des Frankfurter Exzellenzclusters „Die Herausbildung Normativer Ordnungen" stattgefunden hat. Wir danken den Teilnehmerinnen und Teilnehmern für Ihre Diskussionsbeiträge und insbesondere Aletta Mondré und Julia Strasheim, die längere Kommentare vorbereitet hatten. Darüber hinaus erhielten wir wertvolle Hinweise von Matthäus Fink und den anonymen Gutachtern, für die wir ebenfalls sehr dankbar sind.

nationalen Politik nachzugehen. Ein wichtiger Ausgangspunkt für unsere Diskussion ist die bereits in der Einleitung zu diesem Sonderheft eingeführte Unterscheidung einer Aufgaben- und einer Zurechnungsverantwortung (Günther 2006, S. 295). Wie der Beitrag zeigt, hängt es vom jeweiligen Verantwortungstyp ab, ob Verantwortung eher Ausdruck oder Korrektiv staatlicher Souveränität ist. Während sich Souveränität als Verantwortung vor allem als eine Aufgabenverantwortung formulieren lässt, bedeuten rechtliche Mechanismen der Zurechnung von Verantwortung einen Eingriff in die staatliche Souveränität.

Das Verständnis der Souveränität als Verantwortung im Rahmen der Schutzverantwortung ist eine Aufgabenverantwortung, die sich, wie der Beitrag zeigt, gegen die Herausbildung rechtlicher Zurechnungsmechanismen verschließt. Die durch dieses Defizit an Zurechnungsverantwortung verursachte Verantwortungsdiffusion (vgl. die Einleitung in diesem Heft von Daase, Junk, Kroll und Rauer) ist eine Voraussetzung dafür, Souveränität als Aufgabe und nicht als Eingriff zu konstruieren. Die Regeln der Staatenverantwortung hingegen beziehen sich auf keine bestimmte Aufgabe und werden als Regelwerk der Zurechnungsverantwortung nur dann wirksam, wenn ein Staat seine völkerrechtlichen Pflichten verletzt. Solange die staatlichen Verpflichtungen eindeutig sind, bildet die Staatenverantwortung einen geeigneten Ausgangspunkt für die Zurechnung von Verantwortung. Kommt es allerdings zu einem Konflikt über die Prioritäten staatlicher Verpflichtungen, werden auch hier Tendenzen einer Verantwortungsdiffusion erkennbar. Dies wird in diesem Beitrag am Beispiel der Debatte über das staatliche Regulierungsrecht im Investitionsschutz veranschaulicht. Die Kontroverse darüber, welche Aufgabe staatlichen Handelns zu priorisieren ist, der Schutz der Investitionen oder der Schutz des Gemeinwohls, hat Auswirkung auf die Beschreibung der Adressaten und des Umfangs der Staatenverantwortlichkeit. Wie sich an dem Beispiel zeigt, bedeutet eine durch das Regulierungsrecht erfolgende Stärkung der staatlichen Souveränität als Aufgabenverantwortung eine Schwächung der Zurechnungsverantwortung der Staatenverantwortung.

Der Beitrag zeigt mit der Analyse der beiden Fälle, dass das Konzept einer Souveränität als Verantwortung vor allem eine Aufgabenverantwortung ist, die auf den Bereich der politischen Debatte beschränkt bleibt. Immer dann, wenn Regeln der Zurechnungsverantwortung hinzugefügt werden, und somit eine Verrechtlichung stattfindet, wird Verantwortung zum Gegengewicht staatlicher Unabhängigkeit – und damit einhergehend erhöht sich deren Umstrittenheit. Anders als diejenigen anderen Beiträge in diesem Heft, die sich mit der Verantwortung in den Internationalen Beziehungen und hier insbesondere mit Fragen des Kosmopolitismus und der Rolle nichtstaatlicher Akteure befassen, fokussiert dieser Beitrag auf eben jene staatliche Verantwortung in der internationalen Politik.[1] Ein Anknüpfungspunkt in diesem Heft ist das Kapitel von Schmelzle, der aus theoretischer Perspektive die Notwendigkeit einer staatlichen Meta-Verantwortung begründet und diese trotz der zunehmenden Transnationalisierung nicht als Anachronismus begreift. Wie die Fallstudien in diesem Beitrag zeigen, ist die gegenwärtige Skepsis gegenüber internationalen Institutionen in der Tat auch mit einer Tendenz der Stärkung des Staats als Träger von Verantwortung verbunden. Wie der Beitrag argumentiert, stärkt dies aber nur einen bestimmten Typ der Verantwortung, nämlich die Aufgabenverantwortung, während die Zurechnungsverantwortung geschwächt wird.

2. Die Schutzverantwortung als Ausdruck staatlicher Souveränität

In der allgemeinen Aufbruchsstimmung für die internationale Handlungs- und Regulierungsfähigkeit zu Beginn der 1990er Jahre zeigte das Scheitern der so oft eher bemüht zitierten internationalen Gemeinschaft in Ruanda und in Srebrenica, dass zentrale Spannungen im internationalen Recht nicht gelöst waren: das menschenrechtlich geprägte Verständnis von Souveränität als globale Verantwortung und die sicherheitspolitische geprägte Lesart von Souveränität als bloß nach innen wirkende Verantwortung. Spätestens die Kosovo-Krise im Jahr 1999 mit dem zeitweiligen Bedeutungsverlust der VN, ließ die Notwendigkeit einer Diskussion des Verhältnisses von Souveränität und globaler Verantwortung offensichtlich werden. Ein Prozess begann, der schließlich in der zunächst völkerrechtlich umstrittenen, aber politisch mit vielen Hoffnungen versehenen Etablierung einer internationalen Schutzverantwortung mündete.

Souveränität wird darin sowohl als Ausdruck innerer als auch globaler Verantwortung gefasst. Im Folgenden soll die Genese der Schutzverantwortung kurz nachgezeichnet und dargelegt werden, wie sie zunächst nur als Aufgabenverantwortung konzeptualisiert wurde. In einem zweiten Schritt werden verschiedene jüngere Versuche aufgezeigt, Elemente einer Zurechnungsverantwortung zu er-

1 Weniger konzeptionell, sondern eher empirisch getriebene Verwendungen des Begriffs existieren in weiteren Literatursträngen. So gibt es in der Befassung mit dem asiatischen Raum das Konzept der „responsible stakeholders“: Insbesondere wird hier der Aufstieg Chinas als gestaltende Macht diskutiert (Etzioni 2011; Acharya 2011; Breslin 2013). Im Rahmen dieser Debatte werden auch andere aufstrebende Mächte wie Indien oder etablierte wie die USA und die europäischen Staaten in die Pflicht genommen, sich einer „verantwortungsvollen Souveränität“ (Acharya 2011) zu bedienen – hier bewegt sich die Diskussion aber wieder im Bereich der Schutzverantwortung. Wagnsson (2015) fasst diese Konjunktur des Verantwortungsbegriff, vor allem in den internationalen Security Studies, unter drei Debatten zusammen: „Doing Responsibility“ wie bei der Schutzverantwortung, „Being Responsible“ wie beim Umgang mit aufstrebenden Mächten und „Sharing Responsibility“ wie bei der Aufteilung von Verantwortung zwischen staatlichen und nicht-staatlichen Akteuren. Die Unterscheidung zwischen „being“ und „doing“ erscheint uns lediglich zur Kartografierung der Literatur und weniger für einen analytischen Zugriff auf das Verhältnis zwischen Souveränität und Verantwortung zielführend. In ähnlicher Weise wird vereinzelt die Einbeziehung von Nichtregierungsorganisationen (siehe Debatten im Bereich des Konflikt-Managements, dem Wiederaufbau von Staaten oder der Privatisierung von Sicherheit) oder Individuen (von staatlichen Repräsentanten bspw. in der Diskussion um Drohnenangriffe (Boyle 2013; Aloyo 2013) bis hin zu einzelnen Bürgern oder gesellschaftlichen Gruppen (siehe Diskussion in Parrish 2009)) in die Gestaltung internationaler Politik mit dem Verantwortungsbegriff verknüpft.

gänzen – und zwar als Entpolitisierung im Sinne von Versuchen einer weitergehenden völkerrechtlichen Verantwortung und dann, mit weitaus mehr Aktivität versehen, im Sinne einer Ausführungsverantwortung bürokratischer Spezifizierung. Im Kern bleibt die Schutzverantwortung aber als Aufgabenverantwortung eher ein politisches Prinzip, das sich zu starken Verrechtlichungstendenzen auf der Ebene des Völkerrechts verschließt.

2.1 Die Geburt der Schutzverantwortung als Aufgabenverantwortung

Auf dem Millenniumsgipfel der VN im Jahr 1999 rückte der damalige Generalsekretär der VN, Kofi Annan, die Auffassung ins Zentrum seiner Rede, dass angesichts des Scheiterns der internationalen Politik in der Konfrontation mit schwersten Menschenrechtsverletzungen auf dem Balkan ein neues Verständnis von staatlicher Souveränität – nicht mehr nur als Abwehrrecht, sondern eben auch als Verantwortungsübernahme, als Aufgabenverantwortung – nötig sei. Unmittelbare Konsequenz dieser Rede war nicht nur, dass das bislang dominante Ordnungsprinzip der internationalen Beziehungen, die staatliche Souveränität, einer Re-Interpretation unterworfen, sondern dass, im Praktischen, eine Kommission mit kanadischer Unterstützung eingerichtet wurde: die *International Commission on Intervention and State-Sovereignty* (ICISS) – eine Kommission, die sich eben jener politisch wie konzeptionell schwierigen Ausbalancierung der bislang konfligierenden Normen der staatlichen Souveränität und der universellen Gültigkeit von Menschenrechtsnormen widmen sollte, deren Missachtung eine internationale Intervention nötig machen könnte.

Der ICISS-Bericht aus dem Jahr 2001, mit dem wegweisenden Titel „Responsibility to Protect“ (zu Deutsch: Schutzverantwortung; gängigerweise abgekürzt als R2P), legte die Basis für ein von Annan eingerichtetes *High-Level Panel on Threats, Challenges, and Change*, das Wegmarken für eine verbesserte internationale Sicherheitsarchitektur erarbeiten sollte. Spätestens mit dem ICISS-Bericht war der Verantwortungsbegriff der Dreh- und Angelpunkt der Debatte um humanitäre Interventionen und kann somit als die konzeptionelle Herausforderung für das Prinzip staatlicher Souveränität angesehen werden (siehe auch Vogelmann in diesem Heft). Die Hauptziele, die die ICISS und namentlich Gareth Evans (2007; 2009), der sowohl der ICISS als auch dem *High-Level Panel* vorsaß, mit der Schutzverantwortung verbanden, drehten sich um diese Spannung zwischen Souveränität und Verantwortung: 1.) nicht von einem Interventionsrecht, sondern von einer Interventionsverantwortung zu sprechen (allerdings nur im Sinne einer Residualverantwortung: zuerst der Staat, dann die internationale Gemeinschaft); 2.) staatliche Souveränität nicht als Kontrollrecht, sondern ebenso als Verantwortung anzusehen; 3.) den Interventionsbegriff dahingehend zu erweitern, dass mehrere Verantwortungsbereiche zusammengeführt werden, die zuvor nur fragmentiert verregelt waren: die Verantwortung zur Prävention (*prevent*), die zum Wiederaufbau (*rebuild*) und die zur internationalen Reaktion – also nicht nur die oftmals einzig erwähnte *responsibility to react*[2] und 4.) einen Kriterienkatalog herauszuarbeiten, der relativ klare Anhaltspunkte für die Legalität und Legitimität militärischer Interventionen bietet und damit die Verfahren zur Anerkennung und Übernahme von Verantwortung festlegt.[3]

Obwohl sowohl die Berichte der ICISS und des *High-Level Panels* gerade beim vierten Punkt, also dem nach der Zurechnungsverantwortung, aus Gründen der politischen Uneinigkeit vage blieb und man schlussendlich die Schutzverantwortung den Partikularinteressen einzelner Staaten unterordnete, indem der Sicherheitsrat das zentrale Entscheidungsorgan zur Anwendung der Schutzverantwortung beibehalten wurde, wurden die anderen Ziele im Sinne der Etablierung einer Aufgabenverantwortung in einer Weise erfüllt, dass sie debattenprägend waren und sind. Zwar erwog die ICISS auch andere Begriffe, wie – in der bindenderen Variante – „Pflicht" („*duty*" oder „*obligation*") oder – abgeschwächt – die bloße Beschreibung der Terminologie und der Verfahren der UN Charta (zur Diskussion um Pflichten und Rechte, die sich aus der Schutzverantwortung ergeben: Verlage 2009; Schaller 2008, S. 5–6), aber der Verantwortungsbegriff war kompromissfähig aus zweierlei Gründen. Zum einen war er aus Sicht der US Regierung völkerrechtlich hinreichend entschärft und damit nicht bindend hinsichtlich daraus automatisch erfolgender Beschlussverfahren. Beispielsweise versuchte der damalige US-Botschafter bei den VN, John Bolton, mit zahlreichen, teils öffentlich zugänglichen Ergänzungs- und Änderungsvorschlägen zum Schlussdokument des Weltgipfels im Jahr 2005 jegliche völkerrechtlichen Bindungen abzuwenden (The Washington Post 1 September 2005; Pollentine 2012, S. 273–342). Zum anderen sahen Befürworter eines humanitären Interventionismus ihre moralischen Argumente abgeschwächt (Murthy u. Kurtz 2015). Als Konsequenz wurde der Verantwortungsbegriff deshalb eher moralisch im Sinne einer Aufgabenverantwortung aufgeladen und knüpfte nicht direkt an die völkerrechtliche Debatte um die Staatenverantwortung und damit an eine Tradition der Zurechnungsverantwortung an (siehe hierzu die zweite Fallstudie in diesem Beitrag).

Die Empfehlungen des *High-Level Panels* („*A More Secure World*") fanden aufgrund dieser Verhandlungsdynamik, und der dahinterstehenden Politisierung der internationalen Debatte, in abgeschwächter Form in den vom VN-Generalsekretär auf dem Weltgipfel im Jahr 2005 vorgelegten VN-Reformbericht „*In Larger Freedom*" und – erneut verändert – in die dort schließlich einstimmig verabschiedete Resolution 60/1 der Generalversammlung Eingang. Diese Einstimmigkeit soll, wie dargelegt, nicht darüber hinwegtäuschen, dass beispielsweise China, Russland sowie die G77 große Bedenken hatten und auch die „westliche

2 Die Unterscheidung findet sich in allen Kerndokumenten wieder, allerdings buchstabiert sie der ICISS-Bericht am deutlichsten aus. Ban Ki-moon spricht in seinem Versuch der Operationalisierung des Konzepts von „drei Säulen", die nicht an Phasen der Krisenbewältigung, sondern am Grad der internationalen Einmischung ausgerichtet sind (von Arnauld 2009: 20/21; siehe auch: Bellamy 2008; 2011) – siehe untenstehend die Erläuterungen zur Generalversammlung im Jahr 2009 und den Versuch, die Schutzverantwortung weiter zu operationalisieren.

3 Im Wesentlichen sind dies a) ein gerechter Grund, b) die richtige Intention, c) Intervention als letztes Mittel, d) ein notwendiges Minimum der eingesetzten Mittel und e) die Anwendung geeigneter und angemessener Mittel (Brunnée and Toope 2009; von Arnauld 2009).

Welt" lange Zeit nicht einig über die Reichweite der Schutzverantwortung war (Murthy u. Kurtz 2015; Rotmann et al. 2014). Insbesondere die USA waren zunächst skeptischer als die meisten europäischen Staaten, nicht hinsichtlich der Ziele der Schutzverantwortung als vielmehr ihrer völkerrechtlichen Verankerung wegen (Junk 2014). Die Konsequenz dieser Bedenken war eine Fokussierung auf eine politisch gefasste Aufgabenverantwortung, keine Verrechtlichung im Sinne einer Zurechnungsverantwortung und damit, im Großen und Ganzen, ein Verharren auf den Formelkompromissen der Schlussdokumente des Jahres 2005.

2.2 Die Umstrittenheit der Schutzverantwortung und Versuche der Verrechtlichung

War der Begriff der Verantwortung als Aufgabenverantwortung in der Debatte also relativ schnell gesetzt, blieb er in der Anwendungspraxis umstritten und konnte sich nur durch eine Annäherung an den Souveränitätsbegriff halten. Mit der Konsequenz, dass jede Interventionsentscheidung in einer Weise von politischen Konstellationen abhängig ist, die der Schutzverantwortung immer wieder den Verwurf einer Beliebigkeit und einer Unterordnung unter die Interessenlagen der großen Mächte einhandelt (siehe Benner et al. 2015).

Als Zurechnungsverantwortung erfährt der Verantwortungsbegriff erst zaghaft im Jahr 2009 wieder eine erste Konjunktur in erneuten Versuchen einer großen Lösung beim ersten umfassenden Bericht der Generalversammlung zur Schutzverantwortung, der die Säulenstruktur der Schutzverantwortung etablierte und auch sonst um das operative Element der Verantwortung kreiste (Luck 2011; Kurtz u. Rotmann 2016, S. 15). Weitere Versuche einer tiefergehenden völkerrechtlichen Weiterentwicklung fanden anschließend auf globaler Ebene nicht mehr (siehe die Generalversammlung im Jahr 2015 zum zehnjährigen Jahrestagung der Verabschiedung der Schutzverantwortung durch den Weltgipfel im Jahr 2005) oder wenig erfolgreich statt (siehe die Debatte um die *Responsibility while Protecting*, die auf Initiative Brasiliens tatsächlich konzeptionelle Neuerungen im Bereich der Durchführungsverantwortung im Falle von humanitären Interventionen vorschlug (Tourinho et al. 2015; Benner 2013; Junk 2014, S. 549)). Ursächlich dafür ist eben jene Umstrittenheit der Gewichtung zwischen Souveränität und Verantwortung, die von vielen Staaten ganz unterschiedlich interpretiert wird.

Angesichts einer immer stärkeren auch politischen Blockade um die Anwendung der Schutzverantwortung (siehe hier vor allem die Diskussionen um die Handlungsfähigkeit des Sicherheitsrats in der Syrien-Frage (Glanville 2016; Morris 2013) und als unmittelbare Konsequenz der Kontroverse um die internationale Intervention in Libyen (Brockmeier et al. 2015)) verlagerte sich die Dynamik um die R2P auf andere Ebenen, die bewusst Debatten um das Verhältnis zwischen Souveränität und Verantwortung mieden und damit einer Entpolitisierung der Schutzverantwortung Vorschub leisteten. Zwei primäre Ausprägungen dieser Ausweichstrategie der Bürokratisierung, also nur einer abgeschwächten Variante einer Zurechnungsverantwortung im Sinne einer Ausführungsverantwortung, lassen sich identifizieren:

Erstens Reformen, die sich zwar auch mit dem Umgang mit schwersten Menschenrechtsverletzungen befassten, aber eher bürokratisch oder menschenrechtlich argumentierten und damit Debatten um Souveränität als globale Verantwortung vermieden. Hier ist beispielhaft die *Human Rights up Front*-Initiative im Rahmen der VN zu nennen, die im Jahr 2013 als Konsequenz aus dem weitestgehenden Scheitern der UN in Sri Lanka im Jahr 2009 (Kurtz u. Jaganathan 2015) mehr als sechzig operative Maßnahmen auf organisatorischer Ebene vorschlug: von der Koordinierung von Frühwarnmechanismen im VN System bis hin zu strukturellen Vorschlägen im Personalmanagement zwischen Hauptquartier und „Feld“ (siehe für einen Überblick: Kurtz 2015). Des Weiteren nahm seit 2009 die Debatte um das sogenannte *Mainstreaming* der Schutzverantwortung in der UN an Fahrt auf, also die Übersetzung der abstrakten Norm der Schutzverantwortung in bürokratisches Handeln und in administrative Handreichungen in den verschiedenen Ebenen und Organisationseinheiten der VN (Bellamy 2013). Den stärksten Ausdruck dieser *Mainstreaming*-Anstrengungen finden sich in den Bemühungen der zivilen Anteile von VN Friedensmissionen, die Schutzverantwortung im kleinteiligen Umgang mit lokalen Konflikten zu übersetzen (Brockmeier u. Rotmann 2016) – so mit gemischtem Erfolg in den VN Friedenmissionen im Süd Sudan (UNMISS) und in der Demokratischen Republik Kongo (MONUSCO) umgesetzt oder zumindest konzeptionell durchdacht.

Zweitens ein Fokus auf Prävention unterhalb der öffentlichen Aufmerksamkeitsschwelle internationaler Politik: Auch wenn die öffentliche Debatte nach wie vor stark auf die militärische Komponente des Eingreifens vor allem westlicher Staaten fokussiert und dort stagniert, so gibt es Entwicklungen gerade in der Ausgestaltung ihrer Präventionskomponente auf nationaler und regionaler Ebene (Benner et al. 2015). Vorreiter hinsichtlich des Zeitpunkts und der Tiefe einer solchen Agenda waren die USA mit ihrer *Atrocity Prevention Agenda* unter der Obama Administration – einer Agenda, die im Kern über übliche Ressortrivalitäten und -silos hinweg, eine Koordination der Frühwarnungserkenntnisse und Präventionsinstrumente sicherstellen sollte (Brockmeier et al. 2013; Junk 2014, S. 551–555). Auch wenn nun unter der Präsidentschaft Trumps diese Agenda nicht mehr weiterverfolgt wird, so initiierte sie auch Debatten auf anderen Kontinenten, wie unter den europäischen Staaten und innerhalb der EU (Brockmeier et al. 2014), aber auch in Lateinamerika und Asien (Benner et al. 2015, S. 14). Zudem haben sich globale Netzwerke etabliert, die zur Diffusion dieser Erfahrungen und Regulierungen beitragen – wie zum Beispiel die sogenannten „Focal Point Meetings“, die jährlichen Treffen der Beauftragten für die Schutzverantwortung in verschiedenen Regierungen (Junk 2014, S. 554), sowie auf Ebene von Parlamentarier-Netzwerken (The Stanley Foundation 2017). Selbst wenn es auch in den VN einen stärkeren Fokus auf die Präventionsagenda gibt (siehe beispielsweise den Bericht des *High-Level Independent Panel on Peace Operations*, den sogenannten *HIPPO-Report*) im Jahr 2015, welcher dezidiert einen Schwerpunkt von Maßnahmenentwicklungen der Prävention im Feld legte, also in lokalen Kontexten von Konflikten (United Nations 2015, S. 14–15)), so bleibt diese Dynamik, die weitestgehend abseits öffentlicher Debatten zu beobachten ist, doch eine, die auf Ebene der Nationalstaaten und auf Ebene von Regionalorganisationen umgesetzt wird.

Die R2P-Debatte verlagert sich also eher in die Ebene bürokratischer Umsetzung. Als Aufgabenverantwortung stagniert die Weiterentwicklung der R2P seit

2005. Kennzeichnend ist die Vermeidung einer Weiterentwicklung der R2P über das politische Prinzip hinaus und einer konzeptionellen Diskussion des Verhältnisses von Souveränität und Verantwortung. Die Zurechnungsverantwortung entwickelt sich nur in dem Maße weiter, wie sie staatliche Souveränität nicht herausfordert und sich innerhalb etablierter bürokratischer Verfahren bewegt. Hierbei lassen sich zwei Typen von Zurechnungsverantwortung identifizieren: Einerseits im Sinne einer völkerrechtlichen Weiterentwicklung, bei der es bei der Schutzverantwortung bei bloßen Versuchen blieb; und andererseits als eine Art Ausführungsverantwortung, die sich auf die Entwicklung von bürokratisch handhabbaren Verfahren konzentrierte und bei der sich im Moment die größte Dynamik beobachten lässt. Diese Tendenzen zur Entpolitisierung als Zurechnungsverantwortung sind zwar im Moment diejenigen Versuche einer Weiterentwicklung der Schutzverantwortung, die tatsächlich konzeptionelles Neuland betreten, aber die Stagnation der Debatte um die Schutzverantwortung als Aufgabenverantwortung bedeutet nicht, dass diese nicht nach wie vor die dominante Spielart im politischen, politikwissenschaftlichen und völkerrechtlichen Diskurs um die Schutzverantwortung ist – sie bildet die Hintergrundfolie für alle Versuche der Verrechtlichung.

Die Schutzverantwortung bleibt also hochgradig politisiert und nur schwach verrechtlicht. Der scheinbare Konsens, Souveränität als Verantwortung zu verstehen, löst sich genau dann auf, wenn es um konkrete Fragen der Zurechnungsverantwortung geht – Souveränität steht offensichtlich immer noch in Spannung mit Verantwortung. Dies stellt sich bei der folgenden Fallstudie über die Staatenverantwortung spiegelverkehrt dar. Ein stark verrechtlichtes Gebiet wird durch die Notwendigkeit der Priorisierung einer Aufgabenverantwortung re-politisiert.

3. Die Staatenverantwortung und das Regulierungsrecht: Die Re-Politisierung der Verantwortung

In diesem Abschnitt diskutieren wir die völkerrechtliche Staatenverantwortung. Wie bereits in der Einleitung festgestellt wurde, handelt es sich um Regeln der Zurechnungsverantwortung, die nicht bestimmen, was die eigentliche Aufgabenverantwortung der Staaten ist (vgl. David 2010). Die Regeln der Staatenverantwortung legen vielmehr die Kriterien fest, durch die die Verletzung einer völkerrechtlichen Verpflichtung zugeschrieben werden kann und welche Folgen sich daraus ergeben. Wir möchten dies im Folgenden anhand der aktuellen Kontroverse über die Neuausrichtung des Investitionsschutzes illustrieren. Dieser Fall ist besonders dazu geeignet, die Anwendung der Staatenverantwortung in diesem Beitrag zu veranschaulichen, weil es bei dieser Kontroverse nicht nur um das Verhältnis von Aufgaben- und Zurechnungsverantwortung geht, sondern weil der dahinterliegende Konflikt die Spannung zwischen Souveränität und Verantwortung berührt.

In diesem Konflikt geht es um die Neugewichtung zweier Aufgabenverantwortungen. Während das Investitionsschutzrecht bislang vor allem als ein Instrument zum Schutz ausländischer Investitionen begründet wurde, soll dies nun so reformiert werden, dass einer anderen Aufgabe, nämlich die der Förderung des Gemeinwohls durch staatliche Regulierung, ein stärkeres Gewicht zukommt. Es stehen sich also die Aufgaben des Investitionsschutzes und der Förderung des Gemeinwohls gegenüber. Bei näherem Hinsehen handelt es sich aber auch um einen Konflikt zwischen Verantwortung und Souveränität. Staaten unterliegen der Verantwortung, ihren völkerrechtlichen Pflichten, etwa aus Investitionsschutzverträgen, nachzukommen. Tun sie dies nicht, greifen die Regeln der Staatenverantwortung, welche als ein Regelwerk der Zurechnungsverantwortung bestimmen, wie einem Staat völkerrechtswidriges Handeln zugerechnet werden kann und welche Konsequenzen sich daran knüpfen.

Die stärkere Gewichtung der staatlichen Souveränität, in Form des staatlichen Regulierungsrechts, hat zur Folge, dass die Anwendung der Zurechnungsverantwortung unklar wird und im Sinne der Begrifflichkeiten dieses Sonderheftes diffundiert. Die stärkere Gewichtung der Souveränität bedeutet hier nicht eine Stärkung der Verantwortung, sondern eine Schwächung der Zurechnung von Verantwortlichkeit. Wie wir im Folgenden zeigen werden, wird die Kontroverse über die konkurrierenden Aufgabenverantwortungen aus dem Recht zurückverwiesen in die Sphäre der Politik. Darin ist eine Re-Politisierung der Verantwortungsfrage auf diesem Feld zu erkennen. Der Abschnitt ist in zwei Teile gegliedert. Zunächst wird die gegenwärtige Krise des Investitionsschutzes dargestellt. Dies ist das Beispiel, auf das die Staatenverantwortung im Folgenden bezogen werden soll (3.1.). Daran anknüpfend wird die Spannung zwischen Staatenverantwortung und Regulierungsrecht diskutiert, um dann die These der Re-Politisierung der Verantwortung zu begründen (3.2.).

3.1 Die Krise des Investitionsschutzes

Das gegenwärtige System der Konfliktregulierung zwischen internationalen Investoren und Staaten ist in der Krise. In den über 3.000 gültigen Investitionsschutzverträgen, welche vornehmlich bilateral und nicht multilateral geschlossen wurden, gilt bislang ein schiedsgerichtliches Verfahren zwischen Investoren und Staaten (ISDS) als Standard. Insbesondere die Europäische Kommission bemüht sich nun darum, diese Verfahren durch ein multilaterales Investitionsgericht zu ersetzen. Ein von der Kommission initiiertes *Multilateral Investment Court Project* knüpft an, an einen neuen EU-Ansatz zur Lösung von Investitionskonflikten, welcher sich aus den nicht abgeschlossenen Verhandlungen zu einem transatlantischen Freihandelsabkommen (TTIP) herausgebildet hatte, und welcher bereits in den Verträgen mit Kanada (CETA) und Vietnam (EUVFTA) aufgenommen wurde.[4] Im Folgenden soll in diesem Abschnitt zunächst das ursprüngliche ISDS-Verfahren und die Kritik daran skizziert werden. Anknüpfend daran wird der neue EU-Ansatz beschrieben. Dies dient als Hintergrundinformation dafür, im Folgenden Abschnitt die Frage des Regulierungsrechts und der Staatenverantwortung an diesem Fall zu diskutieren.

4 http://trade.ec.europa.eu/doclib/press/index.cfm?id=1608

Das schiedsgerichtliche Verfahren im Investitionsschutz stellt völkerrechtlich eine Besonderheit dar, weil es privaten Akteuren, den Investoren, die Möglichkeit gibt, gegen Staaten vorzugehen, die möglicherweise ihren Verpflichtungen aus einem Investitionsschutzvertrag nicht nachgekommen sind. Das Verfahren vor einem nicht-staatlichen Gericht soll Gewähr für ein höheres Maß an Neutralität sein. Darüber hinaus bietet das Schiedsverfahren den Konfliktparteien Flexibilität hinsichtlich der Ausgestaltung des Verfahrens und ggf. sogar Vertraulichkeit. Ferner bringt die Schiedsgerichtsbarkeit eine international einheitliche Rechtsprechung im Hinblick auf bestimmte Konflikte hervor. Wie rechtwissenschaftliche Studien zeigen, hat die Schiedsgerichtsbarkeit trotz des Vorwurfs fehlender Transparenz und Öffentlichkeit ein eigenes System herausgebildet (Schill 2011, S. 1086). Bogdandy und Venzke stellen fest, dass „Schiedsgerichte aus dem Völkergewohnheitsrecht und über 3000 bilateralen Abkommen einen übergreifenden Rechtskorpus geschaffen [haben], der normative Erwartungen lenkt und stabilisiert" (Bogdandy u. Venzke 2014, S. 124–125). Schließlich wird im Hinblick auf die Vorteile der Schiedsgerichtsbarkeit auf die vergleichsweise zügige, abschließende und bindende Entscheidungsfindung verwiesen.

Die Kritik an ISDS umfasst unterschiedliche Aspekte des Schiedsverfahrens. Zu nennen wäre die Eignung und Neutralität der Schiedsrichter, bei denen es sich häufig selbst um Schiedsanwälte handelt; ein Mangel an Öffentlichkeit und Transparenz in den Verfahren; die unklaren Möglichkeiten, gegen einen Schiedsspruch vorzugehen; und schließlich die Sorge davor, dass Staaten ihre Regulierungstätigkeit davon abhängig machen könnten, dass Investoren vor einem Schiedsgericht z.B. gegen Umweltauflagen vorgehen und hohe Schadensersatzforderungen geltend machen könnten. Das dramatische an der Krise der Schiedsgerichtsbarkeit liegt darin, dass nicht mal jene, die nun den Wandel initiieren, von den Gründen überzeugt sind. In einem Debattenbeitrag für ein informelles Ministertreffen im Rahmen des *World Economic Forums* in Davos halten die Europäische Kommission und die Regierung Kanadas fest, dass die Kritik gegen ISDS eher auf Angst denn auf Fakten basiere. Die Vertrauens- und Legitimitätskrise in der Bevölkerung sei aber dennoch so tiefgreifend, dass Reformen unausweichlich seien, um Vertrauen wiederherzustellen (European Commission and Government of Canada 20. Januar 2017, Nr. 8).

Es ist vor allem dieser potentielle Eingriff in die souveräne Regulierungstätigkeit der Staaten, der in der Kritik an ISDS am häufigsten diskutiert wurde und in den Debatten über neue Entwürfe für Investitionsverträge in besonderer Weise adressiert wird. In einem weiteren Konzeptpapier der Europäischen Kommission, welches 2015 im Hinblick auf die TTIP-Verhandlungen formuliert wurde, ging es explizit darum, das Regulierungsrecht der Staaten aufzuwerten. In diesem Papier wurde auf CETA verwiesen und im Hinblick auf das Regulierungsrecht ein Satz zitiert, der sich im Abkommen selbst sowohl in der Präambel als auch im Investitionsschutzkapitel (Art. 8.9 Nr. 1) fast wortgleich wiederfindet. Das Regulierungsrecht diene dem Zweck, „to achieve legitimate policy objectives, such as public health, safety, environment, public morals, and the promotion and protection of cultural diversity" (European Commission 5. Mai 2015, S. 2). Im Investitionskapitel von CETA wird direkt im Anschluss noch konkretisierend ergänzt,

> „the mere fact that a party regulates, including through a modification of its laws, in a manner which negatively effects an investment or interferes with an investor's expectations, including its expectations of profits, does not amount to a breach of its obligation under this section" (Art. 8.9 Nr. 2).

Insbesondere diese Bestimmung illustriert eine Akzentverschiebung im Investitionsschutz, weg von den Investoren- hin zu den staatlichen Regulierungsinteressen, der im Folgenden Abschnitt weiter zu diskutieren ist (European Commission 5. Mai 2015, S. 5).

Ein zentraler Baustein zur Förderung des Regulierungsrechts wird in der Abkehr von ISDS und in der Einführung von Investitionsgerichtshöfen gesehen. Ein solcher Vorschlag von Seiten der EU fand sich zunächst in einem Entwurfskapitel zum Investitionsschutz im TTIP-Abkommen im Herbst 2015.[5] Diese Vorschläge wurden noch 2016 in den Verträgen mit Vietnam und Kanada aufgenommen und damit umgesetzt. Das Modell der Investitionsgerichtshöfe nimmt vor allem im Hinblick auf die Auswahl der Richter, die Transparenz und die Öffentlichkeit der Verfahren und die Möglichkeit, Entscheidungen zu überprüfen, Änderungen gegenüber ISDS vor. Gegenstand laufender juristischer Debatten ist allerdings, wie sich diese Gerichtshöfe in die gegenwärtige Struktur aus staatlichen Gerichten und nicht-staatlichen Schiedsgerichten einfügen. Diese Einordnung wird in rechtswissenschaftlichen Expertisen und zu erwartenden rechtlichen Prüfungen des neuen Modells sicher von Bedeutung sein, und zwar sowohl auf nationaler als auch auf internationaler Ebene.

Unabhängig von der rechtswissenschaftlichen Einordnung ist aber zur Kenntnis zu nehmen, dass rechtspolitisch durch die Initiativen der EU-Kommission bereits eine enorme Dynamik entfaltet wurde. Wie bereits eingangs festgestellt wurde, bemüht sich die EU nicht nur darum, das neue Modell des Investitionsgerichtshofs in ihren Verträgen zu verankern, sondern sie verfolgt mit dem *Multilateral Investment Court Project* bereits einen multilateralen Ansatz zur Reform der Konfliktregulierung im Bereich des Investitionsrechts. Vor diesem Hintergrund wurde in diesem Abschnitt festgestellt, dass sich die Konfliktregulierung im Investitionsrecht gegenwärtig in einer Krise und allem Anschein nach auch einer Phase des Übergangs befindet. Ausgehend von massiver Kritik am bisherigen ISDS-Model, die insbesondere mit dessen negativen Effekten für das staatliche Regulierungsrecht begründet werden, bilden sich neue Regelungs- und Konfliktregulierungsmodelle für internationale Investitionen heraus. Was sich hierin zeigt, ist ein Konflikt über die Priorisierung zweier Aufgabenverantwortungen, nämlich der für den Schutz von Investoren einerseits und der Förderung von Gemeinwohlinteressen durch das Regulierungsrecht andererseits. Dies soll im nun folgenden Abschnitt vor dem Hintergrund unserer Ausgangsfrage des Verhältnisses von Souveränität und Verantwortung weiter diskutiert werden.

5 http://trade.ec.europa.eu/doclib/docs/2015/september/tradoc_153807.pdf

3.2 Das Regulierungsrecht und die Staatenverantwortung

In der Debatte um die Konfliktregulierung im Bereich internationaler Investitionen geht es vor allem um die Balance privater und staatlicher Interessen. Während bislang, wie Hindelang und Krajewski feststellen, insbesondere der Schutz des privaten Eigentums gegen politische Risiken im Vordergrund stand, weichen, wie auch oben gezeigt wurde, die neueren Entwicklungen von diesem Muster ab (Hindelang u. Krajewski 2016, S. 4–5). Es handelt sich dabei nicht nur um eine Ausbalancierung des Verhältnisses privater und staatlicher Interessen, sondern auch um eine Akzentverschiebung im Verhältnis aus Souveränität und Verantwortung. Die stärkere Akzentuierung des staatlichen Regulierungsrechts schwächt die Verantwortung der Staaten, den Schutzverpflichtungen aus Investitionsverträgen nachzukommen.

Gemeint ist hier also die konkrete staatliche Verantwortung, völkerrechtliche Verpflichtungen einzuhalten. Die völkerrechtliche Staatenverantwortung ist nicht in einem einzigen Vertrag verbindlich geregelt. Die Kodifikation der Staatenverantwortung ist ein Projekt, das die Arbeit der Völkerrechtskommission (ILC) der VN seit ihrer Gründung im Jahr 1947 beschäftigte. Im Jahr 2001 legte die ILC schließlich *Draft Articles on Responsibility of States for Internationally Wrongful Acts* vor, welche mit dem Anspruch verknüpft sind, die völkergewohnheitsrechtlichen Regeln zur Staatenverantwortung zu kodifizieren, und die damit der wichtigste Referenzpunkt für das Völkerrecht auf diesem Gebiet sind (Murphy 2012, S. 202).

Das Völkerrecht der Staatenverantwortung ist die am weitesten fortgeschrittene Konkretisierung eines Prinzips internationaler Verantwortung (Crawford u. Watkins 2010, S. 285). Im Vergleich hierzu erscheint rechtswissenschaftlichen Beobachtern die entstehende Norm der Schutzverantwortung „fast schon als bedenkliche Entdifferenzierung" (Stoll 2013, S. 149). Die Regeln der Staatenverantwortung beschreiben die internationale Verantwortung als Folge eines völkerrechtswidrigen Verhaltens: „Every internationally wrongful act of a State entails the international responsibility of that State" (Art. 1 ARS). James Crawford weist darauf hin, dass in diesem Artikel „state" durchaus auch durch „international organization" oder „international legal person" ersetzt werden könnte (Crawford 2010, S. 17–18), und verdeutlicht damit, dass das Grundprinzip, dass internationale Verantwortung eine Folge völkerrechtswidrigen Verhaltens ist, auch auf andere internationale Akteure übertragen werden kann, wenn diese als Völkerrechtssubjekte anerkannt werden.

Daran anknüpfend ist aber die wichtige Frage zu klären, gegenüber wem diese Verantwortung besteht. Ursprünglich beschreibt das Recht der Staatenverantwortung ein Verantwortungsverhältnis zwischen Staaten. Unumstritten ist allerdings, dass zumindest Teil I der Regeln der Staatenverantwortlichkeit, welche das völkerrechtswidrige Handeln beschreiben, auf alle völkerrechtswidrigen Handlungen anwendbar ist, auch auf solche gegenüber nicht-staatlichen Akteuren. Aber auch im Hinblick auf die Regeln aus Teil II, welche sich auf den Inhalt der völkerrechtlichen Verantwortlichkeit beziehen und welche explizit nur zwischen Staaten gelten sollen, wird (unter Hinweis auf Art. 33(2)) festgestellt, dass die „ILC-Artikel und der Kommentar [es] im Prinzip für möglich [halten], dass Individuen an der Sekundärrechtsbeziehung, die sich aus der Verletzung einer primären individualschützenden Völkerrechtsnorm ergibt, beteiligt sein können" (Peters 2014, S. 158).

Darüber hinaus wird beobachtet, dass Schiedsgerichte die Regeln der Staatenverantwortung direkt anwenden, obgleich unklar ist, ob dies deshalb erfolgt, weil sie die Regeln für direkt anwendbar halten oder ob es sich um eine Anwendung per Analogie handelt (Aust 2016, S. 213). In jedem Falle kann also festgehalten werden, dass die völkerrechtlichen Regeln der Staatenverantwortung die Verantwortlichkeit von Staaten auch gegenüber Individuen ausdrücklich bestätigt, dass aber die Frage, welche Folgen sich daran knüpfen – also welche Formen der Wiederherstellung oder Entschädigung in Frage kommen – Gegenstand juristischer Kontroversen ist.

Dieser kurze Exkurs in die juristische Debatte konnte nur andeuten, in welchen Feldern der Theorie und der Praxis des Investitionsschutzes die Regeln der Staatenverantwortung Anwendung finden. Die Frage, ob der Inhalt der staatlichen Verantwortung gegenüber anderen Staaten und gegenüber Individuen identisch ist, ist nicht nur von rechtswissenschaftlichem Interesse. Hier geht es letztlich um den Aspekt der Rechtsfolgen, womit im Fall des Investitionsschutzes in der Regel Geldentschädigungen gemeint sind. Es macht hier einen signifikanten Unterschied, ob einer Vielzahl von Investoren dieselben Rechte zugestanden werden oder ob es sich um eine überschaubareren Anzahl anderer Staaten handelt (Peters 2014, S. 160). Insgesamt zeigt sich an dieser Debatte aber, dass das ursprünglich nur auf das zwischenstaatliche Verhältnis bezogene Recht der Staatenverantwortung in beschränktem Umfang auch auf die Verhältnisse mit nicht-staatlichen Akteuren Anwendung findet.

Diese Expansion der Staatenverantwortung findet nun eine Beschränkung im staatlichen Regulierungsrecht. Im internationalen Investitionsrecht beschreibt das Regulierungsrecht als Fachterminus eine Ausnahmeregelung: „[T]he right to regulate denotes the legal right exceptionally permitting the host state to regulate in derogation of international commitments it has undertaken by means of an investment agreement without incurring a duty to compensate" (Titi 2014, S. 33). Das Regulierungsrecht ist Ausdruck der staatlichen Souveränität und beschreibt einen Bereich, indem es den Staaten gestattet sein soll regulierend tätig zu sein, auch wenn davon unter Umständen die Interessen von Investoren beeinträchtigt sein sollten. Dies mag dann zwar immer noch eine Missachtung der internationalen Verpflichtungen darstellen, allerdings entsteht keine Pflicht zur Kompensation.

Das staatliche Regulierungsrecht wird auch in den Regeln zur Staatenverantwortlichkeit reflektiert (Titi 2014, S. 236). Die Regeln der Staatenverantwortlichkeit enthalten verschiedene Voraussetzungen, unter denen eine Völkerrechtswidrigkeit staatlichen Handelns ausgeschlossen ist. So kann etwa ein staatlicher Notstand (Art. 25), der die Ursache dafür ist, dass ein Staat seinen völkerrechtlichen Verpflichtungen nicht mehr nachkommt, als Grund dafür dienen, dass dies dennoch nicht als völkerrechtswidriges Verhalten angesehen wird. Relevant wurde dies etwa im Falle der Schuldenkrise Argentiniens zu Beginn der 2000er Jahre, als Argentinien den völkerrechtlichen Staatsnotstand erklärte und in der Folge mit einer Vielzahl von Schiedsverfahren konfrontiert war. In diesen Fällen kam es zu ganz unterschiedlichen Entscheidungen. Zum Teil wurde die Position Argentiniens anerkannt, überwiegend zeigte sich allerdings, dass die Hürden für eine erfolgreiche Anwendung des Staatsnotstandes als Ausnahme für die Staatenverantwortung außerordentlich hoch sind (Titi, 2014, S. 254).

Gegen eine zu enge Auslegung des Staatsnotstandes im Kontext der Staatenverantwortung gab es aber auch gewichtige Gegenstimmen. In diesem Zusammenhang hat eine Entscheidung des Bundesverfassungsgerichts (BVerfG) aus dem Jahr 2007 Aufmerksamkeit erregt. Hier ging es um die Frage, ob der von Argentinien erklärte Staatsnotstand auch gegenüber privaten Gläubigern geltend gemacht werden kann. Das BVerfG entschied, dass dies nicht möglich sei, weil es sich bei den Staatsanleihen deutscher Bürger, um die es in diesem Verfahren ging, um privatrechtliche Verträge handele, die nicht Gegenstand des Völkerrechts seien. Interessant ist nun aber ein abweichendes Votum der Richterin Lübbe-Wolf, die argumentierte, wie Schill zusammenfasst, dass sehr wohl „ein allgemeiner Rechtsgrundsatz existiere, aufgrund dessen ein Staat berechtigt sei, die Erfüllung einer Zahlungsverpflichtung zeitweise auszusetzen, soweit dies notwendig sei, um grundlegenden Bedürfnissen des Gemeinwohls Rechnung zu tragen“ (Schill 2008, S. 46).

Die oben beschriebenen Bemühungen, das Regulierungsrecht des Staates im Hinblick auf Gemeinwohlinteressen zu stärken, entspricht diesem Gedanken, die Hürden für eine Entbindung von der Staatenverantwortung nicht zu hoch zu setzen. In dieser Weise kann schließlich auch das oben zitierte CETA-Abkommen gelesen werden, wenn es festlegt, dass die Regulierungstätigkeit eines Staates zur Förderung des Gemeinwohls, die die Interessen eines Investors unter Umständen beeinträchtigt, dennoch nicht notwendigerweise die völkerrechtliche Verantwortung betrifft (vgl. oben und CETA Art. 8.9 Nr. 2). Es wird insgesamt die Tendenz erkennbar, die staatliche Souveränität auf Kosten privater Ansprüche aus der Staatenverantwortlichkeit zu stärken. In den Begrifflichkeiten der Staatenverantwortlichkeit handelt es sich um eine Kontroverse über primäre Regeln des Völkerrechts, die erst in einem zweiten Schritt Auswirkungen auf die sekundären Regeln der Staatenverantwortlichkeit haben. Bezogen auf den Verantwortungsbegriff in diesem Sonderheft erkennen wir einen Konflikt über die Priorisierung zweier Aufgabenverantwortungen – für den Investitionsschutz und für das Gemeinwohl – der dazu geführt hat, dass Adressaten und Umfänge der Zurechnung unklar geworden sind.

In den vergangenen Jahren war zu beobachten, dass die eher juristische Frage, inwieweit Regeln der Staatenverantwortlichkeit Anwendung finden können und sollen, sich im Investitionsschutzrecht durch die intensive öffentliche Debatte in eine politische Auseinandersetzung über das staatliche Regulierungsrecht verwandelt hat, die oben am Beispiel der Initiativen insbesondere der Europäischen Kommission illustriert wurden. Es geht nicht mehr um die Frage, inwieweit sich Regeln des Völkergewohnheitsrechts, die sich zwischenstaatlich herausgebildet haben, auch auf nicht-staatliche Akteure erstrecken und welche Argumente hier zur Anwendung gebracht werden können. Diskutiert wird nun über den Inhalt öffentlicher Gemeinwohlinteressen im Hinblick darauf, wie die ökonomischen und nicht-ökonomischen Belange besser in Ausgleich gebracht werden sollen. Auch der Vorschlag eines zu gründenden Investitionsgerichts ist ein bislang politisierter Streit, der eher durch öffentliche Proteste initiiert und begleitet wurde als durch (innovative) rechtliche Erwägungen.

Insgesamt zeigt sich hier also eine Re-Politisierung der Konfliktregulierung im Investitionsrecht, bei der zunächst die Frage der zu bewältigenden Aufgabe im Vordergrund steht, bevor wieder eine Konkretisierung über Regeln der Zurechnung erfolgen kann. Insgesamt folgt aus dem Konflikt zweier Aufgabenverantwortungen in diesem Fall zunächst eine Diffusion der Zurechnungsverantwortung in dem Sinne, dass nicht klar ist, auf welche Aufgabe sie in erster Linie zu beziehen ist. Dies zeigt sich auch in den gerichtlichen und außergerichtlichen Verfahren, die sich mit der Bedeutung des Staatsnotstandes befasst haben und in denen ganz unterschiedliche Positionen sichtbar wurden. Bezogen auf die Frage des Verhältnisses von Souveränität und Verantwortung wurde auch hier deutlich, dass die Ausweitung der staatlichen Souveränität, die in der stärkeren Gewichtung des Regulierungsrechts sichtbar wird, zu einer Schwächung der Verantwortung als Zurechnungsverantwortung geführt hat.

4. Fazit

Der Beitrag hat gezeigt, dass das Verständnis einer Souveränität als Verantwortung, welches in den vergangenen zwei Dekaden die Debatte über die internationale Verantwortung der Staaten geprägt hat, die grundsätzliche Spannung zwischen Souveränität und internationaler Verantwortung lediglich überspielt hat. Das Verständnis von Souveränität als Verantwortung lässt sich vor allem als eine Aufgabenverantwortung beschreiben, die aber an Grenzen stößt, wenn es um den Versuch der rechtlichen Spezifizierung im Hinblick auf eine Zurechnungsverantwortung geht. Die Konkretisierung und rechtliche Anerkennung eines Rechts und einer Pflicht zur Intervention, wie im Falle der Schutzverantwortung, offenbart vor allem im Hinblick auf mögliche Regeln der Zurechnung ihre Spannung zur staatlichen Souveränität. Konzeptionelle Weiterentwicklungen im Bereich der Zurechnungsverantwortung fokussieren sich aufgrund dieser Spannung auf eher entpolitisierte Bereiche einer sehr konkret gefassten Ausführungsverantwortung auf Arbeitsebene der Bürokratie.

Diese grundsätzliche Spannung lässt sich auch im Falle des Investitionsschutzes als Beispiel der Ausbuchstabierung der Staatenverantwortung beobachten. Der Investitionsschutz basiert darauf, dass Staaten die Verantwortung haben, ihren Pflichten aus Verträgen nachzukommen, und dass nicht-staatliche Akteure dies durch Schiedsgerichte überprüfen lassen können. Dies steht im Gegensatz zur staatlichen Souveränität, insbesondere dem staatlichen Regulierungsrecht. Die anhaltende Kritik am bestehenden System der Schiedsgerichtsbarkeit hat dazu geführt, dass gegenwärtig nicht über die Anwendung und Ausgestaltung von rechtlichen Regeln der Zurechnung debattiert wird, sondern in der Sphäre der Politik zunächst zwei unterschiedliche Aufgaben – nämlich der Investitionsschutz und das Gemeinwohl – neu ausbalanciert werden.

Die Motive für die Re-Politisierung der Investitionsschiedsgerichtsbarkeit können als Illustration für die Argumentation von Schmelzle in diesem Heft dienen, wonach es

> „gute normative Gründe gibt, Verantwortung zweiter Ordnung bei staatlichen Akteuren zu bündeln. Gerade unter Bedingungen von Interdependenz und diffuser Einfluss- und Verursachungsbeziehungen, ist es notwendig, einen Akteur zu identifizieren, dem die Aufgabe zukommt, soziales Handeln im Sinne des Gemeinwohls zu koordinieren und hierfür die politische Verantwortung zu tragen" (siehe den Beitrag von Schmelzle, S. 58 in diesem Heft).

Der Vertrauensverlust in internationale Institutionen ist eine allgemeine Entwicklung, die sich in jüngerer Vergangenheit nicht nur in den Fällen des Brexit und der Wahl Donald Trumps gezeigt hat, sondern eben auch in der Debatte über die Stärkung des staatlichen Regulierungsrechts im Bereich des Freihandels. Unsere Schlussfolgerungen stehen damit in Kontrast zu der Analyse von Neyer et al. in diesem Heft, die die Chancen, Grenzen und Manifestationen einer kosmopolitisch akzentuierten Verantwortung globaler Politik ausleuchten. Unsere Beobachtungen reden aber keineswegs dem Ende der internationalen Politik das Wort – im Gegenteil. Die Reform der Investitionsschiedsgerichtsbarkeit ist hierbei besonders interessant, weil sie eben keineswegs ein Beispiel der Re-Nationalisierung ist, sondern vielmehr eine Stärkung staatlicher Institutionen innerhalb der internationalen Ordnung.

Dies verdeutlicht umso mehr, dass die staatliche Meta-Verantwortung auch für die internationale Ordnung keinen „Anachronismus" darstellt, wie von Schmelzle befürchtet, sondern in der Tat als zentrale Säule der internationalen Ordnung neu interpretiert wird. Allerdings hat der Fall der Investitionsschiedsgerichtsbarkeit auch gezeigt, dass die Debatte gegenwärtig von einem Verlust an Zurechnungsverantwortung gekennzeichnet ist, wohingegen im Falle der Schutzverantwortung ein Überschuss an Aufgabenverantwortung dazu führt, dass sich Instrumente der Zurechnungsverantwortung Schleichpfade um politisch brisante völkerrechtliche Weiterentwicklungen herum suchen. Auch wenn viele gerade in der Schutzverantwortung den Beleg dafür zu erkennen meinen, dass Verantwortung nun ein integraler konzeptioneller Bestandteil von Souveränität geworden ist, so hat dieser Beitrag gezeigt, dass die beiden in einem hochpolitischen Spannungsverhältnis stehen. Die analytische Trennung von Aufgaben- und Zurechnungsverantwortung hilft diese Wechselwirkungen zwischen Politisierungs- und Entpolitisierungstendenzen zu erklären.

Literatur

Aust, Helmut. 2016. Investment Protection and Sustainable Development. What Role for the Law of State Responsibility. In *Shifting Paradigms in International Investment Law. More Balanced, Less Isolated, Increasingly Diversified*, Hrsg. Steffen Hindelang und Markus Krajewski, 204–226. Oxford: Oxford University Press.

Bellamy, Alex J.. 2008. Conflict Prevention and the Responsibility to Protect. *Global Governance* 14 (2): 135–156.

Bellamy, Alex J.. 2011. *Global Politics and the Responsibility to Protect*. London: Routledge.

Bellamy, Alex J.. 2013. Mainstreaming the Responsibility to Protect in the United Nations System: Dilemmas, Challenges and Opportunities. *Global Responsibility to Protect* 5 (2): 154–191.

Benner, Thorsten. 2013. Brazil as a Norm Entrepreneur: The "Responsibility While Protecting" Initiative, *GPPi Working Paper*, March 2013. Berlin: Global Public Policy Institute.

Benner, Thorsten, Sarah Brockmeier, Erna Burai, C. S. R. Murthy, Christopher Daase, J. Madhan Mohan, Julian Junk, Xymena Kurowska, Gerrit Kurtz, Tiewa Liu, Wolfgang Reinicke, Philipp Rotmann, Ricardo Soares de Oliveira, Matias Spektor, Oliver Stuenkel, Marcos Tourinho, Harry Verhoeven und Haibin Zhang. 2015. Effective and Responsible Protection from Atrocity Crimes: Toward Global Action – Findings and Policy Options from an International Research Project on "Global Norm Evolution and the Responsibility to Protect", *GPPi Policy Paper*. Berlin: Global Public Policy Institute.

Bogdandy, Armin von und Ingo Venzke. 2014. *In wessen Namen? Internationale Gerichte in Zeiten des globalen Regierens*. Berlin: Suhrkamp.

Brockmeier, Sarah, Gerrit Kurtz und Julian Junk. 2014. Emerging Norm and Rhetorical Tool: Europe and a Responsibility to Protect. *Conflict, Security & Development* 14 (4): 429–460.

Brockmeier, Sarah, Gerrit Kurtz und Philipp Rotmann. 2013. *Schutz und Verantwortung – Über die US-Außenpolitik zur Verhinderung von Gräueltaten*. Berlin: Heinrich-Böll-Stiftung.

Brockmeier, Sarah und Philipp Rotmann. 2016. *Civil Affairs and Local Conflict Management in Peace Operations: Practical Challenges and Tools for the Field*. Berlin: Global Public Policy Institute.

Brockmeier, Sarah, Oliver Stuenkel und Marcos Tourinho. 2016. The Impact of the Libya Intervention Debates on Norms of Protection. *Global Society*, 30 (1): 113-133.

Brunnée, Jutta und Stephen J. Toope. 2009. The Responsibility to Protect and the Use of Force – Building Legality?. *Global Responsibility to Protect* 2 (3): 191–212.

Crawford, James, und Jeremy Watkins. 2010. International responsibility. In *The Philosophy of International Law*, Hrsg. Samantha Besson, 283–298. Oxford: Cambridge University Press.

Crawford, James. 2010. The System of International Responsibility. In *The Law of International Responsibility*, Hrsg. James Crawford, Alain Pellet und Simon Olleson, 17–24. Oxford: Oxford University Press.

David, Eric. 2010. Primary and Secondary Rules. In *The Law of International Responsibility*, Hrsg. James Crawford, Alain Pellet, und Simon Olleson, 27–33. Oxford: Oxford University Press.

Deng, Francis M., Sadikiel Kimaro, Terrence Lyons, Donald Rothchild und I. William Zartman. 1996. *Sovereignty as Responsibility. Conflict Management in Africa*. Washington D.C.: The Brookings Institution.

European Commission and Government of Canada. 2017. *The Case for Creating a Multilateral Investment Dispute Settlement Mechanism*. http://trade.ec.europa.eu/doclib/docs/2017/january/tradoc_155264.pdf. 14.08.2017.

European Commission. 2015. *Investment in TTIP and Beyond – the Path for Reform*. http://trade.ec.europa.eu/doclib/docs/2015/may/tradoc_153408.PDF. 14.08.2017.

Evans, Gareth. 2007. *Making Idealism Realistic: The Responsibility to Protect as a New Global Security Norm* – Address, 7 February 2007. Stanford: Stanford University.

Evans, Gareth. 2009. The Responsibility to Protect – Ending Mass Atrocities Crimes Once and for All. *Irish Studies in International Affairs* 20 (1): 7–13.

Glanville, Luke. 2016. Does R2P matter? Interpreting the impact of a norm. *Cooperation and Conflict* 51 (2): 184–199.

Günther, Klaus. 2006. Aufgaben- und Zurechnungsverantwortung. In *Verantwortung in der Zivilgesellschaft. Zur Konjunktur eines widersprüchlichen Prinzips*, Hrsg. Ludger Heidbrink und Alfred Hirsch, 295–329. Frankfurt/New York: Campus Verlag.

Hindelang, Stefan und Markus Krajewski. 2016. Towards a More Comprehensive Approach in International Investment Law. In dies.: *Shifting Paradigms in International Investment Law. More Balanced, Less Isolated, Increasingly Diversified.* Oxford: Oxford University Press.

Junk, Julian. 2014. The Two-Level Politics of Support – The United States and the Responsibility to Protect. *Conflict, Security & Development* 14 (4): 535–564.

Kurtz, Gerrit. 2015. With Courage and Coherence: The Human Rights up Front Initiative of the United Nations, *GPPi Policy Paper* July 2015. Berlin: Global Public Policy Institute.

Kurtz, Gerrit und Madhan Mohan Jaganathan. 2016. Protection in Peril: Counterterrorism Discourse and International Engagement in Sri Lanka in 2009. *Global Society* 30 (1): 94-112.

Kurtz, Gerrit und Philipp Rotmann. 2016. The Evolution of Norms of Protection: Major Powers Debate the Responsibility to Protect. *Global Society* 30 (1): 3–20.

Luck, Edward. 2011. From Promise to Practice: Implementing the Responsibility to Protect. In *The Responsibility to Protect*, Hrsg. Jared Genser, Irwin Cotler, Desmond Tutu und Vaclav Havel, 85–106. Oxford: Oxford University Press.

Morris, Justin. 2013. Libya and Syria: R2P and the Spectre of the Swinging Pendulum. *International Affairs* 89 (5): 1265–1283.

Murphy, Sean D. 2012. *Principles of International Law*. St. Paul, MN: West.

Murthy, C. S. R. und Gerrit Kurtz. 2016. International Responsibility as Solidarity: The Impact of the World Summit Negotiations on the R2P Trajectory. *Global Society* 30 (1), 38-53.

Nolte, Georg. 2005. Sovereigtny as responsibility? *American Society of International Law Proceedings* 99: 389–392.

Peters, Anne. 2014. *Jenseits der Menschenrechte. Die Rechtsstellung des Individuums im Völkerrecht.* Tübingen: Mohr Siebeck.

Pollentine, Marc. 2012. Constructing the Responsibility to Protect, PhD Dissertation submitted at the School of European Languages, Translation and Politics, Cardiff University. Cardiff: Cardiff University.

Rotmann, Philipp, Gerrit Kurtz und Sarah Brockmeier. 2014. Major Powers and the Contested Evolution of a 'Responsibility to Protect'. *Conflict, Security & Development* 14 (4): 355–377.

Schaller, Christian. 2008. Die völkerrechtliche Dimension der "Responsibility to Protect". *SWP Aktuell* 46. Berlin: Stiftung Wissenschaft und Politik.

Schill, Stephan. 2008. Der völkerrechtliche Staatsnotstand in der Entscheidung des BVerfG zu Argentinischen Staatsanleihen – Anachronismus oder Avantgarde? *Zeitschrift für ausländisches öffentliches Recht und Völkerrecht* 68: 45-67.

Schill, Stephan. 2011. System-Building in Investment Treaty Arbitration and Lawmaking. *German Law Journal* 12 (5): 1083-1110.

Stoll, Peter-Tobias. 2013. Die Schutzverantwortung. Kreativer Impuls oder bleibender Fortschritt für die Völkerrechtsordnung? In *Die Schutzverantwortung (R2P). Ein Paradigmenwechsel in der Entwicklung des internationalen Rechts?*, Hrsg. Peter Hilpold und Alex J. Bellamy, 143–156. Leiden: Nijhoff.

The Stanley Foundation. 2017. Guidelines des Roundtables: "Global Parliamentarians: The Role of the Legislative Branch in Building National Mechanisms for Atrocity Prevention", presented on April 13–14, 2017 in The Hague. Muscatine, IA: Stanley Foundation.

The Washington Post. 2005. Bolton Voices Opposition to U.N. Proposals. http://www.washingtonpost.com/wp-dyn/content/article/2005/08/31/AR2005083102309.html. 14.08.2017.

Titi, Catharine. 2014. *The Right to Regulate in International Investment Law*. Nomos/Hart: Baden-Baden.

Tourinho, Marcos, Oliver Stuenkel und Sarah Brockmeier. 2016. "Responsibility while Protecting": Reforming R2P Implementation. *Global Society* 30 (1), 134-150.

United Nations. 2015. Uniting our Strengths for Peace – Politics, Partnership and People – Report of the High-Level Independent Panel on United Nations Peace Operations. New York: United Nations.

Verlage, Christopher. 2009. *Responsibility to Protect*. Tübingen: Mohr Siebeck.

Von Arnauld, Andreas. 2009. Souveränität und Responsibility to Protect. Die Friedens-Warte: *Journal of International Peace and Organization* 84 (1): 11–52.

Konjunktur des Verantwortungsbegriffs in den Resolutionen des VN-Sicherheitsrates, 1946-2015

Julia Strasheim, Felix Haaß und Felix S. Bethke

1. Einleitung[1]

Bereits ein Jahr nach Beginn des Syrienkrieges titelte ein Editorial der Zeitschrift *Vereinte Nationen*: „Syrien-Krise: Verantwortung liegt beim UN-Sicherheitsrat" (Papenfuß 2012). Mehrere wissenschaftliche Beiträge haben seitdem explizit auf zwei Dokumente hingewiesen, um die gestiegene Verantwortung der Vereinten Nationen (VN) in globalen Krisen im Allgemeinen und im Syrienkrieg im Besonderen zu betonen: die *Agenda für den Frieden* des ehemaligen Generalsekretärs Boutros Boutros-Ghali von 1992 (z.B. Sisk 2013); sowie das Prinzip der Schutzverantwortung (*Responsibility to Protect, R2P*) aus dem Jahr 2005 (Simon und Thorn 2012; Bellamy 2010).

Die explizite Hervorhebung der Agenda für den Frieden und der R2P um eine gestiegene Verantwortungsübernahme des VN-Sicherheitsrates zu belegen, steht im Kontext eines generellen Trends in der Forschung zum Thema Verantwortung in den internationalen Beziehungen. Mehrere Studien haben gezeigt, dass der Sicherheitsrat durch Selbstzuschreibung von Verantwortung seine Verpflichtungen seit Ende des Kalten Krieges auf viele Bereiche ausweitete, die über den ursprünglich in der VN-Charta festgelegten Gründungsauftrag (Verantwortung für die Wahrung des Weltfriedens und der internationalen Sicherheit) hinausgehen (z.B. Malone 2004, 4–10; Peou 2002; Nasu 2011; Welsh 2010). Darüber hinaus beschäftigt sich die Normenforschung mit der Frage, ob insbesondere die R2P den Status einer globalen Norm erreicht hat (Gifkins 2015; Loges 2012; Thakur und Weiss 2009). Diese Studien überprüfen anhand von Debatten in der VN-Generalversammlung oder Resolutionen des Sicherheitsrates, inwieweit die beteiligten Akteure sich normenkonform verhalten und ob beziehungsweise wie die Grundideen und Komponenten der R2P in Resolutionen verwirklicht werden. Existierende wissenschaftliche Studien befassen sich jedoch mit dieser Problematik entweder auf einer konzeptionellen oder normativen Ebene oder analysieren nur einzelne Aspekte der Verantwortungsübernahme durch die VN. Eine systemati-

1 Wir bedanken uns bei Deborah Haffner und Katrin Pakizer für exzellente Unterstützung bei Recherche und Datenaufbereitung. Außerdem danken wir Julian Junk, Mitja Sienknecht, den Herausgebern dieses Sonderheftes sowie allen Teilnehmern der Autorentagung „Politik und Verantwortung" für hilfreiche Kommentare und Anregungen. Der Beitrag profitierte darüber hinaus von Kommentaren von zwei anonymen Gutachter*innen, sowie von Anregungen des Forschungsteams 3 am GIGA German Institute of Global and Area Studies und allen Teilnehmer*innen des Forschungskolloquiums des Instituts für Entwicklung und Frieden (INEF). Replikationsdaten und Online-Appendix sind unter https://github.com/felixhaass/pvs_securitycouncil abrufbar.

sche und empirische Analyse von Sicherheitsratsresolutionen in Bezug auf Verantwortungszuschreibung wurde bis dato noch nicht geleistet.

Vor diesem Hintergrund untersucht dieser Beitrag die Zuschreibung von Verantwortung in VN-Sicherheitsratsresolutionen. Als Analysegrundlage verwenden wir einen neuen Datensatz, der auf einer elektronischen Vollerhebung aller 2.259 Sicherheitsratsresolutionen zwischen 1946 und 2015 beruht und diese in einem standardisierten, maschinenlesbaren Textkorpus zusammenfasst. Untersuchungseinheit ist der Resolutionstext und das Erkenntnisinteresse die quantitative Untersuchung der Resolutionen hinsichtlich der Verwendung des Verantwortungsbegriffs. Zur Beschreibung der Konjunktur des Begriffes in den letzten 70 Jahren werden dabei zwei Aspekte der Zuschreibung von Verantwortung durch Sicherheitsratsresolutionen untersucht. Erstens, ob im Zeitverlauf eine generelle Zunahme in der Häufigkeit von Verantwortungszuschreibungen zu beobachten ist. Zweitens, ob der zeitliche Verlauf von Verantwortungszuschreibungen explizit durch die VN-Initiativen *Agenda für den Frieden* und R2P beeinflusst wurde, wie es in der vergangenen Forschung zum Thema heißt.

Auf Grundlage verschiedener Verfahren der Zeitreihen- und quantitativen Textanalyse wurden dabei folgende Erkenntnisse gewonnen. Erstens, und bezüglich unserer Annahme zur generellen Häufigkeitsentwicklung, verwendet der Sicherheitsrat den Verantwortungsbegriff seit Ende des Kalten Krieges in stark zunehmendem Maße, unabhängig von verschiedenen statistischen Gewichtungen wie der Anzahl und Länge der Resolutionen pro Jahr. Zweitens lässt sich dieser Anstieg jedoch nicht eindeutig auf Initiativen wie die *Agenda für den Frieden* und R2P zurückführen.

Der Beitrag adressiert damit die Forschungslücke, dass konzeptionelle, normative und qualitative Studien bis dato keine umfangreiche Analyse von Verantwortungszuschreibungen in VN-Sicherheitsrat leisten konnten. Im Kontext der allgemeinen VN-Forschung sind die Ergebnisse insbesondere deshalb relevant, weil erstmalig bestätigt werden konnte, dass in VN-Sicherheitsratsresolution zunehmend Verantwortungszuschreibungen völkerrechtlich bindend verabschiedet werden. Darüber hinaus liefert unsere Untersuchung auch eine Grundlage für weitere theoretische oder empirische Fragestellungen in den internationalen Beziehungen. Insbesondere für die Normenforschung besteht nun die Möglichkeit die Grundannahmen zur Genese, Diffusion und Anerkennung von internationalen Normen anhand von Sicherheitsratsresolutionen systematisch zu überprüfen. Die aktuelle politische Relevanz einer solchen Untersuchung zeigt sich nicht zuletzt in der angesprochene Debatte zur Natur und zukünftigen Entwicklung der Verantwortlichkeit der VN im Rahmen der Syrienkrise (Bellamy 2014; Weiss 2014).

Der Rest dieses Beitrages ist wie folgt aufgebaut. In Abschnitt 2 diskutieren wir zunächst existierende Forschung zur Verwendung des Verantwortungsbegriffes bei den VN. Dabei werden insbesondere die konzeptionellen Grundlagen des Verantwortungsbegriffes erörtert und die Annahmen vergangener Forschung zur Konjunktur des Begriffes und seine Ausweitung durch den Sicherheitsrat herausgearbeitet. Der Abschnitt schließt mit der Ableitung der zwei soeben formulierten Hypothesen zur Häufigkeit des Verantwortungsbegriffes, die den Rahmen für unsere empirische Analyse bilden. In Abschnitt 3 stellen wir unseren Datensatz vor und erläutern den Prozess der Datenaufbereitung. In Abschnitt 4 präsentieren wir die empirische Analyse und deren Ergebnisse. Abschließend erfolgen in Abschnitt 5 eine Diskussion der Resultate und das Fazit.

2. Verantwortung bei den Vereinten Nationen

2.1 Konzeptionelle Grundlagen des Verantwortungsbegriffes bei den VN

Zur begrifflichen Klärung des Verantwortungsbegriffes orientieren wir uns an Erskine (2003b, 8), die Verantwortung als „Handlungen oder Unterlassungen, zu deren Durchführung oder Einhaltung man als verpflichtet gilt" definiert. Daraus ergibt sich ein dyadisches Verständnis von Verantwortung, d.h. einem Akteur wird die Pflicht (nicht) zu Handeln von anderen Akteuren zugeschrieben. Jedoch besteht auch die Möglichkeit der Selbstzuschreibung von Verantwortung, falls ein Akteur proaktiv eigene Verpflichtungen auszuweiten sucht – Akteure können also als Sender und Empfänger von Verantwortungszuschreibungen zugleich fungieren. Übertragen auf den VN-Sicherheitsrat bedeutet dies: In der Empfängerrolle ist der Rat beispielsweise, wenn ihn Nichtregierungsorganisationen aufgrund unterlassener Hilfeleistung bei Völkermorden kritisieren (Krause 2010); als Sender wird er tätig, wenn er aktiv *naming and shaming* von Menschenrechtverletzungen durch Regierungen betreibt (Hafner-Burton 2008). Die klassische Sicht auf den Sicherheitsrat ist dabei die in seiner Rolle als *Empfänger* oder Träger der „Hauptverantwortung für die Wahrung des Weltfriedens" (Charta der Vereinten Nationen, Artikel 24 Absatz I). Im Gegensatz dazu konzentrieren wir uns auf die Rolle des Rates als *Sender*, d.h. als verantwortungszuschreibende Institution. Als Empfänger von Verantwortung untersuchen wir den Rat bzw. seine Resolutionen nur, wenn er sich selbst Verantwortung zuschreibt, d.h. sowohl Sender als auch Empfänger ist.

In seiner Rolle als *Sender* von Verantwortung kann der Sicherheitsrat dabei individuelle oder kollektive Verantwortung zuschreiben. Als notwendige Bedingung für die Verantwortlichkeit von *Individuen* gilt i.d.R., dass Handlungen und Unterlassungen auf freier, intentionaler Entscheidung beruhen (Gerber und Zanetti 2010, 9). In diesem Sinne sprechen wir beispielsweise von individueller Verantwortungszuschreibung, wenn der Rat Individuen, die Menschenrechtsverbrechen begangen haben, zur Verantwortung zieht. Verantwortungszuschreibung auf *kollektive* Akteure – z.B. Staaten – ist nicht unproblematisch: die Verantwortung des Sicherheitsrates für den Weltfrieden basiert beispielsweise auf der Annahme, dass der Rat Akteursqualität besitzt und impliziert somit kollektive Verantwortung (Peltonen 2013). Handlungen und Unterlassungen des Sicherheitsrates beruhen jedoch nicht notwendigerweise auf einer freien und intentionalen Entscheidung, sondern sind das Ergebnis politischer Prozesse der Entscheidungsfindung. Dieser Widerspruch kann in Anlehnung an Gerber und Zanetti (2010, 14–15) jedoch durch das Merkmal der stabilen, effektiven Entscheidungsstruktur des Sicherheitsrates gelöst werden: Nach French (1984) können Organisationen, die über eine solche Entscheidungsstruktur verfügen, als moralische Personen behandelt und somit zum Träger von Verantwortung werden. Der Entstehungsprozess von Resolutionen ist in der Charta und der Geschäftsordnung des Sicherheitsrates formell festgelegt, weshalb von einer *stabilen* Entscheidungsstruktur ausgegangen werden kann (Sievers und Daws 2014). Zudem erfolgt die Verabschiedung von Resolutionen auf der Grundlage eines Abstimmungsverfahrens, welches seit Ende des Kalten Krieges als *effektiv* angesehen wird. Somit kann der Sicherheitsrat sowohl Sender als auch Empfänger kollektiver Verantwortung sein.

2.2 Stand der Forschung zum Verantwortungsbegriff bei den Vereinten Nationen

Der Sicherheitsrat trägt klassischerweise die Verantwortung für die Einhaltung des Weltfriedens sowie der internationalen Sicherheit. Dieser Verantwortung konnte er jedoch während des Kalten Krieges aufgrund der gegenseitigen Blockade der Vetomächte USA und UdSSR nicht gerecht werden. Erst nach Ende des Kalten Krieges konnte der Rat der ihm durch die Charta zugewiesenen Verantwortung nachkommen. Dies wird besonders anhand seiner Produktivität deutlich: Nach 1989 stieg die Anzahl der jährlich verabschiedeten Resolutionen substantiell an, während die Anzahl der Vetos gleichzeitig zurückging (Malone 2007, 120–22; Gruenberg 2009, 492–93).

Mit Ende des Ost-West-Konfliktes lässt sich außerdem eine schrittweise Ausweitung der Verantwortlichkeit des Sicherheitsrates auf andere Bereiche beobachten. Eine Reihe von Autor*innen geht davon aus, dass diese Entwicklung im Jahr 1992 durch die *Agenda für den Frieden* eingeleitet wurde, die das konzeptionelle Fundament für eine Erweiterung der Verantwortung bei den VN bildet (Brühl und Rosert 2014, 28, 74; Malone 2004, 4–10; Hart 2012; Debiel 1998, 443). Die Agenda sieht vor, dass die VN in den Bereichen Prävention (*preventive diplomacy*), Friedensschaffung und Friedenserzwingung (*peace-making*, *peace-enforcement*), Friedenssicherung (*peacekeeping*) und Friedenskonsolidierung (*peacebuilding*) mehr Verantwortung übernehmen. Somit erfolgte eine Ausdifferenzierung des Gründungsauftrages der VN, indem innerstaatliche Konflikte und humanitäre Katastrophen als Gefahr für den Weltfrieden definiert und der Verantwortlichkeit des Sicherheitsrates unterstellt wurden.

Zudem wird die *Agenda* in der Forschung auch als Erweiterung der Verantwortungsübernahme der VN in den Bereichen *Menschenrechtsschutz* (Peou 2002; Brock 1999; Mertus 2009, 101; Debiel u. a. 2009), *menschliche Sicherheit* (Peou 2002) und *internationaler Strafgerichtsbarkeit* (Goldstone 2007) interpretiert. Menschenrechtsschutz war lange Zeit dem Souveränitätsprinzip von Staaten untergeordnet (Thakur 2007, 391). Erst durch dessen Abschwächung in den Bereichen Friedensschaffung und Friedenserzwingung beförderte die *Agenda* eine verstärkte Verantwortungsübernahme des Sicherheitsrates für die Durchsetzung eines universellen Menschenrechtsschutzes. Diese Entwicklung wird auch dadurch belegt, dass seit den 1990er Jahren Menschenrechtsschutz zunehmend als Begründung fungiert, warum die VN mittels humanitärer Interventionen in innerstaatliche Konflikte eingreifen (Brühl und Rosert 2014, 134; Zangl 2002; Debiel und Nuscheler 1996; Debiel u. a. 2009). In ähnlicher Art und Weise befasste sich anknüpfend an die *Agenda* der *Bericht über die menschliche Entwicklung* des VN-Entwicklungsprogramms aus dem Jahr 1994 mit dem Konzept menschlicher Sicherheit (*human security*), und auf Initiative der Generalsekretäre Kofi Annan und Ban Ki-moon wurden verschiedene Kommissionen und Expertengruppen zum Thema initiiert. Dedring (2008) argumentiert, dass auch die Entstehung der Resolution 1265 (1999) zum Schutz der Zivilbevölkerung in bewaffneten Konflikten durch die Verbreitung des Konzepts der menschlichen Sicherheit beeinflusst wurde. Letztlich ermöglichte die *Agenda* den VN weitere Verantwortungsübernahme im Bereich der internationalen Strafgerichtsbarkeit. Durch Beschlüsse des Sicherheitsrates wurden 1993 und 1994 Gerichtshöfe für die Aufarbeitung von Kriegsverbrechen und Völkermord im ehemaligen Jugoslawien (Resolution 827) und Ruanda (Resolution 955) geschaffen, und später die Errichtung eines ständigen internationalen Strafgerichtshof ermöglicht, eine völkerrechtlich eigenständige Organisation, vor der sich Individuen für Delikte des Völkerstrafrechts verantworten müssen (Goldstone 2007).

In den frühen 2000er-Jahren entstand als weitere Ausdifferenzierung des Verantwortungsbegriffes bei den VN schließlich das Prinzip der Schutzverantwortung. In der Forschung wurde den VN dabei hinsichtlich erfolgter oder ausgebliebener Interventionen in Konflikte Mitte der 1990er Jahre Ineffektivität und Verantwortungslosigkeit vorgeworfen (Barnett 2003; Lang Jr 2003; Krause 2010; Hawkins 2004). In diesem Kontext beschäftigen sich eine Reihe von Autor*innen auf normativer Ebene mit der Frage, ob die VN überhaupt über *moral agency* verfügen, d.h. ob und wie moralische Verantwortung von Institutionen getragen und ausgeübt wird und ob die VN für Fehlverhalten moralisch verantwortlich gemacht werden können (Erskine 2003a; Hoover 2012; Erskine 2004). Angestoßen durch Kofi Annan entwickelte die *International Commission on Intervention and State Sovereignty* (ICISS) im Jahr 2001 dann das Prinzip der Schutzverantwortung als Alternative zur Praxis der humanitären Intervention, welches sie in ihrem Bericht *The Responsibility to Protect* auf der VN-Generalversammlung im September 2001 veröffentlichte (ICISS 2001).

Die ICISS schlug im Wesentlichen drei Veränderungen gegenüber der Praxis humanitärer Interventionen vor: Erstens argumentierte die ICISS, die von Menschenrechtsverletzungen betroffene Bevölkerung in den Mittelpunkt zu rücken und statt von einem *Recht* auf Intervention von einer *Pflicht* zum Schutz der Bevölkerung auszugehen. Zweitens solle der Schutz der Bevölkerung zunächst dem Staat unterliegen, und erst wenn dieser nicht willens oder in der Lage ist, diese Schutzverantwortung wahrzunehmen, gehe letztere auf die VN über. Drittens schlug die ICISS vor, die Anwendung der Schutzverantwortung durch die VN in die drei Bereiche Prävention, Reaktion und Wiederaufbau zu unterteilen und militärisches Eingreifen nur in Fällen von Völkermorden oder ethnischen Säuberungen zu ermöglichen (ICISS 2001, 16–46). Auf dem VN-Weltgipfel im Jahr 2005 wurde die Schutzverantwortung von den Mitgliedsstaaten anerkannt und im April 2006 wurde in Resolution 1674 erstmalig explizit auf sie verwiesen (Gifkins 2015, 6–7).[2] Durch einen von Ban Ki-moon angestoßenen *Statusbericht zur Implementierung der Schutzverantwortung* (Vereinte Nationen 2009) erfolgte im

2 Die Formulierung *responsibility to protect* findet sich bereits in früheren Resolutionen; jedoch ist die Forschung uneins, ob es sich dabei um Bezugnahme zur Schutzverantwortung handelt (Gifkins 2015, 5–7; Loiselle 2013, 331–32).

Jahr 2009 eine erneute Weiterentwicklung des Prinzips, welche die Schutzverantwortung in drei Säulen unterteilt: (1) die Verantwortung des Staates für den Schutz seiner Bevölkerung, (2) die Pflicht der internationalen Gemeinschaft, Staaten bei der Wahrnehmung ihrer Schutzverantwortung zu unterstützen und (3) die Pflicht der VN zur rechtzeitigen und entschiedenen Reaktion.

VN-Forscher*innen gehen davon aus, dass das Prinzip der Schutzverantwortung zu einer Erweiterung der Verantwortung des Sicherheitsrates geführt hat (Nasu 2011; Welsh 2010). Das Prinzip sieht zuerst den Staat in der Verantwortung, seine Bevölkerung zu schützen. Versagt dieser allerdings, geht die Verantwortung auf die internationale Gemeinschaft über. Dementsprechend wird in der Forschung auch die Widersprüchlichkeit der Ausweitung globaler Verantwortung durch die VN zum völkerrechtlichen Prinzip staatlicher Souveränität diskutiert (von Arnauld 2009; Luck 2008). Die Schutzverantwortung impliziert, dass Souveränität an Pflichten und Verantwortlichkeiten gebunden ist. Rotmann, Kurtz und Brockmeier (2014, 363) sprechen in diesem Zusammenhang von einem konditionellen Verständnis von Souveränität, d.h. ein Staat ist nur so lange souverän, wie er die Verantwortung des Schutzes seiner Bevölkerung wahrnimmt. Hinsichtlich der Frage nach der Wirkung der R2P analysieren Forscher*innen vor allem, ob selbige den Status einer internationalen Norm erreicht hat (Loges 2012; Müller-Wolf und Schneider 2009; Daase und Junk 2013; Luck 2010; Shawki 2011). Während Kofi Annan sechs Monate vor dem Gipfel die R2P als „sich herausbildende Norm“ definierte, sprach sein Nachfolger Ban Ki-moon von der R2P als Konzept: ein völkerrechtlich schwächerer Begriff (Luck 2008, 52). Forscher*innen haben sich zeitweise auf den Begriff der *Norm im Entstehen* zur Charakterisierung der Schutzverantwortung festgelegt (Müller-Wolf und Schneider 2009; Bellamy 2010, 8; Shawki 2011). In diesem Kontext untersucht Loges (2012) als Indikator für den Status der Schutzverantwortung als Norm, ob und wie zwischen 1999 und 2009 R2P-Argumente innerhalb des Sicherheitsrates etabliert wurden. Als Datengrundlage verwendet er Debattenbeiträge von Staatenvertretern, die sich im Rahmen der Themensitzungen zu *Protection of Civilians in Armed Conflicts* hinsichtlich der R2P geäußert haben. Er kommt zu dem Schluss, dass Mitglieder und Gäste des Sicherheitsrates zunehmend auf die R2P Bezug nehmen. Ähnlich analysiert Gifkins (2015) auf der Grundlage von Sicherheitsratsresolutionen die Evolution der Sprache im Kontext der R2P im Zeitverlauf, indem sie die Häufigkeit von Referenzen zur R2P in Sicherheitsratsresolutionen von 2001 bis 2014 untersucht. Ihre Ergebnisse legen nahe, dass sich die Verwendung von Verweisen auf die R2P in Resolutionen über Zeit verändert hat. Anfänglich fanden solche Verweise nur vereinzelt, nach mühevollen Anstrengungen der Befürworter von R2P und strittigen Verhandlungen den Weg in Resolutionen. In vergangenen Jahren erhöhte sich dann die Häufigkeit von R2P-Verweisen substantiell und R2P-Begrifflichkeiten wurden Teil des Standardvokabulars des Sicherheitsrates. Darüber hinaus ist die Verwendung von R2P Verweisen inzwischen auch weniger umstritten, was die Autorin mit einer zunehmend kürzeren Verhandlungsdauer für entsprechende Resolutionen belegt.

Wie dieser Überblick über die bestehende Forschung veranschaulicht, befassen sich existierende wissenschaftliche Studien mit dem Thema der Verantwortlichkeit des Sicherheitsrates vornehmlich auf einer konzeptionellen oder normativen

Ebene. Zusätzlich wurden in qualitativen Studien einzelne Aspekte der Verantwortungsübernahme durch die VN analysiert. Dementsprechend mangelt es an quantitativen Analysen, welche die historische Entwicklung von Verantwortungszuschreibungen in Sicherheitsratsresolutionen systematisch nachzeichnen um generelle Muster und Trends zu identifizieren. Diese können dann als Grundlage für die Verfeinerung theoretischer Modelle und zur Untermauerung normativer Aussagen dienen.[3]

2.3 Hypothesen zur Konjunktur des Verantwortungsbegriffes bei den VN

Im Anschluss an diese Diskussion lassen sich Hypothesen zur Konjunktur des Verantwortungsbegriffes in Sicherheitsratsresolutionen formulieren. Anknüpfend an die dargestellten Annahmen der VN-Forschung und der Normenforschung in den Internationalen Beziehungen gehen wir davon aus, dass generell nach Ende des Kalten Krieges ein Anstieg von Verantwortungszuschreibung in Sicherheitsratsresolutionen erfolgte.

Diese Entwicklung wird sowohl von externen als auch internen Faktoren beeinflusst. Zunächst betont eine Reihe von Forscher*innen, dass die VN auf *externe* Schocks in der Form weltpolitischer oder regionaler Krisen (Debiel et al. 2009) sowie medialen Druck (Heupel 2013; Karlsrud 2013) reagieren. Das Anprangern von Fehlverhalten erzeugt bei den VN Rechtfertigungs- und Anpassungsdruck, auf den sie mit Initiativen wie der *Agenda für den Frieden* oder der *R2P* reagiert. Somit ist davon auszugehen, dass aufgrund der vielfältigen weltpolitischen und regionalen Krisen zu Beginn der 1990er Jahre ein externer Druck auf die VN entstanden ist, welche eine Zunahme von Verantwortungszuschreibungen in Sicherheitsratsresolutionen befördert hat.

Zusätzlich bestimmen auch *interne* Faktoren, die mit der Praxis der Entstehung von Resolutionen zusammenhängen, die darin enthaltenen Verantwortungszuschreibungen. So beeinflussen bestehende Resolutionen die Ausformulierung zukünftiger Resolutionen. Gifkins (2015, 3) betont, dass der Sicherheitsrat „previously agreed language" schätzt, da es einfacher ist, über Formulierungen zu einer Einigung zu kommen, die Staaten bereits in der Vergangenheit akzeptiert haben. Sprache vergangener Resolutionen ist somit Ausgangspunkt für politische Prozesse des Aushandelns neuer Resolutionen. Zudem ist die stetige Wiederholung von Begrifflichkeiten ein Prozess der Re-Affirmation, d.h. eine erneute Bestätigung geteilter Bedeutungszuschreibungen beteiligter Akteure. Somit befördert auch dieser Mechanismus eine Zunahme von Verantwortungszuschreibungen im Zeitverlauf.

3 Es existieren einige Arbeiten, die den Textoutput der Vereinten Nationen (z.B. Resolutionen oder Sitzungsprotokolle) als Analysegrundlage verwenden. Diese Studien untersuchen die Texte aber nicht hinsichtlich Konjunktur und Wandel des Verantwortungsbegriffes. Vielmehr beschäftigen sich diese Analysen vornehmlich mit den Einstellungen von Mitgliedsstaaten zu verschiedenen Themen (Friedheim und Kadane 1970; Suedfeld, Tetlock, und Ramirez 1977; Løvald 1975) oder mit dem Prinzip der Gleichbehandlung von Staaten in Sicherheitsratsresolutionen (Gruenberg 2009). Zudem wurde in neueren Studien anhand von Debatten der Generalversammlung die Zuschreibung von Legitimität an den Sicherheitsrat (Binder und Heupel 2015) und die strategische Verwendung unpräziser Sprache seinen Resolutionen (di Carlo 2015; 2013b; 2013a) analysiert.

Des Weiteren kann Ausweitung von Verantwortlichkeit und der damit einhergehende Anstieg von Verantwortungszuschreibungen in Sicherheitsratsresolutionen durch den Prozess des *rhetorical entrapment* erklärt werden. Glanville (2015, 4) erörtert, dass der Sicherheitsrat in den 1990er Jahren aufgrund rhetorischer Verstrickungen (*rhetorical entrapment*) zu einem stets größeren Träger globaler Verantwortung im Bereich humanitärer Schutzmaßnahmen avancierte. Demnach hätten Absichts- und Verpflichtungserklärungen zu einer immer stärkeren Verstrickung des Rates in humanitären Krisen geführt, woraus wiederum neue Verantwortlichkeiten entstanden. Roberts (2008, 527–28) beschreibt den Prozess des *rhetorical entrapment* wie folgt: Ursprünglich engagierte sich der Sicherheitsrat für humanitäre Hilfe, da diese der kleinste gemeinsame Nenner der stimmberechtigten Mitglieder des Rates war. Demnach war es leichter Konsens unter den Mitgliedern zur Verpflichtung auf humanitäre Hilfe für die Opfer von Konflikten herzustellen, als eine gemeinsame Line zu finden hinsichtlich der Unterstützung von Konfliktparteien oder militärischer Intervention. Das Engagement zur humanitären Hilfe führte jedoch zu einer stärkeren Verstrickung der VN in Gewaltkonflikte, in deren Folge neue Verpflichtungen in anderen Kontexten entstanden. Das Predigen humanitärer Prinzipien erzeugt die Verpflichtung selbige auch global umzusetzen, weshalb aus einem humanitären Engagement auch militärisches Eingreifen werden kann. Dementsprechend ist von einem Zusammenspiel externer und interner Faktoren auszugehen. Ausgehend von einem externen Ereignis wird zunächst Verantwortungszuschreibung in einem Kernzuständigkeitsbereich des Sicherheitsrates befördert, woraus Konsequenzen und Abhängigkeiten entstehen, die wiederum weitere Verantwortlichkeit in anderen Bereichen nach sich zieht.

Daraus resultierend erwarten wir erstens nach Ende des Kalten Krieges *einen Anstieg der Häufigkeit von Verantwortungszuschreibung in Sicherheitsratsresolutionen im Zeitverlauf*, begründet durch externen Anpassungsdruck, Verstetigung der Sprache in Resolutionstexten und *rhetorical entrapment*.

Besonders Initiativen wie die *Agenda für den Frieden* und das Prinzip der Schutzverantwortung sollten in doppelter Hinsicht eine Verstärkung von Verantwortungszuschreibung in Resolutionen erzeugen. Wie oben erörtert, erfolgte durch die *Agenda* eine Ausdifferenzierung des Gründungsauftrages der Vereinten Nationen, indem innerstaatliche Konflikte und humanitäre Katastrophen seit 1992 als Gefahr für den Weltfrieden definiert und der Verantwortlichkeit des Rates unterstellt wurden. Durch die Erweiterung der Verantwortungsübernahme der VN als Reaktion auf die Agenda, beispielsweise im Bereich Strafgerichtsbarkeit, erwarten wir also eine vermehrte Selbstzuschreibung der Verantwortung in Sicherheitsratsresolutionen. Gleichzeitig sollte die Häufigkeit der Fremdzuschreibung von Verantwortung auch durch die erste Säule der R2P steigen, da der Sicherheitsrat die Verantwortung souveräner Staaten betont, ihre Bevölkerung zu schützen. Zugleich erfolgt aufgrund der dritten Säule der Schutzverantwortung vermehrt eine Selbstzuschreibung von Verantwortung durch die VN. Diese verstärkte Verantwortungsübernahme durch die Vereinten Nationen aufgrund der *Agenda* und der R2P wurde nicht zuletzt von einem Großteil der vergangenen normativen und konzeptionellen Forschung zum Thema verstärkt in den Vordergrund gestellt (Brühl und Rosert 2014; Malone 2004; Hart 2012; Debiel 1998; Welsh 2010; Nasu 2011).

Daraus resultierend erwarten wir also zweitens *einen Anstieg der Häufigkeit von Verantwortungszuschreibung in Resolutionen durch die Initiativen Agenda für den Frieden (1992) und R2P (2005).*

Allerdings ist diese zweite Hypothese zur Wirkung der Agenda und der R2P nicht unumstritten. Eine Reihe konzeptioneller und empirischer Studien weist darauf hin, dass diese Initiativen auch eine andere Wirkung haben könnten. So argumentiert Chandler (2010) in seinem Beitrag „More Statebuilding, Less Responsibility," dass die R2P gerade westlichen Staaten helfe, sich von verstärkter Verantwortungsübernahme im Schutz von Zivilisten vor kollektiver Gewalt zu distanzieren: Indem Gewalt als Ergebnis schwacher institutioneller Kapazitäten definiert werde, begrenze sie westliche Verantwortungsübernahme auf indirekte Formen humanitärer Intervention, wie beispielsweise *statebuilding*.[4] Auch andere Autoren weisen darauf hin, dass die R2P, so wie sie im Jahr 2005 verabschiedet wurde, schlussendlich einen viel restriktiveren Ansatz des Prinzips der Schutzverantwortung formulierte als es die Debatte aus den vorhergehenden Jahren hätte erwarten lassen (Hipold 2015). Hehir (2010) folgert daher, dass die R2P keine „revolutionäre Rekonzeptualisierung" der Verantwortungsübernahme durch die VN sondern effektiv „nichts Neues" ist, da die Weltgemeinschaft bereits vorher Situationen im Stile der Schutzverantwortung interpretiert habe. Um zu überprüfen, ob diese Sicht zutrifft, oder ob unsere zweite Hypothese die Konjunktur des Verantwortungsbegriffs im Sicherheitsrat besser erklärt, wenden wir uns daher der empirischen Analyse zu.

3. Beschreibung des Datensatzes

Zur Analyse der Konjunktur des Verantwortungsbegriffs im Sicherheitsrat haben wir einen Datensatz mit Sicherheitsratsresolutionen als Analyseeinheit konstruiert. Unser Datensatz stellt eine Vollerhebung aller Sicherheitsratsresolutionstexte dar, die zwischen Januar 1946 und Dezember 2015 verabschiedet wurden (insgesamt 2.259 Resolutionen). Das erste Dokument im Datensatz ist Resolution 1 vom 25. Januar 1946, die das *Military Staff Committee* als Organ des Sicherheitsrats gründet, durch welches militärische Vertreter der fünf Vetomächte den Sicherheitsrat in militärischen Fragen beraten. Die letzte Resolution im Datensatz ist Nummer 2.259 vom 23. Dezember 2015, die sich mit der Situation in Libyen befasst. Der Großteil der Resolutionen wurde dabei per Skript automatisch von dem VN-Dokumentenserver heruntergeladen, als PDF-Dokument abgespeichert und in eine TXT-Datei umgewandelt. Gerade bei früheren Resolutionen erwies sich der Prozess jedoch als ungenügend, da diese als Buchseiten im Bildformat auf dem Dokumentenserver abgespeichert waren und nicht die systematische, maschinenlesbare Struktur aufwiesen, die wir bei neueren Resolutionen vorfinden. Die Resolutionen, die nicht im maschinenlesbaren Format verfügbar waren, haben wir ergänzend automatisch von der Webseite *refworld.org* heruntergeladen und die Texte vom HTML-Format in TXT-Dateien umgewandelt. Für eine Reihe von Re-

4 Eine Reihe an Studien zum Thema *liberal peacebuilding* vertritt eine ähnliche Sichtweise (siehe z.B. Guevara und Kühn 2010).

solutionen, vor allem von solchen aus der Frühzeit der VN, existiert dabei jedoch keine maschinenlesbare Form, weder vom VN-Dokumentenserver noch auf *refworld.org*. Diese wandelten wir mit Hilfe optischer Texterkennung (*optical character recognition*, OCR) von Bild- in Textdateien um.[5]

Abbildung 1 illustriert den Datensatz. Die rechte Grafik in Abbildung 1 beschreibt die Häufigkeit von Sicherheitsratsresolutionen im Zeitverlauf. Dabei wird deutlich, was wir bereits oben angemerkt haben: die Anzahl der Resolutionen pro Jahr steigt nach 1989 sprunghaft an. Während in der Zeit des Kalten Krieges durchschnittlich 14,7 Resolutionen pro Jahr verabschiedet wurden, steigt nach dem Wegfall der gegenseitigen Blockade der Vetomächte USA und der Sowjetunion die Anzahl auf durchschnittlich 62 Resolutionen pro Jahr. Die linke Grafik in Abbildung 1 stellt zudem die durchschnittliche Länge von Sicherheitsresolutionen in Wörtern dar.[6] Hier ist ein ähnlicher Trend zu erkennen, allerdings steigt die durchschnittliche Länge von Resolutionen nach Ende des Kalten Krieges zunächst nur langsam an. Erst nach dem Jahr 2006 ist ein stärkerer Anstieg der Resolutionslänge zu verzeichnen.

Abbildung 1: Visualisierung des Datensatzes

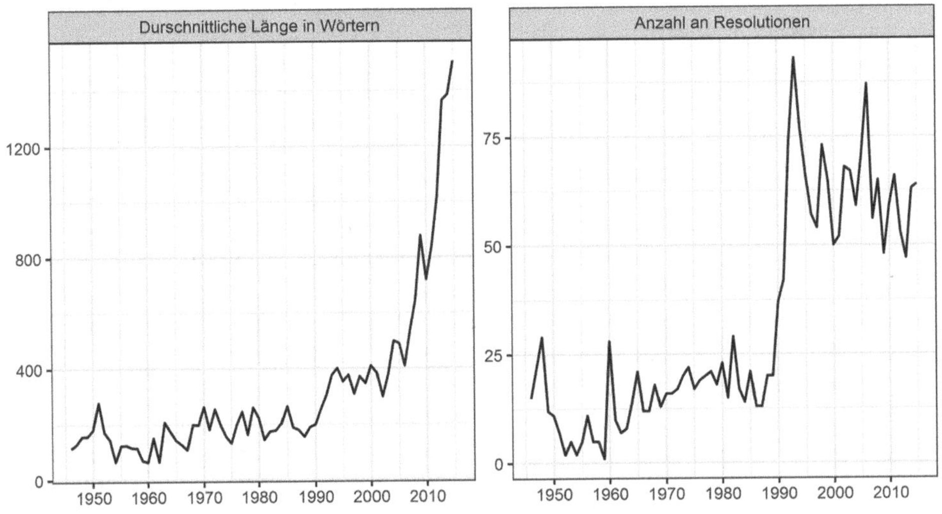

Anmerkung: Die y-Achse der linken Grafik beschreibt die durchschnittliche Länge aller Sicherheitsratsresolutionen pro Jahr; die y-Achse der rechten Grafik beschreibt die Anzahl aller Resolutionen pro Jahr. Quelle: Eigene Darstellung.

Zur Vorbereitung der quantitativen Analyse wurde, in Anlehnung an Arbeiten aus dem Bereich des *text minings*, ein mehrstufiges Verfahren angewandt. Erstens haben wir alle Buchstaben in Kleinbuchstaben konvertiert, damit beispielsweise in

5 Da die OCR teilweise unsauber arbeitet (die Zahl „1“ wird beispielsweise oft als der Buchstabe „l“ erkannt), haben wir das Verfahren manuell überprüft und entsprechende Fehler korrigiert.

6 Um Vergleichbarkeit sicherzustellen, wurde nur der Resolutionstext und nicht Wörter in Annexen berücksichtigt.

unserer Analyse *Responsibility* und *responsibility* nicht als unterschiedliche Begriffe verstanden werden. Zweitens wurden häufig auftretende Stoppwörter der englischen Sprache (*stopwords,* z.B. *the, it,* oder *and*) sowie Satzzeichen, überflüssige Lehrzeichen und Zahlen eliminiert. Drittens haben wir Stammformreduktion (*stemming*) angewendet, ein Verfahren aus der linguistischen Informatik, mit dem verwandte Wordvarianten auf einen gemeinsamen Wortstamm zurückzuführt werden (z.B. werden *argue, argument* und *arguing* auf *argu* reduziert).[7] Tabelle 1 veranschaulicht diesen Prozess detailliert für die zweite operative Klausel der Resolution 1000 (1995) zur Friedensmission in Zypern.

Der Prozess der Stammformreduktion führte dabei die Begriffe *response, responsible*, und *responsibility* auf den gleichen Wortstamm *respons* zurück, obwohl *response* nicht den Verantwortungsbegriff beschreibt. Um dieses Problem zu umgehen, haben wir manuell die Begriffe *responsible* und *responsibility* markiert und zu einem Analysebegriff zusammengeführt, der nicht gestemmt wurde. Daher beziehen sich die folgenden Analysen sowohl auf *responsibility* als auch auf *responsible.*

Tabelle 1: Der Text Mining Prozess – Ein Beispiel

Arbeitsschritt	Resolutionstext
Original	2. Calls upon the military authorities on both sides to ensure that no incidents occur along the buffer zone and to extend their full cooperation to UNFICYP;
Lower Case	2. calls upon the military authorities on both sides to ensure that no incidents occur along the buffer zone and to extend their full cooperation to unficyp;
Stop Words	2. calls upon military authorities sides ensure incidents occur along buffer zone extend full cooperation unficyp;
Stemming	2. call upon militari author side ensurincid occur along buffer zone extend full cooper unficyp;
Remove Punctuation	2 call upon militari author side ensurincid occur along buffer zone extend full cooper unficyp
Remove Numbers	call upon militari author side ensurincid occur along buffer zone extend full cooper unficyp

Nach der Stammformreduktion haben wir mit Hilfe des Statistikprogrammes R und des Textanalysepakets *quanteda* (Benoit und Nulty 2016) eine *Document-Term-Matrix* (DTM) erstellt. In einer DTM repräsentiert eine Reihe ein Dokument (in unserem Fall eine Resolution) und eine Spalte ein stammreduziertes Wort als Variable. Die Werte in den Zellen der DTM spiegeln dabei die Häufigkeit wider, mit der dieses Wort in dem jeweiligen Dokument vorkommt (Miner 2012,

7 Alle Arbeitsschritte gehen dabei von der *bag of words* Annahme aus, d.h. dass die Texte eine ungeordnete Menge an Wörtern darstellen, in der exakte Wortstellungen, Reihenfolge von Wörtern, sowie Grammatik vernachlässigt werden können (Miner 2012, 73ff.).

73ff). Weiterhin erfasst die DTM das Jahr, in welchem die Resolution verabschiedet wurde, sowie die Länge der Resolution (abzüglich des Appendix).

Auch wenn wir uns in unserer Operationalisierung des Verantwortungsbegriffs und seiner Ausweitung durch das Zählen des Wortstamms von responsibility/responsible in Sicherheitsratsresolutionen an der Operationalisierungsstrategie existierender Studien orientieren (z.B. Stepchenkova, Kirilenko, und Morrison 2009), unterliegt dieses Verfahren offensichtlichen Limitierungen. Beispielsweise kann eine Resolution die Übernahme von Verantwortung auch umschreiben, ohne den Verantwortungsbegriff selbst zu verwenden. Darüber hinaus findet auch keine Differenzierung von Selbst- und Fremdzuschreibung von Verantwortung auf individuelle oder kollektive Akteure statt. Zudem bleibt auch die tatsächliche Übernahme von Verantwortung durch den Sicherheitsrat unberücksichtigt, d.h. ob Resolutionen mit Verantwortungszuschreibungen auch entsprechend umgesetzt werden. Verantwortungszuschreibungen in Resolutionstexten sind jedoch für sich genommen bereits relevant, da sie den Konsens der internationalen Staatengemeinschaft bzw. der stimmberechtigten Mitglieder des Sicherheitsrates zu globalen Fragen in einem völkerrechtlich bindenden Dokument abbilden.

4. Empirische Analyse

4.1 Häufigkeitsanalyse der Verantwortungszuschreibung in Resolutionstexten

In Abschnitt 2 formulierten wir die Annahme, dass ein Anstieg der Häufigkeit von Verantwortungszuschreibung in VN-Sicherheitsratsresolutionen über Zeit zu erwarten sein sollte. In Abbildung 2 bilden wir daher die Verwendung des Verantwortungsbegriffes in Sicherheitsratsresolutionen im Zeitverlauf und die absolute und durchschnittliche Häufigkeit von Verantwortungszuschreibungen pro Jahr ab. Die linke Grafik in Abbildung 2 zeigt die durchschnittliche Nennung des Verantwortungsbegriffs in Sicherheitsratsresolutionen pro Jahr. Die rechte Grafik in Abbildung 2 veranschaulicht die Summe der Nennung des Verantwortungsbegriffs in Sicherheitsratsresolutionen pro Jahr. In beiden Grafiken ist eine substantielle Zunahme in der Verwendung des Verantwortungsbegriffes seit dem Beginn der 1990er Jahre zu erkennen.

Abbildung 2: Durchschnittliche und absolute Häufigkeit der Nennung von „Verantwortung“ in VN-Sicherheitsratsresolutionen

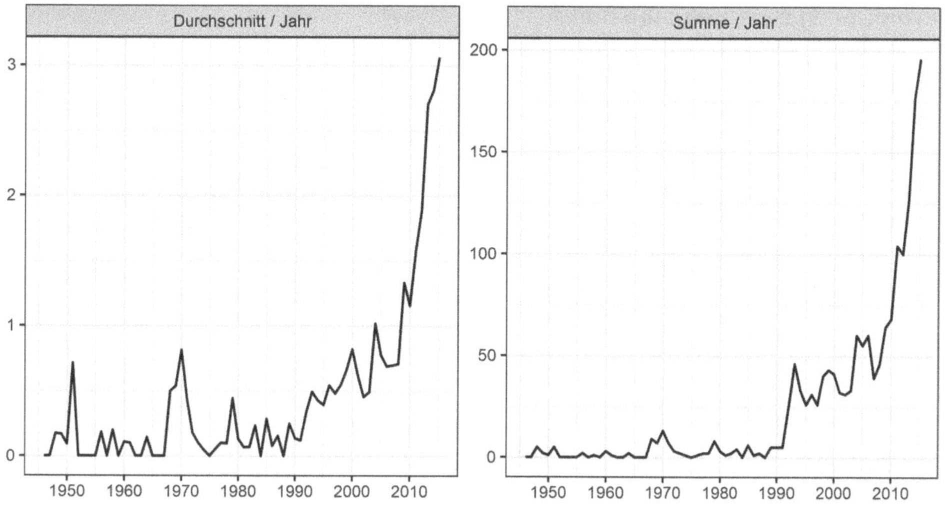

Anmerkung: die y-Achse der linken Abbildung beschreibt die durchschnittliche Häufigkeit des Verantwortungsbegriffes pro Jahr. Die y-Achse der rechten Abbildung beschreibt die Summe aller Nennungen des Verantwortungsbegriffes pro Jahr. Quelle: Eigene Darstellung.

Da wir jedoch in Abschnitt 3 festgestellt haben, dass die Häufigkeit und durchschnittliche Länge von Sicherheitsratsresolutionen ebenfalls seit Ende des Kalten Krieges zugenommen hat, könnte die Entwicklung von Verantwortungszuschreibungen auch auf diesen Umstand zurückzuführen sein. Demzufolge würde keine wirkliche Zunahme von Verantwortungszuschreibung durch Sicherheitsratsresolutionen im Zeitverlauf erfolgen, sondern es würde lediglich die Anzahl von Resolutionen und die Masse an Text dafür sorgen, dass Verantwortung häufiger verwendet wird. Um diesen Problemen zu begegnen, bedienen wir uns drei unterschiedlicher Maßzahlen, um die relative Bedeutung von Verantwortung in Sicherheitsratsresolutionen im Zeitverlauf zu erfassen.

Die erste Maßzahl ist die *dokumentenspezifische Häufigkeit*, welche für einen gegebenen Zeitraum die Häufigkeit eines Wortes im Verhältnis zur Gesamtanzahl der Wörter in einem Dokument angibt. Als zweite Maßzahl verwenden wir die *korpusspezifische Häufigkeit*, welche den Anteil an Dokumenten die ein Wort enthalten im Verhältnis zur Gesamtanzahl der Dokumente in einem Jahr betrachtet. Als dritte Maßzahl berechnen wir schließlich die durchschnittliche *Begriffsrelevanz* pro Jahr die sich aus der Multiplikation des jährlichen Durchschnitts von dokumentenspezifischer Häufigkeit und der korpusspezifischer Häufigkeit ergibt.[8] Alle drei Maßzahlen werden auf einer Skala von Null bis Eins angegeben, wobei hohe Werte eine hohe Relevanz von Verantwortungszuschreibungen bedeuten.

8 Die genaue Berechnung der verschiedenen Maßzahlen wird im Online Appendix beschrieben.

Abbildung 3: Entwicklung von dokumentenspezifischer Häufigkeit, korpusspezifischer Häufigkeit und Begriffsrelevanz von „Verantwortung" in Sicherheitsratsresolutionen zwischen 1946 und 2015

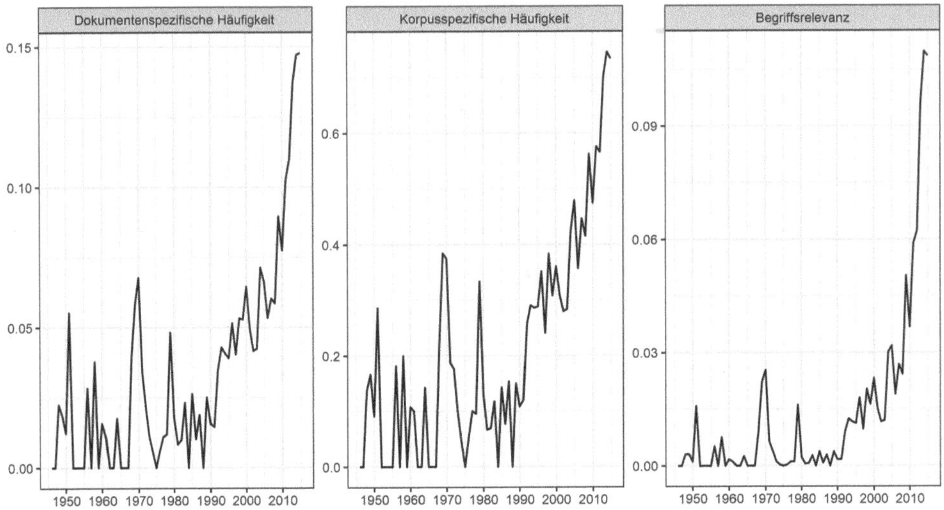

Anmerkung: die y-Achse der linken Abbildung beschreibt die dokumentenspezifische Häufigkeit des Verantwortungsbegriffes pro Jahr. Die y-Achse der mittleren Abbildung beschreibt die korpusspezifische Häufigkeit des Verantwortungsbegriffes pro Jahr. Die y-Achse der rechten Abbildung beschreibt die Begriffsrelevanz (siehe Text für Erläuterung der Kennzahlen). Quelle: Eigene Darstellung.

Abbildung 3 veranschaulicht die Entwicklung dieser drei Kennziffern für den Verantwortungsbegriff im Zeitverlauf von 1946 bis 2015. Die linke Grafik in Abbildung 3 visualisiert die dokumentenspezifische Häufigkeit. Hier sehen wir eine relativ hohe Varianz während der Zeit des Kalten Krieges für die Erwähnung des Verantwortungsbegriffes, ein klarer Trend ist nicht erkennbar für diese Zeit. In vielen Jahren während des Kalten Krieges taucht der Verantwortungsbegriff überhaupt nicht auf, jedoch fallen zwei Ausreißer in den Jahren 1951 und 1971 auf. Der Ausreißer im Jahr 1951 geht auf zwei Resolutionen zurück: Resolution 91 zum Konflikt zwischen Indien und Pakistan, und Resolution 93 zum Waffenstillstand zwischen Israel und Syrien. In Resolution 91 betont der Sicherheitsrat seine Verantwortung zur Wahrung der internationalen Sicherheit und des internationalen Friedens, in Resolution 93 diskutiert er Verantwortung bezüglich des Waffenstillstands zwischen Israel und Syrien. Der Ausreißer im Jahr 1971 geht auf eine Reihe von Resolutionen zu Namibia und Südrhodesien zurück. In diesen betont der Sicherheitsrat zum einen die spezielle Verantwortung der Vereinten Nationen für Namibia. In anderen Resolutionen aus dem Jahr 1971 verweist der Rat auf die Verantwortung Großbritanniens für seine Kolonie in Südrhodesien. Besonders der Ausreißer im Jahr 1951 verdeutlicht die Schwächen der dokumentenspezifischen Häufigkeit als Kennziffer für die Bedeutung eines Wortes im Korpus, denn 1951 tauchte der Verantwortungsbegriff insgesamt nur fünf Mal auf, zwei Mal in Resolution 91 und drei Mal in Resolution 93. Aufgrund der Tatsache, dass beide Resolutionen vergleichsweise kurz sind und insgesamt nur sieben Resolutionen in dem Jahr verabschiedet wurden, wird der Durchschnitt der dokumentenspezifischen Häufigkeit nicht durch viele Resolutionen heruntergewichtet und ein vergleichsweise hoher Wert errechnet.

Die korpusspezifische Häufigkeit des Verantwortungsbegriffes folgt einem ähnlichen Muster wie die dokumentenspezifische Häufigkeit, mit einer ebenfalls hohen Varianz in der Zeit des Kalten Krieges (vgl. die mittlere Grafik in Abbildung 3). Aus beiden Maßzahlen errechnen wir daher schließlich die jährliche Begriffsrelevanz von Verantwortung in den Resolutionen des Sicherheitsrates, abgebildet in der rechten Grafik in Abbildung 3. Auch hier sind die Ausreißer in den Jahren 1951 und 1970 erkennbar, jedoch sind sie durch die Kombination der dokumentenspezifischen und korpusspezifischen Häufigkeit weniger stark ausgeprägt. Aus allen drei Grafiken in Abbildung 3 wird deutlich, dass die Verwendung des Verantwortungsbegriffes seit Beginn der 1990er Jahre angestiegen ist. Bezüglich unserer ersten Annahme zur generellen Häufigkeitsentwicklung können wir also festhalten, dass der Sicherheitsrat den Verantwortungsbegriff in stark zunehmendem Maße verwendet, unabhängig von verschiedenen statistischen Gewichtungen.

4.2 Zeitreihenanalyse der Verantwortungszuschreibung in Resolutionstexten

Im nächsten Analyseschritt untersuchen wir, ob konkrete Ereignisse wie die *Agenda für den Frieden* und die R2P die festgestellte Zunahme von Verantwortungszuschreibungen durch den Sicherheitsrat im Zeitverlauf beeinflusst haben. Dafür verwenden wir das Verfahren der interventionsbezogenen Zeitreihenanalyse. Diese erlaubt es uns, kurzfristige und langfristige Veränderungen im Ausmaß, sowie Veränderungen des Trendverlaufs der jährlichen Werte zur Begriffsrelevanz von Verantwortung in Sicherheitsresolutionen als Folge der *Agenda für den Frieden* und der R2P zu identifizieren. Die *Agenda für den Frieden* und die R2P werden somit als Interventionen verstanden, die den Verlauf der Zeitreihe beeinflussen. Als Interventionszeitpunkte werden dementsprechend die Jahre 1992 (für die Agenda) und 2005 (R2P) festgelegt. Für die Analyse orientieren wir uns an der von Linden (2015) beschriebenen Vorgehensweise, welche auch zeitreihentypische Verzerrungseffekte durch Autokorrelation berücksichtigt.[9] Das Model kann durch folgende Gleichung beschrieben werden:

$$Y_t = \beta_0 + \beta_1 T_t + \beta_2 X_t + \beta_3 X_t T_t + \varepsilon_t$$

Y_t bezeichnet die zu erklärende Variable, d.h. die Werte für die Begriffsrelevanz von Verantwortung zum Zeitpunkt t. T_t steht für den Zeitpunkt der Messung, also die Jahresangabe der Zeitreihe. X_t ist eine binäre Variable welche angibt, ob die Beobachtung vor oder nach der Intervention liegt. $X_t T_t$ bezeichnet einen Interaktionsterm zwischen Zeitpunkt der Messung und Interventionsstatus. Die

9 Autokorrelation bezeichnet die Abhängigkeit der Zeitreihenwerte von Werten, die zu einem früheren Zeitpunkt gemessen wurden. Bezogen auf Verantwortungszuschreibung bedeutet dies, dass z.B. die Begriffsrelevanz von Verantwortung in Resolutionen des Jahres 1950 beeinflusst wird durch die Werte der Vorjahre (1946-1949).

β-Terme stehen für die zu schätzenden Regressionskoeffizienten und die Bezeichnung εt für den Fehlerterm der Schätzung. β_0 bezeichnet die Konstante, d.h. der geschätzte Wert für Begriffsrelevanz von Verantwortung zu Beginn der Messung im Jahr 1946. β_1 steht für den geschätzten Trend der Zeitreihenwerte bis zum Zeitpunkt der Intervention. β_2 beschreibt den geschätzten Effekt der Intervention, der unmittelbar im Jahr nach ihrer Einführung eintritt. Der Term β_3 repräsentiert die geschätzte Differenz im Trendverlauf vor und nach der Intervention. Ein signifikanter Schätzwert für β_2 impliziert einen einmaligen unmittelbaren Effekt der Intervention und ein signifikanter Schätzwert von β_3 impliziert einen langfristigen Effekt über die Zeit.

Das dargestellte Verfahren überprüft also, wie die R2P und die Agenda langfristig auf den Verlauf der Zeitreihe zur Relevanz von Verantwortungszuschreibungen wirken. Insofern ist für die Überprüfung der im zweiten Abschnitt erläuterten Hypothesen vor allem die Schätzung von β_3 relevant. Dabei sind drei unterschiedliche Szenarien denkbar. Erstens könnten die Ergebnisse nahelegen, dass für die Agenda bzw. die R2P statistisch signifikante Interventionseffekte existieren, die darauf hindeuten, dass sich der Trendverlauf der Zeitreihe langfristig positiv verändert, d.h. die Begriffsrelevanz von Verantwortung zugenommen hat. Zudem sollten die geschätzten Interventionseffekte auch sensibel hinsichtlich der festgelegten Interventionszeitpunkte sein, d.h. es muss beispielsweise hinsichtlich der Signifikanz und Effektstärke einen Unterschied machen, ob der Interventionszeitpunkt für die Agenda im Jahr 1992 festgelegt wurde anstatt 1991 oder 1993. Somit wäre die Bedeutung dieser beiden Initiativen für die Relevanz von Verantwortung in Sicherheitsratsresolutionen bestätigt. Zweitens besteht die Möglichkeit, dass für eine oder beide Initiativen keine signifikanten Interventionseffekte hinsichtlich langfristiger Veränderung im Trendverlauf der Zeitreihe identifiziert werden. Dieses Ergebnis würde die alternative Hypothese bestätigen, dass die Agenda bzw. R2P keine substantielle Veränderung in der Praxis der Verantwortungszuschreibung in Sicherheitsratsresolutionen bewirkt haben. Drittens besteht noch die Möglichkeit, dass zwar signifikante Effekte geschätzt werden, die eine langfristige Veränderung des Trendverlaufes bedingt durch die Agenda und/ oder die R2P nahelegen, der Zeitpunkt wann die Interventionen wirken allerdings nicht eindeutig zu bestimmen ist. Somit ließe sich keine der beiden Hypothesen eindeutig bestätigen oder verwerfen.

Tabelle 2 beschreibt die Ergebnisse der interventionsbezogenen Zeitreihenanalyse. Um die geschätzten Koeffizienten leichter interpretieren zu können, wurden die Werte für die Begriffsrelevanz mit 100 multipliziert, so dass die Skala nicht mehr den Zahlenraum von 0 bis 1 abbildet, sondern die Werte zwischen 0 und 100 liegen. Modell 1 in Tabelle 2 bezieht sich auf den Effekt der *Agenda für den Frieden* mit 1992 als Interventionszeitpunkt.[10] Das Ergebnis für die Konstante

10 Dabei wurde auf der Grundlage statistischer Tests von Autokorrelation erster Ordnung ausgegangen. Zur Bestimmung der Einflussdauer wurde ein Cumby-Huizinga Test für Autokorrelation in Zeitreihen angewendet (Cumby und Huizinga 1992). Als Robustheitstest wurde die Analyse mit Berücksichtigung von Autokorrelation zweiter Ordnung wiederholt. Dabei konnten keine substantiellen Unterschiede festgestellt werden. Die Interpretation der Koeffizienten ist weitestgehend identisch.

bedeutet, dass das Model die Begriffsrelevanz von Verantwortung auf einen Wert von 0,3 für den Zeitpunkt der Beginn der Zeitreihe im Jahr 1946 schätzt. Die Koeffizientenschätzung für den Trendverlauf bis 1992 zeigt, dass bis zur Intervention im Jahr 1992 kaum Veränderung in der Begriffsrelevanz von Verantwortung zu verzeichnen ist. Die Begriffsrelevanz von Verantwortung verändert sich im Durchschnitt nur minimal (jährlicher Anstieg von 0,0005 Punkten). Die Schätzung des direkten Interventionseffekts bedeutet, dass im Jahr unmittelbar nach der Intervention zunächst eine Reduktion der Begriffsrelevanz von Verantwortung um 1,04 Punkte erfolgte, allerdings ist dieser Wert ebenso wie der für die Schätzung des Trendverlauf bis 1992 nicht statistisch signifikant. Die Ergebnisse für die Schätzung der Differenz im Trendverlauf vor und nach der Intervention legen jedoch Nahe, dass durch die Intervention ein signifikanter Anstieg der Begriffsrelevanz von Verantwortung herbeigeführt wurde. Nach der *Agenda* steigt die Begriffsrelevanz im Durchschnitt um 0,36 Punkte stärker an als im Zeitraum davor.

Tabelle 2. Einfluss der Agenda für den Frieden und der R2P auf die Begriffsrelevanz von Verantwortung in Resolutionstexten

	(1)	(2)	(3)
Trendverlauf bis zur Intervention (1992, 2005)	0.0005 (0.0040)	0.0225** (0.0062)	0.0005 (0.0041)
Direkter Interventionseffekt der Agenda	-1.0446 (0.7896)		0.7056** (0.1989)
Differenz im Trendverlauf vor und nach der Agenda	0.3608** (0.0813)		0.0840** (0.0408)
Direkter Interventionseffekt der R2P		-0.3118 (0.7986)	-1.1820 (0.7931)
Differenz im Trendverlauf vor und nach der R2P		0.9236** (0.1397)	0.8616** (0.1581)
Konstante	0.3130** (0.1367)	-0.0814 (0.1849)	0.3130** (0.1388)
Beobachtungen	70	70	70

*Koeffizientenschätzung mit Standardfehlern in Klammern; ** p<0.05, * p<0.1*

Modell 2 in Tabelle 2 beschreibt die Ergebnisse der interventionsbezogenen Zeitreihenanalyse für die R2P mit dem Jahr2005 als Interventionszeitpunkt.[11] Die Schätzung des Trendverlaufs bis zur Intervention deutet darauf hin, dass die Begriffsrelevanz von Verantwortung bis zum Jahre 2005 durchschnittlich um 0,02 Punkte ansteigt. Ähnlich wie bei der *Agenda für den Frieden* wird auch bei der R2P ein negativer direkter Interventionseffekt ermittelt. Unmittelbar nach der R2P erfolgte zunächst einmalig eine Abnahme der Begriffsrelevanz von Verantwortung um 0,3 Punkte. Die Schätzung dieses direkten Interventionseffektes ist jedoch nicht statistisch signifikant. Schließlich deuten die Ergebnisse darauf hin, dass nach der einmaligen Reduktion durch die R2P ein signifikanter Anstieg der

11 Hier wurde unter Berücksichtigung entsprechender Tests von Autokorrelation zweiter Ordnung ausgegangen.

Begriffsrelevanz von Verantwortung erfolgte. Im Durchschnitt steigt die Begriffsrelevanz um 0,9 Punkte mehr an als vor Einführung der R2P.

Modell 3 in Tabelle 2 beschreibt die Ergebnisse der interventionsbezogenen Zeitreihenanalyse, wenn sowohl die *Agenda für den Frieden* als auch die R2P als Interventionen spezifiziert werden.[12] Modell 3 ist insbesondere für die Interpretation des Effekts der R2P relevant, da im Unterschied zu Modell 2 der bereits durch die Agenda initiierte Anstieg der Begriffsrelevanz von Verantwortung mitberücksichtigt wird. Die dargestellten Ergebnisse legen nahe, dass sowohl die *Agenda für den Frieden* als auch die R2P einen Anstieg der Begriffsrelevanz von Verantwortung in Sicherheitsratsresolutionen initiiert haben. Die Koeffizienten der Differenzen im Trendverlauf sind für die Agenda und die R2P signifikant. Die Ergebnisse werden in Abbildung 4 veranschaulicht.

Abbildung 4. Interventionseffekte der Agenda für den Frieden und der R2P

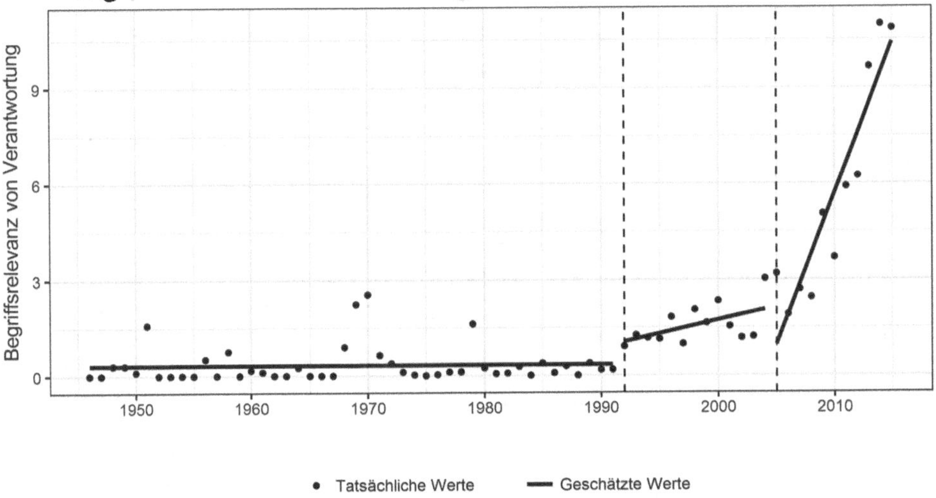

Quelle: Eigene Darstellung.

Wie in Abbildung 4 zu erkennen ist, erfolgt nach den Interventionen durch die *Agenda für den Frieden* und die R2P (dargestellt durch die gestrichelten senkrechten Linien in den Jahren 1992 für die Agenda und 2005 für die R2P) eine Veränderung des Trendverlaufs. Durch die Agenda wird zunächst ein schwacher Anstieg der durchschnittlichen Begriffsrelevanz von Verantwortung von 0,2 Punkten gegenüber dem Zeitraum vor 1992 initiiert und durch die R2P erfolgt im Jahr 2005 dann ein noch stärkerer Anstieg des Trendverlaufs von knapp 0,9 Punkten.

Allerdings können wir auf der Grundlage dieser Ergebnisse nicht ausschließen, dass zu den jeweiligen Interventionszeitpunkten weitere Faktoren und Ereignisse erfolgten, die ebenfalls Auswirkungen auf den Verlauf in der Zeitreihe hatten. Um

12 Statistische Tests deuten in diesem Fall auf Autokorrelation erster Ordnung hin. Die Ergebnisse der Schätzung mit Spezifikationen von Autokorrelation zweiter oder dritter Ordnung sind substantiell gleich.

diese Problematik zu adressieren, haben wir eine Reihe von Robustheitstests durchgeführt.[13] Die Analysen zum Effekt der Agenda für den Frieden und der R2P auf die Begriffsrelevanz von Verantwortung wurden mit Placebo-Interventionen wiederholt. Das heißt, dass wir anstelle der *tatsächlichen* Interventionszeitpunkte (1992 und 2005) *künstliche* Interventionszeitpunkte verwendet haben. Sollten die falschen Interventionszeitpunkte substantiell ähnliche Schätzwerte erzeugen, ist davon auszugehen, dass den tatsächlichen Interventionen keine kausale Wirkung zugeschrieben werden kann. Bezüglich der *Agenda* haben wir die interventionsbezogene Zeitreihenanalyse mit den Placebo-Interventionen in den Jahren 1990 und 1991 durchgeführt und für die R2P die Placebo-Interventionen in den Jahren 2003 und 2004 gesetzt. Die Ergebnisse zeigen: In allen Fällen erzeugen die Placebo-Interventionen sowohl hinsichtlich der Effektstärke als auch der statistischen Signifikanz der Koeffizienten vergleichbare Ergebnisse wie die tatsächlichen Interventionen.[14] Damit sind die identifizierten Effekte für die tatsächlichen Interventionen grundsätzlich zu hinterfragen und die kausale Wirkung der *Agenda* für den Frieden oder der R2P auf die Entwicklung der Begriffsrelevanz von Verantwortung in VN-Sicherheitsratsresolutionen lässt sich nicht eindeutig bestimmen.

5. Diskussion und Fazit

Ziel dieses Beitrags war die systematische und empirische Untersuchung von Verantwortungszuschreibungen in Sicherheitsratsresolutionen der Vereinten Nationen. Ausgehend von der Feststellung, dass die VN von vielen Akteuren als Träger von Verantwortung wahrgenommen und dargestellt werden, haben wir in diesem Beitrag auf Basis der vergangenen Forschung zwei Aspekte der Verantwortungszuschreibung durch Sicherheitsratsresolutionen untersucht: erstens, ob im Zeitverlauf nach Ende des Kalten Krieges eine *generelle* Zunahme der Häufigkeit von Verantwortungszuschreibungen in Resolutionstexten erfolgte, zweitens, ob ein solcher Trend *explizit* durch die VN-Initiativen *Agenda für den Frieden* von 1992 und R2P von 2005 initiiert und verstärkt wurde. Mit Hilfe eines umfassenden Datensatzes, der eine Vollerhebung aller 2.259 Resolutionen des VN-Sicherheitsrates zwischen 1946 und 2015 beinhaltet, konnten diese Fragen erstmalig systematisch und empirisch überprüft werden. Auf der Grundlage von Verfahren der Zeitreihen- und quantitativen Textanalyse wurden dabei folgende Erkenntnisse gewonnen.

Erstens, und bezüglich unserer Annahme zur *generellen* Häufigkeitsentwicklung, verwendet der Sicherheitsrat den Verantwortungsbegriff besonders seit Ende des Kalten Krieges in stark zunehmendem Maße, unabhängig von verschie-

13 Die Ergebnisse dieser Robustheitstests sind in einem Online-Appendix für diesen Aufsatz unter folgender URL zu finden: https://github.com/felixhaass/pvs_securitycouncil.

14 Für die Interpretation der Ergebnisse zum Effekt der R2P gilt zu berücksichtigen, dass nach der Intervention u.U. zu wenig Messwerte zur Verfügung stehen um robuste Aussagen über die Wirkung der Intervention zu treffen. Die Literatur zu Zeitreihenanalyse geht i.d.R. davon aus, dass vor und nach der Intervention mindestens 20 Messpunkte zur Verfügung stehen. Dementsprechend sind die Ergebnisse zur R2P diesbezüglich vorsichtig zu interpretieren.

denen statistischen Gewichtungen wie Anzahl und Länge der Resolutionen pro Jahr. Diese Zunahme von Verantwortungszuschreibungen ist also *nicht* darauf zurückzuführen, dass nach Ende des Kalten Krieges generell mehr und längere Resolutionen verabschiedet wurden, sondern ist das Ergebnis eines relativ stärkeren Fokus auf Verantwortungszuschreibungen in Resolutionen im Vergleich zum Zeitraum vor dem Ende des Kalten Krieges. Somit kann davon ausgegangen werden, dass unter den Mitgliedstaaten der VN ein Konsens etabliert wurde, dass der Sicherheitsrat als internationale Organisation für Fragen globaler Verantwortung zuständig ist.

Zweitens lässt sich dieser Anstieg jedoch nicht auf Initiativen wie die *Agenda für den Frieden* und die R2P zurückführen. Formale institutionelle Beschlüsse und Initiativen wie die Agenda und die R2P sind alleine nicht imstande, die zunehmende Relevanz von Verantwortung in Sicherheitsresolutionen nach Ende des Kalten Krieges zu erklären. Stattdessen ist davon auszugehen, dass aufgrund des Endes des Kalten Krieges eine Kombination von Faktoren die Zunahme an Verantwortungszuschreibungen verursacht hat. Vor dem Hintergrund von Entwicklungen wie der zunehmenden Verrechtlichung der Weltpolitik seit 1990 (Zangl und Zürn 2011), der zunehmenden Lobbyaktivität durch Normunternehmer wie beispielsweise Nichtregierungsorganisationen (Rosert 2012), und der größeren Handlungsfähigkeit des VN-Sicherheitsrates nach dem Ende des Kalten Krieges gehen wir davon aus, dass sowohl die *Agenda für Frieden* und die R2P als auch die gestiegene Verwendung des Verantwortungsbegriffes in Resolutionen einen generellen Nettoanstieg normativer Sprache in der Politik des VN-Sicherheitsrates widerspiegelt.[15]

Daran anknüpfend ergibt sich eine Reihe von Fragen für zukünftige empirische und theoretische Forschung auf diesem Gebiet. Die Analysen dieses Beitrags konnten beispielsweise nicht berücksichtigen, an wen Verantwortungszuschreibungen adressiert sind. Das heißt, wir wissen nicht ob der Sicherheitsrat sich selbst häufiger Verantwortung zuschreibt, ob vermehrt Individuen Ziel von Verantwortungszuschreibungen sind (wie es beispielsweise der verstärkte Einsatz von internationalen Strafgerichtsbarkeit vermuten lässt), oder ob der Sicherheitsrat mit seiner Verantwortungszuschreibung verstärkt andere Staaten adressiert. Darüber hinaus konnten wir nicht feststellen, ob über die Delegation von Verantwortung an andere Akteure eine Differenzierung von Verantwortungszuschreibung in neue Aufgabenbereiche oder eine verstärkte Übernahme bestehender Verantwortung zu einer häufigeren Verantwortungszuschreibung in Sicherheitsratsresolutionen führt.

Auch die realpolitischen Konsequenzen der Verantwortungszuschreibungen bleiben in unserer Studie unberücksichtigt, beispielsweise ob in Folge der zunehmenden Bedeutung von Verantwortungszuschreibungen in Sicherheitsratsresolutionen Verantwortung auch übernommen wurde, also tatsächliche Politikmaßnahmen dieser rhetorischen Verantwortungsübernahme gefolgt sind. Da der von uns beschriebene Anstieg an Verantwortungszuschreibung fast exponentielles Ausmaß annimmt, wirft die Frage nach den realpolitischen Konsequenzen die Ge-

15 Wir danken Cord Schmelzle für den Hinweis auf diese Interpretation der Ergebnisse.

genfrage auf, ob wir es hier mit einer Verantwortungsüberforderung der Vereinten Nationen zu tun haben, denen sie womöglich nicht gewachsen ist.

Weiterhin gilt es, die hier beschriebenen Zusammenhänge qualitativ besser einzuordnen, d.h. herauszufinden, welche expliziten kausalen Prozesse und Mechanismen den Anstieg von Verantwortungszuschreibung herbeigeführt haben. Die von uns in Abschnitt 2 spezifizierten Mechanismen des externen Drucks, der Pfadabhängigkeit von Sprache in Resolutionen und des *rethorical entrapment* bedürfen weiterer Analysen. Dabei bedarf es sowohl qualitativer und interpretativer Zugänge in der Form von Text- und Inhaltsanalyse, sowie quantitativer Methoden um die einzelnen Mechanismen zu überprüfen.

Literatur

Arnauld, Andreas von. 2009. Souveränität und Responsibility to Protect. *Die Friedens-Warte* 84 (1): 11–52.

Barnett, Michael. 2003. *Eyewitness to a Genocide: The United Nations and Rwanda*. London: Cornell University Press.

Bellamy, Alex J. 2010. *Global Politics and the Responsibility to Protect: From Words to Deeds*. London; New York, N.Y.: Routledge.

———. 2014. From Tripoli to Damascus? Lesson Learning and the Implementation of the Responsibility to Protect. *International Politics* 51 (1): 23–44.

Benoit, Kenneth, und Paul Nulty. 2016. quanteda: Quantitative Analysis of Textual Data. https://CRAN.R-project.org/package=quanteda.

Binder, Martin, und Monika Heupel. 2015. The Legitimacy of the UN Security Council: Evidence from Recent General Assembly Debates. *International Studies Quarterly* 59 (2): 238–50.

Brock, Lothar. 1999. Normative Integration und Kollektive Handlungskompetenz auf Internationaler Ebene. *Zeitschrift für Internationale Beziehungen* 6 (2): 323–47.

Brühl, Tanja, und Elvira Rosert. 2014. *Die UNO und Global Governance*. Wiesbaden: Springer-Verlag.

Chandler, David. 2010. R2P or Not R2P? More Statebuilding, Less Responsibility. *Global Responsibility to Protect* 2 (1): 161–66.

Cumby, Robert E., und John Huizinga. 1992. Testing the Autocorrelation Structure of Disturbances in Ordinary Least Squares and Instrumental Variables Regressions. *Econometrica* 60 (1): 185–95.

Daase, Christopher, und Julian Junk. 2013. Internationale Schutzverantwortung – Normative Erwartungen und politische Praxis. *Die Friedenswarte* 88 (1–2): 13–16.

Debiel, Tobias. 1998. Handlungsfähige Weltautorität oder Legitimationsbeschaffer à la carte? Friedenspolitische Perspektiven für die UNO. *Die Friedens-Warte*, 443–464.

Debiel, Tobias, Nils Goede, Holger Niemann, und Robert Schütte. 2009. Vom ‚neuen Interventionismus' zur R2P. Die Entwicklung einer Menschenrechtsschutznorm im Rahmen des Sicherheitsrates der Vereinten Nationen. *Die Friedens-Warte* 84 (1): 53–88.

Debiel, Tobias, und Franz Nuscheler. 1996. Der neue Interventionismus. *Humanitäre Einmischung zwischen Anspruch und Wirklichkeit*, Bonn: Dietz.

Dedring, Jürgen. 2008. Human Security and the UN Security Council. In *Globalization and Environmental Challenges*, Hrsg. Hans Günter Brauch, Úrsula Oswald Spring,

Czeslaw Mesjasz, John Grin, Pál Dunay, Navnita Chadha Behera, Béchir Chourou, Patricia Kameri-Mbote, P. H. Liotta, 605–19. Hexagon Series on Human and Environmental Security and Peace 3. Berlin; Heidelberg: Springer.

Di Carlo, Giuseppina Scotto. 2013a. The Language of the UN: Vagueness in Security Council Resolutions Relating to the Second Gulf War. *International Journal for the Semiotics of Law-Revue internationale de Sémiotique juridique* 26 (3): 693–706.

———. 2013b. *Vagueness as a Political Strategy: Weasel Words in Security Council Resolutions Relating to the Second Gulf War*. Newcastle: Cambridge Scholars Publishing.

———. 2015. "Weasel Words" in Legal and Diplomatic Discourse: Vague Nouns and Phrases in UN Resolutions Relating to the Second Gulf War. *International Journal for the Semiotics of Law-Revue internationale de Sémiotique juridique* 28 (3): 1–18.

Erskine, Toni. 2003a. *Can Institutions Have Responsibilities? Collective Moral Agency and International Relations*. Basingstoke: Palgrave Macmillan.

———. 2003b. Introduction: Making Sense of 'Responsibility' in International Relations—Key Questions and Concepts. In *Can Institutions Have Responsibilities?*, Hrsg. Toni Erskine, 1–16. Basingstoke: Palgrave Macmillan.

———. 2004. Blood on the UN's Hands? Assigning Duties and Apportioning Blame to an Intergovernmental Organisation. *Global Society* 18 (1): 21–42.

French, Peter A. 1984. *Collective and Corporate Responsibility*. New York: Columbia University Press.

Friedheim, Robert L., und Joseph B. Kadane. 1970. Quantitative Content Analysis of the United Nations Seabed Debate: Methodology and a Continental Shelf Case Study. *International organization* 24 (3): 479–502.

Gerber, Doris, und Véronique Zanetti. 2010. *Kollektive Verantwortung und internationale Beziehungen*. Berlin: suhrkamp.

Gifkins, J. 2015. R2P in the UN Security Council: Darfur, Libya and beyond. *Cooperation and Conflict* 51(2), 148-165.

Glanville, L. 2015. Does R2P Matter? Interpreting the Impact of a Norm. *Cooperation and Conflict*, 51(2), 184-199.

Goldstone, Richard. 2007. International Criminal Court and Ad Hoc Tribunals. In *The Oxford handbook on the United Nations*, Hrsg., Thomas G. Weiss und Sam Daws, 463–78. New York: Oxford University Press.

Gruenberg, Justin S. 2009. An Analysis of United Nations Security Council Resolutions: Are All Countries Treated Equally. *Case Western Reserve Journal of International Law* 41 (2/3): 469.

Guevara, Berit Bliesemann de, und Florian P. Kühn. 2010. *Illusion Statebuilding: Warum sich der westliche Staat so schwer exportieren lässt*. Hamburg: edition Körber-Stiftung.

Hafner-Burton, Emilie M. 2008. Sticks and Stones: Naming and Shaming the Human Rights Enforcement Problem. *International Organization* 62 (4): 689–716.

Hart, Rachael. 2012. The New" Rhetoric: Keeping Time in the Communication of Peacebuilding. In *Forming a Culture of Peace*, Hrsg. Karina V. Korostelina, 43–62. New York: Palgrave Macmillan.

Hawkins, Virgil. 2004. *The Silence of the UN Security Council*. Florenz: European Press Academic Pub.

Hehir, Aidan. 2010. The Responsibility to Protect: 'Sound and Fury Signifying Nothing'? *International Relations* 24 (2): 218–39.

Heupel, Monika. 2013. With power Comes Responsibility: Human Rights Protection in United Nations Sanctions Policy. *European Journal of International Relations* 19 (4): 773–796.

Hipold, Peter. 2015. From Humanitarian Intervention to the Responsibility to Protext. In *Responsibility to Protect (R2P): A New Paradigm of International Law?*, Hrsg. Peter Hipold, 1–37. Leiden und Boston: Brill Nijhoff.

Hoover, Joseph. 2012. Reconstructing Responsibility and Moral Aagency in World Politics. *International Theory* 4 (2): 233–268.

International Commission on Intervention and State Sovereignty (ICISS). 2001. The Responsibility to Protect. Ottawa, ON: International Development Research Centre.

Karlsrud, John. 2013. Responsibility to Protect and Theorising Normative Change in International Organisations: from Weber to the Sociology of Professions. *Global Responsibility to Protect* 5 (1): 3–27.

Krause, Joachim. 2010. Multilateralisierung der Verantwortungslosigkeit. Humanitäre Katastrophen unter Bedingungen kollektiver Sicherheit. In *Kollektive Verantwortung und internationale Beziehungen*, Hrsg. Doris Gerber und Véronique Zanetti, 295–320. Berlin: suhrkamp.

Lang Jr, Anthony. 2003. The United Nations and the Fall of Srebrenica. In *Can Institutions Have Responsibilities?*, Hrsg. Toni Erskine, 183–203. Basingstoke: Palgrave Macmillan.

Linden, Ariel. 2015. Conducting Interrupted Time-Series Analysis For Single-and Multiple-Group Comparisons. *Stata Journal* 15 (2): 480–500.

Loges, Bastian. 2012. *Schutz Als Neue Norm in Den Internationalen Beziehungen: Der Un-sicherheitsrat Und Die Etablierung Der Responsibility to Protect.* Wiesbaden: Springer VS.

Loiselle, Marie-Eve. 2013. The Normative Status of the Responsibility to Protect after Libya*. *Global Responsibility to Protect* 5 (3): 317–341.

Luck, Edward C. 2008. Der verantwortliche Souverän und die Schutzverantwortung. *Vereinte Nationen* 2: 51–58.

———. 2010. Building a norm: the responsibility to protect experience. In *Mass Atrocity Crimes: Preventing Future Outrages*, Hrsg. Robert I. Rotberg, 108–127. , Washington, DC: Brookings Institution.

Lφvald, Johan Ludivk. 1975. In Search of an Ocean Regime: The Negotiations in the General Assembly's Seabed Committee 1968–1970. *International Organization* 29 (3): 681–709.

Malone, David M. 2004. *The UN Security Council: From the Cold War to the 21st Century*. Boulder, CO: Lynne Rienner Publishers.

———. 2007. Security Council. In *The Oxford Handbook on the United Nations*, Hrsg. Thomas G Weiss und Sam Daws, 117–35. Oxford; New York: Oxford University Press.

Mertus, Julie. 2009. *The United Nations and Human Rights: A Guide for a New Era*. London: Routledge.

Miner, Gary D., Hrsg. 2012. *Practical Text Mining and Statistical Analysis for Non-Structured Text Data Applications*. Waltham, Mass.: Elsevier, Acad. Press.

Müller-Wolf, Tim J. Aristid, und Patricia Schneider. 2009. The Responsibilty to Protect – Norm im Entstehen? *Sicherheit und Frieden (S+F) / Security and Peace* 27 (1): 54–59.

Nasu, Hitoshi. 2011. The UN Security Council's Responsibility and the ‚Responsibility to Protect'. *Max Planck Yearbook of United Nations Law* 15: 377–418.

Papenfuß, Anja. 2012. Syrien-Krise: Verantwortung liegt beim UN-Sicherheitsrat. *Vereinte Nationen* 6: 241.

Peltonen, Hannes. 2013. *International responsibility and grave humanitarian crises: collective provision for human security*. London: Routledge.

Peou, Sorpong. 2002. The UN, Peacekeeping, and Collective Human Security: From An Agenda for Peace to the Brahimi Report. *International Peacekeeping* 9 (2): 51–68.

Roberts, Adam. 2008. Humanitarian Action in War. In *The Evolution of Strategic Thought. Classic Adelphi Papers.*, Hrsg. International Institute for Strategic Studies, 520–95. New York: Routledge.

Rosert, Elvira. 2012. Fest etabliert und weiterhin lebendig: Normenforschung in den Internationalen Beziehungen. *Zeitschrift für Politikwissenschaft* 22 (4): 599–623.

Rotmann, Philipp, Gerrit Kurtz, und Sarah Brockmeier. 2014. Major Powers and the Contested Evolution of a Responsibility to Protect. *Conflict, Security & Development* 14 (4): 355–77.

Shawki, Noha. 2011. Responsibility to Protect: The Evolution of an International Norm. *Global Responsibility to Protect* 3 (2): 172–196.

Sievers, Loraine, und Sam Daws. 2014. *The Procedure of the UN Security Council*. Oxford: Oxford University Press.

Simon, Sven, und Judith Thorn. 2012. Der Konflikt in Syrien: Eine völkerrechtliche Betrachtung. *Vereinte Nationen* 6: 243–50.

Sisk, Timothy D. 2013. Enhancing International Cooperation: From Necessity to Urgency in Responding to Intrastate Conflict. *Global Governance* 19 (4): 503–6.

Stepchenkova, Svetlana, Andrei Kirilenko, und Alastair Morrison. 2009. Facilitating Content Analysis in Tourism Research. *Journal of Travel Research* 47 (4): 454–69.

Suedfeld, Peter, Philip E. Tetlock, und Carmenza Ramirez. 1977. War, Peace, and Integrative Complexity Un Speeches on the Middle East Problem, 1947–1976. *Journal of Conflict Resolution* 21 (3): 427–442.

Thakur, Ramesh. 2007. Humanitarian Intervention. In *The Oxford handbook on the United Nations*, Hrsg. Thomas G. Weiss und Sam Daws, 387–403. New York: Oxford University Press.

Thakur, Ramesh, und Thomas G. Weiss. 2009. R2P: From Idea to Norm—and Action? *Global Responsibility to Protect* 1 (1): 22–53.

Vereinte Nationen. 2009. Umsetzung der Schutzverantwortung. Bericht des Generalsekretärs. Deutsche Übersetzung.

Weiss, Thomas G. 2014. Military Humanitarianism: Syria Hasn't Killed It. *The Washington Quarterly* 37 (1): 7–20.

Welsh, Jennifer M. 2010. Die internationale Gemeinschaft und die ‚Verantwortung zum Schutz'. In *Kollektive Verantwortung und internationale Beziehungen*, Hrs. Doris Gerber und Véronique Zanetti, 272–94. Berlin: suhrkamp.

Zangl, Bernhard. 2002. Humanitäre Intervention. In *Internationale Politik im 21. Jahrhundert*, Hrsg. Mir A. Ferdowski, 105–22. München: UTB.

Zangl, Bernhard, und Michael Zürn. 2011. Make Law, Not War: Internationale und transnationale Verrechtlichung als Baustein für Global Governance. In *Konfliktregelung und Friedensstrategien*, Hrsg. Berthold Meyer, 523–44. Wiesbaden: VS Verlag für Sozialwissenschaften.

Kosmopolitische Verantwortung: Zwischen normativem Anspruch und politischer Praxis

Jürgen Neyer, Mitja Sienknecht und Luana Martin-Russu

1. Verantwortung jenseits des Staates?[1]

Der Begriff der Verantwortung stellt einen zentralen normativen Bezugspunkt globaler Politik dar. Die Staatengemeinschaft ist heute aufgefordert, eine „Schutzverantwortung" für Menschen weltweit wahrzunehmen, der Kampf gegen den Terror ist zur globalen Aufgabe avanciert, Deutschland soll Verantwortung für Europa und wir alle sollen Verantwortung für die globale Umwelt übernehmen. Offensichtlich hat sich in den letzten Jahrzehnten eine sowohl territoriale als auch funktionale Ausdehnung dessen vollzogen, für das Verantwortung übernommen werden soll. Der relevante politische Bezugsrahmen für die Anwendung des Verantwortungsbegriffes ist nicht mehr lediglich der Nationalstaat, sondern das weltpolitische System. Der Begriff der Verantwortung ist daher heute ein im besten Sinne entgrenzter Begriff, der sowohl den Staaten als auch den Bevölkerungen weitgreifende moralische Verpflichtungen auferlegt.

Der zentrale Grund für diese „Entgrenzung der Verantwortlichkeit"[2] ist der vielfach beschriebene Prozess der ungleichzeitigen Denationalisierung (Zürn 1998). Immer öfter haben wir es heute mit Situationen zu tun, in denen einzelstaatliches Handeln extraterritoriale Auswirkungen hat, ohne dass den hier betroffenen Menschen eine formale Möglichkeit eingeräumt würde, sich an den Prozessen zu beteiligen, die zu diesen Entscheidungen geführt haben. Dieser Verstoß gegen die demokratiekonstitutive Kongruenzbedingung (Scharpf 1998, 1999; Zürn 1998) kann im Rahmen einzelstaatlicher Verfahren nur sehr beschränkt geheilt werden. Innerstaatliche Strukturen der Repräsentation und der Rechenschaftspflichtigkeit binden einzelstaatliche Entscheidungsträger an die Verpflichtung, im Interesse der von ihnen Repräsentierten zu handeln und die Belange nicht-repräsentierter Anderer im besten Fall nachrangig zu berücksichtigen. Angesichts einer interdependenten Welt, in der die Entscheidungen eines Staates direkte oder indirekte Auswirkungen auf das Wohlergehen und die Freiheit von Menschen in anderen Staaten haben, ist dieser Zustand defizitär. Es ist daher nötig, verantwortungsvolle Beziehungen aus dem eingrenzenden Gehäuse des Nationalstaates zu befreien und sie so zu rekonstruieren, dass faktische Verflechtungen

---

1 Für wertvolle Hinweise zur Überarbeitung dieses Beitrages bedanken wir uns bei den TeilnehmerInnen des Workshops in Frankfurt am Main im Februar 2016 sowie den anonymen GutachterInnen der PVS. Der Artikel ist im Rahmen der Förderung durch das Viadrina Center B/ORDERS in MOTION entstanden. Die AutorInnen danken dem Center für die Förderung.

2 Vgl. zu diesem Begriff auch Pfeuffer (2008), der die Entgrenzung von Verantwortung in den Theorien von Nietzsche und Levinas nachzeichnet.

und normative Verpflichtungen wieder zur Deckung kommen. Politische Entscheidungen müssen – so unser Argument – nicht nur denjenigen gegenüber verantwortet werden, die sie autorisiert haben, sondern allen gegenüber, die von diesen Entscheidungen betroffen sind. Das Fehlen formaler Beteiligungsmöglichkeiten von Drittstaatsangehörigen im innerstaatlichen Entscheidungsprozess verweist auf ein strukturelles Defizit der bestehenden globalen politischen Ordnung, das im Rahmen der nach wie vor zentralen Bedeutung nationaler Souveränität und des hiervon bedingten Nichteinmischungsgebotes kaum hinreichend korrigiert werden kann.

Der in diesem Artikel entwickelte Verantwortungsbegriff legt eine konzeptionelle Grundlage für die Kritik des strukturellen Defizites der bestehenden globalen politischen Ordnung. Er weist allen Entscheidern eine moralische Zuständigkeit dafür zu, die Folgen ihres Handelns auch dann zu berücksichtigen, wenn sie Menschen betreffen, die von diesen Entscheidern formal nicht repräsentiert sind. Er ist daher als ein grundlegend kosmopolitischer Begriff und als konkrete Umsetzung eines postnational interpretierten Kongruenzgebotes von Entscheidungsmacht und Betroffenheit zu verstehen.

Zwei zentrale Fragen stehen im Vordergrund des vorliegenden Papiers:

1. Wie kann das Konzept der Verantwortung so gedacht werden, dass es die Belange nicht-repräsentierter Anderer in politischen Entscheidungen berücksichtigt?
2. Lassen sich empirische Evidenzen für die Realisierung kosmopolitischer Verantwortung im weltpolitischen System finden oder handelt es sich hierbei nur um eine normative Idee?

Das Ziel des Beitrags ist es, den Verantwortungsbegriff aus dem nationalstaatlichen Korsett zu lösen und kosmopolitisch zu wenden. Wir nehmen dabei an, dass sich die relevanten Objekte der Verantwortungsübernahme vervielfacht haben – also wem politische Entscheidungsträger gegenüber verantwortlich sind – und dass zugleich von einer Diffusion des verantwortungstragenden Subjektes auszugehen ist. Internationale Flüchtlingsströme, weltweite Armut oder die globale Umweltzerstörung können kaum von der internationalen Staatengemeinschaft ignoriert werden; genauso wenig kann jedoch ein einzelner Staat für die Lösung der weltweiten Armut, des globalen Terrors oder großer Flüchtlingsströme verantwortlich gemacht werden. Internationale Institutionen wurden in Reaktion auf diese „Verantwortungsdiffusion" gegründet, da sie es möglich machen, grenzüberscheitende oder auch „transsouveräne" Probleme (Cusimano 2000, S. 3) zu adressieren und kollektiv bindende Entscheidungen über die Modalitäten ihrer Bearbeitung zu treffen. Sie erfüllen daher eine wichtige Funktion im weltpolitischen System und sind aus der heutigen Landschaft der internationalen Politik nicht mehr wegzudenken (Barnett u. Finnemore 2005, S. 161). Sie etablieren gemeinsame normative Standards zur Bewertung einzelstaatlichen Handelns, binden Staaten und nichtstaatliche Akteure in grenzüberschreitende Rechtfertigungsdiskurse ein und stellen eine kommunikative Basis dafür dar, gegenseitig Verantwortung zu übernehmen. Institutionen sind sowohl Resultat als auch Bedingung der Verantwortungsexpansion in einer globalisierten Welt.

Die Rekonstruktion eines kosmopolitischen Verantwortungsbegriffs und die Identifizierung der Institutionalisierung von Verantwortung im weltpolitischen System werden wir im Folgenden in vier Schritten unternehmen. In einem ersten Schritt wird die grundlegende Spannung der internationalen Ordnung zwischen dem anarchischen Prinzip souveräner Nationalstaaten auf der einen Seite und dem kosmopolitischen Prinzip der Menschenrechte auf der anderen Seite skizziert. Hierdurch wird es möglich, den gewandelten normativen Bezugsrahmen des internationalen Systems zu beschreiben und einen Ansatzpunkt für die Wirkungsmächtigkeit moralischer Verpflichtungen zu identifizieren. Im darauffolgenden Kapitel wird in die Forschung zum Verantwortungsbegriff und in das Konzept des Rechts auf Rechtfertigung eingeführt sowie ein gerechtigkeitstheoretisch hergeleitetes Konzept kosmopolitischer Verantwortung entwickelt. Im dritten Schritt werden drei institutionelle Kontexte der Verantwortung unterschieden und nach Beispielen für bereits bestehende Formen kosmopolitischer Verantwortungsübernahme befragt. Im abschließenden Fazit wird die zu beobachtende Verantwortungsdiffusion kritisch reflektiert.

2. Normative Spannungen in der globalen (Verantwortungs-)Ordnung

Um die Bedingungen der Zuschreibung und Übernahme von Verantwortung in der globalen Ordnung zu verstehen, ist es hilfreich, sich die normativen Spannungen des internationalen Systems zu vergegenwärtigen. Abhängig davon, welchen Gegenstand der globalen Politik wir uns anschauen, beobachten wir unterschiedliche Grade der Verantwortungsübernahme. Während im Bereich der Menschenrechtsdiskurse oder auch der marktgestaltenden Politiken oftmals eine postnationale und von kosmopolitischen Prinzipien geprägte Ordnung beschrieben wird, ist die internationale Sicherheitspolitik in vielen Bereichen weiterhin als anarchisch zu beschreiben. Die internationale Anarchie der Staatenwelt und die kosmopolitische Ordnung der Menschenrechte lassen sich als koexistierende und gleichzeitig um die Deutungshoheit globaler politischer Prozesse konkurrierende Ordnungsstrukturen verstehen.

Die internationale Anarchie der Staatenwelt wird in der Literatur der Internationalen Beziehungen seit Thukydides beschrieben (Bull 1977; Herz 1974; Waltz 1979; u.a.). Auch wenn diese große realistische Erzählung heute in vielfältiger Hinsicht herausgefordert ist, hat sie noch immer hohe Relevanz. Die aktuellen Konflikte in Syrien, dem Irak, dem Jemen oder auch dem Südchinesischen Meer zeigen deutlich, dass die realistische politische Logik noch lange nicht überholt ist. Die Abwesenheit einer zentralen Ordnungsmacht konstituiert nach wie vor eine Struktur, in der Staaten im Wettbewerb um Sicherheit und Wohlfahrt stehen. Noch immer streben Staaten nach relativer Macht und der Herstellung von Sicherheit (Herz 1974) und nehmen eine zentrale Bedeutung für die globale politische Ordnung ein. Solange Staaten über die wichtigsten Zwangskapazitäten verfügen, um sowohl nach innen als auch nach außen Sicherheit bereitstellen zu können, werden sie wichtige Fixpunkte jeder globalen Normensetzung und -durchsetzung bleiben. Die Rückbindung einzelstaatlicher Regierungen an innerstaatliche Legitimierungen und Mechanismen der Machtbestätigung führt gleichzeitig allerdings dazu, dass staatliches Handeln seinen externen Effekten nur sehr begrenzt und letztlich nur dort Rechnung trägt, wo diese Effekte innerstaatlich relevante Auswirkungen haben (Moravcsik 1998). Nicht die Verantwortung für andere, sondern die eigenen nationalen Interessen stehen im Vordergrund.

Parallel zur internationalen Anarchie der Staatenwelt hat sich in den letzten Dekaden ein zweites globales Ordnungsprinzip etabliert, das auf einem menschenrechtlich fundierten Kosmopolitismus aufbaut (Archibugi 1998; Archibugi u. Held 1995; Ghajati 2012; Menke-Eggers u. Pollmann 2007). Der historische Prozess der Aufklärung hat sich nicht nur innerstaatlich in dem Anspruch auf Rückbindung staatlicher Herrschaft an universelle Menschenrechte und demokratische Prinzipien manifestiert, sondern reklamiert auch für die zwischenstaatlichen Beziehungen normative Gültigkeit. Seinen rechtlichen und institutionellen Niederschlag hat das Ausgreifen kosmopolitischer Ideen zuerst im humanitären Völkerrecht und später mit der Gründung des Völkerbundes und der Vereinten Nationen (UN) sowie der Universellen Erklärung der Menschenrechte (UDHR) und der Ächtung des Krieges (Briand-Kellogg-Pakt) gefunden. Weiter konkretisiert und ausformuliert wurden diese Prinzipien beispielsweise in der Antifolterkonvention (CAT), der Völkermordkonvention (CPPCG) und dem Internationalen Pakt über bürgerliche und politische Rechte (ICCPR). Alle diese Rechtsdokumente bringen die grundsätzliche Überzeugung der internationalen Gemeinschaft zum Ausdruck, dass legitime Politik und staatliche Souveränität unter dem Vorbehalt der Einhaltung kosmopolitischer Normen stehen. Allen Menschen werden heute universell gültige und von keinem Staat aufhebbare Rechte zugeschrieben, unabhängig davon wo und unter welcher innerstaatlichen Rechtsordnung sie leben und welchen zwischenstaatlichen Politiken sie unterworfen sind (Beitz 1979; Held 2009, S. 537). Im Zuge der kosmopolitischen Herausforderung der staatlichen Souveränität wird die normative Begrenzung von verantwortungsrelevanten Beziehungen auf das Verhältnis zwischen Regierung und nationaler Bevölkerung aufgehoben. Die Souveränität staatlichen Handelns findet dort ihre Grenze, wo grundlegende Menschenrechte systematisch von Regierungen verletzt werden (Beitz 2001). Nicht mehr nur die nationale Regierung ist verantwortlich, alles in ihrer Macht Stehende zu tun, um Menschenrechtsverletzungen zu verhindern. Alle anderen Staaten und handlungsfähigen politischen Akteure sind vielmehr immer dann zum Handeln verpflichtet, wenn sie einen relevanten Beitrag zur Abstellung von Missständen leisten können.

Die Souveränität der Staaten und die kosmopolitische Idee der Menschenrechte schließen sich zwar nicht per se aus, können aber in einem Konkurrenzverhältnis zueinanderstehen. Wenn nicht auf beide Rechtsgüter gleichzeitig Rücksicht genommen werden kann, welchem ist dann der Vorrang einzuräumen? Im Verfassungsrecht versucht der Begriff der „praktischen Konkordanz" (Hesse 1999, S. 28) konkurrierende Prinzipien zur Deckung zu bringen. Aufgrund der oftmals diametralen Implikationen ist in vielen konkreten Fragen allerdings nur dann ein sinnvoller Abwägungsprozess möglich, wenn ein gemeinsames übergeordnetes Prinzip besteht, nach dem im Konfliktfalle entschieden werden kann (zur Kritik am Prinzip der praktischen Konkordanz, Fischer-Lescano 2008).

Ein Beispiel hierfür findet sich etwa in der aktuellen Flüchtlingspolitik der EU. Das anarchische Prinzip der Staatenwelt legitimiert hier eine Migrationspolitik, die nationalen Interessen den Vorrang vor anderen Erwägungen wie humanitären Fragen einräumt. Ungarn, Polen, Österreich und viele andere Staaten der EU fühlen sich berechtigt, das von der Genfer Flüchtlingskonvention festgeschriebene Recht auf Asyl auszuhebeln und nationale Interessen zum Maßstab politischen Handelns zu erheben. Dem gegenüber steht die kosmopolitisch begründete Forderung, die europäischen und damit auch die nationalen Politiken der Mitgliedstaaten der EU an humanitären Gesichtspunkten auszurichten und nationale Interessen dort zurückzustellen, wo sie hierzu in Widerspruch geraten. Die Praxis zeigt deutlich wie schwierig eine praktische Konkordanz zu realisieren ist, wenn kein übergeordnetes Prinzip besteht, das klare und akzeptierte Handlungsweisen vorschreibt. Die Forderung der einen nach „mehr Solidarität" bezieht sich auf ein Prinzip, das gleichzeitig von den anderen fundamental in Abrede gestellt wird (Bendiek u. Neyer 2016). Im Ergebnis scheitern die normativen Ansprüche des kosmopolitischen Lagers an den praktischen Einsprüchen der Staatenwelt. Diese ordnungspolitische Konkurrenz wird sich in absehbarer Zukunft kaum in Richtung eines der beiden Prinzipien auflösen: Solange es Staaten gibt, werden voraussichtlich auch die zwischenstaatliche Anarchie und die Fokussierung auf die eigene Bevölkerung ihre Plätze in der internationalen Politik behaupten können. Und genauso werden auch kosmopolitische Prinzipien solange ihre Geltung einfordern und als Grundlage legitimer Politik gelten, wie Menschen auf der Idee beharren, dass Politik und Moral nicht vollständig zu entkoppeln sind.

Bevor wir diese Behauptung im vierten Abschnitt empirisch fundieren gilt es den Begriff der Verantwortung näher zu klären. Was genau meinen wir eigentlich, wenn wir von Verantwortung sprechen? Oder für die Belange dieses Textes noch wichtiger: was für einen Begriff von Verantwortung benötigen wir, um ein glaubwürdiges Versprechen der Abmilderung oder sogar Überwindung der negativen Auswirkungen der anarchischen Verfasstheit des Staatensystems auf die Realisierungsbedingungen grundlegender Rechte Anderer zu begründen?

3. Kosmopolitische Verantwortung

Der Begriff der Verantwortung bezieht sich auf die Verpflichtung, etwas zu tun oder zu unterlassen (Klein 2005) und damit für die Bewahrung oder Veränderung einer Situation zuständig zu sein. Hieraus können sich sowohl Verpflichtungen zum Handeln als auch zum Unterlassen von Handlungen begründen. Da es oftmals nicht eindeutig ist, ob wir objektiv verantwortlich sind, verweist der Begriff der Verantwortung in letzter Konsequenz immer auf die menschliche Fähigkeit abzuwägen und sich von guten Gründen leiten zu lassen (Nida-Rümelin 2011). Die Zuschreibung von Verantwortung kann dabei entweder ex ante erfolgen, etwa indem ein bestimmtes Verhalten eingefordert wird, oder sie erfolgt ex post, so dass ein bestimmtes Verhalten kritisch hinterfragt oder gewürdigt wird (Erskine 2003, S. 8).

Verantwortung muss in einer sich entgrenzenden und interdependenten Weltgesellschaft grundlegend kosmopolitisch gedacht werden. Dann drängt sich jedoch die Frage auf, wo in einer entgrenzten Gesellschaft die „boundaries of the demos", d.h. für unseren Kontext: die relevante Bezugsgruppe für die Lokalisierung von Verantwortung, liegt. Die Frage nach der Reichweite politischer Entscheidungen verweist auf das so genannte Inklusions-Problem.[3] Die Behauptung, dass nur nationale Gemeinschaften eine hinreichend breite Basis gemeinsamer Werte ausbilden und damit den notwendigen Hintergrundkonsens bereitstellen, vor dem sich überhaupt sinnvoll über Fragen der Gerechtigkeit diskutieren lässt (vgl. Taylor 2009; Walzer 1983), verträgt sich damit nicht. Nicht staatliche Grenzen, sondern Betroffenheiten bilden den Bezugspunkt dafür, dass politische Entscheidungsträger verpflichtet sind, nicht repräsentierte Andere in ihren Entscheidungen zu berücksichtigen (Beitz 1979; Pogge 2002). Politische Entscheidungen, unabhängig davon ob sie von Regierungen, Organisationen oder Individuen getroffen werden, müssen in vollem Umfang die Effekte berücksichtigen, die sie auf Betroffene haben. In einer kosmopolitischen Verantwortungskonzeption sind daher die Grenzen des relevanten Demos, also derjenigen, die am politischen Entscheidungsprozess zu beteiligen sind, grundlegend neu zu ziehen. Alle diejenigen müssen in den Entscheidungsprozess einbezogen werden, deren Interessen von einer Entscheidung betroffen sind (vgl. Dahl 1990, S. 64; Goodin 2007, S. 50).[4] Der Demos ist damit nicht mehr territorial und staatlich, sondern funktional begründet. Er konstituiert sich je nach thematischem Gegenstand jeweils neu.[5]

Den relevanten Demos verstehen wir somit als eine Beziehung zwischen Verantwortungssubjekt (*wer* ist verantwortlich?) und Verantwortungsobjekt (für *wen* oder *was* wird Verantwortung übernommen?), die über die Vermittlung durch eine Verantwortungsinstanz (worauf begründet sich die Verantwortungszuschreibung?) (Zimmerli u. Aßländer 1996) konstituiert wird. Die spezifische Auskleidung der Bedeutung von Subjekt, Objekt und Instanz hängt sowohl davon ab, ob wir von moralischer oder von politischer Verantwortung sprechen, als auch davon, ob wir den Begriff der Verantwortung für die innerstaatlichen Beziehungen reservieren oder ihn auf alle Beziehungen mit relevanten Interdependenzen

3 Vgl. zum „boundary problem" Dahl (1979, 1989, S. 119), List u. Koenig-Archibugi (2010); Goodin (2007); Abizadeh (2012); Beckman (2009); Scherz (2013); Saunders (2011). Goodin (2007) kritisiert sowohl die Beschreibung als „problem of inclusion", da dies eine bereits bestehende Gruppe von Entscheidern voraussetzt und die grundlegende Frage nach der Konstitution einer solchen Gruppe übergangen wird; als auch die Beschreibung als „boundary problem" (Whelan (1983)), da dies die geographische Dimension unnötig betonen würde, vgl. Goodin 2007, S. 40.

4 Goodin (2007, S. 52–55) differenziert weiter zwischen dem „all actually affected interests principle" und dem „all possibly affected interests principle" (vgl. auch Owen 2012).

5 Kritiker betonen zu Recht, dass ein derartiges Prinzip in Reinform nur schwer praktisch umzusetzen ist, da es jeweils entscheidungsspezifische Formen der Inklusion erfordert. Das Ausmaß von Betroffenheit variiert zudem mit jeder Entscheidung, so dass eine qualifizierte und gestufte Form der Einflussnahme vonnöten sei Saunders (2011, S. 283); Valentini (2014, S. 794–796), Goodin (2007, S. 52–58, 2007, S. 52–58) aber auch Goodin (2007, S. 52–58). Alle diese Einwände haben ihre Berechtigung und verlangen in einer idealen Welt nach anspruchsvolleren institutionellen Mechanismen als hier abstrakt diskutiert werden können. In der konkreten Anwendung eines kosmopolitischen Verantwortungsverständnisses muss es allerdings auch nicht notwendigerweise darum gehen, eine ideale theoretische Welt zu etablieren. Vor dem Hintergrund der umfassenden Verantwortungslosigkeit einer in Nationalstaaten aufgeteilten Welt ist dann schon ein wichtiger Schritt getan, wenn sich Inseln kosmopolitischer Verantwortung in Form von Institutionen identifizieren und die Kontexte benennen lassen, in denen diese zumindest möglich sind.

ausdehnen. Wir zeigen dabei, dass ein kosmopolitischer Verantwortungsbegriff veränderte Subjektrelationen (Ausdifferenzierung von verantwortlichen Akteuren) und Objektrelationen (Ausdifferenzierung von verantworteten Strukturen und Zuständen) berücksichtigen und gleichzeitig eine Antwort auf die normative Heterogenität als Bewertungsgrundlage der Verantwortungsübernahme geben muss.

3.1 Moralische, rechtliche und politische Verantwortung

In der Literatur wird häufig zwischen moralischer, rechtlicher und politischer Verantwortung unterschieden (Erskine 2003, S. 7–8; Isaacs 2011, S. 13–14). *Moralische Verantwortung* begrenzt und begründet alle anderen Verantwortungsformen und beschreibt ganz grundsätzlich die Verwerflichkeit („blameworthiness") und Löblichkeit („praiseworthiness") des Handelns von moralischen Agenten (Isaacs 2011, S. 13). Nicht nur individuelle, sondern auch kollektive Akteure können als moralisch verantwortlich angesehen werden, sofern diese eine festgelegte Entscheidungsstruktur (French 1984) und eine eigene Identität aufweisen, so dass sie für die Folgen ihres Handelns zur Verantwortung gezogen werden können (Erskine 2003). Im Unterschied zu einem kausalen Verantwortungsbegriff ist es dabei irrelevant, ob ein potentiell verantwortliches Subjekt durch sein eigenes Handeln zu einem bestimmten Zustand beigetragen hat. Entscheidend ist vielmehr die Fähigkeit, einen ungerechten Zustand abstellen oder seine Ungerechtigkeit verringern zu können. Moralische Verantwortung umfasst zudem die Verpflichtung, künftige Konsequenzen eigener Handlungen zu antizipieren und aktuelles Handeln entsprechend auszurichten. Moralische Verantwortung beinhaltet damit nicht nur die Verringerung, sondern auch die Vermeidung von Missständen (Carroll 2016).

Der Begriff der moralischen Verantwortung hat offensichtliche Stärken. Er knüpft den Begriff der Verantwortung an ein normatives Bezugssystem und erschwert damit seine oftmals willkürliche Verwendung im politischen und wissenschaftlichen Diskurs. Er suggeriert damit allerdings gleichzeitig auch normative Gewissheiten, die es in der praktischen Politik häufig nicht geben kann. Eine erste dieser Gewissheiten bezieht sich auf die Frage des anzulegenden moralischen Bezugssystems. In der internationalen Politik gibt es eine Vielzahl unterschiedlicher und oftmals sogar inkompatibler normativer Maßstäbe. Die Gerechtigkeit des einen ist nur zu häufig die Ungerechtigkeit des anderen. Kelsen hat diese Schwierigkeit prominent zum Ausdruck gebracht: „Was ist Gerechtigkeit? Keine andere Frage ist so leidenschaftlich erörtert, für keine andere Frage so viel kostbares Blut, so viel bittere Tränen vergossen worden, über keine andere Frage haben die erlauchtesten Geister – von Platon bis Kant – so tief gegrübelt. Und doch ist diese Frage heute so unbeantwortet wie je. Vielleicht, weil es eine jener Fragen ist, für die die resignierte Weisheit gilt, dass der Mensch nie eine endgültige Antwort findet, sondern nur suchen kann, besser zu fragen." (Kelsen 1953, S. 9).

Welcher normative Maßstab ist dann aber in einer kosmopolitischen Perspektive zur Anwendung zu bringen? Auf der Basis welcher normativen Kriterien sollte entschieden werden, welches moralische Bezugssystem die angemessene Grundlage für die Herleitung von Handlungsverpflichtungen darstellt?

Einen möglichen Ausweg bietet die Option, die handlungsrelevanten Maßstäbe auf diejenigen rechtlich kodifizierten Werte zu beschränken, die anerkanntermaßen von allen Gesellschaften geteilt werden und denen sie explizit zugestimmt haben. Dazu gehören die grundlegenden Menschenrechte, die u.a. das Verbot des Angriffskrieges, der Folter, des Genozids und einer Reihe anderer Tatbestände umfassen und die in den einschlägigen internationalen Verträgen zum humanitären Recht, Menschenrecht und Strafrecht kodifiziert sind. Die *rechtliche Verantwortung* ist somit ebenfalls normativ angelegt und entlehnt sich einer Rechtsordnung, die Verpflichtungen anerkennt, hervorbringt und durchsetzt (Isaacs 2011, S. 14). Rechtliche Verantwortung impliziert weniger ein bewertendes Verantwortungsverständnis als ein an die Aufgaben und Pflichten angelehntes Verständnis von Verantwortung. Hiermit gehen allerdings ebenfalls gravierende Probleme einher. Wer entscheidet darüber, ob diese Tatbestände vorliegen, wenn es keine unabhängigen und eigenständig handlungsmächtigen Schiedsgerichtsbarkeiten gibt? Und wie rechtfertigt man den Gehalt dieser Verträge, wenn wir gleichzeitig davon ausgehen müssen, dass internationale Verträge das Produkt zwischenstaatlicher Verhandlungen sind und als solche nicht nur moralische, sondern eben auch machtpolitische Kalküle abbilden? Das internationale Recht zeigt somit zwar Möglichkeiten für die Identifizierung moralisch begründeter Verantwortlichkeiten auf, allerdings fehlt es in vielen Bereichen an seiner Durchsetzungskapazität. Schließlich ist es ein Kooperations- und kein Zwangsrecht (Zangl et al. 2009, S. 119). Als solches lässt es viele ethisch problematische Zustände außer Acht. Das internationale Recht weist beispielsweise niemandem eine Verantwortung für den Zustand der globalen Umwelt oder für Armut zu. Dort, wo es Verantwortlichkeiten identifiziert, bleibt es zudem oftmals zu einem Ausmaß unspezifisch, das es ungeeignet erscheinen lässt, die ganze Last der Begründung von Verantwortlichkeiten zu tragen. In letzter Instanz kann sich die moralische Verantwortung daher nicht auf das Recht zurückziehen, sondern bleibt immer an individuelle Rationalitäten und Wertesysteme sowie eine entsprechend individuell vorzunehmende Bewertung von angemessenen Handlungen angebunden. Die Pluralität existierender Moralvorstellungen und die Inexistenz einer Instanz, die abschließende und autoritative Urteile zu diesen Fragen abzugeben in der Lage ist, lässt einen rein moralisch oder rein rechtlich begründeten Verantwortungsbegriff daher als ungeeignet für die Klärung der Bedeutung kosmopolitischer Verantwortung erscheinen.

Hilfreicher ist hier ein *politischer* Verantwortungsbegriff, der die nötigen vorzunehmenden normativen und handlungsbezogenen Abwägungsprozesse in einen breiteren institutionellen Kontext stellt. Politische Verantwortung lässt sich mit Young (2004) als Auftrag dazu verstehen, sich mit anderen zusammen zu tun, um ungerechte Strukturen und Zustände zu überwinden. „The form of responsibility, then, is political in these senses that acting on my responsibilities involves joining with others in a public discourse where we try to persuade one another about courses of collective action that will contribute to ameliorating the problem." (Young 2004, S. 377). Ein derartiger Verantwortungsbegriff ist materiell zunächst einmal unbestimmter als ein moralischer Verantwortungsbegriff und betont die Dimension des gemeinsamen Handelns und des Aufbaus handlungsfähiger Institutionen. Somit wird politische Verantwortung nicht mehr nur Regierungen zugeschrieben, sondern auch nichtstaatlichen und internationalen Organisationen (Beardsworth 2015; Young 2004). Neben dieser prozeduralen Dimension bindet der Verantwortungsbegriff den Prozess des Zusammenarbeitens an gewaltfreie und diskursive Formen des kollektiven Handelns. Dieses Konzept von politischer Verantwortung weist ein implizites Element von kosmopolitischer Verantwortung auf, da es sich nicht von den Grenzen eines Staates oder einer politischen Judikation ableiten lässt. Mit dem eingenommenen, weiten Akteursverständnis wird zudem der heterogenen Akteurslandschaft des weltpolitischen Systems Rechnung getragen.

Eine politische Verantwortungskonzeption hat ihre Stärken einerseits in der Offenheit für divergierende normative Systeme und andererseits in dem Verweis auf politische Verfahrensprozesse wo die substantielle Einigung schwierig ist. Genau hier liegt allerdings auch wieder ihre Schwäche: aufgrund ihrer Zurückhaltung in substantiellen Fragen droht sie leicht in einen umfassenden Relativismus abzugleiten, der Verantwortung darauf reduziert, sich „zu kümmern“ ohne aber einen Maßstab angeben zu können ob dieses Kümmern hinreichend, angemessen und notwendig ist.

3.2 Das Recht auf Rechtfertigung

Einen vermittelnden Weg zwischen einer moralischen, rechtlichen und einer politischen Verantwortungskonzeption bietet die Idee des „Rechts auf Rechtfertigung“ (Forst 2007a; Neyer 2012). Das Recht auf Rechtfertigung beinhaltet, „dass niemand Normen, Regeln oder Institutionen unterworfen werden darf, die ihr oder ihm gegenüber nicht wechselseitig und allgemein ausweis- oder begründbar sind“ (Forst 2007b, S. 265). Alle Menschen haben demzufolge ein „Grund-Recht auf Rechtfertigung“. Dieses Grund-Recht beinhaltet, dass „es keine politischen oder sozialen Herrschaftsverhältnisse geben soll, die gegenüber den Betroffenen nicht adäquat gerechtfertigt werden können“ (Forst 2007a, S. 10). Diese Anforderung impliziert, dass grundsätzlich jeder Zustand rechtfertigungsbedürftig gegenüber denjenigen ist, die von ihm betroffen sind. Keine existierende Verteilung an materiellen Gütern kann für sich reklamieren, eine natürliche Ordnung abzubilden. Genauso kann es auch keine legitimen Machtverhältnisse geben, die sich nicht argumentativ überzeugend rechtfertigen lassen. Das Recht auf Rechtfertigung ist sowohl als ein Abwehrrecht gegen illegitime Einschränkungen von Freiheit als auch als ein aktivierendes Recht zu verstehen, das es uns erlaubt, Rechtfertigungen für Nicht-Handeln einzufordern. Für eine kosmopolitische Verantwortungskonzeption, die Politik und Moral zu verbinden sucht, bieten sich hier offensichtliche Anknüpfungspunkte. Verantwortliches Handeln bedeutet einerseits, die eigenen Handlungen zum Gegenstand eines kritischen Rechtfertigungsdiskurses zu machen und andererseits, seine Realisierung unter den Vorbehalt zu stellen, dass sich keine gut begründeten Einwände finden. Sowohl Handeln als auch Nicht-Handeln sind grundsätzlich allen denen gegenüber begründungsbedürftig, die von unseren (Nicht-)Handlungen betroffen sind (Neyer 2012).

Auch das Recht findet hier wieder seinen Platz. Die enge Verbindung zwischen dem Recht und der Rechtfertigung rührt zuerst einmal daher, dass wir nicht ohne

Weiteres davon ausgehen können, dass selbstbezogene Individuen in der Lage sind, sich eigenständig auf grundlegende Fragen der gut eingerichteten öffentlichen Ordnung zu verständigen. Das Recht stellt der pluralistischen Gesellschaft einen unterstützenden Mechanismus bereit, „der die überforderten Verständigungsleistungen der kommunikativ Handelnden von Aufgaben der sozialen Integration entlastet“ (Habermas 1992, S. 57).

Dieser Zusammenhang zwischen rechtlicher Unterstützung des Kommunikationsprozesses und der Möglichkeit, mit Pluralität konstruktiv umzugehen, verweist auf ein wesentliches Strukturmerkmal der internationalen Politik. Mehr noch als jeder einzelne Staat ist die internationale Politik von Heterogenität und pluralen Wertorientierungen gekennzeichnet. Rechtliche Strukturen und das Prinzip der Rechtfertigung sind von zentraler Bedeutung, um den verständigungsorientierten Diskurs führen zu können. Die hierzu notwendigen konstruktiven und ergebnisorientierten Interaktionen sind allerdings voraussetzungsreich. Selbst dann, wenn Diskurse von Argumentationen geprägt sind, führen sie nicht notwendigerweise auch zu einer Einigung oder auch nur zu mehr Verständnis. Genauso wahrscheinlich ist es, dass als Ergebnis des Meinungsaustausches eine bloß erhöhte Sensibilität für die tiefgreifenden Differenzen zwischen den verschiedenen Sprechern entsteht. Argumentative Interaktionen, die zwischen verschiedenen politischen Kulturen und Regelungsphilosophien zu vermitteln suchen, haben erst dann eine Chance, eine Einigung über Fragen der Verantwortlichkeit herbeizuführen, wenn die Akteure bereit sind, sich einer sowohl materiellen als auch prozeduralen Disziplin zu unterwerfen. Nur wenn ein Konsens über anzuwendende materielle Kriterien – also die normative Basis (etwa Menschenrechte) – für die Unterscheidung zwischen einem besseren und einem schlechteren Argument und über das Verfahren der Einbindung von Betroffenen besteht, ist in politisch-kulturell heterogenen Kontexten die Einigung wahrscheinlich.

Diese Anforderung hat weitreichende Konsequenzen. Rechtfertigungen sind nicht nur moralisch, sondern auch technisch anspruchsvoll. Sie setzen eine institutionelle Ordnung voraus, die Verbindlichkeit ohne Zwang konstituiert. Eine institutionelle Ordnung der Rechtfertigung zur Konkretisierung von Verantwortlichkeit verlangt einen Raum, innerhalb dessen Rechtfertigungen eingefordert und produziert werden können. Internationale Institutionen mit regelmäßig stattfindenden Treffen können diesen Zweck insbesondere dann erfüllen, wenn sie in eine Praxis der transnationalen Kritik eingebunden sind. Anspruchsvolle Rechtfertigungsdiskurse müssen darüber hinaus ressourcenschwächeren Akteuren die nötige fachliche und rechtliche Expertise bereit stellen, damit diese überhaupt in einem anspruchsvollen Rechtfertigungsdiskurs bestehen können. Die zunehmende Verrechtlichung zwischenstaatlicher Politik und die Einrichtung von Schiedsgerichtsbarkeiten (Zangl 2006) lässt sich als eine Reaktion auf diese Einsicht interpretieren. In der internationalen Politik stellt das Recht einen gemeinsamen Referenzpunkt und den notwendigen gemeinsamen Rationalitätsstandard zur Bewertung vorgetragener Argumente bereit. Erst auf dieser Basis wird die diskursive Verständigung wahrscheinlich.

Moralische, rechtliche und politische Verantwortung gehen in diesem Sinne eine enge Verbindung ein. Keines der drei Verständnisse ist für sich in der Lage, kosmopolitische Verantwortung hinreichend konzeptualisieren zu können. Erst in ihrer Verknüpfung über das Recht auf Rechtfertigung entsteht eine Konzeption kosmopolitischer Verantwortung, die sowohl normativ stark als auch politisch realistisch ist.

Das Prinzip bringt moralische und rechtliche Aspekte der Verantwortungsübernahme in einem formalisierten Rahmen zusammen und ordnet dadurch das Verhältnis zwischen Verantwortungssubjekten und -objekten neu. Das Recht auf Rechtfertigung ist ein individuelles Recht, das den von Entscheidungen betroffenen Anderen zusteht. Dadurch obliegt dem Entscheider die Pflicht, einerseits gute Gründe für das eigene Handeln anzuführen und andererseits dem jeweils Anderen die Möglichkeit zu geben, sich hierzu zu verhalten. Das Recht auf Rechtfertigung, die korrespondierende Pflicht zur Rechtfertigung, sowie die Ermöglichung einer Antwort sind oftmals nur in institutionalisierten Kontexten realisiert. Erst Institutionen können die Anreize schaffen, dass Rechtfertigungspflichtige sich dem Recht auf Rechtfertigung entsprechend verhalten ohne hierzu gezwungen zu werden. Inklusive und transparente Entscheidungsstrukturen sowie eine hohe Diverstität an repräsentierten Interessen sind notwendige Vorbedingungen ohne die kein offener Rechtfertigungsdiskurs denkbar ist. Erst so kann die notwendige Öffentlichkeit entstehen, die Anreize produziert, die Belange Anderer auch dann zu berücksichtigen, wenn hiermit Kosten für den Rechtfertigungspflichtigen einhergehen. Starke Institutionen sind somit die Vorbedingung jeder verantwortungsvollen Politik.

4. Kontexte der Verantwortung

Kosmopolitische Verantwortung bezeichnet ein normatives Prinzip der Berücksichtigung betroffener Anderer in der Findung eigener Entscheidungen, unabhängig davon, ob diese ein formales Recht der Teilhabe an Entscheidungsprozessen haben. Dieses Prinzip leitet sich aus grundlegenden gerechtigkeitstheoretischen Überlegungen ab und reklamiert universelle Gültigkeit. Das Ausmaß, zu dem wir seine Realisierung erwarten können, ist jedoch hochgradig kontextspezifisch und variiert mit dem Ausmaß seiner Institutionalisierung. Im internationalen Kontext sind Staaten die wesentlichen Akteure und relative Macht ist der zentrale Interaktionsmodus. Staaten versuchen ihre Interessen im Rahmen einer Institutionenordnung zu realisieren, die den Prinzipien der Souveränität und der Selbstbestimmung hohen Wert beimisst. Der supranationale Kontext zeichnet sich demgegenüber durch ein höheres Maß an Pluralität von staatlichen und nichtstaatlichen institutionellen Akteuren sowie durch das Instrument des rechtlich angeleiteten Handelns als wichtigstem Interaktionsmodus aus. Staaten versuchen zwar auch hier ihre Interessen zu realisieren, sind dabei aber sehr viel engeren rechtlichen Bedingungen unterworfen. In der transnationalen Politik sind private Akteure, nichtstaatliche Organisationen, individuelle normative Maßstäbe und eine nur rudimentär ausgeprägte Institutionenordnung maßgebliche Einflussfaktoren. Die nachfolgenden Abschnitte stellen Formen kosmopolitischer Verantwortungsübernahme dar. Sie zeigen, dass ein kosmopolitischer Verantwortungsbegriff keineswegs utopisch ist, sondern im Rahmen von institutionalisierten Zusammenhängen bereits heute vielfach realisiert wird. Sie weisen gleichzeitig allerdings auch daraufhin, dass keiner der diskutierten Kontexte der Verantwortung ideale Geltungsbedingungen aufweist. Alle drei Kontexte weisen jeweils eigene Defizite auf und bringen eine entsprechend verkürzte Praxis kosmopolitischer Verantwortung zum Ausdruck.

4.1 Verantwortung und Macht im internationalen System

Die zwischenstaatliche Politik ist ein wesentlicher Kontext globaler Verantwortung. Autoritäre Staaten verursachen Bürgerkriege, Menschenrechtsverletzungen und Flüchtlingsströme. Staaten, gleich ob demokratisch oder autoritär, sind relevante Erzeuger von Umweltverschmutzung und militärischen Intervention. Sie verfügen gleichzeitig über die wesentlichen Ressourcen zur Übernahme von Verantwortung und können anderen Staaten und Gesellschaften dabei zur Seite stehen, Hungerkatastrophen und Krankheitsepidemien zu bekämpfen, Maßnahmen zur Vermeidung von Umweltverschmutzung zu ergreifen und ihre Grenzen für Flüchtlinge öffnen. Staaten sind damit sowohl wesentliche Erzeuger von Ungerechtigkeit als auch die wichtigsten Orte, an denen die Ressourcen für verantwortungsvolle Entscheidungen vorhanden sind.

Vieles von dieser janusköpfigen Rolle der Staaten zeigt sich in der Entwicklung der Prinzipien der Schutzverantwortung („responsibility to protect", R2P) und der Sorgfaltsverantwortung („due diligence"). Beide Rechtsprinzipien sind in ihrer Anwendung nicht auf einen expliziten Vertrag und damit auf die Unterzeichnerstaaten begrenzt, sondern leiten sich aus (entstehendem) Völkergewohnheitsrecht ab. Die Schutzverantwortung hat ihre wesentlichen Anstöße aus der Untätigkeit der internationalen Gemeinschaft bei den Völkermorden in Ruanda und Srebrenica erhalten.[6] Sie sieht vor, dass jeder Staat die Verantwortung hat, seine Bevölkerung vor Völkermord, Kriegsverbrechen, ethnischen Säuberungen und Verbrechen gegen die Menschlichkeit zu schützen.[7] Wenn ein Staat zum Schutz seiner Bevölkerung nicht fähig ist oder selbst die genannten Verbrechen begeht, muss die internationale Gemeinschaft bereit sein, in letzter Konsequenz auch militärische Mittel für den Schutz der Bevölkerung einzusetzen. In diesem Fall geht die Schutzverantwortung auf die internationale Gemeinschaft über.

Die Norm der Schutzverantwortung ist ein klarer Ausdruck kosmopolitischer Gerechtigkeitsprinzipien. Sie stellt die staatliche Souveränität unter den Vorbehalt der Einhaltung von grundlegenden Menschenrechten und appelliert damit an universelle Prinzipien. Trotz ihres Eingriffes in die staatliche Souveränität ist sie aus der Sicht eines kosmopolitischen Verantwortungsbegriffes defizitär. Die Schutzverantwortung ist in eine institutionelle Ordnung integriert, in der es weder einen organisierten Rechtfertigungsdiskurs zwischen gewaltausübenden und interventi-

---

6 In Reaktion hierauf setzten die UN im Jahre 2000 die Internationale Kommission zu Intervention und Staatensouveränität (ICISS) ein und versah sie mit dem Mandat, einen politischen Konsens zu der Frage zu finden, wie die internationale Gemeinschaft mit massiven Verstößen gegen Menschenrechte umgehen soll, wenn der betreffende Staat entweder nicht willens oder nicht in der Lage wäre, diese abzustellen.

7 Aufnahme der „Responsibility to Protect" in das Abschlussdokument des Weltgipfels der Vereinten Nationen (UN) im September 2005.

onsbereiten Regierungen gibt noch einen verlässlichen Mechanismus, der gewährleistet, dass massive Menschenrechtsverstöße überhaupt thematisiert werden. Der Sicherheitsrat ist zudem hochgradig exklusiv organisiert, so dass nichtstaatliche Betroffene keine eigenständige formale Repräsentation finden und die fünf ständigen Mitglieder über ein Veto-Recht verfügen. Verantwortungsübernahmen erfolgen (bei ausbleibendem Veto) auf der Basis individueller Zuständigkeitserklärungen und sind sowohl von strategischen als auch von moralischen Motiven beeinflusst. Die Übernahme von Verantwortung für die Abstellung von Menschenrechtsverletzungen erfolgt zudem erst dann, wenn bereits massive Schäden angerichtet sind (retrospektive Bewertung) und kennt kein antizipierendes Element.[8] Dem hohen Anspruch eines kosmopolitischen Verantwortungsverständnisses kann die Schutzverantwortung daher nur begrenzt Rechnung tragen.

Sehr viel weitergehender ist das Völkerrechtsprinzip der Sorgfaltsverantwortung[9]. Es verpflichtet alle Staaten ganz grundsätzlich dazu, alles Nötige zu unternehmen, um Schaden für Dritte zu vermeiden (Bendiek 2016; Schaller 2014). In der Cyberpolitik findet dieses Prinzip beispielsweise dort seine Anwendung, wo Staaten verpflichtet sind, alle nötigen Maßnahmen zu ergreifen, um digitale Angriffe seitens nichtstaatlicher Akteure zu verhindern. Auch in der Umweltpolitik ist dieses Prinzip integriert. Ein oft von eigenem Territorium angeführtes Beispiel hierfür ist der Export von Giftmüll in Staaten, die nicht über die nötigen Vorkehrungen für die angemessene Entsorgung verfügen oder diese nicht anwenden. In allen drei Fällen legt das Prinzip der Sorgfaltsverantwortung dem Staat eine allgemeine Pflicht auf, sich verantwortungsvoll in dem Sinn zu verhalten, dass alles Erwart- und Zumutbare unternommen wird, um Schaden von anderen abzuwenden. Der Internationale Gerichtshof (IGH) spricht hier von einer „general obligation of States to ensure that activities within their jurisdiction and control respect the environment of other States or of areas beyond national control" (Koivurova 2013, S. 3). Die Sorgfaltsverantwortung hat damit sogar eine aktivierende Komponente, die das Ergreifen eigenständiger Maßnahmen immer dann erfordert, wenn Schaden von anderen abgewandt werden kann.

Die aufgeführten Bespiele zeigen deutlich, dass die Idee einer Übernahme von Verantwortung für Andere in der internationalen Politik eine empirisch beobachtbare normative Realität darstellt. Die kosmopolitische Welt der Verantwortung ist dabei, sich ihren Platz in der staatenzentrierten Welt der Anarchie zu erobern. Die internationale Gemeinschaft übernimmt die Verantwortung für globale Entwicklungen und weist die Idee eines bedingungslosen staatlichen Abwehrrechtes gegenüber Einmischungen Dritter zurück. Dies ist maßgeblich durch die Gründung von internationalen Institutionen zu erklären, die dazu beigetragen haben, Staaten in grenzüberschreitende Rechtfertigungsdiskurse einzubinden. Regierungen, die ihre Bevölkerung misshandeln, stehen heute global „am Pranger" (Liese 2006)

8 Die Einrichtung einer Flugverbotszone in Libyen unter Sicherheitsratsresolution 1973 stellte hingegen einen präventiven Akt dar, um weitere Gräueltaten zu verhindern.

9 Der Begriff "due diligence" kommt ursprünglich aus der Wirtschaft und meint mit gebotener Sorgfalt durchgeführte Risikoprüfungen und wird in völkerrechtlichen Abhandlungen meist mit „Sorgfaltspflicht" übersetzt. Sorgfaltsverantwortung meint in Anlehnung an Bendiek (2016), die „Verantwortung für die externen Auswirkungen innerstaatlicher Regelungen" zu tragen.

und können sich nicht mehr auf die nationale Souveränität berufen. In dieser Hinsicht spielen auch nichtstaatliche Gruppen eine Rolle, die Regierungen oder Organisationen adressieren, um die Durchsetzung grundlegender Rechte in ihren Heimatländern bzw. im Konfliktfalle ein Eingreifen der Staatengemeinschaft zu fordern (Sienknecht 2017).

Die angeführten Beispiele sind einerseits ermutigend, weil sie die grundsätzliche Machbarkeit des normativ Angemessenen unterstreichen. Sie können gleichzeitig aber auch als skeptischer Beleg dafür verstanden werden, dass Akte der Verantwortungsübernahme in der internationalen Politik nicht immun gegen die institutionellen Eigenheiten ihrer Umwelt sind. Macht, Ohnmacht und Eigeninteresse entscheiden in der Schutzverantwortung wesentlich darüber, wer wem gegenüber Verantwortung wahrnimmt.

4.2 Verantwortung und Recht in der supranationalen Politik

Mit der WTO, der EMRK und der Europäischen Union (EU) hat sich eine neue supranationale Realität mit kategorial eigenständigen Strukturmerkmalen etabliert. Supranationalität zeichnet sich durch einen Dualismus von horizontaler politischer und vertikaler rechtlicher Integration aus (Weiler 1991), der institutionell anspruchsvolle Formen politischer Rechtfertigungsdiskurse ermöglicht (Neyer 2012). Politische Koordination und Kooperation vollzieht sich zwar auf der Basis asymmetrischer Machtbeziehungen zwischen den Staaten, muss dabei gleichzeitig aber den prozeduralen und materiellen Rahmen des europäischen Rechts berücksichtigen. Das zentrale Element europäischer Supranationalität ist die Binnenmarktpolitik der EU und die hier fest institutionalisierte Berücksichtigung externer Effekte eigenen Handelns auf andere (vulgo: Verantwortungsanerkennung). Die Mitgliedstaaten haben sich untereinander verpflichtet, alle binnenmarktrelevanten nationalen Rechtsakte gegenüber der Europäischen Kommission zu notifizieren, d.h. sich untereinander darüber zu unterrichten, wann und wo sie Maßnahmen vorzunehmen gedenken, die die Marktfreiheiten von nicht-Staatsangehörigen beschränken könnten. Derartige Notifizierungen werden im sogenannten Komitologieverfahren behandelt und unterliegen dem Vorbehalt, dass sich die anderen Mitgliedstaaten nicht gegenteilig aussprechen (Joerges u. Neyer 1997). Staaten akzeptieren hier explizit die Möglichkeit, dass ihre einzelstaatlichen Entscheidungen zu illegitimen Freiheitseinschränkungen anderer führen könnten und dass sie deswegen einer Prüfung durch einen unabhängigen Dritten (die Kommission und ihren Ausschuss) überantwortet werden sollen. Sie haben damit einem Prüfmechanismus zugestimmt, der sich als Umsetzung eines staatsübergreifenden Verantwortungsverständnisses interpretieren lässt.

Ganz ähnlich gibt es in der WTO einen sogenannten Trade Policy Review Mechanism (TPRM), der Staaten zu regelmäßigen Berichterstattungspflichten über ihre jeweilige nationale handelsrelevante Gesetzgebung anhält (Ehling 2016). Auch hier kommt wieder die Einsicht wechselseitiger möglicher externer Effekte eigener Entscheidungen für andere nicht-repräsentierte Betroffene zum Ausdruck. Genau wie im Fall der europäischen Komitologieverfahren haben auch hier die anderen Vertragsparteien Einspruchsrechte und können eine inkriminierte nationale Rechtspraktik im Zweifelsfall schiedsgerichtlich überprüfen lassen.

Die Akzeptanz einer derartigen Verantwortung für die externen Konsequenzen eigener Handlungen ist ebenfalls im Rahmen von Art. 7 EUV verankert. Die Mitgliedstaaten der EU verpflichten sich hier u.a. auf die Einhaltung rechtsstaatlicher Verfahren und weisen der Kommission die Aufgabe zu, gegen mutmaßliche Verstöße rechtlich vorzugehen. Im Hintergrund dieser Bestimmung steht die Idee, dass für alle Mitgliedstaaten verpflichtende und als legitim zu erachtende Rechtsakte nur auf der Basis einzelstaatlicher Verfahren entstehen können, die rechtsstaatlichen Ansprüchen genügen. Folgerichtig steht am Ende eines Vertragsverletzungsverfahrens (bei Vorliegen einer „schwerwiegenden und anhaltenden Verletzung" der im EU-Vertrag verankerten Werte) in letzter Konsequenz der Entzug des Stimmrechtes des Mitgliedstaates in allen Ministerräten und EU-Gipfeln.

Alle drei Fälle stellen elaborierte Formen der institutionell abgesicherten Anerkennung von Verantwortung dar. Staaten gehen hier spezifische Rechtspflichten zur Teilnahme an rechtlich bindenden Rechtfertigungsdiskursen ein und akzeptieren einen generellen Vorbehalt Betroffener gegenüber allen eigenen legislativen Maßnahmen, die deren Freiheiten einschränken könnten. Diese Verantwortungsanerkennung basiert auf der Einsicht der Unangemessenheit eines ausschließlich nationalen Referenzpunktes für die Konstituierung von Verantwortung und ist damit tendenziell kosmopolitischer Natur. Alle drei Fälle lassen sich als Beispiele für die Konstituierung eines übernationalen Referenzpunktes verstehen, der einen rechtlichen Bewertungsmaßstab für aktuelles und zukünftiges staatliches Handeln festschreibt.

Die hier vorgenommene Verantwortungsübernahme geht zwar vergleichsweise weit, genügt kosmopolitischen Standards allerdings auch nur beschränkt. Weder haben Drittstaaten noch nichtstaatliche Akteure das Recht, von Mitgliedstaaten der EU oder von europäischen Institutionen für deren Handlungen Rechenschaft einzufordern. In einer Vielzahl von Fragen wie der europäischen Migrations- und Asylpolitik oder auch der Agrar- und Fischereipolitik konstatiert dieses Defizit einen gravierenden Missstand, der die Notwendigkeit eines kosmopolitischen Verantwortungsbegriffes unterstreicht. Die empirische Realität zeigt darüber hinaus, dass auch supranationale Strukturen keine Garantie für gelingende Verständigung und hieraus folgende Verantwortungsübernahme sind. Ein deutliches Beispiel hierfür findet sich in der aktuellen Debatte über den Gehalt europäischer Solidarität. Obwohl der Vertrag von Lissabon in seiner Präambel von dem Wunsch spricht, „die Solidarität zwischen ihren Völkern unter Achtung ihrer Geschichte, ihrer Kultur und ihrer Traditionen zu stärken" und die Artikel 2, 3 und 4 des Vertrages die Solidarität mehrfach als Wert aufgreifen, der allen Mitgliedstaaten gemeinsam ist, benennt kein einziger Rechtsakt der EU, was konkret unter Solidarität zu verstehen ist und wer wem gegenüber Verantwortung und für was übernimmt. Die Interpretationen der Mitgliedstaaten weichen entsprechend massiv voneinander ab. Während Deutschland angesichts der hohen Anzahl von Flüchtlingen im Jahre 2015 gegenüber den anderen Mitgliedstaaten eine kosmopolitische Konzeption von Solidarität propagierte und verlangte, dass alle Mitgliedstaaten gemeinsam Verantwortung für Flüchtlinge übernehmen sollten, wiesen Ungarn, Polen und eine Reihe anderer Mitgliedstaaten dieses Ansinnen von sich und argumentierten, dass die einschlägigen Rechtsbestimmungen als unbestimmte Normen ohne direkte Rechtsfolgen zu verstehen seien (Bendiek u. Neyer 2016). In der Folge dieses Dissenses und als Resultat der Unbestimmtheit der einschlägigen Rechtsnormen verfolgten alle Mitgliedstaaten unilaterale Politiken und verwandten den Verantwortungsbegriff nur noch als politischen Kampfbegriff zur Diskreditierung des Handelns Anderer. Weder konnte er eine Verbindlichkeit für die Frage entfalten, auf wen sich Verantwortung zu beziehen habe (andere Mitgliedstaaten oder Flüchtlinge) noch zu welchem Ausmaß sie umzusetzen sei. Deutlich zum Ausdruck kommt hier, dass supranationales Recht dann an seine Grenzen stößt, wenn es in offenen Konflikt mit politischen Interessen gerät.

4.3 Verantwortung und Moral in der transnationalen Zivilgesellschaft

Ein dritter relevanter Kontext der Verantwortung ist die transnationale Zivilgesellschaft. Sie ist in ihren verantwortungsspezifischen Dimensionen ungleich schwieriger zu beschreiben als die beiden oben diskutierten Kontexte der Verantwortung, da sie eine sehr viel höhere Heterogenität von Akteuren und Handlungslogiken umfasst. Hier finden sich privatwirtschaftliche und auf der Basis von Marktprinzipien handelnde Akteure, kriminelle oder sogar terroristische Akteure und letztlich von moralischem Impetus angeleitete Nichtregierungsorganisationen (NGOs). Um das Bild nicht allzu komplex werden zu lassen beschränken wir uns im Folgenden auf denjenigen Bereich transnationaler Politik, der von zivilgesellschaftlichen NGOs (mit-)geprägt ist. Dieser Fokus auf die *NGOisierung der Weltpolitik* rechtfertigt sich dadurch, dass NGOs ein wesentlicher Bestandteil globaler Politik geworden sind. So gibt es heute kaum noch einen Bereich, in dem NGOs nicht aktiv sind und das Recht auf Rechtfertigung von Entscheidungsträgern nicht einfordern; gleichzeitig gibt es kaum eine internationale Organisation, die NGOs nicht in ihre Arbeit mit einbindet und entweder von deren Expertise profitiert oder von ihnen kritisch belagert wird. Von der Umweltpolitik über die Migrationspolitik, die Menschenrechtspolitik, die Handelspolitik und die Entwicklungspolitik finden sich Hunderte von NGOs, die konstruktive oder auch kritische Beiträge zu Prozessen globaler Normsetzung und -umsetzung liefern. Rein quantitativ bringt sich dieser Bedeutungsgewinn darin zum Ausdruck, dass die Union of International Associations für Mitte der 1960er Jahre lediglich ca. 1500 NGOs auflistet und heute bereits von knapp 8000 NGOs ausgeht.

Auch in qualitativer Hinsicht hat sich die NGO-Landschaft über die letzten Dekaden stark verändert. NGOs sind nicht länger nur externe Kritiker, sondern fordern die direkte Teilhabe an großen internationalen Konferenzen ein, verlangen Mitsprache bei der Regelformulierung und sind häufig eingebunden in die Umsetzung der Beschlüsse internationaler Organisationen. NGOs sind damit zu wichtigen Akteuren des weltpolitischen Systems avanciert. Die Melinda und Bill-Gates-Stiftung ist inzwischen der wichtigste internationale Geldgeber für den Kampf gegen die Malaria. Die George Soros Foundation, das International Republican Institute, die National Endowment for Democracy und die deutschen Parteienstiftungen sind wichtige Akteure in der demokratischen Transformation Osteuropas. Gerade im Menschenrechtsbereich ist das Aufdecken schwerwiegender Menschenrechtsverstöße eine wichtige Funktion, die eine politische Realität erzeugt, der sich auch machtvolle Staaten nicht entziehen können. Zu keiner Zeit gab es weltweit mehr Informationen über die Verletzung von Menschenrechten als heutzutage, was neben anderen Akteuren maßgeblich auf die Arbeit von NGOs zurückzuführen ist (Simmons 2009, S. 9). Informationsstrategien von großen NGOs, wie etwa Amnesty International oder Human Rights Watch, haben einerseits die Funktion, betroffene Bevölkerungsgruppen auf Menschenrechtsverletzungen hinzuweisen und andererseits, die Einhaltung von Menschenrechten weltweit zu überwachen und gegebenenfalls Informationen über normverletzende Staaten oder Gruppen zu verbreiten (*Naming & Shaming*) (Liese 2006).[10]

NGOs erzielen ihre politische Wirkung nicht zuletzt dadurch, dass sie an die Verantwortung der Menschen appellieren, ein bereits erreichtes Gemeingut zu verteidigen und zu schützen. Dies reicht von der neuen sozialen Bewegung „Pulse of Europe", über Themen wie das Abrüsten von Atomwaffen, die Verhütung von Anti-Personen-Minen bis hin zu NGOs oder Privatpersonen, die sich für die privat organisierte Rettung von Flüchtlingen auf dem Mittelmeer einsetzen. Viele der Stärken und Schwächen der transnationalen Zivilgesellschaft in Bezug auf die Übernahme von kosmopolitischer Verantwortung lassen sich am Beispiel des alle zwei Jahre stattfindenden Weltsozialforums (WSF) beobachten. Das WSF ist historisch als Gegenveranstaltung zu den Weltwirtschaftsgipfeln der G7-Staaten, der WTO-Gipfel und zum Weltwirtschaftsforum in Davos entstanden. Es bringt Tausende von NGOs und interessierten Individuen aus der ganzen Welt zusammen, die gemeinsam ihrem Protest gegen die bestehende kapitalistische Weltwirtschaftsordnung, gegen Ungerechtigkeit und Not oder gegen die Umweltzerstörung Ausdruck verleihen. Das WSF versteht sich als einen „offenen Treffpunkt für reflektierendes Denken, für die demokratische Debatte von Ideen, für die Formulierung von Anträgen, für freien Austausch von Erfahrungen und zum Vernetzen effektiver Aktionen von Gruppen und Bewegungen der Zivilgesellschaft, die sich dem Neoliberalismus und der Weltherrschaft durch das Kapital oder irgendeine andere Form des Imperialismus widersetzen und sich für den Aufbau einer planetarischen Gesellschaft engagieren, in der der Mensch im Mittelpunkt steht" (aus der Charta der Prinzipien des WSF). Am WSF 2016 nahmen nach Angaben der Veranstalter über 35.000 Besucher aus 125 Ländern der Welt teil, darunter Delegierte von rund 1.200 sozialen Bewegungen, indigenen Völkern, Gewerkschaften, Kirchen und nichtstaatlichen Organisationen.

Trotz der klaren politischen Positionierung als antikapitalistische und globalisierungskritische Bewegung, versteht sich das WSF nicht als ein konkurrierendes Machtzentrum zu bestehenden internationalen Organisationen oder Regierungen. Es verfügt weder über beschlussfassende Organe noch einen formalen Sprecher oder Umsetzungsbefugnisse, die Verantwortlichkeiten zuweisen und verantwor-

10 Entscheidend ist in diesem Zusammenhang der sogenannte „Bumerang-Effekt", durch den einerseits von innen (oppositionelle Gruppen) und andererseits von außen (durch NGOs oder andere Staaten) Druck auf den betroffenen Staat ausgeübt wird, der bestenfalls zur Übernahme und Einhaltung internationaler Menschenrechte führt Gränzer et al. (1998, S. 6).

tungsvolle Politiken gestalten könnten. Sein wesentliches Gremium ist der Internationale Rat, in dem Gewerkschafts-, Umweltschutz-, Frauen- und Entwicklungsorganisationen aus Nord- und Südamerika, Europa, Afrika und Asien vertreten sind, sich aber bewusst jeder verbindlichen Beschlussfassung im Namen seiner Teilnehmer enthält. Es ist eine Plattform für den kritischen Diskurs, aber eben weder ein politischer Akteur noch ein Ort, an dem verbindlich wirkendende Rechtfertigungsdiskurse organisiert werden würden.

Das WSF bringt damit deutlich zum Ausdruck, dass die Wahrnehmung von Verantwortung in der transnationalen Zivilgesellschaft einer kategorial anderen Logik folgt als in einem internationalen oder supranationalen Kontext. Als privatrechtlich organisierte Einheiten sind NGOs davon abhängig, dass sie Individuen und öffentliche Institutionen davon überzeugen, sie freiwillig zu unterstützen und ihnen Mittel für die von ihnen vertretenen Anliegen bereit zu stellen. Das Recht auf Rechtfertigung scheint hier auf den ersten Blick aufgrund der flachen Hierarchien und der Notwendigkeit eines transparenten Entscheidungsprozesses sehr viel leichter zu realisieren zu sein, als in einer staatlich geprägten Umwelt. Gleichzeitig gilt es auch zu betonen, dass die Übernahme von Verantwortung im transnationalen Kontext oftmals subjektiv entlang individuell gesetzter Wertungen erfolgt und dem verantwortungsbezogenen Rechtfertigungsdiskurs damit das verbindliche normative Fundament fehlt. Ohne ihn aber droht die Übernahme von Verantwortung zu einer rein subjektiven Ermessensfrage zu werden. Dennoch unterstreicht das Engagement von NGOs in der Vergangenheit, dass sich eine Vielzahl von Organisationen an anerkannten internationalen Rechtsnormen orientieren, ihre Arbeit an diesen ausrichten und entscheidenden politischen Druck auf normverletzende Regierungen ausüben. NGOs erfüllen in Bezug auf die Einforderung des Rechts auf Rechtfertigung bei staatlichen oder organisationalen Entscheidungsträgern eine entscheidende Funktion: Sie zeigen Betroffenheiten auf, werden zum Sprachrohr für betroffene Gruppen und bringen zuvor kaum beachtete Themen auf die internationale Agenda. Aufgrund der Heterogenität des transnationalen Feldes ist dieses jedoch insgesamt kaum mit einem Verantwortungsbegriff, der an ein rechtlich kodifiziertes Recht auf Rechtfertigung angekoppelt ist, vereinbar.

5. Kosmopolitische Verantwortung als Herausforderung für die Forschung

Würden sich alle Staaten verantwortungsvoll verhalten, dann gäbe es keinen global relevanten US-amerikanischen oder europäischen Schadstoffausstoß ohne dass die US-Regierung und die EU-Kommission sich nicht gegenüber der Weltgemeinschaft zu verantworten hätten. Beide hätten ihre Praktiken zu begründen und zu rechtfertigen und allen Geschädigten im Rahmen kompensierender finanzieller oder technischer Maßnahmen Genüge zu tun. Europäische Fischereiflotten würden nicht unhinterfragt die westafrikanische Küste leer fischen (und damit zusätzliche Migrationsströme auslösen) und subventionierte europäische Agrargüter würden nicht den Markt von Entwicklungsländern (mit einem sehr ähnlichen Effekt) überschwemmen, ohne, dass sie hierfür von den Betroffenen zur Verantwortung gezogen würden. Der Export von Rüstungsgütern nach Saudi-Arabien würde unter den Vorbehalt Betroffener im Jemen gestellt werden und die europäische Flüchtlingspolitik gemeinsam mit Vertretern aus Fluchtländern formuliert werden. Staaten würden legitimen Vertretern von Betroffenen ein permanentes Mitspracherecht bei allen Politiken einräumen, die für diese negative Effekte haben. In der Folge entstünde ein enges Netz kontinuierlicher bi- und multilateraler Konsultationen, das von der Idee einer Minimierung negativer externer Effekte einzelstaatlicher Entscheidungen angeleitet wäre. Ein derartiges enges Netzwerk wäre alles andere als naiver Altruismus. Es wäre vielmehr Ausdruck einer globalen Vernunft und der Einsicht, dass sich unter Bedingungen globaler Mobilität und komplexer Interdependenz kein Schaden an anderen Orten anrichten lässt, der nicht über kurz oder lang auch auf die Verursacher zurückschlägt. Ein kosmopolitischer Verantwortungsbegriff ist kein utopisches Hirngespinst, sondern Ausdruck praktischer Vernunft.

Keiner der oben diskutierten Kontexte der Verantwortung stellt optimale Geltungsbedingungen für eine derartige Welt dar. Jeder der drei Kontexte weist gravierende Defizite und ein entsprechend verzerrte Praxis von Verantwortung auf. In der internationalen Politik werden Politiken der Verantwortung von Macht und Interessenskalkülen überlagert, in der supranationalen Politik ist ihre Geltung auf die Reichweite formalen Rechts beschränkt und in der transnationalen Gesellschaft erscheinen sie zum Teil subjektiv beliebig. Gleichwohl stellen alle drei Kontexte auch Bedingungen bereit, die zumindest die Realisierung von Ansätzen einer kosmopolitischen Verantwortung zulassen. Mehr noch, der Umstand, dass sich sogar unter den wenig zuträglichen Bedingungen der realen Politik Elemente kosmopolitischer Verantwortung ausprägen, lässt sich als starker Ausdruck für die Emergenz einer neuen globalen Norm bewerten. Die aufgeführten Beispiele sind damit nicht nur Evidenz für die Defizite einer globalen Verantwortungsordnung, sondern eben auch dafür, dass die Idee einer Übernahme von Verantwortung für Andere eine empirisch beobachtbare normative Realität ist und dass die kosmopolitische Welt der Verantwortung dabei ist, sich ihren Platz in der staatenzentrierten Realpolitik zu erobern.

Die hier vorgenommene Ausdehnung des Verantwortungsbegriffes ist allerdings auch nicht ohne Probleme. Sie wirft zumindest zwei Fragen auf: Wie lässt sich die Frage nach einer qualifizierten Einbindung Betroffener praktisch umsetzen ohne auf die utopische Forderung nach dem Weltparlament zurückzugreifen? Lässt sich von dem europäischen Vorbild einer supranationalen Organisation von Verantwortung für die globale Politik lernen? Auch hier gibt es zwar keine qualifizierten Beteiligungsrechte von Bürgern, aber immerhin eine Form der effektiven Institutionalisierung von Verantwortung, die auch die größeren Staaten als für sich verbindlich akzeptieren. Unter welchen Bedingungen lassen sich die in Europa gemachten Erfahrungen auf den größeren internationalen Kontext übertragen? Eine zweite und nicht weniger dringliche Frage ist die nach den negativen Konsequenzen der Ausdehnung von Verantwortung. Wenn Verantwortung sich nicht mehr alleinig an den Staaten festmachen lässt, sondern insofern „diffundiert“ als sie auch nichtstaatliche Akteure miteinbezieht, ist dann zu befürchten, dass sich die wahrgenommene Verantwortung der Staaten reduziert? Werden Staaten in Zukunft auf die Diffusion von Verantwortung verweisen, um sich damit politischen

Verpflichtungen zu entziehen? Der vorliegende Text kann auf keinen der beiden Fragekomplexe eine befriedigende Antwort geben. Er kann aber immerhin ihre Relevanz unterstreichen und damit gleichzeitig zwei wichtige Gegenstandsbereiche künftiger Forschung benennen. In beiden Bereichen benötigen wir dringend zusätzliche wissenschaftliche Erkenntnisse, um damit auch unserer Verantwortung gegenüber einer politisch relevanten Politikwissenschaft Rechnung zu tragen.

6. Literatur

Abizadeh, Arash. 2012. On the Demos and Its Kin. Nationalism, Democracy, and the Boundary Problem. *American Political Science Review* 106 (4): 867–882. doi: 10.1017/S0003055412000421.

Archibugi, Daniele, und David Held (Hrsg.). 1995. *Cosmopolitan Democracy.* An Agenda for a New World Order. Cambridge/Oxford: Polity Press.

Archibugi, Daniele. 1998. Principles of Cosmopolitan Democracy. In *Re-imagining Political Community. Studies in Cosmopolitan Democracy*, Hrsg. Daniele Archibugi, David Held, und Martin Köhler, 198–230. Stanford: Stanford University Press.

Barnett, Michael N., und Martha Finnemore. 2005. The Power of Liberal International Organizations. In *Power in Global Governance*, Hrsg. Michael N. Barnett, und Raymond Duvall, 161–184. Cambridge: Cambridge University Press.

Beardsworth, Richard. 2015. From Moral to Political Responsibility in a Globalized Age. *Ethics & International Affairs* 29 (1): 71–92. doi: 10.1017/S0892679414000781.

Beckman, Ludvig. 2009. *The Frontiers of Democracy.* The Right to Vote and its Limits. Basingstoke/New York: Palgrave Macmillan.

Beitz, Charles R. 1979. Bounded morality: justice and the state in world politics. *International Organization* 33 (3): 405–424. doi: 10.1017/S0020818300032227.

Beitz, Charles R. 2001. Human Rights as a Common Concern. *American Political Science Review* 95 (2): 269–282. doi: 10.1017/S0003055401992019.

Bendiek, Annegret, und Jürgen Neyer. 2016. Europäische Solidarität – die Flüchtlingskrise als Realitätstest. *SWP-Aktuell.* Berlin: Stiftung Wissenschaft und Politik.

Bendiek, Annegret. 2016. Sorgfaltsverantwortung im Cyberraum. Leitlinien für eine deutsche Cyber-Außen- und Sicherheitspolitik. *SWP-Studie.* Berlin: Stiftung Wissenschaft und Politik.

Bull, Hedley. 1977. *The Anarchical Society.* New York: Columbia University Press.

Carroll, Brigid. 2016. From Responsibility to Responsibilities: Towards a Theory of Co-responsible Leadership. In *Perspectives on Responsible Leadership. Realism and Romanticism*, Hrsg. Brigid Carroll, und Steve Kempster, 40–58: Routledge.

Cusimano, Maryann K. 2000. Global Problems, Global Solutions. In dies.: *Beyond Sovereignty: Issues for a Global Agenda,* 1–42. Boston: Bedford/St Martin's.

Dahl, Robert A. 1979. Procedural Democracy. In *Philosophy, Politics and Society*, Hrsg. Peter Laslett, und James Fishkin, 97–133. New Haven: Yale University Press.

Dahl, Robert A. 1989. *Democracy and its Critics.* New Haven and London: Yale University Press.

Dahl, Robert A. 1990. *After the Revolution?* Authority in a Good Society. New Haven/London: Yale University Press.

Ehling, Ulrike. 2016. *Deliberative Global Governance*. Legitimes Regieren durch Recht und Zivilgesellschaft. Wiesbaden: Springer Fachmedien Wiesbaden.

Erskine, Toni (Hrsg.). 2003. *Can Institutions Have Responsibilities?* Collective Moral Agency and International Relations. Basingstoke: Palgrave Macmillan.

Fischer-Lescano, Andreas. 2008. Kritik der praktischen Konkordanz. *Kritische Justiz 41 (2): 166–177.*

Forst, Rainer. 2007a. *Das Recht auf Rechtfertigung*. Elemente einer konstruktivistischen Theorie der Gerechtigkeit. Frankfurt, M.: Suhrkamp.

Forst, Rainer. 2007b. Dialektik der Moral : Grundlagen einer Diskurstheorie transnationaler Gerechtigkeit. In *Anarchie der kommunikativen Freiheit. Jürgen Habermas und die Theorie der internationalen Politik*, Hrsg. Benjamin Herborth, und Peter Niesen, 254–268. Frankfurt am Main: Suhrkamp.

French, Peter A. 1984. *Collective and Corporate Responsibility*. New York/Guildford: Columbia University Press.

Ghajati, Tanja. 2012. *Die universelle Durchsetzung der Menschenrechte*. Utopie oder Realität? Baden-Baden: Nomos.

Goodin, Robert E. 2007. Enfranchising All Affected Interests, and Its Alternatives. *Philosophy & Public Affairs* 35 (1): 40–68. doi: 10.1111/j.1088-4963.2007.00098.x.

Gränzer, Sieglinde, Anja Jetschke, Thomas Risse, und Hans Peter Schmitz. 1998. Internationale Menschenrechtsnormen, transnationale Netzwerke und politischer Wandel in den Ländern des Südens. *Zeitschrift für Internationale Beziehungen 5 (1): 5–41.*

Habermas, Jürgen. 1992. *Faktizität und Geltung*. Beiträge zur Diskurstheorie des Rechts und des demokratischen Rechtsstaats. Frankfurt am Main: Suhrkamp.

Held, David. 2009. Restructuring Global Governance: Cosmopolitanism, Democracy and the Global Order. *Millennium: Journal of International Studies* 37 (3): 535–547. doi: 10.1177/0305829809103231.

Herz, John H. 1974. *Staatenwelt und Weltpolitik*. Aufsätze zur internationalen Politik im Nuklearzeitalter. Hamburg: Hoffmann und Campe.

Hesse, Konrad. 1999. *Grundzüge des Verfassungsrechts der Bundesrepublik Deutschland*. Heidelberg: C.F. Müller.

Isaacs, Tracy L. 2011. *Moral Responsibility in Collective Contexts*. New York/Oxford: Oxford University Press.

Joerges, Christian, und Jurgen Neyer. 1997. Transforming Strategic Interaction into Deliberative Problem-Solving. European Comitology in the Foodstuffs Sector. *Journal of European Public Policy* 4 (4): 609–625. doi: 10.1080/135017697344091.

Kelsen, Hans. 1953. *Was ist Gerechtigkeit?* Wien: Deuticke.

Klein, Martha. 2005. Responsibility. In *The Oxford Companion to Philosophy*, Hrsg. Ted Honderich, 815–816. Oxford: Oxford University Press.

Koivurova, Timo. 2013. Due Diligence. In *Max Planck Encyclopedia of Public International Law*. Heidelberg/Oxford.

Liese, Andrea. 2006. *Staaten am Pranger*. Zur Wirkung internationaler Regime auf innerstaatliche Menschenrechtspolitik. Wiesbaden: VS Verlag für Sozialwissenschaften.

List, Christian, und Mathias Koenig-Archibugi. 2010. Can there be a global Demos? An agency-based approach. *Philosophy and Public Affairs* 38 (1): 76–110.

Menke-Eggers, Christoph, und Arnd Pollmann. 2007. *Philosophie der Menschenrechte zur Einführung*. Hamburg: Junius Verlag.

Moravcsik, Andrew. 1998. *The Choice for Europe*. Social Purpose and State Power from Messina to Maastricht. Ithaca, New York: Cornell University Press.

Neyer, Jürgen. 2012. *The Justification of Europe*. A Political Theory of Supranational Integration. Oxford: Oxford University Press.

Nida-Rümelin, Julian. 2011. *Verantwortung*. Stuttgart: Reclam.

Pfeuffer, Silvio. 2008. *Die Entgrenzung der Verantwortung*. Nietzsche – Dostojewskij – Levinas. Berlin: Walter De Gruyter.

Pogge, Thomas W. 2002. Moral Universalism and Global Economic Justice. *Politics, Philosophy and Economics* 1 (1): 29–58. doi: 10.1177/1470594X02001001002.

Saunders, Ben. 2011. Defining the Demos. *Politics, Philosophy & Economics* 11 (3): 280–301. doi: 10.1177/1470594X11416782.

Schaller, Christian. 2014. Internationale Sicherheit und Völkerrecht im Cyberspace. Für klarere Regeln und mehr Verantwortung. *SWP-Studie*. Berlin: Stiftung Wissenschaft und Politik.

Scharpf, Fritz W. 1998. Demokratie in der transnationalen Politik. In *Internationale Wirtschaft, nationale Demokratie. Herausforderungen für die Demokratietheorie*, Hrsg. Wolfgang Streeck, 151–174. Frankfurt, M.: Campus.

Scharpf, Fritz W. 1999. *Regieren in Europa*. Effectiv und demokratisch? Frankfurt/New York: Campus.

Scherz, Antoinette. 2013. The Legitimacy of the Demos: Who Should Be Included in the Demos and on What Grounds? *Living Reviews in Democracy* 4.

Sienknecht, Mitja. 2017. *Entgrenzte Konflikte in der Weltgesellschaft. Zur Inklusion von Internationalen Organisationen in innerstaatliche Konfliktsysteme*. Wiesbaden: Springer VS Verlag (i.E.).

Simmons, Beth A. 2009. *Mobilizing for Human Rights*. International Law in Domestic Politics. New York/Cambridge: Cambridge University Press.

Taylor, Charles. 2009. *Multikulturalismus und die Politik der Anerkennung*. Frankfurt, M.: Suhrkamp.

Valentini, Laura. 2014. No Global Demos, No Global Democracy? A Systematization and Critique. *Perspectives on Politics* 12 (4): 789–807. doi: 10.1017/S1537592714002138.

Waltz, Kenneth N. 1979. *Theory of International Politics*. Boston/London: McGraw-Hill.

Walzer, Michael. 1983. *Spheres of Justice*. A Defense of Pluralism and Equality. New York: Basic Books.

Weiler, Joseph H. 1991. The Transformation of Europe. *The Yale Law Journal* 100: 2403–2483. doi: 10.2307/796898.

Whelan, Frederick G. 1983. Prologue: Democratic Theory and the Boundary Problem. In *Liberal Democracy*, Hrsg. James R. Pennock, und John W. Chapman, 13–47. New York/London: New York University Press.

Young, Iris M. 2004. Responsibility and Global Labor Justice. *The Journal of Political Philosophy* 12 (4): 365–388.

Zangl, Bernhard, Kerstin Blome, Achim Helmedach, Alexander Kocks, Aletta Mondré, und Gerald Neubauer. 2009. Weltherrschaft des Rechts – Reichweite und Grenzen. In *Wer regiert die Welt und mit welchem Recht? Beiträge zur Global Governance-Forschung*, Hrsg. Volker Rittberger, Julian Bergmann, Ingvild Bode, und (None), 119–152. Baden-Baden: Nomos.

Zangl, Bernhard. 2006. *Die Internationalisierung der Rechtsstaatlichkeit*. Streitbeilegung in GATT und WTO. Frankfurt am Main/New York: Campus.

Zimmerli, Walther Ch., und Michael Aßländer. 1996. Wirtschaftsethik. In *Angewandte Ethik. Die Bereichsethiken und ihre theoretische Fundierung*, Hrsg. Julian Nida-Rümelin, 290–345. Stuttgart: Alfred Kröner Verlag.

Zürn, Michael. 1998. *Regieren jenseits des Nationalstaates*. Globalisierung und Denationalisierung als Chance. Frankfurt, M.: Suhrkamp.

Produktive Wälder: Diffusionsmuster klimapolitischer Verantwortung am Beispiel von REDD+-Projekten

Franziska Müller

„Nature has become something new.
It is ours now, truly.
And if our creation devours us,
how poetic will that be?“
(Paolo Bacigalupi: The Windup Girl)

1. Einleitung

Das Pariser Abkommen hat klimapolitische Geschichte geschrieben. Anders als bei früheren Konferenzen gelang es aufgrund gebündelter individueller Reduktionsverpflichtungen, hoher politischer Präsenz, privatwirtschaftlicher Investitionssignale und insbesondere durch das Verhandlungsgeschick einer breit aufgestellten „High Ambition Coalition“ aus Industrie-, Schwellen- und Entwicklungsländern, sich auf einen Temperaturanstieg unter 2°C zu einigen und die klimapolitische Kluft zwischen Nord- und Südakteuren zu überwinden (UNFCCC 2015). Vertraglich fixiert wurde damit eine umfassende Dekarbonisierung der Energiesysteme, gestützt durch individuelle und regelmäßig nachzujustierende Selbstverpflichtungen der 195 Unterzeichnerstaaten. Prägend für die Pariser Konferenz ist die Entwicklung eines gemeinsamen Verantwortungsbewusstseins für das Weltklima, welches als Kollektivgut konzipiert wird. Zunächst mag dies nicht überraschen, denn im Rahmen globaler Umweltgovernance (*global environmental governance*) erfolgen regelmäßig Anrufungen und Affirmationen einer als universal konzipierten globalen Umweltverantwortung. Hohe Komplexität und Varianz hinsichtlich der Problemformulierung und der Akteurskonstellation hat jedoch in der Klimagovernance zu einer langandauernden Lähmung und infolgedessen zur Entwicklung vieler paralleler Foren geführt. Globale Klimapolitiken zeugen sowohl von der normativen Last dieser Verantwortungszuschreibung, als auch von den Problematiken, die mit dem komplexen und auf einem anachronistischen Weltordnungsmodell basierenden Akteursgeflecht sowie mit der Suche nach anscheinend eindeutig zu verortenden Verantwortlichkeiten verbunden sind. Der Pariser Klimagipfel erzielte nun einen diskursiven Kompromiss unterhalb der Zwei-Grad-Linie und markiert damit die Anerkennung gemeinsamer klimapolitischer Verantwortung. Zentral dafür ist die Formel der „common, but differentiated responsibilities and respective capabilities“ die im UN-Klimavertrag von 1992 verankert ist (UNFCCC 1992, Art. 3(1), Art. 4(1)). In ihr kulminieren verschiedene Qualitäten von Klimaverantwortung. Diese haben sich historisch entlang der Ausdifferenzierung globaler Klimapolitik herausgebildet und sind geprägt vom Wunsch gemeinsamer globaler Ordnungsstrategien, aber auch von wachsender Unübersichtlichkeit und unklarer Zuständigkeit:

 PVS, Sonderheft 52/2017, S. 334-357

a) zunächst eine als *gemeinsam verstandene Verantwortung*, die die Notwendigkeit globalen Engagements unterstreicht, allen Akteuren einen ähnlichen Verpflichtungsgrad zumisst und ein gemeinsames Monitoring von Reduktionsleistungen als praktische Konsequenz dieser Verantwortung zugrundelegt,
b) daran anknüpfend eine *differenzierte Verantwortung*, die die historischen (und kolonialen) Verantwortlichkeiten betont, speziell die Verursacher hoher CO_2-Emissionen verpflichtet, und von ihnen sowohl höhere Reduktionsleistungen verlangt, als auch finanzielle Transferleistungen (letztere entweder als Zahlungen an globale Klimaschutzfonds, oder aber in Form kontrovers diskutierter Schadensersatzleistungen),
c) mitlerweile zusehends eine *diffundierende Verantwortung*, die zwischen stark diversifizierten Akteuren entlang global-lokaler Bindungen oszilliert, eine eigentlich universal konzipierte Verantwortung aufteilt und verlagert und infolgedessen neue Verantwortungsträger mit spezifischen Rollen und Subjektivitäten hervorbringt. Im Verlauf der Verantwortungsdiffusion wird das durch Verantwortlichkeiten strukturierte Beziehungsgeflecht (vgl. Rauer in diesem Heft u. Rauer 2014) einerseits komplexer und unübersichtlicher und führt im günstigen Fall zur Bildung neuer Verantwortungsgemeinschaften. Andererseits finden sich infolge der Akteursproliferation vermehrt unklare Verantwortlichkeiten und diffuse Zurechenbarkeiten, durch die die Bereitschaft, für das Resultat einer Entscheidung tatsächlich rechenschaftspflichtig zu sein, sinkt.

Derlei Diffusionsprozesse finden sich seit wenigen Jahren verstärkt in der globalen Klimapolitik. Eine ambivalente Form der Diffusion von Verantwortung bildet sich derzeit in der Tendenz heraus, universale Verantwortlichkeiten zu lokalisieren und sie zu bisher wenig sichtbaren Akteursgruppen (Kleinbäuer_innen, indigene Bevölkerung, Waldbewohner_innen) zu verlagern, deren Rolle dabei entscheidend aufgewertet, aber auch von spezifischen Subjektivierungsansprüchen begleitet wird. Sichtbar werden solche Verfahren der Verantwortungszurechnung besonders in Gestalt des global/lokalen Klimaschutzinstrumentes REDD+ (*Reducing Emissions from Deforestation and Degradation*), welches mittels öffentlicher/privater Umweltfonds Projekte zur CO_2-Kompensation im globalen Süden finanziert.[1] Entlang der Projekte verschiebt sich klimapolitische Verantwortung hin zu den beteiligten lokalen Akteuren, da gemäß der Projektlogik die potentielle CO_2-Kompensation von der erfolgreichen Projektdurchführung vor Ort abhängt. Diese partielle – aber gegenüber den lokalen Akteuren oft nicht explizit gemachte – Übertragung globaler Klimaverantwortung kann auf lokaler Ebene unterschiedliche Wirkungen haben.

Der Artikel identifiziert solche Phänomene in der globalen Klimapolitik am Beispiel globaler REDD+-Projekte. Ziel ist, im Sinne einer machtkritischen Gover-

1 Hierbei führen lokale Akteure Waldschutz- und Wiederaufforstungsprojekte durch, für die im Vorfeld CO2-Einsparungsziele formuliert worden sind. Nach Abschluss des Projektes analysieren Monitoring- und Zertifizierungsverfahren die erzielten Klimaschutzleistungen und der jeweilige Fonds schüttet, sofern die Akteure die notwendige *compliance* gegenüber den Durchführungsbestimmungen und Kultivierungsauflagen demonstriert haben, eine Erfolgsprämie aus.

nanceforschung (Luke 1999; Oels 2005; Lövbrand et al. 2009; Death 2011; Dalby 2007; Okereke et al. 2009; Dzebo u. Stripple 2015) zu untersuchen, welche Effekte mit der Diffusion von Klimaverantwortung in der globalen Umweltgovernance verbunden sind, und welche Diffusionsmuster sich hierbei herausbilden.

2. Regierung der Klimaverantwortung: Beherrschung, Regulierung und Resilienz

Die Suche nach gemeinsamen, globalen Lösungen für grenzüberschreitende, global wie lokal relevante Probleme eint die unterschiedlichen Arenen einer Global Governance. Das Zwei-Grad-Ziel (vgl. Jaeger u. Jaeger 2010 zu Geschichte und Begründungsfiguren) dient(e) in der globalen Klimagovernance als politische Formel für einen Kompromiss, der im Klimadiskurs nicht nur Messbarkeit suggeriert, sondern auch normativ bestimmt, wer glaubwürdig Teil des globalen Klimadiskurses sein kann und wer nicht. Als „empty signifier" (Methmann 2010) kann das Zwei-Grad-Ziel aber auch für die Beschwörung einer ökologischen Apokalypse und ein Regieren im permanenten Krisenmodus (Methmann u. Oels 2014), bzw. für eine nicht mehr glaubwürdige, weil nicht mehr machbare Klimapolitik (Geden 2010; Geden u. Beck 2015) stehen. Somit tritt es wahlweise für eine gemeinsame Verantwortung für globalen Wandel ein, oder repräsentiert eine organisierte Verantwortungslosigkeit.

Klimapolitische Kontroversen reflektieren solche Ambivalenzen im Umgang mit gemeinsamer Verantwortung. Auffällig im klimapolitischen Diskurs ist dabei die sich graduell verschiebende Wahrnehmung des Klimawandels und politischer Handlungsstrategien entlang eines Kontinuums zwischen Naturbeherrschung – Regulation und Adaptation – Resilienz (vgl. Tabelle 1 am Ende des Kapitels). Der Klimawandel erhielt dabei zunächst die Gestalt eines bearbeitbaren Objektes, um dann zusehends als unvermeidliches Phänomen mit Subjektstatus wahrgenommen zu werden. Ersichtlich werden diese Wahrnehmungsverschiebungen und der damit verbundene Wandel gesellschaftlicher Naturverhältnisse im Wandel der Regierungspraktiken, mit denen Expert_innen und Politiker_innen dem Klimawandel begegnen. Anfangs fokussierte eine stärker naturwissenschaftlich-positivistisch geprägte Perspektive darauf, Klimawandel möglichst zu beherrschen und entwickelte ein System von Grenzwerten, Kipppunkten und technischen Lösungen (welches gegenwärtig in den Debatten zum Anthropozän wieder mehr Rückhalt bekommt, vgl.Rockström u. Klum 2015; Steffen et al. 2011; Swyngedouw 2015). Gleichzeitig halten seit ca. 15 Jahren stärker sozialwissenschaftlich-hermeneutische Perspektiven Einzug, für die es zentral ist, Klimawandel als Phänomen zu begreifen, an das sich das Ökosystem anpassen muss. Liberale Klimagovernance setzt auf eine gemeinsame, jedoch differenzierte Verantwortung im Mehrebenensystem klimapolitischen Regierens, die aber durch unterschiedlich hohen Verpflichtungsgrad, die Einbeziehung transnationaler und privater Akteure und die feste oder flexible Form der Kooperationsbeziehungen geprägt ist. Diese Regierungspraktiken orientieren sich auf der Regimeebene an der Idee der Global Governance bzw. an Mehrebenensystemen, mit denen Akteurskonstellationen auf den jeweiligen Levels gemeinsame Lösungen entwickeln und umsetzen. Im Zuge der globalen Klimakonferenzen und ihrer zumeist mageren Ergebnisse ist dieser

Regierungsmodus jedoch zusehends in die Krise geraten, und sowohl Institutionenversagen (aufgrund bürokratisierter und zentralisierter Strukturen) und Marktversagen (aufgrund hochgradig dezentraler Strukturen) waren prägend für die Klimagovernance (vgl. Abbot u. Snidal 2010, S. 316f.) Parallel zum UN-System haben sich daher viele weitere Arenen etabliert, für die sich mittlerweile der Begriff des Klimaregime-Komplex[2] (Keohane u. Victor 2010) eingebürgert hat. Im Klimaregime-Komplex trifft nicht ein globales Gremium Entscheidungen, vielmehr werden in den einzelnen Arenen durch unterschiedliche Akteurskonstellationen Lösungen entwickelt und untereinander abgestimmt. Hierbei sind auch Wettbewerbssituationen denkbar, durch die sich, ausgehend von ‚Koalitionen der Willigen' nicht Minimalkompromisse, sondern qualitativ besonders gute und feinjustierte Lösungen herausbilden. Der Klimaregime-Komplex ist zusehends durch andere Governanceformen und -praktiken geprägt, die unter den Stichworten der „Orchestrierung" (Abbot et al. 2015; Abbot u. Snidal 2010) diskutiert werden. Gemeint sind damit Formen indirekten Regierens, bei denen Internationale Organisationen, öffentliche und private (d.h. sowohl privatwirtschaftliche und zivilgesellschaftliche) Akteure auf freiwilliger, annähernd horizontaler Basis eng miteinander kooperieren und sich auf gemeinsame regulatorische Standards einigen, um auf gemeinsame Ziele hinzuwirken (Abbot u. Snidal 2010; Hale u. Roger 2014; Abbot et al. 2015; Schleifer 2013). Die privaten und öffentlichen Akteure werden durch diese Governanceformen gestärkt, gleichzeitig gewinnen Internationale Organisationen als Orchestratoren gewisse materielle oder diskursive Macht über sie (Abbot et al. 2015, S.722). Orchestrierung vereint damit Elemente horizontaler und hierarchischer Steuerung, wirkt also sowohl in ‚top-down' als auch in ‚bottom-up'-Richtung (Hale u. Roger 2014, S. 64). Orchestrierung hat sich als wirkungsvoller Governancemodus erwiesen, insbesondere dann, wenn die Organisationskulturen eines Akteursnetzwerks genügend Offenheit zeigen, wenn NGOs bzw. privatwirtschaftliche Akteure relevante Kapazitäten oder Ressourcen einbringen können, und wenn dieser Governancemodus insgesamt aussichtsreicher ist, als herkömmliche Politikformen.

Speziell die UN-Umweltbehörde UNEP ist dabei zu einem Akteur avanciert, der den Modus der Orchestrierung intensiv nutzt und mit öffentlichen wie privaten Akteuren zahlreiche umwelt- und klimapolitische Standards entwickelt hat (Abbot u. Snidal 2010, S. 333). So finden sich auch in der aktuellen Klimagovernance zusehends orchestrierte Politikprozesse. Dies ist eng verknüpft mit einer weiteren Wahrnehmungsverschiebung auf den Klimawandel und auf die Möglichkeiten, mit seinen Konsequenzen umzugehen. So ist die Sicht auf den Klimawandel zusehends durch ein transdisziplinäres Verständnis geprägt, das im Begriff der „Resilienz" kulminiert (Brassett et al. 2013; Brown 2012; Reid 2012; Zebrowski 2013, Howell

2 Mit dem Klimaregime-Komplex bezeichnen Keohane und Victor die gegenwärtige Struktur von rund 20 Organisationen der globalen Klimagovernance, deren Beziehungen durch eine flexible und oft suboptimal Mischung aus Kooperation, Koordination, Konkurrenz und Parallelstrukturen geprägt sind. Keohane betrachtet diesen Zustand aus regimetheoretischer Sicht natürlich als defizitär, entwickelt aber optimistische Möglichkeiten einer ‚governance à la carte', die durch das produktive Zusammenspiel von Organisationen (d.h. Orchestrierung) geprägt sein kann und einen organisationellen Wettbewerb um normativ und materiell gehaltvolle Politiken auslösen könnte.

2015 bzw. Joseph 2013 speziell zu Resilienz und Klimagouvernementalität). Damit verbindet sich gegenwärtig eine Debatte, die darauf abzielt, vulnerable Ökosysteme und Zivilisationen[3] möglichst anpassungsfähig zu machen, und hierfür jenseits von Wissenschaft und Politik zivilgesellschaftliche Akteure zu akquirieren. Resilienten Zivilisationen gelingt es, wirksame Schutzmaßnahmen zu treffen und das Prinzip gesellschaftlicher Vorsorge breit zu verankern. Resiliente Zivilisationen sind autonom in ihren Schutzbestrebungen, bedürfen also auch nicht der Solidarität durch andere. Resiliente Subjekte sind darüber hinaus in der Lage, sich flexibel an veränderte Bedingungen anzupassen[4]. Resilienz und Vulnerabilität sind damit Gegenbilder: wo Vulnerabilität an globale Solidarität und an gemeinsames Verantwortungsbewusstsein appelliert, imaginiert Resilienz eine Anschubunterstützung, in deren Folge die nun resilient gemachte Zivilisation in die Selbstverantwortung entlassen werden kann, indirekt aber immer noch disziplinierbar ist. Auf diese Weise – d.h. durch transnationales und glokales Regieren – soll ein wirkungsvollerer Umgang mit den Folgen des Klimawandels ermöglicht werden, als dies in bisherigen Formen intergouvernementalen Aushandelns der Fall gewesen ist.

Wenn Resilienz also als ein klimapolitisch wünschenswerter Zustand gilt, um dem Klimawandel wirksam begegnen zu können, bedarf es solcher Governanceformen, die gezielt auf die Kooperation mit privaten und zivilgesellschaftlichen Akteuren setzen. Orchestrierung als Form transnationaler Klimagovernance vermag dies besonders gut.

Dies verlangt jedoch auch einen anderen Umgang mit klimapolitischer Verantwortung. Der bisherige Kompromiss einer geteilten, jedoch differenzierten Verantwortung erweist sich für das klimapolitische Ziel der Resilienz und für den Governancemodus der Orchestrierung als zu staatszentriert und zu unflexibel. An dieser Stelle kommen Formen der Verantwortungsdiffusion ins Spiel. Verantwortungsdiffusion wird dabei verstanden als Phänomen, durch das die Verantwortung für einen bestimmten Politikprozess oder für die Erfüllung und Ausgestaltung bestimmter Teilziele sich auf ein immer breiteres Feld von Akteuren ausweitet, diese aber ihren Verantwortlichkeiten nicht mehr, oder nicht vollständig nachkommen. Dabei nimmt die Aufgabenverantwortung (Günther 2006, S. 296) zu; inwieweit jedoch die Zurechnungsverantwortung ebenfalls intensiviert und von Akteursseite aktiv ausgeübt wird, bleibt zumindest unklar. Problematisch für die Entwicklung gemeinsamer klimapolitischer Normen und Politiken ist gerade im Falle der Klimaverantwortung der Umgang mit Verantwortlichkeiten, die entlang globaler

---

3 Klimavulnerabilität beschreibt das Maß der Gefährdung durch Klimawandel, sowohl hinsichtlich der Region, als auch hinsichtlich unterschiedlicher Bevölkerungsgruppen. Als vulnerabel gelten solche Regionen, die den Folgen des Klimawandels aufgrund geographischer Lage (Küstenregionen, aber auch Dürregefährdung) besonders extrem ausgesetzt sind, und für die es gleichzeitig aufgrund ihrer sozioökonomischen Situation (bspw. schwache Staatlichkeit, geringe Einbindung in Technologietransfers, hohe Abhängigkeit von Nahrungsmittelimporten und sensible Agrarproduktion, intensive Besiedlung von Küstenzonen) besonderer Anstrengungen bedarf, Klimaadaptation zu betreiben.

4 Julian Reid beschreibt resiliente Akteure als „a subject, which must permanently struggle to accomodate itself to the world. Not a political subject, which can conceive of changing the world, its structure and conditions of possibility, with a view to securing itself from the world. But a condition for partaking of that world and which accepts the necessity of the injunction to change itself in correspondence with the threats and dangers now presupposed as endemic.“ (Reid 2012, S.74).

Machtgefälle und historisch unterschiedlich intensivem CO_2-Eintrag unklar verteilt sind (vgl. Heidbrink 2013, S. 128). Im Umgang mit klimapolitischer Verantwortung finden sich damit zwei Tendenzen. Einerseits die eigentliche *Verantwortungsdiffusion*, die letztendlich eine Fehlfunktion globaler/transnationaler Governance darstellt: Aufgrund von Akteursproliferation ist eine wachsende Anzahl von Akteuren zum (potenziellen) Träger klimapolitischer Verantwortung avanciert, gleichzeitig nimmt die Bereitschaft, derlei Verantwortung aktiv auszuüben, aber ab, da viele Akteure nicht bereit sind, einen ‚Verantwortungsvorschuss' einzugehen, durch den sie höhere klimapolitische Kosten tragen müssten.

Andererseits bilden sich aber auch Prozesse einer gezielten *Diffusion von Veranwortung* heraus, die darauf abzielen, angesichts drastischer Fehlschläge der Klimagovernance eine flexible, gering institutionalisierte Struktur zu schaffen, die sich als handlungsfähig erweist – gleichzeitig aber auch eine Struktur, die historische Verursacher entlastet und lokale Akteure in die Aufgabenverantwortung nimmt und damit diszipliniert oder aber empowert.

Diese *Diffusion von Verantwortung* kann dabei als wechselseitig freiwilliger Prozess geschehen, kann aber auch Elemente der Kooptation und Disziplinierung enthalten, und kann an Formen der *compliance* gebunden sein. Dies knüpft an die breite politikwissenschaftliche Debatte zum Phänomen der *policy diffusion* an, die sich ebenfalls mit der Ausbreitung und Übernahme bestimmter Politiken befasst und die danach fragt, wie solche (anscheinend freiwilligen und zwanglosen) Ausbreitungsprozesse verlaufen.[5]

Der Governancemodus der Orchestrierung bietet dabei einen Rahmen für einen flexibleren Umgang mit Klimaverantwortung – speziell seit dem Einsickern des Resilienz-Konzeptes in die Klimagovernance und der damit einhergehenden Aktivierung lokaler Akteure. Es entstehen Verantwortungsnetzwerke, innerhalb denen ein breites Akteursspektrum Rollen und Aufgaben übernimmt, Macht jedoch nicht klar lokalisiert, sondern ubiquitär ist. Dabei findet keine klare oder gar hierarchisch geregelte Aufteilung von Verantwortlichkeiten statt, weswegen Konzepte wie Delegation oder Prinzipal-Agent-Beziehungen das Phänomen nicht angemessen beschreiben (vgl. zur Abgrenzung zwischen Orchestrierung und Delegation Abbot et al 2015, S. 721-724). Stattdessen sind Uneindeutigkeit, Unvollständigkeit und Selektivität typisch für die Verteilung und Übernahme klimapolitischer Verantwortung. Trotz dieser Unübersichtlichkeit kann eine Diffusion von Verantwortung sehr effizient sein, zumal die Aktivierung lokaler oder kommunaler Akteure einen hohen Grad an Verbindlichkeit schafft. Lokale und private Akteure sehen sich einer globalen Agenda verpflichtet, ihre individuellen Anstren-

5 Innerhalb dieser Debatte finden sich Positionen, die diese Prozesse als Transfer – d.h. als gerichteten Prozess mit klaren Anfangs- und Endpunkten – definieren und dabei den Lernaspekt betonen (Rose 1993; Dolowitz u. March 2000), aber auch Positionen, die mit dem Begriff der Diffusion die ungerichtete und uneindeutige Ausbreitung von Politiken in den Mittelpunkt stellen. Innerhalb dieser Debatte haben sich aber auch Strömungen etabliert, die die Vorannahmen der Lernwilligkeit und Freiwilligkeit in Frage stellen und es für dringend geboten halten, innerhalb von Diffusionsprozessen auch Formen und Praxen der Ablehnung, nur teilweisen Aneignung oder Kontestation sichtbar zu machen und der Machtdimension von *policy diffusion* mehr Raum zu geben(Gottweis 2003). Das hier zugrundeliegende Verständnis der Diffusion von Verantwortung ist an diesen poststrukturalistischen Diffusionsbegriff angelehnt.

gungen werden sichtbar, und werden damit symbolisch deutlich aufgewertet[6]. Darauf verweisen die Ergebnisse der Pariser Klimakonferenz, bei denen erstmals kommunale Anstrengungen der CO_2-Reduktion global miteinbezogen wurden, und Formen eines global-lokalen *Carbon Budgeting* (d.h. gemeinsamen CO_2-Einsparkonten) praktiziert wurden. Auch REDD+-Programme und Adaptationsprojekte im Rahmen des Clean Development Mechanism (CDM) sind markante Beispiele für Verantwortungsnetzwerke, die globale, transnationale und lokale Stakeholder umfassen und mit dem Modus der Orchestrierung arbeiten. Der Blick auf REDD+-Governance illustriert dies, und ermöglicht es, bestimmte Effekte und Muster der Diffusion von Verantwortung zu identifizieren.

Tabelle 1: Wahrnehmung des Klimawandels und Wandel der Klimagovernance

<table>
<tr><td colspan="4">Wahrnehmung des Klimawandels
←Beherrschbar →Nicht beherrschbar</td></tr>
<tr><td colspan="4">Klimapolitische Handlungsstrategie</td></tr>
<tr><td>Naturbeherrschung</td><td>Regulation</td><td>Adaptation und Mitigation</td><td>Resilienz</td></tr>
<tr><td colspan="4">Klimapolitische Regierungsmodi</td></tr>
<tr><td>Expertokratie; nationale Strategien, nur geringe globale Koordination</td><td>Global Governance/ Multi-Level-Governance</td><td colspan="2">Polyzentrische Governance/ Regime-Komplex Orchestrierung</td></tr>
<tr><td colspan="4">Lokalisation und Zielsetzung von Verantwortung
Wo ist klimapolitische Verantwortung lokalisiert?
Welche Zielsetzungen resultieren aus der Übernahme klimapolitischer Verantwortung?</td></tr>
<tr><td>Expert_innen verantworten technische Lösungen zur Begrenzung des Klimawandels. Klimapolitische Verantwortung ist an naturwissenschaftlich-technisches Wissen gekoppelt und wird durch Expertengremien ausgeübt.</td><td>Industriestaaten verpflichten sich zur CO_2-Reduktion. Der CDM ermöglicht eine Multi-Level-Klimagovernance; es bilden sich Verantwortungsnetzwerke aus. Industrieländer und Annex-B-Staaten üben „common but differentiated responsibility“ aus. Adaptation und Mitigation sollen sowohl den Klimawandel begrenzen, als auch eine Anpassung an den Klimawandel unterstützen.</td><td>Parallele Foren des globalen Klimaregime-Komplexes übernehmen Verantwortung, z.B. durch Entwicklung von Regelwerken bzw. freiwillige Selbstverpflichtung. Es entstehen kleinere, informelle 'climate clubs' und 'coalitions of the willing'. Flexible Koordination und Orchestrierung prägen die Governancestruktur. Auch transnationale und private Akteure üben klimapolitische Verantwortung aus.</td><td>Im Anthropozän ist jede_r Akteur_in: Im Rahmen von REDD+ und im CDM wird klimapolitische Verantwortung zusehends diffus: Fonds und Stakeholdernetzwerke verantworten Waldschutzmaßnahmen; Verantwortung diffundiert zu lokalen Akteuren; Akteure werden 'empowert' und resilient gemacht.</td></tr>
</table>

Quelle: Eigene Darstellung

6 Forschung zu Klimagouvernementalität betrachtet genau solche Prozesse und prüft, inwieweit die Aktivierung lokaler Akteure eine subjektivierende Strategie ist, mit der neue ‚mündige Subjekte‘, hervorgebracht werden, die sich globalen klimapolitischen Normen verpflichtet sehen und normativ diszipliniert werden können (Vgl. Methmann u. Oels 2014; Paterson u. Stripple 2010).

3. Carbon Governance und REDD+-Programme entlang der Nord-Süd-Achse

Das Akronym REDD+ bezeichnet ein Bündel von Maßnahmen zur CO_2-Kompensation, die sich mit Waldschutz und Wiederaufforstung befassen. Ihnen liegen folgende Zielsetzungen zugrunde:

- Reduktion von Treibhausgasen, die durch Entwaldung, Waldbrände und Intensivlandwirtschaft entstehen, und die ca. 20% der globalen Treibhausgasemissionen ausmachen
- Förderung des Waldschutzes in Entwicklungsländern, indem durch leistungsbasierte Zahlungen Anreize für waldreiche Länder geschaffen werden, sich an REDD+-Maßnahmen zu beteiligen und Waldschutz/Wiederaufforstung zu betreiben.
- Entwicklung von Methoden für das Forstmonitoring, für das Ökosystemmanagement im weiteren Sinne, für die Evaluation der Maßnahmen und für die Messung eingesparter CO_2-Äquivalente.

REDD+ umfasst, so ein Vertragsentwurf der UN-Klimakonferenz in Bali, alle „policy approaches and positive incentives on issues relating to reducing emissions from deforestation and forest degradation in developing countries; and the role of conservation, sustainable management of forests and enhancement of forest carbon stocks in developing countries" (UNFCCC, Decision 2/CP132008, S. 8). Ein ideales Szenario sieht vor, dass Ausgleichszahlungen (z.B. aus der Forest Carbon Partnership Facility (FCPF) und dem FCPC Readiness Fund der Weltbank oder dem UN-REDD-Programme) an Staaten geleistet werden, wenn sich diese dazu verpflichten, Waldbestände zu kultivieren und nicht zu roden. Diese Zahlungen sollten direkt zur lokalen Bevölkerung übermittelt werden, um eine nachhaltige und klimaschützende Waldnutzung zu ermöglichen und ggf. nicht nachhaltige Landnutzungspraktiken zu ändern. Dabei gibt es verschiedene Varianten: *National approaches* beziehen die nationalstaatliche Ebene mit ein; *sub-national approaches* stellen hingegen eine direkte Verbindung zwischen lokalen Landbesitzern und internationalen Investoren im Klimaschutzsektor her; *nested approaches* sind eine Kombination beider Vorgehensweisen (Angelsen et al. 2008).

Seit der Klimakonferenz in Bali 2007 sind REDD+-Maßnahmen Teil der klimapolitischen Verpflichtungen all jener Staaten, die an den UN-Klimaverhandlungen teilnehmen. Bei der Klimakonferenz in Cancún 2010 vereinbarten die Vertragsstaaten ein 3-phasiges Verfahren für die nationalstaatliche und lokale Umsetzung von REDD+. REDD+-Länder sollen zunächst *capacity building* betreiben, um REDD+-Projekte umsetzen zu können; dazu gehört auch die Sicherstellung, dass diese Projekte keine negativen sozialökologischen Auswirkungen zur Folge haben. Während der zweiten Phase sollen Pilotprojekte umgesetzt werden. In Phase 3 finden die eigentlichen REDD+-Aktivitäten statt. Hierbei wird ermittelt, wie wirksam die Maßnahme im Vergleich zum Referenzlevel am Ausgangszeitpunkt gewesen ist, d.h. inwieweit durch die Maßnahme tatsächlich Waldbestände geschützt oder aufgeforstet wurden, und inwieweit CO_2-Äquivalente eingespart wurden. Die Einsparungen werden dann finanziell vergütet, entsprechend der erzielten Kompensationsleistungen. Derzeit nehmen im Rahmen der FCPF-Facility 47 Länder an REDD+-Maßnahmen teil[7]; das UN-REDD Programm führt Maßnahmen in 64 Ländern durch[8]. Drei Staaten, Brasilien, Guayana und Indonesien haben eigenständige Programme entwickelt, die durch nationale Entwicklungsagenturen finanziert werden. Die FCFP-Facility nennt als wesentliche Entwicklungen Fortschritte beim *capacity building* und in der Projektentwicklung. Dabei stehen die Staaten auch vor der demokratischen Herausforderung, eigenständige Governanceformen zu entwickeln, mit denen eine effektive Umsetzung und Kontrolle der REDD+-Programme gewährleistet ist, Wissensmanagement betrieben werden kann, und welche gleichzeitig den beteiligten Stakeholdern faire Partizipations- und Artikulationsmöglichkeiten bieten (zu Governanceproblematiken vgl. Thompson et al. 2011; Zelli et al. 2014; zu Stakeholderproblematiken und Partizipationsfragen vgl. Larson et al. 2010; Corbera et al. 2011; Larson et al. 2013; Walbott 2014 für indigene Rechte; Brown 2011 für Genderaspekte).

Zum gegenwärtigen Zeitpunkt wird bereits ersichtlich, dass die Komplexität des Instruments, der Zwang zur Quantifizierbarkeit ökosystemarer Dienstleistungen, die Akteursvielfalt und die Gestaltung von angemessenen und funktionalen Governancestrukturen vielfältige, eng miteinander verwobene Herausforderungen darstellen. Dabei werden Beziehungskonstellationen zwischen globaler Klimagovernance, nationalstaatlicher Ebene und lokaler Mikrogovernance geschaffen. Öffentlich-private Umweltfonds erhalten dabei eine zentrale Bedeutung. Die Fondsstruktur variiert dabei zwischen multilateralen Fonds[9], von denen die Forest Carbon Partnership am bekanntesten ist, und nationalen Fonds, die entweder entlang der Nord-Süd-Achse agieren, oder in den waldreichen Ländern selbst angesiedelt sind[10]. Als Finanzquellen dienen multilaterale und nationale Entwicklungszusammenarbeit (EZ), zusätzlich fließen privatfinanzierte Mittel von NGOs und grünen Investmentfonds ein. Die Governancestruktur aller Fonds ist durch flexible Stakeholdersysteme geprägt und vereint Vertreter von EZ-Agenturen, nationale Ministerien, Projektentwickler und Zivilgesellschaft. Das Verständnis von ‚Zivilgesellschaft' ist dabei weit gefasst und schließt auch Privatwirtschaft oder wissenschaftliche Experten ein; die Partizipationsmöglichkeiten für zivilgesellschaftliche Akteure variieren stark. Die Projektvergabe erfolgt per Antragsverfahren. Zwischen Fonds, Projektentwicklern, Nationalstaaten und lokalen EZ-Partnerorganisationen werden die Projektziele vertraglich fixiert. Charakteristisch für die hier entstehenden Governancestrukturen ist eine hohe Flexibilität und eine Kombination von vertikalen und horizontalen Governancestrukturen. Häufig werden im Zuge der Umsetzung von REDD+-Strategien in den Zielländern spezielle REDD+-Agenturen in Umweltbehörden oder Ministerien eingerichtet. Gleichzeitig sind kommunale Akteure und indigene NGOs beteiligt, während privatwirtschaftliche Beratungsunternehmen als

7 Vgl. https://www.forestcarbonpartnership.org/redd-countries-1.Zugegriffen: 02.08.2016.

8 Vgl. http://www.un-redd.org/#!partner-countries/vl8tq .Zugegriffen: 02.08.2016.

9 World Bank Forest Carbon Partnership/Forest Investment Partnership, EU Global Climate Change Alliance, Asian Development Bank Climate Change Fund, African Development Bank Congo Basin Fund.

10 National: UK International Climate Fund, Germany International Climate Initiative, Norwegian International Climate and Forest Initiative. National, in den Projektländern: Brazilian BNDES Fund, Guayana REDD+ Investment, Indonesia Trust Fund.

intermediäre Akteure Vermittlungsaufgaben zwischen lokaler Ebene, Regierungsebene und globalen/transnationalen Fonds und Waldschutzprogrammen ausüben. REDD+-Governance verläuft damit in orchestrierter Form. Fondseigner oder Internationale Organisationen üben dabei die Rolle des Orchestrators aus. Jedoch finden sich unterschiedliche Ausgestaltungsformen für diese Rolle und die jeweiligen Governancearrangements variieren unter den einzelnen Fonds stark. Während die Norwegian International Climate and Forest Initiative (NICFI-Fonds) möglichst viel Ownership in den Zielländern verortet und bewusst wenig auf der lokalen und nationalen Ebene interveniert (vgl. Norad 2012, 2014), strebt die Weltbank mit dem Forest Investment Program eine deutlich aktivere und stärker disziplinierende Rolle an (Climate Investment Fund 2009, 2010, 2011). Entsprechend variiert auch die Reichweite der Diffusion von Verantwortung in den einzelnen Governancearrangements und die Ausgestaltung der lokalen Akteursrollen.

4. Effekte und Muster der Diffusion klimapolitischer Verantwortung

REDD+-Projekte verbinden eine Vielzahl von Akteuren, die ein gemeinsames Interesse teilen, klimapolitische Verantwortung zu übernehmen. Objekt der gemeinsamen Verantwortung sind Waldgebiete in waldreichen Ländern, die es entweder zu schützen gilt, oder die erst neu geschaffen werden. Diese Räume bilden eine neue klimapolitische Ressource und gewinnen grenzüberschreitend an materiellem wie symbolischem Wert. Die Sorge um Waldgebiete geht mit der Übernahme von Verantwortung durch lokale Akteure einher, und bringt neue Rollen und Rollenerwartungen hervor. Dabei entstehen Verantwortungsnetzwerke, innerhalb derer lokale Akteure Verantwortung gegenüber nationalen REDD+-Behörden und globalen/transnationalen Fonds übernehmen. Zwischen den verschiedenen beteiligten Akteuren der einzelnen REDD+-Programme manifestiert sich Diffusion von Verantwortung v.a. in Nord-Süd-Richtung und hin zu lokalen Akteuren. Aber auch die Fonds stehen gegenüber ihren Shareholdern – Regierungen wie privaten Finanzinstitutionen – in der Pflicht. Über die Klammer des Pariser Klimavertrages und die INDCs[11] sind letztendlich (jedoch in einer recht abstrakten Form) alle Akteure untereinander rechenschaftspflichtig, da sie ihre Reduktionsabsichten bzw. Reduktionserfolge durch gemeinschaftliche Klimabilanzierung (*Carbon Budgeting*) gegenseitig offenlegen.

Innerhalb dieser Akteurskonstellation gilt es damit zu fragen, wie glokale Diffusionsprozesse verlaufen und welche Effekte sie für lokale Akteure haben. Basierend darauf lassen sich unterschiedliche Diffusionsmuster identifizieren. Für den Verlauf der Diffusion klimapolitischer Verantwortung und für die weiteren Implikationen eines solchen Prozesses sind folgende Aspekte bedeutsam:

(1) *Stakeholderbeziehungen und Governancepraktiken innerhalb von REDD+-Projekten*

(2) die *Gestaltung des jeweiligen gesellschaftlichen Naturverhältnisses.*

11 Die *Intended Nationally Determined Contributions* bezeichnen die Reduktionsverpflichtungen, die jeder UNFCCC-Vertragsstaat im Vorfeld der Pariser Klimakonferenz eingegangen ist. Sie ermöglichen eine weltweite Klimabilanzierung für den Zeitraum nach 2020.

(1) REDD+-Projekte werden durch globale/transnationale Waldschutzfonds orchestriert. Die *Beziehungskonstellation* zwischen den verschiedenen Partnern einer REDD+-Maßnahme (d.h. Finanziers, nationalstaatliche Akteuren, Landbesitzern, privaten Akteuren wie NGOs, Privatinvestoren oder EZ-Organisationen) ist in den REDD+-Fonds horizontal und vertikal als Stakeholdernetzwerk organisiert. Projektaufsicht und –administration basieren dabei auf dem Modus der *Stakeholder-Governance;* d.h. die Legimität der zu treffenden Entscheidungen entsteht dadurch, dass die verschiedenen Stakeholderrollen repräsentiert und die Positionen aller beteiligten Akteure im Aushandlungsprozess vertreten werden. Angenommen wird dabei, dass alle Stakeholder in ähnlicher Weise sich artikulieren und mittels Deliberation interagieren (Bäckstrand 2006). Innerhalb der Stakeholder-Konstellation ist die Rolle globaler Umweltfonds zentral, selbst wenn deren tatsächliche Einflussnahme auf die nationale und lokale Ebene variiert. Nationale REDD+-Agenturen sind in den Zielländern auf Regierungsebene angesiedelt, und können gegenüber lokalen Akteuren in einer hierarchischen Beziehung stehen. Kritisch ist zudem die Rolle von spezifischen *policy entrepreneurs*, die für REDD+-Projekte Mittlerfunktionen übernommen haben. Privatwirtschaftliche Start-ups in Zielländern üben Netzwerk- und externe Governancefunktionen aus, indem sie zwischen den verschiedenen Schlüsselakteuren Kontakte stärken, Projektakquise betreiben und über exklusive Wissensressourcen verfügen. Sie fungieren als Sprachrohr für lokale Akteure und vermitteln zwischen Fonds und Regierungen und betreiben Distribution von Verantwortung[12].

Die Beziehungskonstellationen der REDD+-Projekte transportieren normative, disziplinarische und edukative Ansprüche und entwickeln bestimmte Rollenvorstellungen und Subjektivitäten. Der Fokus auf Effektivität und Funktionalität, sowie die Anreizkulisse, die durch die Zusicherung von Finanzmitteln aus den Klimafonds erzeugt wird, kann dabei im Spannungsverhältnis zu einem liberal konzipierten Stakeholder-Modell stehen, welches eine möglichst universale Partizipation und Artikulation propagiert, und den „participation gap in environmental politics“ (Bäckstrand 2006, S. 470) zu überwinden anstrebt. Allerdings kann auch die liberale Annahme, dass alle Akteure gleiche Macht-, Zugangs- und Artikulationsressourcen hätten, verschleiern, dass für zivilgesellschaftliche Akteure ein frühzeitiger Zugang zu den REDD+-Prozessen erschwert ist. Im Projektmodell erfolgt eine quasi-automatische Übertragung westlicher Governancepraktiken auf die nationalstaatliche Ebene, welche für solche Formen liberaler (Selbst-)Steuerung nicht unbedingt vorbereitet ist. Machtbeziehungen und Strukturen postkolonialer Staatlichkeit spielen für die Frage, wie REDD+ initiiert wird, eine wichtige Rolle; insbesondere angesichts diffuser Hierarchien bei den *nested approaches*, aber auch hinsichtlich mangelnder Transparenz und Korruption bei *top-down approaches* (Angelsen et al. 2008). Die Rolle der Fonds selbst variiert – so agiert der norwegische Fonds NICFI sehr zurückhaltend und verlagert Verantwortung und Ownership weitmöglich an nationale Agenturen, während das Forest Investment Program der Weltbank eine viel aktivere Rolle spielt und die REDD+-Staaten mittels

12 Ein Beispiel für einen solchen Projektentwickler ist das sambische Unternehmen BioCarbonPartners; vgl. dazu auch Leventon et al. 2014.

konditionalisierter Kredite und Kooperationen mit Private Equity-Geldgebern finanziell eng an sich bindet (Climate Investment Fund 2010, § 10-28, § 45, § 73). Beide Beziehungskonstellationen bergen Konfliktpotential, da lokale Akteure wie Landbesitzer_innen, Kleinbäuer_innen, indigene Völker nur geringe Möglichkeiten besitzen, Einfluss zu nehmen und sich über Stakeholderforen zu artikulieren. Dies ist besonders problematisch, wenn diese Akteure über keine kodifizierten Landrechte verfügen und nicht vom Recht auf einen *free prior and informed consent* bzw. der Verweigerung der Zustimmung zu REDD+-Maßnahmen Gebrauch machen können, sondern nur als ausführende und zu disziplinierende Akteure wahrgenommen werden, die innerhalb einer Vertragsbeziehung unter Erfolgsdruck stehen[13]. Daher können REDD+-Maßnahmen Landkonflikten zwischen privatwirtschaftlichen Akteuren und Kleinbäuer_innen Vorschub leisten, da der Erwerb von Landflächen und der Zugang zu REDD+-Geldern für Agrarinvestoren attraktiv ist (vgl. Larson et. al 2013, S. 679; Corbera at al. 2011). Auf diese Weise können nachkoloniale und neofeudale Besitzverhältnisse stabilisiert und durch die vertraglichen Konstruktionen sogar rückwirkend international verrechtlicht werden (vgl. Corbera et al. 2011 für Fälle in Brasilien, Costa Rica und Mexico). Gleichzeitig erhalten externe Akteure, etwa Geberorganisationen, privatwirtschaftliche Finanziers oder internationale Naturschutz-NGOs eine zentrale Rolle innerhalb der Beziehungskonstellation, da sie ihre Funktion als Geldgeber, Berater oder Projektmanagement-Organisation entlang des gesamten REDD+-Prozesses ausüben. Sie erhalten damit Zugang zu Landflächen und üben quasi-hoheitliche Aufgaben innerhalb von Umwelt-Protektoraten aus, speziell wenn es um das Management von Konflikten geht, wie bspw. Proteste gegen Landgrabbing im Rahmen von REDD+ seitens indigener und kleinbäuerlicher NGOs.

Die hohe Flexibilität der Stakeholder-Governance ist also eng verbunden mit Formen der Kontrolle und Disziplinierung. Typische Governancepraktiken bestehen in Monitoring- und Zertifizierungsmaßnahmen, sowie Formen der Disziplinierung bei mangelnder Umsetzung der Programme. Die teilnehmenden Staaten sind verpflichtet, im Rahmen der REDD+-Readiness-Proposals plausibel darzustellen, wie sie Monitoring- und Reporting-Systeme umsetzen, und müssen diese durch die FCFP bzw. die UN-REDD+-Agentur zertifizieren lassen. Dadurch werden komplexe externe Managementstrukturen permanent etabliert, die den Naturschutzpolitiken eines Staates eine transnationale Qualität verleihen und externen Akteuren Zugriff geben. REDD+-Governance kann so im Extremfall die Gestalt ‚ökologischer Interventionen' annehmen, die innerhalb postkolonialer Staatlichkeit quasi-staatliche Formen des Naturschutzes und der *Carbon Governance* übernimmt, ohne dafür klar legitimiert oder rechenschaftspflichtig zu sein (Müller 2016). REDD+-Governance kann aber auch die Stärkung nationaler Ownership unterstützen, indem entweder nationale Waldschutzagenturen ge-

13 Dies betrifft besonders die Problematik, dass der *free prior and informed consent* im Rahmen von UN-Konventionen (z.B. UN Declaration on the Rights of Indigenous Peoples; Voluntary Guidelines on Responsible Governance of Tenure of Land, Fisheries and Forests) ausschließlich die Rechte indigener Völker anerkennt. Andere ähnlich betroffene Personenkreise, speziell Kleinbäuer_innen haben keine vergleichbar kodifizierten Rechte.

stärkt, oder auf kommunaler Ebene Institutionen geschaffen werden. Dies kann die lokale Handlungsfähigkeit stärken und die Entwicklung eigenständiger Waldschutzprogramme fördern.

(2) Andererseits prägt auch das *gesellschaftliche Naturverhältnis* (Görg 1999; Görg 2003; Becker u. Jahn 2006), das sich im Rahmen von REDD+ als eine Hintergrundstruktur konstituiert, die Prozesse der Diffusion klimapolitischer Verantwortung.[14] Den Wäldern, bzw. den waldnutzenden Akteuren, die im Mittelpunkt der Projekte stehen, werden bestimmte Funktionen zugeschrieben. In diesem Fall wird die Funktion als ‚CO_2-Senke' privilegiert und Wälder werden v.a. hinsichtlich ihrer Klimabilanz klassifiziert, wohingegen eine eher ganzheitliche Bedeutung von Wäldern als Lebensraum in den Hintergrund tritt. Effizienzorientierte Technologien des Politischen tragen dazu bei, dass Wälder primär in ihrer Funktion als Ressource bzw. ökosystemarer Dienstleister betrachtet werden. Dies ist Ausdruck eines spezifischen gesellschaftlichen Naturverhältnisses, das als „ökosystemarer Ansatz" in globalen Naturschutz- und Biodiversitätspolitiken seit der 5. Vertragsstaatenkonferenz der Konvention über die Biologische Vielfalt (CBD, *Convention on the Protection of Biodiversity*) hegemonial geworden ist. Die systemische Konzeption betont, dass Biodiversität nur erhalten werden kann, wenn man sie in einem ökosystemaren Kontext begreift und die vielen Wechselwirkungen mit den in und von Ökosystemen lebenden Menschen einbezieht. Dabei werden auch die jeweiligen Ökosystemdienstleistungen (*ecosystem services*) der einzelnen Subsysteme definiert, als „the benefits people obtain from ecosystems. These include provisioning services such as food and water; regulating services such as regulation of floods, drought, land degradation, and disease; supporting services such as soil formation and nutrient cycling; and cultural services such as recreational, spiritual, religious and other nonmaterial benefits." (UN Millennium Ecosystem Assessment 2005, S. 3).

Zwischen diesem und den jeweiligen lokal vorhanden gesellschaftlichen Naturverhältnissen können Widersprüche bestehen, zumal wenn bestimmte Formen der Landnutzung privilegiert werden. So können traditionelle Lebensweisen und Landnutzungspraktiken zum Problem erklärt werden, weil sie nicht spezifisch am übergreifenden Imperativ der CO_2-Einsparung ausgerichtet sind (Thompson et al. 2011, S.103). An ihre Stelle treten Landnutzungspraktiken, bei denen die lokale Bevölkerung beispielweise Funktionen in der Datensammlung übernehmen soll, aber nicht mehr ihre autonomen und souveränen Verfügungsrechte ausüben kann. Neue berufliche Rollen, wie die des *carbon forester*, dessen Aufgaben in der Kultivierung der Projektwälder bestehen, sind an den Rationalitäten von REDD+ ausgerichtet und sind Ausdruck einer Subjektivierungsstrategie, durch die Aufgabenverantwortung bereitwillig übernommen werden soll. Dies kann durchaus empowernd für lokale Akteure wirken, da dies ausdrückt, wie aktive Klimaverant-

14 Das Konzept gesellschaftlicher Naturverhältnisse ist im Kontext der Politischen Ökologie entwickelt worden. Es befasst sich mit den Beziehungsdynamiken zwischen Gesellschaft und Natur, untersucht also bspw. wie sich Gesellschaft und Natur wechselseitig konstituieren, welche Naturbilder oder -wahrnehmungen in einer Gesellschaft vorherrschen und wie sozial-ökologische Krisen bearbeitet werden.

wortung ausgeübt werden kann; gleichzeitig aber kann dies etablierte Formen der Landnutzung und subsistente Lebensweisen durchkreuzen (Stephan 2013, S. 165 f.). Die mit diesen Rollen und Verpflichtungen verknüpfte Transformation gesellschaftlicher Naturverhältnisse ist allerdings nicht alternativlos. Zwischen den genannten Rationalitäten bestehen Widersprüche und es ist Sache der beteiligten Akteure, dies – etwa innerhalb der *theories of change* -, d.h. der Konzeptpapiere der Umweltfonds – eher in Richtung einer Logik der Effizienz oder in Richtung einer Betonung lokaler, nachhaltiger Landnutzungspraxis auszubuchstabieren. REDD+-Projekte können durch die erhöhte Öffentlichkeit und Internationalisierung prinzipiell auch dazu dienen, sozial-ökologische Problematiken stärker als bisher sichtbar zu machen, etwa indem fehlende Landrechte problematisiert und Möglichkeiten kollektiver Land-/Waldbewirtschaftung ausgedehnt werden (vgl. Larson et al. 2010 für das Beispiel des *community forest management* in Bolivien und Brasilien). Zwischen dem ökosystemaren Ansatz und dem jeweiligen lokalen gesellschaftlichen Naturverhältnis sind also auch produktive Verbindungen möglich, aus denen sich ein hybrides, durch global/transnationale wie durch lokale Naturverständnisse geprägtes, gesellschaftliches Naturverhältnis konstituieren und in demokratischen Stakeholderbeziehungen bestärkt werden kann. Es ist durchaus denkbar, dass im Rahmen von REDD+-Projekten Wissen über Naturschutz und ökologisch verantwortungsvolle Naturnutzung vermittelt und ein Kompromiss zwischen traditionellen Landnutzungspraktiken und REDD+-Standards gesucht wird. Für die Ausprägung spezifischer Diffusionsmuster bilden die Beziehungskonstellation sowie die damit verknüpften Governancepraktiken und das jeweilige gesellschaftliches Naturverhältnis die Basis. Die Diffusion klimapolitischer Verantwortung vollzieht sich entlang dieser Aspekte, und die Übertragung und Übernahme von klimapolitischer Verantwortung an lokale Akteure in REDD+-Projekten kann sich in jeweils unterschiedlicher Weise in Form spezifischer Diffusionsmuster ausprägen. Für eine empirische Untersuchung von REDD+-Projekten schafft dies einen Analyserahmen, mit dem sich systematisch prüfen und bewerten lässt, welches Konfliktpotential unterschiedliche REDD+-Projekte aufweisen und inwieweit die entwicklungspolitischen Normen der *ownership* und *accountability* in Stakeholderkonstellationen berücksichtigt sind.

Die folgenden Diffusionsmuster resultieren aus Konstellationen, die sich in REDD+-Projekten auffinden lassen. Sie sind jeweils durch bestimmte Konfliktlagen oder aber gelungene Kooperation zwischen global/transnationaler und lokaler Ebene gekennzeichnet (Vgl. Tabelle 2); die Diffusion von Klimaverantwortung geschieht dabei mit erheblich unterschiedlicher Reichweite.

(1) Kontestation: Kontestation bezeichnet ein Diffusionsmuster, das durch Normenkonflikte geprägt ist, insbesondere hinsichtlich der Übertragung von Normen von der globalen auf die lokale Ebene, der Normaneignung und -lokalisierung[15]. Es betrifft besonders massive Konflikte um Beziehungskonstellation, Governancepraktiken und gesellschaftliches Naturverhältnis.

15 Vgl. zum Begriff der Kontestation und Lokalisation Acharya 2004; Wiener 2010; Zimmermann et al. 2013.

Zu diesem Diffusionsmuster kommt es, wenn Normenkonflikte und materielle Konflikte zwischen dem lokalen gesellschaftlichen Naturverhältnis und dem des Projektdesigns bestehen und diese in der vorliegenden Beziehungskonstellation nicht produktiv bearbeitet werden können. Dies kann dann der Fall sein, wenn lokale Stakeholder über keine angemessenen Artikulationsmöglichkeiten verfügen und bspw. den *prior informed consent* nicht ausüben können. Auch wenn die Reichweite der Verantwortungsübertragung gering ist und lokale Akteure im Projektdesign keine bedeutsame Rolle jenseits der zu erbringenden Kultivierungsaktivitäten ausüben können, sind Konflikte wahrscheinlich. In diesem Fall wird von Seiten der dominanten Stakeholder, d.h. Umweltfonds, Nationalstaat und ggf. *policy broker* reglementiert, wie mit Wäldern als Karbonspeichern umgegangen werden soll. Die Diffusion von Verantwortung erfolgt hier höchst selektiv und erstreckt sich auf nur wenige Aktivitäten, die zudem genau überwacht, *top-down* reguliert und sanktioniert werden. Darunter fällt z.B. die vertragliche Verpflichtung zum Anbau und zur Kultivierung bestimmter Pflanzenarten, die besonders wirksame CO_2-Speicher sind. Auf Seiten der lokalen Akteure führt dies zu Konflikten, wenn Interventionen in ihre Landnutzungspraktiken, ggf. auch in Landrechte erfolgen und keine Möglichkeit zur Deliberation besteht. Ökologische Intervention (Eckersley 2007, Müller 2016) wird in diesem Fall durch die argumentative Rahmung legitimiert, dass Waldschutz im gemeinsamen Interesse und der gemeinsamen Verantwortung der Menschheit liege. Ökologische Interventionspraktiken werden hier mit dem Rückgriff auf Universalinteressen aller Menschen gerechtfertigt, wobei keine Varianz hinsichtlich historischer Verantwortlichkeit, Vulnerabilität oder Gestaltungsmöglichkeiten vorgenommen wird.

(2) Disziplinierung: Ein disziplinierendes Diffusionsmuster weicht insofern von der ersten Variante ab, als hier kein offener Konflikt vorliegt. Diffusion von Verantwortung findet hier in breiterem Maße statt und äußert sich in eigenverantwortlich durchgeführten Waldschutzprogrammen, Monitoring- und Zertifizierungsmaßnahmen, die durch die nationale Agentur oder den Fonds bei Erfolg honoriert werden. Zwar bestehen auch hier Divergenzen zwischen gesellschaftlichen Naturverhältnissen, aber die Anreizkulisse der REDD+-Projekte resultiert in höherer *compliance* der lokalen Akteure, da diese für ihre Kultivierungspraktiken mit einer realen Gewinnbeteiligung rechnen können. Dadurch setzt sich freilich ein gesellschaftliches Naturverhältnis durch, das durch eine vermehrte Inwertsetzung von Natur gekennzeichnet ist, und den Karbonsenken eine höhere Wertigkeit zumisst, als anderen Ökosystemen. Die Governancepraktiken zeichnen sich hier durch größere Flexibilität aus; speziell privaten Projektentwicklern kommt dabei große Bedeutung zu, da sie diejenigen sind, die lokale Akteure kontrollieren und ggf. disziplinieren. Diffusion von Verantwortung und Subjektivierung stehen dabei in enger Verbindung. Je größer die Reichweite ist, d.h., je mehr Aufgaben und Rechenschaft übertragen werden, und je stärker lokale Akteure einbezogen sind, desto eher wirkt sie als Subjektivierungsimpuls, der neue Akteursrollen, Freiheiten und Abhängigkeiten hervorbringt. Ein Beispiel ist die Rolle des *carbon steward*, dessen waldwirtschaftliche Aufgaben nicht primär in einer nachhaltigen Bewirtschaftung von Waldgebieten liegen, sondern dies mit dem primären Ziel der globalen CO_2-Reduktion betreiben und dabei an nationale und globale Verpflichtungen

(die INDCs) rückgekoppelt sind. Die Diffusion klimapolitischer Verantwortung verläuft hier weniger selektiv; allerdings reicht sie bis hin zu den privaten Projektentwicklern, während lokale Akteure noch nicht als zentrale Träger von Klimaverantwortung betrachtet werden und ihre Handlungs- und Artikulationsspielräume begrenzt bleiben. Innerhalb dieser Beziehungskonstellation tragen globale/transnationale Akteure weiterhin große Verantwortung und üben Disziplinierungsfunktionen aus. Sichtbar ist dies beispielweise in den im November 2015 genehmigten Projekten des UN Green Climate Funds, der ausnahmslos Projekte internationaler NGOs und EZ-Organisationen den Zuschlag erteilte. Für ein konkretes Beispiel aus Sambia haben Leventon et al. Problematiken der Beziehungskonstellation und einer nicht umfassenden Verantwortungsübertragung innerhalb der Public-Private Partnership beschrieben und stellen dar, wie die Privilegierung der Waldkultivierung gegenüber anderen Formen der Landnutzung bei den lokalen Akteuren den Eindruck einer umfassenden Instrumentalisierung hinterließ (Leventon et al. 2014). Auch die Programme des Forest Investment Program der Weltbank lassen sich diesem Muster zuordnen (vgl. Climate Investment Funds, 2009, 2010, 2011),

(3) Resilienz: Ein resilientes Diffusionsmuster ist geprägt durch ein höheres Maß an Selbstverantwortung auf Seiten lokaler Akteure. Zentral hierfür sind die im globalen klimapolitischen Diskurs verstärkt genutzten Konzepte der Klimaadaptation, durch die Ökosysteme und Populationen möglichst resistent gegenüber Effekten des Klimawandels werden sollen. Hierbei verknüpfen sich deutlich stärker als in den ersten beiden Mustern klima- und entwicklungspolitische Motivationen, was im Zielland durch ein höheres Maß an *agency* bzw. höhere Aufgaben- und Zurechnungsverantwortung ausgedrückt ist, und sich in höherer lokaler Resilienz äußert. Für REDD+-Projekte bedeutet dies, dass innerhalb der Beziehungskonstellation klimapolitische Verantwortung von einem komplexen Akteursnetzwerk bestehend aus dem jeweiligen Nationalstaat, Projektentwickler, der Kommune und den lokalen Akteuren ausgeübt wird, wohingegen transnationale und globale Akteure sukzessive in den Hintergrund treten und als Orchestrator wirken. Die Beziehungsgestaltung zwischen diesen Verantwortungsträgern kann freilich weiterhin durch Divergenzen zwischen gesellschaftlichen Naturverhältnissen geprägt sein. Da das Maß an Öffentlichkeit hier aufgrund des Fehlens internationaler Akteure oft geringer ist, ist auch das Risiko für Korruption und intransparente Strukturen höher. Gemäß der Zielsetzung, klimatisch resiliente Ökosysteme und möglichst autonome Akteure hervorzubringen, streben die Governancepraktiken an, REDD+-Projekte möglichst selbstständig, auf der Basis von Anreizsystemen und mit nur geringem externen Regulierungsbedarf zu regieren. Dies verweist auf eher flexible, reziproke Beziehungen zwischen den Verantwortungsträgern, aber auch auf geringe Möglichkeiten der Artikulation von Protest. Beispiele für ein solches Diffusionsmuster finden sich etwa in den Projekten des norwegischen NICFI-Fonds, die durch eine sowohl klima- als auch entwicklungspolitische Motivation getragen sind und über eine transparente Partizipationsstruktur verfügen (Norad 2012, 2014). Allerdings führte die weitreichende Verantwortungsdiffusion hier auch zu Korruptionsproblematiken und schließlich zur Auflösung eines kongolesischen REDD+-Vorhabens (bzw. dessen Restrukturierung unter größerer Disziplinierung und Effizienzorientierung; vgl. Goering 2015; Norman 2015; Lang 2013, 2015)

(4) Ein empowerndes Diffusionsmuster ist geprägt durch die Hybridisierung gesellschaftlicher Naturverhältnisse. Zwischen lokalen Naturnutzungspraktiken und dem ökosystemaren Ansatz existierende Spannungen werden durch die Stakeholder und, soweit vorhanden, durch die *policy brokers* bearbeitet. Hybridisierung bedeutet in diesem Fall, dass die Varianz von Normen hinsichtlich des Umgangs mit Natur und der Wahrnehmung von Natur sowie die daraus resultierenden Naturnutzungspraktiken wahrgenommen werden, und dass im Verlauf des Projektes die unterschiedlichen Formen der Naturwahrnehmung und -nutzung Wertschätzung erfahren. Dies würde ganz konkret bedeuten, die Projektwälder nicht auf ihre Funktion als Karbonsenke zu reduzieren, sondern auch andere Wertigkeiten einzubeziehen und Praktiken traditioneller Waldwirtschaft anzuerkennen, insbesondere was Synergieeffekte anbetrifft. Die Governancepraktiken, d.h. die Art und Weise, wie die für REDD+ typischen Anforderungen wie Zertifizierung, Monitoring oder Kultivierung ausgeübt und umgesetzt werden, sind in diesem Fall durch Flexibilität und Offenheit für Lernprozesse gekennzeichnet. Dies bedeutet, dass lokalem Erfahrungswissen ein ähnlicher Status zukommt, wie dem Expertenwissen auf der Projektleitungsebene (zu *epistemic communities* und dem Umgang mit verschiedenen Wissensformen in einem REDD+-Projekt vgl. Kamelarczyk u. Smith-Hall 2014). Verantwortungsdiffusion erfolgt in dem Bewusstsein, dass lokale Akteure Erfahrungswissen erworben haben und dies für die Projektziele eine wertvolle Bedeutung hat, bzw. dass andere Projektakteure hiervon lernen können. Dementsprechend stehen in der Beziehungskonstellation lokalen Akteuren hinreichende Artikulationsmöglichkeiten zur Verfügung; ggf. unterstützt durch *capacity building* seitens der *policy brokers*. In diesem Fall ist die Diffusion klimapolitischer Verantwortung ein Prozess, der Kommunen und lokale Akteure stärken kann, weil ihre Positionen als Stakeholder gehört werden, und weil ihre materielle Rolle als Landnutzer auch in Situationen schwacher Staatlichkeit und gegenüber privatwirtschaftlichen Akteuren sichtbar gemacht werden kann. Dieses Diffusionsmuster ist besonders wahrscheinlich innerhalb von REDD+-Projekten, die auf eine starke Beteiligung von Kommunen setzen, da hier günstige Voraussetzungen für die gemeinsame Ausübung von Klimaverantwortung und für Aushandlungen über gesellschaftliche Naturverhältnisse gegeben sind. Auch in Projekten, in denen großer Wert auf Bildungsprogramme und indigenes Empowerment (Bildung für Nachhaltige Entwicklung) gelegt wird, zeigt sich ein solcher Umgang mit der Diffusion von Verantwortung. Einige Projekte des NICFI-Fonds, die mit indigenen NGOs zusammenarbeiten, und in ihren Bildungsmaterialien indigene Identität, Naturverhältnis und Machtbeziehungen der Klimapolitik reflektieren, sind Beispiel für eine solche Praxis; ein weiteres Beispiel ist der Dedicated Grant Mechanism for Indigenous and Local Peoples der Weltbank[16].

16 Als Beispiele für solche Projektentwicklung vgl. die Projekte des NICFI-Fonds und des Dedicated Grant Mechanism der Weltbank:
https://www.regjeringen.no/en/topics/climate-and-environment/climate/climate-and-forest-initiative/id2000712/
http://www.dgmglobal.org/

Tabelle 2: Diffusionsmuster

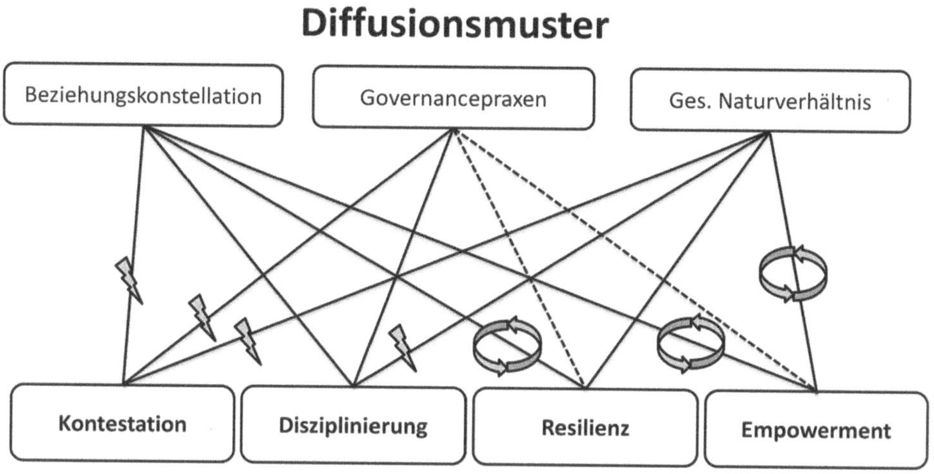

Anmerkung: Blitzsymbol bezeichnet Konflikte zwischen global/transnationaler und lokaler Ebene, Pfeilsymbol bezeichnet Kooperation zwischen diesen Ebenen.
Quelle: Eigene Darstellung

5. Diskussion

Diese vier Diffusionsmuster haben spezifische Konsequenzen für den Umgang mit Klimaverantwortung. Die beiden ‚Extremfälle' Kontestation bzw. Empowerment demonstrieren einen sehr unterschiedlichen Umgang mit Verantwortung und ihrer Diffusion. Im ersten Fall ist Verantwortung eine Ressource, die nur zögerlich und nur in Form selektiver Aufgabenverantwortung gewährt wird, ein hohes Maß an Rechenschaftspflicht überantwortet, aber jederzeit wieder entzogen werden kann und eher im Rahmen von scheinbar rationalen Prinzipal-Agent-Beziehungen distribuiert wird. Den lokalen Akteuren wird dabei nicht zugestanden, dass sie selbstverantwortlich in der Lage seien, die für REDD+-Projekte erforderlichen Praxen auszuüben. Ihre Rolle wird nicht als eigenständig und kritisch für den Projekterfolg erachtet, sondern beläuft sich auf die eines subalternen Dienstleisters, der im Konfliktfall zum Objekt von ökologischen Interventionspraktiken wird. Das hiermit verbundene gesellschaftliche Naturverhältnis variiert den ökosystemaren Ansatz in Richtung eines Umweltprotektorates, das in eine transnationale/globale Souveränität ‚entrückt' ist, während lokale Landrechte marginalisiert werden.

Im letzten Fall ist Verantwortung hingegen in viel breiterem Maße übernommen und angeeignet worden; die Ownership lokaler Akteure an Projekten ist hoch, da sie sowohl Aufgabenverantwortung wahrnehmen, als auch aktiv Rechenschaft ausüben. Damit dies gelingen kann, ist die Rolle kommunaler Akteure zentral: sie können glaubwürdiger auftreten als private Projektentwickler und können über größere Legitimität und Rechenschaftspflichtigkeit verfügen. Das resiliente Diffusionsmuster ähnelt diesem jedoch sehr, allerdings unterscheidet es sich von dem des Empowerment insofern, als die Übertragungswege und Aneignungsformen von Klimaverantwortung prozessual anders ausgerichtet sind: Während Empowerment einen aktiven Aneignungsprozess von Verantwortung durch lokale Akteure und Kommunen beschreibt, ist Resilienz ein seitens der Projektentwickler sozial und ökologisch erwünschter Zustand, der im Projektverlauf idealerweise durch geeignete Governance und Subjektivierungspraktiken hervorgebracht wird und hegemonial wird. Zudem ermöglichen flexible Beziehungskonstellation und Governancepraktiken im letzten Fall ein Aushandeln über das angemessene gesellschaftliche Naturverhältnis, während dies im resilienten Diffusionsmuster nicht vorgesehen ist und eine Subjektivierung der Akteure angestrebt wird, bei der diese sozial-ökologisch erwünschtes Verhalten internalisieren.

Die beiden mittleren Diffusionsmuster unterscheiden sich hinsichtlich der Reichweite der Diffusion von Verantwortung und der Governancepraktiken. Im disziplinierenden Muster wird der Konflikt über gesellschaftliche Naturverhältnisse und Naturschutznormen nicht ausgehandelt mit dem Ziel eines hybriden Verständnisses, sondern die lokalen Akteure werden durch eine graduelle Übertragung von Aufgabenverantwortung und v.a. durch ein Anreizsystem befriedet. Hier ist auch ein eher regulatives Bild von Klimagovernance prägend.

Im resilienten Muster hingegen ermöglichen eine liberale Stakeholderkonstellation und flexible Governancepraktiken Aushandlungsprozesse. Klimaverantwortung soll, so die zentrale Vorannahme resilienter Klimagovernance, möglichst hin zu den lokalen Subjekten verlagert werden, um mittels spezifischer Subjektivierungspraxen – Lernen über Waldschutz, Ausübung von Waldschutz als *carbon forester* – wirksam zu werden. Die Disziplinierungsmaßnahmen werden dann idealerweise von den Subjekten selbst ausgeübt. Im Unterschied zum empowernden Muster sind aber machtkritische/machtbegrenzende Elemente und die Entwicklung eines hybriden gesellschaftlichen Naturverhältnisses nicht vorgesehen.

Alle vier Diffusionsmuster sind hier in einer idealtypischen Weise dargestellt, als Produkt aus bestimmten und je unterschiedlich kontroversen Beziehungskonstellationen, Governancepraktiken und gesellschaftlichem Naturverhältnissen. In dieser Form sind sie in der Realität natürlich nicht exakt auffindbar. Jedoch können sie für Projektdesigns und reale Konfliktlagen erklären, inwieweit Governance, Beziehungskonstellation und gesellschaftliches Naturverhältnis miteinander korrespondieren bzw. inwieweit es entlang dieser drei Aspekte zu Konflikten kommt. Die genannten Beispiele verdeutlichen die große Bandbreite von REDD+-Projekten und den sehr unterschiedlichen Umgangs mit klimapolitischer Verantwortung auf der global/transnationalen bzw. lokalen Ebene, und zeigen Potentiale und Grenzen von der Diffusion klimapolitischer Verantwortung auf, bzw. weisen auf die Problematiken, die aus einer nur selektiven Diffusion von Klimaverantwortung (zumal als ausschließliche Aufgabenverantwortung) herrühren, hin. Da Governancemuster von REDD+-Projekten bisher noch wenig beforscht werden, und da ein machtblinder, nur an effizienter Waldbewirtschaftung interessierter Blick insbesondere im postkolonialen Kontext problematisch ist, erscheint eine systematische Untersuchung von Fondsaktivitäten und lokalen Akteurskonstellationen gerade in REDD+-Projekten geboten. Die Typologie kann damit als analytische Grundlage dienen, um die Aktivitäten der einzelnen REDD+Fonds systematisch zu untersuchen und Strategien für eine nachhaltige Waldschutzpraxis zu entwickeln, die lokale Ownership und lokale Klimaschutzverantwortung honoriert.

Literatur

Abbot, Kenneth W., und Duncan Snidal. 2010. International Regulation Without International Government: Improving IO Performance Through Orchestration. *Review of International Organizations* 5 (3): 315–344.

Abbot, Kenneth W., Philipp Genschel, Duncan Snidal und Bernhard Zangl. 2016. Two Logics of Indirect Governance. Delegation and Orchestration. *British Journal of Political Science* 46 (4): 719–729..

Acharya, Amitav. 2004. How Ideas Spread: Whose Norms Matter? Norm Localization and Institutional Change in Asian Regionalism. *International Organization* 58 (2): 239–275.

Angelsen, Arild, Charlotte Streck, Leo Peskett, Jessica Brown und Cecilia Luttrell. 2008. What is the right scale for REDD? The Implications of National, Subnational and Nested Approaches. *CIFOR Info Brief No. 15*. Bogor: Indonesia.

Bäckstrand, Karin. 2006. Democratizing Global Environmental Governance? Stakeholder Democracy after the World Summit on Sustainable Development. *European Journal of International Relations* 12 (4): 467–498.

Bäckstrand, Karin, und Eva Lövbrand. 2006. Planting Trees to Mitigate Climate Change: Contested Discourses of Ecological Modernization, Green Governmentality and Civic Environmentalism. *Global Environmental Politics* 6 (1): 51–71.

Bäckstrand, Karin, und Eva Lövbrand. 2007. Climate Governance Beyond 2012: Competing Discourses of Green Governmentality, Ecological Modernization and Civic Environmentalism. In *The Social Construction of Climate Change,* Hrsg. Mary I. Pettenger, 123–149. Farnham: Ashgate.

Baldauf, Thomas, Daniel Plugge, Aziza Rqibate, Betinna Leischner, Matthias Dieter und Michael Köhl. 2010. Development of a Holistic Methodology for Implementing a REDD-Scheme at the Example of Madagascar, *Heinrich von Thünen-Institut Working Paper No. 2*, Hamburg.

Becker, Egon, und Thomas Jahn (Hrsg.). 2006. *Soziale Ökologie. Grundzüge einer Wissenschaft von den gesellschaftlichen Naturverhältnissen*. Frankfurt: Campus.

Brassett, James, Stuart Croft, und Nick Vaughan-Williams. 2013. Introduction: An Agenda for Resilience Research in Politics and International Relations. *Politics* 33 (4): 221–228.

Brown, H.C. Peach. 2011. Gender, Climate Change and REDD+ in the Congo Basin Forests of Central Africa. *International Forestry Review* 13 (2):163–176.

Brown, Katrina. 2012. Policy Discourses of Resilience. In *Climate Change and the Crisis of Capitalism: A Chance to Reclaim Self, Society and Nature*, Hrsg. Mark Pelling, David Manuel Navarrete und Michael Redclift, 37–50. London: Routledge.

Climate Investment Funds. 2009. Design Document for the Forest Investment Program, Washington, World Bank.

Climate Investment Funds. 2010. Investment Criteria and Financing Modalities. Washington, World Bank.

Climate Investment Funds. 2011. Forest Investment Program Results Framework, Washington, World Bank.

Corbera Esteve, Manuel Estrada, Peter May, Guillermo Navarro, und Pablo Pacheco. 2011. Rights to Land, Forests and Carbon in REDD+: Insights from Mexico, Brazil and Costa Rica. *Forests* 2011 (2):301–342.

Dalby, Simon. 2007. Ecological Intervention and Anthropocene Ethics. In *Ethics & International Affairs*, Hrsg. Joel H. Rosenthal und Christian Barry, Online Exclusive. Washington: Georgetown University Press.

Darier, Eric. 1999. Foucault and the Environment: An Introduction. In *Discourses of the Environment*, Hrsg. Eric Darier, 1–34. Malden: Blackwell Publishers.

Dean, Mitchell. 1999. *Governmentality. Power and Rule in Modern Society*. London: Sage Publications.

Death, Carl. 2011. Summit Theatre: Exemplary Governmentality and Environmental Diplomacy in Johannesburg and Copenhagen. *Environmental Politics* 20 (1): 1–19.

Dolowitz, David, und David Marsh. 2000. Who Learns From Whom: A Review of the Policy Transfer Literature *Policy Studies* 44 (2): 343–357.

Dzebo, Adis, und Johannes Stripple. 2015. Transnational Adaptation Governance: An Emerging Fourth Era of Adaptation. *Global Environmental Change* 35:423–435.

Eckersley, Robyn C. 2007. Ecological Intervention: Prospects and Limits. In *Ethics & International Affairs*, Hrsg. Joel H. Rosenthal und Christian Barry 293–316. Washington: Georgetown University Press.

Geden, Oliver. 2010. Abkehr vom 2-Grad-Ziel. Skizze einer klimapolitischen Akzentverschiebung. *SWP-Arbeitspapier FG 1 2010/02*. Berlin: SWP.

Geden, Oliver und Silke Beck. 2015. Klimapolitik am Scheideweg. *Aus Politik und Zeitgeschichte* 65 (31–32): 12–18.

Goering, Laurie. 2015 *After errors, Congo Basin Forest Effort Restarts With New Scrutiny*. http://www.reuters.com/article/us-climatechange-summit-forest-idUSKBN-0TR2YM20151208. Zugegriffen: 05.03.2016.

Görg, Christoph. 1999. *Gesellschaftliche Naturverhältnisse*. Münster: Westfälisches Dampfboot.

Görg, Christoph. 2003. *Regulation der Naturverhältnisse*. Münster: Westfälisches Dampfboot.

Gottweis, Herbert. 2003. Post-positivistische Zugänge in der Policy-Forschung. In *Politik als Lernprozess? Wissenszentrierte Ansätze in der Politikanalyse*, Hrsg. Matthias L. Maier und Achim Hurrelmann, 122–138. Opladen: Leske und Budrich.

Günther, Klaus. 2006. Aufgaben- und Zurechnungsverantwortung. In *Verantwortung in der Zivilgesellschaft: Zur Konjunktur eines widersprüchlichen Prinzips*, Hrsg. Ludger Heidbrink und Alfred Hirsch, 295–330. Frankfurt a. M./New York: Campus.

Hajek, Frank, Marc J. Ventresca, Joel Scriven, und Augusto Castro. 2011. Regime-Building for REDD+: Evidence From a Cluster of Local Initiatives in South-Eastern Peru. *Environmental Science & Policy* 14 (2): 201–215.

Hale, Thomas, und Charles Roger. 2014. Orchestration and Transnational Climate Governance. *The Review of International Organizations* 9 (1): 59–82.

Heidbrink, Ludger. 2013. Nichtwissen und Verantwortung: Zum Umgang mit nichtintendierten Handlungsfolgen. In *Wissen an der Grenze: Zum Umgang mit Ungewissheit und Unsicherheit in der modernen Medizin*, Hrsg. ,111–140. Claudia Peter und Dorett Funcke . Frankfurt: Campus.

Howell, Alison. 2015. Resilience as Enhancement: Governmentality and Political Economy beyond 'Responsibilisation'. *Politics* 35 (1): 67–71.

Jaeger, Carlos C., und Julia Jaeger. 2010. Warum Zwei Grad? *Aus Politik und Zeitgeschichte* 60 (32–33):7–15.

Joseph, Jonathan. 2013. Resilience as Embedded Neoliberalism: a Governmentality Approach. *Resilience – International Policies, Practices and Discourses* 1 (1):38–52.

Kewin, Bach, Friis Kamelarczyk, und Carsten Smith-Hall. 2014. REDD herring: Epistemic Community Control of the Production, Circulation and Application of Deforestation Knowledge in Zambia. *Forest Policy and Economics* 46:19–29.

Keohane, Robert O., und David G. Victor. 2010 The Regime Complex for Climate Change. *Harvard Kennedy School, Discussion Paper* 10–33.

Lang, Chris. 2013. *Norway, REDD and Corruption in DR Congo. REDD-Monitor.* http://www.redd-monitor.org/2013/01/23/norway-redd-and-corruption-in-dr-congo-risks-of-corruption-will-threaten-the-implementation-of-redd-in-drc/. Zugegriffen: 05.03.2016.

Lang, Chris. 2015. *Corruption and REDD in the Democratic Republic of Congo. REDD-Monitor.* http://www.redd-monitor.org/2015/05/09/corruption-and-redd-in-the-democratic-republic-of-congo/. Zugegriffen: 05.03.2016.

Larson, Anne M., Esteve Corbera, Peter Cronkleton, Chris van Dam, David Bray, Manuel Estrada, Peter May, Gabriel Medina, Guillermo Navarro, und Pablo Pacheo. 2010. Rights to forests and carbon under REDD+ initiatives in Latin America, *CIFOR Info Brief.*

Larson, Anne M., Maria Brockhaus, William D. Sunderlin, Amy Duchelle, Andrea Babon, Therese Dokken, Thu Thuy Pham, I.A.P. Resosudarmo, Galia Selaya, Abdon Awono, und Thu-Ba Huynh. 2013: Land Tenure and REDD+: The Good, the Bad and the Ugly. *Global Environmental Change* 23: 678–689.

Leventon, Julia, Felix K. Kalaba, Jen C. Dyer, Lindsay C. Stringer, und Andrew J. Dougill. 2014. Delivering community benefits through REDD+: Lessons From Joint Forest Management in Zambia. *Forest Policy and Economics* 44:10–17.

Lövbrand, Eva, Johannes Stripple, und Bo Wiman. 2009. Earth System Governmentality: Reflections on Science in the Anthropocene. *Global Environmental Change* 19 (1): 7–13.

Luke, Timothy W. 1999. Environmentality as Green Governmentality. In *Discourses of the* Environment, Hrsg. Eric Darier, 121–151 Malden: Blackwell Publishers.

Methmann, Chris, und Angela Oels. 2014. Ein neues Klima für Entwicklung? Die ökologische Gouvernementalität der Entwicklungspolitik. *Politische Vierteljahresschrift, Sonderheft Entwicklungstheorien* 48: 464–487.

Müller, Franziska. 2016. 'Save the Planet, Plant a Tree!': REDD+ and Global/Local Forest Governance in the Anthropocene. *Resilience* DOI: 10.1080/21693293.2016.1241478

Norad. 2012. *Real-Time Evaluation of Norway's International Climate and Forest Initiative Lessons Learned from Support to Civil Society Organisations.* Oslo. https://www.norad.no/en/toolspublications/publications/2012/real-time-evaluation-of-norways-international-climate-and-forest-initiative-lessons-learned-from-support-to-civil-society-organisations/. Zugegriffen: 02.08.2017.

Norad .2014. Real-Time Evaluation of Norway's International Climate and Forest Initiative Synthesising Report 2007-2013. Oslo. https://www.norad.no/en/toolspublications/publications/2014/real-time-evaluation-of-norways-international-climate-and-forest-initiative.-synthesising-report-2007-2013/. Zugegriffen: 02.08.2017.

Norman, Marigold. 2015. *Where has Funding for Forest Protection in Central Africa Gone Wrong?* Weblog des Overseas Development Institute. http://news.trust.org/item/20151110104943-jew41/. Zugegriffen: 05.03.2016.

Oels, Angela. 2005. Rendering Climate Change Governable: From Biopower to Advanced Liberal Government? *Journal of Environmental Policy & Planning* 7 (3): 185–207.

Okereke, Chukwumerije, Harriet Bulkeley, und Heike Schroeder. 2009. Conceptualizing Climate Governance. Beyond the International Regime. *Global Environmental Politics* 9 (1):58–78.

Paterson, Matthew D., und Johannes Stripple. 2010. My Space: Governing Individuals' Carbon Emissions. *Society and Space* 28 (2): 341–362.

Rauer, Valentin. 2014. Diffusion von Verantwortung und Haftung in komplexen Handlungszusammenhängen In *Politik und Unsicherheit: Strategien in einer sich wandelnden Sicherheitskultur*, Hrsg. Christopher Daase, Stefan Engert und Georgios Kolliarakis, 105–118. Frankfurt: Campus.

Reid, Julian. 2012. The Disastrous and Politically Debased Subject of Resilience. *Development Dialogue* 58:67–79.

Rockström, Johan, und Mattias Klum. 2015. *Big World Small Planet: Abundance within Planetary Boundaries*. Stockholm: Max Strom.

Rose, Richard. 1993. *Lesson-Drawing in Public Policy. A Guide to Learning across Time and Space*. Chatham/New Jersey: Chatham House Publishers.

Schleifer, Philip. 2013. Orchestrating Sustainability: The Case of European Union Biofuel Governance. *Regulation & Governance*. 7 (4): 533–546.

Steffen, Will, Jacques Grinevald, Paul Cruzen, und John McNeill. 2011. The Anthropocene: Conceptual and Historical Perspectives. *Philosophical Transactions of the Royal Society* 369 (1938): 842–867.

Swyngedouw Eric. 2014. Anthropocenic Politicization. From the Politics of the Environment to Politicizing Environment. In *Green Utopianism. Perspectives, Politics and Micro-Practices*, Hrsg. Karin Bradley und Johan Hedrén, 23–37, London: Routledge.

Thompson, Mary C., Manali Baruah, und Edward R. Carr. 2011. Seeing REDD+ as a Project of Environmental Governance. *Environmental Science & Policy* 14 (2): 100–110.

Stephan, Benjamin 2013. How to Trade Not Cutting Down Trees. In *Interpretive approaches to global climate governance*, Hrsg. Chris Methmann, Delf Rothe und Benjamin Stephan, 57–71. London: Routledge.

UN Millennium Ecosystem Assessment. 2005. *Ecosystems and Human Well-Being – Synthesis*. http://www.millenniumassessment.org/documents/document.356.aspx.pdf. Zugegriffen: 16.12. 2015.

UNFCCC. 1992. *United Nations Framework Convention on Climate Change*, UNFCCC/INFORMAL/84. http://unfccc.int/resource/docs/convkp/conveng.pdf. Zugegriffen: 16.12.2015.

UNFCCC 2015. Paris Agreement, Paris, 12.12. 2015; FCCC/CP/2015/L.9/Rev.1, http://unfccc.int/files/essential_background/convention/application/pdf/english_paris_agreement.pdf. Zugegriffen: 27.8.2017.

Wallbott, Linda. 2014. Indigenous Peoples in UN REDD+ Negotiations: "Importing Power" and Lobbying for Rights Through Discursive Interplay Management. *Ecology and Society* 19 (1): 21.

Wiener, Antje. 2010. Zur Normativen Wende in den IB: Triangulation of a Different Kind. *Zeitschrift für Internationale Beziehungen* 17 (2): 335–354.

World Bank Carbon Finance Unit. 2013. *Forest Carbon Partnership Facility 2013* Annual Report. Washington.

Zebrowski, Chris. 2013. The Nature of Resilience. *Resilience* 1 (3):159–173.

Zelli, Fariborz, Daniela Erler, Sina Frank, Jonas Hein, Hannes Hotz, Anna-Maria Santa Cruz Melgareio. 2014. *Reducing Emissions From Deforestation and Forest Degradation (REDD) in Peru: a Challenge to Social Inclusion and Multi-Level Governance.* Bonn: Deutsches Institut für Entwicklungspolitik.

Zimmermann, Lisbeth, Andreas von Staden, Angela Marciniak, Linda Wallbott, und Friedrich Arndt. 2013. Muss Ordnung sein? Zum Umgang mit Konflikten zwischen normativen Ordnungen. *Zeitschrift für Internationale Beziehungen* 20 (1): 35–60.

IV. TRANSNATIONALE VERANTWORTUNG

Praktiken der Verantwortungszuschreibung: Transnationale Regelsetzung und politische Autorität privater Unternehmen

Aletta Mondré, Holger Niemann, Christian Scheper und Cornelia Ulbert

1. Einleitung[1]

Der Begriff der Verantwortung wird häufig in transnationalen privatwirtschaftlichen Kontexten verwendet, in denen es um die Einforderung von Pflichten und Schuldzuschreibungen geht. Als Reaktion auf den verheerenden Einsturz der mehrstöckigen Textilfabrik Rana Plaza im April 2013 wiesen etwa zivilgesellschaftliche Organisationen und Konsumenten/innen schnell auch den westlichen Auftraggebern Verantwortung für die mangelnden Sicherheitsbestimmungen bei ihren Zulieferern in Bangladesch zu. Gleichzeitig liegen Beispiele vor, in denen Wirtschaftsunternehmen von sich aus gute Arbeitsbedingungen im gesamten Produktionsprozess als einen wichtigen Teil ihrer Unternehmensverantwortung deklarieren und darauf in ihren Selbstdarstellungen ganz aktiv verweisen. Verantwortung, so scheint es, spielt in transnationalen Wirtschaftsprozessen als Fremd- und Selbstzuschreibung eine zentrale Rolle. Unsere These ist, dass privaten Akteuren – und hier konzentrieren wir uns auf Wirtschaftsunternehmen – durch Praktiken der Verantwortungszuschreibung auch *politische* Autorität zuwächst.

Dies erscheint zunächst kontraintuitiv, wird politische Autorität doch in aller Regel als genuin öffentliche Aufgabe und Primat des Staats verstanden. Wirtschaftsunternehmen als private Akteure mit eindeutig nicht gemeinwohlorientierten Interessen scheinen weder qualifiziert noch legitimiert zu sein, kollektiv verbindliche Regeln zu setzen. Vielmehr könnte ihr Gestaltungspotential transnationaler Beziehungen eher auf unterschiedliche Formen von Macht in der Global Governance (Barnett u. Duvall 2005), ihre Rolle als Normunternehmer (Flohr et al. 2010) oder hegemoniale Global Governance-Diskurse (Brand 2005) verweisen. Wir argumentieren, dass private Akteure sehr wohl politische Autorität gewinnen können und dass Verantwortungszuschreibungen dabei die zentrale Rolle spielen. Dies gilt insbesondere für transnationale Unternehmenspraktiken, finden

1 Wir danken den Herausgebern und den Teilnehmern und Teilnehmerinnen des Autorenworkshops zum PVS-Sonderheft „Politik und Verantwortung", den Kollegen und Kolleginnen des Instituts für Entwicklung und Frieden (INEF) und des Lehrstuhls für Internationale Beziehungen und Entwicklungspolitik der Universität Duisburg-Essen sowie den beiden Gutachtern und Gutachterinnen für wertvolle Hinweise und Anregungen zu früheren Fassungen dieses Beitrags.

diese doch in einem Rahmen statt, der häufig durch unklare Regulierungen und Pflichten sowie einen Pluralismus unterschiedlicher staatlicher, nichtstaatlicher und privat(wirtschaftlicher) Akteure gekennzeichnet ist. Der Verweis auf Verantwortung, d.h. sowohl ihre Fremd- als auch die Selbstzuschreibung, fordert von privaten Akteuren die Bezugnahme auf Werte, Normen und moralische Argumente. Diese Bezugnahme kann von Unternehmen auch als Machtressource genutzt werden. Der Verweis auf Verantwortung wirkt sich performativ auf Unternehmenspraktiken aus und hat auch Folgen für die Konkretisierung allgemeiner Normen durch unternehmerisches Handeln. Wir verstehen diesen Prozess als die Konstitution politischer Autorität privater Akteure.

Dabei übersetzen Unternehmen bereits existierende Normen in unternehmerische Praxis und konkretisieren in der Anwendung deren Inhalte. Darüber hinaus bilden sich auch neue Normen und Regeln im Zuge des unternehmerischen Handelns heraus, die Verbindlichkeit über das jeweilige Unternehmen hinaus erlangen können. Dadurch gewinnen Unternehmen teilweise die Definitionshoheit darüber, wofür Verantwortung übernommen wird, also was genau das Referenzobjekt von Verantwortung ist. Als Folge davon kann sich dieses – im Vergleich zur ursprünglichen Definition – auch verändern und neue Formen der Verantwortungsbeziehung können entstehen. Letztendlich werden Unternehmen so zu politisch relevanten Akteuren, weil durch ihr praktisches Handeln Folgen für die Interpretation bestimmter Regeln und die Ausgestaltung von Regulierungsvorschriften entstehen, die eine Allgemeinheit betreffen.

Schreibt sich beispielsweise ein Textilunternehmen eigenständig die Verantwortung für gute Produktionsbedingungen zu, wird dies zunächst als eine moralische Verpflichtung begründet. Gleichzeitig kann die Firma damit jedoch definieren, welche konkreten Regelungen sie festlegt und wie diese überprüft werden sollen. So könnte sich ein Unternehmen entscheiden, dass die Berücksichtigung der lokalen Regulierung zum Brandschutz und eine Überprüfung durch die lokalen Behörden ausreichend sind, oder aber bessere Brandschutzbestimmungen festlegen und deren Einhaltung zusätzlich durch Dritte überprüfen lassen. In solchen Fällen ist offensichtlich, dass sich die Definitionsmacht von Unternehmen bei der Übernahme von Verantwortung vergrößert.

Um diese Praktiken aufzuzeigen, diskutieren wir im Folgenden zunächst die politische Autorität privater Akteure und den Zusammenhang von Autorität und Verantwortung (Abschnitt 2). Wir argumentieren, dass nicht-hierarchische Steuerungsformen als Ausdruck von Global Governance insbesondere die Rolle privater Akteure verändern, und der Fremd- bzw. Selbstzuschreibung von Verantwortung dabei eine zentrale Rolle zukommt. Wir zeigen, dass Verantwortung als dynamische Beziehung zwischen einem Verantwortungsträger, einem Referenzsubjekt und Referenzobjekt zu verstehen ist, die in einem normativ vorstrukturieren Rahmen entfaltet wird. Insbesondere die Definition eines Referenzobjekts, d.h. die Frage der „Verantwortung wofür?", können wir als wichtige Quelle politischer Autorität privater Akteure bestimmen.

Empirisch illustrieren wir derartige Praktiken der Verantwortungsübernahme einerseits am Beispiel des neu entstehenden Geschäftsfelds Tiefseebergbau und andererseits an der Umsetzung menschenrechtlicher Sorgfaltspflicht im Rahmen von

Unternehmensberichten (Abschnitt 3). Im Fallbeispiel Tiefseebergbau finden diese Prozesse vor dem Hintergrund einer Regulierungslücke statt, die Ergebnis eines unkonkreten Bezugsrahmens ist. Im Fall der Berichterstattung können wir ebenfalls von einer Regulierungslücke ausgehen, allerdings vor einem scheinbar feststehenden normativen Katalog von Rechten mit klaren Verantwortungszuweisungen und einem international anerkannten Reporting-Standard. Beide Fälle verdeutlichen die Dynamiken von Verantwortungsbeziehungen, indem sie aufzeigen, wie Unternehmenspraktiken Verantwortungsobjekte (und damit verbunden auch -subjekte) definieren und (re-)konstituieren und so politische Autorität von Unternehmen generieren können. Abschließend diskutieren wir, wie derartige Prozesse die politische Autorität privater Akteure konstituieren, inwiefern dies als Machtressource privater Unternehmen zu verstehen ist und wie Praktiken der Verantwortungszuschreibung letztlich auch transnationale Regelsetzung ermöglichen.

2. Die Konstitution politischer Autorität privater Akteure durch Verantwortungszuschreibungen

Seit dem Befund einer zunehmenden Globalisierung beschäftigen sich die Politikwissenschaft und die Internationalen Beziehungen (IB), aber auch die Rechtswissenschaft mit der Frage, wie Regeln „jenseits des Staates" entstehen und durchgesetzt werden können. Sehr schnell war dabei – bezogen auf die internationale Ebene – die Rede von „governance without government" (Rosenau u. Czempiel 1992), der politischen Steuerung ohne Regierung. Hierbei wurde auch nicht-staatlichen Akteuren „politische Autorität" zugesprochen, also die Fähigkeit, Regeln für andere zu setzen, die von diesen befolgt werden (grundlegend Cutler et al. 1999; Hall u. Biersteker 2002; Haufler 2001). Nicht-staatliche Akteure wurden so von „law-takers to law-makers" (Noortmann u. Ryngaert 2010). Gleichzeitig wurde davon ausgegangen, dass private Regelsetzung als funktionales Äquivalent Formen öffentlicher Regulierung auch im internationalen Kontext ersetze (Börzel u. Risse 2010).

Aufgrund dieser fundamentalen Infragestellung der Unterscheidung privater und öffentlicher Sphären stellt sich jedoch die Frage, wie private Akteure mit ihren – oftmals wirtschaftlichen bzw. profitorientierten – Interessen politische Autorität, d.h. eine als legitim anerkannte Regulierungskompetenz erlangen können. Angesichts des häufig weichen Verpflichtungsgrads transnationaler Regulierungen (Soft Law) und des oftmals unklaren rechtlichen Status privater Akteure (Kobrin 2009) erscheint der Fokus auf die moralische Verpflichtung im Rahmen von Verantwortungszuschreibungen ein geeigneter Zugang zu dieser Frage. Denn auch wenn private Akteure nicht die Legitimität zur Ausübung politischer Autorität haben, hat ihre Bereitschaft, die oftmals weichen rechtlichen Verpflichtungen als Teil ihrer Unternehmensverantwortung (Corporate Responsibility) anzuerkennen und in entsprechende unternehmerische Praktiken umzusetzen bzw. die Zuschreibung einer solchen Verantwortung durch Dritte, häufig auch Konsequenzen für die Allgemeinheit. Die Zuschreibung bzw. Übernahme von Verantwortung als moralische Verpflichtung und in der Folge ein auf die unternehmerische Eigenverantwortung setzender, rechtlich *weicher* Regulierungsrahmen, führen so letztlich zur *politischen* Autorität von Unternehmen im Sinne einer öffentlichen Regelsetzung.

2.1 Die politische Autorität privater Akteure

Im Feld der IB und der Internationalen Politischen Ökonomie (IPÖ) sowie im Völkerrecht wurde die Debatte um die sich abzeichnenden neuen – nicht-hierarchischen – Formen des Regierens („new modes of governance") unter anderem mit der Frage nach der privaten Autorität von Unternehmen verknüpft (Backer 2011; Büthe u. Mattli 2011; Cutler et al. 1999; Haufler 2001; Green 2013; Scott 2012). Private Autorität wird dabei auf unterschiedlichste Weise theoretisch wie empirisch erfasst. Green (2013) unterscheidet etwa zwischen zwei Typen privater Autorität: Zum einen delegieren Staaten Autorität an private Akteure durch öffentliches Recht. Zum anderen wird Autorität aber auch initiativ durch private Akteure kreiert. In diesen Fällen spricht Green von „unternehmerischer privater Autorität" („entrepreneurial private authority", Green 2013, S. 7). Im Gegensatz zu delegierter Autorität, die etwa durch Prinzipal-Agent-Theorien seit langem bekannt ist,[2] lässt sich eine starke Zunahme dieser unternehmerischen privaten Autorität erst seit den 1990er Jahren feststellen. Dies beruht auch darauf, dass Entscheidungen zunehmend unter Unsicherheit und ohne hinreichendes Wissen oder im Extremfall in einem Regulierungsvakuum getroffen werden müssen. So kann sich unternehmerische private Autorität etwa in der allgemeinen Befolgung von privaten Standards und Regeln durch Marktmechanismen ausdrücken oder in Formen der gemeinschaftlichen Selbstregulierung (vgl. Scott 2012, S. 1330). Auch im Bereich der privaten Standard-Setzung entlang von Konzernhierarchien und -netzwerken konstituiert sich auf diese Weise private Autorität in transnationalen Sphären.

Mit Blick auf die breitere theoretische Debatte um den Begriff der Autorität kritisiert insbesondere Dimitrios Katsikas die analytische Unschärfe, mit der das Konzept privater Autorität überwiegend verwendet wird (Katsikas 2010). Im innerstaatlichen Kontext ist politische Autorität, also das Recht, für andere *verbindliche* Entscheidungen zu treffen, an das Gewaltmonopol des Staates gebunden. In der begrifflichen Auseinandersetzung mit Autorität spielt dabei immer auch Macht eine Rolle. Unter Rückgriff auf Max Weber (Weber 1972) überwiegt in den theoretischen Debatten über Autorität allerdings die Vorstellung, dass diese nicht auf dem Einsatz von Zwang beruht: „authority involves a unique type of noncoercive command" (Lake 2003, S. 304). Vielmehr zeichnet sich Autorität gerade dadurch aus, dass sich Akteure *freiwillig* den Entscheidungen eines anderen Akteurs unterwerfen (Blau 1963, S. 307), weil dieser Akteur aufgrund bestimmter Eigenschaften wie etwa seine offizielle Position, aber auch sein Wissen und seine Expertise respektiert wird (Day 1963, S. 259). Kritisch sehen diese vermeintliche Freiwilligkeit wiederum historisch-materialistische und gramscianische Ansätze, nach denen die genannten Voraussetzungen von Autorität – Wissen, Expertise, Akteurspositionen oder -eigenschaften – in ihrer Autoritätswirkung vor allem als

2 Als Überblick zur Entwicklung des Prinzipal-Agenten-Ansatzes in der Politikwissenschaft siehe Miller 2005, als Beispiel für die empirische Anwendung in den IB siehe Hawkins et al. 2006.

Ausdruck historisch gewachsener, institutionalisierter Machtverhältnisse verstanden werden (vgl. Cutler 2003; Sending 2015). Diese Debatten verweisen aus unserer Sicht vor allem auf die Notwendigkeit, auch die Herausbildung und Veränderung entsprechender normativer Bezugsrahmen der politischen Autorität in konkreten Praktiken stärker in den Blick zu nehmen.

In der theoretischen Auseinandersetzung mit dem Autoritätsbegriff finden sich häufig zwei unterschiedliche Verständnisse: das der „Handelnden *mit* Autorität" („actors *in* authority") und der „Handelnden *als* Autorität" („actors as *an* authority") (vgl. etwa Friedman 1990, S. 57, 77-88; Katsikas 2010, S. 117-119). Diese Unterscheidung verweist auf zwei unterschiedliche Quellen von Autorität. *Mit* Autorität handelt ein Akteur demnach, wenn ihm das Recht übertragen wurde, für eine Gruppe Entscheidungen zu treffen und Regeln zu setzen, um damit dem Kollektiv einen gemeinsam geteilten Handlungsrahmen vorzugeben. Wenn diese Regeln im Rahmen eines abgestimmten Verfahrens zustande kommen, dann werden diese idealiter nicht inhaltlich hinterfragt, und es entsteht für die Regeladressaten die Verpflichtung, diese zu befolgen. Diese Form der Autorität wird auch als *politische* Autorität bezeichnet. Anders ist der Fall beim Handeln *als* Autorität gelagert: Hier steht im Vordergrund, dass das Wissen, die Fähigkeiten oder die Expertise einer Person oder Institution als überlegen und sachlich korrekt anerkannt wird, weshalb diesen Glauben geschenkt wird. In diesem Fall ist lediglich indirekt eine Bindungswirkung gegeben, die auf der Anerkennung und dem Glauben an die Richtigkeit einer auf Wissen basierenden Handlung oder Äußerung beruht, weshalb diese Form der Autorität auch als *epistemische* bezeichnet wird (Zürn 2012, S. 51).

In beiden Fällen – dem Handeln *mit* und *als* Autorität – geht es letztlich um die Frage von Legitimität, mithin „der Anerkennung, dass eine Autorität vor dem Hintergrund geteilter Normen angemessen ausgeübt wird" (Zürn 2012, S. 50). Wenn Staaten Aufgaben an Private delegieren und dies unter Umständen an die Einhaltung von Verfahren geknüpft ist oder auch mit der Rechenschaftspflichtigkeit derer einhergeht, denen das Recht der verbindlichen Regelsetzung übertragen wurde, dann kann man von einer Legitimierung der durch Delegation ermächtigten Agenten sprechen. Wie wir nachfolgend anhand unserer Fallbeispiele zeigen wollen, stiftet sich Legitimität jedoch nicht allein dadurch, dass Staaten privaten Akteuren Aufgaben (direkt oder indirekt) übertragen. Aus dem Handeln privater Akteure, ob mit oder als Autorität, ergeben sich ständig Auseinandersetzungen um die Anerkennung und Rechtmäßigkeit von Entscheidungen und Festlegung von Standards, weil Legitimität als grundsätzlich umstritten angesehen werden muss (Hurrelmann et al. 2007). Der Begriff der „Legitimitätspolitik" (Geis et al. 2012) weist darauf hin, dass diese Prozesse der ständigen Aushandlung von Anerkennung, ihrer Hinterfragung und der Möglichkeit des Scheiterns von Legitimitätsbehauptungen letztlich die politische Handlungsfähigkeit berühren. Angesichts einer zunehmenden Vielfalt unterschiedlicher „Legitimitäten" sowie einer Ausdifferenzierung des transnationalen politischen Raums erscheint eine Reduzierung der *Quelle* politischer Autorität auf staatliche Delegation *mit* Autorität für private Akteure damit aber auch nicht mehr ausreichend. Im Gegensatz zu Michael Zürn gehen wir nicht davon aus, dass „[p]olitische Autorität auf der Annahme [beruht], dass es eine Instanz geben muss, die berechtigt ist, kollektiv bindende Entscheidungen zu treffen, *um das Gemeinwohl zu fördern und Chaos zu verhindern*“ (Zürn 2012, S. 53, Hervorh. der Autoren). Die normative Forderung nach Gemeinwohlorientierung ist ein Maßstab, um die Legitimität der mit Autorität Handelnden zu bewerten. Für uns wird die Autorität dadurch *politisch*, dass Entscheidungen Auswirkungen auf ein Kollektiv haben, und dies kann auf delegierte oder epistemische Autorität zurückzuführen sein.

Empirisch spielen private Akteure bei vielfältigen inter- und transnationalen Verregelungsprozessen eine große Rolle, was den Ausschlag dafür gab, ihnen überhaupt Autorität zuzusprechen (Avant et al. 2010; Cashore et al. 2004; Cutler et al. 1999; Green 2013; Hall u. Biersteker 2002, Haufler 2001; Higgott et al. 2000; Kahler u. Lake 2003). Dies ist auch auf einen Wandel des Verhältnisses von privater und öffentlicher Sphäre zurückzuführen. Es ist dabei aber nicht so, dass private Regulierung die staatliche ersetzen würde. Vielmehr ergeben sich aufgrund der vielfältigen Funktionen von privaten Akteuren in Politikprozessen sehr unterschiedliche Formen von privater, privat-öffentlicher und öffentlicher Regulierung, die in unterschiedlichem Maß miteinander interagieren und so zu einer „fragmented political authority and blurred (...) line between the public and private spheres“ (Kobrin 2009, S. 353) führen. Diese ineinander verwobenen Governance-Arrangements bilden ein Netz aus Normen, Institutionen und Machtbeziehungen, aus denen die jeweiligen Akteure ihre Autorität ableiten. Damit ergibt sich ein normativer Bezugsrahmen aus bereits existierenden (rechtlichen und anderen) Regeln und transnationalen Prozessen der Verrechtlichung (Abbott u. Snidal 2013). So ist beispielsweise der Schutz der Menschenrechte heute durch Praktiken der Normenentwicklung und durchsetzung im inter- und transnationalen Raum gekennzeichnet, die aus dem Zusammenspiel unterschiedlicher Regulierungsebenen sowie staatlicher und privater Akteure entstehen. Ein eher dogmatischer Fokus des Menschenrechtsregimes auf die Beziehung zwischen Staat und Individuum weicht dabei einem zunehmend pragmatischen Ansatz unterschiedlicher Pflichten- und Verantwortungszuschreibungen an öffentliche und private Akteure und Institutionen (Scheper 2015; Wettstein 2012).

2.2 Die Konstitution politischer Autorität in Verantwortungsbeziehungen

Angesichts dieser Entwicklungen stellt sich daher die Frage, wie sich politische Autorität jenseits klassischer politischer Strukturen im internationalen System konstituiert. Wir argumentieren, dass eine mögliche Quelle hierzu Fremd- und Selbstzuschreibungen von Verantwortung sind. Damit schließen wir an die umfassenden Debatten von Verantwortung in der internationalen Politik an (Beck 2016; Bukovansky et al. 2012; Erskine 2003a; Hoover 2012; Peltonen 2013), ergänzen diese aber durch einen stärkeren Bezug zur politischen Autorität und der Rolle privater Akteure.

Verantwortung konstituiert sich in einer Beziehung zwischen einem Verantwortungsträger, dem moralische Handlungsfähigkeit (Moral Agency) oder rechtliche Zurechenbarkeit unterstellt wird, einem Referenzsubjekt, auf das sich die moralischen und rechtlichen Verpflichtungen beziehen (Verantwortung wem gegenüber?), sowie einem Referenzobjekt, also dem Gegenstand, für den Verantwortung übernommen wird (Verantwortung wofür?). So wird den Verantwortungsträgern Verantwortung zugerechnet und sie werden für ihr Handeln rechenschaftspflichtig.[3] Im Verantwortungsbegriff spiegeln sich daher immer Wertvorstellungen, Normen und Legitimitätsaspekte, die insbesondere im transnationalen Raum aufgrund seiner diffusen rechtlichen Struktur als Quelle politischer Autorität von wesentlicher Bedeutung sind (Hurd 1999, S. 399).

Abb. 1: Verantwortungsübernahme als dynamischer Prozess

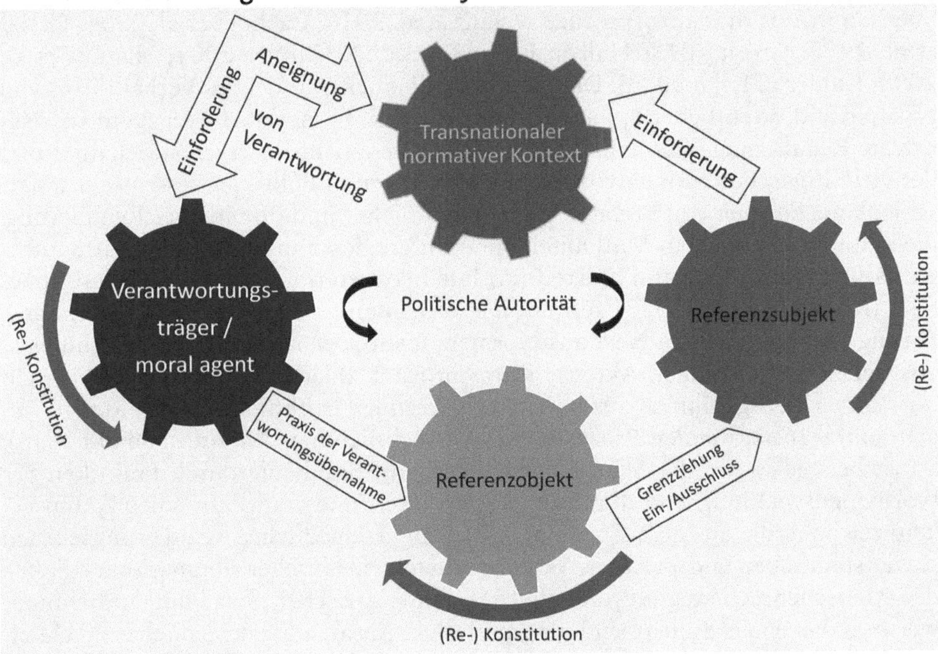

Quelle: Eigene Abbildung

Diese Mehrdeutigkeit des Verantwortungsbegriffs ist von besonderer Relevanz, weil zu beobachten ist, dass die rechtliche Dimension bei der Diskussion von Unternehmensverantwortung vielfach ausgeklammert wird (Utting 2008). Stattdessen wird der Fokus auf vermeintlich weiche Formen unternehmerischer Verantwortung (z.B. soziale oder ökologische Verantwortung) gelegt. Gleichzeitig würde eine Reduzierung von Unternehmensverantwortung auf die rechtliche Dimension aber ebenso zu kurz greifen. Denn die auf dieser Doppeldeutigkeit des Verantwortungsbegriffs basierende Interaktion zwischen Verantwortungsträger und Referenzsubjekt ermöglicht die Konstitution politischer Autorität. Die Dynamiken der Verantwortungsbeziehung sind der Schlüssel für die Generierung politischer Autorität, etwa indem Verantwortungszuschreibungen genutzt werden, um Sanktionen, Strafen oder Zwangshandlungen zu rechtfertigen bzw. zu legitimieren

3 Wir nehmen damit beide Aspekte des englischen Verständnisses von Accountability auf, das in der deutschen Übersetzung häufig auf Rechenschaftspflicht verkürzt wird.

(Erskine 2003b, S. 4) oder aber gerade zu vermeiden. Die Zuschreibung von Verantwortung konstituiert damit zwar die Autorität der Verantwortungsträger, aber sie formuliert auch Erwartungen an diese und bietet somit die Möglichkeit, z.B. im Sinne eines Rechts auf Rechtfertigung (Forst 2007) Gründe für die (Nicht-) Wahrnehmung dieser Autorität einzufordern.

2.2.1 Wessen Verantwortung? Der Verantwortungsträger als Moral Agent

Im Mittelpunkt einer dynamischen Verantwortungsbeziehung steht zunächst die Rolle des Verantwortungsträgers, die in den IB vor allem über den Begriff der Moral Agency intensiv diskutiert worden ist (Crawford 2007; Erskine 2001; Erskine 2003a; Harbour 2004; Hoover 2012). Ausgangspunkt ist, dass Akteure die Fähigkeit zu moralischem Handeln haben, und es eine in den sozialen Kontext eingebettete Zuschreibung bzw. Behauptung dieser Rechte und Pflichten gibt (Hoover 2012, S. 236-238). Sie bedingt eine spezifische Interessenkonstellation und das Verfolgen politischer Ziele, ermöglicht zugleich auch die Anerkennung des Verantwortungsträgers und damit seine mögliche politische Autorität. In diesem Sinne kann auch die Verantwortung transnationaler Unternehmen als Moral Agency verstanden werden, die im sozialen Kontext ausgehandelt werden muss. Ein solches Verständnis von Unternehmensverantwortung steht im Gegensatz zu Teilen der Literatur über Corporate Social Responsibility, die Unternehmensverantwortung häufig mit starkem Bezug auf das unternehmerische Handeln und weniger im Sinne gesellschaftlicher Aushandlung definieren (DeWinter 2001, S. 110). Angesichts der Aktivitäten transnationaler Unternehmen wird die produktive Dimension ihrer Moral Agency besonders schlüssig: Gerade die Auseinandersetzung transnationaler Unternehmen mit der Kritik zivilgesellschaftlicher Akteure und deren Infragestellung der Unternehmensverantwortung zeigt, dass die Grenzen der Moral Agency dieser Unternehmen in diskursiven Prozessen stets verändert bzw. neu ausgehandelt werden und damit dynamisch und veränderlich sind (DeWinter 2001, S. 115). Gleichzeitig eignen sich Unternehmen selbst Verantwortung für einen selbstbestimmten Teil ihrer Handlungsfolgen an. Sie sind nicht nur Empfänger von Zuschreibungen, sondern ziehen für ausgewählte Handlungen auch Verantwortung aktiv an sich (siehe auch Vetterlein in diesem Band). Der Staat als legitimer Erzeuger von allgemeinverbindlichen Regeln und Regulierung gerät in solchen Prozessen zunehmend aus dem Blickfeld. Einerseits sind für transnationale Unternehmen nur schwer eindeutig verantwortliche Staaten auszumachen, andererseits erscheint es zivilgesellschaftlichen Akteuren oftmals vielversprechender, sich direkt an die Unternehmen zu wenden. Hier entfaltet sich die von uns oben skizzierte Dynamik der Verantwortungszuschreibung: Dadurch, dass Unternehmen Verantwortung zugeschrieben wird oder sie selbst aktiv Verantwortung in nur wenig reglementierten Bereichen übernehmen, erlangen sie auch ein gewisses Maß an Hoheit über die Konkretisierung und gegebenenfalls auch Umdeutung des Referenzobjekts und die darauf bezogene Definition anerkennungswürdigen Handelns. Durch die Zuschreibung von Verantwortung werden sie zu legitimitätspolitischen Akteuren und können ihrem Handeln Autorität verleihen.

2.2.2 Verantwortung wem gegenüber? Die Interaktion mit dem Referenzsubjekt

Verantwortung ist immer Verantwortung für etwas gegenüber jemandem (Beck 2016, S. 40) und richtet sich direkt oder indirekt an einen Empfänger. Auch hier zeigt sich jedoch, dass eine Verantwortungsbeziehung dynamisch ist und von Zuschreibungen bestimmt wird. Denn das Referenzsubjekt kann nicht auf die Rolle des/der handlungsunfähigen Empfängers/Empfängerin von Verantwortung bzw. zum Objekt der Entscheidungen des Verantwortungsträgers reduziert werden. Vielmehr besitzt es ebenfalls Handlungsfähigkeit, etwa durch sein moralisches Urteilsvermögen, und hat damit die Möglichkeit die Moral Agency des Verantwortungsträgers zu bestätigen oder zu hinterfragen (Jabri 1998, S. 599). Rebecca DeWinter diskutiert dies mit Bezug auf die sogenannte Anti-Sweatshop-Bewegung und ihrer Beeinflussung der Moral Agency von Unternehmen der Textilindustrie durch soziale Interaktionen „that reflect processes through which the boundaries of an actor as a moral entity are drawn and justified“ (DeWinter 2001, S. 100).[4] Die Beziehung zwischen dem Verantwortungsträger und dem Referenzsubjekt definiert folglich nicht nur formale Rechte und Pflichten. Vielmehr ist sie wechselseitig und interaktiv, kann aber auch asymmetrisch und durch Ungleichheit geprägt sein. Das Beispiel der Unternehmensverantwortung zeigt jedoch, dass die Herrschafts- und Kontrollspielräume dabei nicht zwingend nur beim Verantwortungsträger liegen. Vielmehr können auch Referenzsubjekte durch die Einforderung von Rechtfertigungen die Moral Agency des Verantwortungsträgers gestalten. Insofern politische Autorität wie oben diskutiert die freiwillige Anerkennung von Entscheidungen anderer impliziert (Blau 1963, S. 307), wird das Referenzsubjekt zum Handelnden. Denn die Behauptung von Verantwortung und damit mittelbar auch politischer Autorität erfordert eine entsprechende Rückkopplung durch das Referenzsubjekt einer Verantwortungsbeziehung.[5]

2.2.3 Verantwortung wofür? Das Referenzobjekt *in the making*

Die Frage nach dem Adressaten von Verantwortung muss unterschieden werden von der Frage, wofür eigentlich Verantwortung reklamiert bzw. zugeschrieben wird. Ein Fokus auf die Dynamiken innerhalb einer Verantwortungsbeziehung betont die kontextgebundene Konstitution des Referenzobjekts. Diskussionen über das Referenzobjekt von Verantwortung konzentrieren sich vor allem auf den Unterschied einer prospektiven vs. einer retrospektiven Verantwortung des Ver-

---

4 Vor allem aus einer poststrukturalistischen Perspektive wird hier die konstitutive Bedeutung des „Anderen“ deutlich: Sowohl die Moral Agency des Verantwortungsträgers, als auch die Akzeptanz dieser durch das Referenzsubjekt erfolgen durch Definition und Beziehung zum „Anderen“. Als abstrakte moralische Autorität wird das „Andere“ so zum Dreh- und Angelpunkt einer Verantwortungsbeziehung (Gunder u. Hillier 2007, S. 76).

5 Dies beinhaltet auch die Möglichkeit der Zurückweisung oder Nichtanerkennung einer Behauptung bzw. Übernahme von Verantwortung des Trägers durch das Referenzsubjekt. Wir konzentrieren uns an dieser Stelle jedoch bewusst auf den gegenteiligen Fall, nämlich der bewussten und aktiven Auseinandersetzung über die Verantwortung des Verantwortungsträgers, um die Konstitution politischer Autorität aufzeigen zu können. Die Möglichkeit des gegenteiligen Falls wird dadurch jedoch nicht infrage gestellt.

antwortungsträgers gegenüber dem Referenzsubjekt (Beck 2016, S. 44; Crawford 2007, S. 197; Erskine 2003b, S. 8). Auch wenn für transnationale Unternehmen ein prospektives Verantwortungsverständnis konzeptionell nahe zu liegen scheint, lässt sich Verantwortung empirisch im Bereich internationaler Beziehungen häufig erst ex post identifizieren. Dies gilt auch für die Verantwortung von Unternehmen, weil etwa Umweltschäden häufig erst im Nachhinein in ihrem vollen Umfang erkennbar werden. Die produktive Dimension von Verantwortung zeigt sich in der Tatsache, dass eben nicht a priori klar definiert werden kann, was überhaupt das Referenzobjekt ist. Vielmehr ist es oftmals Gegenstand einer retrospektiven Diskussion und bleibt konzeptionell *in the making*. Damit begründet aber die Zuschreibung bzw. Behauptung von Verantwortung in einem spezifischen sozialen Kontext – und nicht eine faktische oder formale (Rechts-)Beziehung – die Verantwortungsbeziehung. Beispielsweise kann ein Unternehmen alle staatlichen Arbeitsschutzbestimmungen an einem Standort erfüllen und dennoch von Aktivisten und Aktivistinnen mit Verweis auf transnationale Normen für unzureichende Sicherheitsmaßnahmen verantwortlich gemacht werden. Auch hier zeigt sich also erneut, dass durch Verantwortungszuschreibung politische Autorität konstituiert werden kann. Verantwortungsträger können zwar durch die Definition des Verantwortungsobjekts ihre Rolle festigen und damit zur Legitimierung ihres Handelns beitragen, letztlich bedarf es hierfür aber auch der Anerkennung durch Referenzsubjekte. Diese Prozesse sind weder eindimensional noch im Ausgang eindeutig vorhersehbar, sondern werden vielmehr im Rahmen eines transnationalen normativen Raums durch soziale Praktiken der Verantwortungszuschreibung definiert.

2.2.4 Verantwortung auf welcher normativen Basis? Der transnationale normative Kontext

Der jeweilige normative Rahmen ist für die Dynamik der Verantwortungsbeziehung von Bedeutung, da er zum einen die soziale Interaktion zwischen Träger und Referenzsubjekt einfordert und so die Verantwortungsbeziehung überhaupt konstituiert. Zum anderen definiert er, wie der soziale Interaktionsraum, in dem Verantwortung artikuliert oder eingefordert wird, vorstrukturiert ist: Normen, Werte, Rechte, Pflichten, aber auch Möglichkeiten, Ressourcen etc. prägen die Beziehung zwischen Verantwortungsträger und Referenzsubjekt und charakterisieren damit auch das, wodurch sich „Legitimitätspolitik" auszeichnet – die Umstrittenheit bestimmter Normen und Werte als Kriterien der Anerkennungswürdigkeit von Handlungen (Nullmeier et al. 2012, S. 24). Die damit einhergehende kontextgebundene Aushandlung von Regeln ist der Entstehungsort politischer Autorität, insofern die Zuschreibung oder Übernahme von Verantwortung nicht nur eine begrenzende Verpflichtung, sondern auch neue Handlungsspielräume konstituiert. Verantwortungsübernahme ist folglich ein Prozess der Aushandlung zwischen Verantwortungsträger und Referenzsubjekt über den Gegenstand von Verantwortung auf Basis eines (transnationalen) normativen Rahmens. Die Dynamik dieser Verantwortungsbeziehung konstituiert politische Autorität, da sie Fragen von Macht, Legitimität und Rechenschaftspflicht innerhalb der Verantwortungsbeziehung definiert. Unternehmen gewinnen etwa durch die aktive Aneignung von Verantwortung Gestaltungmöglichkeiten. In ihren jeweiligen spezifischen Praktiken konkretisieren Unternehmen Vorgaben des normativen Bezugsrahmens entsprechend ihrer eigenen Handlungslogiken. Sie werden damit zu (Ko-)Autoren der Regeln, die abstrakte Vorgaben in konkrete soziale Praktiken transponieren und bleiben dabei aber doch an ihren spezifischen normativen Kontext gebunden. Unternehmen als Trägern von Verantwortung ermöglicht die im Vergleich zur innerstaatlichen Situation unklare rechtliche transnationale Sphäre die Definitions- und Deutungshoheit darüber zu erlangen, was das Referenzobjekt ihrer Verantwortung ist. Die Prozesse, über die sie diese Deutungshoheit gewinnen, gestalten sich jedoch sehr unterschiedlich, wie wir im Folgenden aufzeigen.

3. Regulierungslücken als Ausgangspunkt für die Aneignung politischer Autorität über Verantwortungszuschreibung

Unterschiedliche Praktiken der Verantwortungszuschreibung und -aneignung wollen wir nachfolgend anhand zweier gegensätzlicher Konstellationen illustrieren. In beiden Fällen gehen wir davon aus, dass Unternehmen in der Praxis der Verantwortungsübernahme den Gegenstand, für den sie Verantwortung übernehmen, (re-)definieren und sich dadurch Handlungsfreiheit schaffen. Beide Konstellationen eint darüber hinaus die allgemeine Wahrnehmung einer gewissen *Regulierungslücke* im Zuge transnationaler Unternehmensaktivitäten. Sie unterscheiden sich jedoch hinsichtlich der Existenz eines institutionalisierten normativen Bezugsrahmens, um diese Lücke zu füllen: Zum einen lassen sich Fälle identifizieren, in denen Unternehmen in einer Regulierungslücke agieren, die durch fehlende oder *unklare Regelungen* gekennzeichnet ist. Wir betrachten hier das Beispiel des Tiefseebergbaus. Im Fall einer Regulierungslücke entwickeln Unternehmen nicht nur aktiv neue Regeln und Standards, um Fremdzuschreibungen von Verantwortung selbst bei unkonkreten normativen Bezugsrahmen nachzukommen. Um einen Regulierungskontext zu schaffen, produzieren Unternehmen auch aktiv Selbstzuschreibungen, wofür sie Verantwortung übernehmen und wem gegenüber sie diese übernehmen. In der zweiten Konstellation sind Unternehmen damit konfrontiert, auf Zuschreibungen von Verantwortung zu reagieren, die sich aus *anerkannten Normen* ergeben, die jedoch nur durch „weiches" Recht kodifiziert sind. Stellvertretend für diese Konstellation betrachten wir Unternehmensverantwortung zur Berichtspflicht über die Achtung von Menschenrechten. In solchen Fällen wird ein Prozess der *Anverwandlung* existierender normativer Verpflichtungen in Gang gesetzt, der dazu führt, dass Unternehmen in ihrer Praxis der Verantwortungsübernahme den Gegenstand konkretisieren, für den sie Verantwortung übernehmen. Unternehmen können in beiden Fällen ihr eigenes Handeln auf eine veränderte Weise legitimieren und gestalten, so dass wir die Praktiken der Verantwortungsübernahme als Machtressource verstehen können, die gleichzeitig Folgen für die öffentliche Regulierung des jeweiligen Themas hat.

3.1. Deutungshoheit durch fehlende oder unklare Regelungen: Das Beispiel Tiefseebergbau

Der Fall Tiefseebergbau zeigt, wie Unternehmen eine Regulierungslücke nutzen, um durch die Zuschreibung von Verantwortung den Bezug auf internationale Normen herzustellen und so Deutungshoheit über den Regulierungsgegenstand zu erlangen. Der Verweis auf die moralische Verpflichtung wird so zur Grundlage der Herausbildung von verallgemeinerten Regeln und konstituiert die politische Autorität eines transnational agierenden privaten Akteurs in einem Regulierungsbereich, der bislang durch fehlende verbindliche oder unklare Regelungen gekennzeichnet ist.

Seit einigen Jahren zeichnet sich ab, dass Vorhaben zum Abbau von metallischen und mineralischen Rohstoffen aus der Tiefsee die Schwelle der technischen Durchführbarkeit überschreiten werden. Jedoch verfügen bislang nur wenige Staaten bereits über einen spezifischen Regulierungsrahmen für die Genehmigung und Betriebserlaubnis dieser neuen Technologie. Als weltweit erstes Unternehmen beantragte Nautilus Minerals, Inc. (Nautilus) 2008 bei der Regierung von Papua-Neuguinea eine Genehmigung, um Massivsulfide vom Meeresboden abzubauen.[6] Papua-Neuguinea verfügt bislang jedoch nicht über einen spezifischen Regulierungsrahmen für Tiefseebergbau. Auch die vorliegende internationale Regulierung hierzu ist nicht so einschlägig, dass das transnationale Unternehmen daraus konkrete Handlungsvorgaben für sich ableiten könnte. Zu diesem Zeitpunkt hatte zwar bereits eine Kommission der Internationalen Meeresbodenbehörde, die 1994 im Kontext der 1982 verabschiedeten UN-Seerechtskonvention errichtet worden war, Regulierungsvorschriften für Meeresbodenbergbau in internationalen Gewässern erarbeitet, doch diese besitzen keine Geltung in nationalen Hoheitszonen.

Der für die internationalen Gewässer gültige Tiefseebergbau-Kodex basiert auf dem Gedanken, das „gemeinsame Erbe der Menschheit" zu verwalten und unterstellt die wirtschaftliche Ausbeutung dem Vorsorgeprinzip und Gerechtigkeitserwägungen (Halfar u. Fujita 2002; van Doorn 2016). Neben diesem sich über die Jahre entwickelnden, auf allgemeinen Prinzipien basierenden internationalen Tiefseebergbau-Regime ergibt sich ein normativer Rahmen vor allem aus bestehenden Industriepraktiken und -standards in anderen Bereichen des Berg- und Tagebaus sowie aus weiteren nationalen und internationalen Regulierungen zum Schutz der Umwelt und der Menschenrechte, aber nur sehr begrenzt aus einer konkret auf den Tiefseebergbau bezogenen staatlichen Gesetzgebung. Insbesondere die Einschränkungen des Tiefseebergbaus durch die allgemeinen Vorgaben der Internationalen Meeresbodenbehörde haben nach Ansicht von Beobachtern/innen dazu geführt, dass sich der Fokus von Unternehmen zur Ausbeutung von Meeresmineralien stärker hin zu den Gebieten verlagert hat, die nationalstaatlicher Rechtsprechung unterliegen, wie den Kontinentalsockeln (Halfar u. Fujita 2002, S. 103).

6 Massivsulfide sind Ablagerungen, die sich durch ein Zusammenspiel vulkanischer Aktivität und kaltem Meerwasser entlang tektonischer Plattengrenzen auf dem Meeresboden bilden. Nautilus plant den Abbau dieser Schicht, um daraus Kupfer und Gold zu gewinnen. Das Projektgebiet Solwara-1 liegt in ungefähr 1600 m Tiefe auf dem Meeresboden im Küstenmeer zwischen den Inseln New Ireland und New East Britain und somit innerhalb des Staatsgebiets von Papua-Neuguinea.

Unternehmen sind an klaren und stabilen gesetzlichen Grundlagen interessiert, um die Rahmenbedingungen für ihre wirtschaftlichen Aktivitäten an einem bestimmten Standort abschätzen zu können. Gerade bei hohen und langfristigen Investitionen sind die Rahmenbedingungen von besonderem Interesse und erleichtern die Durchführung neuer Vorhaben, selbst wenn detaillierte Vorgaben den Gestaltungsspielraum von Unternehmen beschränken und den Produktionsprozess verzögern sowie weitere Kosten verursachen können. Am Beispiel von Nautilus kann man sehen, wie ein Unternehmen, um ein Vorhaben realisieren zu können und eine beantragte Genehmigung zu erhalten, Vorgaben aus einem anderen Kontext auf sein Projekt überträgt und so eine Regulierungslücke durch eigene Unternehmenspraktiken füllt.

Im Genehmigungsverfahren behalf sich die Regierung von Papua-Neuguinea in einem ersten Schritt mit einem Analogieschluss und wendete dasselbe Verfahren an, mit der sie Bergbau zu Land reguliert. Eine externe Analyse dieses Regulierungsrahmens stellte verschiedene Mängel und Lücken hinsichtlich des Schutzes der marinen Umwelt, der Einbeziehung der lokalen Bevölkerung und Vorschriften zur Abfallentsorgung fest (ECORYS 2014, S. 84-96). Mit der analogen Übernahme eines als für diese Situation nicht ausreichend eingestuften Genehmigungsverfahrens kam die Regierung ihrer Verantwortung nicht nach, einen angemessenen Regulierungsrahmen bereitzustellen. Stattdessen übertrug der Staat Nautilus die Verantwortung, spezifische Standards zu entwickeln. Mit dieser Delegation von Verantwortung beginnt die Unterscheidung zwischen dem öffentlichen Verantwortungsträger Staat und dem privaten Regulierungsadressaten Wirtschaftsunternehmen zu verschwimmen und setzt einen Prozess der Aneignung politischer Autorität durch einen privaten Akteur in Gang.

Das Genehmigungsverfahren sah eine Umweltverträglichkeitsprüfung vor, also ist das Referenzobjekt eine intakte Umwelt. Allerdings existiert erst wenig Wissen über das Ökosystem Tiefsee, so dass die Auswirkung menschlicher Eingriffe nur schwer abzuschätzen ist. Aus diesem Grund war auch zu diesem Zeitpunkt unklar, welcher Standard für die Umweltverträglichkeit einer bisher unbekannten Technologie angewendet werden sollte. Zwar gibt es Ölbohrungen in zunehmender Tiefe sowie schon länger den Abbau von Diamanten in flachen Küstengewässern, doch für den Abbau von Massivsulfiden muss erst noch das passende Abraumgerät entwickelt werden. Auf diesem Gebiet ist Nautilus Pionier und hat damit im Vergleich zu den staatlichen Behörden und weiteren denkbaren Experten/innen einen deutlichen Wissens- und Kompetenzvorsprung. Allerdings ist die Einwirkung von erst noch zu entwickelnden Gerätschaften auf das Ökosystem des Meeresbodens kaum zu beurteilen. Zudem existierten große Teile des geplanten Abbausystems zum Zeitpunkt der Anträge auf Genehmigung noch gar nicht und konnten somit auch nicht näher begutachtet werden.

Faktisch entschied also das Unternehmen, welche Regulierung zur Anwendung kommen würde und worin die Auswirkungen auf die Umwelt bestehen könnten. Um die verlangte Umweltverträglichkeit nachzuweisen, gab Nautilus wissenschaftliche Studien zur Erforschung des Ökosystems im ausgewählten Projektgebiet wie auch in einem Vergleichsgebiet in Auftrag. Darüber hinaus übertrug Nautilus der australischen Beratungsfirma Coffey, die auf die Durchführung von

Umweltverträglichkeitsprüfungen für Kunden aus dem Bergbau und der Ölindustrie spezialisiert ist, die Aufgabe, den erforderlichen Bericht für die Umweltgenehmigung anzufertigen. Bemerkenswerterweise legte Nautilus dabei nicht nur die geltenden Gesetze von Papua-Neuguinea zu Grunde, sondern verwendete sowohl nationale Gesetzesentwürfe als auch Regulierungsstandards aus Industriestaaten, sofern keine papua-neuguineische Regulierung in diesem Bereich existierte (Coffey Natural Systems 2008, S. 3-7). 2009 erteilte die zuständige papua-neuguineische Behörde (Mineral Resources Authority) schließlich die Umweltgenehmigung und Ende 2011 eine Abbaugenehmigung für Solwara-1.

Dieser Prozess der aktiven Übernahme von Verantwortung bestimmt das Referenzobjekt näher und konkretisiert, welche Handlungen innerhalb des gerade entstehenden Bezugsrahmens liegen. Es ist naheliegend, dass Nautilus in diesem Aneignungsprozess hauptsächlich die Standards festlegt, die das Unternehmen erfüllen kann. So wendet das Unternehmen in seiner internen Planung den Regulierungscode der International Marine Minerals Society (IMMS) an, der Umweltschutzmaßnahmen empfiehlt. Der Code kommt einer Selbstregulierung der Industrie nahe, da er in einem Kontext ausgearbeitet wurde, der vor allem an der praktischen Umsetzung des Tiefseebergbaus interessiert ist. Die IMMS begann als ein informelles Netzwerk, das die enge Kooperation zwischen Industrie und Wissenschaft explizit unterstützte (Moore 1988, S. 4). Der Gründer von Nautilus war der Initiator des IMMS Code for Environmental Management of Marine Mining.

Gleichzeitig veranschaulicht dieses Vorgehen, dass Nautilus sich selbst die Verantwortung für bestimmte Aspekte zuschreibt, obwohl manche der Maßnahmen gar nicht von der Regulierungsbehörde vorgegeben waren. Die Zuschreibung von Verantwortung durch Nautilus wurde jedoch nicht unwidersprochen hingenommen. In Reaktion auf die voranschreitende Erkundung und die sich abzeichnende Eröffnung des weltweit ersten Meeresbodenbergbauvorhabens gründete Ende 2011 eine Koalition von NGOs die Deep Sea Mining (DSM) Campaign. Auf dieser Seite besteht die Befürchtung, dass einmal eingeführte Vorgehensweisen zum Standard für die weiteren geplanten Tiefseebergbauprojekte werden, was zeigt, dass Nautilus in der Lage war, sich im Verfahren politische Autorität anzueignen. Die beiden Hauptziele der Kampagne sind die Einbeziehung der lokalen Bevölkerung in den Genehmigungsprozess von Tiefseebergbauprojekten und die Anwendung des Vorsorgeprinzips. Damit rekurriert die Kampagne auf zentrale Standards, die im internationalen Tiefseebergbau-Kodex verankert sind (Halfar u. Fujita 2002; Lallier u. Maes 2016) und benennt sehr konkret als Referenzobjekt von Verantwortung eine intakte Umwelt, insbesondere das Ökosystem Tiefsee und als Referenzsubjekt die lokale Bevölkerung.

Die Projektgegner/innen verweisen ausdrücklich auf den Mangel angemessener Regulierung als Ansatzpunkt ihrer Kritik.[7] Umstritten ist nicht die Anwendung des Vorsorgeprinzips, sondern was konkret dessen Umsetzung in der Praxis bedeutet. Während durch den Abbau der Massivsulfide der Meeresboden im betroffenen Gebiet ganz zweifellos zerstört werden wird, herrscht Uneinigkeit darüber,

7 Siehe hierzu http://www.deepseaminingoutofourdepth.org/about/ (letzter Zugriff: 22.07.2016).

als wie schädlich dieser Eingriff zu bewerten ist (Om 2014; Van Dover 2014). Kritiker/innen des Projekts leiten aus dem Vorsorgeprinzip ab, dass der Abbau von Massivsulfiden aufgrund seiner vermutlichen Auswirkungen auf das Ökosystem im derzeitig unzulänglichen Regulierungsrahmen nicht erlaubt sein sollte (Greenpeace 2013). Die bekannten Umweltfolgen seien so massive Eingriffe, dass das Vorsorgeprinzip einer Genehmigung von Meeresbodenbergbauprojekten entgegenstehe. Hingegen argumentiert Nautilus, das Vorsorgeprinzip zu befolgen, da es die derzeit umweltschonenden Praktiken anwenden werde. Nautilus hebt ebenfalls immer wieder hervor, im Einklang mit den Gesetzen Papua-Neuguineas zu handeln und über eine gültige Umweltgenehmigung zu verfügen.[8]

Nachdem Nautilus die Legitimität des eigenen Handelns auch auf das eigene Expertenwissen basierte, nutzt auch die NGO-Koalition gezielt wissenschaftliche Expertise, um ihre skeptische Haltung gegenüber der neuen Technologie zu untermauern. So verbreitete sie ebenfalls Studien über die erwarteten Auswirkungen von Tiefseebergbau sowie explizite Gegengutachten zu allen von Nautilus erstellten Berichten (z. B. Steiner 2009). Beispielsweise erschien im Mai 2015 der von Nautilus in Auftrag gegebene Bericht von Earth Economics, der die Auswirkungen auf Mensch und Umwelt des Solwara-1 Projekts mit denen von existierenden bzw. geplanten Kupferminen zu Land vergleicht. Diese Studie kam zu dem Schluss, dass der Betrieb von Solwara-1 das Potenzial für deutlich geringere soziale und umweltschädliche Folgen habe (Batker u. Schmidt 2015). Dieser Einschätzung setzte die DSM-Kampagne eine Studie entgegen, die detailliert die Methodik und Schlussfolgerungen zurückweist (Rosenbaum u. Grey 2015). Ferner wiederholten die Autoren die schon früher formulierte Kritik, dass die von Nautilus vorgelegte Umweltverträglichkeitsprüfung einseitig und unzureichend gewesen sei. Die Genehmigung des Projektes sei auf der Grundlage mangelhafter Informationen getroffen worden. Diese Beispiele verdeutlichen, dass wissenschaftliche Expertise eine tragende Rolle spielt, öffentliche Meinung und politische Entscheidungsträger von der Legitimität der jeweiligen Position zu überzeugen, und somit einen wichtigen Baustein der Fremdzuschreibung von Verantwortung bildet. Auch an dieser Stelle verschwimmt die Grenze zwischen privater und öffentlicher Sphäre, da einmal der Staat Papua-Neuguinea und einmal das Unternehmen Nautilus als Verantwortungsträger identifiziert werden.

Mit Fokus auf das Referenzobjekt „lokale Bevölkerung“ hat Nautilus das programmatisch benannte Nautilus CARES Projekt eingerichtet.[9] Der Bezugsrahmen ist sowohl ein allgemeiner Verweis auf Corporate Social Responsibility als auch ein Bemühen, konkreter Kritik durch zivilgesellschaftliche Akteure eine eigene Positionierung entgegenzusetzen. Das Unternehmen betont in seiner Selbstdarstellung, dass es Maßnahmen ergreife, die über die gesetzlichen Erfordernisse hinausgehen. Gleichzeitig verweist Nautilus an anderer Stelle allerdings darauf, dass sein Tiefseebergbauvorhaben Solwara-1 im Gegensatz zu Bergbauprojekten zu Land eben gerade nicht die lokale Bevölkerung direkt betreffe (Nautilus Minerals 2015, S. 23).

8 Siehe http://www.cares.nautilusminerals.com/IRM/content/default.aspx (letzter Zugriff: 22.07.2016).
9 Siehe http://www.cares.nautilusminerals.com/IRM/content/default.aspx (letzter Zugriff: 22.07.2016).

Insbesondere die zivilgesellschaftlichen Forderungen zeigen die Dynamik der Verantwortungsbeziehung im Fallbespiel auf, die durch die Bezugnahme auf unterschiedliche normative Standards hervorgerufen wird. Die Forderungen nach höheren Umweltschutzstandards und einer besseren Einbindung der Bevölkerung knüpfen an einen transnationalen normativen Bezugsrahmen an. Der private Akteur nutzt jedoch – in diesem Fall staatliche – Regulierungslücken, um durch seine Interpretationen und Praktiken faktische Standards zu setzen, die auch auf das Allgemeinwohl abzielen. Er übt somit politische Autorität aus, allerdings mit dem wesentlichen Unterschied, dass er damit Partikularinteressen verfolgt, nachdem Gemeinwohl kein primäres Ziel börsennotierter Unternehmen ist.

3.2 Die Anverwandlung existierender normativer Verpflichtungen: Das Beispiel Unternehmensberichterstattung zu Menschenrechten

Im Unterschied zum ersten Beispiel zeigt der nachfolgende Fall, wie Unternehmen auf Zuschreibungen von Verantwortung reagieren, die sich aus anerkannten menschenrechtlichen Normen ergeben, die jedoch nur durch „weiches" Recht kodifiziert sind. Das empirische Beispiel der Beachtung von Menschenrechtsstandards der Global Reporting Initiative (GRI) verdeutlicht, wie die Praxis der Übernahme von Verantwortung als Quelle politischer Autorität fungiert, indem dabei das Referenzobjekt der Verantwortung kontextabhängig im Sinne der unternehmerischen Handlungslogik (re-)produziert wird.

Eine Regulierungslücke ließ sich im Menschenrechtsdiskurs zunächst angesichts zunehmend transnationaler Unternehmenstätigkeiten bei weiterhin im Wesentlichen staatlich ausgerichtetem Menschenrechtsystem ausmachen (vgl. Ruggie 2014). Der Menschenrechtsrat der Vereinten Nationen verabschiedete zur Adressierung dieser Lücke im Juni 2011 die UN-Leitprinzipien für Wirtschaft und Menschenrechte. Neben einer Konkretisierung der staatlichen Schutzpflicht weisen die Leitprinzipien auch Unternehmen eine eigenständige Verantwortung für die Achtung der Menschenrechte zu (vgl. OHCHR 2011). Vor dem Hintergrund der inzwischen breiten politischen Debatte zur Förderung und Umsetzung dieser menschenrechtlichen Verantwortung haben auch Unternehmen selbst umfassende Praktiken entwickelt. Wir wollen hier den Teilbereich der Berichterstattung über die menschenrechtlichen Auswirkungen der Unternehmenstätigkeit herausgreifen.

Das Human Rights Reporting ist zunächst schlicht ein Ausdruck der gesellschaftlichen Einforderung und der aktiven Übernahme von Verantwortung durch Unternehmen für menschenrechtliche Normen. Sie scheint damit ein eher technischer Schritt zur Herstellung von Transparenz als einer grundlegenden Voraussetzung für den angemessenen Umgang mit internationalen Normen und die Rechenschaftslegung darüber zu sein. Die aktive Entwicklung von Standards zur Berichterstattung durch Unternehmen mag in diesem Sinne als konsequenter Schritt in der Verbreitung von menschenrechtlichen Normen gesehen werden, der zur Kontrolle von Unternehmenshandeln im Sinne der Menschenrechte beiträgt. Die Übersetzung von internationalem Soft Law in Indikatoren spezifiziert Menschenrechte und ermöglicht damit ihre Anwendung als Teil ökonomisch ausgerichteter Praxis (Merry 2015, S. 374). Dies schafft auch ein „positives“ Bild der Menschenrechte im Handlungskontext des Unternehmens als „gute performance“ (vgl. Ballestero 2014).

Autorität ergibt sich durch die Unternehmensberichterstattung nicht aus einer rechtlichen Verbindlichkeit, sondern aus der praktischen Etablierung von Standards, durch die das Referenzobjekt der Menschenrechte in der Unternehmenspraxis repräsentiert wird. Da die UN-Leitprinzipien für Wirtschaft und Menschenrechte den Unternehmen eine eigenständige Sorgfaltspflicht im Umgang mit Menschenrechten zuschreiben, wird es unerlässlich, zunächst notwendiges Wissen über die menschenrechtlichen Auswirkungen der Unternehmenstätigkeit auf die Menschenrechte zu generieren. Sowohl in den Lieferketten der Massenproduktion als auch bei großen Infrastrukturprojekten sind diese Auswirkungen vielfach komplex und nicht direkt sichtbar; relevantes Wissen muss in diesem Sinne nicht nur offengelegt, sondern zunächst produziert werden. Im Zuge einer solchen Wissensgenerierung wird das universalistisch formulierte Referenzobjekt „Menschenrechte“ in konkrete, soziale Unternehmenskontexte übersetzt. Die Übersetzung umfasst vor allem eine Umwandlung des allgemeinen moralischen bzw. rechtlichen Anspruchs in Gegenstände unternehmerischer Performanz. Wie wir im Folgenden zeigen, erfolgt dies vor allem durch Praktiken des „Vergleichbarmachens“ unterschiedlicher sozialer Kontexte zum Zwecke des unternehmerischen Benchmarkings (vgl. hierzu grundlegend Espeland u. Stevens 1998; Espeland u. Stevens 2008; Merry u. Coutin 2014; Merry 2015).

Vorreiter in der Entwicklung von internationalen Standards zur Berichterstattung über nicht-finanzielle Belange ist die GRI, die im Zuge der „corporate responsibility to respect“ auch menschenrechtliche Berichtsstandards entworfen hat. Ihr Ausgangspunkt sind die internationalen Menschenrechtsnormen, die vor allem durch die Internationale Charta der Menschenrechte[10] sowie durch weitere Menschenrechtsverträge abgebildet werden (vgl. Global Reporting Initiative 2015, S. 176). Während dieser Katalog den normativen Rahmen bildet, muss die GRI ihn zunächst in eine für das Unternehmen handhabbare Form übersetzen. Der Berichtsstandard stellt damit eine Operationalisierung der internationalen Menschenrechtsnormen für die Praxis transnationaler Unternehmen dar. Die GRI entwirft hierfür zehn sogenannte „Aspekte“, die verschiedene Felder der Unternehmenspraxis und damit relevante Berührungspunkte mit Menschenrechten abbilden. Innerhalb dieser Aspekte listet der Berichtsstandard insgesamt zwölf Indikatoren (HR1-HR12) auf, über die Unternehmen berichten sollen. Während der zunächst als Maßgabe präsentierte „Originalkatalog“ der Menschenrechte einen für Unternehmen kaum zu bewältigenden Umfang und einen hohen Grad der Abstraktion aufweist, wandelt die GRI ihn in eine vergleichsweise kurze und einfache Liste um, die in der Sprache des Managements verfasst ist. Zunächst legt die Organisation hierfür fest, welche Themen unter das Stichwort „Menschenrechte“

10 Unter die Internationale Charta der Menschenrechte (Bill of Human Rights) werden die Allgemeine Erklärung der Menschenrechte von 1948 sowie die beiden wichtigsten internationalen Menschenrechtspakte gefasst: der Internationale Pakt über wirtschaftliche, soziale und kulturelle Rechte (Sozialpakt) sowie der Internationale Pakt über bürgerliche und politische Rechte (Zivilpakt).

fallen. Darüber hinaus beinhaltet die Unternehmensform der Berichterstattung die Quantifizierung der rechtlich relevanten Fälle zum Zwecke der Indikatorbildung.

Zur Veranschaulichung beschränken wir uns hier in unserer Betrachtung auf die menschenrechtliche Norm der Gleichbehandlung. Als ein „Aspekt" wird sie abgebildet durch den Indikator „G4-HR3: Gesamtzahl der Diskriminierungsvorfälle und ergriffene Abhilfemaßnahmen" (Global Reporting Initiative 2015, S. 181). Dieser Schritt umfasst damit eine Erhärtung des zunächst weichen, umstrittenen und kontextabhängigen Referenzobjekts (Gleichbehandlung). Erstens liegt bereits in der Erstellung der Liste der zwölf Aspekte zwangsläufig ein Prozess der Grenzziehung. Diese bringt eine selektive Beschränkung der zunächst angesichts ihres Anspruchs auf universelle Gültigkeit sehr weit gefassten Menschenrechtsnormen mit sich. Zum Beispiel wird das Feld „Arbeitspraktiken und menschenwürdige Beschäftigung" (vgl. Global Reporting Initiative 2015, S. 146) als eigene Unterkategorie ausgelagert. So kann es einerseits umfangreich berücksichtigt werden, andererseits ist es damit jedoch möglich, die „Unterkategorie Menschenrechte" bei der Berichterstattung vollständig abzudecken, ohne dabei Arbeitspraktiken zu berücksichtigen.

Zweitens führt die Abbildung der „Gesamtzahl" der Diskriminierungsfälle zu einer Zusammenfassung qualitativ unterschiedlicher Fälle innerhalb des definierten „Aspekts". Strukturelle Benachteiligungen entlang der Lieferkette werden reduziert auf zählbare „Vorfälle", also solche, in denen zum einen eine Form der Beschwerde oder des Hinweises auf konkrete Benachteiligungen vorliegen und die zum anderen auch die berichtende Managementebene erreichen. Die Interpretation des Rechts und des Verstoßes werden hier auf das Management übertragen und gesellschaftliche Ungleichheiten auf solche eingrenzbaren Vorfälle beschränkt, die *direkt* auf das Unternehmenshandeln zurückgeführt werden können. So würde z. B. eine üblicherweise für Männer und Frauen unterschiedliche Aufteilung von Tätigkeitsformen mit entsprechenden Lohn- und Einflussunterschieden entlang einer transnationalen Lieferkette nicht als „Diskriminierungsvorfall" gefasst werden. Die Strukturvoraussetzungen des Gebots der Gleichbehandlung werden zwangsläufig aus dem Verantwortungsbereich des Unternehmens ausgeklammert. Mag dieser Effekt auch *rechtlich* überzeugen und letztlich eine Logik der individuellen Verantwortbarkeit im Rechtsstaat teilweise spiegeln, so ist doch die damit verbundene Reproduktion bestehender Diskriminierungsstrukturen durch das Unternehmenshandeln entlang der Lieferkette auch im Falle einer ausgewiesenen „Gesamtzahl von Diskriminierungsfällen" nicht sichtbar. Die Übersetzung wandelt somit den an offenen und flexiblen Gerechtigkeitsvisionen orientierten *legalen* Diskurs in einen technokratischen, rationalistischen Diskurs (Merry 2015, S. 374).[11]

Neben dem Effekt der Grenzziehung resultiert diese Form der Berichterstattung auch in einer Veränderung der Perspektive auf das Referenzobjekt. Der Blick verschiebt sich von einem Fokus auf den Gegenstand der Rechtsverletzung und

11 Espeland/Stevens (2008, S. 403) zeigen, dass die Belegung qualitativer Phänomene mit Zahlen stets mehr betrifft als nur die Frage nach ihrer Exaktheit als Repräsentation der Wirklichkeit. Sie hat weitergehende soziale Effekte.

der Realisierung von Rechtsansprüchen hin zu einem Fokus auf die Unternehmensleistung. Es zeigt sich in der Betrachtung der einzelnen Menschenrechtsindikatoren, dass letztlich die individuellen Rechtsverletzungen selbst nicht durch die quantifizierte bzw. aggregierte Berichterstattung gespiegelt werden können. In unserem Beispiel wird der Grad der (Un-)Gleichbehandlung im Kontext der Unternehmenstätigkeit letztlich nicht sichtbar. Auch der individuelle soziale Kontext des Referenzsubjekts bleibt verborgen. Die Verantwortungsbeziehung wird damit gleichsam herausgelöst aus ihrem spezifischen Kontext. Es werden vielmehr vor allem die Bemühungen und der Erfolg des Unternehmens selbst abgebildet: Ein Bericht zeigt den Erfolg in der Ermittlung von relevanten Menschenrechtsvorfällen und die ergriffenen Maßnahmen für ihre Vermeidung, bzw. für die Abhilfe bei Missständen. Er weist damit vor allem Performanz und weniger tatsächliche Rechtsverletzungen aus. Im Rückgriff auf allgemeine Normen der Transparenz wird dabei durch Quantifizierung Exaktheit und Geltung in der Repräsentation eines tatsächlich sehr komplexen und hoch umstrittenen sozialen Kontextes suggeriert (vgl. Espeland u. Stevens 2008). Sie ist vor allem nützlich für die Lösung von Management-Problemen (z. B. zur Setzung von Prioritäten, der Kategorisierung von Maßnahmen, etc.). Die Berichterstattung unterstreicht damit im pragmatischen Sinne die *Agency* des Unternehmens. Sie zeigt, dass Menschenrechte erfolgreich in die Unternehmensstrategie integriert werden können. Zudem weist sich das Unternehmen als Teil einer epistemischen Menschenrechts-Community aus. Durch die vermeintlich erfolgreiche Einbettung des universell-moralischen Anspruchs der Menschenrechte kann es dabei gleichzeitig der politischen Forderung nach Verantwortungsübernahme im Sinne eines moralischen Akteurs (scheinbar) gerecht werden.

Damit zeigt sich in diesem Fall die doppelte Funktion der Verantwortungszuschreibung: Das Menschenrecht (hier das Gebot der Gleichbehandlung) wird konkretisiert und dabei in eine unternehmerische Form umgewandelt (vgl. Merry 2015). Das berichtende Unternehmen handelt *als* Autorität und kann in diesem Prozess *politische* Autorität erlangen, da es einen Status als Experte und ein hohes Maß an Kontrolle ausweisen kann, nicht nur über die transnationale Geschäftstätigkeit, sondern auch über den politisch stets umstrittenen Bereich der Realisierung grundlegender Menschenrechte. Insofern diese unternehmensfokussierte Repräsentation der Menschenrechte auch von den Referenzsubjekten (d.h. betroffenen Trägern von Menschenrechten sowie einer breiteren Menschenrechts-Community) zumindest teilweise anerkannt wird, kann das Unternehmen der eigenen Tätigkeit somit Legitimität verleihen, allerdings ohne dass damit zwangsläufig grundlegende Verbesserungen in der Realisierung von Menschenrechten in den betroffenen Bereichen verbunden sein müssten (vgl. Scheper 2015).

4. Fazit: Politische Autorität als Resultat von Verantwortungspraktiken

Durch einen Fokus auf die Dynamiken innerhalb von Verantwortungsbeziehungen haben wir rekonstruiert, wie durch Verantwortungszuschreibungen politische Autorität privater Akteure generiert, aber auch begründet, herausgefordert oder infrage gestellt werden kann. Ein solches Verständnis von Verantwortung fokussiert dabei weniger die Frage nach der Fähigkeit bzw. den tatsächlichen Möglichkeiten, Verantwortung ausüben zu können (Miller 2001, S. 460). Vielmehr werden die konstitutive Wirkung normativer Zuschreibungen und die Abhängigkeit vom sozialen Kontext unterstrichen. Damit kann die praktische Dimension von Verantwortung erfasst und aufgezeigt werden, dass diese erst aus sozialen Praktiken in der Beziehung von Verantwortungsträger, Referenzsubjekt und Referenzobjekt erwächst. Diese Prozesse finden immer in vorstrukturierten sozialen Interaktionsräumen statt und verweisen damit zwangsläufig auf Fragen von Macht, Herrschaft und Kontrolle. Gerade deshalb kann die Analyse von Verantwortungszuschreibungen einen Beitrag zum Verständnis politischer Autorität privater Akteure leisten.

Die Betrachtung des Beispiels Tiefseebergbau zeigt vor allem, wie private Unternehmen Lücken in bestehenden Regulierungsrahmen selbsttätig füllen. In der Auseinandersetzung mit der Zuweisung von Verantwortung durch Dritte werden Regeln in der praktischen Anwendung durch private Akteure konkretisiert. Dabei versucht das Unternehmen sowohl Rechtsnormen zu erfüllen, als auch moralischen Ansprüchen gerecht zu werden. Durch die selektive Aneignung von Verantwortung für das Referenzobjekt wird dieses Objekt erst näher bestimmt. Das Unternehmen Nautilus betont eine Orientierung an umweltschonenden Praktiken und definiert den Standard seiner eigenen Technologie als entsprechende Praxis. Darin steckt gleichzeitig eine Zurückweisung der zivilgesellschaftlichen Kritik, Tiefseebergbau sei grundsätzlich ein zu risikoreicher Eingriff in das Ökosystem Tiefsee. Hingegen fordern Gegner/innen des Projekts einen besseren Regulierungsrahmen und richten sich damit eigentlich an Staaten, weil von diesen eine Gemeinwohlorientierung verlangt wird, die Unternehmen mit ihrer Verfolgung von Partikularinteressen nicht im Blick haben. Gemeinwohlorientierung kann bei privatwirtschaftlichen Akteuren ein „Nebenprodukt" sein, was vor allem auf Legitimitätsanforderungen zurückzuführen ist, die dann entstehen, wenn die Autorität, die Unternehmen aufgrund von Verantwortungsbeziehungen zugewachsen ist, sich als *politische* Autorität erweist.

Unsere Betrachtung von GRI-Standards zur Berichterstattung über Menschenrechte zeigt die gestalterische Macht einer privaten Verantwortungszuschreibung und -übernahme für die Konkretisierung universeller Menschenrechtsnormen auf. Verantwortungsübernahme drückt sich hier in der Konstruktion spezifischen Wissens über Menschenrechtsstandards und damit verbundener Grenzziehungen aus. Die Grenzen der Berichterstattung liegen dabei unterhalb der Offenlegung von Widersprüchen zwischen den angelegten normativen Ansprüchen universeller Menschenrechte einerseits und der Unternehmensstrategie und -praxis andererseits. Letztere wird dabei kaum berührt, sondern nur relativ und reformistisch im Sinne einer verbesserten oder verschlechterten Performanz im Zeitvergleich verstanden. In Bezug auf die von uns dargestellten Dimensionen der Verantwortung ist die Berichterstattung dabei produktiv vor allem im Sinne einer (Re-)Konstruktion des Referenzobjekts der Verantwortungszuschreibung: Menschenrechte werden zu einem Indikator unternehmerischer Performanz und unterliegen dabei Prozessen der Übersetzung in die unternehmerische Form. Die Zuweisung von Verantwortung ist damit auch produktiv im Sinne einer Ausdeutung und Grenzziehung im Diskurs der Menschenrechte, die durch die zivilgesellschaftliche GRI sowie vor allem das Unternehmensmanagement erfolgen. Politische Autorität bildet und reproduziert sich hierbei im Handeln *als* Autorität: in der Praxis der Übersetzung universeller Normen in spezifische Regime unternehmerischer Handlungslogik bzw. damit verbundener partikularer korporativer Handlungsnormen, die diese Übersetzung prägen.

Unsere Fallbeispiele verdeutlichen, dass Wirtschaftsunternehmen auch ohne explizite staatliche Delegation durch Prozesse der Selbstaneignung und Fremdzuschreibung letztendlich *mit* Autorität handeln. Dabei wächst ihnen nicht allein im Akt der Setzung von Regeln und Standards politische Autorität zu. *Politisch* sind auch und vor allem die mit dieser Autorität einhergehenden Folgen: Einerseits lässt sich dies an den oben beschriebenen Verdünnungsvorgängen des normativen Gehalts von Regeln und Standards beobachten, die darauf zurückzuführen sind, dass unternehmerisches Handeln – anders als staatliches Handeln – nicht notwendigerweise *das Gemeinwohl* im Blick haben muss. Daher treffen private Akteure in der Regel pragmatische Entscheidungen darüber, in welchen (engen) Grenzen Regeln gelten und wer von deren Gültigkeit ausgeschlossen wird. Andererseits zeigt sich das Politische der Verantwortungszuschreibung bzw. der privaten Autorität, die damit einhergeht, auch in der daraus folgenden Festschreibung dessen, was als gesetzte Grenze der Möglichkeiten der Verantwortungsübernahme des Unternehmens gilt und was als Verhandlungsmasse in die Diskussion eingeht. Das Politische konstituiert sich damit erst im Kontext der unternehmerischen Praxis. Unternehmen können daher strategisch die Zuschreibung und Übernahme von Verantwortung als Machtressource nutzen.

Die Machbarkeit, auf der die Autorität privater Akteure einerseits basiert, begrenzt andererseits den Gehalt und den Umfang der Gültigkeit der normativen Verpflichtungen, die den privaten Akteuren auferlegt werden. Es ist genau der performative Aspekt des *Machens*, die Performanz regulativer Akte, durch die Unternehmen – teilweise im Gegensatz zu oder ergänzend zu (zwischen)staatlichen Akteuren zu politischen Akteuren werden.

Literatur

Abbott, Kenneth W., und Duncan Snidal. 2013. Law, Legalization, and Politics. An Agenda for the Next Generation of IL/IR Scholars. In *Interdisciplinary Perspectives in International Law and International Relations. The State of the Art*, Hrsg. Jeffrey L. Dunhoff und Mark A. Pollack, 33–57. Cambridge: Cambridge UP.

Avant, Deborah D., Martha Finnemore, und Susan K. Sell (Hrsg.). 2010. *Who Governs the Globe?* Cambridge: Cambridge UP.

Backer, Larry Catá. 2011. Private Actors and Public Governance Beyond the State. The Multinational Corporation, the Financial Stability Board and the Global Governance Order. *Indiana Journal of Global Legal Studies* 18 (2): 751–802.

Ballestero, Andrea. 2014. What Is in a Percentage? Calculation as the Poetic Translation of Human Rights. *Indiana Journal of Global Legal Studies* 21 (1): 27–53.

Barnett, Michael, und Raymond Duvall (Hrsg.). 2005. *Power in Global Governance*. Cambridge: Cambridge UP.

Batker, David, und Rowan Schmidt. 2015. *Environmental and Social Benchmarking Analysis of Nautilus Minerals Inc. Solwara 1 Project*. o.O.: Earth Economics.

Beck, Valentin. 2016. *Eine Theorie der globalen Verantwortung. Was wir Menschen in extremer Armut schulden*. Berlin: Suhrkamp.

Blau, Peter M. 1963. Critical Remarks on Weber's Theory of Authority. *American Political Science Review* 57 (2): 305–316.

Börzel, Tanja A., und Thomas Risse. 2010. Governance without a State: Can It Work? *Regulation & Governance* 4 (2): 113–134.

Brand, Ulrich. 2005. Order and regulation: Global Governance as a hegemonic discourse of international politics? *Review of International Political Economy* 12 (1): 155–176.

Bukovansky, Mlada, Ian Clark, Robin Eckersley, Richard Price, Christian Reus-Smit, und Nicholas J. Wheeler. 2012. *Special Responsibilities. Global Problems and American Power*. Cambridge: Cambridge UP.

Büthe, Tim, und Walter Mattli. 2011. *The New Global Rulers. The Privatization of Regulation in the World Economy*. Princeton/Oxford: Princeton UP.

Cashore, Benjamin, Graeme Auld, und Deanna Newsom. 2004. *Governing Through Markets. Forest Certification and the Emergence of Non-State Authority*. New Haven/London: Yale UP.

Coffey Natural Systems. 2008. *Solawara 1 Project Environmental Impact Statement*. o.O.

Crawford, Neta. 2007. Individual and Collective Moral Responsibility for Systemic Military Atrocity. *Journal of Political Philosophy* 15 (2): 187–212.

Cutler, A. Claire. 2003. *Private Power and Global Authority. Transnational Merchant Law in the Global Political Economy*. New York: Cambridge UP.

Cutler, A. Claire, Virginia Haufler, und Tony Porter (Hrsg.). 1999. *Private Authority and International Affairs*. New York: State University of New York.

Day, John. 1963. Authority. *Political Studies* 11 (3): 257–271.

DeWinter, Rebecca. 2001. The Anti-Sweatshop Movement. Constructing Corporate Moral Agency in the Global Apparel Industry. *Ethics and International Affairs* 15 (2): 99–115.

ECORYS. 2014. *Study to investigate the state of knowledge of deep-sea mining. Final Report under FWC MARE/2012/06 – SC E1/2013/04. Annex 2 Legal Analysis, Appendix: Case studies on national legislation relevant to deep-sea mining*. Rotterdam/Brussels: Ecorys.

Erskine, Toni. 2001. Assigning Responsibilities to Institutional Moral Agents. The Case of States and Quasi-States. *Ethics and International Affairs* 15 (2): 67–85.

Erskine, Toni (Hrsg.). 2003a. *Can Institutions Have Responsibilities? Collective Moral Agency and International Relations*. Houndmills: Palgrave Macmillan.

Erskine, Toni. 2003b. Making Sense of 'Responsibility' in International Relations: Key Questions and Concepts. In *Can Institutions Have Responsibilities? Collective Moral Agency and International Relations*, Hrsg. Toni Erskine, 1–16. Basingstoke: Palgrave Macmillan.

Espeland, Wendy Nelson, und Mitchell L. Stevens. 1998. Commensuration as a Social Process. *Annual Review of Sociology* 24: 313–343.

Espeland, Wendy Nelson, und Mitchell L. Stevens. 2008. A Sociology of Quantification. *European Journal of Sociology* 49 (3): 401–436.

Flohr, Annegret, Lothar Rieth, Sandra Schwindenhammer, und Klaus Dieter Wolf. 2010. *The Role of Business in Global Governance. Corporations as Norm-Entrepreneurs.* London/New York: Palgrave Macmillan.

Forst, Rainer. 2007. *Das Recht auf Rechtfertigung. Elemente einer konstruktivistischen Theorie der Gerechtigkeit.* Frankfurt a.M.: Suhrkamp.

Friedman, Richard B. 1990. On the Concept of Authority in Political Philosophy. In *Authority*, Hrsg. Joseph Raz, 56–91. Oxford: Blackwell.

Geis, Anna, Frank Nullmeier, und Christopher Daase (Hrsg.). 2012. *Der Aufstieg der Legitimitätspolitik. Rechtfertigung und Kritik politisch-ökonomischer Ordnungen (Leviathan Sonderband 27).* Baden-Baden: Nomos.

Global Reporting Initiative. 2015. *G4 Leitlinien zur Nachhaltigkeitsberichterstattung. Umsetzungsanleitung.* Amsterdam: Global Reporting Initiative.

Green, Jessica F. 2013. *Rethinking Private Authority. Agents and Entrepreneurs in Global Environmental Governance.* Princeton: Princeton UP.

Greenpeace. 2013. *Greenpeace-Position zum Tiefseebergbau.* https://www.greenpeace.de/sites/www.greenpeace.de/files/publications/20130401-greenpeace-position_tiefseebergbau.pdf. 24.03.2017.

Gunder, Michael, und Jean Hillier. 2007. Problematising Responsibility in Planning Theory and Practice. On Seeing the Middle of the String? *Progress in Planning* 68 (2): 57–96.

Halfar, Jochen, und Rodney M. Fujita. 2002. Precautionary management of deep-sea mining. *Marine Policy* 26 (2): 103–106.

Hall, Rodney Bruce, und Thomas J. Biersteker (Hrsg.). 2002. *The Emergence of Private Authority in Global Governance.* Cambridge: Cambridge UP.

Harbour, Frances V. 2004. Moral Agency and Moral Responsibility in Humanitarian Intervention. *Global Society* 18 (1): 61–76.

Haufler, Virginia. 2001. *A Public Role for the Private Sector.* Washington, D.C.: Carnegie Endowment for International Peace.

Hawkins, Darren G., David A. Lake, Daniel L. Nielson, und Michael J. Tierney (Hrsg.). 2006. *Delegation and Agency in International Organizations.* Cambridge: Cambridge UP.

Higgott, Richard A., Andreas Bieler, und Geoffrey R. D. Underhill (Hrsg.). 2000. *Non-State Actors and Authority in the Global System.* London: Routledge.

Hoover, Joseph. 2012. Reconstructing Responsibility and Moral Agency in World Politics. *International Theory* 4 (2): 233–268.

Hurd, Ian. 1999. Legitimacy and Authority in International Politics. *International Organization* 53 (2): 379–408.

Hurrelmann, Achim, Steffen Schneider, und Jens Steffek (Hrsg.). 2007. *Legitimacy in an Age of Global Politics.* Basingstoke: Palgrave Macmillan.

Jabri, Vivienne. 1998. Restyling the Subject of Responsibility in International Relations. *Millennium* 27 (3): 591–611.

Kahler, Miles, und David A. Lake (Hrsg.). 2003. *Governance in a Global Economy. Political Authority in Transition.* Princeton: Princeton UP.

Katsikas, Dimitrios. 2010. Non-State Authority and Global Governance. *Review of International Studies* 36 (S1): 113–135.

Kobrin, Stephen J. 2009. Private Political Authority and Public Responsibility: Transnational Politics, Transnational Firms, and Human Rights. *Business Ethics Quarterly* 19 (3): 349–374.

Lake, David A. 2003. The New Sovereignty in International Relations. *International Studies Review* 5 (3): 303–323.

Lallier, Laura E., und Frank Maes. 2016. Environmental impact assessment procedure for deep seabed mining in the area. Independent expert review and public participation. *Marine Policy* 70: 212-219.

Merry, Sally Engle. 2015. Firming Up Soft Law. The Impact of Indicators on Transnational Human Rights Legal Orders. In *Transnational Legal Orders*, Hrsg. Terence C. Halliday und Gregory Shaffer, 374–400. Cambridge University Press.

Merry, Sally Engle und Susan Bibler Coutin. 2014. Technologies of truth in the anthropology of conflict: AES/ APLA Presidential Address, 2013. *American Ethnologist* 41 (1): 1–16.

Miller, David. 2001. Distributing Responsibilities. *Journal of Political Philosophy* 9 (4): 453–471.

Miller, Gary J. 2005. The Political Evolution of the Principal-Agent Models. *Annual Review of Political Science* 8: 203–225.

Moore, J. Robert. 1988. *The Underwater Mining Institute. Two Decades of Partnership.* http://underwatermining.org/Moore_UMI_Two_Decades.pdf. 24.03.2017.

Nautilus Minerals. 2015. *Annual Report 2014. Forging Ahead.* Toronto: Nautilus Minerals.

Noortmann, Math, und Cedric Ryngaert (Hrsg.). 2010. *Non-State Actor Dynamics in International Law. From Law-Takers to Law-Makers.* Farnham: Ashgate.

Nullmeier, Frank, Anna Geis, und Christopher Daase. 2012. Der Aufstieg der Legitimitätspolitik. In *Der Aufstieg der Legitimitätspolitik. Rechtfertigung und Kritik politisch-ökonomischer Ordnungen* (Leviathan Sonderband 27), Hrsg. Anna Geis, Frank Nullmeier und Christopher Daase, 11–38. Baden-Baden: Nomos.

OHCHR. 2011. *Guiding Principles on Business and Human Rights. Implementing the United Nations "Protect, Respect and Remedy" Framework.* Geneva/New York: OHCHR.

Om, Jason. 2014. *Mining the depths off PNG, 25 August 2014.* http://www.abc.net.au/lateline/content/2014/s4074304.htm. 24.03.2017

Peltonen, Hannes. 2013. *International responsibility and grave humanitarian crises. Collective provision for human security.* Milton Park: Routledge.

Rosenau, James N., und Ernst-Otto Czempiel. 1992. *Governance without Government. Order and Change in World Politics.* Cambridge: Cambridge UP.

Rosenbaum, Helen, und Francis Grey. 2015. *Accountability Zero. A Critique of the Nautilus Minerals Environmental and Social Benchmarking Analysis of the Solwara 1 Project.* o.O.: Deep Sea Mining Campaign.

Ruggie, John G. 2014. Global Governance and "New Governance Theory": Lessons from Business and Human Rights. *Global Governance* 20 (1): 5–17.

Scheper, Christian. 2015. 'From naming and shaming to knowing and showing'. Human rights and the power of corporate practice. *The International Journal of Human Rights* 19 (6): 737–756.

Scott, Colin. 2012. Beyond Taxonomies of Private Authority in Transnational Regulation. *German Law Journal* 13 (12): 1329–1338.

Sending, Ole Jacob. 2015. *The Politics of Expertise. Competing for Authority in Global Governance.* Ann Arbor: University of Michigan Press.

Steiner, Richard. 2009. *Independent Review of the Environmental Impact Statement for the proposed Nautilus Minerals Solwara 1 Seabed Mining Project, Papua New Guinea.* Madang: Bismarck-Solomon Seas Indigenous Peoples Council.

Utting, Peter. 2008. The Struggle for Corporate Accountability. *Development and Change* 39 (6): 959–975.

van Doorn, Erik. 2016. Environmental aspects of the Mining code. Preserving humankind's common heritage while opening Pardo's box? *Marine Policy* 70: 192–197.

Van Dover, Cindy Lee. 2014. Impacts of anthropogenic disturbances at deep-sea hydrothermal vent ecosystems. A review. *Marine Environmental Research* 102: 59–72.

Weber, Max. 1972. *Wirtschaft und Gesellschaft. Grundriss der verstehenden Soziologie,* 5. Aufl. Tübingen: J.C.B. Mohr/Paul Siebeck.

Wettstein, Florian. 2012. CSR and the Debate on Business and Human Rights. *Business Ethics Quarterly* 22 (4): 739–770.

Zürn, Michael. 2012. Autorität und Legitimität in der postnationalen Konstellation. In *Der Aufstieg der Legitimitätspolitik. Rechtfertigung und Kritik politisch-ökonomischer Ordnungen* (Leviathan Sonderband 27), Hrsg. Anna Geis, Frank Nullmeier und Christopher Daase, 41–62. Baden-Baden: Nomos.

CSR *Revisited*: Über die Möglichkeiten und Grenzen sozialer Verantwortung von Unternehmen

Antje Vetterlein

1. Einleitung

Der Begriff der Verantwortung gewinnt zunehmend an Bedeutung in politischen, rechtlichen und ökonomischen Debatten. Verantwortung in Politik ist dabei kein neues Phänomen (Heidbrink 2010), es ist allerdings durchaus kein unkomplizierter Begriff. Die Komplexität wird noch gesteigert, wenn wir von der Verantwortung korporativer Akteure sprechen bzw. der von Kollektiven korporativer Akteure. Genau diese wird in Zeiten von globaler Governance oft eingefordert, in denen Politik nicht mehr nur von souveränen Staaten, sondern von einer Vielzahl von politischen Entscheidungsträgern gemacht wird. Es ergeben sich Situationen, in denen politische Verantwortung nicht eindeutig zugeschrieben werden kann, Akteure Verantwortung übernehmen, die nicht demokratisch gewählt sind oder Entscheidungen getroffen werden, die legal sind, aber nicht zwingend legitim. Wie geht man mit diesen Problemen um? Dieses Papier widmet sich diesen und ähnlichen Fragen am Beispiel unternehmerischer Verantwortung, oder *corporate social responsibility* (CSR).

Ausgangspunkt ist die *governance* Debatte und die Beobachtung eines sich wandelnden, komplexeren bzw. fragmentierten, globalen politischen Raumes. Globale Herausforderungen verlangen nicht nur nach Kooperation verschiedener Akteure auf unterschiedlichen Ebenen. Darüber hinaus haben sich die Grenzen zwischen öffentlicher und privater Sphäre verschoben und eröffnen neue Möglichkeiten des Regierens, sowie gleichzeitig Regulierungslücken[1] (Zürn 2004). In Bezug auf die Rolle von Unternehmen geht es in diesem Kontext dabei nicht nur darum zu untersuchen, wer die Macht und Autorität hat, globale Standards zu setzen. Ebenso wichtig ist es, den Fokus auf die Erwartungen zu lenken, die an Unternehmen gestellt werden, und die Art und Weise wie Unternehmen auf Verantwortungszuschreibung reagieren und CSR interpretieren.

Der Artikel knüpft damit an zwei Debatten in unterschiedlichen Disziplinen an: einerseits die *governance* Literatur, die die Rolle von Unternehmen in der internationalen Politik in den Blick nimmt, und andererseits die CSR Literatur. Erstere setzt sich mit ‚privater Autorität' (z.B., Green 2013; Bieler et al. 2004; Hall u. Biersteker 2002; Cutler et al. 1999) auseinander und der Art und Weise, wie sich in einem globalen politischen System die Grenzen zwischen öffentlicher und privater Autorität, politische und ökonomische Räume zu regeln, verschiebt. Ein Großteil

1 Bzw. 'governance gaps' (s. Simons und Macklin, 2014 oder 'Business and Human Rights: Bridging the Governance Gap', Meeting der International Law Discussion Group, Chatham House London, 28. September 2015).

der Literatur fokussiert auf die Macht von Unternehmen, Regeln nicht zu befolgen bzw. deren Umgehung auszuhandeln. Die CSR Literatur setzt sich dagegen mit der moralischen Seite von Verantwortung auseinander (vgl. Werhane 2008; Lampert 2016). Es gibt eine Vielzahl von CSR Definitionen in diesem Forschungsfeld (Crane et al. 2008), von denen die meisten die moralische und ethische Komponente von CSR und die gesellschaftlichen Erwartungen, die an Unternehmen herangetragen werden, berücksichtigen (z.B. Carroll 1979). Zumeist wird Moral dann allerdings auf der individuellen Ebene verortet, als persönliche Wertvorstellungen von Managern oder CEOs (Wood 1991; Swanson 1999).

Das ist nicht unbedingt überraschend, denn, wie Nida-Ruemlin (2011) ausführt, basiert Verantwortung auf drei Bedingungen, Kausalität, Freiheit und Rationalität, die nicht unproblematisch sind, wenn man sie auf der korporativen Ebene betrachtet. Die Komplexität wird gesteigert, wenn wir von der Verantwortung von Kollektiven korporativer Akteure sprechen, wie zum Beispiel öffentlich-private Partnerschaften oder multi-stakeholder Initiativen (MSI). In diesem Zusammenhang bleibt zunächst zu klären ob und inwiefern korporative Akteure moralisch verantwortlich sein können. Und weiterhin, wie Verantwortung verteilt werden kann, wenn wir es mit Kollektiven korporativer Akteure zu tun haben. Mit diesen Fragestellungen adressiert der Artikel einen Schwerpunkt dieses Sonderheftes, die der normativen Dimension des Verantwortungsbegriffs, hier im Falle von unternehmerischer Verantwortung.

Der Artikel ist wie folgt strukturiert: Basierend auf einer Diskussion inwiefern der Verantwortungsbegriff in einem komplexeren politischen System neue Bedeutung erlangt, entwickle ich das Argument, dass Verantwortung mehr ist als ihre Zuschreibung (z.B. Bianculli et al. 2015). Die *governance* Literatur betont die Autorität und die Macht von Unternehmen, Standards zu setzen oder zu umgehen und sich sozial zu engagieren. Die CSR Literatur wiederum problematisiert die Beziehungen von Unternehmen zu deren sozialen und gesellschaftlichen Umfeld und unterscheidet zwischen dem unmittelbaren Umfeld der Teilhaber (‚shareholder') und den weniger direkten Verantwortlichkeiten zu den Mitgliedern einer breiteren Interessengruppe (‚stakeholder'). Bringt man beide theoretischen Zugänge unternehmerischen Verantwortungsverhaltens zusammen, mündet das in eine Typologie von CSR Praktiken, die im nächsten Abschnitt exemplarisch an einigen Fällen diskutiert werden. Jede dieser Fallstudien weist dabei auf eine ganz bestimmte Problematik moralischer Verantwortung in globalen Zusammenhängen hin, die man, wie ich argumentiere, zunächst konzeptionell klären sollte, bevor man unternehmerische Verantwortung einfordert.

2. Zum Verantwortungsbegriff und seiner Bedeutung in Globaler Governance

Der Verantwortungsbegriff gewinnt an Bedeutung in politischen, rechtlichen und ökonomischen Debatten (s. Einleitung zu diesem Heft) und drückt sich in einigen Politikbereichen, wie CSR zum Beispiel, bereits in konkreten *policy* Normen aus. Die *governance* Literatur setzt sich zunehmend mit Fragen der Verantwortung in der internationalen Politik auseinander. Eine Reihe von empirischen Studien beleuchtet insbesondere spezifische Politikfelder genauer, in denen sich Verantwortung bereits materialisiert hat, wie die Verantwortung zum Schutze bedrohter Menschen oder eben der unternehmerischen sozialen Verantwortung (Bellamy 2006; Brunnée u. Toope 2005; Carroll 1999; Orford 2011; Lebow 2003; siehe auch den Beitrag von Junk u. Kroll, Mondré et al. sowie Mende in diesem Heft). Andere Arbeiten wiederum gehen auf die Verantwortung spezifischer Akteure in der Weltpolitik ein, wie Staaten, internationale Organisationen oder Unternehmen (Crawford 2013; Bukovansky et al. 2012; Carroll et al. 2012).

Verantwortung wird meist eher sehr allgemein eingefordert in politischen Debatten, zum Bespiel steht die Weltbank in der Verantwortung, Armut zu bekämpfen oder Unternehmen wird eine Verantwortung zugeschrieben, sich an der Lösung globaler Umweltprobleme zu beteiligen. Es sind solche generelleren Aufrufe nach Verantwortung für globale Probleme, die auf Regulierungslücken hinweisen, die sich im transnationalen Raum eröffnen (Doh 2005; Palazzo u. Scherrer 2006). Die erhöhte Mobilität von Unternehmen und die beschränkten Möglichkeiten, Regulierungen über nationale Grenzen hinaus und im internationalen Raum flächendeckend zu gestalten und einzufordern (Ruggie 2004), führt zu nichtregulierten Räumen (Cluman u. Trinkunas 2010), in denen weder Nationalstaaten noch andere Akteure, wie internationale Organisationen, Kapazität oder Autorität haben, einzugreifen. In älteren Arbeiten (Dahl 1999, 1994; Held 1995; Scharpf 1999) wurde dieses Problem im Zusammenhang mit einem Mangel an demokratischer Legitimität in der internationalen Politik diskutiert (s. auch Zürn 2004). Ausgangspunkt war ein implizit oder explizit angenommenes Demokratiedefizit auf globaler Ebene (Moravcsik 2005).

Demokratische Legitimität ist jedoch nur eine Form von Legitimität in der Weltpolitik. Andere argumentieren, dass diese Analogie zum Nationalstaat irreführend ist und man auf internationaler Ebene andere Formen von Legitimität beschreiben kann (Djelic u. Sahlin-Andersson 2006; Dingwerth u. Pattberg 2006; Kahler und Lake 2003). Ähnlich argumentieren Grant und Keohane (2005) zum Beispiel, die die Fortschreibung nationaler Demokratiemodelle für wenig hilfreich erachten für die Theoriebildung von "power in world politics". Sie entwickeln sieben Rechtfertigungsmechanismen[2], die für verschiedene Akteure in unterschiedlichen Kontexten relevant sein können, ohne dass es demokratischer Legitimität bedarf. Diese theoretische Differenzierung von unterschiedlichen *accountability*-Mechanismen gibt uns einen Einblick in verschiedene Möglichkeiten, Machtmissbrauch zum Beispiel von Unternehmen effektiv in Schranken zu halten, auch ohne ein Regelsystem, das mit Hilfe von nationalstaatlichen Mechanismen durchgesetzt wird.

Dabei geht es in diesen Arbeiten explizit um Rechtfertigung (oder accountability), die wie folgt definiert wird (Grant u. Keohane 2005, S. 29):

> "Accountability [...] implies that some actors have the right to hold other actors to a set of standards, to judge whether they have fulfilled their responsibilities in light of these standards, and to impose sanctions if they determine that these responsibilities have not been met."

2 Diese sieben Mechanismen umfassen die Folgenden: *hierarchical, supervisory, fiscal, market, peer* und *public reputational accountability* (vgl. Grant u. Keohane 2005).

Auch Bovens (2007) betont die *Zuschreibung* von Verantwortung. In seiner Definition von *accountability* als

> „[...] relationship between an actor and a forum, in which the actor has an obligation to explain and to justify his or her conduct, the forum can pose questions and pass judgement, and the actor may face consequences" (S. 450).

wird zwar eher die *Antwort* auf eine Kritik betont als das *Recht* auf Einklage wie im ersten Fall. Nichtsdestotrotz geht es in beiden Fällen nicht um die Übernahme, sondern das Einfordern von Verantwortung und den damit einhergehenden Akt der Rechtfertigung. Verantwortung ist allerdings mehr als deren Zuschreibung und Einforderung bzw. das Reagieren auf derartige Kritik. Wie Nida-Ruemlin (2011) argumentiert, tragen Akteure Verantwortung für Handlungen, die von Gründen geleitet werden. Damit erweitert sich der Begriff der Verantwortung vom bloßen Rechtfertigen zu Verantwortung aus (moralischer) Überzeugung. In dem Sinne ist Verantwortung mehr als nur Rechtfertigung.

Konzeptionell gesehen hat Verantwortung drei Dimensionen: Erstens, geht politische Verantwortung direkt auf Handlungskritik zurück und damit auf Rechtfertigungsprozesse. Bestimmte Akteure können andere, basierend auf einem Set von vereinbarten, gemeinsam geteilten bzw. gültigen Regeln oder Standards, zur Rechenschaft ziehen. Dieser Fokus hebt die Wirkungsweise von Regeln hervor, sowie die Frage, ob und unter welchen Bedingungen diese eingehalten werden, und die Art und Weise, wie Konformität kontrolliert und Devianz sanktioniert wird. Diese Perspektive vernachlässigt allerdings zwei weitere wichtige Aspekte, nämlich zweitens, dass Verantwortung auch eine proaktive Komponente umfasst, in dem Akteure Verantwortung übernehmen (können), auf der Grundlage von individuellen Überzeugungen und Wertvorstellungen von Richtig und Falsch, ohne notwendigerweise zur Verantwortung gezogen worden zu sein. Wie entscheiden Unternehmen zum Beispiel, für welche CSR Aktivität sie sich engagieren? Dies findet nicht in einem normativen Vakuum statt. Verantwortung ist demnach drittens relational in zweierlei Hinsicht. Zum einen heißt Verantwortung zu übernehmen auch Antwort geben auf eine Forderung, d.h. es ist ein interaktiver Prozess, in dessen Folge das Verantwortungsobjekt interpretiert, verhandelt und verändert wird. Zum anderen, wissen wir im Fall von CSR, dass der institutionelle und normative Kontext eines Unternehmens dahingehend eine Rolle spielt, in welchem Masse und wofür sich Unternehmen entscheiden bezüglich ihrer CSR Strategie (Matten u. Moon 2008). In dem Sinne ist der Kontext von Interesse, in dem Erwartungen entstehen, die an Unternehmen herangetragen werden.

Diese umfassendere Sichtweise auf Verantwortung ist nicht unwesentlich. Sie führt zu entscheidenden konzeptionellen Fragen bezüglich CSR, die zumeist nicht geklärt werden in der einschlägigen Literatur: Erstens, können Unternehmen moralische Akteure sein? Oder anders ausgedrückt, wo ist moralische Verantwortung zu lokalisieren auf internationaler Ebene? Wenn wir davon ausgehen, dass Unternehmen moralische Akteure sein können, stellt sich die nächste Frage nach der Legitimität unternehmerischen Engagements. Oder praktischer ausgedrückt, wie entscheiden sich Unternehmen für welche CSR Praktik? Daraus erschließt sich die dritte Frage nach dem regulativen Kontext, in dem CSR stattfindet und die Frage, wie man Unternehmen zu verantwortlichen Mitgliedern einer Gesellschaft machen kann. Dies wiederum wirft viertens die Frage nach der Verteilung von Verantwortung auf internationaler Ebene auf. Anhand einer Typologie unternehmerischer Verantwortung, die ich im Folgenden basierend auf der *governance* und CSR Literatur entwickeln werde, werden anschließend diese vier Problematiken näher besprochen.

3. Business und Politik: Unternehmen als politische oder moralische Akteure?

Seit Beginn des 21. Jahrhunderts scheint soziales Engagement von Unternehmen, oder CSR, in aller Munde. Politiker auf verschiedenen Ebenen fordern mehr unternehmerische Verantwortung, international (z.B. der UN Global Compact (United Nations 2000)), europäisch (European Commission 2001) und auch im nationalen Kontext (Brown u. Knudsen 2012). Dabei ist soziales Engagement an sich nichts Neues und war seit jeher Teil unternehmerischen Handelns, wenn auch in unterschiedlichem Ausmaß (Hiß 2009). Die momentane politische Prominenz (in Europa) rührt eher von der Verschiebung von Verantwortlichkeiten in einer zunehmend komplexeren Welt. Gerade im Bereich der Sozialpolitik spricht man vom abnehmenden Handlungsspielraum des Staates und der damit einhergehenden Notwendigkeit oder auch Möglichkeit anderer Akteure, staatliche Aufgaben zu übernehmen.

Global governance bezeichnet die Veränderungen der Prozesse politischer Entscheidungsfindung, die hauptsächlich auf zunehmend komplexere soziale und ökonomische Beziehungen zurückgeführt werden (Dingwerth u. Pattberg 2006; Messner u. Nuscheler 2003; Schirm 2004). Diese Veränderungen umfassen die Beteiligung einer steigenden Anzahl von, insbesondere nichtstaatlichen, Akteuren an politischen Entscheidungen auf einer Vielzahl von Ebenen und die Herausbildung neuer und innovativer Formen von politischer Entscheidungsfindung und Problemlösung (Zürn 2004). Vor diesem Hintergrund wird von einer Verschiebung staatlicher Zentrierung hin zu multiplen Zentren politischer Steuerung gesprochen. Diese Veränderungen mit Bezug auf Akteure und Ebenen von politischer Entscheidungsfindung sind co-konstitutiv mit dem Inhalt und Normen dieser Prozesse. So geht die sich ändernde Rolle des Staates und der Natur globaler Politik einher mit zum Beispiel einem sich verändernden Verständnis von Wirtschafts- und Sozialpolitik und damit auch mit einer Umorientierung des Verständnisses der Rolle von Unternehmen in diesem Bereich.

Die Verschiebung der Handlungskompetenzen von öffentlichen auf private Akteure, speziell Unternehmen, wird in zweierlei Weise beschrieben, zum einen als ‚private Autorität' (vgl. u.a. Green 2013; Bieler et al. 2004; Hall u. Biersteker 2002), zum anderen als sich ändernde Machtposition von Unternehmen, hauptsächlich (aber nicht nur) vis-a-vis des Staates (vgl. Fuchs 2007; Cutler 2001). Eine Auswirkung des sich ändernden politischen Systems sind Verschiebungen der regulativen Grenzlinien hin zu mehr privater Autorität. Ruggie (2004) beschreibt wie sich im Zuge der Transnationalisierung nicht nur die Grenzen zwischen privater und öffentlicher Einflussnahme verschieben, sondern auch die zwischen nationalen und internationalen Räumen ändern. Damit eröffnen sich neue Räume für andere, nichtstaatliche Akteure politische Funktionen zu übernehmen, qua ihrer Rolle und Position (Clunan u. Trinkunas 2010). Mit anderen Worten geht es um neue Möglichkeiten nichtstaatlicher Akteure, wie Unternehmen, vormals öffentliche Funktionen zu übernehmen als „rule maker“ (Buethe u. Mattli 2011) und „regulator“ (Green 2013), die nicht nur Regulierung schaffen, sondern auch kontrollieren und sanktionieren, d.h. durchsetzen.

Green (2013) unterscheidet private Autorität in delegierte Autorität und in Autorität durch Entrepreneurship. Staaten können einerseits Autorität für klar definierte Aufgaben an Unternehmen übertragen. In allen anderen Fällen, in denen die Quelle der Autorität nicht der Staat ist, handeln Unternehmen quasi selbstständig. Private Autorität auszuüben bedeutet, dass „private actors strike out on their own, serving as *de facto* rule makers in world politics. The rules, standards, or practices created by private actors ‚can become authoritative' owing to the expertise of the private actors or to other strategies they use to cultivate legitimacy.“ (Green 2013, S. 6). Dieses Verständnis umfasst ausdrücklich nicht die üblichen Aktivitäten von Unternehmen wie Lobbyismus oder Agenda-setting, in denen Unternehmen versuchen, staatliche Regeln zu beeinflussen und ihre Interessen, qua Machtposition, durchzusetzen (Green 2013).

Die Frage der *Macht* von Unternehmen wurde ebenfalls vielfach diskutiert. Speziell in den 1970er und 80er Jahren wurden Unternehmen mit der Zunahme von ausländischen Direktinvestitionen zum Forschungsgegenstand (z.B. Gilpin 1975). Dabei ging es zum Beispiel darum inwiefern multinationale Unternehmen (MNU) politische Prozesse beeinflussen sowie deren politische Rolle in und Beziehungen zu Gast- und Heimatland. In den Debatten zu Globalisierungsprozessen (1990er und 2000er) gerieten multinationale Unternehmen erneut in den Mittelpunkt der Aufmerksamkeit durch die Standortdebatten (Engelhard et al. 1999 oder Junne 1994), und der daraus resultierenden Diskussion um Sozialdumping (Brecher u. Costello 1994, Kapitel 1; Strange 1998, 1996) bzw. des Standortwettbewerbs (Crane u. Matten 2004; s. auch Dicken 1998).

Die Macht von, insbesondere multinationalen, Unternehmen wird oft mit ökonomischen Ressourcen begründet (Roach 2005; Fergusen u. Mansbach 1999). So sind sie in der Lage, Steuern und andere Regulierungen zu umgehen und haben damit signifikanten Einfluss auf wirtschafts- und sozialpolitische Bedingungen in ihrem Gastland (Chandler et al. 2005). Insbesondere in Entwicklungsländern, die auf ausländisches Kapital und Investitionen angewiesen sind, haben Unternehmen eine gute Verhandlungsposition, ihre Interessen durchzusetzen und spezielle Rahmenbedingungen auszuhandeln. Bzw. kommt es gar nicht erst zur Einhaltung von bestehenden Sozial- und Arbeitsmarktstandards, weil Nationalstaaten nicht in der Lage oder willens sind, diese einzufordern (Risse 2011; Gough et al. 2004; Koenig-Archibugi 2004).

Auf der anderen Seite übernehmen Unternehmen zunehmend politische Aufgaben und Verantwortung, zusammengefasst unter dem Schlagwort CSR. D.h., Friedmans Aussage, dass die einzige soziale Verantwortung von Unternehmen in einem freien Wirtschaftssystem, die sei „... die verfügbaren Mittel möglichst gewinnbringend [einzusetzen] und Unternehmungen unter Gesichtspunkten der größtmöglichen Profitabilität [zu führen], solange dies unter Berücksichtigung der festgelegten Regeln des Spiels geschieht, d.h. unter Beachtung der Regeln des freien Wettbewerbs und ohne Betrugs- und Täuschmanöver“ (Friedman 1971, S. 175), ist längst nicht mehr die dominante Sichtweise. Unternehmen üben nicht nur ökonomische Macht aus, sondern haben außerdem einen starken politischen Einfluss. Fuchs (2007) zeigt, wie sich diese Macht jenseits des ökonomischen Einflusses gestaltet. Sie entwickelt eine Typologie der Macht von Unternehmen auf drei Dimensionen, instrumentell, strukturell und diskursiv. Unternehmen betreiben nicht nur Lobbyarbeit und setzen Standards, sie sind auch aktiv in politische Kommunikation involviert und beeinflussen damit gesellschaftliche Diskurse.

Die Rolle von Unternehmen in einem System von globaler *governance* kann daher in zweierlei Hinsicht gesehen werden: zum einen haben sie die Autorität und den politisch legitimen Raum, sich sozial zu engagieren, Geld zu spenden, Partnerschaften einzugehen und Standards zu setzen. Zum anderen ist unternehmerisches Verhalten nicht immer unilateral wie im Falle von Spenden, oder anders ausgedrückt, das Durchsetzen von eigenen Interessen basiert zumeist auf direkter Interaktion mit anderen Akteuren und der Machtposition, die sie innehaben, sich gegen diese durchzusetzen. Es ist daher zwar von Interesse zu untersuchen unter welchen Bedingungen Unternehmen sich an Regeln halten bzw. gegen diese verstoßen. Ebenso wichtig ist es, sich anzuschauen unter welchen Bedingungen sie welches soziale Engagement priorisieren.

Die CSR Literatur hat diesen sozialen Kontext, in dem sich Unternehmen bewegen, frühzeitig in den Blick genommen. In den meisten Definitionen von CSR spielen die Beziehungen, die Unternehmen zur Gesellschaft unterhalten, eine Rolle. CSR wird definiert als „ethical […] expectations that society has of organizations at a given point in time” (Carroll 1979, S. 500). Oft werden Verantwortungsdimensionen unterschieden, z.B. zu shareholdern, der Umwelt und zur Gesellschaft generell (Werhane 2008) bzw. auf institutioneller, organisatorischer oder individueller Ebene (Wood 1991). Allgemeiner unterscheidet man zwischen dem rechtlichen Kontext, dem treuhänderischen Aspekt von Verantwortung bezogen auf Teilhaber, und einem breiteren gesellschaftlichen Umfeld, das sich auf freiwilliges Engagement bezieht für eine breitere Gruppe von sogenannten ‚stakeholders'. Diese verschiedenen Umwelten werden zumeist so dargestellt, dass sie Druck auf Unternehmen ausüben, sich sozial zu engagieren. Mit anderen Worten, ein Unternehmen hält sich an geltendes Recht, versucht den Interessen seiner shareholder nachzukommen und engagiert sich darüber hinaus – freiwillig – aus Reputationsgründen, um damit Sanktionen und Kosten zu vermeiden. Auf der Suche nach den Auslösern für CSR wird dabei die proaktivere Seite von Verantwortung in den Hintergrund gerückt.

Das Konzept von „politischer CSR“ (Palazzo u. Scherrer 2006; Scherrer u. Palazzo 2011) misst der Beziehung und Einbettung des Unternehmens in die Gesellschaft mehr Bedeutung bei. CSR wird eher diskursiv verstanden, produziert und reproduziert von einer Gruppe von Akteuren. Damit rückt die Handlungsfähigkeit des Unternehmens in den Mittelpunkt. Es macht in der Praxis einen Unterschied, ob Verantwortung zugerechnet bzw. übertragen wird oder übernommen und aktiv ausgefüllt. Heidbrink (2010, S. 8) spricht in dem Zusammenhang auch von passiver/aktiver oder negativer/positiver Verantwortung. Beim Zuschreiben von Verantwortung reagieren Unternehmen auf Kritik, die an sie herangetragen wird. Das bedeutet im Umkehrschluss, dass es Situationen geben mag, die nicht geahndet werden, weil es keinen ‚Ankläger' gibt. Andererseits können Unternehmen ebenso gut proaktiv Verantwortung übernehmen, ohne zur Verantwortung gezogen worden zu sein. Die Annahme ist, dass dies zu unterschiedlichen Verantwortungspraktiken führt. Die Zuschreibung von moralischer Verantwortung (Vorwürfe) ist weitreichender als das lediglich Identifizieren der Ursache eines ungewollten Ereignisses (Schuld), weil moralische Verantwortung die Intention der Handlung in den Mittelpunkt rückt (French 1984).

Bringt man die *governance* und CSR Literatur zusammen und deren Verständnis zur Rolle von Unternehmen in der Gesellschaft, so ergeben sich vier Praktiken unternehmerischer Verantwortung (s. Schaubild 1). Die *governance* Literatur sieht Unternehmen einerseits als Akteure, die ihre Autorität qua ihrer Position und Möglichkeiten wahrnehmen und sich sozial engagieren. Oft findet dieses Engagement in Interaktion mit anderen Akteuren statt, entweder in Form des Anfechtens von Regulierungen und dem Zurückdrängen des Staates oder auch durch Verhandlungen mit einer Vielzahl anderer Akteure. Mit anderen Worten geht es hier um die Frage wer die Macht hat, Regeln zu setzen und zu befolgen. Was Unternehmen tun, wie sie sich sozial engagieren, welche Art von unternehmerischer Verantwortung sie priorisieren bzw. wie sie Regulierung aushandeln, ist immer vom Kontext abhängig, in dem diese Aktivitäten stattfinden. Das Umfeld von Unternehmen wird in der CSR Literatur in eine unmittelbare und indirekte Umwelt unterteilt. Zwei Gruppen werden identifiziert zu denen das Unternehmen Beziehungen unterhält, shareholder und stakeholder. Erstere ist direkter, Angestellte, Kunden, Zulieferer und Aktionäre. Shareholders sind abhängig vom Erfolg des Unternehmens und das Unternehmen ist ihnen gegenüber rechenschaftspflichtig. Eine Gruppe von stakeholdern ist weniger klar definiert und demnach sind die Verantwortungsbeziehungen weniger eindeutig. Nichtsdestotrotz bilden sich auch dort Erwartungen heraus, die einen Einfluss auf CSR Aktivitäten haben, die aber weniger direkt den Handlungen eines Unternehmens zuzuordnen sind, sondern auch allgemeinerer Art sein können.

Die vier resultierenden unternehmerischen Praktiken sind Philanthropie (I), Selbstregulierung (II), Haftbarkeit (III) und hybride Formen von *governance*, wie Partnerschaften oder Multistakeholder Initiativen (IV). Im ersten Fall üben Unternehmen Autorität aus und entscheiden selbst bzw. verhalten sich gemäß selbst gesetzter Handlungsimperative. Spenden bzw. philanthropische CSR Praktiken müssen keinen direkten Bezug zu den wirtschaftlichen Handlungen bzw. shareholdern eines Unternehmens haben. Sie richten sich vielmehr auf eine indirekte Umwelt des Unternehmens. Dies unterscheidet die Ausübung von Autorität im zweiten Fall: Unternehmen setzen, wiederum qua ihrer Position, Regeln für sich und andere Akteure. Selbstregulierung findet in Bereichen statt, in denen eine direkte Verbindung zwischen unternehmerischem Engagement und dem Objekt der Verantwortung besteht.

Meist schaffen Unternehmen aber nicht einfach Tatsachen durch unilaterale Handlungen qua ihrer Autorität, sondern CSR findet vielmehr in Interaktion und

Austausch mit anderen Akteuren statt. Im unmittelbaren Umfeld des Unternehmens geht es dabei hauptsächlich um mehr oder weniger gesetzlich festgelegte Regulierungen wie Arbeitsbedingungen, Kinderarbeit, Verbraucherrechte etc., die Unternehmen versuchen, zu umgehen, oder durch Lobbyarbeit direkt zu beeinflussen. Schließlich zeigt der vierte Fall eine Form von CSR die ebenfalls durch Machtkämpfe um die Deutungshoheit von CSR zwischen Unternehmen und anderen Akteuren wie NROs, internationalen Organisationen und Staaten gekennzeichnet ist. Hybride *governance* Arrangements wie MSIs sind ein Beispiel dafür. Hier muss das unternehmerische Engagement keinen direkten Bezug zum eigenen unmittelbaren Umfeld haben, sondern kann generellerer Natur sein, wie zum Beispiel im Falle des UN Global Compact.

Abbildung 1: Typologie unternehmerischer Verantwortung

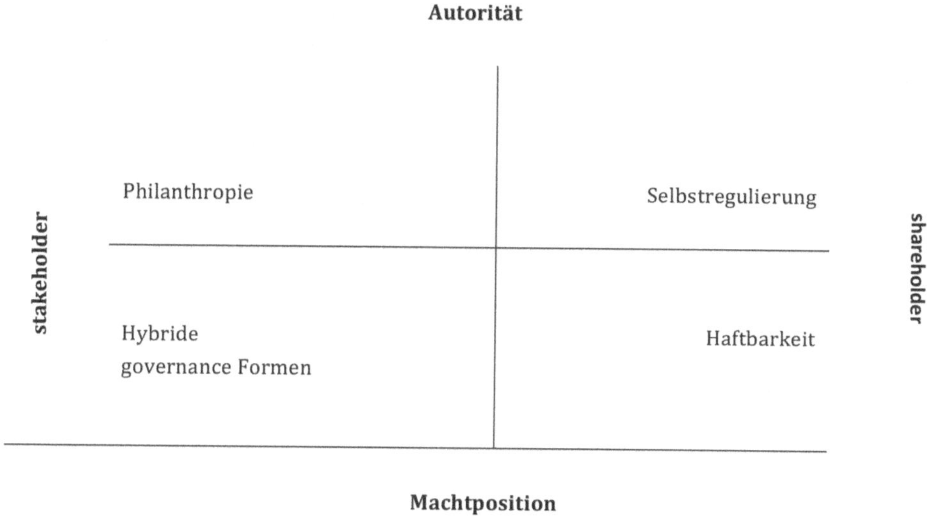

Diese Sichtweise auf CSR lässt unternehmerische Verantwortung in einem anderen Licht erscheinen und erlaubt es uns andere Fragen zu stellen, wobei jeder der vier Fälle speziell eine Problematik besonders in den Mittelpunkt rückt, nämlich erstens die Frage der Lokalisierung von Verantwortung auf individueller, korporativer oder kollektiver Ebene. Oder anders ausgedrückt, wer sollen bzw. können die Adressaten von Verantwortungsanforderungen sein und was kann bzw. sollte man letztlich von Unternehmen als moralischen Akteuren erwarten. Die zweite Problematik bezieht sich auf die Legitimität korporativer Handlungen und die Frage wie Unternehmen Prioritäten setzen bezüglich ihres sozialen Engagements. Man kann u.a. auch argumentieren, dass Unternehmen nicht mehr als nur Rechtspersonen sein sollten. Die Verantwortung für ‚richtiges' unternehmerisches Verhalten bestünde dann drittens darin, ein Regelsystem zu entwerfen, dass optimale Anreize für Unternehmen schafft, sich regelkonform zu verhalten. Nun kommt es gerade in komplexeren politischen Systemen zu Situationen, in denen Verantwortlichkeiten nicht einfach zuzuordnen sind (Kobrin 2009). Die Möglichkeiten und

Grenzen kollektiver bzw. gemeinsam geteilter Verantwortung spricht die vierte Problematik an, die zu klären ist, wenn es um Verantwortung in der Weltpolitik geht. Welche Bedingungen müssen erfüllt sein, um gemeinsam geteilte moralische Verantwortung zu ermöglichen und was sind die Kriterien für die Verteilung von Verantwortung auf verschiedene Akteure. Im Folgenden werden diese vier Problematiken exemplarisch anhand der vier unternehmerischen Praktiken diskutiert.

4.1 Die Lokalisierung moralischer Verantwortung im internationalen politischen Kontext

Im ersten Typ unternehmerischer Verantwortung, Philanthropie, übernehmen Unternehmen aus eigener Initiative Verantwortung für eine bestimmte, selbstgewählte Sache, für die sie nicht verantwortlich wären. Philanthropische Verantwortung ist nichts Neues. Die Einbettung des Unternehmens in seine lokale und regionale Umwelt und das Bedürfnis des ‚Zurückgebens' an Gesellschaft gehören insbesondere bei vielen Familienbetrieben oder Unternehmen in Privatbesitz zur Tradition. Hiß (2006) beschreibt einige deutsche Unternehmen wie zum Beispiel das Familienunternehmen Deichmann und dessen religiös motiviertes Engagement im Bereich der Entwicklungshilfe. Oft sind solche Aktivitäten speziell auf einzelne Unternehmer zurückzuführen und deren Firmenphilosophie. Ein prominentes Beispiel der jüngsten Vergangenheit (2015) ist Mark Zuckerberg's Spende an die *Chan Zuckerberg Initiative* zur Unterstützung von non-profit Organisationen. Aber auch Aktienunternehmen engagieren sich sozial wie zum Beispiel die Spende eines SOS-Kinderdorfes in Brasilien durch die Karstadt AG anlässlich ihres 100-jährigen Bestehens (Hiß 2006). Des Weiteren gibt es regionale Unterschiede. So ist *Charity* in der angelsächsischen Welt im Allgemeinen weiter verbreitet als in Kontinentaleuropa (Hiß 2006).

Philanthropie wird oft zu CSR gerechnet (s. Carroll 1999; auch Matten u. Crane 2004). Streng genommen sind viele der Spenden und Charity-Aktivitäten allerdings nicht zum Bereich der *korporativen* Verantwortung zu zählen. Wenn Aktionäre oder einzelne CEOs und Manager entscheiden, Geld für soziale Zwecke zu stiften, so findet die Verantwortlichkeit auf individueller und nicht auf der Organisationsebene statt. Damit wirft dieser Typ der Verantwortung zugleich eine der wichtigsten Fragen auf, wenn es um unternehmerische Verantwortung geht, nämlich ob Unternehmen moralisch verantwortlich sein können (und sollen), oder anders ausgedrückt, die der Lokalisierung von Verantwortung.

Die Unterscheidung zwischen individueller und korporativer Verantwortung ist nicht unwesentlich. Entgegen allgemeiner politischer Verantwortungsdiskurse, sowie einiger Teile der wissenschaftlichen Literatur, problematisiert die Philosophie die Möglichkeiten und Grenzen korporativer Verantwortung und beschäftigt sich mit der Frage, wie man mit moralischer Verantwortung von Organisationen umgehen soll. Moralische Verantwortung setzt drei Dinge voraus, Kausalität, Freiheit und Rationalität (Nida-Ruemlin 2011). Kausalität im Sinne der Möglichkeit eines Akteurs, aktiv in Geschehnisse eingreifen zu können (oder nicht). Freiheit, sich für eine bestimmte Handlung entscheiden zu können und Rationalität, Handeln,

Überzeugungen oder Gefühle begründen zu können. Wer also genau ist verantwortlich für das Verhalten, d.h. spezielle Handlungen, einer Organisation? Sind es alle Mitglieder einer Organisation oder nur einzelne Akteure? Wenn letzteres, welche? Die, die bestimmte Handlungen ausgeübt und Entscheidungen getroffen haben oder die, die qua ihres Amtes für das Handeln einer Gruppe von Menschen verantwortlich sind? Oder kann die Organisation als Ganzes verantwortlich sein, als Institution, und, darüber hinaus, moralische Verantwortung übernehmen unabhängig von den individuellen Handlungen ihrer Mitglieder?

Diese Fragen mögen überraschen vor dem Hintergrund, dass Unternehmen im politischen Diskurs im allgemeinen Verantwortung zugeschrieben wird. Unternehmen sind allerdings zunächst einmal lediglich Rechtspersonen, was sie noch nicht zu moralischen Akteuren macht (French 1984, S. 38). Erskine (2008, 2015, S. 7) arbeitet fünf Bedingungen heraus, die gegeben sein müssen, um von ‚institutional moral agents' zu sprechen, d.h. von moralischer Verantwortung einer Organisation: Erstens, eine Identität, die mehr ist als die Summe der Identitäten der einzelnen Mitglieder; zweitens, einen Mechanismen der Entscheidungsfindung, der die Gruppe zu Handlungen verpflichtet, die über individuelle Positionen der Mitglieder hinausgehen; drittens, Mechanismen, durch die Gruppenentscheidungen in Taten umgesetzt werden können; viertens, eine Identität auch in der Zukunft; und schließlich eine Art Verständnis von sich selbst als Einheit.

Unternehmen erfüllen diese Kriterien und könnten demnach als moralische Akteure verstanden werden. Denn Akteure, die diese Kriterien erfüllen, verfügen über die Fähigkeit von Intentionalität, nach French (1984, S. 38) eine notwendige Bedingung für moralische Handlungsfähigkeit. Ein Unternehmen ist demnach mehr als die Summe der Handlungen seiner Mitglieder. „From interpersonal exercise of power, the interaction ... of the participants, comes the *personality* of the corporation.“ (Gailbraith 1977, S. 261) Mit anderen Worten, das Unternehmen, und nicht die einzelnen Menschen, die in ihm arbeiten, hat Gründe, bestimmte Dinge zu tun oder zu unterlassen (French 1984, S. 40). Oder anders ausgedrückt, CEOs zum Beispiel können unternehmerische Entscheidungen treffen, bei denen die individuellen und unternehmerischen Gründe nicht kongruent sind, was bedeutet, dass Unternehmen unabhängig von ihren Mitgliedern eigene Intentionen und Handlungsgründe haben. Um es Frenchs Worten zu sagen:

> "This much I hope is clear: we can describe many events in terms of certain physical movements of human beings, and we also can sometimes describe those very events as done for reasons by those human beings, but further we can sometimes describe the same events as corporate and still further as done for corporate reasons that are qualitatively different from whatever personal reasons component members may have for doing what they do." (French 1984, S. 47)

Diese Schlussfolgerung hat Konsequenzen für das Einfordern unternehmerischer Verantwortung. Nur wenn man Unternehmen als moralische Akteure betrachtet, kann man an sie Erwartungen stellen, die über eine bloße Regel- bzw. Gesetzesbefolgung hinausgehen. Es kann aus wirtschaftsethischer oder verantwortungstheoretischer Perspektive sinnvoll erscheinen, dies zu tun, weil man argumentieren kann, das Unternehmen z.B. besser in der Lage sind, bestimmte Probleme (systematischer) zu lösen als individuelle Personen das könnten (Neuhaeuser 2011, S. 90). Ein Beispiel dafür ist Coca-Colas Engagement im Kampf gegen HIV/Aids. Der Präsident der *International AIDS Society*, Joep Lange, sagte auf einer AIDS Konferenz in Barcelona 2002, dass 'If we can get cold Coca-Cola and beer to every remote corner of Africa, it should not be impossible to do the same with drugs' (zitiert in Ruggie 2004, Fußnote 18). Im Anschluss an diese Aussage beschuldigten Aktivisten Coca-Cola für 'deadly neglect' (Ruggie 2004), woraufhin das Unternehmen reagierte und Aids Medikamente, Aufklärungs- sowie Präventivmaßnahmen/mittel in sein globales Verteilernetzwerk integrierte (Ruggie 2004, S. 517). Diese Art des sozialen Engagements unterscheidet sich von der klassischen Einmal-Spende dadurch, dass die Handlungen auf korporativer Ebene stattfinden und diverse Entscheidungen auf organisatorischer Ebene getroffen wurden, die den individuellen Überzeugungen einzelner Unternehmensmitglieder nicht entsprechen müssen, d.h. sie kommt dem Model der ‚institutional moral agency' näher.

Die Unterscheidung zwischen individueller und korporativer Verantwortung ist entscheidend und fordert weitreichendere Überlegungen. Die CSR Literatur beschäftigt sich mit der Frage der moralischen Handlungsfähigkeit von Unternehmen, wobei diese Frage kontrovers diskutiert wird (vgl. Ritz 2007; Werhane 2008, 1985; Lampert 2016). Allerdings wird eine moralische Dimension zumeist auf die individuelle Ebene verlagert. Umfragen zu CSR zum Beispiel finden mit CEOs und Managern statt und fokussiert auf deren Einstellung zu sozialem Engagement (Cacioppe et al. 2008; Pedersen 2010; Favotto u. Kollman 2016). Werhane (2008: 272ff.) scheibt Unternehmen sekundäre moralische Verantwortung zu, d.h. sie argumentiert, dass ein korporativer Akteur an sich keine moralische Verantwortung übernehmen kann, andererseits das Handeln eines Unternehmens nicht nur auf die Summe der individuellen Einzelhandlungen reduziert zurückzuführen ist.

Geht man allerdings davon aus, dass Unternehmen moralisch verantwortlich sein können, muss man sich in einem nächsten Schritt überlegen, wie sie als Akteure über Sozialisierungsprozesse zu verantwortlichen Akteuren werden, die nicht nur wissen, was Verantwortung bedeutet, sondern auch, wie man sie übernimmt. Die jüngeren Diskussionen um ‚corporate citizenship' (Thompson 2012; Mele 2008) illustrieren diesen Punkt. Unternehmen bezeichnen sich selbst als ‚Bürger', aber auch andere Akteure wie das *World Economic Forum* oder der *UN Global Compact* verwenden diese Terminologie. Ein ‚Bürger' zu sein, heißt nicht nur mit bestimmten Rechten und Pflichten ausgestattet zu sein (d.h., die ökonomische und politische Rolle eines Unternehmens), sondern betont auch dessen soziale Position in einer Gruppe von ‚Bürgern'. ‚Corporate citizenship' ist ein Schritt in die Richtung, die moralische Verantwortung eines Unternehmens umfassender zu begreifen, als Verantwortung, die man, sozusagen ‚automatisch', innehat als Mitglied einer Gesellschaft, an der man aktiv teilhat und teilnimmt (Logsdon u. Wood 2002). Die Fragen die sich daraus ergeben sind, was es bedeutet bzw. bedarf, um Unternehmen moralisch zu sozialisieren? Aber auch, ob es wünschenswert ist, dies zu tun.

4.2 Die Legitimität unternehmerischer sozialer Verantwortung

Der zweite Typ unternehmerischer Verantwortung, die freiwillige Selbstverpflichtung, findet sich in verschiedenen Formen von Selbstregulierung. Unternehmen handeln qua ihrer Position und Autorität, Standards zu setzen. Verhaltenskodizes sind ein gutes Beispiel. Die OECD definiert solche Kodizes als „commitments voluntarily made by companies, associations or other entities, which put forth standards and principles for the conduct of business activities in the marketplace" (OECD 1999, S. 5). Das heißt, nicht nur Unternehmen, sondern auch NROs oder internationale Organisationen wie zum Beispiel die ILO können und sind Autoren solcher Standards, Richtlinien und Regeln (vgl. Kolk et al. 2002). Unter dem Label ‚private Selbstregulierung' findet man zunehmend ausschließlich von Unternehmen verabschiedete Regeln und Standards.[3] Diese, von Unternehmen eingeführte, freiwillige Verhaltensregeln[4], rücken insbesondere die Frage nach der Legitimität unternehmerischen sozialen Handelns in den Mittelpunkt.

Selbstregulierung beziehen sich auf eine engere Gruppe von ‚shareholdern', wie zum Beispiel Arbeitnehmern oder Konsumenten und es besteht eine direkte Verbindung zwischen der Unternehmensaktivität und dem Verantwortungsobjekt. Die Fair Trade Label im Kaffeesektor zum Beispiel sollen sicherstellen, dass während des Prozesses der Kaffeeherstellung keine Arbeitsnormen oder Menschenrechte verletzt werden. Ein anderes Beispiel ist der *ICTI Code of Business Practices* in der Spielzeugindustrie. Dieser Verhaltenskodex reguliert Arbeitsbedingungen sowie Gesundheits- und Sicherheitsstandards am Arbeitsplatz in den Produktionsstätten der teilnehmenden Unternehmen eines bestimmten Sektors sowie derer Zulieferbetriebe und Vertragspartner. Bei Nicht-Einhalten der Regeln können Verträge gelöst werden (ICTI 2004; Biedermann 2005). In diesem Sinne ermöglicht dieses regulative System einigen großen Unternehmen in der Branche, gewisse Standards effektiv durchzusetzen (vgl. Snyder 1999).

Kodizes können also einen positiven Effekt haben und tragen generell zu einem sich ändernden Diskurs zur sozialen Verantwortung von Unternehmen bei. Sie gelten nicht nur für teilnehmende Unternehmen, sondern können auch bindenden Charakter in der Wertschöpfungskette dieser Unternehmen haben, d.h. für Vertragspartner dieser Firmen. Außerdem führen solche Verhaltenskodizes oft zu Institutionalisierungsprozessen, wie das Beispiel des Kaffeesektors deutlich macht. Auf Druck von NROs und mit Hilfe des deutschen Kaffee-Verbandes wurde gemeinsam mit der GTZ ein Projekt gestartet, das 2004 in einem Kodex für den gesamten Sektor mündete, dem *Common Code for the Coffee Community* (4-C), an dem sich auch andere Akteure wie Oxfam oder die Weltbank beteiligten (Kolk 2005). Schließlich interagieren Standards und Kodizes privater Akteure mit vorhandenem und etabliertem Recht und Regulierungen (Bartley 2011).

---

3 Solche Kodizes werden oft zu den sogenannten "Sullivan Principles" von 1977 zurückverfolgt (Keller o.J.).

4 Oft gehen solche Regeln auch in Gütesiegel über bzw. haben beide viele Gemeinsamkeiten und die Grenzen sind oft fließend. Gütesiegel sind zumeist konzentriert auf einige wenige Themen, wobei sich Verhaltenskodizes auf umfassendere Arbeits- und Sozialnormen beziehen. In der CSR Literatur werden beide getrennt betrachtet (Hiß 2006).

Jedoch wird an Selbstregulierung auch häufig Kritik geäußert. Zunächst kommen diese Kodizes unter Beschuss, als präventive Maßnahmen im ‚Schatten der Hierarchie', auf die sich Unternehmen nur einlassen, weil sie andererseits strengere Regeln bzw. Gesetze fürchten. Des Weiteren wirft man Unternehmen vor, dass die Einhaltung der Kodizes oftmals nicht kontrolliert wird und solche Standards demnach eher aus Reputationsgründen formuliert werden. Freiwillige Standards machen nur Sinn, wenn die Einhaltung kontrolliert und das Verletzen der Regeln sanktioniert wird. Dabei kann man zwischen internen und externen Kontrollmechanismen unterscheiden. Und in der Tat scheint es mangelnde Kontroll- und Durchsetzungsmechanismen zu geben. Wick (2001) stellt fest, dass nur 163 der 246 von der OECD gelisteten Kodizes einen Kontrollmechanismus erwähnen. Von diesen 163 erlauben nur 26 ein externes Kontrollverfahren, d.h. durch eine unabhängige dritte Instanz wie etwa NROs, Regierungsinstitutionen oder Auditierungsfirmen. Kritische Stimmen fordern deshalb eine breitere Standardisierung solcher Regeln bzw. argumentieren, dass freiwillige Verhaltenskodizes den legalen Kontext nicht ersetzen können.

Dieser Fokus auf das Einhalten von Regeln bzw. das Zurückfallen auf das Verlangen nach rechtlicher Regulierung greift allerdings zu kurz und führt dazu, dass ein wesentlicher Punkt in der CSR Debatte übersehen wird, die Frage nach der Legitimität unternehmerischen sozialen Engagements. Oder anders ausgedrückt, Verhaltenskodizes illustrieren einen Fall, der zeigt, dass Unternehmen sich nicht lediglich an Gesetzen orientieren und legale Lücken ausnutzen, wenn sich die Möglichkeit bietet, sondern dass sie sich aktiv an der Ausgestaltung des regulativen Kontexts beteiligen (Green 2013; Grabovsky 2013; Cata Backer 2008). Diese von privaten, nichtstaatlichen Akteuren formulierten Regelungen, die auch oft als ‚soft law' oder informell bezeichnet werden, üben eine öffentliche Funktion aus und beeinflussen nicht nur den internationalen normativen Diskurs, sondern auch faktisch den regulativen Kontext. Hier stellt sich also die Frage nach der Legitimität unternehmerischer sozialer Verantwortung (Bernstein u. Cashore 2007) und damit der Notwendigkeit, die Gründe zu erforschen, die Unternehmen veranlassen, sich sozial zu engagieren.

Die Perspektive auf Unternehmen lediglich als Rechtspersonen bzw. als Akteure, die Regeln befolgen oder verletzen, greift damit zu kurz. Bezieht man den Standpunkt, dass Unternehmen keine moralischen Akteure sind, endet man theoretisch in einer Situation, in der Unternehmen sich lediglich an Regeln halten, weil sie die Kosten der Sanktion befürchten. Dies bedeutet auch, dass sie unrechtmäßig handeln würden, wenn die Wahrscheinlichkeit hoch ist, dass man das Unrecht nicht entdeckt bzw. wenn die Kosten geringer sind als der Gewinn aus unrechtmäßigem Handeln. Dies ist die Logik, der große Teile der CSR und *governance* Literatur folgen. Unternehmen halten sich an Gesetze bzw. werden durch andere accountability-Mechanismen, die z.B. durch peer pressure oder Reputationsdruck funktionieren, zur Regelbefolgung gezwungen. Neuhaeuser (2011) argumentiert allerdings, dass es neben den Kosten der Sanktion noch einen weiteren Grund gibt, sich an Regeln zu halten, nämlich aus (moralischer) Überzeugung. Das bedeutet im Umkehrschluss, dass die Forschung sich nicht nur darauf konzentrieren sollte herzufinden, unter welchen Bedingungen Unternehmen Regeln befolgen oder missachten, sondern außerdem aus welchen Gründen sie sich auf welche Regeln einigen. Anders gesagt, wie und warum priorisieren Unternehmen bestimmte Kodizes, sind relevante Fragen. Denn was sie tun, hat Konsequenzen im öffentlichen Bereich und bestimmt damit auch, welche sozialen und ökologischen Standards eine Gesellschaft für sich annimmt.

4.3 Der Kontext unternehmerischer Verantwortung

Legale Verantwortung bzw. Haftbarkeit von Unternehmen beschreibt einen Typ unternehmerischer Verantwortung, der auf den ersten Blick nicht viel mit sozialer Verantwortung zu tun hat. In CSR Definitionen wird allerdings das Einhalten von Rechtsnormen häufig als eine Dimension unternehmerischer Verantwortung erwähnt. In Kontexten mit gut etabliertem Rechtssystem wird man weniger von CSR sprechen. Ein prominentes Beispiel der jüngeren Vergangenheit ist die Umweltkatastrophe im Golf von Mexiko durch die Explosion der Ölbohrplattform Deepwater Horizon im Frühjahr 2010. Aufgrund dieser Katastrophe wurde gegen BP und einige weitere Konzerne ein Zivilprozess geführt. In solchen Fällen entscheiden Gerichte aufgrund der Beweislage über die Schuld bzw. Unschuld des Unternehmens sowie weiterer relevanter Entscheidungsträger.[5] In dem speziellen Fall beurteilte ein Richter eines amerikanischen Amtsgerichtes in 2014, dass BP die Hauptverantwortung für den Vorfall trägt aufgrund von grober Fahrlässigkeit.

Auf internationaler Ebene gerät die rechtliche Regulierung an Grenzen und kann dann moralische Fragen aufwerfen. Dies hat einerseits damit zu tun, dass eine vollständige Regulierung des internationalen Raumes unrealistisch ist (Ruggie 2002). Die *United Nations Guiding Principles on Business and Human Rights* (auch „Ruggie Principles" genannt), die 2011 vom Human Rights Council der VN erlassen wurden, verlangen von Unternehmen (lediglich) Menschenrechte zu respektieren und Menschenrechtsverletzungen vorzubeugen. Die primäre legale Verantwortung liegt weiterhin beim Nationalstaat. Diese sind aber andererseits nicht immer fähig oder auch willens, Recht einzufordern, selbst wenn es rechtlich geregelte Räume gibt.

Ein Beispiel hierfür ist die Frage der Mitschuld von Unternehmen an Menschenrechtsverletzungen eines Landes, in dem ein Unternehmen investiert. Kobrin (2009) beschreibt den Fall des kanadischen Ölunternehmens Talisman Energy, das 1998 inmitten eines Bürgerkrieges im Sudan investierte. Der Fall wurde kontrovers diskutiert. Öffentliche Kampagnen bezichtigten das Unternehmen, den Konflikt im Land durch die Ölförderung noch zu verstärken und das deren Operationen im Kriegsgebiet Menschenrechte verletzte, z.B. die Vertreibung von Zivilisten. Das Unternehmen hingegen behauptete, durch seine Aktivitäten ökonomischen und sozialen Aufbau zu fördern. Dieser Fall unterscheidet sich vom ersten in dem Punkt, dass Unternehmen hier meist nicht direkt in Menschenrechtsverletzungen involviert, sondern oft nur „stille Komplizen" sind (Sub-Commission on the Promotion and Protection of Hu-

5 Dazu ist allerdings festzuhalten, dass Unternehmen in verschiedenen Rechtssystemen unterschiedlichen Status genießen. Im deutschen Zivilrecht sind Unternehmen juristische Personen. In den USA und Großbritannien sind sie auch Subjekte des Strafrechts.

man Rights 2005). Aber selbst bei direkter Beteiligung an der Missachtung von Rechten unterliegen MNUs nicht dem internationalen Recht, sondern das Einfordern von Verantwortung kann nur durch Regierungen geltend gemacht werden (Kobrin 2009). Damit wirft dieser Fall komplizierte Fragen auf, nämlich, ob und wie Unternehmen verantwortlich gemacht werden können bzw. sollten, im speziellen Falle für Menschenrechtsverletzungen bei Niederlassung in Kriegsgebieten.

Zwei Dimensionen sind in diesen Fall näher zu beleuchten; erstens die Möglichkeiten und Grenzen der Anwendung internationalen Rechts, und zweitens der Einfluss des spezifischen Kontexts, in dem unternehmerisches Handeln stattfindet. Der politische und legale Kontext, in dem multinationale Unternehmen mit ihren Niederlassungen agieren ist komplex und fragmentiert und gekennzeichnet durch Exterritorialität und beschränkte Haftung. Legal und politisch unterliegen die einzelnen Tochtergesellschaften eines MNU dem nationalen Rechtssystem, in dem sich die jeweiligen Niederlassungen befinden. Prinzipiell haben also Heimat- und Gastland das Recht, Unternehmen und respektive deren Tochtergesellschaften zur Verantwortung zu ziehen. Praktisch besteht das Problem darin, dass das Gastland meist hauptsächlich für Menschenrechtsverletzungen verantwortlich ist und demnach kein Interesse daran hat, ausländische Unternehmen zu ahnden. Das Heimatland des Unternehmens wiederum kann lediglich politisch Druck ausüben (was im Falle von Talisman auch geschah), ihm sind im Ausland legal allerdings die Hände gebunden und die Hauptgeschäftsstelle im eigenen Land ist nicht notwendigweise haftbar für ihre Tochtergesellschaften. Die Situation ist also dadurch gekennzeichnet, dass Regierungen entweder nicht willig oder fähig sind, Unternehmen zur Verantwortung zu ziehen (Campbell 2006).

In dieser Situation, in der weder Unternehmen selbst verantwortlich gemacht werden können, noch Staaten dazu verpflichtet, Unternehmen zur Verantwortung zu ziehen, stellt sich die Frage, welcher Bedingungen es bedarf, dass Verantwortung dennoch übernommen und eingefordert wird. Hier rückt der Kontext, in dem sich Unternehmen bewegen, in den Vordergrund, oder anders gesagt, die Erwartungen, die andere Akteure an Unternehmen stellen. Dies ist kein völlig neuer Gedanke. Viele Autoren beschreiben sogenannte hybride Formen von öffentlich-privater Verantwortung, die sich mit dem beobachteten Verlust des traditionellen staatszentrierten, internationalen Systems und der heutigen Internationalisierung von Unternehmen herausbilden außerhalb der strikten Grenzen des internationalen Rechts. Legale Verantwortung ist nur ein Teil von Verantwortung wie ich oben argumentiere.

Hannah Arendt (1987) hat sich mit den Grenzen legaler Verantwortung auseinandergesetzt. Für sie tragen alle Mitglieder einer Gruppe politische Verantwortung dafür, welche Regeln diese für sich aufstellt und/oder zulässt. Arendt (1987) spricht von kollektiver Verantwortung, der Verantwortung einzelner Akteure für das Handeln anderer in der eigenen Gruppe. Der Grund für kollektive Verantwortung liegt in der Mitgliedschaft in einer Gruppe (Arendt 1987, S. 45). In Situationen, in denen Handlungen legal sind, man aber deren Legitimität anzweifeln kann, kommt damit der politische und soziale Kontext zum Tragen. Investitionen in Kriegsgebieten und das Dulden von Menschenrechtsverletzungen sind per se kein Verstoß gegen das Recht. Es mag aber in Anbetracht humanitärer Kriterien nicht legitim sein, sich so zu verhalten. Hier stellt sich die Frage, wer darüber entscheidet, welche Handlungen legitim sind und ob Akteure intervenieren und ihre Erwartungen an Unternehmen herantragen, um deren Verhalten zu ändern.

Die *governance* Literatur spricht von einer fehlenden politischen Gemeinschaft auf internationaler Ebene. Kobrin (2009) jedoch beschreibt das transnationale System als System, in dem sich hybride Regime herausbilden, die einerseits nicht strikt bindend sind, aber auch nicht freiwillig, und andererseits weder strikt privat organisiert noch völlig öffentlich. Als Beispiel führt er die *International Organization for Standardization* (ISO) an, ein Netzwerk nationaler Institutionen für das Setzen von Standards. Auch öffentlich-private Partnerschaften oder MSIs könnten als solche hybride Governance Regime verstanden werden, also Gruppen von individuellen und korporativen Akteuren, die sich um ein spezifisches Problem herum bilden und die im Prozess der Problemlösung Regeln aufstellen, an die sich die Mitglieder dieser Gruppe zu halten haben. Die Möglichkeiten und Grenzen kollektiver bzw. gemeinsam geteilter moralischer Verantwortung werden im nächsten Abschnitt besprochen.

4.4 Verteilung gemeinsam geteilter Verantwortung

Der letzte Fall unternehmerischer Verantwortung ist die Teilnahme von Unternehmen an Initiativen, die über eine shareholder Verantwortung hinausgehen und allgemeinere globale Probleme adressieren, die eine Gruppe von stakeholdern im weiteren Umfeld des Unternehmens betreffen. Solche Initiativen gehen nicht auf unilaterale Handlungen des Unternehmens zurück. Vielmehr interagieren Unternehmen mit diversen Akteuren in Partnerschaften oder Netzwerken (Rasche 2012). Dietz (2014) spricht von hybriden governance Formen wie Multistakeholder-Initiativen (MSI) oder öffentlich-rechtliche Partnerschaften (PPPs), in denen formelle und informelle Regeln ausgehandelt werden. Ein prominentes Beispiel dafür ist der *Global Compact* der Vereinten Nationen, eine der größten Multistakeholder-Initiativen im Bereich von CSR (Rasche u. Waddock 2014), initiiert 1999 durch den damaligen Generalsekretär der VN Kofi Annan. Die in 2000 in Kraft getretene Initiative zielt darauf ab, einen Dialog zwischen verschiedenen Partnern zu eröffnen und aufrecht zu erhalten und damit als Plattform für Austausch und gegenseitiges Lernen zu dienen, mit dem Ziel Unternehmen für freiwillige Partnerschaften zu gewinnen. Über die Jahre seines Bestehens wurden viele Partnerschaften geschlossen, oft zwischen privaten und öffentlichen Akteuren, alle mit dem Ziel insbesondere Unternehmen zu mobilisieren, sich sozial zu engagieren. Laut einer Studie des Global Compact (2014) beteiligen sich zirka 75% seiner Mitglieder in verschiedenen Partnerschaftsprojekten.

Solche MSIs oder Partnerschaften verschiedener korporativer Akteure sind Ausdruck kollektiver Verantwortung[6], was die Frage nach den Möglichkeiten und

6 Ich benutze den Begriff demnach anders als allgemein üblich (vgl. z.B. Gerber u. Zanetti 1995). Kollektive Verantwortung wird meist benutzt, wenn von der Verantwortung von Gruppen individueller Akteure oder Organisationen die Rede ist. Ich benutze ‚korporative Verantwortung' wenn es um die Verantwortung eines korporativen Akteurs geht, wie Unternehmen, NROs etc. und kollektive Verantwortung, wenn ich mich auf die Verantwortung von Gruppen korporativer Akteure beziehe. Für einen ähnlichen Gebrauch der Begrifflichkeiten, vgl. Lang (2015, 74).

Grenzen der moralischen Verantwortung von Kollektiven korporativer Akteure sowie deren Verteilung unter den Akteuren aufwirft. Kollektive korporativer Akteure sind in der Praxis der Internationalen Beziehungen ein eher häufiges Vorkommnis. Epistemische Gemeinschaften, ‚transnational advocacy networks', auch einige Praxisgemeinschaften oder sogenannte ‚coalitions of the willing' (Erskine 2015) sind Beispiele für ‚informelle' Vereinigungen oder Assoziationen korporativer Akteure, die nicht notwendigerweise in einer übergeordneten Weise organisiert sind. Das Problem solcher informellen Gruppen ist, dass sie die fünf Kriterien moralischer Verantwortung (s.o.) nicht erfüllen, zumindest nicht auf den ersten Blick, und damit zunächst einmal nicht als Träger moralischer Verantwortung in Frage kommen. Können solche Gruppen bzw. Unternehmen als Mitglieder informeller Gruppen moralische Verantwortung übernehmen?

Die Philosophie bemüht das Gedankenexperiment von willkürlichen Gruppen, um sich mit der Frage von kollektiver Moral auseinanderzusetzen. Beispiele sind Gruppen von Individuen, die zufällig zu einem gewissen Zeitpunkt an einem bestimmten Ort sind, aber sonst keinerlei Beziehung zueinander haben. Held (1970) argumentiert, dass unter bestimmten Umständen das gesamte Kollektiv verantwortlich gemacht werden kann für eine Handlung bzw. deren Unterlassung, nämlich dann, wenn es eine ernsthafte Situation ist, in der eine andere Person dringend Hilfe benötigt, eine konzertierte Aktion, diese Person retten könnte, die benötigte Hilfe bzw. das Eingreifen relativ eindeutig und unbestritten ist, und diese Handlung ohne vorherige Beratung oder spezielle Kooperation möglich wäre.

May (1987) argumentiert, dass in zufälligen oder willkürlichen Gruppen die einzelnen Mitglieder einer Gruppe relativ zu ihren Möglichkeiten der Beteiligung und des Einflusses verantwortlich gemacht werden können. Schweikard (2010) ergänzt diese Überlegungen mit zwei weiteren Bedingungen, dem Wissensstand und der Möglichkeit zur Handlungskoordination. Demnach gibt es drei Möglichkeiten des *kollektiven* Unterlassens von Handlungen: erstens, die Akteure haben die Möglichkeit zu wissen, dass sie gemeinsam handeln könnten, wissen es aber nicht; zweitens sie wissen es, können sich aber nicht koordinieren; oder drittens, gemeinsames Wissen besteht und sie entscheiden sich kollektiv gegen die Handlung (Schweikard 2010). Aus diesen Überlegungen könnte man, wie Erskine, folgendes schlussfolgern:

> "One might propose that individual states (and non-state and intergovernmental actors) each have an obligation, in the absence of a viable alternative, to contribute to the establishment, and then functioning, of an informal, temporary association for the purpose of responding to a particular crisis effectively, robustly, and in time to mitigate disaster." (Erskine 2015, S. 21f.),

Rein willkürliche Gruppen sind in der internationalen Politik schwer vorstellbar. Multistakeholder-Initiativen allerdings, also das Zusammenarbeiten von Unternehmen, NROs, internationalen Organisationen und/oder anderen Akteuren, ist ein Beispiel für eine informelle Gruppe. Diese Gruppen sind oft selbst gewählt und zeitlich begrenzt. Sie entstehen weil eine Gruppe korporativer Akteure entscheidet, gemeinsam auf ein bestimmtes Problem zu reagieren, außerhalb einer etablierten organisatorischen Struktur der Entscheidungsfindung. Sie erfüllen demnach nicht alle Kriterien des ‚institutional moral agents' (s.o.), sind aber gleichzeitig auch keine rein willkürlichen Gruppen. Es sind informelle Gruppen von Akteuren, die ein gemeinsames Ziel verfolgen. Sie sind zwar keine zielgerichteten Akteure an sich, verfügen aber über die Kapazität intendierten Handelns.

Die Frage die sich daran anschließt, ist wann für informelle Gruppen eine gemeinsam geteilte Intentionalität möglich ist. May (1987) verweist in dem Zusammenhang auf Solidarität, soziale Beziehungen zwischen den Gruppenmitgliedern und gemeinsame Merkmale. Erskine (2015) allerdings weist das Argument zurück, dass Solidarität allein ausreicht und eine formale Organisationsstruktur und Entscheidungsfindungsprozeduren ersetzen kann, die wiederum Intentionalität und damit moralische Verantwortung auf der Ebene der Gruppe erlaubt. Gemeinsames Handeln setzt nicht notwendigerweise ein gemeinsam geteiltes Ziel voraus. Für sie besteht der entscheidende Unterschied darin, wie man gemeinsames Handeln definiert. Geht man davon aus, dass gemeinsames Handeln zu einem Ergebnis führt, dass über die Summe der individuellen Handlungen der Gruppenmitglieder hinausgeht, sprechen wir von „joint purposive action" (Erskine 2015, S. 26). Bei Multistakeholder-Initiativen kann man vermuten, dass diese Bedingung gegeben ist. In dem Beispiel von Verhaltenskodizes ist dies z.B. nicht zwingend der Fall. Solche Kodizes fungieren im Grunde als eine Art Selbstbindung (im Schatten der Hierarchie), die sicherstellt, dass einzelne Unternehmen sich keine Vorteile verschaffen können durch das Nichteinhalten von Regeln. In der Summe erreicht man damit aber nicht mehr, als wenn alle Unternehmen sich individuell an die Regeln gehalten hätten. Mit anderen Worten kann man in diesem Fall die Verantwortung des Kollektivs auf die Einzelmitglieder zurückführen.

Erskine (2015) argumentiert weiter, dass es drei Bedingungen für „joint purposive action" gibt: kompatible Interessen, die nicht unbedingt gemeinsame oder komplementäre Motivation voraussetzen; Handlungsbereitschaft; und die Möglichkeit und Kapazität zur Verhandlung, um gemeinsames Handeln zu koordinieren, insbesondere bei Uneinigkeit über die kollektive Aktion. Mit anderen Worten wird es notwendig, sich die Eigenschaften der Gruppe und deren Verhandlungsbedingungen im konkreten Fall anzuschauen. Die Art und Weise wie solche Partnerschaften organisiert sind und wie Akteure miteinander interagieren, beeinflusst wie Verantwortung im konkreten Fall ausgehandelt wird.

Um Verantwortung im System globaler Governance zu lokalisieren und einordnen zu können, bedarf es offensichtlich einer genauen Analyse der speziellen Situation, in der Verantwortungsuebernahme bzw. –zuschreibung stattfindet. Die Frage, die dann zu klären bleibt ist, ob man das gesamte Kollektiv für Handlungen oder deren Unterlassung verantwortlich machen kann oder die Verantwortung auf der Ebene der einzelnen Mitglieder der Gruppe zu lokalisieren ist? Macht man die gesamte Gruppe verantwortlich, ergeben sich weitere Fragen. In welcher Beziehung steht die moralische Verantwortung der Gruppe zu denen der einzelnen Mitglieder? Ist jedes einzelne Gruppenmitglied verantwortlich? Wenn ja, zu gleichen Teilen oder in unterschiedlichem Ausmaß? Sind nur einige der Mitglieder verantwortlich? Wenn ja, auf welcher Grundlage? Oder ist keines der Mitglieder persönlich für die kollektive Handlung verantwortlich?

5. Schlussfolgerung

Verantwortung im Allgemeinen und unternehmerische Verantwortung im Speziellen genießen zunehmend Aufmerksamkeit in der politikwissenschaftlichen Literatur und den Internationalen Beziehungen. Dies mag nicht verwundern in einer Zeit ökonomischer, politischer und sozialer Veränderungen, in der politische Krisen komplexer erscheinen und mehr und mehr Akteure auf unterschiedlichen Ebenen koordiniert werden müssen. Damit verschieben sich auch Verantwortlichkeiten zwischen Akteuren, z.B. weg vom Staat und hin zu Unternehmen im Falle von CSR. Sprechen wir von Verantwortung geht es aber nicht nur um Macht bzw. Autorität, Regeln zu setzen und/oder zu brechen. In einem fragmentierten globalen System entstehen Regulierungslücken, in denen es nicht immer nur darum geht, dass man den oder die verantwortlichen Akteur(e) nicht zur Rechenschaft ziehen kann, sondern oft zunächst um die Frage, was verantwortliches Handeln in bestimmten Situationen meint. D.h., die Fragen sind nicht nur, wer wofür Verantwortung übernimmt, und unter welchen Bedingungen, sondern auch wer sollte bzw. kann wofür Verantwortung übernehmen und auf welcher normativen Grundlage?

In der *governance* Literatur geht es hauptsächlich um die Beziehung und Rollenverteilung zwischen Staat und Unternehmen. Dies wird in zweierlei Hinsicht behandelt: einerseits als zunehmende Autorität privater Akteure. Unternehmen sind ‚rule maker', die nicht nur Standards setzen, sondern diese auch durchsetzen und damit öffentliche Funktionen übernehmen. Auf der anderen Seite geht es um Machtverhältnisse und die Frage, inwiefern Unternehmen ihre Interessen, zumeist gegen den Staat, durchsetzen können. Die CSR Literatur nähert sich dem Thema unternehmerischer Verantwortung aus der Perspektive des Unternehmens, mit dem Ziel zu klären, warum Unternehmen sich sozial engagieren. Damit liegt ein Hauptaugenmerk auf dem Umfeld des Unternehmens, in dem die Auslöser für CSR zu suchen sind, auf die Unternehmen reagieren. Diese können diverser Natur sein, d.h. konkreter Druck durch Gesetze, den Staat oder shareholder bis hin zu diffuseren Erwartungshaltungen an Unternehmen und einem allgemeineren Reputationsdruck sogenannter stakeholder.

Ein erweitertes Verständnis von Verantwortung, welches den proaktiven und relationalen Aspekt des Begriffs berücksichtigt, lenkt die Aufmerksamkeit auf andere Fragen. Es geht nicht nur darum zu klären, wie man Anreize schafft, dass Unternehmen Verantwortung übernehmen oder inwiefern sich Wertvorstellungen von Managern verändert haben. Arbeitet man mit einem Verantwortungsbegriff, der auch moralische Verantwortung umfasst, ergeben sich Problematiken, die im Text explorativ anhand von vier CSR Praktiken illustriert wurden. In Bezug auf die soziale Verantwortung von Unternehmen z.B. muss man sich zunächst fragen, wer überhaupt Verantwortung trägt. Sind es relevante Entscheidungsträger, also Manager beispielsweise, oder kann das Unternehmen als solches als moralischer Akteur betrachtet werden? Und sollten Akteure die einer bestimmten Logik (des Marktes) folgen überhaupt gesellschaftliche Verantwortung übernehmen? Ist es nicht ausreichend, ein Regelwerk zu schaffen, dass die richtigen Anreize schafft für Unternehmen, sich ‚richtig' bzw. ‚gut' zu verhalten? Und wofür sollen bzw. können Unternehmen eigentlich verantwortlich gemacht werden?

Gehen wir davon aus, dass Unternehmen moralische Akteure sein können, stellt sich im folgenden Schritt die Frage nach der Legitimität unternehmerischen sozialen Engagements. Mit anderen Worten, welche Prioritäten setzen Unternehmen im Bereich von CSR und warum? Studien zeigen, dass der Kontext, in dem Unternehmen handeln einen Einfluss auf deren Entscheidungen hat, d.h. der Erwartungshorizont gesellschaftlicher Akteure spielt eine Rolle. Wie ist Verantwortung verteilt in einer komplexeren Welt? Wie muss globale Politik organisiert sein, damit Verantwortung übernommen werden kann? Dies sind primär konzeptionelle und normative Fragen, die allerdings nicht unwichtig erscheinen, bevor bzw. wenn man sich dem Phänomen von CSR empirisch nähern möchte.

Literatur

Abbot, K.W., und Duncan Snidal. 2009. The Governance Triangle: Regulatory Standards Institutions and the Shadow of the State. In *The Politics of Global Regulation,* Hrsg. Walter Mattli und Ngaire Woods, 44ff. Princeton: Princeton University Press.

Arendt, Hannah. 1987. Collective Responsibility. In *Amor Mundi: Explorations in the Faith and Thought of Hannah Arendt*, Hrsg. Bernauer, J.C, 43–50. Dordrecht: Martinus Nijhoff Publishers.

Backer, Larry Catá. 2008. Multinational Corporations as Objects and Sources of Transnational Regulation. *ILSA Journal of International and Comparative Law* 14 (2): 499–523.

Bartley, Tim 2011. Transnational Governance as the Layering of Rules: Intersections of Public and Private Standards. *Theoretical Inquiries in Law* 12 (2): 517–542.

Bellamy, A. 2006. Whither the Responsibility to Protect? Humanitarian Intervention and the 2005 World Summit. *Ethics & International Affairs* 20 (2): 143–169.

Berger, Ida E., Peggy H. Cunningham, und Minette E. Drumwright. 2007. Mainstreaming Corporate Social Responsibility: Developing Markets for Virtue. *California Management Review* 49 (4): 132–157.

Bernstein, Steven, und Benjamin Cashore. 2007. Can Non-State Global Governance Be Legitimate? An Analytical Framework. *Regulation & Governance* 1 (4): 347–371.

Biancuelli, Andrea C., Xavier Fernandez-i-Martin, und Jacint Jordana (Hrsg.). 2015. *Accountability and Regulatory Governance.* Basingstoke: Palgrave Macmillan.

Biedermann, Richard. 2005. Koordination und Kooperation auf zwei Ebenen: Sozialstandards in der Spielzeugproduction und die Bildung eines privaten Regimes. *Paper presented at the Sektionstagung der DVPW 2005*, Mannheim.

Bieler, Andreas, Richard Higgott, und Geoffrey Underhill. 2004. *Non-State Actors and Authority in the Global System.* London: Routledge.

Bovens, Mark. 2007. Public Accountability. In *Oxford Handbook of Public Management,* Hrsg. Ewan Ferlie, Laurence E. Lynn und Christopher Pollitt, 182–208. Oxford: Oxford University Press.

Brech, Jeremy, und Tim Costello (1994). *Global Village or Global Pillage: Economic Construction From the Bottom Up.* Cambridge, MA: South End Press.

Brown, Dana, und Jette Steen Knudsen. 2012. Visible Hands: Government Policies on Corporate Social Responsibility in Denmark and the UK. *Paper presented to the CES Conference* 23 March 2012. http://openarchive.cbs.dk/bitstream/handle/10398/8433/Brown-Knudsen_2012.pdf?sequence=1.

Brunnée, Jutta, und Stephen J. Toope. 2010. *Legitimacy and Legality in International Law: An Interactional Account*. Cambridge/New York: Cambridge University Press.

Brunnée, Jutta, und Stephen J. Toope. 2005. Norms, Institutions and Un Reform: The Responsibility to Protect. *Journal of International Law & International Relations* 2: 121–137.

Buethe, Tim, und Walter Mattli. 2011. *New Global Rulers: The Privatizaiton of Regualtion in the World Economy*. Princeton: Princeton University Press.

Bukovansky, Mlada, Ian Clark, Robyn Eckersley, Richard Price, Christian Reus-Smit, und Nicholas J. Wheeler. 2012. *Special responsibilities: global problems and American power*. Cambridge/New York: Cambridge University Press.

Cacioppe, Ron, Nick Forster, und Michael Fox. 2008. A Survey of Managers' Perceptions of Corporate Ethics and Social Responsibility and Actions that may Affect Companies' Success. *Journal of Business Ethics* 82 (3): 681–700.

Campbell, Tom. 2006. A Human Rights Approach to Developing Voluntary Codes of Conduct for Multinational Corporations. *Business Ethics Quarterly* 16 (2): 255–269.

Carroll, A. B. 1991. The Pyramid of Corporate Social Responsibility: Toward the Moral Management of Organizational Stakeholders. *Business Horizons* 34 (4): 39–48.

Carroll, Archie B. 1999. Corporate Social Responsibility— Evolution of a Definitional Construct. *Business and Society,* 38 (3): 268–295.

Carroll, Archie B., Kenneth J. Lipartito, James E. Post, Patricia H. Werhane. 2012. *Corporate Responsibility: The American Experience*. Cambridge: Cambridge University Press.

Carroll, Archie B. 1979. A Three-Dimensional Conceptual Model of Corporate Social Performance. *Academy of Management Review* 4 (4): 497–505.

Chandler, A.D., und Bruce Mazlish (Hrsg.). 2005. *Leviathans – Multinational Corporations and the New Global History.* Cambridge: Cambridge University Press.

Clunan, Anne L., und Harold A. Trinkunas. 2010. *Ungoverned Spaces, Alternatives to State Authority in an Era of Softened Sovereignty.* Stanford: Stanford University Press.

Cowley, Christopher. 2014. *Moral Responsibility.* Durham: ACUMEN.

Crane, Andrew, Abagail McWilliams, Dirk Matten, Jeremy Moon, und Donalds Siegel (Hrsg.). 2008. *The Oxford Handbook of Corporate Social Responsibility.* Oxford: Oxford University Press.

Crane, Andrew, und Dirk Matten. 2004. *Business Ethics: A European Perspective*. Oxford, UK: Oxford University Press.

Crawford, James. 2013. *State Responsibility: The General Part.* New York: Cambridge University Press.

Cutler, A.Claire 1999. Locating 'Authority' in the Global Political Economy. *International Studies Quarterly* 43 (1): 59–81.

Cutler, A.Claire. 2003. *Private Power and Global Authority: Transnational Merchant Law in the Global Political Economy*. Cambridge: Cambridge University Press.

Cutler, A.Claire, Virginia Haufler, und Tony Porter (Hrsg.). 1999. *Private Authority and International Affairs*. New York: SUNY Press.

Dahl, Robert. 1994. A Democratic Dilemma: System Effectiveness versus Citizen Participation. *Political Science Quarterly* 109 (1): 23–34.

Dahl, Robert. 1999. Can International Organizations Be Democratic? A Skeptic's View. In *Democracy's Edges,* Hrsg. Ian Shapiro und Casiano Hacker-Cordon, 19–36. Cambridge: Cambridge University Press.

Dicken, Peter. 1998.*Global Shift: Transforming the World Economy*. London: Chapman.

Dietz, Thomas 2014. *Global Order Beyond Law*. Oxford/Portland: HART Publishing.

Dingwerth, Klaus, und Philipp Pattberg. 2006. Global Governance as a Perspective on World Politics. *Global Governance. A Review of Multilateralism and International Organizations* 12 (2): 185–203.

Doh, Jonathan P. 2005. Offshore Outsorucing: Implications for International Business and Strategic Management Theory and Practice. *Journal of Management Studies* 42 (3): 695–704.

Drache, Daniel (Hrsg.). 2001. *The Market or the Public Domain? Global Governance and the Asymmetry of Power*. London/New York: Routledge.

Engelhardt, Johann, Michael Gerstlauer, und Silvia Hein. 1999. Globalisierenede Unternehmen und Nationalstaaten – Überlegungen zur Redistribution von Staats- und Unternehmensmacht. In *Unternehmensethik und die Transformation des Wettbewerbs: Shareholder – Value – Globalisierung – Hyperwettbewerb*, Hrsg. Kumar, Brij, Margit Osterloh und Georg Schreyögg, 291–318. Stuttgart: Schaeffer-Poeschel.

Erskine, Toni. 2003. Making Sense of "Responsibility" in International Relations: Key Questions and Concepts. In ders.: *Can Institutions Have Responsibilities?*, 1–17. New York/Basingstoke, Palgrave Macmillan.

Erskine, Toni. 2008. Locating Responsibility: The Problem of Moral Agency in International Relations. In *The Oxford Handbook of International Relations*, Hrsg. Christian Reus-Smit und Duncan Snidal, 699–707. Oxford:Oxford University Press.

Erskine, Toni. 2015. 'Coalitions of the Willing' and the Shared Responsibility to Protect. *Unpublished paper presented at an ISA Venture Research Workshop "Responsibility in World Politics" 2015 in New Orleans.*

European Commission. 2001. *Promoting a European Framework for Corporate Social Responsibility*. Green Paper. Brussels: European Commission.

Feenstra, Robert C. 1998. Integration of Trade and Disintegration of Production in the Global Economy. *Journal of Economic Perspectives*, 12 (4): 31–50.

Fergusen, Yale, und Richard Mansbach. 1999. Global Politics at the Turn of the Millennium: Chaning Bases of ‚Us' and ‚Them'. *International Studies Review* 1 (2): 77–107.

French, Peter A. 1984. *Collective and Corporate Responsibility*. New York: Columbia University Press.

Friedman, Milton. 1962. *Capitalism and Freedom*. Chicago: University of Chicago Press.

Friedman, Milton 1971. *Kapitalismus und Freiheit*. Seewald: Stuttgart-Degerloch.

Fuchs, Doris. 2007. *Business Power in Global Governance*. Boulder/London: Lynne Rienner.

Gerber, Doris, und Véronique Zanetti. 1995. Einleitung. In dies.: *Kollektive Verantwortung und internationale Beziehungen*, 9–28. Berlin: Suhrkamp.

Gilpin, Robert. 1975. *US Power and the Multinational Corporation*. New York: Basic.

Gough, Ian, und Geffrey Wood. 2004. *Insecurity and Welfare Regimes in Asia, Africa and Latin America: Social Policy in Development Contexts*. Cambridge: Cambridge University Press.

Graboksky, Peter. 2013. Beyond Responsive Regulation: The Expanding Role of Non-State Actors in the Regulatory Process. *Regulation & Governance* 7 (1): 114–123.

Grant, Ruth W., und Robert O. Keohane. 2005. Accountability and Abuses of Power in World Politics. *American Political Sciences Review* 99 (1): 29–43.

Hall, Rodney, und Thomas J. Biersteker (Hrsg.). 2002. *The Emergence of Private Authority in Global Governance*. Cambridge Studies in International Relations. Cambridge: Cambridge University Press.

Heidbrink, Ludger. 2010. Die Rolle des Verantwortungsbegriffs in der Wirtschaftsethik. *Working Papers des CRR*, Nr. 9 (http://www.responsibility-research.de/resources/WP_9_Verantwortungsbegriff_in_der_Wirtschaftsethik.pdf).

Held, David. 1995. *Democracy and the Global Order: From the Modern State to Cosmopolitan Democracy*. Cambridge: Polity Press.

Held, Virginia 1970. Can a Random Collection of Individuals Be Morally Responsible? *The Journal of Philosophy*, 67 (14): 471–481.

Hiß, Stefanie. 2006. *Warum uebernehmen Unternehmen gesellschaftliche Verantwortung? Ein soziologischer Erklaerungsversuch*. Frankfurt: Campus.

Hiß, Stefanie. 2009. From Implicit to Explicit Corporate Social Responsibility – Institutional Change as a Fight for Myths. *Business Ethics Quarterly* 19 (3): 433–451.

ICTI. 2004. Code of Business Practices. http://www.toy-icti.org/info/codeofbusinesspractices.html. Zugegriffen: 3. April 2017

Jordana, Jacint, Andrea C. Bianculli, und Xavier Fernandez-i-Martin. 2015. When Accountability Meets Regulation. In *Accountability and Regulatory Governance,* Hrsg. Andrea C. Bianculli, Xavier Fernandez-i-Martin und Jacint Jordana, 1–22. Basingstoke: Palgrave Macmillan.

Junne, Gerd. 1994. Der Zerfall der 'Dritten Welt'. In *Hegemonie und internationale Arbeitsteilung – Einfuehrung in die internationale Politik aus der Perspektive des modernen Weltsystems* , Hrsg. Henk Houwling, Gerd Junne, und Henk Overbeek, 91–136.. Hagen: Fernuniversitaet-Gesamthochschule.

Keller, Helen. o.J. *Corporate Codes of Conduct and their Implementation: The Question of Legitimacy* 53–58 http://citeseerx.ist.psu.edu/viewdoc/download?doi=10.1.1.696.2344&rep=rep1&type=pdf. Zugegriffen: 3. April 2017.

Klabbers, Jan. 2006. The Meaning of Rules. *International Relations* 20 (3): 295–301.

Kobrin, Stephen J. 2009. Private Political and Public Responsibility: Transnational Politics, Transnational Firms, and Human Rights. *Business Ethics Quarterly* 19 (3): 349–374.

Koenig-Archibugi, Mathias. 2004. Transnational Corporations and Public Accountability. *Government and Opposition* 39 (2): 234–259.

Kolk, Ans. 2005. Corporate Social Responsibility in the Coffee Sector: The Dynamics of MNC Responses and Code Development. *European Management Journal* 23 (2): 228–236.

KPMG. 2015. The KPMG Survey of Corporate Responsibility Reporting. KPMG.

Lang, Anthony F. Jr. 2015. Shared Political Responsibility. In *Distribution of Responsibilities in International Law,* Hrsg. André Nollkaemper, Dov Jacobs und Jessica N.M. Schechinger, Kapitel 3.Cambridge: Cambridge University Press.

Lebow, Richard Ned. 2003. *The Tragic Vision of Politics: Ethics, Interest and Orders*. Cambridge: Cambridge University Press.

Logsdon, Jeanne M., und Donna J. Wood. 2005. Global Business Citizenship and Voluntary Codes of Ethical Conduct. *Journal of Business Ethics* 59 (1-2): 55–67.

Matten, Dirk, und Jeremy Moon. 2008. 'Implicit' and 'explicit' CSR: A Conceptual Framework for a Comparative Understanding of Corporate Social Responsibility. *Academy of Management Review* 33 (2): 404–424.

May, Larry. 1987. *The Morality of Groups: Collective Responsibility, Group-based Harm, and Corporate Rights*. Notre Dame, IN: The University of Notre Dame Press.

Melé, Domènec. 2008. Corporate Social Responsibility Theories. In *The Oxford Handbook of Corporate Social Responsibility*, Hrsg. Crane, Andrew, Abagail McWilliams, Dirk Matten, Jeremy Moon, und Donalds Siegel, 47–82. Oxford: Oxford University Press.

Messner, Dirk, und Frank Nuscheler (2003). Das Konzept Global Governance: Stand und Perspektiven. INEF Report, Heft 67. http://edoc.vifapol.de/opus/volltexte/2013/4540/pdf/report67.pdf. Zugegriffen: 3. Februar 2015.

Moravcsik, Andrew. 2005. Is there a 'Democratic Deficit' in World Politics? A Framework for Analysis. In *Global Governance and Public Accountability*, Hrsg. David Held und Mathias Koenig-Archibugi, 212–239. Oxford: Blackwell Publishing.

Neuhaeuser, Christian. 2011. *Unternehmen als moralische Akteure*. Berlin: Suhrkamp.

Nida-Ruemelin, Julian. 2011. *Verantwortung*. Stuttgart: Reclam.

OECD. 1999. *Codes of Corporate Conduct: An Inventory*. Available at: http://www.oecd.org/officialdocuments/publicdisplaydocumentpdf/?doclanguage=en&cote=td/tc/wp(98)74/final. Zugegriffen: 17. Feburar 2017.

OECD. 2000. *OECD Guidelines for Multinational Enterprises*. Paris: OECD.

Orford, A. 2011. *International Authority and the Responsibility to Protect*. Cambridge: Cambridge University Press.

Palazzo, Guido, und Andreas Scherer. 2006. Corporate Legitimacy as Deliberation: A Communicative Framework. *Journal of Business Ethics* 66 (1): 71–88.

Pedersen, Esben Rahbek. 2010. Modelling CSR: How Managers Understand the Responsiblities of Business Towards. Society. *Journal of Business Ethics* 91 (2): 155–166.

Risse, Thomas. 2011. *Governance without a State: Policies and Politics in Areas of Limited Statehood*. New York: Columbia University Press.

Ritz, Dean 2007. Can Corporate Personhood Be Socially Responsible. In *The Debate Over Corporate Social Responsibility*, Hrsg. May, Steve, Goerge Cheney und Juliet Roper, 190–205. New York: Oxford University Press.

Roach, Brian. 2005. A Primer on Multinatioanl Corporations." In *Leviathans – Multinational Corporations and the New Global History*, Hrsg. Chandler, Alfred D. and Bruce Mazlish, 19–44. Cambridge: Cambridge University Press.

Ronit, Karsten, und Volker Schneider. 1999. Global Governance Through Private Organizations. *Governance* 1 2(3): 243–266.

Rosenau, James, und Ernst-Otto Czempiel (Hrsg.). 1992. *Governance Without Government: Order and Change in World Politics*. Cambridge: Cambridge University Press.

Ruggie, John G. 2004. Reconstituting the Global Public Domain – Issues, Actors, and Practices. *European Journal of International Relations* 10 (4): 499–531.

Scharpf, Fritz W. 1999. *Governing in Europe*. Oxford: Oxford University Press.

Scherer, Andreas, und Guido Palazzo. 2011. The New Political Role of Business in a Globalized World: A Review of a New Perspective on CSR and its Implications for the Firm, Governance and Democracy. *Journal of Management Studies*, 48 (4): 899–930.

Scherer, Andreas, Guido Palazzo, und Dorothée. Baumann. 2006. Global Rules and Private Actors – Towards a New Role of the Transnational Corporation in Global Governance. *Business Ethics Quarterly* 16 (4): 505–532.

Simons, Penelope, und Audrey Macklin. 2014. *The Governance Gap: Extractive Industries, Human Rights and the Home State Advantage*. London: Routledge.

Snyder, Francis. 1999. Governing Economic Globalisation: Global Legal Pluralism and European Law. *European Law Journal* 5 (4): 334–374.

Sub-Commission on the Promotion and Protection of Human Rights. 2005. *Report of the United Nations High Commissioner on Human Rights on the Responsibilities of Transnational Corporations and Related Business Enterprises with Regards to Human Rights*. New York: Commission on Human Rights, The United Nations.

Swanson, Diane L. 1999. Toward an Integrative Theory of Business and Society: A Research Strategy for Corporate Social Performance. *Academy of Management Review* 24 (3): 506–521.

Thompson, Grahame F. 2012. *The Constitutionalization of the Global Corporate Sphere?* Oxford: Oxford University Press.

UNCTAD. 2008. World Investment Report – Transnational Corporations and Competitiveness. New York/Geneva: United Nations.

UNCTAD. 2016. World Investment Report – Transnational Corporations and Competitiveness. New York/Geneva: United Nations.

United Nations. 2000. *Guide to the Global Compact: A Practical Understanding of the Vision and Nine Principals*. New York: UN.

United Nations Global Compact. 2014. *The United Nations Global Compact International Yearbook 2014*. New York: United Nations.

Utting, Peter. 2005. Rethinking Business Regulation: From Self-Regulation to Social Control. *UNRISD Technology, Business and Society Programme,* Paper Number 15 (September 2005).

Voon, Tania. 1999. Multinational Enterprises and State Sovereignty Under International Law. *Adelaide Law Review* 219: 234–241.

Werhane, Patricia H. 1985. Persons, Rights and Corporations. Englewood Cliffs, NJ: Prentice-Hall.

Werhane, Patricia H. 2008. Corporate Social Responsibility, Corporate Moral Responsibility, and Systems Thinking: Is There a Difference and the Difference it Makes. *Leadership and Business Ethics*. 2008: 269–289.

Wick, Ingeborg. 2001. *Worker's Tool or PR Ploy? A Guide to Codes of International Labour Practice*. Siegburg: Suedwind.

Wood, Donna J. 1991. Corporate Social Performance Revisited. *Academy of Management Review* 16 (4): 691–718.

Die Entwicklung unternehmerischer Verantwortung für Menschenrechte: Privatisierung oder Diffusion?

Janne Mende

1. Einleitung

Der globale Raum nimmt eine wachsende und sich ausdifferenzierende Bedeutung für Politik, Recht und Wirtschaft auf allen Ebenen ein. Die Heterogenität dieser Bedeutungen lässt sich nur schwer in einzelnen Schlagworten einfangen: Globalisierung, Global Governance, Privatisierung und Wirtschaftsliberalisierung bezeichnen Entwicklungstrends, die gleichzeitig von Gegentrends, widersprüchlichen Dynamiken und gegenseitigen Verflechtungen gekennzeichnet sind (vgl. nur Schirm 2008; Scholte 2007). Ein zentrales Merkmal dieser Entwicklungstrends ist die neue Qualität der Autorität und Handlungsfähigkeit nicht-staatlicher, transnational agierender Akteure, insbesondere transnationaler Wirtschaftsunternehmen (vgl. Biersteker u. Hall 2002; Cutler et al. 1999). Unternehmerisches Handeln und dessen Auswirkungen beschränken sich nicht auf privatwirtschaftliche Bereiche. Wirtschaftsunternehmen übernehmen umfasssendere und ehemals staatlich organisierte Aufgabenbereiche (Fuchs 2005; May 2006), sie sind an der Entwicklung und Interpretation von Normen und Standards beteiligt, die sich zu Rechtsformen entwickeln können (Peters et al. 2009), sie sind Verursacher von Menschenrechtsverletzungen und sie sind zunehmend Adressat von Menschenrechtsforderungen (exemplarisch Addo 1999; Deva u. Bilchitz 2013).

Die daraus resultierende Frage nach einer dementsprechenden menschenrechtlichen Verantwortung nicht-staatlicher Akteure im Allgemeinen und Wirtschaftsunternehmen im Besonderen konfrontiert das internationale Menschenrechtssystem mit einer zentralen Herausforderung. Denn das Völkerrecht, so auch das völkerrechtlich verfasste Menschenrecht, kann nur Staaten als Schützer und als Verletzer von Menschenrechten verbindlich zur Verantwortung ziehen (vgl. Mende 2016c). Gleichzeitig können Handlungen insbesondere transnational agierender Unternehmen nur schwer an die Jurisdiktion von Einzelstaaten zurückgebunden werden (Mende 2016a). Vor diesem Hintergrund werden Unternehmen gegenwärtig oft mithilfe freiwilliger Selbstverpflichtungen, Standard-Settings, normativer Appelle und einer Einbindung in Regulierungsprozesse zur Verantwortung gebeten. Hieraus entwickelt sich einerseits eine Pluralität von parallel existierenden, sowohl Überschneidungen als auch Lücken aufweisenden Regulationsmechanismen und Zuständigkeiten, und andererseits eine wachsende Bedeutung von *soft law*, das zwar auf politischer, wirtschaftlicher und moralischer Ebene zunehmend eingefordert wird, das aber auf Freiwilligkeit und rechtlich nicht verbindlicher Verantwortung beruht.

Vor diesem Hintergrund diskutiert der vorliegende Artikel die Dimensionen der gegenwärtigen Entwicklung einer unternehmerischen Verantwortung für Menschenrechte auf globaler Ebene und geht der Frage nach, ob diese Verantwortung Formen der Diffusion oder der Privatisierung aufweist.

Diese Frage berührt umfassende politikwissenschaftliche und völkerrechtliche Dimensionen. Die komplexe Struktur von transnationalen Unternehmen und Unternehmensnetzwerken (Dicken 2011, S. 109ff.), die heterogene Akteurskonstellation zwischen Unternehmen, Heimatstaaten der Unternehmen, Gaststaaten der Unternehmen (Bernstorff 2010, S. 7) und der globalen Zivilgesellschaft, das Auseinanderfallen des Ortes der Unternehmenshandlung und des Ortes des registrierten Unternehmenssitzes sowie die damit einhergehende Frage nach der extraterritorialen Jurisdiktion von Staaten (Bernstorff 2011; Skogly 2010), die Zersplitterung von Verantwortung in globalen Lieferketten und Produktionsnetzwerken (Barrientos 2007), der mehrdeutige völkerrechtliche Status von Unternehmen, die selbst weitgehende Rechte oder sogar Menschenrechte in Anspruch nehmen können (Alston 2005; Davarnejad 2010; Muchlinski 2010), die Möglichkeiten und Grenzen, Unternehmen direkt zur Verantwortung zu ziehen (Deitelhoff u. Wolf 2013; Wouters u. Chané 2015) und die Debatten um ein Unternehmensstrafrecht (Joseph 2004; Kamminga u. Zia-Zarifi 2000) zeugen von den zahlreichen Schwierigkeiten, die mit der Entwicklung unternehmerischer Verantwortung für Menschenrechte einhergehen.

Der Analyserahmen des transnationalen Rechts bildet daher eine wichtige Grundlage, um die relevanten Dimensionen menschenrechtlicher Verantwortung in ihrer Heterogenität zu erfassen. Es schließt die vielfältigen Prozesse der Entwicklung und der Durchsetzung von Normen, Standards und Rechten (Peters 2006, S. 107ff.) ebenso ein wie die Vielfalt der jeweils beteiligten staatlichen und nicht-staatlichen Akteure, die sowohl Autoren als auch Adressaten dieser Normen, Standards und Rechte sein können (Williams u. Zumbansen 2011).

Das bereits Mitte des 20. Jahrhunderts entwickelte Konzept des transnationalen Rechts (Jessup 1956) entfaltet zu Beginn des 21. Jahrhunderts seinen vollen Umfang. Nicht nur umfasst es die klassischen Grenzziehungen zwischen Staatsrecht und Völkerrecht, zwischen nationaler, regionaler und globaler Ebene, zwischen privatem und öffentlichem Recht, zwischen staatlichen und nicht-staatlichen Akteuren sowie zwischen *hard law* (Recht und Gesetz) und *soft law* (Normen und Standards), sondern es transformiert sie und verwebt sie miteinander. Die scheinbar getrennten Ebenen gehen ineinander ein, stellen sich wechselseitig her und bilden neue Formen, die weder nur der einen noch nur der anderen Seite zugerechnet werden können. Gleichzeitig verlieren die jeweiligen Eigenlogiken und Unterscheidungen nicht an Relevanz.[1] Der Analyserahmen des transnationalen Rechts kann politikwissenschaftliche, juristische und völkerrechtliche Perspektiven auf den globalen Raum miteinander verbinden, um die aktuellen Entwicklungen menschenrechtlicher Verantwortung zu analysieren.

1 Zum Analyserahmen des transnationalen Rechts vgl. Peters (2006); Breitmeier (2006); Fischer-Lescano u. Viellechner (2010); Fischer-Lescano et al. (2010); Baer (2011); Miller u. Zumbansen (2011).

Von den Veränderungen sowohl der Normen und Rechtsformen als auch der an ihnen beteiligten bzw. der von ihnen adressierten Akteure wird menschenrechtliche Verantwortung nicht nur politisch, rechtlich und normativ, sondern auch konzeptuell berührt. Verantwortung ist kein zeitloses Konzept, das sich an jeweils aktuelle Verhältnisse anlegen lässt, um daraus eine Diagnose über das Vorhandensein oder das Fehlen von Verantwortung abzuleiten. Vielmehr geht es darum, die Transformation von Verantwortung selbst zu erfassen. „Verantwortungskonzeptionen entwickeln sich also in Auseinandersetzung mit gesellschaftlichen Problemlagen. Die Weigerung, ein historisch spezifisches Verantwortungskonzept [...] weiterzuentwickeln, ist gleichbedeutend mit der Weigerung, neue gesellschaftliche Problemlagen zu akzeptieren." (Korenjak et al. 2010, S. 150) Es ist demnach wenig zielführend, die aktuelle Entwicklung unternehmerischer Verantwortung für Menschenrechte an einem Vorglobalisierungs-Konzept von Verantwortung zu messen, das nur intentional und frei handelnde Individuen als verantwortliche Akteure nur für absehbare Folgen kennt (Nida-Rümelin 2007; s.a. Gerber u. Zanetti 2010). Ebenso wenig zielführend ist es, menschenrechtliche Verantwortung allein am klassischen staatsorientierten Modell der Menschenrechte auszurichten, das nur den Grad der Verschiebung der Verantwortung von Staaten auf Unternehmen in den Blick zu nehmen erlaubt. Eine solche Perspektive könnte lediglich eine Schwächung und eine Privatisierung von menschenrechtlicher Verantwortung feststellen.

Ein dynamisches Verständnis von Verantwortung im Analyserahmen des transnationalen Rechts erlaubt hingegen die im Folgenden diskutierte These, dass es sich bei der Entwicklung unternehmerischer Verantwortung für Menschenrechte nicht um eine Privatisierung von Verantwortung handelt, die von Staaten weg und hin zu Unternehmen transferiert wird. Vielmehr zeichnet sich eine Diffusion von menschenrechtlicher Verantwortung ab. Verantwortungsdiffusion kann dabei unterschiedliche Formen und Effekte annehmen. Sie kann sowohl eine Ausbreitung und Intensivierung von Verantwortung als auch eine Zerstreuung und Schwächung von Verantwortung bedeuten. Im Folgenden wird daher der Frage nachgegangen, welche Formen und Effekte die Diffusion von menschenrechtlicher Verantwortung in Bezug auf Unternehmen auf globaler Ebene aufweist. Dabei erweist sich, dass die Herausforderung der völkerrechtlichen Dichotomie zwischen öffentlichen und privaten Akteuren eine hervorgehobene Rolle bei der Entwicklung unternehmerischer Verantwortung für Menschenrechte spielt. Der private Charakter von Unternehmen wird zunehmend in Frage gestellt, ohne sie mit dem öffentlichen Charakter von Staaten gleichzustellen. Vielmehr zeichnet sich die Entwicklung eines neuen gesellschaftlichen Status von Unternehmen ab, der die Dichotomie zwischen öffentlich und privat überschreitet.[2] Von der näheren Bestimmung dieses hybriden Status in den aktuellen Debatten wird auch die zukünftige Ausgestaltung unternehmerischer Verantwortung für Menschenrechte in entscheidendem Maße abhängen.

Für eine Operationalisierung der genannten Komplexitäten konzentriert sich die folgende Fallanalyse auf den institutionellen Rahmen der Vereinten Nationen

2 Zur Kritik an der vermeintlichen Dichotomie zwischen öffentlichen und privaten Räumen und deren Bedeutung in Global Governance vgl. Mende (2015).

und darin auf drei zentrale Stationen der Entwicklung einer unternehmerischen Verantwortung für Menschenrechte. Die Analyse dieser drei Stationen wird erweitert durch die vierte Station der Debatten um Corporate Social Responsibility, da diese den Ausgangspukt für die aktuellen Entwicklungen unternehmerischer Verantwortung für Menschenrechte bilden. Die in den folgenden vier Kapiteln diskutierten vier Stationen sind auch, aber nicht nur, als chronologische Abfolge der Transformation des Konzeptes menschenrechtlicher Verantwortung zu verstehen. Sie repräsentieren gleichzeitig unterschiedliche Lesarten und Interpretationen des Menschenrechts, die im heterogenen Rahmen des transnationalen Rechts auch nebeneinander bestehen (Clapham 2006; Nowak u. Januszewski 2015).

Erstens speist sich die Entwicklung unternehmerischer Verantwortung für Menschenrechte aus dem klassischen modernen Menschenrechtsdiskurs der Vereinten Nationen, der die menschenrechtliche Verantwortung von Staaten definiert. Deren Dimensionen und Bedeutungen werden als Ausgangspunkt für die Untersuchung des Wandels von Verantwortung herangezogen. Eine weitere Quelle unternehmerischer Verantwortung für Menschenrechte ist zweitens das Konzept der Corporate Social Responsibility (CSR), das zu einer Implementierung von Menschenrechtsaspekten in unternehmerischen Selbstverpflichtungen und globalen Partnerschaften geführt hat, das aber zugleich für seinen freiwilligen Charakter kritisiert wird. Der Überblick über das Feld der CSR zeigt den Kontext der Entwicklung unternehmerischer Verantwortung für Menschenrechte auf. Eine zentrale Wegmarke in der Entwicklung unternehmerischer Verantwortung für Menschenrechte bilden drittens die von John Ruggie entwickelten und 2011 vom UN-Menschenrechtsrat verabschiedeten Leitprinzipien für Wirtschaft und Menschenrechte. In den Leitprinzipien und in Ruggies Vorarbeiten lassen sich entscheidende Dimensionen im Wandel des Verantwortungskonzeptes herausarbeiten. Viertens hat der UN-Menschenrechtsrat mit der sogenannten Ecuador-Initiative im Juni 2014 eine intergouvernementale Arbeitsgruppe zur Erstellung eines bindenden völkerrechtlich-menschenrechtlichen Vertrags für transnationale Unternehmen, die open-ended intergovernmental working group on transnational corporations and other business enterprises with respect to human rights (OEIWG) ins Leben gerufen. Der angestrebte Bedeutungswandel von Verantwortung in dieser noch jungen Initiative wird in den sie initiierenden Dokumenten deutlich.

Die Analyse dieser vier Stationen unternehmerischer Verantwortung für Menschenrechte skizziert die heterogenen Dimensionen menschenrechtlicher Verantwortung und den Charakter der Diffusion von staatlichen und nicht-staatlichen Verantwortungsmodi. Diese Diffusion bewegt sich zwischen einer Schwächung und einer Stärkung menschenrechtlicher Verantwortung. Insgesamt erlaubt die Analyse eine Diskussion des Bedeutungswandels von menschenrechtlicher Verantwortung in einer sich globalisierenden Welt.

2. Das Konzept menschenrechtlicher Verantwortung

Seit der Etablierung des modernen Menschenrechts 1945 liegt dessen völkerrechtlicher und politischer Fokus auf Staaten als Verantwortungsakteuren. Dieser Fokus geht zum einen auf den historischen und politischen Entstehungszusammenhang des modernen Menschenrechts zurück. Die Notwendigkeit eines völkerrechtlichen Menschenrechtssystems, das nicht nur zwischenstaatliche Beziehungen regelt, sondern auch die Bürger/innen eines Staates vor ihrem eigenen Staat zu schützen imstande ist, wurde angesichts des Nationalsozialismus akut. Damit rückten innerstaatliche Angelegenheiten sowie erstmals in dieser Deutlichkeit und Rechtsverbindlichkeit auch Individuen in den Gegenstandsbereich des Völkerrechts (Kimminich u. Hobe 2000, S. 12ff.).

Zum anderen liegt der Grund für den Fokus auf Staaten als Verantwortungsakteure im Rechtscharakter des Völkerrechts: Es sind Staaten, die völkerrechtliche Verträge aufsetzen und ratifizieren, die diese Verträge einhalten und implementieren müssen, die als Mitglieder der Vereinten Nationen über die Verabschiedung von Konventionen und Erklärungen abstimmen und deren Handeln die Frage bestimmt, ob eine Norm in das Völkergewohnheitsrecht eingehen kann.

Um das Konzept von menschenrechtlicher Verantwortung im modernen Menschenrecht genauer zu charakterisieren, wird im Folgenden ein Dokument herangezogen, das den Übergang zwischen zwei Phasen internationaler Kooperation charakterisiert, die die globale Durchsetzung und Anerkennung von Menschenrechten prägen. Bei den beiden Phasen handelt es sich einerseits um die Millenniumentwicklungsziele der Vereinten Nationen (MDGs), die im Jahr 2000 mit Blick auf das Jahr 2015 formuliert wurden, und andererseits um die Agenda 2030 für nachhaltige Entwicklung (SDGs), welche im Anschluss an die Millenniumsentwicklungsziele für weitere fünfzehn Jahre Regieren, Entwicklung und Governance nachhaltig und menschenwürdig gestalten helfen soll.

In „Who will be accountable?“ fragt das Hochkommissariat für Menschenrechte der Vereinten Nationen (OHCHR) gemeinsam mit dem Center for Economic and Social Rights (CESR) nach den Möglichkeiten, Akteuren und Lücken von menschenrechtlicher Verantwortung. Das Dokument wurde bereits im Bewusstsein der wachsenden Bedeutung nicht-staatlicher Akteure verfasst, gleichzeitig verortet es sich im Rahmen des klassischen modernen Menschenrechts und konzentriert sich auf die Möglichkeiten und Grenzen staatlicher Verantwortung. So seien die Millenniumsentwicklungsziele „eine übereinstimmend angenommene Willensbekundung globaler Führer, zur Verantwortung gezogen werden zu können – sowohl untereinander als auch von den von ihnen Regierten“[3] (OHCHR u. CESR 2013, viii).

Das Konzept der Verantwortung nimmt eine zentrale Rolle für den normativen und rechtlichen Menschenrechtsrahmen ein, der die Beziehung zwischen Individuen und Staaten regelt. Politiktheoretisch wird es maßgeblich von Shues Konzept der Pflichtentrias (Shue 1980, S. 52f.) beeinflusst.[4] Die Verantwortung für Menschenrechte besteht demnach erstens in der Pflicht, Menschenrechte zu achten, d.i. ihre Verletzung zu vermeiden; zweitens in der Pflicht, vor Menschenrechtsverletzungen (auch durch Dritte) zu schützen; und drittens in der Pflicht, den Betroffe-

3 Bei diesem und allen folgenden Zitaten aus englischen Quellen handelt es sich um eigene Übersetzungen.

4 Zum Verhältnis der Konzepte Pflicht und Verantwortung und den Möglichkeiten und Grenzen ihrer Gleichsetzung vgl. Neuhäuser u. Buddeberg (2015).

nen von Menschenrechtsverletzungen zu helfen. Diese Trias der Achtungspflicht, der Schutzpflicht und der Hilfspflicht findet sich in zahlreichen menschenrechtlichen Kommentierungen, Erklärungen und Verträgen wieder.

Völkerrechtlich wird in „Who will be accountable?“ das Konzept der *accountability* als zentrales Fundament für Menschenrechte (ebenso wie für die Millenniumsentwicklungsziele und die SDGs) beschrieben. *Accountability* setzt sich aus den drei Elementen der *responsibility*, der *answerability* und der *enforceability* zusammen[5] (OHCHR u. CESR 2013, ix). *Responsibility* wird definiert als Verpflichtung auf Menschenrechte und auf die klare und transparente Benennung von bestimmten Pflichten und Verhaltensstandards. *Answerability* bezeichnet die Pflicht, sich gegenüber den Regierten bzw. Regulierten zu erklären, zu legitimieren und zu (ver-)antworten. *Enforceability* beschreibt die verbindliche Möglichkeit der Regierten, eine Verantwortung der Regierenden erzwingen und deren Handlungen überwachen zu können (OHCHR u. CESR 2013, S. 10). Zusammengefasst gilt menschenrechtliche *accountability* als gegeben, wenn:

> „Praxen und Prozesse vorhanden sind, die:
> Autoritäten und deren Institutionen dazu verpflichten, Verantwortung für ihre Handlungen zu übernehmen, ihre Handlungen gegenüber jenen, denen sie rechenschaftspflichtig sind, zu erklären und zu legitimieren [...]; Autoritäten erzwingbaren Sanktionen oder korrigierenden Mechanismen unterwerfen, wenn ihr Verhalten menschenrechtliche Pflichten verletzt [...];
> In Armut Lebende und Entrechtete den Zugang zu fairen und transparenten Mechanismen ermöglicht, um ihre Forderungen gegenüber Autoritäten geltend zu machen und um angemessen entschädigt zu werden, wenn ihre Rechte verletzt wurden.“ (OHCHR u. CESR 2013, xii)

Accountability bezieht sich maßgeblich auf die Beziehung zwischen Regierenden und Regierten, also den von den Handlungen und Entscheidungen ersterer Betroffenen, die durch ihre Zugehörigkeit zum Staatsgebiet definiert werden. Sie beinhaltet aber auch die Verantwortung von Staaten gegenüber Menschen jenseits der eigenen Grenzen. Sie umfasst sowohl korrigierende als auch präventive Dimensionen, sowohl Ergebnisse als auch Prozesse. Sie schließt alle international anerkannten Menschenrechte gleichermaßen ein und beinhaltet die Pflichtentrias der Achtung, des Schutzes und der Gewährleistung von Menschenrechten. Der dritte Aspekt der Pflichtentrias von Shue, die Hilfspflicht, wird damit erweitert zu der Pflicht, Bedingungen herzustellen, unter denen Menschenrechte realisiert werden können (OHCHR u. CESR 2013, S. 13).

Aus der Pflichtentrias und dem von OHCHR/CESR vorgelegten Konzept menschenrechtlicher *accountability* ergibt sich ein starkes Konzept menschenrechtlicher Verantwortung, das der folgenden Untersuchung zugrundegelegt wird. Es beinhaltet die vier Dimensionen der Achtung, des Schutzes, der Abhilfe und der Gewährleistung. Die Achtung beinhaltet die Notwendigkeit, erstens Menschenrechte nicht zu verletzen und zweitens das eigene Handeln in Bezug auf Men-

5 Da die Begriffe *accountability*, *responsibility* und *answerability* allesamt mit dem Begriff der Verantwortung übersetzt werden können, werden sie hier im englischen Original verwendet.

schenrechte zu rechtfertigen und zu legitimieren. Der Schutz beinhaltet die Notwendigkeit, Menschenrechte auch gegen Dritte – sowohl Staaten als auch nicht-staatliche Akteure – zu schützen.[6] Die dritte Dimension des starken Verantwortungskonzeptes, die Abhilfe, bezieht sich auf den einklagbaren Zugang zu Unterstützungs- und Wiedergutmachungsmechanismen bei Menschenrechtsverletzungen. Die vierte Dimension der Gewährleistung zielt auf die aktive Herstellung von Bedingungen zur Realisierung von Menschenrechten ab und beinhaltet ebenfalls den Aspekt der verbindlichen Rechenschaft und der Erzwingbarkeit.

Die vier Dimensionen dieses starken Verantwortungskonzepts sind durchzogen von mehreren Verantwortungsaspekten. Prospektive, die in die Zukunft gerichtete Verantwortung (Zimmermann 1992, S. 1089) findet sich in der Achtungs- und in der Gewährleistungspflicht. Präventive und schützende Verantwortung (Cane 2002, S. 32) treten in der Pflicht auf, Menschenrechtsverletzungen (durch Dritte) zu verhindern oder ihnen vorzubeugen und sie zu gewährleisten.[7] Retrospektive Verantwortung für vergangene Handlungen (Cane 2002, S. 31; vgl. auch Bexell 2005, S. 66f.) findet sich in der Abhilfepflicht und in der Möglichkeit für Betroffene, diese einzufordern. Neben der positiven Verantwortung für begangene Handlungen kennt das Menschenrecht auch den Aspekt der negativen Verantwortung für unterlassene Handlungen (Lucas 1995, S. 54), also die fehlende Verhinderung von Menschenrechtsverletzungen und die Verletzung der Achtungspflicht. Die genauen Grenzziehungen und Bestimmungen all dieser Dimensionen sind von Schwierigkeiten gekennzeichnet. So ist die Verantwortungszuschreibung für unbeabsichtigte oder unabsehbare Nebenfolgen im Menschenrecht ein ebenso umstrittenes Thema wie in philosophischen Verantwortungskonzepten (Heidbrink 2010; Lohmann 2012; Nida-Rümelin 2007, S. 77). Das Völkerrecht versucht, diesem Aspekt mit dem Gebot der Sorgfaltspflicht (*due diligence*) zu begegnen, also der Frage, ob eine unbeabsichtigte Nebenfolge bei gebotener Sorgfalt hätte abgesehen oder verhindert werden können (Ryngaert 2015, S. 177ff.).

In philosophischen wie in völkerrechtlichen Diskussionen spielt die Charakterisierung eines Akteurs als öffentlich oder privat eine zentrale Rolle für die Ausmaße, Größen und Grenzen von dessen Verantwortung. Öffentliche Akteure, die per definitionem dem Gemeinwohl oder der Allgemeinheit verpflichtet sind (vgl. Abrahamsen u. Williams 2014), haben eine umfangreichere Verantwortung als „der *iditoes*, der reine Privatmann“ (Nida-Rümelin 2007, S. 56, Herv.i.O.). Das entspricht dem staatszentrierten Charakter des Völkerrechts: Es ist ein öffentliches Recht. Obwohl staatliche Verantwortung für das Handeln nicht-staatlicher

6 Die genaueren völkerrechtlichen Formen und Ausmaße staatlicher Verantwortung für nicht-staatliche Menschenrechtsverletzungen regeln u.a. die *Draft Articles on the Responsibility of States for Internationally Wrongful Acts* (ARSIWA), die von der Völkerrechtskommission nach über 40-jähriger Entwicklung 2001 angenommen wurden. Die Fragen staatlicher Verantwortung für Menschenrechtsverletzungen durch andere Staaten werden u.a. durch das Prinzip internationaler Sicherheit, durch den UN-Sicherheitsrat sowie durch das Prinzip der Schutzverantwortung (*responsibility to protect*) bestimmt und kontrovers diskutiert.

7 Insofern ist das Konzept von Verantwortung umfassender als das Konzept der *accountability*, wie es bspw. in Grant u. Keohane (2005) mit dem Schwerpunkt auf retrospektive Verantwortung oder in Newell u. Wheeler (2006) als starke Variante gegenüber der *responsibility* als schwacher Variante bestimmt wird.

Akteure rechtlich reguliert wird (auf staatlicher Ebene im innerstaatlichen Recht, auf völkerrechtlicher Ebene u.a. in den *Draft Articles on the Responsibility of States for Internationally Wrongful Acts)*, gibt es Verantwortungslücken bei Menschenrechtsverletzungen durch nicht-staatliche Akteure, die durch Prozesse der Global Governance und der Privatisierung noch wachsen.[8] Dies ist nicht zuletzt darauf zurückzuführen, dass „das Regime staatlicher Verantwortung ein großes Gewicht auf die Trennung zwischen privater und öffentlicher Sphäre legt" (Ryngaert 2015, S. 181). Welchen Beitrag die Diffusion menschenrechtlicher Verantwortung zur Schließung dieser Lücken leisten kann, ist Gegenstand der folgenden Kapitel.

3. Corporate Social Responsibility

Das Konzept der Corporate Social Responsibility (im Folgenden: CSR) ist der zentrale Ausgangspunkt für die Entwicklung unternehmerischer Verantwortung für Menschenrechte. Es sperrt sich gegen eine kompakte Definition, weil es in völkerrechtlichen, in politikwissenschaftlichen und in wirtschaftswissenschaftlichen Ansätzen mit höchst unterschiedlichen Schwerpunktsetzungen, Akteuren, Interessen, Zielen und normativen Erwartungen verbunden wird.[9] Aber ganz gleich, ob CSR als substanzielle Verbesserung des Menschenrechtsengagements, als Management-Trend oder als PR-Mechanismus (vgl. Crane et al. 2008) verstanden wird: Die Bedeutung der CSR hat in den vergangenen Jahrzehnten deutlich zugenommen. Ein kurzer Abriss der Debatten um Reichweite und Grenzen der CSR verortet die Entwicklung unternehmerischer Verantwortung für Menschenrechte in ihrem politischen und völkerrechtlichen Kontext.

Während sich Diskussionen um eine soziale Verantwortung von Unternehmen bereits weit vor den siebziger Jahren des zwanzigsten Jahrhunderts finden lassen (Carroll 2008, S. 20ff.; Zumbansen 2011), gelten die siebziger Jahre als Beginn des Konzeptes der CSR, die ihren anfänglichen Erfolg vor allem dem zivilgesellschaftlichen Engagement im Bereich des Umweltschutzes verdankt. Im ausgehenden zwanzigsten Jahrhundert wurden auch Auseinandersetzungen um Arbeitsbedingungen und Menschenrechte zu einem festen Bestandteil der CSR.

Der Bedeutungszuwachs der CSR zeichnet sich neben deren Berücksichtigung in Rechenschaftsberichten[10] und in der Einrichtung von Beschwerdestellen und Menschenrechtsbeauftragten innerhalb von Unternehmensstrukturen vor allem durch Selbstverpflichtungen (*codes of conduct*) aus, welche Unternehmen individuell, in der Kooperation mit anderen Unternehmen, mit Staaten oder mit zivilgesellschaftlichen Akteuren erstellen (Conzelmann u. Wolf 2008). Als erfolgreiche

8 Zu einer genaueren Bestimmung dieser Lücken vgl. Mende (2016a).

9 Von der Heterogenität zeugen Längsschnitt-Analysen der Verwendung des Konzeptes in den Wirtschaftswissenschaften (Lockett et al. 2006; De Bakker et al. 2005) sowie konzeptuelle, praktische und kritische Diskussionen in Völkerrecht, Wirtschafts- und Politikwissenschaft (Crane 2008; Burckhardt 2011; Addo 1999; Aras u. Crowther 2009; Gond u. Moon 2012; Haynes 2013; Raith 2013; Melé 2008).

10 93 Prozent der 250 größten Unternehmen weltweit rekurrieren in ihren Rechenschaftsberichten auf CSR (KPMG International 2013, S. 11).

(aber im Hinblick auf ihre Wirkmächtigkeit stets auch kritisch diskutierte) Modelle gelten beispielsweise die indische, gegen illegale Kinderarbeit in der Teppichproduktion gerichtete Initiative GoodWeave International (ehemals: Rugmark), die auf Umweltstandards abzielende Norm ISO 14.000 und der Kimberley-Prozess, der den Handel mit Diamanten aus Konfliktgebieten unterbinden soll (Ramasastry 2015, S. 242; Fuchs 2006, S. 161ff.). Der im Rahmen der Vereinten Nationen ins Leben gerufene Global Compact ist die umfassendste globale Plattform für eine unternehmerische Selbstverpflichtung auf CSR (Rasche u. Kell 2010; Sagafi-nejad u. Dunning 2008).

CSR fordert die klassische völkerrechtliche und politische Trennung zwischen öffentlichen und privaten Akteuren nachhaltig heraus. Sie ist gleichzeitig ein Teil der und eine Antwort auf die Entwicklung, dass Unternehmen zunehmend an Regulierungsmechanismen, an Standard-Setting, an Global Governance und an der Bereitstellung öffentlicher Güter und Dienstleistungen beteiligt sind. „Transnationale Unternehmen, in ihrer Rolle als Investoren, Innovatoren, Experten, Produzenten, Lobbyisten und Arbeitgeber, spielen eine entscheidende Rolle bei der Formung jedes Aspekts von Gesellschaft, von Medien und Unterhaltung bis hin zu Umwelt und Arbeitsbedingungen." (Levy u. Kaplan 2008, S. 434; s.a. Scherer u. Palazzo 2008) Daraus erwächst die Forderung nach einer öffentlichen statt nur privaten Verantwortung von Unternehmen (Kobrin 2009; Muchlinski 2001) und nach einer Reform des traditionellen Konzepts unternehmerischer Verantwortung. Statt des Kosten-Nutzen-Kalküls solle politische und soziale Verantwortung im Zentrum unternehmerischen Handelns stehen (Scherer u. Palazzo 2008, S. 419ff.). „Im globalen Raum müssen Unternehmen als wirtschaftliche *und* politische Akteure verstanden werden" (Scherer u. Palazzo 2008, S. 427, Herv.i.O.). Gleichwohl bleiben Unternehmen auch private, den eigenen Interessen verpflichtete Akteure (Cutler 2006, S. 221). „Definitorische Arbeit über CSR ist auch eine normative Übung zur Klärung der Frage, wofür genau Unternehmen in der Gesellschaft verantwortlich sein sollten." (Crane et al. 2008, S. 6). Diese öffentliche und private Doppelrolle von Unternehmen (vgl. Mende 2017) bildet den Kern der kontroversen Debatten um Potenziale und Grenzen der CSR.[11]

Trotz der grundsätzlichen Umstrittenheit des Konzeptes und der Reichweite der CSR zeichnet sich ein relativ einhelliges Bild eines schwachen, auf Freiwilligkeit beruhenden Verantwortungskonzeptes ab (vgl. auch den *ISO-Standard 26000 Social Responsibility*), mit dem entweder die Hoffnung auf zukünftig darauf aufbauende stärkere Rechtsinstrumente, die Kritik einer Schwächung von menschenrechtlicher Verantwortung oder das Ziel der Umgehung verbindlicher Regulierung verbunden wird (vgl. u.a. Rowe 2005; Banerjee 2007; Utting u. Marques 2010). Insgesamt konzentrieren sich die Auseinandersetzungen um CSR auf zwei eng miteinander verbundene Aspekte: Zum einen geht es um die Stärke oder Schwäche des zugrundeliegenden Verantwortungskonzeptes, das eng mit der

11 Sie ist indes kein gänzlich neues Phänomen. Lange bevor die Forderung nach gesellschaftlicher Verantwortung von Unternehmen sich im ausgehenden 20. Jahrhundert als CSR etabliert hat, gab es immer wieder Debatten über den privaten oder öffentlichen Charakter von Unternehmen (Zumbansen 2011, S. 119f.).

Form der Diffusion menschenrechtlicher Verantwortung auf öffentliche und private Akteure verbunden ist. Zum anderen geht es um die Definition und die Zuordnung von Akteuren zur öffentlichen oder zur privaten Sphäre. Im CSR-Rahmen lassen sich Unternehmen in Bezug auf ihren öffentlichen oder privaten Charakter allenfalls als ambivalent bezeichnen.

4. Die UN-Leitprinzipien für Wirtschaft und Menschenrechte

Die vom UN-Sonderbeauftragten für Wirtschaft und Menschenrechte John Ruggie entwickelten und vom UN-Menschenrechtsrat im Juni 2011 angenommenen UN-Leitprinzipien für Wirtschaft und Menschenrechte (im Folgenden: Leitprinzipien)[12] repräsentieren einen der zentralen vorläufigen Höhepunkte der Entwicklung unternehmerischer Verantwortung für Menschenrechte im globalen Rahmen der Vereinten Nationen. Die Einschätzungen ihrer Durchsetzungsfähigkeit gehen allerdings weit auseinander (vgl. nur Aaronson u. Higham 2013; Cragg 2012; Hamm u. Scheper 2009; Muchlinski 2012; Wouters u. Chané 2015). Einerseits repräsentieren die Leitprinzipien ein breit unterstütztes und von zahlreichen Akteuren anerkanntes internationales Dokument, das unternehmerische Verantwortung für Menschenrechte in ein Netz staatlicher und nicht-staatlicher Verantwortung einbettet und unter Berücksichtigung von völkerrechtlichen Grenzen und realistischer Umsetzbarkeit ausdifferenziert. Anderseits werden sie als Fortschreibung eines zu schwachen, allein auf Freiwilligkeit beruhenden Konzeptes unternehmerischer Verantwortung für Menschenrechte kritisiert, was sich in der effektiven Wirkungslosigkeit der Leitprinzipien widerspiegelt.

Die Leitprinzipien werden durch drei miteinander verbundene „Säulen“ gekennzeichnet:
Diese umfassen *erstens* die staatliche Pflicht, Menschen innerhalb ihres Territoriums oder ihrer Jurisdiktion vor Menschenrechtsverletzungen durch Dritte, inklusive Unternehmen, aktiv zu schützen; *zweitens* die unternehmerische Verantwortung, Menschenrechte zu achten, das heißt, Menschenrechte nicht zu verletzen; und *drittens* der von Staaten, Unternehmen und Zivilgesellschaft bereitzustellende Zugang zu Abhilfe für Betroffene von Menschenrechtsverletzungen, sowohl über formelle rechtliche als auch über nicht-rechtliche Mechanismen (DGCN/GIZ 2013, S. 1ff.; UN 2011, S. 1ff.).

In diesem Netz aus staatlichem Schutz, unternehmerischer Achtung und allgemeiner Abhilfe finden sich die Dimensionen des oben eingeführten starken Konzeptes menschenrechtlicher Verantwortung wieder, die in den Leitprinzipien aufgegriffen und teilweise transformiert werden. Die folgende Analyse arbeitet die

12 Das vom Menschenrechtsrat angenommene Dokument mit den Leitprinzipien (UN Dok. A/HRC/17/L.17/Rev.1) wurde als UN-Dokument HR/PUB/11/04 von den UN veröffentlicht (im Folgenden zitiert als UN 2011). Die Leitprinzipien wurden von der Geschäftsstelle Deutsches Global Compact Netzwerk ins Deutsche übersetzt (im Folgenden zitiert als DGCN/GIZ 2013). Die Leitprinzipien basieren auf Ruggies Zwischenbericht von 2008 für den Menschenrechtsrat, UN Dok. A/HRC/8/5 (im Folgenden zitiert als HRC 2008). Ruggies Zwischenbericht bildet eine zentrale Wegmarke auf dem Weg zur Verabschiedung der Leitprinzipien und wurde in die Analyse einbezogen, um die Bedeutung und die Entwicklung bestimmter Aspekte klarer herauszuarbeiten.

Transformation der Achtungspflicht sowie den gesellschaftlichen Status von Unternehmen als zentrale Aspekte der Entwicklung unternehmerischer Verantwortung für Menschenrechte heraus. Diese werden ergänzt durch die staatliche Verantwortung für Menschenrechte, welche die unternehmerische Verantwortung unterstützen und deren Lücken schließen soll. Umgekehrt soll auch die unternehmerische Verantwortung Lücken in der staatlichen Verantwortung für Menschenrechte schließen helfen.

4.1 Unternehmerische Verantwortung für Menschenrechte

Ein zentraler Aspekt der unternehmerischen Verantwortung für Menschenrechte in den Leitprinzipien betrifft die Unterscheidung zwischen privaten und öffentlichen Akteuren. In seinem Zwischenbericht betont Ruggie:

> „Während Unternehmen als ‚gesellschaftliche Organe' betrachtet werden können, sind sie spezialisierte ökonomische Organe, keine demokratischen Institutionen des öffentlichen Interesses. Als solche können und sollen ihre Verantwortlichkeiten nicht lediglich die Pflichten von Staaten spiegeln." (HRC 2008, §53)

Die Formulierung von Unternehmen als „spezialisierte Organe der Gesellschaft, die spezialisierte Aufgaben wahrnehmen", findet prominent in die zweite Säule der Leitprinzipien Eingang (DGCN/GIZ 2013, S. 1).

Dieser Ansatz reproduziert und unterminiert gleichzeitig die für das klassische Menschenrecht so zentrale Dichotomie zwischen öffentlichen und privaten Akteuren. Er reproduziert sie, da unternehmerische und staatliche Verantwortung für Menschenrechte laut Leitprinzipien klar voneinander unterscheidbar sein müssen. Staaten seien nicht für alle Menschenrechtsverletzungen durch private Akteure verantwortlich, sondern nur dann, „wenn Verletzungen privater Akteure ihnen zugeschrieben werden können oder sie es versäumen, geeignete Maßnahmen zu treffen, um Verletzungen durch private Akteure zu verhüten, zu untersuchen, zu ahnden und wiedergutzumachen." (DGCN/GIZ 2013, S. 3) Das ist die klassische Lesart des Völkerrechts, das Staaten als Völkerrechtssubjekte kennzeichnet.

Dementsprechend wird die unternehmerische Verantwortung zur Achtung der Menschenrechte von der staatlichen Verantwortung zur Achtung, zum Schutz, zur Abhilfe und zur Gewährleistung von Menschenrechten unterschieden. Für Unternehmen gilt mit der Achtungspflicht nur die erste Dimension der starken menschenrechtlichen Verantwortung. „Die Verantwortung von Wirtschaftsunternehmen zur Achtung der Menschenrechte ist von Fragen der rechtlichen Haftung und Rechtsdurchsetzung zu trennen, die nach wie vor weitgehend einzelstaatlichen Rechtsvorschriften im jeweiligen Rechtssystem unterliegen." (DGCN/GIZ 2013, S. 16) Die unternehmerische Achtungspflicht solle durch die Befolgung staatlicher Gesetze gewährleistet werden (DGCN/GIZ 2013, S. 1). Diese Forderung trifft indes auf alle privaten Akteure zu und ist zudem ein Grundprinzip von Marktwirtschaft auch jenseits von Menschenrechtsfragen. „Unternehmen müssen dem Gesetz gehorchen – das war schon immer eine Vorbedingung und wurde als Minimalkriterium der sozialen Verantwortung von Unternehmen selbst von den harschesten Kritikern der CSR akzeptiert." (Scherer u. Palazzo 2008, S. 414)

Allerdings werden Unternehmen nicht allein als private Akteure adressiert. An diesem Punkt brechen die Leitprinzipien mit der völkerrechtlichen Dichotomie zwischen öffentlichen und privaten Akteuren. Ihnen gelten Unternehmen als „Organe der Gesellschaft" (DGCN/GIZ 2013, S. 1). Unternehmen können demnach sogar öffentliche Funktionen übernehmen, woraus sich weitere Verantwortlichkeiten ergeben (HRC 2008, §24). Diese Verortung ist der Grund für eine unternehmerische Verantwortung für Menschenrechte, die sich jenseits der reinen Unterlassung von Menschenrechtsverletzungen und auch jenseits der reinen Gesetzestreue bewegt. Die unternehmerische Verantwortung für Menschenrechte „geht über die Einhaltung nationaler Gesetze und Vorschriften zum Schutz der Menschenrechte hinaus" (DGCN/GIZ 2013, S. 15). Da das staatliche Menschenrecht lückenhaft oder nur unzureichend durchgesetzt sein könne, sollen Unternehmen Menschenrechte auch „unabhängig von der Fähigkeit und/oder Bereitschaft der Staaten" achten (DGCN/GIZ 2013, S. 15, ähnlich S. 29).

Auf dieser Grundlage werden der unternehmerischen Achtungspflicht mit der Aufforderung zu Maßnahmen der Prävention, Milderung und Wiedergutmachung (DGCN/GIZ 2013, S. 15) mehrere Aspekte zugeschrieben, welche nicht nur die Reichweite und die Grenzen unternehmerischer Verantwortung genauer bestimmen, sondern auch die klassische Achtungspflicht überschreiten. Denn während die Achtungspflicht im klassischen Menschenrecht von privaten Akteuren lediglich verlangt, solche Handlungen zu unterlassen, die Menschenrechte verletzen können, betont Ruggie, dass sein Konzept der Achtung neben der negativen Unterlassungspflicht auch positive Pflichten beinhalten solle (beispielsweise in Form einer aktiven Anti-Diskriminierungspolitik am Arbeitsplatz, HRC 2008, §55). Und auch die negative Unterlassungspflicht selbst beinhaltet aktives Handeln. Denn um Handlungen zu vermeiden, welche Menschenrechtsverletzungen nach sich ziehen könnten, müssen die Effekte und Konsequenzen von Handlungen antizipiert werden. Die Frage der unerwünschten oder sogar unerwartbaren Nebenfolgen kommt hier ins Spiel. Um diese Frage einzugrenzen und deren Umfang genauer zu bestimmen, führen die Leitprinzipien das völkerrechtliche Prinzip der Sorgfaltspflicht (*due diligence*) an. Demnach sollten Unternehmen die möglichen Effekte ihrer Entscheidungen und Handlungen in Bezug auf Menschenrechte sorgfältig untersuchen und abwägen (DGCN/GIZ 2013, S. 22f.; HRC 2008, §57ff.).

Mit der Unterscheidung zwischen direktem Einfluss auf und indirektem Profitieren von Menschenrechtsverletzungen thematisieren die Leitprinzipien einen weiteren umstrittenen Aspekt der Verantwortungszuschreibung. Ersterer falle klar in den Bereich der unternehmerischen Verantwortung zur Achtung der Menschenrechte. Er wird vor allem durch die Aktivitäten und Beziehungen des Unternehmens bestimmt und dabei gleichzeitig eingegrenzt (HRC 2008, §71).

> „Unternehmen können nicht für die Menschenrechtseffekte jedes Akteurs verantwortlich gemacht werden, auf den sie einen Einfluss haben können, denn das würde Fälle beinhalten, in denen sie kein kausaler Akteur waren […]. Es ist auch nicht wünschenswert, dass Unternehmen agieren, wann immer sie Einfluss haben, insbesondere nicht in Bezug auf Regierungen." (HRC 2008, §69)

Darüber hinaus können Unternehmen eine Mitschuld oder Mittäterschaft bei Menschenrechtsverletzungen tragen, von denen sie indirekt profitieren. Dieser sollten Unternehmen durch die aktive Anwendung und Implementierung von Maßnahmen der Sorgfaltspflicht in alle Handlungsbereiche vorbeugen (DGCN/GIZ 2013, S. 22f.; HRC 2008, §81). Ein weiterer aktiver Bestandteil unternehmerischer Verantwortung zur Achtung von Menschenrechten ist die Implementierung von Beschwerdemechanismen in alle Verwaltungszweige und Strukturen eines Unternehmens (DGCN/GIZ 2013, S. 36ff.).

Als Begründung für die unternehmerische Verantwortung zur Achtung von Menschenrechten, die über eine reine Unterlassungspflicht privater Akteure hinausgeht, führt Ruggie an, dass „die Verantwortung zur Achtung eine grundlegende Erwartung" an Unternehmen sei (HRC 2008, §55). Die Leitprinzipien nehmen diese Formulierung ohne Einschränkung auf: „Die Verantwortung, die Menschenrechte zu achten, ist ein globaler Standard für das von allen Wirtschaftsunternehmen erwartete Verhalten" (DGCN/GIZ 2013, S. 15). Eine globale Erwartung an normentsprechendes Verhalten wird als Grundlage für die Norm herangezogen. Sie liegt auch dem Wunsch nach weitergehenden freiwilligen Selbstverpflichtungen von Unternehmen zugrunde, um „Menschenrechte [zu] unterstützen und fördern" (DGCN/GIZ 2013, S. 15) und somit dem Achtungsprinzip ein weiteres Element auf freiwilliger Basis hinzuzufügen.

Das Prinzip der Freiwilligkeit durchzieht indes all diejenigen auf Unternehmen bezogenen Elemente der Leitprinzipien, welche über die ohnehin bereits existierenden (völker-) rechtlichen Möglichkeiten hinausgehen. Es spiegelt sich deutlich in der Formulierung des „sollten" statt „sollen" (*should* statt *shall) wider.*

4.2 Staatliche Verantwortung für Menschenrechte

Verbindlichere Forderungen formulieren die Leitprinzipien über die Rolle des Staates für die Etablierung unternehmerischer Verantwortung für Menschenrechte. Ein erster Aspekt staatlicher Verantwortung in den Leitprinzipien lässt sich mit einer Formulierung aus Ruggies Zwischenbericht zusammenfassen: Staaten sollen die Bedingungen für eine „Unternehmenskultur" schaffen, die den Respekt für Menschenrechte vollständig in unternehmerisches Handeln integriert (HRC 2008, §29ff.). Dieser Aspekt entspricht der staatlichen Gewährleistungspflicht. Entsprechend sind in den Leitprinzipien zahlreiche Artikel der Frage gewidmet, wie Staaten durch „wirksame Politiken, Gesetzgebung, sonstige Regelungen und gerichtliche Entscheidungsverfahren" (DGCN/GIZ 2013, S. 3) die unternehmerische Verantwortung zur Achtung der Menschenrechte stärken können – allerdings findet sich der Begriff der Unternehmenskultur nicht in den Leitprinzipien wieder. Als Mittel zu diesem Zweck nennt Ruggie im Zwischenbericht die Ausübung eines entsprechenden Drucks auf Märkte sowie die Anwendung des Prinzips korporativer statt individueller Verantwortung im Strafrecht (HRC 2008, §29ff.). Vor dem Hintergrund von Verantwortungskonzepten, welche die Möglichkeit kollektiver Verantwortung bezweifeln, da Verantwortung an rationale, individuelle Entscheidungen gekoppelt sei (Nida-Rümelin 2007, S. 83; dagegen überzeugend Korenjak et al. 2010, S. 150; Haas 2012), ist der letztgenannte Punkt ein entscheidender Schritt für die Etablierung unternehmerischer Verantwortung für Menschenrechte. Er schreibt Unternehmen eine überindividuelle Persönlichkeit zu, die auf der Unternehmenskultur und auf den unternehmerischen „Politiken, Regeln und Praxen" basiert (HRC 2008, §31). Dieser Punkt überschreitet nicht nur die Grenze individueller hin zu kollektiver Verantwortung, sondern er überschreitet erneut die Dichotomie zwischen privaten und öffentlichen Akteuren. Das Unternehmen ist ein gesellschaftlicher Akteur, der über eine Handlungsfähigkeit und eine Verantwortung verfügt, die sich oberhalb der einzelnen, privat handelnden und entscheidenden Unternehmensangehörigen ansiedelt. In die Leitprinzipien wird dieser Aspekt jedoch nur ausschnitthaft aufgenommen. Während der Charakter von Unternehmen als Organe der Gesellschaft betont und sogar in die prominente Formulierung der drei Säulen aufgenommen wird, findet sich die Forderung nach korporativer strafrechtlicher Verantwortung nicht in ihrer starken Form wieder. Sie wird zersplittert in bestimmte Aspekte bereits existierender strafrechtlicher Verfolgungsmöglichkeiten von Unternehmen, bspw. bei Mittäterschaft (DGCN/GIZ 2013, S. 22) oder in Konfliktgebieten (DGCN/GIZ 2013, S. 11), und sie findet Erwähnung im Rahmen der

> „immer ausgedehnteren potenziellen rechtlichen Haftung von Unternehmen auf Grund extraterritorialer Zivilklagen und der Integration der Bestimmungen des Römischen Statuts des Internationalen Strafgerichtshofs in nationale Systeme der Rechtsprechung, in denen die strafrechtliche Verantwortlichkeit von Unternehmen vorgesehen ist" (DGCN/GIZ 2013, S. 30).

Ein zweiter zentraler Punkt der staatlichen Rolle für die unternehmerische Verantwortung für Menschenrechte thematisiert die existierenden Lücken im staatlichen Menschenrechtsengagement, sowohl in der Gesetzgebung als auch in der Anwendung und Durchsetzung von Gesetzen. So sollen Heimatstaaten von Unternehmen deren Achtung der Menschenrechte auch im Ausland einfordern, überprüfen und entsprechende Vorschriften zur unternehmerischen Berichterstattung erstellen (DGCN/GIZ 2013, S. 5ff.). Bei Unternehmen, die von Staaten besessen, kontrolliert oder wesentlich unterstützt werden, sollen Staaten „zusätzliche Maßnahmen zum Schutz vor Menschenrechtsverletzungen" ergreifen (DGCN/GIZ 2013, S. 7), denn bei einer solchen Nähe zwischen Staat und Unternehmen könne eine Menschenrechtsverletzung durch Unternehmen eine direkte völkerrechtliche Verletzung des Staates darstellen (DGCN/GIZ 2013, S. 8). Staatlichen Einrichtungen, welche Unternehmen wesentlich unterstützen (wie Exportkreditvergabeagenturen), kommt eine besondere Sorgfaltspflicht zu. Zudem betonen die Leitprinzipien die Möglichkeiten von extraterritorialer Rechtsprechung (DGCN/GIZ 2013, S. 4), jedoch ohne eine Konkretion der Anwendungsgebiete, welche weiterhin ein juristischer Streitgegenstand bleibt. Schließlich wollen die Leitprinzipien innerstaatliche Handlungsspielräume in Bezug auf Menschenrechte bei Investitions- und Freihandelsabkommen mit anderen Staaten oder mit Unternehmen erhöhen (DGCN/GIZ 2013, S. 12f.). Gaststaaten obliegt die Beachtung von Menschenrechten bspw. in Handelsabkommen, im Investorenschutz und in internationalen Schiedsgerichtsverfahren (HRC 2008, §33ff.). In Räumen begrenzter Staatlichkeit und in Konfliktgebieten, in denen Gaststaaten ihrer Verantwortung kaum oder nicht nachkommen können oder wollen, wird Heimatstaaten und transnationalen Unternehmen eine besondere Aufmerksamkeit für Menschenrechte auferlegt, die zu deren bereits bestehenden Pflichten nach humanitärem und Völkerstrafrecht hinzutreten (DGCN/GIZ 2013, S. 10ff.; HRC 2008, §47ff.).

Ein dritter Aspekt staatlicher Verantwortung thematisiert ferner die Intensivierung staatlichen Menschenrechtsengagements auf internationaler, zwischenstaatlicher Ebene. Benannt werden im Sinne eines lösungsorientierten Managementmodells (Brühl u. Rittberger 2001, S. 32) u.a. gegenseitiges Lernen, Bewusstseinsbildung und Schulungen, der Austausch über bewährte Vorgehensweisen (*best practices*), technische Hilfe und Kapazitätsaufbau sowie die Unterstützung durch entsprechende UN-Organe, multilaterale Organisationen, nationale Menschenrechtsinstitutionen und andere Stakeholders (DGCN/GIZ 2013, S. 6f. und S. 12ff.; HRC 2008, §43ff.). Der Vorschlag der Inanspruchnahme von externen Organen und Experten sowie des gegenseitigen Lernens und der Kommunikation über bewährte Vorgehensweisen wird auch an Unternehmen gerichtet (DGCN/GIZ 2013, S. 6f.). Staaten obliegt es, diese Kommunikation zu motivieren oder in einigen Fällen sogar einzufordern (DGCN/GIZ 2013, S. 7).

Insgesamt untermauern die Leitprinzipien die völkerrechtlich bereits existierende staatliche Verantwortung und legen den Fokus darauf, wie diese die menschenrechtliche Verantwortung aller Arten von Unternehmen stärken und unterstützen kann.

4.3 Diffusion im Verantwortungsnetz

Die Leitprinzipien werden als komplementärer Rahmen für menschenrechtliche Verantwortung charakterisiert, in dem die einzelnen Aspekte ein umfassendes Netz bilden sollen. Der Fokus auf die unternehmerische Verantwortung soll nicht dazu führen, die staatliche Verantwortung zu unterminieren. Das verdeutlicht sich im Ineinandergreifen der einzelnen Zielstellungen und Aufgaben, in denen sich staatliches und unternehmerisches Handeln gegenseitig stärken sollen, und es wird mehrfach in den Leitprinzipien unterstrichen: „Wirtschaftsunternehmen sollten nicht die Fähigkeit der Staaten untergraben, ihre eigenen menschenrechtlichen Verpflichtungen zu erfüllen" (DGCN/GIZ 2013, S. 15). Insgesamt betten die Leitprinzipien Menschenrechtsverantwortung in der Trias ein, Menschenrechte zu achten, zu schützen und Abhilfe zu gewährleisten (DGCN/GIZ 2013, S. 1). Die Achtungspflicht wird Unternehmen zugeschrieben, die Schutzpflicht Staaten und die Abhilfepflicht beiden Akteurstypen. Dem klassischen Achtungsprinzip in Form der Unterlassung fügen die Leitprinzipien wesentliche weitere, aktives Handeln erfordernde Elemente hinzu. Sie bestärken zudem die Wichtigkeit einiger umstrittener Rechtsinstrumente (wie das Sorgfaltsprinzip oder die Extraterritorialität) und die Notwendigkeit, bestehende Lücken im nationalen Recht und/oder in dessen Implementierung zu schließen. Gleichzeitig betonen sie, dass sie keine neuen völkerrechtlichen Verpflichtungen schaffen – weder für Staaten noch für Unternehmen (DGCN/GIZ 2013, S. 1). Die menschenrechtliche Verantwortung soll im Rahmen bestehender internationaler und nationaler Gesetze ausdifferenziert und gestärkt, jedoch nicht erweitert werden. Offen bleibt, wie genau die an die Staaten gerichteten Forderungen umsetzbar sind, da die Leitprinzipien weder auf ökonomische Einschränkungen eingehen, denen Staaten unterliegen können, noch Mittel zur Verfügung stellen, einen möglichen fehlenden staatlichen Willen zu erzwingen.

In Bezug auf Unternehmen stellen die Leitprinzipien mehr die Rolle einer Benchmark als die Möglichkeit einer verbindlichen völkerrechtlichen Verpflichtung dar. Gleichzeitig kann die Benchmark-Rolle im transnationalen Recht eine entscheidende Bedeutung für die Entwicklung unternehmerischer Verantwortung für Menschenrechte einnehmen. Besondere Relevanz kommt dabei erstens dem Status von Unternehmen als gesellschaftlichen Akteuren jenseits der Dichotomie zwischen Privatheit und Öffentlichkeit zu, der die Grundlage für das erweiterte Achtungskonzept bildet. Zweitens bieten die Leitprinzipien den Ansatz für ein Verantwortungskonzept, in dem menschenrechtliche Verantwortung nicht schlicht privatisiert, also von staatlichen auf wirtschaftliche Akteure verschoben wird. Vielmehr ist der Ansatz der gegenseitigen Unterstützung durch eine Diffusion menschenrechtlicher Verantwortung gekennzeichnet, die sich auf unterschiedliche Akteure verteilt. Die heterogenen, teils emphatischen, teils kritischen Perspektiven auf die Leitprinzipien zeugen davon, dass diese Diffusion sowohl eine Stärkung als auch eine Schwächung menschenrechtlicher Verantwortung bedeuten kann.

5. Die Ecuador-Initiative

Im Bemühen um eine deutlichere Stärkung unternehmerischer Verantwortung für Menschenrechte hat der UN-Menschenrechtsrat im Juni 2014 mit der Resolution 26/9 (UN Dok. A/HRC/RES/26/9) die Gründung einer intergouvernementalen Arbeitsgruppe, die *open-ended intergovernmental working group on transnational corporations and other business enterprises with respect to human rights* (im Folgenden: intergouvernementale Arbeitsgruppe oder OEIWG) beschlossen, die im Jahr 2015 ihre Arbeit aufgenommen hat. Die Entscheidung geht zurück auf eine Initiative von Ecuador (weshalb sie auch als Ecuador-Initiative bezeichnet wird). Ecuador reichte gemeinsam mit der Afrikanischen Gruppe, der Arabischen Gruppe, Pakistan, Sri Lanka, Kirgisistan, Kuba, Nicaragua, Bolivien, Venezuela und Peru im September 2013 eine Stellungnahme ein, welche ein völkerrechtlich bindendes Instrument für die menschenrechtliche Verantwortung transnationaler Unternehmen fordert.[13]

Die Resolution 26/9 des Menschenrechtsrates ist von einer eigentümlichen Doppelläufigkeit gekennzeichnet: Politisch bildet sie eine höchst kontroverse und konfrontative Konstellation zwischen dem Modell unverbindlicher, auf Freiwilligkeit beruhender Verantwortung, das die Leitprinzipien repräsentieren, und dem Modell verbindlicher unternehmerischer Verantwortung für Menschenrechte. Rechtlich und normativ bietet sie jedoch die Möglichkeit für eine Diffusion men-

13 Das *Statement on behalf of a Group of Countries at the 24th Session of the Human Rights Council* (im Folgenden: Ecuador-Statement) ist online abrufbar unter: http://business-humanrights.org/sites/default/files/media/documents/statement-unhrc-legally-binding.pdf. Das Statement wurde von einer Erklärung von über 90 Nichtregierungsorganisationen begrüßt und unterstützt (online abrufbar unter: http://www.stopcorporateimpunity.org/?p=3830).

schenrechtlicher Verantwortung im Rahmen des transnationalen Rechts, die gemeinsam mit den Leitprinzipien zu einer Stärkung menschenrechtlicher Verantwortung beitragen kann.

5.1 Die politische Konfrontation zwischen verbindlicher und unverbindlicher Verantwortung

Die Resolution weist mit 20 Stimmen, 14 Gegenstimmen und 13 Enthaltungen einen schwachen Abstimmungsschlüssel auf, der die Frage aufwirft, ob der Vertragsentwurf der Arbeitsgruppe im Menschenrechtsrat angenommen werden oder ob er eine Totgeburt sein wird, der am Widerstand vieler einflussreicher Staaten scheitert.[14]

In politischer Hinsicht wird eine weitere Einschränkung des potenziellen Bedeutungsgehalts der Resolution zur Gründung der OEIWG auch darin gesehen, dass der Menschenrechtsrat auf derselben Sitzung, auf der die Resolution 26/9 beschlossen wurde, die von Norwegen initiierte Resolution 26/22 angenommen hat, welche die Relevanz der Leitprinzipien bestätigt und das Mandat der mit den Leitprinzipien ins Leben gerufenen UN-Arbeitsgruppe zu Wirtschaft und Menschenrechten um weitere drei Jahre verlängert (UN Dok. A/HRC/26/L.1).

Die in den Leitprinzipien verkörperte unternehmerische Achtung für Menschenrechte, die in nationale Gesetzgebungen und völkerrechtliche Pflichten von Staaten eingebettet ist, gilt sowohl Befürworter/innen als auch Gegner/innen der Ecuador-Initiative als Gegenmodell zu einer völkerrechtlich bindenden unternehmerischen Verantwortung für Menschenrechte (Tuttle 2015). Beide Modelle werden auf der politischen Ebene gegeneinander ausgespielt. So wird von Nichtregierungsorganisationen die Resolution 26/22 als Unterminierung des Versuches verbindlicher Regelungen interpretiert. Umgekehrt begründen die EU und die USA ihre Gegenstimmen gegen die Resolution 26/9 damit, dass diese eine Unterminierung des Konsensus über die Leitprinzipien darstelle, und schließen sich so Ruggies eindeutiger Ablehnung der Ecuador-Initiative an.[15]

Das Spannungsverhältnis zwischen Leitprinzipien und Ecuador-Initiative berührt den von Menschenrechtsaktivist/innen oft betonten Punkt, dass nicht das gegenwärtige völkerrechtliche System unzureichend sei, sondern dass vielmehr der fehlende Wille oder auch die fehlende Fähigkeit von Staaten den Grund für die großen Lücken in der Menschenrechtsverantwortung bildeten. Die staatliche Schwäche, Menschenrechte auch gegen Unternehmen durchzusetzen, wird insbesondere Staaten des Südens zugeschrieben (Bernstorff 2010, S. 6). Dies lässt die

14 So scheiterten 2004 auch die *Draft Norms on the Responsibilities of Transnational Corporations and Other Business Enterprises with Regard to Human Rights*, mit denen die UN-Unterkommission für die Förderung und den Schutz der Menschenrechte bereits zuvor eine rechtlich verbindliche Verantwortung für Unternehmen einführen wollte.

15 Die Stellungnahme der USA: https://geneva.usmission.gov/2014/06/26/proposed-working-group-would-undermine-efforts-to-implement-guiding-principles-on-business-and-human-rights/. Die Stellungnahme von Ruggie: http://www.ihrb.org/commentary/past-as-prologue.html. Die Stellungnahme der EU: https://www.globalpolicy.org/images/pdfs/GPFEurope/HRC_resolution_Explanation_of_vote_EU.pdf.

Konstellation, in der vor allem (wenngleich nicht ausschließlich) Staaten des globalen Südens für und Staaten des globalen Nordens gegen die Resolution 26/9 gestimmt haben, besonders pikant erscheinen.

Die politische Gegenüberstellung der beiden Konzepte ist allerdings nicht statisch. So beginnen einige der Staaten, die der Ecuador-Initiative unter Berufung auf die Leitprinzipien zunächst ablehnend gegenüberstanden, sich an den Debatten im Rahmen der OEIWG zu beteiligen. Im aktuellen Verlauf der Arbeit der OEIWG finden Annäherungen zwischen beiden Positionen statt. Diese äußern sich nicht nur in den teils äußerst kritischen Perspektiven von Mitgliedern der den Leitprinzipien zugeordneten UN-Arbeitsgruppe zu Wirtschaft und Menschenrechten auf die Leitprinzipien selbst (Deva u. Bilchitz 2013), sondern auch darin, dass ein Panel der zweiten Sitzung der OEIWG im Oktober 2016 konkreten Überlegungen gewidmet war, wie die Ecuador-Initiative und die Leitprinzipien zusammengedacht werden können.

5.2 Die rechtliche und normative Komplementarität verbindlicher und unverbindlicher Verantwortung

Eine inhaltliche Verhältnisbestimmung der Verantwortungskonzepte der Ecuador-Initiative und der Leitprinzipien im Rahmen des transnationalen Rechts bietet einen größeren Spielraum für Komplementarität, als es die politisch konfrontative Konstellation suggeriert. Rechtlich und normativ kann die Entscheidung, eine Arbeitsgruppe über bindende völkerrechtliche Verträge für transnationale Unternehmen einzurichten, als wegweisend für die Entwicklung unternehmerischer Verantwortung für Menschenrechte angesehen werden. Der Arbeitsauftrag an die Arbeitsgruppe wird klar formuliert und zeitlich strukturiert: Ziel ist die Erstellung von „Elementen eines Vorschlags rechtlich bindender Instrumente“ als Grundlage für substanzielle Diskussionen bereits zu Beginn der dritten Arbeitsgruppensitzung, der zwei Sitzungen zur Sammlung und Diskussion von Stellungnahmen von Staaten, Stakeholders und Experten vorausgehen sollen (A/HRC/RES/26/9, Punkte 1-5).

Die Resolution 26/9 sieht zwar weitestgehend von inhaltlichen Bestimmungen der verbindlichen unternehmerischen Verantwortung für Menschenrechte und deren Bedeutung für staatliche Verantwortung ab. Die Bestimmung der Inhalte und Grenzen rechtlich bindender Instrumente werden vielmehr als Arbeitsauftrag an die OEIWG delegiert, während die Resolution auf die Vorgabe einer zeitlichen und organisatorischen Arbeitsstruktur der Arbeitsgruppe fokussiert. Zugleich bestätigt die Resolution die durch gegebenes Menschenrecht, Völkerrecht und die Leitprinzipien geschaffenen Rahmenbedingungen. Neben der Erwähnung der entsprechenden Dokumente werden die Säulen der Leitprinzipien inhaltlich wiedergegeben:

> „*Betonend*, dass die Verpflichtungen und primäre Verantwortlichkeit, Menschenrechte und fundamentale Freiheiten zu fördern und zu schützen, beim Staat liegen, und dass Staaten gegen Menschenrechtsverletzungen in ihrem Territorium und/oder ihrer Jurisdiktion durch Dritte, inklusive transnationalen Unternehmen, schützen müssen, *Unterstreichend*, dass transnationale Konzerne und andere Wirtschaftsunternehmen

> eine Verantwortung haben, Menschenrechte zu respektieren“ (A/HRC/RES/26/9, Präambel, Herv.i.O.).

Fast wortgleich finden sich diese Punkte auch in der Resolution 26/22 wieder (A/HRC/26/L.1, Präambel). Inhaltlich konkreter ist das Ecuador-Statement, das Gründungsdokument der Ecuador-Initiative. Auch hier werden zunächst die Leitprinzipien begrüßt und anerkannt. Gleichzeitig wird deren Schwäche benannt:

> „[Die Leitprinzipien] waren ein erster Schritt, aber ohne ein rechtlich bindendes Instrument werden sie das auch bleiben: ein ‚erster Schritt‘ ohne weitere Konsequenzen. Ein rechtlich bindendes Instrument würde den Rahmen für verbesserte staatliche Handlungsmacht bereitstellen, um Rechte zu schützen und Rechtsverletzungen vorzubeugen. [Die Leitprinzipien] können dem Problem fehlender Rechenschaftspflicht transnationaler Unternehmen weltweit [...] nicht angemessen begegnen.
> Ein international verbindliches Instrument, das im UN-System verabschiedet wird, würde die Verpflichtungen transnationaler Unternehmen im Menschenrechtsbereich verdeutlichen, ebenso wie die Beziehungen zwischen Unternehmen und Staaten, und es würde effektive Wiedergutmachungsmechanismen für die Opfer etablieren, wenn die staatliche Jurisdiktion eindeutig nicht dazu in der Lage ist, die Unternehmen effektiv zu belangen.“ (Ecuador-Statement, Absatz 4-6)

Das Ecuador-Statement drängt auf eine verbindlichere und stärkere Verantwortungsübernahme – von Staaten und von Unternehmen gleichermaßen. Es geht also nicht darum, mit der Stärkung unternehmerischer Verantwortung zur Schwächung staatlicher Verantwortung beizutragen, wie es ein Modell der Privatisierung von Verantwortung nahelegen würde. Vielmehr soll die rechtlich bindende unternehmerische Verantwortung gleichzeitig Staaten dazu in die Lage versetzen, ihrer eigenen Verantwortung für das Handeln von Unternehmen nachzukommen.

Die Ecuador-Initiative will über die Leitprinzipien hinausgehen und ein stärkeres Konzept unternehmerischer Verantwortung für Menschenrechte etablieren. Gleichzeitig steht sie zu den Leitprinzipien nicht zwingend in einem diametralen Gegensatzverhältnis. Eine verbindliche unternehmerische Verantwortung könnte auf dem Modell der unternehmerischen Achtungspflicht aufbauen. Alternativ könnten beide Modelle parallel bestehen und so zu einem dichteren Netz unternehmerischer Verantwortung beitragen. Eine solche Parallelität würde auch dadurch ermöglicht, dass die Initiative für eine verbindliche unternehmerische Verantwortung vorrangig auf transnationale Unternehmen fokussiert. Dagegen richten sich die Leitprinzipien explizit an alle Unternehmen, unabhängig von Größe, Sektor, Struktur, Eigentumsverhältnissen, Umfeld und regionalem Kontext (DGCN/GIZ 2013, S. 17 und S. 29). Diese Generalisierung wird zum einen durch den nicht rechtsverbindlichen Charakter der Leitprinzipien ermöglicht und zum anderen durch die Orientierung an bestehendem Staats- und Völkerrecht. In einem Parallelmodell könnten Unternehmenshandlungen, die sich eindeutig einer staatlichen Jurisdiktion und/oder einem Staatsgebiet zuordnen lassen, mit den Leitprinzipien erfasst werden, während bindende Verträge für transnationale Unternehmen komplementär dazu gelten.

Damit verdeutlicht sich in dem Ecuador-Statement ein in den Leitprinzipien bereits angelegtes Verantwortungsmodell, das Verantwortung nicht additiv auf verschiedene Akteure verteilt, deren Verantwortung umgekehrt proportional zueinander wächst oder schrumpft. Die Stärkung unternehmerischer Verantwortung für Menschenrechte zielt nicht auf eine bloße Privatisierung von Verantwortung ab, die den Staat von seinen Pflichten entlastet. Vielmehr liegt ein Verantwortungskonzept vor, in dem sich Verantwortung auf verschiedene Akteure ausbreitet und diffundiert. Deren Verantwortung stützt sich gegenseitig und ergänzt sich produktiv komplementär. Die Frage, ob es sich um Diffusion in Form einer Stärkung oder einer Schwächung menschenrechtlicher Verantwortung handelt, erweist sich insbesondere an den Dimensionen der Erzwingbarkeit und der Rechtsverbindlichkeit in der Abhilfe- und Gewährleistungsverantwortung. Das Prinzip der Freiwilligkeit in den Leitprinzipien kann mit der Ecuador-Initiative überwunden werden. Gleichzeitig können die Leitprinzipien mit ihrer Charakterisierung von Unternehmen als gesellschaftlichen Akteuren, ihrem erweiterten Achtungskonzept und ihrem Verantwortungsnetz bei der Stärkung unternehmerischer Verantwortung für Menschenrechte Pate stehen.

6. Konklusion: Diffusion menschenrechtlicher Verantwortung

Die Analyse der Auseinandersetzungen um eine unternehmerische Verantwortung für Menschenrechte zeigt drei zentrale Aspekte auf, die Form und Inhalt menschenrechtlicher Verantwortung transformieren. Erstens zeichnet sich ein Verantwortungsmodell ab, das durch produktive Komplementarität statt durch Privatisierung von Verantwortung gekennzeichnet ist. Zweitens etabliert sich eine Charakterisierung von Unternehmen als gesellschaftliche Akteure jenseits der dichotomen Trennung zwischen privat und öffentlich. Beide Aspekte tragen drittens zu einer Diffusion von Verantwortung bei, welche die traditionellen Dichotomien von öffentlich und privat sowie von *hard law* und *soft law* herausfordert und damit auch das Verantwortungskonzept selbst transformiert.

6.1 Produktiv komplementäre Verantwortung

In der gegenwärtigen Entwicklung unternehmerischer Verantwortung für Menschenrechte ist Verantwortung kein additives Modell. Es bedeutet also nicht die umgekehrt proportionale Schwächung von Verantwortung eines Akteurs durch die Stärkung von Verantwortung eines anderen Akteurs. Damit handelt es sich auch nicht um eine Privatisierung menschenrechtlicher Verantwortung, die von staatlichen Akteuren hin zu nichtstaatlichen Akteuren verschoben wird. Vielmehr steht die Verantwortung der unterschiedlichen Akteure in einem produktiv komplementären Verhältnis zueinander. Die Stärkung der Verantwortung des einen Akteures stärkt die Verantwortung des anderen Akteurs. Gleichzeitig ist die produktiv komplementäre Verantwortung angewiesen auf eine starke Verantwortung auf Seiten aller Akteure. Denn ebenso, wie sich deren Verantwortung gegenseitig stärken kann, kann die Schwäche der Verantwortung eines Akteurs die Verantwortung des anderen Akteurs unterminieren und das gesamte Verantwortungsnetz durchlöchern.

6.2 Unternehmen als gesellschaftliche Akteure

Die Frage des Ausmaßes und der Form unternehmerischer Verantwortung für Menschenrechte ist eng verbunden mit der Frage, welchen Status Unternehmen in der klassischen völkerrechtlichen Trennung zwischen privaten und öffentlichen Akteuren einnehmen. Handelt es sich bei Unternehmen um öffentliche, um private oder um hybride Akteure?

Unumstritten ist, dass Unternehmen nicht derselbe öffentliche Charakter wie Staaten zukommt. Im Gegensatz zu Staaten sind Unternehmen weder demokratisch gewählt[16] noch ist ihr genuiner Zweck das öffentliche Interesse oder das Gemeinwohl (s.a. Hsieh 2015). Gleichwohl lässt sich unternehmerisches Handeln nicht lediglich einer privaten Sphäre zuordnen und dichotom von Fragen des Gemeinwohls trennen (vgl. Mende 2017). Das gilt umso mehr für solche Bereiche, in denen Unternehmen Aufgaben der staatlichen Fürsorge und Versorgung mit Dienstleistungen (Gesundheit, Infrastruktur, Bildung etc.) übernehmen. Mit dem in den Leitprinzipien festgehaltenen Prinzip des Unternehmens als gesellschaftlicher Akteur, der besondere gesellschaftliche Aufgaben erfüllt, zeichnet sich die Entwicklung einer hybriden Rolle von Unternehmen ab, die sich jenseits der Dichotomie zwischen privat und öffentlich verortet. Die genaue Ausmessung der Parameter dieser hybriden Rolle und einer damit korrespondierenden Verantwortung[17] bildet den Gegenstand aktueller Diskussionen, insbesondere im Rahmen der mit der Ecuador-Initiative gegründeten Arbeitsgruppe OEIWG.

6.3 Diffusion statt Dichotomien

Die aktuellen Entwicklungen einer unternehmerischen Verantwortung für Menschenrechte zeigen, dass eine dichotome Trennung zwischen einem staatszentrierten, verbindlichen Menschenrecht einerseits und einer freiwilligen Selbstverpflichtung von Unternehmen andererseits dann nicht länger aufrechtzuerhalten ist, wenn sie Überlappungen und die Entwicklung neuer Formen von Verantwortung im transnationalen Recht nicht erfassen kann.[18] Die Herausforderung klassischer Dichotomien bedeutet aber weder deren identitäre Auflösung noch deren Bedeutungslosigkeit (vgl. Mende 2016c). Die genauen Ausprägungen der neuen For-

16 Allerdings gilt aus liberaler Perspektive das Prinzip freier Marktwirtschaft als prinzipiell demokratisch (vgl. Barber 2000, S. 284ff.; Mende 2016b).

17 Zu den Möglichkeiten der Bestimmung einer solchen Rolle vgl. die Trias aus Verantwortung, Handlungsfähigkeit und Legitimität in Mende (2016a, S. 437ff.).

18 Das zeigt sich bspw. auch an der Schwierigkeit einer konzeptuell eindeutigen Trennung zwischen an gesellschaftlichen (öffentlichen) oder an eigenen (privaten) Interessen orientiertem unternehmerischen Handeln und einer dementsprechend starken bzw. schwachen menschenrechtlichen Verantwortung. Entsprechende Trennungsversuche finden sich in der Literatur mit der Differenzierung zwischen den Diskursen der Corporate Social Responsibility einerseits und Wirtschaft und Menschenrechten andererseits (Ramasastry 2015) oder umgekehrt zwischen Mainstream Corporate Governance einerseits und Corporate Social Responsibility andererseits (vgl. Zumbansen 2011, S. 129). Andere Autor/innen setzen Corporate Social Responsibility mit dem zivilgesellschaftlichen Druck für eine menschenrechtliche Verantwortung gleich (Kocher 2009, S. 411) oder konzeptualisieren Corporate Social Responsibility nicht als Gegenkonzept zu Corporate Governance, sondern als Rekonzeptualisierung dieser (Zumbansen 2011, S. 144).

men, ihre Möglichkeiten und Potenziale ebenso wie ihre Grenzen und Probleme können nur auf der Grundlage offener und dynamisierbarer Konzepte angemessen erfasst werden.

Ein dynamisches Konzept von Verantwortungsdiffusion erlaubt es, die Entwicklung unternehmerischer Verantwortung für Menschenrechte jenseits der klassischen Dichotomien zu diskutieren. Die Diffusion menschenrechtlicher Verantwortung kann als Stärkung durch Intensivierung oder als Schwächung durch Zerstreuung von Verantwortung auftreten. In beiden Fällen wird menschenrechtliche Verantwortung nicht lediglich additiv verschoben oder privatisiert, sondern die Konstellationen und Bedeutungszuschreibungen öffentlicher und privater, staatlicher und nicht-staatlicher Akteure sowie von *hard law* und *soft law* transformieren sich dabei ebenso wie das Konzept von Verantwortung selbst.

Literatur

Aaronson, Susan Ariel, und Ian Higham. 2013. „Re-righting Business". John Ruggie and the Struggle to Develop International Human Rights Standards for Transnational Firms. *Human Rights Quarterly* 35 (2): 333–64. doi: 10.1353/hrq.2013.0032.

Abrahamsen, Rita, und Michael C. Williams. 2014. Publics, Practices and Power. In *The Return of the Public in Global Governance*, Hrsg. Jacqueline Best, und Alexandra Gheciu, 243–56. Cambridge: Cambridge University Press.

Addo, Michael K. (Hrsg.). 1999. *Human Rights Standards and the Responsibility of Transnational Corporations*. The Hague: Kluwer.

Alston, Philip. 2005. The „Not-a-Cat" Syndrome. Can the International Human Rights Regime Accommodate Non-State Actors? In ders.: *Non-State Actors and Human Rights*, 3–36. Oxford/New York: Oxford University Press.

Aras, Güler, und David Crowther (Hrsg.). 2009. *Global Perspectives on Corporate Governance and CSR*. Farnham/Surrey: Gower.

Baer, Susanne. 2011. Theorizing Transnational Law. Observations on a Birthday. In *Comparative Law as Transnational Law. A Decade of the German Law Journal*, Hrsg. Russell A. Miller, und Peer C. Zumbansen, 25–30. Oxford: Oxford University Press.

Banerjee, Subhabrata B. 2007. *Corporate Social Responsibility. The Good, the Bad and The Ugly*. Cheltenham: Edward Elgar.

Barber, Benjamin R. 2000. Can Democracy Survive Globalization? *Government and Opposition* 35 (3): 275–301. doi: 10.1111/1477-7053.00029.

Barrientos, Stephanie. 2007. *Global Production Systems and Decent Work*. Working paper 77. Geneva: International Labour Organization.

Bernstorff, Jochen von. 2010. *Die völkerrechtliche Verantwortung für menschenrechtswidriges Handeln transnationaler Unternehmen*. Unternehmensbezogene menschenrechtliche Schutzpflichten in der völkerrechtlichen Spruchpraxis. Duisburg: Institut für Entwicklung und Frieden.

Bernstorff, Jochen von. 2011. Extraterritoriale menschenrechtliche Staatenpflichten und Corporate Social Responsibility. Wie weit geht die menschenrechtliche Verantwortung des Staates für das Verhalten eigener Unternehmen im Ausland? *Archiv des Völkerrechts* 49 (1): 34–63. doi: 10.1628/000389211795906271.

Bexell, Magdalena. 2005. *Exploring Responsibility.* Public and Private in Human Rights Protection. Lund: Department of Political Science, Lund University.

Biersteker, Thomas J., und Rodney Bruce Hall. 2002. Private Authority as Global Governance. In *The Emergence of Private Authority in Global Governance*, Hrsg. Rodney Bruce Hall, und Thomas J. Biersteker, 203–22. Cambridge/New York: Cambridge University Press.

Breitmeier, Helmut. 2006. Weltordnung im Umbruch. Verrechtlichung und Privatisierung in der Weltgesellschaft. In *Global Governance für Entwicklung und Frieden.* Perspektiven nach einem Jahrzehnt. Sonderband zum 20-jährigen Bestehen der Stiftung Entwicklung und Frieden, Hrsg. Dieter Senghaas, und Michèle Roth, 104–30. Bonn: Dietz.

Brühl, Tanja, und Volker Rittberger. 2001. From International to Global Governance. Actors, Collective Decision-Making, and the United Nations in the World of the Twenty-first Century. In *Global Governance and the United Nations System*, Hrsg. Volker Rittberger, 1–47. Tokyo/New York: United Nations University Press.

Burckhardt, Gisela (Hrsg.). 2011. *Mythos CSR. Unternehmensverantwortung und Regulierungslücken.* Berlin: Horlemann.

Cane, Peter. 2002. *Responsibility in Law and Morality.* London: Bloomsbury Publishing.

Carroll, Archie B. 2008. A History of Corporate Social Responsibility. Concepts and Practices. In *The Oxford handbook of corporate social responsibility*, Hrsg. Andrew Crane, 19–46. Oxford: Oxford University Press.

Clapham, Andrew. 2006. *Human Rights Obligations of Non-State Actors.* Oxford/New York: Oxford University Press.

Conzelmann, Thomas, und Klaus Dieter Wolf. 2008. The Potential and Limits of Governance by Private Codes of Conduct. In *Transnational Private Governance and its Limits*, Hrsg. Jean-Christophe Graz und Andreas Nölke, 98–114. London, New York: Routledge.

Cragg, Wesley. 2012. Ethics, Enlightened Self-Interest, and the Corporate Responsibility to Respect Human Rights. *Business Ethics Quarterly* 22 (1): 9–36. doi: 10.5840/beq20122213.

Crane, Andrew (Hrsg.). 2008. *The Oxford Handbook of Corporate Social Responsibility.* Oxford: Oxford University Press.

Crane, Andrew, Abagail McWilliams, Dirk Matten, Jeremy Moon, und Donald Siegel. 2008. The Corporate Social Responsibility Agenda. In *The Oxford Handbook of Corporate Social Responsibility*, Hrsg. Andrew Crane, 4–15. Oxford: Oxford University Press.

Cutler, A. Claire, Virginia Haufler, und Tony Porter (Hrsg.). 1999. *Private Authority and International Affairs.* Albany: State University of New York Press.

Cutler, A. Claire. 2006. Transnational Business Civilization, Corporations, and the Privatization of Global Governance. In *Global Corporate Power*, Hrsg. Christopher May, 199–226. Boulder: Lynne Rienner.

Davarnejad, Leyla. 2010. The Impact of Non-State Actors on the International Law Regime of Corporate Social Responsibility. Blessing or Curse? In *Non-state Actor Dynamics in International Law. From Law-takers to Law-makers*, Hrsg. Math Noortmann, und Cedric Ryngaert, 41–67. Farnham: Ashgate.

De Bakker, Frank G. A., Peter Groenewegen, und Frank Den Hond. 2005. A Bibliometric Analysis of 30 Years of Research and Theory on Corporate Social Responsibility and

Corporate Social Performance. *Business & Society* 44 (3): 283–317. doi: 10.1177/0007650305278086.

Deitelhoff, Nicole, und Klaus Dieter Wolf. 2013. Business and Human Rights. How Corporate Norm Violators Become Norm Entrepreneurs. In *The Persistent Power of Human Rights. From Commitment to Compliance*, Hrsg. Thomas Risse, Stephen C. Ropp, und Kathryn Sikkink, 222–38. New York: Cambridge University Press.

Deva, Surya, und David Bilchitz (Hrsg.). 2013. *Human Rights Obligations of Business.* Beyond the Corporate Responsibility to Respect? Cambridge: Cambridge University Press.

DGCN/GIZ. 2013. *Leitprinzipien für Wirtschaft und Menschenrechte. Umsetzung des Rahmens der Vereinten Nationen „Schutz, Achtung und Abhilfe"*. Berlin: DGCN/GIZ.

Dicken, Peter. 2011. *Global Shift, Sixth Edition.* Mapping the Changing Contours of the World Economy. New York: Guilford Press.

Fischer-Lescano, Andreas, Tanja Hitzel-Cassagnes, Eva Kocher, und Ulrich Mückenberger. 2010. Die Vielfalt transnationaler Rechtskreation „from below". Einführung in den Schwerpunkt. *Kritische Justiz 43 (1): 2–3.*

Fischer-Lescano, Andreas, und Lars Viellechner. 2010. Globaler Rechtspluralismus. Aus *Politik und Zeitgeschichte*: 20–26.

Fuchs, Doris. 2005. *Understanding business power in global governance.* Baden-Baden: Nomos.

Fuchs, Doris. 2006. Privatwirtschaft und Governance. Transnationale Unternehmen und die Effektivität privaten Regierens. In Globalisierung. Forschungsstand und Perspektiven, Hrsg. Stefan A. Schirm, 147–168. Baden-Baden: Nomos.

Gerber, Doris, und Véronique Zanetti. 2010. Einleitung. In *Kollektive Verantwortung und internationale Beziehungen, Hrsg. Doris Gerber, 9–28. Berlin: Suhrkamp.*

Gond, Jean-Pascal, und Jeremy Moon (Hrsg.). 2012. *Corporate Social Responsibility.* London: Routledge.

Grant, Ruth W., und Robert O. Keohane. 2005. Accountability and Abuses of Power in World Politics. *American Political Science Review 99 (1): 29–43. doi: 10.1017/S0003055405051476.*

Haas, Volker. 2012. Organisierte Unverantwortlichkeit. Wie kann man Kollektive strafrechtlich zur Verantwortung ziehen? In *Zurechnung und Verantwortung*, Hrsg. Matthias Kaufmann, und Joachim Renzikowski, 125–40. Stuttgart/Baden-Baden: Steiner; Nomos.

Hamm, Brigitte, und Christian Scheper. 2009. Politische Steuerung in Zeiten der Globalisierung. Perspektiven für den Menschenrechtsschutz. *Zeitschrift für Menschenrechte* 3 (2): 8–25.

Haynes, Kathryn (Hrsg.). 2013. *Corporate Social Responsibility.* A Research Handbook. Abingdon: Routledge.

Heidbrink, Ludger. 2010. Nichtwissen und Verantwortung. Zum Umgang mit unbeabsichtigten Nebenfolgen. *Center for Responsibility Research Working Paper.*

HRC. 2008. *Protect, Respect and Remedy: a Framework for Business and Human Rights.* Report of the Special Representative of the Secretary-General on the issue of human rights and transnational corporations and other business enterprises, John Ruggie. A/HRC/8/5. http://www.reports-and-materials.org/sites/default/files/reports-and-materials/Ruggie-report-7-Apr-2008.pdf. Zugegriffen: 05.10.2015.

Hsieh, Nien-hê. 2015. Should Business Have Human Rights Obligations? *Journal of Human Rights* 14 (2): 218–36. doi: 10.1080/14754835.2015.1007223.

Jessup, Philip C. 1956. *Transnational Law.* New Haven: Yale University Press.

Joseph, Sarah. 2004. *Corporations and Transnational Human Rights Litigation.* Oxford, Portland: Hart Publishing.

Kamminga, Menno T., und Saman Zia-Zarifi (Hrsg.). 2000. *Liability of Multinational Corporations Under International Law.* The Hague: Kluwer Law International.

Kimminich, Otto und Stephan Hobe. 2000. *Einführung in das Völkerrecht.* Tübingen/Basel: A. Francke Verlag.

Kobrin, Stephen J. 2009. Private Political Authority and Public Responsibility. Transnational Politics, Transnational Firms, and Human Rights. *Business Ethics Quarterly* 19 (3): 349–74. doi: 10.5840/beq200919321.

Kocher, Eva. 2009. Private Standards in the North – Effective Norms for the South? In *Non-state Actors as Standard Setters*, Hrsg. Anne Peters, Lucy Koechlin, Till Förster, und Gretta Fenner Zinkernagel, 409–30. Cambridge/New York: Cambridge University Press.

Korenjak, Thomas, Bernhard Ungericht, und Dirk Raith. 2010. Unternehmen als verantwortungsfähige Akteure. Ein Beitrag zur Zurechenbarkeit von Verantwortung in Zeiten der Globalisierung. In *Kollektive Verantwortung und internationale Beziehungen*, Hrsg. Doris Gerber, 137–59. Berlin: Suhrkamp.

KPMG International. 2013. *The KPMG Survey of Corporate Social Responsibility Reporting 2013:* KPMG International.

Levy, David L., und Rami Kaplan. 2008. Corporate Social Responsibility and Theories of Global Governance. Strategic Contestation in Global Issue Arenas. In *The Oxford handbook of Corporate Social Responsibility*, Hrsg. Andrew Crane, 432–51. Oxford: Oxford University Press.

Lockett, Andy, Jeremy Moon, und Wayne Visser. 2006. Corporate Social Responsibility in Management Research. Focus, Nature, Salience and Sources of Influence. *Journal of Management Studies* 43 (1): 115–36. doi: 10.1111/j.1467-6486.2006.00585.x.

Lohmann, Georg. 2012. Wissen um Verantwortung und Wahrnehmung von Verantwortung. In *Zurechnung und Verantwortung*, Hrsg. Matthias Kaufmann, und Joachim Renzikowski, 31–44. Stuttgart/Baden-Baden: Steiner; Nomos.

Lucas, John R. 1995. *Responsibility.* Oxford: Clarendon Press.

May, Christopher (Hrsg.). 2006. *Global Corporate Power.* Boulder: Lynne Rienner.

Melé, Domènec. 2008. Corporate Social Responsibility Theories. In *The Oxford Handbook of Corporate Social Responsibility*, Hrsg. Andrew Crane, 47–82. Oxford: Oxford University Press.

Mende, Janne. 2015. Privatheit und Global Governance in der Internationalen Politischen Theorie. *Zeitschrift für Politische Theorie 6 (2): 207–22.*

Mende, Janne. 2016a. Die Bedeutung und Legitimität nichtstaatlicher Akteure im Menschenrecht. Einleitung in den Schwerpunkt. *Kritische Justiz* 49 (4): 431–38. doi: 10.5771/0023-4834-2016-4-431.

Mende, Janne. 2016b. Global Governance und libertärer Paternalismus. Akteure, Normativität und Legitimität. *Zeitschrift für Praktische Philosophie* 3 (1): 557–96. doi: 10.22613/zfpp/3.1.16.

Mende, Janne. 2016c. Öffentlicher Menschenrechtsschutz, privater Menschenrechtsbruch. Alte und neue Antagonismen in Zeiten der Globalisierung und Global Governance. In *Politik in unsicheren Zeiten. Kriege, Krisen und neue Antagonismen*. Veröffentlichungen der Deutschen Gesellschaft für Politikwissenschaft, Hrsg. Karl-Rudolf Korte, 278–92. Baden-Baden: Nomos.

Mende, Janne. 2017. Unternehmen als gesellschaftliche Akteure. Die unternehmerische Verantwortung für Menschenrechte zwischen privater und öffentlicher Sphäre. *MenschenRechtsMagazin* 22 (1) (*im Erscheinen*).

Miller, Russell A., und Peer C. Zumbansen (Hrsg.). 2011. Comparative Law as Transnational Law. A Decade of the *German Law Journal*. Oxford: Oxford University Press.

Muchlinski, Peter. 2001. Human Rights and Multinationals. Is There a Problem? *International Affairs* 77 (1): 31–48. doi: 10.1111/1468-2346.00176.

Muchlinski, Peter. 2010. Multinational Enterprises as Actors in International Law. Creating „Soft Law" Obligations and „Hard Law" Rights. In *Non-state Actor Dynamics in International Law. From Law-takers to Law-makers*, Hrsg. Math Noortmann, und Cedric Ryngaert, 9–40. Farnham: Ashgate.

Muchlinski, Peter. 2012. Implementing the New UN Corporate Human Rights Framework. *Business Ethics Quarterly* 22 (1): 145–77. doi: 10.5840/beq20122218.

Neuhäuser, Christian, und Eva Buddeberg. 2015. Einleitung. Pflicht oder Verantwortung? *Zeitschrift für Praktische Philosophie 2 (2): 49–60.*

Newell, Peter und Joanna Wheeler (Hrsg.). 2006. *Rights, Resources and the Politics of Accountability*. London: Zed Books.

Nida-Rümelin, Julian. 2007. Politische Verantwortung. In *Staat ohne Verantwortung? Zum Wandel der Aufgaben von Staat und Politik*, Hrsg. Ludger Heidbrink, und Alfred Hirsch, 55–86. Frankfurt am Main: Campus.

Nowak, Manfred, und Karolina Miriam Januszewski. 2015. Non-state Actors and Human Rights. In *Non-state Actors in International Law*, Hrsg. Math Noortmann, August Reinisch, und Cedric Ryngaert, 113–62. Oxford: Hart Publishing.

OHCHR, und CESR. 2013. *Who Will be Accountable?* Human Rights and the Post-2015 Development Agenda. HR/Pub/13/1. New York/Geneva: United Nations.

Peters, Anne, Lucy Koechlin, Till Förster, und Gretta Fenner Zinkernagel (Hrsg.). 2009. *Non-state Actors as Standard Setters*. Cambridge/New York: Cambridge University Press.

Peters, Anne. 2006. Privatisierung, Globalisierung und die Resistenz des Verfassungsstaates. In *Staats- und Verfassungstheorie im Spannungsfeld der Disziplinen*, Hrsg. Philippe Mastronardi, und Denis Taubert, 100–59. Stuttgart: Steiner.

Raith, Dirk. 2013. *Mythos CSR*. Zur Verwertung von Verantwortung und Beratung. Wiesbaden: VS Verlag für Sozialwissenschaften.

Ramasastry, Anita. 2015. Corporate Social Responsibility Versus Business and Human Rights. Bridging the Gap Between Responsibility and Accountability. *Journal of Human Rights* 14 (2): 237–59. doi: 10.1080/14754835.2015.1037953.

Rasche, Andreas und Georg Kell (Hrsg.). 2010. *The United Nations Global Compact. Achievements, Trends and Challenges*. Cambridge, New York: Cambridge University Press.

Rowe, James K. 2005. Corporate Social Responsibility as Business Strategy. In *Globalization, Governmentality and Global Politics. Regulation for the Rest of us?*, Hrsg. Ronnie D. Lipschutz und James K. Rowe, 122–160. London: Routledge.

Ryngaert, Cedric. 2015. State Responsibility and Non-state Actors. In *Non-state Actors in International Law*, Hrsg. Math Noortmann, August Reinisch, und Cedric Ryngaert, 163–83. Oxford: Hart Publishing.

Sagafi-nejad, Tagi und John H. Dunning. 2008. *The UN and Transnational Corporations. From Code of Conduct to Global Compact*. Bloomington: Indiana University Press.

Scherer, Andreas Georg, und Guido Palazzo. 2008. Globalization and Corporate Social Responsibility. In *The Oxford Handbook of Corporate Social Responsibility*, Hrsg. Andrew Crane, 413–431. Oxford: Oxford University Press.

Schirm, Stefan A. (Hrsg.). 2008. *Globalization*. State of the art and perspectives. London: Routledge.

Scholte, Jan Aart. 2007. *Globalization*. A critical introduction. Houndmills: Palgrave.

Shue, Henry. 1980. *Basic rights*. Subsistence, Affluence, and U.S. foreign policy. Princeton: Princeton University Press.

Skogly, Sigrun. 2010. Extraterritoriality. Universal Human Rights Without Universal Obligations. In *Research Handbook on International Human Rights Law*, Hrsg. Sarah Joseph, und Adam McBeth. Cheltenham: Edward Elgar.

Tuttle, Nicole R. 2015. Human Rights Council Resolutions 26/9 and 26/22. Towards Corporate Accountability? *ASIL Insights* 19. https://www.asil.org/insights/volume/19/issue/20/human-rights-council-resolutions-269-and-2622-towards-corporate. Zugegriffen 18.01.2016

UN. 2011. *Guiding Principles on Business and Human Rights*. Implementing the United Nations „Protect, Respect and Remedy" framework. New York, Geneva: United Nations.

Utting, Peter und José C. Marques (Hrsg.). 2010. *Corporate Social Responsibility and Regulatory Governance. Towards Inclusive Development?* Houndmills, Basingstoke, Hampshire: Palgrave Macmillan.

Williams, Cynthia, und Peer Zumbansen. 2011. Introduction. Corporate Governance After ‚the End of History': Investigating the New ‚Great Transformation'. In dies.: *The Embedded Firm. Corporate Governance, Labor, and Finance Capitalism,* 1–12. Cambridge: Cambridge University Press.

Wouters, Jan, und Anna-Luise Chané. 2015. Multinational Corporations in International Law. In *Non-state Actors in International Law*, Hrsg. Math Noortmann, August Reinisch, und Cedric Ryngaert, 225–52. Oxford: Hart Publishing.

Zimmermann, Michael J. 1992. Responsibility. In *Encyclopedia of Ethics*, Hrsg. Lawrence C. Becker, 1089–95. Chicago: St. James Press.

Zumbansen, Peer. 2011. The New Embeddedness of the Corporation. Corporate Social Responsibility in the Knowledge Society. In *The Embedded Firm. Corporate Governance, Labor, and Finance Capitalism*, Hrsg. Cynthia Williams, und Peer Zumbansen, 119–48. Cambridge: Cambridge University Press.

V. DIGITALE VERANTWORTUNG

Distribuierte Handlungsträgerschaft. Verantwortungsdiffusion als Problem der Digitalisierung sozialen Handelns

Valentin Rauer

1. Einleitung

Dieser Beitrag widmet sich der Frage, ob im Zuge zunehmender digitaler Handlungs- und Entscheidungsprogramme, das klassische, an sozialer Arbeitsteilung orientierte Konzept von Verantwortung noch ausreicht, die Relationen zwischen Subjekten, Objekten und Normen adäquat zu erfassen. Eine solche Fragestellung wird mit einer Reihe an Folgefragen konfrontiert. Die gewichtigste Folgefrage lautet, ob es überhaupt sinnvoll erscheint, von einem „digitalem Handeln" zu sprechen, dass sich von dem klassischen „sozialen Handeln" menschlicher Akteure unterscheidet. Soziales Handeln ist ein Kernbegriff der Soziologie seit Max Weber und bezieht sich auf menschliches Handeln das sich deutend auf das Verhalten anderer menschlicher Akteure richtet. Maschinelle Interaktionen fallen nicht unter das Diktum des sozialen Handelns. Ohne hier eine umfassende handlungstheoretische Grundsatzdebatte zu eröffnen, kann diese Frage nicht sinnvoll beantwortet werden. Eine solche Grundsatzdebatte würde hier jedoch zu weit führen. Daher beginnt dieser Aufsatz mit einer auf das wesentlichste reduzierten Argumentation, die eigentlich aus einer sehr viel ausführlicheren Darstellung bestehen müssten. Gleichwohl ist es notwendig, diese Grundsatzfrage zumindest kursorisch zu streifen. Denn die Frage die im Rahmen dieses Sonderhefts interessiert, stammt aus einer empirischen Problematik, und zwar der Frage nach diffusen Verantwortlichkeiten in zunehmend digitalisierten Entscheidungs- und Wahrnehmungssystemen im Kontext von Sicherheitstechnologien. Das Problem der Digitalisierung sozialen Handelns wird also nicht von „vorne", sondern von „hinten", also von der Folgen- und nicht der Ursachenseite aufgerollt. Dennoch soll in diesem Aufsatz von „vorne" also mit der Ursachenseite begonnen werden, um die Systematik der Argumentation nachvollziehbarer zu gestalten.

Der Aufsatz gliedert sich dementsprechend in drei Abschnitte: in einem ersten, kürzeren Abschnitt werden die techniksoziologischen Grundlagen distribuierten Handelns als Unterschied zum analogen und digitalen sozialen Handeln erläutert. In einem zweiten, ausführlicheren Abschnitt werden die theoretischen Ansätze umrissen und anhand illustrativer Debatten und Fallbeispiele aus dem Kontext

 PVS, Sonderheft 52/2017, S. 436-453

autonomer robotischer Waffensysteme Plausibilisierungsprüfungen unterzogen. Abschließend erfolgt eine Zusammenfassung mit Blick auf die Frage nach einem passenden Verantwortungskonzept, angesichts dieser de-subjektivierten Handlungsformationen.

2. Digitales Handeln?

Die bekannteste, und stets zitierte Definition des sozialen Handelns stammt von Max Weber und soll hier ausgespart werden. In den Sozialwissenschaften steht dieser Sichtweise folgend, zumeist das individuell personale Handeln im Vordergrund. Dies bedeutet jedoch nicht, dass die strukturellen, prägenden und beeinflussenden Rahmenbedingungen institutioneller oder organisatorischer Art nicht zum Bereich des „sozialen Handelns" gehören (Goffmann 1984; Giddens 1997). In dem einflussreichen Aufsatz „Soziales Handeln und seine Grundlagen" betont Bernhard Schäfers explizit, dass der „[...] Begriff soziales Handeln mehr als nur ein Hauptbegriff der Soziologie ist: Er ist ihr Gegenstandsbereich" (Schäfers 2016, S. 24). Der Begriff so Schäfers weiter, „[...] ist auf den Mikrobereich des Sozialen, das soziale Handeln in angehbaren sozialen Situationen" bezogen, aber auch auf den „Mesobereich" der Organisationen und Institutionen sowie den Makrobereich der „Gesellschaft und Weltgesellschaft" (Schäfers 2016, S. 24). Für die hier interessierende Frage nach der Verantwortungsproblematik bedeutet das, dass soziales Handeln sowohl Fragen der klassischen personalen Verantwortlichkeit, als auch Fragen der kollektiven und institutionellen Verantwortlichkeit als Kernkonzept betrifft. Soziales Handeln ist auf das intentionale und deutend verstehende Handeln bezogen, dass sich an den erwarteten Verhalten anderer sozial Handelnder orientiert (Schäfers 2016). Für die Frage nach der kollektiven Verantwortung bedeutet diese auch auf Institutionen und Organisationen zutreffende Weise sozialer Handlungen, dass in bestimmten Kontexten die strukturellen Voraussetzungen das jeweilige personale Handeln der Individuen derartig überformen, dass es zu einer „*strukturellen* Verantwortungslosigkeit" (Jelinek et al. 2010) oder gar zu einer „*organisierten* Unverantwortlichkeit" (Beck 1988) kommt. Nicht die Individuen selbst handeln unverantwortlich, sondern die strukturellen Bedingungen sind die Ursache, warum es zu unverantwortlichen Handlungen kommt. Ein klassisches Beispiel ist der Umweltschutz (Beck 1988). Ein weiteres Problem sind kollektiv netzwerkartig organisierte soziale Handlungsformationen. Hier lässt sich oftmals beobachten, dass der zentrale Netzwerknoten von den sozialen Handlungen profitiert, während im Schadensfalle die dezentralen Knoten, d.h. die peripheren Akteure haften (ein Beispiel sind Franchise-Unternehmen oder Unternehmensgruppen sowie Großkonzerne) (Teubner 2004). Das Problem diffuser Verantwortlichkeiten ist in diesen klassischen Fällen durch das Phänomen arbeitsteiliger Produktionsformen und funktionaler Differenzierung bedingt (Günther 2005).

Diese klassischen organisationssoziologischen und an dem Phänomen der Arbeitsteilung und sozialen Differenzierung sich abarbeitenden Studien zum Problem unklarer Verantwortlichkeiten, tritt aktuell ein neues Phänomen sozialen Handelns hinzu: Verantwortung in digital strukturierten Kontexten. Mit dieser neuen Akzentverschiebung der Problematik von sozialem Handeln und unklaren Verantwortlichkeiten befasst sich dieser Beitrag. Diese neue Akzentverschiebung der Problematik geht über das Phänomen der strukturell organisatorischen Verantwortungslosigkeit hinaus. Denn mit der Digitalisierung tritt ein weiteres gewichtiges Phänomen hinzu: Die sozialen Handlungsformationen sind nicht nur arbeitsteilig in Bezug auf menschliche Akteure, sondern auch in Bezug auf nicht-menschliche Akteure, die zwecks der besseren Unterscheidbarkeit auch bisweilen Aktanten genannt werden (Latour 2001; Laux 2011). Anders formuliert: in der sozialen Arbeitsteilung verrichten menschliche Akteure Teilbereiche einer Handlungskette. Die Arbeit der Deutung, Wahrnehmung, Intentionalität und Entscheidung übernehmen dann verantwortliche Entscheidungsträger_innen. Diese haften zumeist im Schadensfalle monetär oder symbolisch. In digitalen sozialen Handlungsketten werden die Handlungs- und Wahrnehmungsgrundlagen sowie die Entscheidungen selbst nicht mehr nur zwischen menschlichen Akteuren geteilt, sondern auch zwischen nicht menschlichen digitalen Interpretationssystemen (Lernalgorithmen) oder sensorgestützten Wahrnehmungstechnologien. Die Entscheidungs- und Interpretationsaufgaben werden zwischen menschlichen und nicht-menschlichen Akteuren geteilt. Arbeitsteilung findet also immer noch statt. Allerdings hat sich die Art und Weise der arbeitsteiligen Akteure ausdifferenziert. Neben den Menschen entscheiden nun auch sensor-software gestützte robotische Systeme.

Wichtige Entscheidungen (beispielsweise Kaufentscheidungen in der Finanzbranche oder Zielerfassungen im Militär) werden nicht mehr nur von Menschen kontrolliert und damit „entschieden", sondern zunehmend auch durch sensorgestützte autonome robotische Systeme, die anders als Menschen in der Lage sind, große Datenmengen in Millisekunden auszuwerten und auf Grundlage dieser Datenauswertungen zu entscheiden (Rammert 2002). Die neue Frage prekärer Verantwortungslosigkeit ist dabei einer diffusen Handlungsträgerschaft geschuldet, die nicht mehr ein Resultat von institutioneller Arbeitsteilung ist, sondern ein Resultat technischer Ersetzung vormals menschlicher Entscheidungs- und Bewertungspraktiken selbst. Der so genannte „Trading-Algorithmus" wird zwar von Menschen installiert und programmiert. Seine Entscheidungen können Menschen jedoch im Moment der Entscheidung allein aufgrund der zeitlichen Beschleunigung erst ex-post zur Kenntnis nehmen (Lange, Lenglet u. Roberge 2017, S. 149): „[…] collective agents – such as algorithms – might be considered cultural entities, charged with very different ways of processing information, making sense of it and turning it into knowledge and practice". Ähnliches gilt für die Ergebnisse von Suchmaschinen und anderen auf Lernalgorithmen beruhenden Systemen. Die Juristin Susanne Beck fasst das Problem folgendermaßen zusammen: „Especially, the ascription of responsibility to a specific individual becomes more difficult when confronted with an autonomous, learning and decision-making robot" (Beck 2016, S. 273). Um es anders zu formulieren: im Falle der arbeitsteilig organisierten Verantwortungslosigkeit teilten sich die menschlichen Akteure die Entscheidung partiell auf und delegierten diese an Verantwortungsträger_innen, der oder die letztlich die Entscheidung zu fällen hatte. Verantwortlich waren „letztlich" und rechtlich auch stets diese Verantwortungsträger_innen. Im Falle der digitalen sozialen Handlungsformation teilen sich zunehmend menschliche Akteure auch die Entscheidungen und Bewertungen, die zur Entscheidung führen mit

Algorithmen und sensorisch wahrnehmenden elektronischen Aktanten. Die digitale Arbeitsteilung ist vor allem eine Arbeitsteilung der Entscheidung und Interpretation. Die Frage, wer die Entscheidungen solcher bewertungs-, wissens-, und entscheidungsgenerierenden Aktanten zu verantworten hat, kann nicht weiterhin wie bisher mit dem Verweis auf die Organisation oder Institution gelöst werden. Dies ist zwar gängige Praxis, wie im zweiten Teil deutlich wird, bietet aber keine Lösung, da es Personen für Handlungssysteme verantwortlich macht, die mitnichten an den Entscheidungen beteiligt waren, noch das Ausmaß der Entscheidungen überblicken konnten. Verantwortung ist jedoch ein Prinzip, dass stets die epistemischen Entscheidungskompetenzen der Verantwortlichen voraussetzen, (vgl. den Beitrag von Schefczyk in diesem Heft). Diese Voraussetzungen sind nicht mehr gegeben.

Um ein aktuelles Beispiel zu geben: Als am 07.06.2017 in der japanischen See ein US-amerikanisches Kriegsschiff, die USS Fitzgerald mit einem zivilen Handelsschiff kollidierte, kamen 17 Seeleute ums Leben. Es war bereits der vierte Fall einer solchen oder ähnliche Kollision US-amerikanischer Kriegsschiffe in asiatischen Gewässern im gleichen Jahr. Offenbar fuhren zum Zeitpunkt des Unglücks beide Schiffe unter GPS gesteuerten Autopiloten. Die Bewegungen der Schiffe ließen jedoch viele Fragen offen, weil sie plötzlich und überraschend ihren Kurs aufeinander zu richteten. Als Ursache können viele technische und menschliche Fehler infrage kommen. Allerdings handelte es sich um einen wiederholten Fall, in wenigen Monaten, so dass zumindest auch das Hacking und ein Cyberangriff auf das GPS-System der Schiffe inzwischen als mögliche Ursache offiziell untersucht werden. Zur Verantwortung gezogen wurden bisher die Kommandeure und diensthabenden Offiziere, die ihrer Überwachungspflicht nicht nachgekommen seien.[1] Dies ist eine mögliche, aber nicht ausreichende Verantwortungszuschreibung. Vermutlich erscheint dem Militär die Erklärung „menschliches Versagen“ weniger problematisch, da es ansonsten elektronische Verwundbarkeit eingestehen müsse. Die Vorstellung, dass solche Maschinen durch einen Cyberangriff von Unbekannten ferngesteuert werden könnten, wäre nicht nur ein Imageschaden, sondern würde eine neue Form von Sicherheitsbedrohung begründen. Wie der Fall Stuxnet zeigt (vgl. den Beitrag von Hempel in diesem Heft), zeichnen sich solche Angriffe und Sicherheitsbedrohung durch eine seltsame Subjektlosigkeit und Ungreifbarkeit aus. Wer die verantwortlichen Angreifer sind lässt sich nur schwer beurteilen. Gleichwohl ist nicht abschließend geklärt, was die Ursache in diesem Fall letztlich war. Doch was der Fall zeigt ist, dass es in Zukunft nicht auszuschließen ist, dass es auch Hackerangriffe auf den Autopiloten eines Kampfschiffes oder eines Handelsschiffes geben wird.

Im jüngsten Fall der Havarie, der USS Fitzgerald, reagierte man mit klassischen Verantwortungspolitiken. Der Unfall (oder Angriff?) führte zur Suspendierung der organisatorisch und institutionell verantwortlichen Kommandeure und Denstha-

1 https://www.usatoday.com/story/tech/news/2017/08/23/could-hackers-behind-u-s-navy-collisions/594107001/. Zugegriffen: 06.09.2017. In einem anderen Artikel heißt es: "'I don't have proof, but you have to wonder if there were electronic issues,' said Stutzman, who is now chief intelligence officer for cyber-intelligence service Wapack Labs." http://www.businessinsider.com/hacking-and-gps-spoofing-involved-in-navy-accidents-2017-8. Zugegriffen: 06.09.2017.

benden Wachleute. Doch eine solche Lösung bleibt symbolisch und wirkt hilflos. Schließlich war, wenn es sich denn um einen Hackerangriff handelte, weder der Admiral noch der Fahrzeugführer verantwortlich für den Missbrauch oder das Hacking in die Schiffsteuerungselektronik. Wenn andere Missstände die Ursache waren, wie falsche Personalführung etc., macht eine solche an klassischer Arbeitsteilung orientierte Verantwortungszuschreibung Sinn. Im Falle der digitalen elektronischen Kriegsführung läuft sie jedoch ins Leere. Sie haben sich keiner Nachlässigkeit oder mangelnder Sorgfaltspflicht zuschulden kommen lassen. Sie haften, weil sie die Technik nutzen. Diese Idee der Haftungsverantwortung ist veraltet. Mit der digitalen Verantwortungsdiffusion gerät dieses bewährte Prinzip an seine Grenzen und läuft Gefahr, die Verantwortung als politisches Prinzip der präventiven Konfliktlösung im Falle eines Unfalls zu einer rein symbolischen Farce verkommen zu lassen. Verantwortlich sind die Entscheidungssysteme, die Hacker zulassen oder die einen weißen LKW mit dem Himmel im Hintergrund verwechselt, nicht der die Elektronik überwachende Pilot. Dieser ist aufgrund der in Millisekunden gefällten digitalen Entscheidungen oftmals gar nicht mehr in der Lage, wesentlich das Geschehen durch eigene Interventionen zu verhindern. Die Verantwortungsfrage wird nicht mehr als Verantwortungslosigkeit gestellt, sondern als Frage, wo und was denn überhaupt die soziale Handlung war und welche Aktanten und Akteure an dieser sozialen Handlung maßgeblich beteiligt waren. Die Frage ist daher weniger auf einer organisationssoziologischen Ebene als auf einer techniksoziologischen Ebene zu beantworten. Technik wird zu einem wesentlichen Bestandteil sozialen Handelns, die mitkonstituiert, wer welches soziale Handeln verantworten muss. Eine der Antworten auf diese Frage bietet das Konzept des „verteilten Handelns“ bzw. der „distributed agency“ (Rammert 2007).

Der theoretische Ansatz zum „verteilten sozialen Handeln“ ist in der Techniksoziologie im Zuge der Computerisierung der Lebenswelt entwickelt worden. Bahnbrechend war das Buch des Informations- und Sozialwissenschaftlers Edwin Hutchins „Cognition in the Wild“ (Hutchins 1995). Hutchins erläutert in dem Buch allgemein und in dem Kapitel „Computation und Navigation“ im Besonderen, wie sich die digitalisierte, computerisierte Kognition von der klassischen arbeitsteiligen Logik komplexer Organisationen unterscheidet. Dieser Ansatz kann auf die Frage nach dem sozialen Handeln übertragen werden und ist nicht auf Kognition beschränkt. Allerdings stellt Hutchins selbst diesen Bezug weder explizit her, noch thematisiert er soziales Handeln als seine Fragestellung. Für ihn ging es in dem Buch um die Grundlagen digitaler Kognition als solcher. Dennoch ist dieses Grundlagenwerk auch für die hier interessierende Frage nach dem Unterschied organisierter Arbeitsteilung und digitalem sozialem Handeln einschlägig.

Hutchins berichtet zur Erläuterung seines Ansatzes, stark vereinfacht, von einem Kampfschiff mit defekten Antrieb oder ausfallenden Navigationsinstrumenten auf der Brücke, das noch Fahrt in Richtung des Zielhafens macht, aber nicht mehr von der Brück zentral steuerbar ist. Kommunikationsmedien und viele weitere Bedienelemente sind ausgefallen. Gleichwohl gelang es das Schiff unfallfrei in den Hafen zu manövrieren. Verantwortlich waren für diesen Erfolg, die verteilten Partialhandlungen der einzelnen Mannschaftsmitglieder, die auf dem gesamten Schiff verteilt waren und sich unmittelbar ihrer jeweils nunmehr autonom verteilten Handlungslogik bewusst wurden. Befehle und Kommandos zur Koordination der arbeitsteiligen Unternehmung waren teilweise nicht mehr möglich. Kognitiv „wussten“ die einzelnen Akteure, trotz fehlender Handlungsanweisung, welchen Anteil ihrer Aufgabe zum Gelingen des Gesamtmanövers notwendig sei und führten diese jeweiligen Teilhandlungen autonom aus. Bestimmte Sichtachsen von Mitgliedern konnten nur von dort platzierten Akteuren ausgeführt werden etc. Akteure die sonst auf den Befehl gewartet hätten, handelten angesichts der Situation nach ihrem eigenen situativen Ermessen ohne willkürlich und unkoordiniert das Schiff stranden zu lassen. Ohne zentrale Leitung gelang es das Schiff in den Hafen zu geleiten.

Die Metapher der „Kognition in der Wildnis“„ ist implizit gegen organisierte institutionalisierte Hierarchie gerichtet. Die Wildnis ist nicht vorab organisiert. Es finden sich keine verantwortlichen Offiziere und auch kein verantwortliches Leitungspersonal. Die Kognition selbst rückt in den Mittelpunkt des sozialen Handelns. Allerdings handeln diese verteilten Akteure nicht atomistisch und isoliert, sondern gemäß des Gesamtprogramms und Ziels, das ihnen vorab bekannt ist. Anders formuliert: Hutchins beschreibt eine Logik verteilten koordinierten Handelns, die nicht auf Arbeitsteilung im Sinne der klassisch delegierten Verantwortungsverteilung beruht. Die Kognition des arbeitsteiligen Handelns war vielmehr pragmatisch situativ orientiert und ohne die Koordinationsziele zu missachten. In der wilden Kognition sind sämtliche Teilhandlungen gleich verantwortlich. Wenn alle verantwortlich sind, besteht natürlich stets die Gefahr, dass sich niemand verantwortlich fühlt – dies ist die Grunddefinition von Verantwortungsdiffusion (Latane u. Darley 1968). Verteiltes Handeln ist zwar nicht mehr auf die Koordination durch organisierte Arbeitsteilung und hierarchische Befehlsketten angewiesen, gleichwohl radikalisiert sich mit dieser fehlenden kommunikativen Koordination die Gefahr, von fehlender Responsivität.

Doch um Missverständnisse zu vermeiden: Hutchins hat diese Problematik mögliche Verantwortungsdiffusion nicht interessiert. Ihm ging es lediglich um die Kognitionsleistung in Situationen verteilten Handelns. Ohne hier ins Detail gehen zu können, für Hutchins zeigt das Beispiel also lediglich wie analoge arbeitsteilige kollektive Handlungsformationen auch ohne zentrale Befehlsinstanz ohne für die Steuerung verantwortliche Akteure kognitiv sinnvolle kollektive Handlungen produzieren können. Jeder einzelne Akteur auf diesem beinahe havarierten Kriegsschiff ist auch als Aktant, als technischer Sensor denkbar. Es müssen beim verteilten Handeln nicht notwendig menschliche Akteure „handeln“. Ein technischer Sensor misst die bestimmten raumzeitlich dynamischen Situationsdaten und zieht aus diesem Teilbereich eigene autonome Schlüsse, im Sinne des Gesamtprogramms. Ein Autopilot ist ein solcher Aktant. Die einzelnen menschlichen Akteure des Schiffes sind durch sensor-software Technologie ersetzbar. Es bedarf keiner analogen hierarchischen Befehlsstruktur, wenn die einzelnen Akteure die Situation besser wahrnehmen können als der oder die Befehlshaber auf der Brücke. Die Autopiloten sind die besseren Piloten, nicht weil sie den Piloten ersetzen, sondern weil sie auf einer Technologie digitalisierten verteilten software-sensor Technik bestehen, die besser „sieht“ was vor der Stoßstange oder vor dem Bug des Fahrzeugs passiert, als die Oben aus der Windschutzscheibe oder Kommandobrücke blickenden menschlichen Akteure. Daher ist nicht mehr der Mensch in vieler solcher Situationen die letzte entscheidende Handlungsinstanz, sondern diese sensorsoftware gestützte Wahrnehmungstechnologie. Diese Situation ist damit nicht eine Situation arbeitsteiliger Organisation, bei der alle Informationen und Daten bei der letztentscheidenden Instanz, den Verantwortlichen und Entscheider_innen, zusammenläuft und die Grundlage deren Handelns bildet, sondern es ist die Situation distribuierten Handelns vieler autonomer, verteilt entscheidender und wahrnehmender Aktanten und Akteure.

Kurzum, nicht die bessere Entscheidungsfähigkeit des Autopiloten ist der Garant seines Erfolges, sondern die verteilte Handlungs- und Wahrnehmungsstruktur. Der Sicht- und Stoßstangensensor kann im Falle einer kritischen Annäherung das gesamte System zu Anhalten bringen. Es wird nicht erst an den oder die „letztlich" verantwortliche Person, die Fahrerinnen und Pilotinnen, kommuniziert. Dann wäre es zu spät, und der Unfall wäre geschehen. Die Teilaktanten entscheiden autonom, das ist der entscheidende Vorteil dieser Technologie gegenüber klassisch arbeitsteiligen und kommunikativ organisierten Institutionen. Es ist kein Zufall, dass in Hutchins Beispiel die Kommunizierbarkeit auf dem Schiff eingeschränkt war. Nur dies erlaubte die militärisch sonst klassisch nicht legitime Teilautonomie der verteilten Mannschaftsgrade. Erst die kognitionswissenschaftliche Übernahme dieses Prinzips lässt das Prinzip computerisierten verteilten Handelns sichtbar werden.

Wesentlich an dem illustrativen Beispiel ist, dass die einzelnen beteiligten Akteure nach einem gemeinsamen Handlungsprogramm ihre Teilhandlungen vollzogen. Sie entschieden nicht irgendetwas und willkürlich, sondern orientierten sich an dem Ziel, das Schiff trotz Maschinenausfall oder defekte Navigationsinstrumente, schadlos in den Hafen gleiten zu lassen. Dieses gemeinsame Handlungsprogramm, des „in den Hafen koordiniert Gelangens" ist das, was in den Informationswissenschaften inzwischen als Programm oder als spezifischer „Algorithmus" bezeichnet wird. Algorithmen sind eine Methode, um – vereinfacht ausgedrückt – ein Problem mit unterschiedlichen Methoden und sequenziellen Einzelschritten zu lösen (siehe dazu auch weiterführend Rauer 2017). Dieses Handlungsprogramm, dieser Algorithmus, war den menschlichen Akteuren auf dem Schiff bewusst oder vorbewusst internalisiert. Als der Antrieb oder diverse Navigationsinstrumente versagten reichte es aus, dieses Programm als Grundlage der eigenen autonomen Teil-Entscheidungen zu wählen.

Das Beispiel veranschaulicht die Möglichkeit der Computerisierung sozialen Handelns und zeigt damit indirekt auch den Unterschied von analogem und digitalem Handeln. Wichtig ist, dass dieser Unterschied nicht absolut oder binär zu verstehen ist, sondern graduell und kontinuierlich. Sowie Teile der alten Befehlskette und Kommandostruktur während der drohenden Havarie weiterhin zum Einsatz kamen, so kommen auch analoge menschliche Entscheidungen stets weiterhin zum Einsatz. Gleichwohl verschieben sich die Gewichte. Die menschlichen Akteure kontrollieren die computerisierten Entscheidungen, sie plausibilisieren die Sensorwahrnehmung und schalten das System im Zweifelsfall ab, aber sie entscheiden nicht mehr allein und auch immer weniger maßgeblich.

Dies wird auch an den Beispielen von Hacking solcher Fahrzeuge deutlich. Hacker gelingt es immer wieder in die Software von Fahrzeugen einzudringen und diese in den Graben zu steuern. Oder menschliche Akteure hacken sich mit anderen computerisierten Entscheidungssystemen in den Algorithmus des Kriegsschiffes ein und verändern das Gesamtprogramm so, dass das Schiff nicht mehr gemäß den Vorgaben seines Autopiloten navigiert, sondern mit einem Mal seinen Kurs ändert und mit einem anderen Schiff kollidiert (dazu im nächsten Abschnitt mehr). Es bedarf keiner großen technischen Phantasie sich ein solches Szenario auch für Kampfdrohnen vorzustellen. Allerdings könnten die Folgen eines solchen Angriffs sehr viel verheerender sein.

Wer ist für diese Havarie, d.h. dieses Hacker-Handeln verantwortlich? Keineswegs kann es nur der Autopilot, d.h. die sensor-software Technologie sein. Der Algorithmus wird beispielsweise von menschlichen Akteure mit Zielvorstellungen versehen. Wenn er geändert wird, beispielsweise durch Hacker, dann ist dieses Team selbstverständlich dafür verantwortlich. Aber ist es der Hersteller des Hacks, der diese Technik zur Verfügung stellt, dann auch verantwortlich? Ist es der Admiral, unter dessen Aufgabenverantwortung das Schiff mit Autopiloten navigierte? Diese letzte Verantwortungszuschreibung wälzt alles auf diesen Amtsinhaber ab und nimmt alle anderen Akteure, die Softwarehersteller und Algorithmus-Entwickler aus der Verantwortung. Diese Lösung kann kein sinnvolles Konzept für diese in Zukunft vielfach zu erwartenden Probleme darstellen. Es stellt sich die Frage, welches Verantwortungsverständnis auf diese verteilten Situationen sozialen digitalen Handelns anzuwenden wäre. Nicht mehr die noch von Ulrich Beck (1988) und anderen beschriebene arbeitsteilige Verantwortungslosigkeit ist hier das Problem, sondern die Computerisierung von Steuerungs-, Wahrnehmungs- und Entscheidungspraktiken. Autonome Maschinen handeln, wie ein Mensch in dieser Weise gar nicht handeln könnte. Ein US-amerikanisches Kriegsschiff zu kapern ist potentiell möglich geworden, nicht aufgrund von neuen kriegerischen Praktiken, sondern aufgrund von der Digitalisierung vormals menschlicher Praktiken. Wie ist also eine Verantwortung, die sich bisher immer auf personale menschliche Akteure und Gruppen bezog, die über eine personale Form von Leitung und Verantwortungsorganisation verfügen, angesichts dieser diffusen Ausweitung der Handlungsträgerschaft noch kompatibel?

3. Die Grenzen des Verantwortungskonzepts in Zuge digitaler Handlungsprogramme

Für Juristen ist diese Frage zentral: Digitale Handlungsformationen beruhen auf „elektronische Agenten" (Teubner 2007), denen juristisch ein Personenstatus zukommt und die neue Haftungs- und Verantwortungsfragen nach sich ziehen (Matthias 2004; Koops et al. 2010). Elektronische Agenten oder „Algorithmen" lösen Probleme und führen die Maßnahmen autonom durch. Kriegswaffen sind zunehmend robotische Systeme, bei denen die Frage nach Verantwortlichkeit eine Lücke im System darstellt, wie es der Softwareentwickler und Philosoph Andreas Matthias als einer der Ersten auf den Punkt brachte (Matthias 2004; 2008; 2011). Die Frage nach der Handlungsträgerschaft der Algorithmen und komplexen beruhenden Entscheidungsverfahren ist eine aktuell umstrittene und vielfach debattierte Frage (Nehal Buta et al. 2016; Roberge u. Seyfert 2017, S. 9).

Bei Hutchins Schiffsbeispiel wäre ohne entscheidende menschliche Akteure das Schiff unmittelbar auf ein Riff getrieben. Menschen sind in diesem Fall von verteilter Kognition immer noch beteiligt, oder wie es in der Debatte um autonome Waffensystem heißt: „humans are still „in the loop" (Docherty 2012, S. 2). Autonome Waffensysteme" (AWS) zeichnen sich dadurch aus, dass algorithmische Entscheidungsverfahren die Entscheidungs- und Interpretationsaufgaben von Menschen übernehmen. Peter W. Singer formuliert das Problem folgendermaßen: „The human role has shifted from being ‚in the loop' of decision with our machines, making all the key calls to, as a U.S. Air Force report described it, ‚on the loop' of decision, where our role is more to manage than to direct the operations of robots. [...] The looming debate then is whether that human role will ever move ultimately ‚out of the loop'."[2]

Die aktuelle Debatte kreist also exakt um das oben umrissene subjektlose soziale Handeln, in denen Menschen zunehmend aus dem Entscheidungskreislauf herausgenommen werden. Stattdessen verteilt sich das Handeln auf viele sensor-software Aktanten. Die Folge, so heißt es nach Matthias, sei ein „responsibility gap" (Matthias 2004) – eine Verantwortungslücke, oder besser, eine Verantwortungsunterbrechung in Situationen verteilter sozialer Handlungsketten. Dieser Ansatz besagt, dass Maschinenlernen eine Neuentwicklung des Verantwortungskonzepts erfordere (Matthias 2008). Lucy Suchman und Jutta Weber haben darauf hingewiesen, dass der Autonomiebegriff, so wie er heute in der robotischen Ethik verwendet wird, ein auf die europäische Aufklärungsphilosophie zurückgehendes Konzept ist (Suchman u. Weber 2016). Die Vorstellung von der Autonomie des Handelns menschlicher Akteure richtet sich gegen alte Schicksalsvorstellungen und ist im Rahmen der aufklärerischen Debatten um Willensfreiheit und Individualität entstanden. Autonomie gilt damit auch als Grundlage für die Entstehung des heutigen Verständnisses von menschlicher Moralität und Normativität. Wenn Akteure nicht autonom, d.h. selbstbestimmt handeln können, dann sind ihre moralischen und normativen Einstellungen nicht relevant. Doch diese Autonomie ist der alten analogen sozial arbeitsteiligen Welt geschuldet. Autonomie in Situationen verteilten Handelns ist kein aufklärerisches Projekt mehr, sondern eine, handlungstheoretisch gesprochen, pragmatische Bedingung der Möglichkeit kollektiven digitalen Handelns. Ein Rückgriff auf die aufklärerischen Ansätze würde diesen alten Autonomiebegriff voraussetzen. Dieser Weg bietet sich also nicht an.

Um die Problematik robotischer Autonomie zu präzisieren, verweist Matthias auf zwei Aspekte: *Interaktivität* und *Lernen*. Die robotischen Systeme zeichnen im Vergleich zu anderen Maschinen durch signifikant komplexere und responsivere Interaktionsgrade mit ihrer Umwelt aus: "robotic [...] agents are per definitionem designed to act, and that, in the course of their operation, they must inevitably interact with other things, people, and social entities (laws, institutions, expectations) (Matthias 2004)". Dieses responsive Interaktionsvermögen bietet eine Vor-

2 http://edition.cnn.com/2015/02/23/opinion/singer-future-of-war-robotic/index.html.

aussetzung autonomen robotischen Handelns. So wie bei Hutchins verteilter Kognition die einzelnen Akteure des havarierten Schiffes jeweils interagieren mit den Entscheidungen anderer Akteure und den sich jeweils ändernden Umweltbedingungen (Die Kursanpassungen bei der Fahrt des Schiffes in den Hafen), so interagieren robotische Systeme für Matthias mit ihrer Umwelt und anderen sozialen Akteuren.

Diese Interaktion unterscheidet sich von Interaktionen in Situationen von rein analogen institutionellen Arbeitsteilungen, weil sie nicht mehr auf reine Rollenverantwortung der jeweils spezialisierten Akteure beruht, sondern eine epistemische und dezisionistische Verantwortung sämtlicher Teilakteure im Zuge der Dynamik des Systems beinhaltet (Matzner 2016). Der Verantwortungslücke ist also eine Folge der epistemischen und dezisionistischen Aufgabenteilung zwischen menschlichen- und nicht-menschlichen Akteuren. Nicht mehr nur die Entscheider_innen der Organisation oder einer kämpfenden militärischen Einheit entscheiden über den Kurs der Mission oder des Gesamtunternehmens, sondern auch viele kleine autonome Mikroentscheidungen und Wahrnehmungsakte in Relation zur Gesamtbewegung. Diese Gesamtbewegung wird wie das treibende Schiff eigentümlich subjektlos. Subjektlose Prozesse sind also letztlich die Ursache, für diese diffuse Verantwortungslücke und Verantwortungsunterbrechungen im Falle autonomer Sicherheitstechnologien. Erschwerend, so Matthias, ist das Problem dieser Lücke, im Falle von Lernprozessen im Zuge einer solchen subjektlosen Unternehmung. In der Fachsprache wird hier von Lernalgorithmen gesprochen: "(...) agents which have a physical presence constitute a new category of machines: such that can learn from the direct interaction with a real environment and that can in return directly manipulate this same environment" (Matthias 2004). Diese Voraussetzungen von physischer Präsenz der robotischen Systeme und Lernmöglichkeiten im Zuge ihres Interaktionszusammenhangs wurde in der Regel in den Debatten um Digitalisierung und Informatisierung der Lebenswelt viel zu lange ignoriert (Matzner 2016).

Wichtig an dieser Aussage zur interaktiv generierten Lernfähigkeit als Definition von Handlungsautonomie ist, dass nunmehr Maschinen auf der Grundlage von Interaktionen vormals menschliche Entscheidungen maßgeblich selbst oder weitgehend selbst treffen, ohne vorab vollständig durch Menschen determiniert worden zu sein. Das Lernen erfolgt in der sensor-software Technologie durch Interaktionen mit der Umwelt. Auch hier rückt also der Mensch langsam aus der Entscheidungsschleife zu dem, was gelernt werden soll und was nicht, heraus. Die Folgen dieser Entwicklung sind noch offen (Mackenzie 2015). Doch so viel ist sicher: die Frage nach der unterbrochenen Verantwortlichkeit in diesen robotischen Systemen, bleibt keine rein versicherungstechnische Haftungsfrage, sondern wird zu einer Frage der Menschenrechte und der moralischen Ordnung. Matthias verweist in diesen Zusammenhang auf Robert Sparrow, der einen vielzitierten Artikel zu dem Thema mit dem Titel „Killer Robots“ verfasst hat. Die These Sparrows lautet: „I shall argue that the more these machines are held to be autonomous the less it seems that those who program or design them, or those who order them into action, should be held responsible for their actions“ (Sparrow 2007, S. 66). Die Gegner autonomer Waffensysteme plädieren daher für einen Bann und eine

Ächtung dieser Systeme. Die NGO Human Rights Watch formuliert ihre Forderungen nach einem Verbot eindeutig:

> "A prohibition would ensure that firing decisions are made by humans, who possess the ability to interpret targets' actions more accurately, have better capacity for judging complex situations, and possess empathy that can lead to acts of mercy. Preserving human involvement in the decision making loop would also make it easier to identify an individual to hold accountable for any unlawful acts that occur from the use of a robotic weapon, thus increasing deterrence and allowing for retribution." (Docherty 2012, S. 46)

Dieses Zitat verdeutlicht: Der Zusammenhang von digitalem Handeln provoziert zur Forderungen nach dem tatsächlich Ausmaß menschlicher Beteiligung als Bedingung der Möglichkeit der Bestimmung von Verantwortlichkeiten. Die Frage also, ob die autonomen robotischen Systeme gesteuert, lediglich überwacht oder gar nur gemanagt werden, ist nicht trivial, sondern entscheidet über die Verantwortungsträger der jeweiligen Entscheidungen. Die Verantwortungspolitik in digitalen Entscheidungs- und Handlungssystemen adressiert die Frage nach dem menschlichen Akteur an sich, nach dem Erhalt von menschlicher Subjektivität. Diese Problematik spiegelt sich auch in einem weiteren Protestschreiben gegen die autonomen Waffensysteme wider, wie in dem „Open Letter from AI & Robotics Researchers" aus dem Jahre 2015 in dem für ein Verbot solcher Systeme plädiert wird. Erläuternd zu den technischen Voraussetzungen dessen, was als autonomes Waffensystem gilt und was nicht, heißt es:

> "Autonomous weapons select and engage targets without human intervention. They might include, for example, armed quadcopters that can search for and eliminate people meeting certain pre-defined criteria, but do not include cruise missiles or remotely piloted drones for which humans make all targeting decisions. Artificial Intelligence (AI) technology has reached a point where the deployment of such systems is — practically if not legally — feasible within years, not decades."[3]

In diesem Zitat wird unterschieden zwischen von Menschen ferngelenkten Waffen und Raketen einerseits und autonomen Waffensystemen andererseits, die durch vorab definierte Kriterien die Zielpersonen suchen und autonom töten können. Letztere sollten als Waffensysteme geächtet werden, so der Aufruf, erstere nicht.

Die materielle Unterscheidung zwischen Pfeil und Bogen und Feuerwaffen war eindeutig durch die Energie der Geschosse und die Reichweite der Zerstörung bestimmt. Gleiches gilt für die Unterscheidung zwischen der Anwendung von Dynamit und Kernspaltung. Die Unterscheidung zwischen digitalen und analogen Waffen ist hingegen keine Unterscheidung der physikalischen Energie und Zerstörungskraft, sondern eine Differenz von Subjektpositionen, menschlichem Akteursstatus und epistemischen Entscheidungs- und Erkennungsvermögens.

Um ein konkretes Beispiel zu zitieren: Einen umfassende Diskussion dieser Fragen findet sich in dem Sammelband „Killing by Remote Control" (Strawser 2013, Titel). Das zentrale Argument des Sammelbandes lautet zusammengefasst: "[...]

3 http://futureoflife.org/AI/open_letter_autonomous_weapons, Zugegriffen: 08.09.2017.

unmanned weapons can, in certain contexts, be morally preferable and even morally obligatory, due to the moral demand to avoid unnecessary risk." (Strawser 2013, S 3) Anders formuliert: Unbemannte Waffen reduzieren das Risiko der beteiligten Personen. Ferngelenkte Waffen, die ohne menschliche Anwesenheit des Bedienungspersonals eingesetzt werden, seien moralisch den Waffensystemen vorzuziehen, die körperliche Anwesenheit der Kombattanten erfordern und diesen ein unnötiges Risiko aufnötigen. Es wäre unverantwortlich, das Leben menschlicher Akteure zu riskieren, wenn die gleiche Maßnahme auch von ferngelenkten unbemannten Waffen adäquat ausgeführt werden kann.

Die Formulierung „unbemannt" weist auf die allgemeine konzeptuelle Problematik der Diskussion hin. Das Argument kreist um die Frage, ob Menschen in der Kampfsituation anwesend sind oder nicht. So lautet beispielsweise auch der Titel von Grégoire Chamayous „Theorie der Drohne" (Chamayou 2014: „Ferngesteuerte Gewalt").

In diesem Zusammenhang findet sich ein weiteres verantwortungstheoretisches Argument, und zwar, das ursprünglich u.a. von Ronald Arkin vorgebrachte Argument, robotische Systeme könnten mit einem „ethical governer", bzw. einem „responsibility advisor" ausgestattet werden (Arkin 2009; Arkin et al. 2009). Der Verantwortungsratgeber oder der ethische Regulator sind algorithmisch gesteuert und vorab programmiert. Im Rahmen dieser Programme werden beispielsweise zivile Orte, wie Krankenhäuser oder Schulen vorab als Nicht-Ziel digital in das Programm gespeichert und somit geblockt. Solche digital qualifizierten ethischen Programme seien gar als Waffensystem moralisch zu einem höheren Verantwortungsgrad fähig, als der Einsatz von Piloten, die im Ernstfall unter Stress und der Bedingung geminderter Wahrnehmung entscheiden müssen, was dazu führen kann, dass bestimmte Ziele verwechselt werden.

Wie diese kurzen Diskursbeispiele zeigen, kreist die Debatte bei digitalen Waffensystemen weniger um die physikalische Zerstörungskraft, sondern um die epistemischen Wahrnehmungsfähigkeiten, Entscheidungsmodi und den Anteil menschlicher Mitentscheidbarkeit. Offenbar werden menschliche Entscheidungs- und Wahrnehmungsfähigkeiten für maschinelles Handeln disponibel. So wird einerseits argumentiert, der Mensch bleibe stets der Letztentscheider, auch bei scheinbar autonomen Waffensystemen handele es sich lediglich um Fernlenkungstechniken. Gleichzeitig wird andererseits mit dem verlässlicheren Wahrnehmungs- und Kognitionsfähigkeiten programmierter digitaler Zielbestimmungsverfahren argumentiert, die dem Menschen oftmals überlegen seien. Im letzteren Fall lautet das Argument, dass der Mensch nicht verlässlich genug sei, um ihn für heikle Missionen handeln zu lassen. Die Debatte scheint sich weder für mehr menschliche Beteiligung noch für weniger menschliche Beteiligung zu engagieren. Vielmehr werden je nach Kontext mal das Eine und mal das Andere gefordert. Das Verantwortungsproblem lässt sich nicht mit dem Festklammern an einer technisch nicht mehr aktuellen menschlichen Verantwortungsrolle zurückdatieren.

Digitale Handlungs- und Wahrnehmungssysteme führen die Verantwortungsfrage in eine diffuse Zone von Einzelfallentscheidungen und technischen Könnens-Debatten. Kein Entweder-oder, sondern eine Mehr-oder-weniger Autonomie kennzeichnet diese Entscheidungssysteme (Rammert 2008). Menschen sind mehr-

oder-weniger an bestimmten Entscheidungen beteiligt wie auch Lernalgorithmen mehr oder weniger an bestimmten Wissensgenerierungsmaschinen beteiligt sind. So argumentiert beispielsweise Arkin, dass in autonome Waffensysteme kein Lernalgorithmus integriert werden dürfe, weil ansonsten völlig unklar werden würde, wer die Handlungen der autonom lernenden Maschine verantwortet (Arkin et al. 2009). Die Sensorik, d.h. die Quellen des Wissens an denen die menschlichen telemedial entscheidenden Akteure ihr Für und Wider abwägen, ist bereits robotisch oder zumindest immer auch teilrobotisch generiert. Diese zonale Logik von Mehr-oder-weniger-Autonomie ist das ethische und moralische Problem, das sich der demokratischen Öffentlichkeit stellt (Junk u. Rauer 2017).

4. Re-Verantwortung digital verteilter Handlungsformationen?

Verantwortung ist ein Konzept, dass weniger in der Soziologie und mehr in der Philosophie und Rechtwissenschaft theoretisiert wurde. Wenn „Individuen" als Akteure vorausgesetzt werden, konstituiert diese Voraussetzung ein Subjekt als ein „über einen Körper" und über „Handlungsautonomie" verfügende menschliche Person. An dieses Individuum werden spezifische Erwartungen geknüpft, beispielsweise, dass es sich rational in zukünftigen Situationen verhält, dass es sich frei für oder gegen etwas entscheiden kann, dass es nicht gegen seine eigenen Präferenzen handelt und die allgemein gesellschaftlich geteilten Normen kennt, anerkennt bzw. in der Lage ist, sein Verhalten an diesen Normen zu orientieren. Verantwortung ist also eine Institution, die in Demokratien sowohl auf der Ebene politische Souveränität als auch auf der Ebene der individuellen Staatsbürger_innen die zentralen Relata bennent und normativ näher qualifiziert (Buddeberg 2011).

Verstanden als ein solches Konzept beschreibt der Begriff also kein Sein, keine Ontologie und auch keine Binarität, sondern eine Relation. Wenn von „Verantwortlichkeiten" die Rede ist, so ist stets eine Beziehung zwischen verantwortlichem Handlungsträger, Referenzobjekten und normativen Vorstellungen gemeint. Verantwortung ist nur dann artikulier- und attribuierbar, wenn ein Individuum oder ein Kollektiv identifiziert werden kann, dass eine Handlung vollzieht, die einen eindeutig nachweisbaren kausalen Effekt auf ein Objekt hatte. Zudem musste der Akteur von der normativen Bewertung dieser Handlung Kenntnis haben. Wenn eine dieser Beziehungen nicht vorhanden ist, de-konstituieren sich auch die beiden anderen Relata (Mahlmann 2012). Damit wäre das Konzept für die Situationen verteilten digitalen Handelns völlig unbrauchbar.

Doch das Konzept hat auch eine Sensitivität für nicht vorab determinierte soziale Situationen und für soziale Lernprozesse. Zentral wurde das Konzept gerade in modernen demokratischen Gesellschaften aufgrund des steigenden Komplexitätsproblems arbeitsteiliger Gesellschaften. Pflichtenkataloge des Handelns setzen voraus, dass vorab bekannt ist, welche Entscheidungen über welche Fragen zu treffen sind. Arbeitsteilige Gesellschaften potenzieren das Problem situativer Kontingenzen und hegen es mit dem Verantwortungskonzept, so Niklas Luhmann, verstanden als „Unsicherheitsabsorption" (Luhmann 2006, S. 183ff.) wieder ein. Weil im Zuge komplexer arbeitsteiliger Gesellschaften diese Voraussagen nicht mehr realistisch sind, wurde mit Verantwortung ein neues normativ orientierendes Handlungsprinzip erfunden, welches, so Franz Xaver Kaufmann (Kaufmann 1995), Entscheidungsfreiräume ermöglicht und diese zugleich normativ rückbindet. Aufgrund des strukturellen Kontingenzproblems, muss es Entscheidern ermöglicht werden, eigenmächtig entscheiden zu können, ohne dass diese Eigenmacht zu einer diktatorischen Willkür mutiert. Dies wird erreicht, in dem dieser Handlungsspielraum nur unter der Bedingung zugestanden wird, dass ex-post die jeweilige Entscheidung gerechtfertigt werden soll. Das moderne und demokratische Erfolgskonzept der Verantwortung ist also einer komplexen Doppelstruktur geschuldet, die Entscheidungsfreiräume schafft und gleichzeitig an ein Recht auf Rechtfertigung von Seiten der von der Entscheidung Betroffenen bindet (Forst 2013). Dieser zweite Aspekt einer gewissen verantwortlichen Entscheidungsautonomie würde das Konzept in Situation verteilten digitalen Handelns anschlussfähig erscheinen lassen. Denn die Arbeitsteilung als Koordinationsform wird zwar verlassen, doch kognitiv bleibt eine Programmierung und Orientierung am Gesamtziel bestehen (Matzner 2016). Diese Orientierung wäre der normative Anteil der dreifachen Relation.

Die Subjektlosigkeit, also die erste Dimension der dreifachen Relation scheint jedoch nicht so leicht kompensierbar zu sein. Die Begründung legitimer Entscheidungsmacht qua Verantwortung erfolgt im gewissen Sinne zirkulär: Verantwortung erzeugt eine Vorstellung von einem souveränen Subjekt, dass deshalb als ein zu autonomen Entscheidungen legitimiertes Subjekt gilt, weil es seine Entscheidungsmacht nicht willkürlich verwendet, sondern „verantwortlich" einhegt (Vogelmann 2015). Sozialwissenschaftlich gewendet, lautet das Argument: Verantwortung ist als eine Institution zu interpretieren, die Akteurseigenschaften dadurch konstituiert, indem sie diese Eigenschaften als Relation von Entbindung und Bindung realisiert. Das gebannte Subjekt ist ein Subjekt, das Macht aus Pflichtkatalogen entbindet und in eine Rede-und-Antwort-Beziehung rückbindet. Verantwortung setzt also nach wie vor einen rationalen zur Rechtfertigung fähigen Akteur voraus und erzeugt damit ein spezifisches „Selbstverhältnis" (siehe dazu Vogelmann in diesem Heft). Doch dieses Selbstverhältnis ist in Zeiten einer „New Algorithmic Identity" (Cheney-Lippold 2011, S. 164) ein höchst zweifelhaftes Konstrukt.

Dazu abschließend ein illustratives Beispiel: sowohl die arbeitsteilige subjektzentrierte Dimension als auch die subjektlose digitale Dimensionen politischer Verantwortung lassen sich in aktuellen Debatten um digitale Wahrnehmungs- und Entscheidungssysteme in zentralen Rechtfertigungspraktiken und Selbstverhältnissen wieder finden. So wurde in einem Interview der Präsident der Vereinigten Staaten, Barack Obama, gefragt wer für die Entscheidungen des Drohnenprogrammes verantwortlich sei. Seine Antwort lautet: "So we have an extensive process with a lot of checks, a lot of eyes looking at it. Obviously as president I'm ultimately responsible for decisions that are made by the administration"[4]. Sein Statement zeigt paradigmatisch die Idee und das Konzept analoger institutioneller Verantwortung im Falle von organisierter Arbeitsteilung als auch die epistemischen Aspekte des

4 https://www.thebureauinvestigates.com/2012/09/06/obamas-five-rules-for-covert-drone-strikes/. Zugegriffen: 08.09.2017.

Wissens und des Wissenserwerbs. So wie in jedem Unternehmen viele Kontrollmechanismen die Entscheidungen auf ihre Richtigkeit hin prüfen, so würde auch im Falle des Drohnenprogrammes das Staatsoberhaupt zwar letztlich verantwortlich sein, nicht jedoch für jede der einzelnen Kontrollakte. Der politische Rücktritt ergibt sich in solchen Situationen immer dann, wenn eine falsche Entscheidung von einer Vielzahl an administrativen Akteuren getroffen wurde.

Doch die Antwort Obamas enthält auch die andere Seite von politischer Verantwortung für verteilte Handlungsketten, in denen verantwortliches Entscheiden von Seiten der persönlichen Akteure eben nicht realistisch denkbar ist. Dieser Aspekt zeigt sich in der Formulierung: „So we have an extensive process with a lot of checks, a lot of eyes looking at it". Die „lot of eyes" – die vielen Augen – aggregieren sich als ein scheinbares kollektives Entscheidungssubjekt. Diese vielen Augen sind zunächst als eine Anspielung auf die mit dem Sachverhalt beschäftigten Beamten und Beamtinnen gemeint. Sie wären jedoch auch in einer Art Gedankenexperiment wörtlich verstehbar. Als epistemische Wahrnehmungsinstrumente, die jeweils situativ im Zuge des Gesamtunternehmens etwas wahrnehmen und aufgrund dieser Wahrnehmung partiell autonom entscheiden, im Sinne der einzelnen Mannschaftsmitglieder auf dem von Hutchins beschriebenen Schiff, welches nahezug subjektlos in den Hafen gleitet.. Die elektronischen Sensoren und die Lernalgorithmen sind solche Aktanten, die „eyes" die aus dem digitalen vernetzten Drohnenprogramm ein Gesamtunternehmen machen, das daher tatsächlich nicht ultimativ von Obama als politisches Subjekt verantwortet wird, sondern aufgrund seiner verteilten Handlungsketten und unterbrochenen Verantwortlichkeiten seltsam subjektlos erscheint. Obamas verantwortungspolitische Selbstzuschreibung erscheint in diesem Zusammenhang aus der Zeit gefallen. Wäre er tatsächlich vor ein Kriegsgericht zu stellen angesichts einer fehlgehenden Entscheidung innerhalb dieses Programms? Es erscheint intuitiv nicht überzeugend. Der Verantwortungslücke zwischen Obama und den Einzelakten der digitalen Sensor-Software erscheint zu groß, als dass es moralisch und rechtlich auf der Hand läge, der Präsidenten tatsächlich, wie er selbst sagt, „ultimativ" als Verantwortungsträger der Folgen jedes einzelnen Aktes innerhalb des Drohnenprogrammes zu definieren. Die Lücke zwischen dem digital verteilten Handlungsketten und dem ehemaligen Präsidenten der Vereinigten Staaten ist zu groß. Sein bloßer Sprechakt schließt keineswegs den „responsibility gap". Die so genannten digitalen Handlungsprogramme hinterlassen subjektlose Verantwortungslücken. Sie zu schließen wird eine der dringenden politischen Aufgaben in der Zukunft sein.

Aber auch die Sozialwissenschaften stehen mit ihren am Subjekt geschulten Instrumentarien angesichts zunehmend subjektloser Handlungsprogramme vor neuen theoretischen, konzeptionellen und empirischen Herausforderungen. Im Zuge der Digitalisierung ändern sich die Voraussetzung was als ein Akteur gilt und wo die Grenzen dieser Entscheidungseinheit und damit die Grenzen der Verantwortung für diese Entscheidungen zu suchen sind. Eingangs wurde die Frage gestellt, ob die klassischen Ansätze der Verantwortung das Problem digitalisierter Handlungsformationen noch treffend beschreiben können. Dies muss verneint werden. Die Relation aus Handlungsintention und Handlungszuschreibung und der Grenzen der Zurechenbarkeiten gerät aktuell in Bewegung, der Rückgriff auf

Verantwortungskonzepte aus Zeiten der reinen arbeitsteiligen Handlungsformationen ist zu diffus, um diese Bewegung noch adäquat einhegen zu können. Neue, nicht nur auf das Individuum reduzierte Verantwortungskonzepte sollten entwickelt werden. Dabei stehen die Sozialwissenschaften jedoch noch am Anfang.

Literatur

Arkin, Ronald C. 2009. *Governing Lethal Behavior in Autonomous Robots.* Boca Raton, Fla: CRC Press.

Arkin, Ronald C., Alan R. Wagner und Brittany Duncan. 2009. *Responsibility and Lethality for Unmanned Systems: Ethical Pre-mission Responsibility Advisement.* Technical Report GIT-GVU-09-01. https://www.cc.gatech.edu/~alanwags/pubs/GVU-TR-09-01.pdf, Zugegriffen: 08.09.2017.

Beck, Susanne. 2016. The Problem of Ascribing Legal Responsibility in the Case of Robotics. *AI & Soc* 31 (4): 473–481.

Beck, Ulrich. 1988. *Gegengifte. Die organisierte Unverantwortlichkeit.* Frankfurt am Main: Suhrkamp.

Buddeberg, Eva. 2011. *Verantwortung im Diskurs. Grundlinien einer rekonstruktiv-hermeneutischen Konzeption moralischer Verantwortung im Anschluss an Hans Jonas, Karl-Otto Apel und Emmanuel Lévinas.* Berlin u.a: de Gruyter.

Chamayou, Grégoire. 2014. *Ferngesteuerte Gewalt. Eine Theorie der Drohne.* Wien: Passagen.

Cheney-Lippold, John. 2011. A New Algorithmic Identity. *Theory, Culture & Society* 28 (6): 164–181.

Docherty, Bonnie Lynn. 2012. *Losing Humanity. The Case Against Killer Robots.* New York, N.Y.: Human Rights Watch. https://www.hrw.org/report/2012/11/19/losing-humanity/case-against-killer-robots#page, Zugegriffen: 08.09.2017.

Forst, Rainer. 2013. Zum Begriff des Rechtfertigungsnarrativs. In *Rechtfertigungsnarrative. Zur Begründung normativer Ordnung durch Erzählungen*, Hrsg. Andreas Fahrmeir, 11–28. Frankfurt am Main: Campus.

Giddens, Anthony. 1997. *Die Konstitution der Gesellschaft. Grundzüge einer Theorie der Stukturierung.* Frankfurt am Main: Suhrkamp.

Goffmann, Erving. 1984. *Rahmenanalyse.* Frankfurt am Main: Suhrkamp.

Günther, Klaus. 2005. Verantwortung in vernetzten Systemen. In *Unbestimmtheitssignaturen der Technik. Eine neue Deutung der technisierten Welt,* Hrsg. Gerhard Gamm und Andreas Hetzel, 337–354. Bielefeld: transcript.

Hutchins, Edwin. 1995. *Cognition in the Wild.* Cambridge, Mass. u.a: MIT Press.

Jelinek, Elfriede, Claudia Honegger, Sighard Neckel und Chantal Magnin (Hrsg.). 2010. *Strukturierte Verantwortungslosigkeit. Berichte aus der Bankenwelt.* Berlin: Suhrkamp.

Junk, Julian und Valentin Rauer. 2017. Combining Methods: Connections and Zooms in Analysing Hybrids. In: *Transformations of security studies. Dialogues, diversity and discipline*, Hrsg. Gabi Schlag et al., 216–230. London, New York: Routledge.

Kaufmann, Franz-Xaver. 1995. Risiko, Verantwortung und gesellschaftliche Komplexität. In *Verantwortung. Prinzip oder Problem?*, Hrsg. Kurt Bayertz, 72–97. Darmstadt: Wissenschaftliche Buchgesellschaft.

Koops, Bert-Jaap, Mireille Hildebrandt und David-Olivier Jaquet-Chiffelle. 2010. Bridging the Accountability Gap: Rights for New Entities in the Information Society? *Minnesota Journal of Law, Science & Technology* 11 (2): 497–561.

Lange, Ann-Christina; Lenglet, Marc und Seyfert, Robert. 2016. Cultures of high-frequency trading: mapping the landscape of algorithmic developments in contemporary financial markets. *Economy and Society* 45 (2): 149–165.

Latane, Bibb und Darley John M. 1968. Bystander Intervention in Emergencies: Diffusion of Responsibility. *Journal of Personality and Social Psychology* 8 (4): 377–383.

Latour, Bruno. 2001. Eine Soziologie ohne Objekt? Anmerkungen zur Interobjektivität. *Berliner Journal für Soziologie* 11 (2): 237–252

Laux, Henning. 2011. Latours Akteure. Ein Beitrag zur Neuvermessung der Handlungstheorie. In *Akteur, Individuum, Subjekt. Fragen zu ‚Personalität' und ‚Sozialität'*, Hrsg. Nico Lüdke und Hironori Matsuzaki, 275–300. Wiesbaden: VS, Verl. für Sozialwissenschaften.

Luhmann, Niklas. 2006. *Organisation und Entscheidung*. 2. Aufl. Wiesbaden: VS, Verl. für Sozialwissenschaften.

Mackenzie, Adrian. 2015. The production of prediction: What does machine learning want? *European Journal of Cultural Studies* 18 (4-5): 429–445.

Mahlmann, Matthias. 2012. Recht und Verantwortung. In *Recht und Verantwortung. Droit et responsabilité : Kongress der Schweizerischen Vereinigung für Rechts- und Sozialphilosophie*, Hrsg. Bénédict Mahlmann, Matthias Winiger, Philippe Avramov und Peter Gailhofer, 47–58. Stuttgart: Steiner.

Matthias, Andreas. 2004. The Responsibility Gap: Ascribing Responsibility for the Actions of Learning Automata. *Ethics and Information Technology* 6 (3): 175–183

Matthias, Andreas. 2008. *Automaten als Träger von Rechten. Plädoyer für eine Gesetzesänderung*. Berlin: Logos.

Matthias, Andreas. 2011. Algorithmic Moral Control of War Robots: Philosophical Questions. *Law, Inn Tech* 3 (2): 279–301.

Matzner, Tobias. 2016. The model gap: cognitive systems in security applications and their ethical implications. *AI & Soc 31 (1): 95–102.*

Nehal Buta, Claus Kress, Susanne Beck, Robin Geiss und Hin-Yan Liu (Hrsg.). 2016. *Autonomous Weapon Systems. Law, Ethics, Policy*. Cambridge: Cambridge University Press

Rammert, Werner und Ingo Schulz-Schaeffer (Hrsg.). 2002. *Können Maschinen handeln? Soziologische Beiträge zum Verhältnis von Mensch und Technik. Tagung „Handlungsträgerschaft von Technik? Oder: Wieviel Eigenmächtigkeit und Interaktionsfähigkeit messen wir technischen Artefakten zu?"*. Frankfurt/Main: Campus-Verl.

Rammert, Werner. 2007. *Technik Handeln Wissen. Zu einer pragmatistischen Technik- und Sozialtheorie*. Wiesbaden: VS Verlag für Sozialwissenschaften.

Rammert, Werner. 2008. Where the action is: distributed agency between humans, machines, and programs. In *Paradoxes of interactivity: perspectives for media theory, human-computer interaction, and artistic investigations*, Hrsg. Uwe Seifert, Jin Hyun Kim und Anthony Moore. Bielefeld: transcript Verl., 2008. S. 62-91.

Rauer, Valentin. 2017. Drohnen: zur Materialisierung von Algorithmen. In *Algorithmuskulturen. Über die rechnerische Konstruktion der Wirklichkeit*, Hrsg. Jonathan Roberge und Robert Seyfert, 189–214. Bielefeld: transcript.

Roberge, Jonathan und Robert Seyfert. 2017. Was sind Algorithmuskulturen? In *Algorithmuskulturen. Über die rechnerische Konstruktion der Wirklichkeit*, Hrsg. Robert Seyfert und Jonathan Roberge, 7–40. Bielefeld: transcript.

Schäfers, Bernhard. 2016. *Soziales Handeln und seine Grundlagen: Normen, Werte, Sinn. In Einführung in die Hauptbegriffe der Soziologie*, Hrsg. Hermann Korte und Bernhard Schäfers, 23-48, Wiesbaden, Springer.

Sparrow, Robert. 2007. Killer Robots. *Journal of Applied Philosophy* 24 (1): 62–77

Strawser, Bradley J. (Hrsg.). 2013. *Killing by Remote Control: The Ethics of an Unmanned Military*. Oxford: Oxford University Press.

Strawser, Bradley Jay. 2013. Introduction: The Moral Landscape of Unmanned Weapons. In *Killing by Remote Control: The Ethics of an Unmanned Military,* Hrsg. Bradley J. Strawser, 3–24. Oxford: Oxford University Press.

Suchman, Lucy und Jutta Weber. 2016. Human-Machine Autonomies. In *Autonomous Weapon Systems. Law, Ethics, Policy*, Hrsg. Nehal Buta, Claus Kress, Susanne Beck, Robin Geiss und Hin-Yan Liu, 75–102. Cambridge: Cambridge University Press.

Teubner, Gunther. 2004. *Netzwerk als Vertragsverbund. Virtuelle Unternehmen, Franchising, Just-in-time in sozialwissenschaftlicher und juristischer Sicht*. Baden-Baden: Nomos.

Teubner, Gunther. 2007. Elektronische Agenten und grosse Menschenaffen: Zur Ausweitung des Akteursstatus in Recht und Politik. In *Interdisziplinäre Wege in der juristischen Grundlagenforschung*, Hrsg. Paolo Becchi, 1–29. Zürich/Basel/Genf: Schulthess.

Vogelmann, Frieder. 2015. *Im Bann der Verantwortung*. Frankfurt am Main: Campus Verlag.

Verantwortungspolitiken im Kontext von IT-Sicherheit: Verantwortungszuschreibung als Kontingenzverschiebung.

Leon Hempel

Den Begriff einer Verantwortung theoretisch
zu übernehmen, ist das nicht ein Akt?
Ist das nicht bereits eine Verantwortung
übernehmen?
*Jacques Derrida, Wie Meeresrauschen auf
dem Grund einer Muschel, 2000*

1. Verantwortung unter Unsicherheit

Die Geschichte der Computerisierung spiegelt sich nicht nur in einzelnen Komponenten wie PC und Internet wider, sondern auch in den digitalen Anomalien, den Viren, Würmern und Angriffen auf die globale Informations- und Kommunikationsinfrastruktur. Ihr Bekanntwerden zeigt den aktuellen Zustand der IT-technischen Durchdringung sozialer Welten an. Gleichzeitig wird in den Debatten um Cyber Security das Dilemma beklagt, dass sich Angriffe nicht eindeutig zurückverfolgen und einem identifizierbaren Akteur zuordnen lassen.[1] Stets aufs Neue wird diese Nicht-Zuschreibbarkeit als Sicherheitsproblem beschworen (Stevens 2012, Gompert u. Libicki 2015), wenngleich die so entstehende Anonymität im Netz auch als positiver, weil Freiheitsrechte verbürgender Wert gilt (Hollis 2011). Es sei die „Natur des Netzes" (Tsagourias 2014, S. 233), die das *attribution problem* – das Attributionsproblem – erzeuge (Gaycken 2011), heißt es ontologisierend. Dessen Struktur hintertreibe Strategien, Verantwortung durch Abschreckung durchzusetzen (Stevens, 2012; Lupovici 2015). Wenn ein Angriff über zahllose Knoten und Jurisdiktionen verbreitet werde (und so falsche Fährten gelegt werden können), lasse sich Identität verbergen.

Im Attributionsproblem artikuliert sich, wofür die Idee der Verantwortung im modernen Sinne steht: in komplexen Gemengelagen eine „Strukturierungsfunktion" (Günther 2000) einzuführen, die mittels Verantwortungszuschreibung Komplexität reduziert. Diese Funktion löst sich allerdings auf, wo der Zugriff auf Subjekte nicht mehr möglich scheint, wo sich deren Handlungen auf endlose technische wie nicht-technische Entitäten verteilen. Vor diesem Hintergrund soll im Folgenden aus soziologischer Perspektive gefragt werden, inwiefern Handlungszuschreibungen notwendige Bedingung für Prozesse der Verantwortungszuschreibung sind. Dies lenkt den Blick dann aber nicht nur mehr auf die Verant-

1 So hat im Jahre 2003 das CERT/CC die statistische Erhebung von IT-sicherheitsrelevanten Ereignissen eingestellt, „since attacks had become so commonplace and widespread as to be indistinguishable from one another" (Zittrain 2008, S. 47).

 PVS, Sonderheft 52/2017, S. 454-476

wortungssubjekte, sondern notwendig auch auf die Instanzen selbst, die berechtigt sind oder sich als berechtigt erachten, Verantwortung zuzuschreiben und damit im Namen einer Verantwortungspolitik auch verantwortliches von unverantwortlichem Handeln unterscheiden.

Die Regel bei einem detektierten Angriff ist, dass die Suche nach kausalen Zusammenhängen abgebrochen wird. Der Aufwand einer Attribution stehe häufig in keinem Verhältnis zu ihrem Nutzen (Lindsay 2015, S. 4) und geht mit Imageproblemen für den Angegriffenen einher. Eine Anomalie als systeminterne Störung oder als Angriff von extern zu deklarieren, erweist sich mitunter als folgenreicher Unterschied. So müsse das Opfer eines Angriffs – die Zuschreibungsinstanz bzw. dessen Repräsentanten – nicht nur sich und Dritte von der Zuschreibung eines Angriffs überzeugen, sondern auch den Angreifer – das Zuschreibungssubjekt – davon, dass ihm das Ereignis richtigerweise zugeschrieben wurde (Libicki 2009, S. 41). Andernfalls erwiese sich die Zuschreibung nicht nur als schwierig, sondern als riskant.

Wird im philosophischen und sozialwissenschaftlichen Verantwortungsdiskurs Zuschreibbarkeit als eine notwendige, aber kaum ausreichende Bedingung von Verantwortung thematisiert, so reicht es also nicht aus, Verantwortung allein vom Verantwortungssubjekt und dessen Eigenschaften zu thematisieren (Neuhäuser 2012). Verantwortungszurechnung ist stets „ein performativer Akt“, wie Klaus Günther betont (2000, S. 482) und, lassen sich Fehler nicht ausschließen, höchst streitbar (2005, S. 120). Als soziale Handlung birgt Attribution das Risiko der Vorverurteilung und Eskalation (Gaycken u. Martellini 2013, Lindsay 2015, S. 3). Bei einem Angriff auf hunderte Rechner des US-amerikanischen Verteidigungsministeriums und das MIT im Jahre 1998 stellte sich heraus, dass nicht, wie zunächst angenommen, der Iran für diese „most organized and systematic attack to date“ verantwortlich war, sondern Teenager aus Kalifornien und Israel. Individuen treten in einem geopolitischen Kontext als Akteure auf und demonstrieren, wie Deutungsmuster staatlicher Akteure versagen (Eriksson u. Giacomello 2014, S. 207).[2] Jede Sicherheitslücke kann von jedem Ort aus genutzt werden, unabhängig davon, ob sich dahinter Hacktivisten, Kriminelle oder Regierungen verbergen. „There are no vulnerabilities that a state could discover that an individual cannot discover and exploit" (Libicki 2009, S. 34).

Wo es wie im Bereich der IT-Sicherheit gilt, Kontrolle zurückzugewinnen, Attribution aber zweifelhaft bleibt, ist es häufig das Naheliegende und Zweckmäßige, dem sich kausale Erklärungsmuster anschließen, auf die sich eine Attribution bezieht (McDermott 2010, S. 232, Heidenescher 1992, S. 447). Verantwortungsattribution wird zum Risiko, für das Verantwortung übernommen werden muss. Soziologisch formuliert, ist es die Zuschreibungsinstanz, die die allem Handeln implizite Kontingenz durch Verantwortungszuschreibung auf ein immer erst zu konstruierendes Subjekt verschiebt, um so nicht zuletzt Anschlusshandlungen zu

2 Ein anderes vielzitiertes Beispiel ist der DDoS-Angriff auf zahlreiche private und staatliche estnische Organisationen im Jahr 2007. Er erfolgte auf Basis eines so genannten Botnetzes aus ca. 85.000 gekaperten Rechnern in 179 Ländern. Bis heute ist ungeklärt, wer für die Angriffe tatsächlich verantwortlich ist, aber Estland beschuldigte zunächst Russland als Auftraggeber und forderte den NATO-Bündnisfall.

ermöglichen. Im Kontext hyperdimensionaler Assemblagen erweist sich dabei die Frage, wem Handlungsträgerschaft zugeschrieben wird und kann, als drängend und hängt von Konventionen und deren Durchsetzung ab. Die Kontingenz*verschiebung* endet da, wo sich entweder eine Instanz findet, die in der Lage ist, eine Attribution handlungswirksam durchzusetzen, bzw. durch ein Verantwortungssubjekt, das bereit ist, die Attribution anzuerkennen und Verantwortung zu übernehmen. Andernfalls zirkuliert die Kontingenz gewissermaßen endlos und es kommt zur Verantwortungsdiffusion, weil sie sich auf keinen finalen Punkt zurechnen lässt, also unverantwortet bleibt.

Im ersten Teil des folgenden Beitrags soll der Verantwortungsbegriff noch einmal aus der Theorie sozialen Handelns hergeleitet werden. Wenngleich die Idee der Verantwortung unter den Bedingungen einer arbeitsteiligen Gesellschaft erst formuliert wird (Bayertz 1995), so resultiert sie doch aus der grundsätzlichen Reziprozität sozialen Handelns bzw. genauer dem Reziprozitätsdefizit dieser Reziprozität sozialen Handelns, so die These. Vorausgesetzt, dass sich ein Verhaltensereignis als *Handlung* zuschreiben lässt, entsteht im wechselseitigen Bezug der Perspektiven Sinn für Verantwortung aufgrund der niemals ganz zu schließende Kluft zwischen subjektivem Handlungsentwurf und sozialer Handlungszuschreibung. Der Hiatus drückt sich in den zwei Verwendungsweisen des Begriffs „verantwortlich" aus: Sein Sinn verschiebt sich je nachdem, ob „verantwortlich" in der ersten, subjektiv selbstzuschreibenden oder in der dritten, beobachtend fremdzuschreibenden Person gebraucht wird, wie Alfred Schütz einmal festgestellt hat (1971, S. 256).

Im zweiten, empirischen Teil soll sodann kurz an die Architektur des Internet als eine arbeitsteilige, sozio-technische Konstellation erinnert werden. Unter dem Imperativ „permanenter Innovation" (Stiegler 2009) wird hier „Aufgabenverantwortung" als Handlungsdelegation entlang funktionaler Schichten verteilt, während je nach Machtposition „Zuschreibungsverantwortung" (Günther 2006) als Übernahme von Haftung aufgehoben wird. Attribution bringt grundsätzlich zur Geltung, wie Rid und Buchanan betonen, „*of what is politically at stake*" (2015, S. 7) und kann somit als Problem kaum nur der Natur einer technischen Struktur zugeschrieben werden. Alexander Wendts konstruktivistische Formel aufgreifend, kommt es vielmehr darauf an, „*what states make of it*" (ebd.). Entsprechend sollen anhand zweier kontrastierender historischer Angriffe Prozesse der Verantwortungszuschreibung im technischen Raum problematisiert werden: am Morris-Wurm, der 1988 tausende UNIX-Rechner des noch weitgehend auf Universitäten begrenzten Internet lahmlegte, sowie am 2010 entdeckten Stuxnet-Wurm, der gezielt Zentrifugen der iranischen Atomanlage in Natanz kompromittierte. Schon die Namensgebung verweist auf Unterschiede in der jeweiligen Verantwortungspolitik der Zuschreibungsinstanzen: Erstere bezieht sich auf den Erfinder, letztere jedoch auf Systemdateien der Software.

2. Verantwortung aus der Perspektive soziologischer Handlungstheorie

Verantwortung wird heute als ein relationaler Begriff aufgefasst (Bayertz 1995, Günther 2000, Neuhäuser 2014). Doch gleichzeitig wird ein Subjekt adressiert und herausgestellt. Dieses wird nicht nur sichtbar, sondern einer Situationsdefinition unterworfen, für die es verantwortlich gemacht werden soll. „Es geht zusammengefasst darum, die gesellschaftliche Kommunikation über soziale Probleme und Konflikte, Risiken und Schäden so zu strukturieren, daß sie einzelnen Personen [...], aber nicht überindividuellen Strukturen und Prozessen, der Gesellschaft und der Natur" zugeordnet werden kann (Günther 2000, S. 471). Intentionalität und Willensfreiheit des Subjekts werden als zentrale Elemente von Verantwortung behauptet. Verantwortung habe damit etwas zu tun, dass ein Akteur kausal in Zusammenhänge eingreifen kann. Indes relativiert diese Fokussierung freilich die Relationalität des Begriffs. Sie ist bereits Ergebnis der Zuschreibungspraxis der Verantwortungsinstanz, deren „soziale Funktion" übersehen zu werden droht, sobald der Blick ausschließlich auf dem Verantwortungssubjekt lastet. Es „übernimmt", wie Kurt Bayertz schreibt, „die Rolle aller anderen Rollen mit" (1995, S. 19). Im „Bann der Verantwortung" (Vogelmann 2014) ist es „Angeklagter, Richter und Gesetzgeber zugleich" (Bayertz 1995, S. 19). Es ist die Zuschreibungsinstanz, die das Verantwortungssubjekt als „einen mehr oder weniger willkürlichen Punkt" (Günther 2000, S. 469) innerhalb einer immer komplexer werdenden Welt ausstattet, um jenseits „ontologischer Gegebenheiten" (Bayertz 1995, S. 20) zu definieren, wofür Verantwortung übernommen werden soll.

2.1 Handlungszuschreibung als Verantwortungszuschreibung

Die übliche Bestimmung von Verantwortung basiert auf einem Handlungsbegriff, der das Handeln in die Selbstgegenwärtigkeit der Intention verlegt und damit das Individuum zum Angelpunkt dieser Bestimmung macht. Handeln erscheint als Bewusstseinsleistung eines wie auch immer freien, individuellen, und in seinem Willen authentischen Ichs. Dieses wird als ein souveränes, in seinem Handeln selbstbestimmtes Subjekt vorgestellt, das sich, sich vorentwerfend, im Handeln selbst widerfahre. Aus der Übereinstimmung von Entwurf und Vollzug ergibt sich nicht nur die Einheit der Handlung, sondern auch die Einheit des handelnden Subjekts, das dann auch nicht mehr unabdingbar notwendig eine Referenz im Sozialen haben muss. Es erkennt seine Verantwortung an, weil Verantwortung gleichsam Ausdruck und Bestätigung der eigenen Freiheit ist (Vogelmann 2014). Sobald allerdings in die Spannweite des Handlungsentwurfs weitere Instanzen eingebunden oder vorausgesetzt werden, die für die Handlung konstitutiv sind, droht sich nicht nur die Einheit der Handlung, sondern auch die des Subjekts aufzulösen. Wo es nur noch in Form von digitalen Spuren auftritt, lässt sich nur schwer ein kausaler Zusammenhang zwischen ihm und der beobachteten Handlung herstellen. Während sich das Subjekt als „moderne Fiktion" (Reckwitz 2008, S. 13) kultureller Zuschreibungen offenbart, meldet sich aus der Zuschreibungsperspektive heraus Attribution als Problem zurück, wie auch der nachfolgende Blick auf den Begriff der Handlung und auf die Handlungstheorie verdeutlicht.

Die soziologische, an Max Weber anknüpfende Handlungstheorie nimmt ihren Ausgangspunkt beim subjektiven Handlungsbegriff, bleibt dabei aber nicht stehen. So definiert Alfred Schütz zunächst: „Handeln soll einen ablaufenden Prozeß menschlichen Verhaltens bezeichnen, [...] der auf einem vorgefaßten Entwurf beruht" (1971, S. 77). Und: „Der Handelnde ist die letzte Instanz, die angehört werden muß, wenn es festzustellen gilt, ob in einem vorliegenden Fall gehandelt wird oder nicht. Nur er weiß, woraufhin, falls überhaupt auf etwas – das Geschehen entworfen wurde." Gleichwohl „entscheiden" aber „die anderen, ob etwas eine Handlung war oder nicht" – auch wenn dies keine „menschliche Außeninstanz mit absoluter Gewißheit entscheiden" kann (Schütz u. Luckmann, 2003, S. 451). Der subjektive Handlungsbegriff wird nicht ersetzt, sondern um die Dimension der Handlungszuschreibung erweitert, die den Rahmen des subjektiv intendierten Handlungssinns – die im Subjekt vorentworfene Handlung – überschreitet.

Zwischen dem subjektiv intendierten einerseits und dem zugeschriebenen Handlungssinn andererseits öffnet sich in Erweiterung des subjektiven Handlungsbegriffs eine Differenz, der sich weitere Differenzen wie die zwischen Sein und Sollen oder Praxis und Theorie zuweisen lassen. Verantwortliches Handeln wäre dann ein Handeln, das sich am Sinn der zugeschriebenen Handlung orientiert. Der Begriff sozialen Handelns besagt, dass es ohne den Aspekt der sozialen Handlungskonstitution zu keinerlei Handlungseinheit kommt, auf die dann auch Verantwortung zugerechnet werden kann. Die Einheit des Handelns basiert auf intersubjektiv gültigen Deutungsmustern, weshalb sich jeder subjektiv intendierte Handlungssinn im Grunde unabhängig von jedem Sollen erst in der jeweiligen Anschlusshandlung des anderen erschließt, die die Handlung erst zuschreibt. Als eine sich vorentwerfende Erfahrung scheitert Handeln, wenn der intendierte Sinn unverstanden bleibt. Zuschreibung als Anschlusshandlung erbringt den Nachweis der Adäquatheit des subjektiven Handlungsentwurfs. Das zugeschriebene Handeln des anderen erweist sich im eigenen Handeln als handlungswirksam bzw. umgekehrt das eigene Handeln gewinnt im Handeln des anderen wiederum Handlungswirksamkeit und damit jenseits bloßer Vorstellungen oder normativer Handlungsrahmen Wirklichkeit. Folglich erschließen sich auch der Sinn des Handlungsentwurfs (für den Handelnden selbst) und seine Geltung erst an der Reaktion (Srubar 2007) der zuschreibenden Instanz. Die Einheit des Handelns vollendet sich nicht schon im Vollzug der Handlung, sondern erst in der Reaktion des anderen. Sie setzt dessen „Fremdverstehen" (Schütz 1932) voraus, das angesichts der Kontingenz allen Handelns bzw. der Frage, wie Ego verstanden werden kann, selbst mit Kontingenz behaftet ist.

Es ist erst diese wechselseitige Bezugnahme des Handelns auf das Handeln, das soziales Handeln konstituiert und dabei den Hiatus zwischen subjektiven Entwurf und sozialer Zuschreibung überbrückt. Dieser ergibt sich aus der Relativität der Standpunkte der reziprok Handelnden in der Zeit. In der wechselseitigen Positionsübernahme entsteht Sinn für die Diskrepanz zwischen subjektivem Entwurf und seiner Deutung, die aus dem Reziprozitätsdefizit der wechselseitig aufeinander bezogenen Handelnden hervorgeht (Hempel 2017) und so etwas wie Verantwortung immer schon impliziert. Denn schließlich muss sich ein Akteur „ebenso als Handlungssubjekt der ihm zugeschriebenen Handlungen behandeln lassen wie als Handlungssubjekt seiner subjektiv sinnhaft durchgeführten Handlungen" (Schulz-Schaeffer 2009, 9). Die Diskrepanz kann sich situativ als Irritation zeigen, die ignoriert werden kann oder Zuschreibung verlangt. Ohne dass Verantwortung von der einen oder anderen Seite explizit eingefordert sein müsste, entsteht Verantwortungssinn durch die wechselseitig zuschreibende, kommunikative Überbrückung. Es ist die Antwort Alters auf das Handeln Egos, in der Ego vernehmbar und zum Verantwortungssubjekt wird. Handlungszuschreibung und Verantwortungszuschreibung gehen im sozialen Handeln wechselseitig ineinander über. Dabei ist die Positionsübernahme Alters selbst Zeichen einer Verantwortungsübernahme. Sie bezieht sich auf Wissen, mithin auf situationsrelevante Typisierungen, aber kann sich aufgrund der Differenz zwischen Entwurf und Deutung gerade nicht nur auf Wissen beschränken, sondern umfasst stets auch Nicht-Wissen. Verantwortung ausschließlich auf ein Wissen zu beziehen, bedeutete Verantwortung zu „annullieren", wie Derrida bemerkt, es wäre keine „verantwortungsvolle Entscheidung" mehr als vielmehr „die technische Umsetzung eines kognitiven Dispositivs, die bloße maschinelle Entfaltung eines Theorems" (1994, S. 353), eines Handlungsprogramms oder Deutungsmusters, wie es im Begriff der Aufgabenverantwortung anklingt.

Somit ist Verantwortung nie nur eine vorfindliche Institution, auf die sich handelnd bezogen werden könnte. Vielmehr ist Verantwortung als Akt zu verstehen, der aus der Struktur des sozialen Handelns hervorgeht. Diese Struktur wird im relationalen und schließlich normativ aufgeladenen Verantwortungsbegriff „reflexiv", um subjektiv intendierte Handlungsentwürfe zu regulieren. Es sind erst die jeweiligen Wissens- und Normbestände, die den Sinn haben, Verantwortungszuschreibung zu institutionalisieren, um sie je nach Bedarf zu aktualisieren. Das Verantwortungssubjekt bezieht sich entweder auf eine „gemeinsam geteilte" oder „handlungswirksam durchsetzbare Situationsdefinition" (Schulz-Schaeffer 2007) der Verantwortungsinstanz, also auf ein Konsens- oder Machtmodell der Verantwortungszuschreibung, wobei auch dem Konsensmodell Macht in Form von Konventionen eingeschrieben ist. Im Machtmodell zeigt Macht sich wiederum als eine Wissensordnung bzw. -verteilung zwischen den beiden grundsätzlichen Positionen, dem Verantwortungssubjekt und der Zuschreibungsinstanz, wobei letztere in der Regel die „Arroganz" des „guten Gewissens" (Derrida 1994, S. 354) anlegt, indem sie beansprucht, immer schon gewusst zu haben.

2.2 Verantwortungszuschreibung als Souveränitätsgeste

In der Verantwortungszuschreibung vollzieht sich ein deutender Sprechakt, in dem sich die Zuschreibung des Ereignisses als Handlung mit der Reaktion respektive Entscheidung verknüpft, auf eben das Handeln zu antworten, wobei diese Reaktion ebenfalls verantwortet sein will. Verantwortungszuschreibung „ist eben nicht durch die kontinuierliche personale Identität und Rationalität" eines immer schon vorgeformten Subjekts „bedingt, sondern von den Bedürfnissen und Interessen derjenigen, welche eine Person verantwortlich machen" (Günther 2005, S. 119f.). Sie verbindet Wissen mit Nicht-Wissen in einer „kommunikative[n] Einheit von Autorität und Verantwortung", die davon abhängt, dass die Instanz als Verantwortungsträger „nicht für jeden Fehler, geschweige denn für Folgen verantwortlich gemacht werden" kann (Luhmann 1998, S. 175). Denn die aus der Differenz zwischen dem ursprünglich subjektiven Entwurf des Verantwortungssubjekts und der Deutung der Zuschreibungsinstanz resultierende Kontingenz lässt sich nur aufheben, niemals aber vollständig auflösen. „Akteur und Beobachter" differierten „bereits bei der Perzeption und der kognitiven Verarbeitung einer Handlung und ihrer Effekte in einer identischen Situation," schreibt Günther und präzisiert: „Während Daten über äußere Handlungseffekte gleich verteilt sind, kann der Beobachter Daten über die internen Effekte einer Handlung nur aus äußeren Anzeichen wie Gesten erschließen, während dieser von vornherein einen privilegierten Zugang zu den internen Effekten besitzt" (2005, S. 129).Verantwortung resultiert aus Nichtwissen und legitimiert dessen Kommunikation (Günther, S. 176) – häufig unter dem Anschein von Wissen und Autorität, wo aufgrund mangelnder Zuschreibbarkeit weder Wissen noch Autorität zu finden sind.

Ist das reziproke Verhältnis im sozialen Handeln grundsätzlich durch die (doppelte) Kontingenz bestimmt, dass die jeweils andere Seite sich auch anders verhalten könnte als erwartet, so impliziert die Differenz eine „Zeitstruktur der Ungleichzeitigkeit" (Schulz-Schaeffer 2008), aus der „Erwartungsunsicherheit" (Luhmann 1995) hervorgeht oder – in politikwissenschaftlicher Terminologie – „Anarchie" (Wendt 1995). Diese kann nur durch Verantwortungsübernahme überbrückt werden. Wendt verdeutlicht hierbei, dass beispielsweise eine Geste die Grundlage Alters markiert, auf Ego zu antworten, wenngleich sich eben diese Grundlage schon aufgrund der zeitlichen Differenz nicht vollständig erschließt. Egos Geste „may consist, for example, of an advance, a retreat, a brandishing of arms, a laying down of arms, or an attack". Alter ist gezwungen, die Signale Egos zu interpretieren, seinem Verhalten Identität zuzuschreiben. Es gilt einerseits, Egos Potentiale und Qualitäten im Hinblick auf mögliche Intentionen abzuschätzen, andererseits aber auch, die Möglichkeit abzuwägen, sich hinsichtlich dessen Intention zu irren, „in particular, given that this is anarchy, about whether ego is a threat". Die Kontingenz nötigt zur Entscheidung, die aus dem Reziprozitätsdefizit sozialen Handelns resultiert und insofern das Wissen um die Bedingtheit der eigenen Deutung einschließt:

> "Alter may make an attributional 'error' in its inference about ego's intent, but there is also no reason for it to assume a priori – before the gesture – that ego is threatening, since it is only through a process of signaling and interpreting that the costs and probabilities of being wrong can be determined. Social threats are constructed, not natural" (Wendt 1995, S. 404).

Weil alles Handeln kontingent ist, sprich auch anders hätte ablaufen können, erweist sich Attribution als notwendig und nichtsdestotrotz kontingent, sobald ein Ereignis – und handelt es sich dabei auch lediglich um eine einen Handlungsentwurf ankündigende Geste – als eine subjektiv sinnhafte Handlung gedeutet wird. Einerseits wird Kontingenz durch die Zuschreibung also erhöht, andererseits aber die Kontingenz des Handelns durch die Zuschreibung respektive die Entscheidung, das Ereignis als Handlung zu deuten, verschoben. Solange sich die Kontingenz des Ereignisses auf ein Subjekt zuschreiben lässt, bleibt die Kontingenz der Zuschreibung selbst unentdeckt. Wird hingegen der Zuschreibung widersprochen, so tritt auch die Kontingenz der Zuschreibung unmittelbar hervor. Sie „läßt Zuschreibung von individueller Verantwortung zu einem Gegenstand von Entscheidungen, Konflikten und Politik werden", die nur wieder „durch Regeln gerechtfertigt werden [kann], nach denen sich gerechte von ungerechten Zuschreibungen in begründeter Weise unterscheiden lassen“ (Günther 2005, S. 120).

Verantwortungszuschreibung springt als Idee nicht einfach für das Zuschreibungsproblem ein. Vielmehr ist sie darauf angelegt, die aus dem Reziprozitätsdefizit sozialen Handelns resultierende Kontingenz vergangener und/oder künftiger Handlungen durch deren Verschieben zu regulieren. Sie strukturiert Handeln unter Unsicherheit und verlangt angesichts der eigenen Irrtumswahrscheinlichkeit Souveränität. Die Unterwerfung des bzw. Übernahme durch das Verantwortungssubjekt bedeutet einen die Instanz selbst entlastenden Ausschluss von alternativen Deutungsoptionen. Kann allein das Subjekt für den vermeintlich subjektiven Sinn seines Handelns sprechen, so ist es in umgekehrter Richtung die Aufgabe der Attribution, Handlungsträgerschaft so zu fixieren, dass die Unsicherheit der Verantwortungsverantwortung absorbiert wird, was letztlich nur durch Reziprozität möglich ist. Dies muss sie auch dann erfüllen, wenn die Fixierung kontingent bleibt und der Anteil an Nicht-Wissen wächst, weil sich das Subjekt der zugeschriebenen Handlung in komplexer werdenden Handlungszusammenhängen der Zuschreibbarkeit durch (technisch) verteilte Erweiterungen seiner Handlungsmacht entzieht. Umso kontingenter die Attribution, desto stärker gerät die Verantwortungszuschreibung zu einer Souveränitätsgeste. Der maximale Ausschluss von Kontingenz wäre dann erreicht, wenn unter dem „Bann der Verantwortung“ (Vogelmann 2014) Verantwortungssubjekt und Verantwortungsinstanz in eins fallen und aus der Unterwerfung des Subjekts unter das – Solidarität ersetzende – Diktum der Selbstverantwortung seine freilich immer nur sehr relative Handlungsmacht erwächst.

3. Verantwortungspolitiken im technischen Raum

Es ist bezeichnend, wenn aus einem sozialen respektive politischen Handlungsfeld heraus das Attributionsproblem thematisiert wird. So formulierte der US-amerikanische Ex-Sicherheitskoordinator Richard Clarke bereits 2010:

> “I think we can solve the attribution problem. You can’t find the origin of an attack in real time. But ultimately you can do the forensics if you can hack into all the servers. The NSA can do that. And the NSA tells me that attribution isn’t really a problem” (Clarke 2010).[3]

Die Zuschreibungsinstanz, hier die National Security Agency, wird als verantwortungsvolle Macht apostrophiert, unabhängig der Tatsache, dass sich die Lösung des Attributionsproblems exakt derjenigen Strukturen und Mittel bedient, die beklagt werden. Wird gleichzeitig das Attributionsproblem in den Debatten der Cyber-Security essentialistisch der technischen Struktur zugeschrieben, so ist dieser Technikdeterminismus selbst ein Element einer Verantwortungspolitik, das nicht nur von Verantwortung entlastet, sondern auch deren Sinn verschleiert.

3 Richard Clarke: Security Guru Richard Clarke Talks Cyberwar, Interview geführt von Andy Greenberg, Forbes 08. April 2010, nachzulesen auch unter https://www.forbes.com/2010/04/08/cyberwar-obama-korea-technology-security-clarke.html.

Denn welche Instanz sollte für die Natur (des Netzes) Verantwortung tragen, welche dann für Attributionsfehler? Verantwortungspolitik ist nicht dadurch definiert, verantwortliche Politik zu sein. Sie ist vielmehr dadurch definiert, Verantwortung zu verteilen und hierdurch Interessen- und Machtkonstellationen zu verändern. Im Hinblick auf die Regulierung des Netzes ist ein Modell gefragt und wird seit jeher beschworen, das durch den Begriff der (Cyber-)Sicherheit den politisch-operativen Konsens liefert, um vom Standpunkt dieses Konsensus aus, verantwortliches von unverantwortlichem, legitimes von illegitimem Handeln im Netz zu unterscheiden.

Das Modell der Cyber-Sicherheit manifestiert sich heute in dem Nutzer unzugänglichen Anwendungen proprietärer Softwareanbieter ebenso wie in Überwachungs- und Attributionsregimen, die den Konsens der Sicherheit in Form nationaler Cyberabwehrzentren sowie Gesetzgebungen wie etwa dem höchst umstrittenen *Computer Fraud and Abuse Act* handlungswirksam durchzusetzen suchen. Nicht die Architektur und ihre sozialen Imperative, sondern der Nutzer und dessen Intentionen stehen zur Disposition, um Zuständigkeiten und Verantwortlichkeiten zu verteilen. Gefolgt wird dabei einem Begriff der Person, auf dessen unterstellte Identität und Rationalität Verantwortungszuschreibung zugreifen kann. Er schließt beispielsweise auch das von den USA in den von der UN initiierten IT-Sicherheitsdiskurs eingebrachte Konzept ein, wonach Staaten die Verantwortung für Attacken tragen, die über die Infrastruktur innerhalb ihrer Jurisdiktion ausgeführt werden.[4] Die Zugehörigkeit zu einem Staat wird zu einem Merkmal erklärt, das freilich den Mangel an Zuschreibbarkeit keineswegs auflöst. Kontingenz wird wiederum auf einen rechtsfähigen Akteur verschoben: den Staat, der für das Reziprozitätsdefizit einzuspringen hat. Auf diesen lässt sich freilich dann umso mehr politischer Druck ausüben, das Attributionsproblem eigenhändig zu lösen (beispielsweise durch den Aufbau eines eigenen Cyberabwehrzentrums) als es von der Verantwortungszuweisung vollständig unberührt bleibt.

3.1 Die Architektur von PC und Internet als Raum verteilter Verantwortung

Wie bei jeder anderen Infrastruktur basiert auch die Architektur von PC und Internet auf einer arbeitsteiligen Wissensordnung (Star u. Ruhleder 1999). Von heute übergreifenden ökonomischen Einheiten überlagert, manifestiert sich diese in unterschiedlichen funktionalen Schichten – von der Ebene Hardware über die Transport- und Anwendungsschicht bis hin zur Bedienoberfläche innerhalb des jeweiligen sozialen Kontexts, der als *target* der Computerisierung im Sinne eines Angriffsziels vorausgeht. Die eingeschriebene Wissensordnung ermöglicht dem Nutzer auf der jeweiligen Schicht einen möglichst hohen Grad an Autonomie, um so einen möglichst hohen Output an Innovation (van Schewick 2012) zu erzeugen, deren Logik die „Weiterentwicklung" des technischen Systems „als ständige Modernisierung oder permanente Innovation" selber ist (Stiegler 2009, S. 57).

4 United Nation General Assembly, Group of Governmental Experts on Developments in the Field of Information and Telecommunications in the Context of International Security, A/68/98, 24. Juni 2013.

Bleibt der Nutzer auf seine jeweilige Schicht verwiesen, von der aus er entsprechend eigener Ziele und Fertigkeiten handelt, ohne Einblicke in die Prozesse und Verfahren unterhalb dieser Schicht zu haben, so äußert sich dieser Zusammenhang von Nutzung und Architektur in der Erwartung an die je bereitgestellte Funktionalität. Das informationstechnische Produkt muss hierfür in Richtung Hardware wie auch Zielkontexte, für die es bestimmt ist, übersetzbar sein. Um als kompakte und fungible Anwendung implementiert zu werden, bedarf es der Integration in die Schichtenarchitektur, wenngleich Nähte an den Schnittstellen erhalten bleiben, also zwischen Transport-, Anwendungs-, und sozialer Ebene, aber auch zwischen Teilnetzen. Stets stellen sich diese Nähte als latente Fehlerquellen dar und dienen als Einfallstore, um unbemerkt in Systeme einzudringen.

Die ökonomische Normativität der Architektur zielt auf den selbstverständlichen, unmittelbaren Umgang mit der Technik auf jeder Schicht, der durch das Ausblenden der Technik unterhalb der je eigenen Oberfläche sichergestellt wird. Durch die Schichtenarchitektur wird Handeln und so auch Verantwortung im digitalen Raum strukturell verteilt – und zwar auf jeder Schicht zwischen der Nutzung von Funktionalität zum einen und ihrer Gewährleistung zum anderen. Durch jede Schicht ist nicht nur der Zeichenraum der jeweils geltenden Sprache (Hellige 2004, S. 458) definiert, sondern je Schicht auch das jeweilige Vokabular zugeschriebener Verantwortung bezeichnet, das, wie zu zeigen bleibt, Attributionsprozesse in Abhängigkeit zur jeweiligen Schicht anleitet. Die durch das Design bedingte kognitive Separierung von den technischen Prozessen unterhalb der je eigenen Schicht ermöglicht dem jeweiligen Nutzer Entlastung, die als Freiheit erfahrbar sein soll – einmal positiv in Form von Effektivitäts- bzw. Produktivitätssteigerung, für die er sich zu verantworten hat, zum anderen negativ als Entbindung von Verantwortung für die dissoziierten Schichten. Im Raum verteilter Verantwortung geht die Verantwortungsübernahme für die eigene Schicht mit der Verantwortungsabgabe für andere Schichten einher. Durch das Einziehen immer neuer Schichten wird einerseits Kontingenz verschoben, anderseits aber durch diese verstärkte Differenzierung auch erhöht. Das Paradox besteht darin, dass mit zunehmender Aufgabenverantwortung eine Diffusion von Zurechnungsverantwortung einhergeht. Kontingenz wird immer weiter verschoben, weil sie keinem finalen Punkt mehr zugerechnet werden kann.

Droht angesichts der Dynamik permanenter Innovation die Übersicht verloren zu gehen, so ermöglicht es die Hierarchie der immer nur halbdurchlässigen Schichtenarchitektur, Identität zu verbergen und so Angriffe auf Grundlage nicht detektierter Sicherheitslücken zu lancieren, ohne dass diese innerhalb der hyperdimensionalen Assemblage entdeckt werden könnten. Es lassen sich Anonymisierungsdienste oder Ende-zu-Ende-Verschlüsselungen oder sogenannte Botnetze nutzen, die sich zwar über ihre IP-Adresse identifizierten lassen, deren Besitzer aber nicht mit den Tätern identisch sind. Die massenhafte Vorhaltung von Log-Daten dient zwar dazu, das Attributionsproblem zu lösen. Bei einem gewissen Maß an Verlässlichkeit und Redundanz können Hardwarekomponenten und Nutzerprofile identifiziert werden, aus denen sich dann auch wiederum übergeordnete, komplexere Nutzerprofile ableiten lassen. Doch das tatsächlich hinter dem Monitor agierende Individuum wird dadurch nicht zweifelsfrei identifizierbar. Die technischen Systeme, mit denen Systeme und deren Nutzung wiederum beobachtet werden, verweisen nur auf ihnen selbst ähnliche Systeme. Eine Folge von 0 und 1 bleibt eine Folge von 0 und 1 und bedarf der Interpretation.

Verbessern sich die Möglichkeiten der Attribution, so auch die Möglichkeiten, Attribution zu hintertreiben. Das Nicht-Wissen nimmt gegenüber Wissen angesichts der Dynamik der permanenten Innovation zu, die eine immer schnellere und radikale Transformation des technischen Systems (wie auch der Lebenswelt) bewirkt (Stiegler 2009, S. 59). Nicht nur der Bedarf an Verantwortungszuschreibung wächst. Längst hat auch ein Wettrüsten (Schneier 2015) eingesetzt, dessen Logik der Überbietung nicht nur einen globalen Markt für legal zu erwerbende Sicherheitslücken hervorgebracht hat (Miller 2007), sondern die zudem (auch demokratisch verfasste) Staaten zu Autoren von offensiver Malware macht. Im Gegensatz zu Abwehrmaßnahmen in Form von Firewalls, Virenscannern oder Nutzer-Aufklärung haben diese Malwares angeblich mehr Aussicht auf Erfolg, indem sie Überwachung von Kommunikation mit Abschreckung verbinden. Im Folgenden werden die Attributionsprozesse exemplarisch skizziert sowie die jeweilige Politik der Attribution als eine bestimmte Form von Verantwortungspolitik dargestellt. Dabei weist schon die Tatsache, dass im Fall des Morris-Wurms der Autor als Urheber des Programms verurteilt worden ist, im zweiten Fall aber lediglich die USA und Israel als mutmaßliche Auftraggeber bekannt sind, auf die Unterschiede dieser Verantwortungspolitiken.

3.2 Forensik als Wissensarchäologie

Zuschreibung beinhaltet die Rückführung eines Ereignisses auf „vermeintlich ursächliche Faktoren" (Heidenescher 1992, S. 447), um das Ereignis verstehbar zu *machen*. Als Behauptung „praktischer Souveränität" kann sich die Attribution nicht auf bereits gesichertes Wissen beziehen bzw. „auf situationsblinde Regeln und Gesetzmäßigkeiten" verlassen. Sie muss darauf setzten, das Ereignis „zu modifizieren" (Vogt 2011, S. 129). Die Rolle der Zuschreibungsinstanz konstituiert sich in der Beobachtung eines Ereignisses bzw. Verhaltens, das sich als Handlung darstellt und durch den Rahmen der Beobachtung objektiviert wird. Das Ereignis kann von ihr ignoriert oder zugeschrieben werden oder die Instanz kann die Zuschreibung an einen verantwortlichen Akteur mit entsprechenden Kompetenzen delegieren. Am 2. November 1988 führte ein getarntes Programm (später Morris-Wurm genannt) auf infizierten Systemen seine rechenintensiven Routinen zu seiner Weiterverbreitung aus bis Prozessoren und Arbeitsspeicher tausender über das Internet verbundene Rechner überlastet waren und die Systeme abstürzten. Innerhalb kürzester Zeit assoziierte dieses Ereignis räumlich verteilte technische wie menschliche Akteure in einen neuen, bislang unbekannten Zusammenhang aus kompromittierten Rechnern und Servern, veralteten Betriebssystemen und Einzelprogrammen, hilflosen Administratoren und überforderten Nutzern betroffener Universitäten und Forschungseinrichtungen. Dabei erfolgt die erste Zuschreibung der Anomalie mittels einer Sprache der Verantwortung, in der sich das Verhältnis von Wissen und Nicht-Wissen spiegelt, und die gleichzeitig einfordert, dass Aufgabenverantwortung entsprechend der strukturellen Aufteilungen der Architektur übernommen wird. Entdeckt am MIT-Media Lab, manifestiert sich in der Delegation der Attribution des Ereignisses die Schichtenarchitektur als ein Raum der Verantwortungsaufteilung:

> "A Virus has been detected on media-lab, we suspect that whole internet is infected by now. The virus is spread via mail of all things... So Mail outside of media-lab will NOT be accepted. [...] This situation will continue until someone figures out a way of killing the virus and telling everyone how to do it without using email... --- lacsap Nov 3 1988 03:10 am." (Eichin u. Rochlis 1989, S. 8).

Als Artefakt eröffnet die Anomalie einen Kommunikationsraum, in dem Kontingenz verhandelt und Verantwortung verteilt wird. Noch bevor es um Folgenverantwortung geht, wird entlang der strukturell bedingten Verteilung von Wissen und Nicht-Wissen Aufgabenverantwortung organisiert. Als ein prospektiv orientiertes Verhalten bestätigt die Übernahme von Aufgaben die normative Ordnung der hochgradig arbeitsteiligen Architektur, deren Komplexität entsprechend der Aufteilung des technischen Raums nicht überschaut wird, und gerade deshalb diesen Typus von Verantwortung verlangt. Es liegt in der Verantwortung der kompromittierten Instanz, hier dem MIT-Media Lab, sich einerseits aus dem Kommunikationsnetz zu entkoppeln, um eigene Daten und Projekte zu schützen, andererseits aber die Kontingenz des Ereignisses auf eine zweite Instanz zu verschieben, von der angenommen wird, dass sie über ein hinreichendes Wissen verfügt, die zugewiesene Aufgabe einzulösen, „a way of killing the virus". Gilt es, das Ereignis nicht mehr nur zu distanzieren, sondern unter Kontrolle zu bringen, so kann die Erwartung an bereitgestellter Funktionalität nur durch Verantwortungsdelegation erreicht werden.

Durch die Biomorphisierung des Ereignisses wird zugleich einer kontingenten technischen Realität eine erste handlungswirksame Identität verliehen. Sie erlaubt eine Kommunikation über die kognitive Separierung der Schichten hinweg. Die Zuschreibung des Ereignisses als Virus erweist sich als handlungsanleitender Inhalt an die zugewiesene Attribution. Die Sprache zielt auf „Handlungsorientierung", indem sie erlaubt, bestimmte Annahmen über Eigenschaften und Folgen des Ereignisses zu treffen, die sich am „praktischen Zweck" der zugewiesenen Aufgabe „bewähren" (Schulz-Schaeffer 2007, S. 439) müssen. Soll das „selective beast" durch ein entsprechendes Gegenprogramm „immunisiert" werden (Hafner u. Markoff 1991, S. 254), so verlangt dies, das Ereignis aus dem metaphorischen in einen Deutungszusammenhang überführen zu können, der den vermuteten Eigenschaften entspricht. Zwischen den Eigenschaften der biologischen und der technischen Entität muss sich eine wahrnehmbare Ähnlichkeit feststellen lassen. Die Metapher repräsentiert nicht nur die Kontingenz des Ereignisses, sondern dient durch die transportierten Eigenschaften auch als Anleitung der Attribution bzw. als Beschreibungsformel der abweichenden technischen Eigenschaften: „Once inside a computer, the program propagated to other computers much like a biological virus. On some computers there were hundreds of copies of the program running, slowing the machines to a halt" (Hafner u. Markoff 1991, S. 255).

Ein Deutungsmuster wird durch ein zweites erweitert, das sich aber erst in der Interaktion mit dem Artefakt und der technischen Umwelt zeigt bzw. bewähren muss. Damit wird die Kontingenz in einen Bereich verschoben, der sich dadurch auszeichnet, auf Grundlage anerkannter wissenschaftlich-technischer Attributionsregeln diese durch Kausalattribution zu minimieren. Im Falle des Morris-Wurms beginnt die Untersuchung noch während der Laufzeit als Life-Forensik. Die Namen der Rechner, von denen die Versuche, in das System einzubrechen, erfolgen, tauchen schneller auf als sie sich aufschreiben lassen. Von flüchtigen Daten werden Hypothesen abgeleitet, auf denen die weiteren Analysen aufbauen: „It wasn‘t a person at all who was trying to break in. It was a program" (Hafner u. Markoff 1991, S. 254). Über die Selektion, nicht Person sondern Programm zu sein, gewinnt das Ereignis eine Objektivität, die es der technischen Untersuchung zuführt und über die Metaphorik eine erste Identität verschafft. Gleichzeitig zeigt sich, dass die Aussagekraft des Begriffs Identität in Abhängigkeit zur jeweils betrachteten Schicht steht, auf der eine Attribuierung erfolgt. Ist Berkeley Geburtsort des kompromittierten UNIX Betriebssystems, so sind hier folglich auch diejenigen Akteure versammelt, für die die entsprechende Architekturschicht nicht nur ihr Arbeitsumfeld darstellt, sondern die auch über die entsprechenden Kenntnisse verfügen, um eine solche Programmidentität zu rekonstruieren. Zerlegt in einzelne Schichten, treten einzelne Module und Komponenten hervor, deren Operationen es ermöglichen, das Verhalten des Artefakts kausal zu deuten. Beschreibend werden Verbindungen zwischen Wirkungen und Ursache hergestellt, durch die dem Programm selbst Sinn verliehen wird. Es stellt sich heraus, dass der Wurm mehrere Schwachstellen des Betriebssystems ausnutzt, um in UNIX-Rechner einzudringen, dass aber seine zentrale Funktion, nämlich die Zahl der über das Netz verbundenen Rechner zu zählen, an einem sogenannten *buffer overflow* scheitert, der dann zum Absturz der Systeme führt.

Forensik beinhaltet eine Art Wissensarchäologie. Sukzessive wird die Unlesbarkeit eines Schadprogramms in Lesbarkeit zurückübersetzt und dabei auch der jeweils aktuelle Stand der Architektur aufgedeckt. Dies lässt sich am Beispiel Stuxnet noch besser verdeutlichen. Während der Morris-Wurm unmittelbar im Anschluss seiner Freisetzung an die Oberfläche drang, blieb die Verbreitung von Stuxnet über mehrere Jahre vollkommen unentdeckt. Als ein gezielter Angriff besteht dieser aus dem *dropper*, dem Transportmedium, und dem *payload*, der eigentlichen, schädigenden Ladung. Die jeweiligen Komponenten und Ressourcen beider Seiten beziehen sich nicht auf eine gemeinsame, sondern auf unterschiedliche Schichten und auch Systeme. Das Transportmedium zielt auf bestimme Versionen von Windows-Betriebssystemen von Microsoft und die schädigende Ladung auf eine Software zur Programmierung von Steuerungselementen von Siemens, über die die soziale Schicht eingebunden ist, also der mechanische Kontext der Zentrifugen, die im iranischen Natanz implementiert worden sind. Damit Stuxnet sein Ziel erreicht, dechiffriert das Programm einerseits die technische Umwelt, durch die es sich verbreitet, einschließlich der Eigenschaften einzelner Elemente, während es andererseits seine Dechiffrierung wiederum verschlüsselt, um nicht entdeckt zu werden. Das Programm agiert auf der Grundlage von Wissensbeständen, die es in Form von Regeln und Ressourcen mitbringt, um das Netz in Form technischer Identitäten zu lesen und sich auf Basis dieser Information zu orientieren und durch es fortzubewegen. Dabei nutzt es Sicherheitslücken aus, deren Kenntnis außerhalb des Programms und seiner Erfinder nur als Nicht-Wissen in Form so genannter Zero-Days vorhanden ist: Sicherheitslücken, die, wie der Name sagt, für offensive Zwecke eingesetzt werden, noch bevor ein Wissen über sie besteht, das defensive Gegenmaßnahmen ermöglicht.

Sobald eine Übertragung von Stuxnet durch das Transportmedium stattfindet, bestimmt das Programm, auf welcher Maschine es sich einnistet und die Schadladung erwartet. Stellt es etwa fest, dass es sich um ein 64-bit-System handelt, verlässt es dieses wieder. Ebenso verbleibt es nur dann auf einem Rechner, wenn aus einer Reihe von Betriebssystemen eine entsprechende Version installiert wird, ein bestimmter Wert sich nicht in der Registrierdatenbank des Betriebssystems und auch ein bestimmtes Konfigurationsdatum nicht überschritten ist (Falliere et al. 2011, S. 16ff.). Stuxnet bahnt sich also seinen Weg auf einer imaginären Landkarte, die mit seiner Ausbreitung erst entsteht. Die Zielgerichtetheit ergibt sich einerseits aus den in das Programm eingeschriebenen Vorgaben, andererseits aber aus den jeweiligen Bedeutungsgehalten interagierender Komponenten, die dem Programm die Richtung weisen. Die Dechiffrierungen des Programms lösen in diesem Folgehandlungen aus und erwecken so den Eindruck von Intentionalität. In einem begrenzten semantischen Rahmen beobachtet das Schadprogramm seine Umwelt, um die Ausführung von weiteren Handlungsschritten zu kontrollieren und gegebenenfalls abzubrechen. Indem das Programm also seine Befehle nicht einfach nur blind abarbeitet, sondern die jeweils historische Konfiguration einer jeden infizierten Maschine bis hin zum eigentlichen Ziel überprüft, um schließlich die Schadladung an der Stelle zu platzieren, für die sie bestimmt ist, scheint dem Artefakt so etwas wie „normative Kompetenz“ eigen (Neuhäuser 2012, S. 36f.), auf dessen Grundlage es seine weiteren Operationen ausführt.

Ist die Arbeitsteiligkeit des Programms der Arbeitsteiligkeit der System-Architektur entlehnt, so organisiert sie auch die forensische Analyse. Mit steigender Komplexität wachsen der Aufwand und damit auch die Verteilung von Aufgabenverantwortung. Die sich beteiligenden Teams konzentrieren sich dabei zunächst entweder auf das Transportmedium oder auf die Schadladung und die jeweiligen Schichten. Aus der Managementsicht von Microsoft beschränkt sich das Zuschreibungsinteresse etwa auf das Transportmedium von Stuxnet und also die kompromittierte Betriebssystemebene. Es geht dann um die möglichst schnelle Wiederherstellung alltagspraktischer Funktionsfähigkeit. „The Management is smart: They know it takes time, but they want results”, erläutert Microsofts leitender Sicherheitssoftware-Ingenieur Bruce Dang auf einem Vortrag beim Chaos Computer Club. Nachdem die Lücken einmal geschlossen sind, besteht keine Veranlassung für weitere Attribution. So eröffnet Dang dann auch die Fragerunde im Anschluss seines Vortrags mit einer polemischen Einschränkung:

> “One thing, like don´t ask me about who did this, the attribution, wait for WikiLeaks or something like that [Gelächter im Publikum]” (Dang 2010).[5]

5 Bruce Dang: Adventures in analyzing Stuxnet. 27th Chaos Communication Congress, veröffentlicht am 28.12.2010. https://www.youtube.com/watch?v=rOwMW6agpTI.

Kontingenz wird ausgespart, wo Instrumentarium und Zuschreibungsregeln nicht mehr hinreichen, diese effektiv zu verschieben. Es fehlt das Interesse, den vermuteten Handlungssinn hinter Stuxnet über das definierte Maß an Verantwortung hinaus zu erörtern. Die Forensik bleibt auf die Zuschreibung auf Ursachen, nicht aber auf Gründe bezogen. Die operativ-taktische Ebene, das Wie und das Was des Angriffs, wird von der strategischen Ebene, vom Warum des Angriffs, getrennt (Rid u. Buchanan 2015, S. 10). Gefolgt wird der üblichen Unterscheidung von technischer und nicht-technischer Attribution (Clark u. Landau 2010; Boebert 2010). Sie entspricht der Verteilung von Verantwortung der Architektur. Der technischen Attribution werden quantitative, der nicht-technischen qualitativ hermeneutische Operationen der Zuschreibungen zugewiesen. Die Aufgabendefinition erweist sich selbst als Kennzeichen von Verantwortungspolitik. Ihr Sinn besteht darin, Kontingenz jeweils auf die andere Seite zu verschieben, um sie durch strukturelle Kopplung zu reduzieren. Ohne die technische ist auch die nicht-technische Attribution nicht denkbar und umgekehrt, denn tatsächlich ist die technische auf eine politische Attribution ebenso angewiesen, wo sie Grade der Unsicherheit enthält, die für ein Verstehen der Funktionalität einer Schadsoftware von Bedeutung sind. Die „Spurenlese" lenkt die technische Zuschreibungsperspektive, die „hermetische Zeichenwelt" mit der „Dinglichkeit, Materialität und Körperlichkeit der Welt" bzw. intentionaler Akteure zu verbinden (Krämer 2007, 13). Am Ende bedarf es einer Instanz, die die verbleibenden Unsicherheiten verantwortet und durch Regeln absichert.

3.3 Attribution als Verantwortungspolitik

Die beiden gewählten empirischen Beispiele für Attribution weisen auf zwei entgegengesetzte Formen der Verantwortungspolitik, die den aktuellen Stand von Verantwortungszurechnung im Netz anzeigen. Dem technischen Gutachten, das zur Verurteilung von Morris führt, ist bereits eine zweite Deutungsschicht eingeschrieben, die das Ereignis als „attack from within" fixiert und damit auf die politische Ebene hebt. Die Zuschreibung seiner Wirkung als Fehler lässt eine Autorenidentität hervortreten. Ausgehend vom Code wird auf die Disposition, auf das „psychological makeup of someone who would build and run such software" geschlossen (Spafford 1988, S. 24). Der Disposition wird eine illegitime, dilettierende Nutzungspraxis zugeschrieben und eine verantwortliche Nutzung durch professionelle Akteure entgegengestellt, die funktional auf bestimmte Zwecke ausgerichtet ist. Es gilt nicht mehr, das erklärungsbedürftige Ereignis in seinen kausalen Zusammenhängen und Eigenschaften zu verstehen, um es zu kontrollieren, sondern Ziel ist es, einen gesellschaftlichen Nutzen zu generieren, nämlich die alltagspraktische Funktionsfähigkeit und -bereitschaft des Internets für die Nutzer einer bestimmten Praxisgemeinschaft sicherzustellen:

> "The code was apparently unfinished and done by someone clever but not particularly gifted, at least in the way we usually associate with talented programmers and designers. There were many bugs and mistakes in the code that would not be made by a careful, competent programmer. [...] I can easily think of several dozen people who could have written this program, and not only done it with far fewer (if any)

errors, but made it considerably more virulent. Thankfully, those individuals are all responsible, dedicated professionals who would not consider such an act" (Spafford 1988, S. 7).

Das Ereignis wird in einen Diskurs der Verantwortung übersetzt, in dem Morris als Person vollkommen unbedeutend bleibt. Die Verantwortungszuschreibung orientiert sich an einem abstrakten Subjektbegriff, in dessen Allgemeinheit das Handeln des Einzelnen verstummt, damit prospektiv ein verantwortliches soziales Handeln fixiert werden kann. So bezieht sich die Zurechnung auf individuelle Verantwortung überhaupt nicht auf den subjektiv durch den Autor zu Grunde gelegten Handlungssinn. Dieser bestand im wissenschaftlichen Erkenntnisinteresse, in die rhizomartig wachsenden Gefilde der Infrastruktur einzudringen und Passwörter, Adressen, Verbindungen zu protokollieren, um ein Abbild über eine Struktur zu erzeugen, die sich bis heute eines Überblicks entzieht. Es ist hingegen die vermeintliche Unverantwortlichkeit von Hackern (Ross 2001), die mit der Unwissenheit des nicht professionellen, gewöhnlichen Nutzers gleichgesetzt wird, um die Verwundbarkeit einer Infrastruktur zu beschwören und einen Diskurs der Sicherheit um so genannte kritische Infrastrukturen vorzubereiten (Dunn-Cavelty 2008). Der Nutzer ist durch die Architektur zur Unwissenheit verurteilt und kann so jederzeit zum Risiko mutieren. Entstammt er im Jahr 1988 noch dem akademischen Umfeld, aus dem die Architektur des Internet hervorgeht, wird jetzt ein normativer Bezugsrahmen für sein Handeln errichtet. Das Muster, das aktiviert wird, um ein Ereignis als Handlung sinnhaft zu deuten, wird als normative Ordnung eines künftig verantwortlichen Handelns konstruiert. Dieses bestimmt einerseits den funktionalen Diskurs um Computersicherheit, indem „Nutzer" zum Sicherheitsrisiko respektive zu „Feinden" erklärt werden (Adams u. Sasse 1999), andererseits aber die Implementierung eines sich immer weiter ausdifferenzierenden Attributionsregimes in Form von Institutionen, die die Nutzung reglementieren. Morris wird als erster unter dem heute mehr denn je umstrittenen *Computer Fraud and Abuse Act* verurteilt. Die verbleibende Kontingenz zwischen Handlungssinn und sozialer Deutung wird auf den Akt der Rechtsprechung verschoben, der dann selbst als ein Akt einer Verantwortungspolitik erscheint. Mit entsprechender Macht ausgestattet, wird durch die letzte Instanz eine Situationsdefinition „handlungswirksam" (Schulz-Schaeffer 2007) durchgesetzt und damit die fraglichen Handlungsweisen als illegitim erklärt.[6]

Die letzte Zuschreibungsinstanz bildet also im Fall von Morris nationales Recht, das aber im Fall von Stuxnet nicht hinreicht. Zielt Morris auf Wissensgenerierung, um willkürlich Rechner zu zählen, so ist für den Stuxnet- Angriff Aufklärung lediglich Mittel zum Zweck, um innerhalb der globalen Assemblage des Netzes die Zentrifugen der iranischen Urananreicherungsanlage in Natanz wie eine Präzisionswaffe (Zetter 2014) anzusteuern und deren Drehzahl durch die

6 Die weite Auslegbarkeit des CFA ermöglicht einen breiten Spielraum der Verantwortungszuschreibung auf rechtsfähige Personen, entbindet zugleich aber von der Verantwortungsübernahme. Vor weiterer Kriminalisierung warnend, scheiterte nach dem Suizid des Hackers Zoe Loefgren, Mitglied des US-amerikanischen Repräsentantenhauses, der Versuch, den CFA zu novellieren. http://www.huffingtonpost.com/2013/01/15/zoe-lofgren-aarons-law-swartz_n_2483770.html.

Modifikation sogenannter softwareprogrammierbarer Steuerungen unbemerkt zu manipulieren. „Stuxnet and its target were like a key and lock" (Zetter 2014, S. 126). Aufgrund des physikalischen Schadens, den Stuxnet hinterlässt, gilt seine Ausführung als *proof of concept* einer *cyber-weapon*. Präzision ist die normative Vorgabe seiner Konstruktion, wie das Security Response Team von Symantic feststellt. Lassen sich weltweit von Stuxnet infizierte Rechner nachweisen, so ergibt sich anhand der Lokalisierungen ein eindeutiges Bild. Entdeckt wurde die Schadsoftware nur, weil sie sich über das tatsächliche Angriffsziel hinaus verbreitet hatte. Mit einer Wahrscheinlichkeit von knapp 70% lag dieses im Iran (Falliere et al. 2011, S.4ff.). Aufwand und technische Raffinesse deuten auf staatliche Akteure und deren Kapazitäten der Kriegsführung (Lindsay 2013, S. 400) und wenngleich Stuxnet nicht der erste durch Staaten lancierte Angriff ist, zeichnete sich die militärische Dimension des Angriffs ab. Die Analysen erzeugen ein „disturbing geopolitical picture" (Zetter 2014, S. 25), das den seit Morris etablierten Bezugsrahmen, IT-Systeme gegen Kriminelle abzusperren, sprengt und das Experten von Antivirensoftwareherstellern abschreckt, von der technisch-operativen auch nur ansatzweise auf die politisch-strategische Ebene von Attribution zu wechseln.

Es ist die vierte Schicht der komplexen Software, die dafür sorgt, dass die eigentliche Schadladung an sein finales Ziel gelangt. Ist dieses Ziel als sozialer Kontext eingebunden, erschließt es sich jedoch nicht mehr aus der Analyse des Codes. Dessen Grammatik widersetzt sich einer real-weltlichen Attribution. Es bedarf externer Informationen, um diesen zu entziffern. Es war erst der Austausch von Thesen über den Zweck von Stuxnet, der zur Erkenntnis über dessen Ziel führte und der damit beiläufig die Wortherkunft des heute vor allem technisch verstandenen Begriffs der Forensik in Erinnerung ruft: Dieser weist auf das Forum, also auf einen konkreten Ort der Verhandlung und Wahrheitsfindung, an dem Verantwortung ausgehandelt wird. Es sind Internet-Blogger bzw. eine mit dem notwendigen Wissen ausgestattete Öffentlichkeit, die die technische Deutung um die politische erweitert. Es gilt durch „completely non-technical stuff" den fehlenden Sinn kollektiv zu erschließen, wie es im ersten Eintrag des Stuxnet-Logbuchs heißt, der durch sein abschließendes „Welcome to Cyberwar" die Verschiebung des Bezugsrahmens unterstreicht.[7] Die These, dass sich der Angriff auf das Atomkraftwerk von Busher bezieht, wird durch den Hinweis auf die Aufbereitungsanalage in Natanz korrigiert.[8] Aus der Dechiffrierung des Codes und seiner geostrategischen Kontextualisierung erschließt sich so die politische Konstellation, vor der der Angriff zu beurteilen ist.

Während zahlreiche Einzelheiten, wie etwa die Identität der Entwickler, nach wie vor ungeklärt sind, bleibt unwidersprochen, dass das Programm in den USA in Zusammenarbeit mit Israel im Rahmen einer von George W. Bush initiierten, unter Barack Obama fortgesetzten und schließlich unter dem Namen *Olympic*

7 Ralph Langner: Stuxnet logbook, Sep 16 2010, 1200 hours MESZ, 16. September 2010, http://www.langner.com/en/2010/09/16/stuxnet-logbook-sep-16-2010-1200-hours-mesz/.

8 Frank Rieger: Der digitale Erstschlag ist erfolgt. FAZ.NET, 22. September 2010, http://www.faz.net/aktuell/feuilleton/debatten/digitales-denken/trojaner-stuxnet-der-digitale-erstschlag-ist-erfolgt-1578889.html.

Games bekannt gewordenen geheimen Operation entwickelt wurde. Mehr noch, der Angriff wird selbst als Verantwortungspolitik verteidigt. Die Verwicklung als Partner Israels in einen dritten Krieg sei nach denen in Afghanistan und im Irak kaum zu rechtfertigen gewesen.[9] Indes bleibt bis heute eine offizielle Verantwortungsübernahme unter Verweis auf ein nationales Sicherheitsinteresse aus. Diese bedeutete, einen Präzedenzfall zu schaffen und damit ernsthaft an einer multilateralen Regulierung des digitalen Raums als militärisches Konfliktfeld interessiert zu sein. Die Differenz zur vollständigen Transparenz ist es, die bis dato sämtliche Bemühungen und Ansätze dafür, völkerrechtliche Konzepte wie allem voran die Kennzeichnungspflicht von Kombattanten[10] auf den digitalen Raum zu übertragen, scheitern bzw. als bloßes Lippenbekenntnis erscheinen lässt. Die jeder Nicht-Offenlegung inhärente Wissensasymmetrie erzeugt vielmehr eine Art temporäre Kontingenzkontrolle. Sie bildet den strategischen Kern einer doppelzüngigen Verantwortungspolitik, die das Attributionsproblem einmal beschwört, um es dann wieder selbst zu beanspruchen. Politisch gilt es nicht nur die Risiken, sondern auch die erreichbaren Effekte durch Cyber-Angriffe abzuschätzen. So sind im Fall von Stuxnet militärische Gegenschläge immerhin ausgeblieben und der (noch) aktuelle Ausgang des Atomstreits erlaubt es gar, den Administrationen von Bush und Obama ein gewisses Maß an verantwortlichem Handeln zu bescheinigen. Umgekehrt aber ermöglicht das Attributionsproblem, was bei einer Anwendbarkeit des Völkerrechts auf Cyber-Angriffe mindestens zweifelhaft bliebe, nämlich trotz mangelhafter Beweise, Sanktionen gegen ein Land zu ergreifen, auf das ein Angriff zurückgeführt werden kann. Aus verantwortungspolitischer Perspektive ergibt das Attributionsproblem insofern Sinn, als dass es je nach Lage bestimmte Handlungsspielräume schafft, die freilich auch bei der Abwesenheit von verbindlichen internationalen Rechtsstandards dennoch eine machtvolle Instanz verlangen, um auch handlungswirksam genutzt werden zu können. Nur eine solche Instanz kann sich der Verantwortung für ihre Verantwortungszuschreibung entziehen und handelt damit dann unverantwortlich.

4. Schlussbetrachtung. Verantwortungsverantwortung

Ob das Handeln einer Person in einer Situation oder auch einer Technik und deren Eigenschaften zugeschrieben wird, erfolgt immer in Abhängigkeit des „Grades der jeweiligen Konventionalisierung von Mustern“ (Rammert u. Schulz-Schaeffer 2002, S. 56), durch die das Ereignis gedeutet wird. Sollen Ereignisse durch die Zuschreibung auf „vermeintlich ursächliche Faktoren“ verstehbar werden (Günther 2005, S. 122 ff.), bleibt die Zuschreibung stets gefangen im jeweiligen Rahmen der Beobachtung. Mögliche Realitäten werden entworfen, gleichzeitig bleiben Momente der Unentscheidbarkeit zurück. „Warum lässt sich ein Angriff auf

9 David E. Sanger: Obama Order Sped Up Wave of Cyberattacks Against Iran, 1. Juni 2012, http://www.nytimes.com/2012/06/01/world/middleeast/obama-ordered-wave-of-cyberattacks-against-iran.html.

10 Wissenschaftliche Dienste Deutscher Bundestag, Anwendbarkeit des humanitären Völkerrechts auf Computernetzwerkoperationen und digitale Kriegsführung vom 24. Februar 2015, WD 2 – 3000 – 038/15.

den Iran ausschließen? […] Was war Stuxnet dann?" (Gaycken 2011, S. 177 ff.). Unabhängig von ihrer Sinnhaftigkeit weist die Möglichkeit solcher Infragestellung auf das grundsätzliche Problem von Zuschreibung. Über das Risiko falscher kausaler Schlussfolgerung und der Willkür der zurechnenden Instanz hinaus besteht dieses nicht nur darin, dass Kontingenz durch Attribution verschoben wird und die Grenze dieser Verschiebung niemals definitiv ist. Gleichzeitig ist diese niemals definitive Grenze aber auch nicht infinit, „weil eine Grenze gezogen werden muss" (Heidenhescher 1992, S. 447). Es entsteht also eine Art Anschlusszwang. Andernfalls ermöglicht die Latenz des Nicht-Wissens immer nur neue Theorien, die Nicht-Wissen in Wissen ummünzen, ohne dass aus dem Handeln Anschlusshandlungen hervorgingen, also Handlungswirksamkeit entstünde. Ihre Perpetuierung markiert den Beginn „politischer Pathologien" (Meteling 2009, S. 186). Diese erweisen sich als Ausdruck nicht nur mangelnder Handlungsfähigkeit, sondern auch von mangelnder politischer Verantwortungsübernahme. Diese lässt sich nur durch Zuschreibung durchbrechen bzw. einhegen, die definitiv ist. Definitiv ist eine Zuschreibung aber nur als eine „kommunikative Einheit von Autorität und Verantwortung" (Luhmann 1998, S. 175). Verlangt wird eine Instanz, die in der Lage ist bzw. für sich erkennt, für die Kontingenz einer Zuschreibung wiederum Verantwortung übernehmen zu müssen. Dies erreicht sie jedoch nur, wenn dem Verantwortungssubjekt auch ein bestimmter Status zugewiesen wird, der ihm Pflichten, aber auch Rechte einräumt. Erst indem das Verantwortungssubjekt selbst wiederum in die Lage versetzt wird, auf eine Attribution zu antworten, wird aus dem Akt der Attribution ein verantwortlicher Akt.

Die „Einheit der Verantwortungszuschreibung" umfasst, was als „gesellschaftlich bedeutsamer Träger von Verantwortung zu gelten hat" (Schütz u. Luckmann 2003, S. 452). Die Formulierung eines Personenkonzepts, das die Konstruktion des Verantwortungssubjekts erkennbar macht, markiert den Kern der Verantwortung der Verantwortungsinstanz. Zeichnet sich diese nicht nur als Akteur einer Verantwortungspolitik aus, sondern ist zugleich auch verantwortlich, so bleibt ihrem Personenkonzept der Gedanke der Reziprozität sozialen Handelns fest eingeschrieben: „Entscheidend ist allein", formuliert Günther im Hinblick auf sein Konzept der „deliberativen Person", „daß ihr die Fähigkeit zur kritischen Stellungnahme zugeschrieben werden kann" (2005, S. 247f.). Daraus folgt aber, dass jede Zuschreibung von Verantwortung, die „der unterlegenen Seite" des Verantwortungssubjekts die Gelegenheit abspricht und „die Stimme" raubt, angehört zu werden (Günther 2005, S. 189), ein Akt der Unverantwortlichkeit ist, mithin eine Verantwortungspolitik ohne Verantwortung. Diese ist dann Ausdruck einer sinnlichen Aufteilung des Wissens und des politischen Erfahrungsfeldes, wie sie in Richard Clarkes „The NSA can do that" zum Ausdruck kommt, in der jedem Subjekt entsprechend seiner Aufgabenverantwortung seine Identität zugewiesen wird (Rancière 2008). Es ist erst die eine „kommunikative Freiheit" (Günther 2005, S. 247) verleihende Handlungs- und Sprachfähigkeit des Verantwortungssubjekts, die jenes zu einem politischen Subjekt – sprich sichtbaren wie auch vernehmbaren Subjekt – macht und damit andererseits auch die Möglichkeit der Handlungszuschreibung eröffnet, respektive Verantwortungszurechnung legitimiert. Diese Freiheit besteht vor allem darin, den Streit um die Attribution neu zu eröffnen und „die Verhältnisse zwischen den Weisen des *Tuns*, den Weisen des *Seins*, und den Weisen des *Sagens*" (Rancière 2002, S. 52), also zwischen den zugewiesenen Aufgaben, Identitäten und Vernehmbarkeiten neu zusammenzustellen.

Wird Zuschreibung im Verantwortungsdiskurs als eine zwar hinreichende, aber dennoch nicht ausreichende Bedingung von Verantwortung verstanden, weil es für Verantwortung eines zuschreibungsfähigen Subjekts bedarf, so wird dabei aber übersehen, dass dieses stets auch Ergebnis eines Zuschreibungsprozesses selbst ist, der sich in der Attribution und in den ihr zugrunde liegenden kulturellen Mustern äußert. Jede Attributionsgemeinschaft bedient sich ihres eigenen Handlungs- und Akteursbegriffs. So hat beispielsweise innerhalb eines demokratischen Rechtsstaates das Verantwortungssubjekt das Recht, die Fremdzuschreibung anzuzweifeln. Es hat aber auch die Pflicht zur Normbefolgung, was aber eben nicht mehr und nicht weniger beinhaltet, als sich dem Prozess einer Verantwortungszuschreibung zu stellen, also wiederum „kritisch zu seinen eigenen Handlungen und Äußerungen Stellung zu nehmen" (Günther 2005, S. 251). Attribution von Verantwortung geht mit der Konstruktion von auf eine Entität zuschreibungsfähigen Bedingungen einher, die diese Entität wiederum erst hervorbringt, um ihr dann retrospektiv „Verantwortung als Haftung" oder zukunftsgerichtet „Verantwortung als Sorge" (Neuhäuser 2012, S. 41) zuzuweisen. Im Rahmen von hochgradig zwischen menschlichen und nicht menschlichen Akteuren verteilten, globalen Handlungszusammenhängen wird die Konstruktion zurechnungsfähiger Entitäten freilich zum Problem. Die Frage nach der Handlungsträgerschaft ist dabei nicht ausschließlich nach den Eigenschaften der betreffenden Entität zu beurteilen, aber auch nicht unabhängig von ihnen. Beantwortet werden muss vor allem, inwieweit die betreffenden Entitäten durch die Zuschreibung von Verantwortung auch in den Status versetzt werden können, auf die Zuschreibung kommunikativ im Sinne der Reziprozität sozialen Handelns zu reagieren. Ein Verantwortungssubjekt ist mehr als die nach einem Algorithmus konstruierte Ursache eines Handlungseffekts, auf den heute der Verantwortungsbegriff aufsetzt. Es entsteht auch nicht aus einer abstrakten Vernunft heraus, die dem Subjekt eignet, sondern ist vielmehr Ergebnis von sozialen Praktiken der Aushandlung, in denen das Handeln am Handeln des anderen jeweils überprüft werden kann.

Bei allem, was sich kritisch gegen einen sich verselbstständigen Verantwortungsbegriff sagen lässt, kommt in ihm doch die Sorge zum Ausdruck, ob angesichts der Komplexität unserer technischen Infrastruktur die Grenzen von Normierbarkeit nicht längst überschritten sind (Luhmann 1999, S. 85). Die fehlende oder diffuse Verantwortungzuschreibung manifestiert sich konkret etwa in mangelhafter Qualität und Sicherheit nahezu aller IT-Systeme. Dies wiederum ist jedoch Grundlage dafür, dass Cyber-Angriffe und Malware erst ermöglicht werden, weil die rechtsgültige Verantwortlichkeit für die Existenz der hierfür nötigen Sicherheitslücken bislang unzureichend geklärt ist, was wiederum im Fehlen einer entsprechenden handlungswirksam durchsetzbaren multilateralen Instanz seinen Grund haben dürfte.

Dies führt zu einer abschließenden Beobachtung: Der Versuch des rechtswissenschaftlichen Diskurses, Assoziationen aus menschlichen und nicht-menschlichen Akteuren als juristische Person zu konstruieren, verdeutlicht die Aporie der

Verantwortung. Er reagiert auf das Defizit der Nicht-Sprachlichkeit der Dinge (Teubner 2007) wie auch auf die Verantwortungslücke aufgrund von Attributionsproblemen in Kontexten hochgradig verteilter Handlungsträgerschaft (Matthias 2007, Koops et al. 2010). Die Herausforderung besteht darin, diesseits eines substantialistischen Begriffs von Person funktionale Bedingungen für Verantwortungsfähigkeit zu definieren. Genau in diesem Moment, darin zu bestimmen, wer Träger der Verantwortung ist, besteht der heikle Sinn der Verantwortungszuschreibung. Ist dieser „nicht überall und zu allen Zeiten so eindeutig und einfach der Einzelmensch, wie man das in einem sich als individualistisch verstehenden Zeitalter annehmen möchte" (Schütz u. Luckmann 2003, S. 452), so bedarf es der Reflexion darüber, wie sich eine Handlungseinheit herstellen ließe, der Verantwortung zugerechnet werden kann, ohne in alte Subjektkonstruktionen zurückzufallen. Doch hieße Kriterien bereitzustellen, wer oder was in die Einheit einzuzählen ist und wer nicht, nicht erneut die Aporie der Verantwortung zu übersehen? Ein Hybrid ist mehr als die Einheit von heterogenen Entitäten. Gerade der Begriff des Hybrids widersetzt sich ja den attribuierenden Bestrebungen des Filterns, Exkludierens und Klassifizierens (Latour). Heterogenität deutet auf die Differenz und notwendige Überbrückungen dieser Differenzen, ohne dass Differenz zugunsten von Konvergenz aufgegeben werden würde. Wo es Verantwortungslücken durch Zuschreibung des Status juristischer Personen auf Hybride zu überbrücken gilt, ist nicht mit Harmonie zu rechnen, sondern mit einer „accelerated multiplication of actors within different worlds of meaning", wie Gunther Teubner betont (2007, S. 520). Der rechtswissenschaftliche Diskus im Besondern, der verantwortungstheoretische Diskurs im Allgemeinen hat vor diesem Hintergrund die Aporie der Verantwortung zu durchschreiten. Er tut dies verantwortlich, wenn er in der Lage ist, ein Konzept der Verantwortungszuschreibung zu entwickeln, das einerseits die Vielstimmigkeit der Entitäten als Verantwortungsträger berücksichtigt und gleichzeitig die eigene historische Bedingtheit zu reflektieren vermag.

Literatur

Bayertz, Kurt. 1995. Eine kurze Geschichte der Herkunft der Verantwortung. In ders.: *Verantwortung – Prinzip oder Problem?*, 3–71. Darmstadt: Wissenschaftliche Buchgesellschaft.

Boebert, W. Earl. 2010. A Survey of Challenges in Attribution. *Proceedings of a Workshop on Deterring Cyberattacks: Informing Strategies and Developing Options for U.S. Policy*, Hrsg. National Research Council, 41-52. Washington, D.C.: The National Academies Press.

Clark, David, und Susan Landau. 2010. Untangling Attribution. *Proceedings of a Workshop on Deterring Cyberattacks: Informing Strategies and Developing Options for U.S. Policy*, Hrsg. National Research Council, 25-40. Washington, D.C.: The National Academies Press.

Derrida, Jacques. 1994. Den Tod geben. In *Gewalt und Gerechtigkeit*, Hrsg. Anselm Haverkamp, 331-445. Frankfurt am Main: Suhrkamp.

Gaycken, Sandro. 2011. *Cyberwar: Das Internet als Kriegsschauplatz*. München: Open Source Press.

Gaycken Sandro und Maurizio Martellini 2013. *Cyber Security. Deterrence and IT Protection for Critical Infrastructures*. London: Springer.

Gompert, David C. und Martin Libicki. 2015. Waging Cyber War the American Way. *Survival* 57 (4): 7–28.

Günther, Klaus. 2000. Verantwortlichkeit in der Zivilgesellschaft. In *Das Interesse der Vernunft*, Hrsg. Stefan Müller-Doohm, 465–485. Frankfurt am Main: Suhrkamp.

Günther, Klaus. 2005. *Schuld und kommunikative Freiheit: Studien zur personalen Zurechnung strafbaren Unrechts im Demokratischen Rechtsstaat*. Frankfurt am Main: Klostermann.

Günther, Klaus. 2006. Aufgaben- und Zurechnungsverantwortung. In *Verantwortung in der Zivilgesellschaft*, Hrsg. Ludger Heidbring und Alfred Hirsch, 295–330. Frankfurt am Main/New York: Campus.

Hafner, Katie, und John Markoff. 1991. *Cyberpunks*. New York und London: Simons & Schuster.

Heidenescher, Mathias. 1992. Zurechnung als soziologische Kategorie. Zu Luhmanns Verständnis von Handlung als Systemleistung. *Zeitschrift für Soziologie* 21 (6): 440–55.

Hellige, Hans-Dieter. 2004. *Geschichten der Informatik: Visionen, Paradigmen, Leitmotive*. Berlin Heidelberg/New York: Springer-Verlag.

Hempel, Leon. 2017. Die Zeit der Situation. Beobachtungen zur Temporalität kommunikativen Handelns am Beispiel Fußballfanverkehr. In *Der Kommunikative Konstruktivismus bei der Arbeit*, Hrsg. Jo Reichartz und René Tuma, S. 218-255. Weinheim: Beltz/Juventa.

Lindsay, Jon R. 2013. Stuxnet and the Limits of Cyber Warfare. *Security Studies* 22, 365-404.

Lindsay, Jon R. 2015. Tipping the scales: the attribution problem and the feasibility of deterrence against cyberattack. *Journal of Cybersecurity* 1-2015, S. 53-67

Libicki, Martin C. 2009. *Cyberdeterrence and Cyberwar*. Santa Monica, California: RAND Corporation.

Luckmann, Thomas. 1992. *Theorie des sozialen Handelns*. Berlin/New York: Walter De Gruyter.

Lupovici, Amir. 2016. The 'Attribution Problem' and the Social Construction of 'Violence': Taking Cyber Deterrence Literature a Step Forward. *International Studies Perspectives* 17 (3): 322–342..

Meteling, Arno. 2009: Verschwörungstheorien. Zum Imaginären des Verdachts. In *Die Unsichtbarkeit des Politischen. Theorie und Geschichte medialer Latenz*, Hrsg. Lutz Ellrich, Harun Maye und Arno Meteling, 179–212. Bielefeld: transcsript.

Rancière, Jacques. 2002. *Das Unvernehmen. Politik und Philosophie*. Frankfurt am Main: Suhrkamp.

Rancière, Jacques. 2008. *Zehn Thesen zur Politik*. Zürich und Berlin: Diaphanes.

Rammert, Werner, und Ingo Schulz-Schaeffer. 2002. Technik und Handeln. Wenn soziales Handeln sich auf menschliches Verhalten und technische Abläufe verteilt. In dies. *Können Maschinen handeln? Soziologische Beiträge zum Verhältnis von Mensch und Technik*, 11–64. Frankfurt a. M.: Campus.

Reckwitz, Andreas. 2008. *Subjekt*. Bielefeld: Transcript.

Rid, Thomas, und Ben Buchanan. 2015. Attributing Cyber Attacks. *Journal of Strategic Studies* 38 (1–2): 4–37.

Schulz-Schaeffer, Ingo. 2007. *Zugeschriebene Handlungen. Ein Beitrag zur Theorie sozialen Handelns.* Weilerswist: Velbrück.

Schulz-Schaeffer, Ingo. 2008a. Die drei Logiken der Selektion. Handlungstheorie der Situationsdefinition. *Zeitschrift für Soziologie* 37 (5): 362–379.

Schulz-Schaeffer, Ingo. 2008b. Soziales Handeln, Fremdverstehen und Handlungszuschreibung. In *Phänomenologie und Soziologie. Theoretische Positionen, aktuelle Problemfelder und empirische Umsetzungen*, Hrsg. Jürgen Raab, Michaela Pfadenhauer, Peter Stegmaier, Jochen Dreher und Bernt Schnettler, 211–221. Wiesbaden: VS-Verlag.

Schulz-Schaeffer, Ingo. 2009. Handlungszuschreibung und Situationsdefinition. Kölner Zeitschrift für Soziologie und Sozialpsychologie 61 (2): 159–182.

Schütz, Alfred. 1932. *Der sinnhafte Aufbau der sozialen Welt. Eine Einleitung in die verstehende Soziologie*, Wien.

Schütz, Alfred und Thomas Luckmann. 2003. *Strukturen der Lebenswelt.* Konstanz: UTB.

Srubar, Ilja. 2007. *Phänomenologie und soziologische Theorie. Aufsätze zur pragmatischen Lebensweltheorie.* Wiesbaden: VS Verlag für Sozialwissenschaften.

Stevens, Thomas. 2012. A Cyberwar of Ideas? Deterrence and Norms in Cyberspace. *Contemporary Security Policy* 33 (1): 148–70.

Stiegler, Bernhard. 2009. *Technik und Zeit. Der Fehler des Epimetheus.* Zürich/Berlin: Diaphanes.

Tsagourias, Nicholas. 2014. Cyberattacks, self-defense and the problem of Attribution. *Journal of Conflict & Security Law* 17 (2): 229–244.

Vogelmann, Frieder. 2014. *Im Bann der Verantwortung.* Frankfurt/New York: Campus.

Vogt, Peter. 2011. *Kontingenz und Zufall. Eine Ideen- und Begriffsgeschichte.* Berlin: Akademie Verlag.

Wendt, Alexander. 1995. Anarchy is what States Make of it: The Social Construction of Power Politics. *International Organization* 46 (2): 391–425.

Zittrain, Jonathan. 2008. *The Future of the Internet and how to stop it.* New Haven/London: Yale University Press.

ZUSAMMENFASSUNGEN

Souveräne schaffen und beschränken. Vorarbeiten zu einer Genealogie des Begriffs politischer Verantwortung

Frieder Vogelmann

Der Beitrag verfolgt die Entstehung und Wandlung des Begriffs politischer Verantwortung in den Praktiken seines Gebrauchs über drei Stationen: Von seiner Geburt im Anschluss an die demokratischen Revolutionen in Frankreich und Amerika am Beispiel der Ministerverantwortlichkeit Benjamin Constants über die Subjektivierung und Moralisierung politischer Verantwortung bei Max Weber und Karl Jaspers bis zum Konzept der Schutzverantwortung souveräner Staaten. Jeweils zeichnet sich Verantwortung durch die Struktur und Funktion des mit dem Begriff zum Einsatz gebrachten moralischen Selbstverhältnisses aus, das Handlungsmacht zugleich begrenzen und konstituieren soll, und so als Technik zur Erschaffung und Formung von Subjekten erkennbar wird.

Schlagwörter: Politische Verantwortung, Genealogie, Begriffsgeschichte, Schutzverantwortung, Subjektivierung

Staatlichkeit und Verantwortung zweiter Ordnung

Cord Schmelzle

Angesichts von allgegenwärtigen Globalisierungs- und Denationalisierungsprozessen wird die Organisation der politischen Welt in Staaten zunehmende hinterfragt. Der Artikel trägt zu dieser Debatte bei, indem er ein neuartiges und normativ bedeutsames Verständnis von Staatlichkeit entwickelt, das Staaten als Träger von *Verantwortung zweiter Ordnung* konzipiert. Staatliche Verantwortung zweiter Ordnung umfasst einerseits die *Metaverantwortung* für die Fairness und Effektivität des gesellschaftlichen Systems von Verantwortungsbeziehungen Sorge zu tragen und andererseits eine haftende *Letztverantwortung*, falls primäre Verantwortungsrelationen lückenhaft, uneffektiv oder unfair bleiben. Der Beitrag entwickelt diese Konzeption aus detaillierten Rekonstruktionen des Verantwortungs- und Staatsbegriffs und verteidigt sie gegen mögliche Einwände.

Schlagwörter: Verantwortung, Staatlichkeit, Staatstheorie, Institutionen, Politische Theorie, Legitimität

Vergangenes Unrecht und moralische Unwissenheit

Michael Schefczyk

Dieser Aufsatz entwickelt Thesen für die Zuschreibung moralischer Verantwortung an Moral-unwissende historische Akteure. Liegen epistemische Auslöser des Nachdenkens über das soziokulturell Normale vor, so sind die Mitglieder von moralisch zurechnungsfähigen Gesellschaften für ihre falschen moralischen Überzeugungen verantwortlich, sofern

sie über keine Entschuldigungen für ihre Moral-Unwissenheit verfügen. Gesellschaften sind moralisch zurechnungsfähig, wenn in ihnen Standards guter epistemischer Praxis lokal beherrscht werden.
Schlagwörter: Historisches Unrecht, moralisches Unwissen, moralische Vorwerfbarkeit

Kollektive Verantwortung als politischer Begriff in der Debatte über historisches Unrecht

Christian Neuhäuser
In dem Text arbeite ich den wesentlich politischen Charakter des Verantwortungsbegriffs in Auseinandersetzung mit der Frage der Verantwortung für historisches Unrecht heraus. Den Ausgangspunkt bildet die Annahme, dass die Auseinandersetzung mit Verantwortung aus Sicht der Gebrauchstheorie der Bedeutung immer zumindest potentiell auf die Praxis wirkt. Auf der Grundlage eines differenzierten Verantwortungsbegriffs setze ich mich dann mit den sehr unterschiedlichen Positionen von Julian Nida-Rümelin, Margaret Gilbert und Michael Schefczyk zur Frage des historischen Unrechts und der Kollektivschuld auseinander. Dabei wird deutlich, dass der Streit zwischen diesen Positionen nicht allein begriffsanalytisch aufgelöst werden kann, sondern selbst eine normative politische Dimension besitzt.
Schlagwörter: Kollektive Verantwortung, historisches Unrecht, Kollektivschuld, Pluralsubjekt, Margaret Gilbert

Verantwortung als Irritation: Ethische Überlegungen

Regina Ammicht Quinn
„Verantwortung", heute ein Zentralbegriff der Ethik, ist in diesem Kontext ein relativ junger Begriff. Der Sache nach wurde vor Mitte des 19. Jahrhunderts Verantwortung retrospektiv unter dem Stichwort „Schuld", prospektiv unter dem Stichwort „Pflicht" abgehandelt. Der neue Verantwortungsbegriff sollte in einer veränderten und komplexeren Welt größere Flexibilität und Offenheit gewährleisten. Heute stellt eine allgemeine Verantwortungsdiffusion den Sinn von „Verantwortung" Frage. Um die Idee der Verantwortung nicht aufzugeben, wird sie häufig wieder in klare, überschaubare und rollenspezifische Verantwortlichkeitssysteme eingehegt, vergleichbar mit Systemen von „Pflicht" bzw. „Schuld"; Verantwortung wird zur justiziablen Haftung. Mit Hilfe unterschiedlicher Narrative (Heinrich von Kleist, Cormac McCarthy) fragt der Text grundlegend nach Form und Wirkung von *moralischer* Verantwortung. Die Narrative machen deutlich, dass moralische Verantwortung nicht in Systemen klar begrenzter Regeln erfasst werden kann. Damit wird nicht die Notwendigkeit von Systemen bestritten. In der Fokussierung auf die blinden Flecken solcher Systematiken entwirft der Text Verantwortung kreativ, narrativ, als „Modell" (Adorno) – weniger eine Stabilisierung von Verantwortungssystemen als deren Irritation.
Schlagwörter: Ethik, Moral, Verantwortung, Narrativ

Hybride Arrangements, Verantwortung und Pragmatismus: Infrastrukturmanagement und Behördenversagen im Fall der Loveparade-Kastrophe von 2010

Wolfgang Seibel

Öffentliche Aufgaben werden mitunter in Form hybrider Arrangements aus öffentlicher Verwaltung, privaten Unternehmen und zivilgesellschaftlicher Organisationen wahrgenommen. Diese Arrangements stellen an das Führungspersonal besondere Anforderungen im Hinblick auf Koordination und pragmatische Kompromissbildungen, weil sie von den Routinen und etablierten Handlungsmustern der klassischen bürokratischen Verwaltung und damit auch von den Problemlösungsroutinen des Führungspersonals abweichen. Hybride Arrangements im öffentlichen Sektor sind daher ein risikosteigernder Faktor, wenn es um die Gewährleistung verlässlicher Steuerung und die Sicherung von Verantwortungszusammenhängen geht. Das Argument des Beitrags lautet, dass diese Risiken durchaus unter Kontrolle gehalten werden können unter der Voraussetzung, dass das Führungspersonal den für hybride Arrangements charakteristischen Anreizen widersteht, die Spezifik gesetzesgebundenen Verwaltungshandelns zur Disposition zu stellen und die Grenze von pragmatischem zu opportunistischem Entscheiden zu überschreiten. Dies ist, so die These, eher eine verantwortungsethische Herausforderung als eine Frage angemessener institutioneller Wahl. Es berührt insbesondere die Grenzen des für eine funktionierende Verwaltung ansonsten unverzichtbaren Pragmatismus. Als exemplarischer Fall dient das Versagen von Verwaltungsbehörden im Kontext eines hybriden Arrangements bei der Planung und Genehmigung der Loveparade, die am 24. Juli 2010 in Duisburg stattfand und in einer Massenpanik mündete, in deren Verlauf 21 Menschen getötet und 652 Besucher verletzt wurden.

Schlagwörter: Hybride Arrangements, öffentliche Verwaltung, Verantwortungsethik, Loveparade

Verantwortung und Rücktritt: Ideengeschichtliche Grundlagen und konkrete Aktualisierungen in unterschiedlichen westlichen Demokratien

Jürgen Plöhn

Unter Berücksichtigung der Vertrauensdiskussion werden Verantwortungsargumentationen anhand der britischen, US-amerikanischen, französischen und deutschen Verfassungsgeschichte bei Locke, Burke, den Autoren des Federalist, Sieyes, Constant, Mohl, Weber und anderen nachgezeichnet. Mittels der hieraus gewonnenen Kategorien für Verantwortungsthematisierungen werden anschließend verantwortungsbezogene Rücktrittsfälle aus den USA und Deutschland (u.a. Richardson, Nixon, Vance, Brandt, Leber, Maihofer) analysiert und illustrativ um weitere Fälle angereichert.

Schlagwörter: Verantwortung, Vertrauen, Minister, Rücktritt, Regierungssysteme

Partizipative Politik und Verantwortungsdiffusion am Beispiel städtebaulicher Vorhaben

Chantal Magnin

Am Beispiel der informellen Beteiligung von Bürgerinnen und Bürgern bei städtebaulichen Vorhaben wird der Frage nachgegangen, ob und wie die Durchführung von partizipativen Veranstaltungen zur Diffusion von politischer Verantwortung beiträgt. Schliesslich nehmen

die Bürgerinnen und Bürger in der Hoffnung teil, politisch mitentscheiden zu können. Ihre Erfahrungen bei städtebaulichen Vorhaben zeigen aber, dass es kaum je dazu kommt, dass mittels deliberativer Verfahren politische Verantwortung delegiert wird. Vielmehr erweisen sich heute oftmals privatwirtschaftliche Akteure und Investoren als die in diesem Kontext relevanten Partner der Behörden. Aus Sicht von Bürgerinnen und Bürger sind es solche Partnerschaften, welche die Zurechenbarkeit von politischer Verantwortung erschweren.
Schlagwörter: Deliberation, Demokratie, Partizipation, politische Verantwortung, Stadtplanung

„Neue Verantwortung" in der deutschen Außenpolitik zwischen Fluchtdebatte und Militäreinsätzen

Corinna Hauswedell

Der Beitrag zeichnet Dynamiken und Dilemmata des öffentlichen Diskurses zwischen 2014 und 2016 nach, der mit „neuer Verantwortung" Deutschlands zunächst sicherheitspolitisch konnotiert und dann durch die Fluchtthematik moralisch aufgeladen wurde. Gestützt auf „Gewährsleute" wie Picht, Jonas, Weber oder Arendt geht er u.a. der Frage nach, ob sich normative Orientierung durch den Verantwortungsbegriff beidseitig als tragfähig erweisen kann: auf dem Feld militärisch gehärteter Machtpolitik ebenso wie für eine durch humanitär geleitete *Soft Power* bestimmten Außenpolitik. Zweifel und Vorsicht sind angebracht: Kriegführung wie Migrationspolitik verweisen auf die tendenzielle „Unabgrenzbarkeit" von Menschenrechtsfragen, die globalisierungstypische Verwischung außen- und innenpolitischer Faktoren sprengt nationalstaatliche Abwägungen.
Schlagwörter: Außenpolitik, Verantwortungs- versus Gesinnungsethik, Flucht und Migration, Sicherheitspolitik

Deutsche Verantwortung in der „Mitte der Gesellschaft" aushandeln? Über Politisierung und Entpolitisierung der deutschen Außenpolitik

Anna Geis und Hanna Pfeifer

Der vorliegende Beitrag setzt sich kritisch mit dem Beteiligungsprozess „Review 2014 – Außenpolitik weiter denken" auseinander, der im Mai 2014 vom Auswärtigen Amt angestoßen wurde. Mithilfe von Iris Marion Youngs Arbeiten zur deliberativen Demokratietheorie und zu politischer Verantwortung werden die Spannungen aufgezeigt, die zwischen dem Versuch einer Politisierung von Außenpolitik einerseits und dem Bestreben, Deutschland eine gewichtigere Rolle in der globalen Politik zu verleihen, andererseits entstehen. Ergebnisoffene Selbstverständigungsprozesse über Außenpolitik führen nicht unbedingt zum gewünschten Ergebnis eines stärkeren Engagements Deutschlands in der Weltpolitik oder eines normativ anspruchsvollen Programms politischer Verantwortung. Umgekehrt können gescheiterte Politisierungsversuche, die wie der Review-Prozess von den politischen Eliten angestoßen werden, zur Scheinlegitimierung einer Außenpolitik werden, die sich von vornherein auf ein Mehr an Verantwortung festgelegt hatte.
Schlagwörter: Außenpolitik, Deliberative Demokratietheorie, Politische Verantwortung, Bürgerbeteiligung, Politisierung

Umkämpfte Verantwortungszuschreibung: Extraterritoriale Menschenrechtsverletzungen der USA in der Terrorismusbekämpfung

Monika Heupel

Der Artikel entwickelt ein einfaches Modell der umkämpften Zuschreibung von Verantwortung für extraterritoriale Menschenrechtsverletzungen, das auf Mechanismen der Verantwortungszuweisung und korrespondierenden Mechanismen der Abwehr von Verantwortung basiert. Der Artikel wendet das Modell auf den Konflikt um zwei extraterritoriale Rechtsverletzungen an, die im Zuge der Terrorismusbekämpfung der USA aufgetreten sind, nämlich Folter und Massenüberwachung von Ausländern im Ausland. Der Artikel zeigt, dass das Modell sowohl erklären kann, warum Staaten in einem vergleichsweise neuen Bereich schrittweise Verantwortung anerkennen, als auch, warum Staaten Verantwortung für den extraterritorialen Schutz eines Menschenrechts, die zeitweise zur Disposition gestellt wurde, erneut anerkennen.

Schlagwörter: Verantwortung, Menschenrechte, extraterritorial, Terrorismus, USA

Das Verhältnis von Souveränität und Verantwortung im internationalen Recht: Schutzverantwortung und Staatenverantwortung

Julian Junk und Stefan Kroll

Das Ziel des Beitrags ist es, anhand der Fallbeispiele der Schutzverantwortung als entstehende Norm einerseits und der Staatenverantwortung, welche am Beispiel der Debatte um den Investitionsschutz konkretisiert wird, andererseits, der Spannung zwischen Souveränität und Verantwortung im internationalen Recht und in der internationalen Politik nachzugehen. Der Beitrag zeigt mit der Analyse der beiden Fälle, dass das Konzept einer Souveränität als Verantwortung vor allem eine Aufgabenverantwortung ist, die auf den Bereich der politischen Debatte beschränkt bleibt. Immer dann, wenn Regeln der Zurechnungsverantwortung hinzugefügt werden, und somit eine Verrechtlichung stattfindet, wird Verantwortung zum Gegengewicht staatlicher Unabhängigkeit – und damit einhergehend erhöht sich deren Umstrittenheit.

Schlagwörter: Souveränität, Verantwortung, Schutzverantwortung, Staatenverantwortung, Investitionsschutz

Konjunktur des Verantwortungsbegriffs in den Resolutionen des VN- Sicherheitsrates, 1946-2015

Julia Strasheim, Felix Haaß und Felix S. Bethke

Die Vereinten Nationen nutzen Sicherheitsratsresolutionen um sich selbst und anderen Akteuren Verantwortung in der Weltpolitik zuzuschreiben. Dieser Beitrag untersucht die Entwicklung der Verantwortungszuschreibung über Zeit. Er fragt, inwieweit das Ende des Kalten Krieges und Initiativen wie die Agenda für den Frieden und das Prinzip der Schutzverantwortung (R2P) die Verantwortungszuschreibung durch den Sicherheitsrat beeinflusst hat. Die Analyse basiert auf einem Datensatz aller Sicherheitsratsresolutionen zwischen 1946 und 2015. Verfahren der quantitativen Text- und Zeitreihenanalyse zeigen dass der Sicherheitsrat den Verantwortungsbegriff in zunehmendem Maße verwendet.

Dieser Anstieg lässt sich jedoch nicht eindeutig auf Initiativen wie die Agenda und R2P zurückführen.
Schlagwörter: Vereinte Nationen, Sicherheitsrat, Responsibility to Protect, Quantitative Textanalyse, Internationale Organisationen

Kosmopolitische Verantwortung: Zwischen normativem Anspruch und politischer Praxis

Jürgen Neyer, Mitja Sienknecht, Luana Martin-Russu

Der Begriff der Verantwortung stellt eine zentrale Bezugsgröße politischen Handelns dar. Er kann heute allerdings nicht mehr angemessen im nationalstaatlichen Kontext gedacht werden, sondern muss kosmopolitisch als eine grenzüberschreitende Pflicht zur Berücksichtigung der Anliegen nicht-repräsentierter betroffener Anderer in eigenen Entscheidungen verstanden werden. Dieses kosmopolitische Prinzip findet sich heute bereits an vielen Stellen in der internationalen, der supranationalen und der transnationalen Politik umgesetzt. Jeder dieser drei Kontexte weist allerdings defizitäre Realisierungsbedingungen auf. Der Umstand, dass sich gleichwohl in allen drei Kontexten Ansätze grenzüberschreitender Verantwortlichkeit finden lassen, kann als Evidenz für die Emergenz einer globalen Norm kosmopolitischer Verantwortung interpretiert werden.
Schlagwörter: Kosmopolitismus, Verantwortung, Institutionen, weltpolitisches System, Recht auf Rechtfertigung

Produktive Wälder: Diffusionsmuster klimapolitischer Verantwortung am Beispiel von REDD+-Projekten

Franziska Müller

Der Beitrag untersucht Diffusionsprozesse in der Klimaverantwortung am Beispiel des globalen Klimaschutzinstrumentes REDD+, welches Projekte zur CO_2-Kompensation im globalen Süden finanziert. Dabei wird eine zunächst universal konzipierte klimapolitische Verantwortung lokalisiert und zu bisher wenig sichtbaren Akteursgruppen (Kleinbäuer_innen, indigene Bevölkerung) verlagert, deren Rolle dadurch aufgewertet, aber von spezifischen Subjektivierungsansprüchen begleitet wird. Ziel des Artikels ist es, im Sinne einer machtkritischen Governanceforschung zu untersuchen, welche Effekte mit der Diffusion von Klimaverantwortung in der globalen Umweltgovernance verbunden sind, und welche disziplinierenden aber auch produktiven Diffusionsmuster sich herausbilden.
Schlagwörter: Klimaverantwortung, REDD+, Globale Umweltgovernance, Lokalisierung

Praktiken der Verantwortungszuschreibung: Transnationale Regelsetzung und politische Autorität privater Unternehmen

Aletta Mondré, Holger Niemann, Christian Scheper, Cornelia Ulbert

Der Beitrag diskutiert Praktiken der Verantwortungszuschreibung als Quelle politischer Autorität transnationaler Unternehmen. Wir arbeiten heraus, wie Unternehmen Prozesse von Selbst- und Fremdzuschreibung von Verantwortung macht- und legitimitätspolitisch nutzen und allgemeinverbindliche transnationale Regulierungen schaffen. Dies wird anhand zweier Fallbeispiele plausibel gemacht: dem Umweltschutz im Kontext des Tiefsee-

bergbaus und der Berichterstattung im Feld der Menschenrechte. In beiden Fällen (re-) konstituieren sich durch dynamische soziale Beziehungen Referenzobjekt und -subjekt im Sinne unternehmerischer Handlungslogiken; in diesen Ausdeutungen wächst privaten Unternehmen politische Autorität zu.
Schlagwörter: Verantwortung, politische Autorität, private Wirtschaftsakteure, transnationale Regelsetzung

CSR *Revisited*: Über die Möglichkeiten und Grenzen sozialer Verantwortung von Unternehmen

Antje Vetterlein
Der Verantwortungsbegriff gewinnt an Bedeutung in politischen, rechtlichen und ökonomischen Debatten. Verantwortung in/und Politik ist nicht neu, wird aber in Zeiten von globaler Governance komplizierter, wenn wir es mit einer Vielzahl von Entscheidungsträgern zu tun haben, jenseits souveräner Staaten. Es ergeben sich Situationen, in denen Verantwortung nicht eindeutig zugeschrieben werden kann oder Akteure sie nicht übernehmen. Wie geht man mit diesen Problemen um? Dieses Papier widmet sich solchen Fragen am Beispiel unternehmerischer Verantwortung. Es werden exemplarisch vier Fälle diskutiert, die jeweils eine bestimmte Problematik von Verantwortung in globalen Zusammenhängen aufzeigen, die man zunächst konzeptionell klären sollte, bevor man unternehmerische Verantwortung einfordert.
Schlagwörter: unternehmerische Verantwortung, CSR, Globale Governance, moralische Handlungsfähigkeit

Die Entwicklung unternehmerischer Verantwortung für Menschenrechte: Privatisierung oder Diffusion?

Janne Mende
Globalisierung, Global Governance und die Transnationalisierung des Rechts verändern den Charakter, die Reichweite und die Dimensionen von Verantwortung. Das verdeutlicht sich insbesondere an der zunehmenden Bedeutung, die nicht-staatliche Akteure als Verantwortungssubjekte im Menschenrecht einnehmen. Bedeutet die Ausweitung staatlicher menschenrechtlicher Verantwortung auf nicht-staatliche Akteure eine Privatisierung oder eine Diffusion, eine Stärkung oder eine Schwächung menschenrechtlicher Verantwortung? Am Beispiel der Entwicklung unternehmerischer Verantwortung für Menschenrechte im Rahmen des transnationalen Rechts untersucht der Artikel, welche Dimensionen menschenrechtlicher Verantwortung sich auf welche Weise verändern und wie dabei die klassischen Dichotomien zwischen staatlichen und nicht-staatlichen Akteuren sowie zwischen *soft law* und *hard law* herausgefordert werden.
Schlagwörter: Corporate Social Responsibility, Menschenrechte, Unternehmen, Vereinte Nationen, Privatisierung, transnationales Recht

Distribuierte Handlungsträgerschaft.
Verantwortungsdiffusion als Problem der Digitalisierung sozialen Handelns

Valentin Rauer

Dieser Beitrag widmet sich der Frage, ob im Zuge zunehmender digitaler Handlungs- und Entscheidungsprogramme, das an sozialer Arbeitsteilung orientierte Konzept von Verantwortung noch ausreicht, die Relationen zwischen Subjekten, Objekten und Normen adäquat zu erfassen. Aufbauend auf den Ansatz distribuierten Handelns wird zunächst der Unterschied zwischen sozialer Arbeitsteilung und digitalen sozialen Handeln erläutert. In einem zweiten, ausführlicheren Abschnitt werden verantwortungstheoretische Ansätze umrissen und anhand illustrativer Fallbeispiele aus dem Kontext autonomer robotischer Waffensysteme Plausibilisierungsprüfungen unterzogen. Abschließend erfolgt eine Zusammenfassung mit Blick auf die Frage den verantwortungstheoretischen Folgen angesichts dieser Entwicklung.

Schlagwörter: Verantwortung, soziales Handeln, Digitalisierung, Algorithmen, Drohnen

Verantwortungspolitiken im Kontext von IT-Sicherheit: Verantwortungszuschreibung als Kontingenzverschiebung.

Leon Hempel

Der Beitrag analysiert die Idee der Verantwortung im Kontext von IT-Sicherheit. In den Debatten um Cyber Security wird oft behauptet, dass sich aufgrund der ‚Natur des Netzes' Handlungen im digitalen Raum nicht eindeutig einem Akteur zuschreiben ließen. Doch dieses Attributionsproblem der technischen Struktur zuzuweisen, bedeutete einem Technikdeterminismus zu folgen, der nicht nur von Verantwortung entlastet, sondern auch die Beschwörung des Attributionsproblem als Teil einer Verantwortungspolitik verschleiert. Mit Blick auf die soziologische Handlungstheorie wird dagegen verdeutlicht, dass sich die Frage nach Verantwortung bereits aus dem Reziprozitätsdefizit sozialen Handelns ergibt und die verbleibende Kontingenz jeder Handlungs- bzw.Verantwortungszuschreibung auch im digitalen Raum wiederum verantwortet werden muss.

Schlagwörter: Attributionsproblem, Handlungstheorie, IT-Sicherheit, Kontingenz, Verantwortung

ABSTRACTS

Creating and Constraining Sovereigns: Groundwork for a Genealogy of the Term Political Responsibility

Frieder Vogelmann

The article traces genesis and changes of the concept of political responsibility in the practices in which it is used. It highlights three episodes: the birth of the concept of political responsibility in the wake of the democratic revolutions in France and North America, using the example of Benjamin Constant's "responsibility of ministers"; the subjectivation and moralisation of the concept in Max Weber and Karl Jaspers; finally, the change indicated by the advent of the "responsibility to protect". In each case, the use of the concept of political responsibility deploys a moral relation to self to limit and constitute agency. Thus, the concept of political responsibility reveals itself to be a technique for making and moulding subjects.
Keywords: Political Responsibility, Genealogy, Conceptual History, Responsibility to Protect (R2P), Subjectivation

Second Order Responsibility and the Concept of the State

Cord Schmelzle

In light of increasing globalization and denationalization, the organization of the world into nation-states is more and more questioned. This article contributes to this debate by developing a novel and normatively relevant concept of statehood that conceives of states as bearers of *second order responsibilities*. According to this conceptualization, states have two types of second order responsibilities that arise from their monopoly of authority and their role as public actors: A *meta-responsibility* to create a fair and effective societal system of first order responsibilities and *ultimate accountability* for incomplete, unjust or ineffective first order systems. The paper develops this account through detailed discussions of the concepts of statehood and responsibility and defends it against several objections.
Keywords: Responsibility, Statehood, State Theory, Institutions, Political Theory, Legitimacy

Historical injustice and moral ignorance

Michael Schefczyk

This article argues that morally ignorant perpetrators are blameworthy for acts of historical injustice if two conditions hold: Firstly, the perpetrators are exposed to so called epistemic triggers for reflection on the deontic status of wrong moral beliefs; secondly, they are members of epistemically sufficiently competent societies. The latter is the case if a society masters locally principles of good epistemic practice.
Keywords: Historical Injustice, Moral Ignorance, Blameworthiness

Collective Responsibility as a Political Term in the Debate on Historical Injustice

Christian Neuhäuser

The article carves out the deeply political character of the concept of responsibility in the context of questions of historical justice. The starting point for the inquiry is the assumption that according to the use theory of meaning any conceptualization of responsibility can have considerable consequences for its practical use. I engage the very different conceptions of responsibility for historical injustice provided by Julian Nida-Rümeln, Margaret Gilbert and Michael Schefczyk and discuss their positions on collective guilt. It thereby becomes visible that the differences between their positions cannot be resolved analytically, because those differences are political in nature.

Keywords: Collective Responsibility, Historical Injustice, Collective Guilt, Plural Subject, Margaret Gilbert

Responsibility as Irritation: Ethical Considerations

Regina Ammicht-Quinn

The concept of responsibility is a crucial term in the field of ethics, even though it is quite new in this context. Before the 19th century, the concept of guilt (retrospectively) and duty (prospectively) were used to analyze problems of "responsibility". The emerging idea of responsibility was supposed to guarantee more flexibility and openness in a changing and more complex world. Today, the diffusion of responsibility challenges its meaning and meaningfulness. The effort to uphold this idea often results in precise, manageable and role-specific systems of responsibility, comparable to (older) systems of "guilt" and "duty". The article traces forms and effects of specific moral responsibility by referring to two novels by Heinrich von Kleist and Cormac McCarthy. The analysis demonstrates that moral responsibility cannot be captured in closed systems of rules with limited scopes. This is not to question the necessity of rule-based systems in general. However, by focusing on blind spots of such systems, responsibility is conceptualizes more creatively as a "model" (Adorno) – and less as stabilizing responsibility systems but as means of irritating them.

Keywords: Ethics, Morality, Responsibility, Narrative

Hybrid Arrangements, Responsibility, and Pragmatism: Infrastructure Management and the Loveparade Disaster of 2010

Wolfang Seibel

The provision of public goods and services may take the shape of hybrid arrangements of public administration, private business and civil society organizations. These arrangements imply specific leadership challenges in terms of coordination and pragmatic compromises precisely because they deviate from the established action patterns and problem-solving routines of classic bureaucratic administration. Hybrid arrangements are therefore a risk-generating factor when it comes to reliable governance and administrative responsibility. The argument of the present paper is that the risks are nonetheless manageable under the condition that responsible staff members resist the inducements of transgressing the threshold that separates pragmatic from opportunistic decision making and to ignore the specificity of rule-of-law based public administration. That challenge, the paper argues, af-

fects the ethic of responsibility rather than institutional choice issues. Moreover, it affects predominantly the limits of pragmatism as an otherwise indispensable decision style in public administration. The exemplary case analyzed in the paper is the failure of the municipal administration of the city of Duisburg, Germany, to handle a hybrid arrangement in charge of planning and organization of an open air techno music street parade, known as "Loveparade", in 2010 resulting in a panic that claimed the lives of 21 people and left 60052 people injured.
Keywords: Hybrid Arrangements, Public Administration, Ethics of Responsibility, Loveparade

Responsibility and demission: Bases in the history of political thought and specific actualizations in different western democracies

Jürgen Plöhn
With due regard to the discussion of political confidence, the article covers aspects of responsibility in the history of political theory, considering Locke, Burke, the Federalist Papers, Sieyes, Constant, Mohl, Weber and others. The categories derived from those reviews are then used for analyses of political resignations in the USA and Germany (cases Richardson, Nixon, Vance, Brandt, Leber, Maihofer and others). For illustration, other cases are added.
Keywords: Responsibility, Trust, Secretaries, Resignation, Governmental System

Participatory Democracy and Diffusion of Responsibility in Urban Planning Projects

Chantal Magnin
Exemplified by the informal participation of citizens in urban planning projects we address the question of whether and how the implementation of participatory events contribute to the diffusion of political responsibility. Although the citizens hope to directly take part in the political decision-making, their experiences in urban planning projects show that a delegation of political responsibility by means of deliberative techniques almost never occurs. Instead, investors and other private-sector stakeholders nowadays often turn out to be the decisive partners of the authorities. From citizen's perspective, those kinds of partnership impede the accountability of political responsibility.
Keywords: Deliberation, Democracy, Participation, Political Responsibility, Urban Planning

„New responsibility" in German Foreign Politics: Between Handling Migration and Military Missions

Corinna Hauswedell
The latest public discourse in Germany about adopting more responsibility (Verantwortung) in foreign affairs, primarily shaped by international expectations for a larger German role in military missions, became a different – humanitarian – slant during 2015 when the admission of about a million refugees stimulated all kinds of ethical convictions and political dilemmas. With recourse to German philosophers like Picht, Jonas, Weber, and Arendt the article explores the actual normative scope of the term „Verantwortung", and

comes up on a sceptical note: Both foreign policies, waging war and managing migration, cross frontiers where human rights violations are of high concern. Globalization increasingly blurring domestic and foreign affairs will require a new ethic.
Keywords: Foreign policy, Ethics of Responsibility, Flight and Migration, Security Policy

Negotiating German Responsibility "at the Heart of Society"? On the Politicization and Depoliticization of German Foreign Policy

Anna Geis and Hanna Pfeifer
This article analyzes the participatory process "Review 2014 – Außenpolitik weiter denken" which was initiated by the German Federal Foreign Office in May 2014. Drawing on Iris Marion Young's works on deliberative democracy and political responsibility, we point to the tensions that emerge between the attempt to politicize foreign policy on the one hand, and the political elites' strive for a more active German role in global politics. If processes of self-reflection in the field of foreign policy are taken seriously, they do not necessarily end up in an enhanced commitment of Germany in world politics, nor in a normatively demanding program of political responsibility. Moreover, failing attempts at politicization which are initiated top-down by political elites, such as the "Review" process, may indeed contribute to a fake legitimization of a foreign policy agenda which had "more responsibility" as its preassigned goal.
Keywords: Foreign Policy, Deliberative Democracy, Political Responsibility, Civic Participation, Politicization

Contested responsibility attribution: Extraterritorial human rights violations in the US campaign against terrorism

Monika Heupel
The article develops a simple model of contested responsibility attribution for extraterritorial human rights violations which is based on mechanisms of responsibility attribution and corresponding defense mechanisms. The article applies the model to the conflict on two extraterritorial rights violations that have occurred in the context of the US campaign against terrorism, namely torture and mass surveillance of foreigners abroad. The article shows that the model can both explain why states gradually take on responsibility in a new issue area (right to privacy) and why states anew take on responsibility for the protection of a human right that they have temporarily *de facto* denounced (right to freedom from torture).
Keywords: Responsibility, Human Rights, Extraterritorial, War on Terror, United States

The Relationship between Sovereignty and Responsibility in International Law: The Responsibility to Protect and State Responsibility

Julian Junk und Stefan Kroll
The article aims at tracing the tension between sovereignty and responsibility in both international law and international politics. It does so by scrutinizing two cases: First, the emerging norm of a Responsibility to Protect and second, the State Responsibility which

is illustrated by the debate on investment protection. By analyzing these two cases, the article demonstrates that conceptualizing sovereignty as responsibility is necessarily linked to only one type of responsibility. This is the responsibility to take over a particular task in the future, and which is discussed mainly in the political realm. However, another type of responsibility, which is the accountability and which is connected to processes of juridification, is characterized by the traditional tension of sovereignty and responsibility.
Keywords: Sovereignty, Responsibility, Responsibility to Protect, State Responsibility, Investment Protection

The Attribution of Responsibility in United Nations Security Council Resolutions, 1946-2015

Julia Strasheim, Felix Haaß und Felix S. Bethke
The United Nations use Security Council resolutions to attribute responsibility for issues of world politics either to itself or to other actors. In this article, we analyze the development of responsibility attribution over time. We evaluate whether the end of the Cold War and initiatives such as the Agenda for Peace and the Responsibility to Protect (R2P) influenced the prevalence of responsibility attribution in Security Council resolutions. The analysis is based on a dataset covering all resolutions published between 1946 and 2015. Using methods of quantitative text and time series analysis we document an increase of responsibility attributions through resolutions over time. However, this increase is not clearly attributable to initiatives such as the Agenda and the R2P.
Keywords: United Nations, Security Council, Responsibility to Protect, Quantitative Text Analysis, International Organizations

Cosmopolitan Responsibility: between Normative Claims and Political Practice

Jürgen Neyer, Mitja Sienknecht, Luana Martin-Russu
Responsibility is an important norm in all contexts of policy-making. Today, it must be understood as a cosmopolitan principle to respect the concerns of affected parties of own decisions and to give them voice in own decision-making processes even if they have no formal right to be represented. This cosmopolitan principle is already institutionalized in a number of international, supranational and transnational contexts. All of these contexts lack important pre-conditions for a full-blown application of the principle. The fact that the principle has nevertheless been institutionalized to some degree in all three contexts can be interpreted as evidence for its broad acceptance as a new global norm.
Keywords: Cosmopolitanism, Responsibility, Institutions, World-Political System, Right to Justification

Productive forests: Diffusion of carbon responsibilities in REDD+ projects

Franziska Müller
The article analyses the diffusion of carbon responsibilities on a global/local level with regards to the policy instrument REDD+, which finances carbon reduction projects in the Global South. This goes in line with the localisation of a formely universal carbon respon-

sibility. The roles and responsibilites of marginalized and subaltern actors (small farmers, indigenous peoples) are thereby empowered; however this is paralleled by new demands and the creation of programmatic subjectivities. The aim of the article is to identify the very effects of such diffusion processes and to develop a typology of both disciplinary and productive diffusion patterns.
Keywords: Carbon Responsibility, REDD+, Global Environmental Governance, Localisation

Practices of Attributing Responsibility: Transnational Rule-Making and the Political Authority of Private Enterprises

Aletta Mondré, Holger Niemann, Christian Scheper, Cornelia Ulbert
The article discusses practices of attributing responsibility as a source of the political authority of transnational enterprises. We highlight how private enterprises use processes of attribution as a source of power and legitimacy, thus producing collectively binding transnational regulations. We illustrate our argument with reference to environmental protection in the context of deep-sea mining and corporate transparency in the field of human rights. Both cases illustrate that social dynamics (re-)constitute the reference object as well as the reference subject of responsibility in line with corporate logics of action; such re-interpretations create political authority of private enterprises.
Keywords: Responsibility, Political Authority, Private Business Actors, Transnational Regulations

CSR *Revisited*: About Possibilities and Limits of Corporate Responsibility

Antje Vetterlein
References to the concept of responsibility have been increasing in political, legal and economic debates. Responsibility and politics is however nothing new. Yet, in times of global governance, it deserves a fresh look as the nature of politics has changed. Given more political actors beyond the nation state, we increasingly face situations in which political responsibility cannot be ascribed clearly or actors have the chance to avoid taking on responsibility. How can such problems be tackled? This paper addresses such questions, employing the case of corporate social responsibility (CSR). Based on a typology about the role of corporations in global governance, four cases are discussed as illustrations of conceptual issues that should be reflected upon before CSR is called for.
Keywords: Corporate Social Responsibility (CSR), Global Governance, Moral Agency

The Development of Corporate Responsibility for Human Rights. Privatization or Diffusion?

Janne Mende
Globalization, global governance and transnational law are changing the character, meanings and aspects of responsibility. A case in point is the growing responsibility of non-state actors for human rights. Does the shift of responsibility from states to non-state actors entail a privatization or a diffusion of responsibility? Is responsibility being weakened or strengthened? Analyzing the development of corporate responsibility for human rights, the paper

asks for the changes and modifications of responsibility and how it challenges the dichotomies between state and non-state actors, as well as between soft law and hard law.
Keywords: Corporate Social Responsibility, Human Rights, Business, United Nations, Privatization, Transnational Law

Distributed agency. Diffusion of responsibility as problematic result of the digitization of social action

Valentin Rauer
This article addresses the question of whether, in the course of increasing digital action and decision-making programs, the concept of responsibility is still adequate to describe relations between actors, reference objects and normativity, as it was the case in classical situations of division of labor. The first chapter sketches out the difference between social division of labor and digital social action, based on the approach of distributed social agency. In a second, more detailed section, theoretical approaches of diffused responsibility are outlined and subjected to plausibility checks using illustrative cases from the context of autonomous robotic weapon systems. Finally, a summary is given with regard to the question of the consequences for the theory of responsibility in the face of the digitalization of social action.
Keywords: Responsibility, Social Agency, Digitalization, Algorithms, Drones

Policies of Responsibility in the context of IT security: Responsibility as contingency shift.

Leon Hempel
The paper analyses the idea of responsibility in the context of IT security. In the debates about cybersecurity, it is often said that the 'nature of the network' does not allow to attribute actions to an actor. However, to ascribe the so called attribution problem merely to the technical structure implies to follow a technical determinism, which relieves from responsibility, and also disguises the permanent incantation of the attribution problem as part of a responsibility policy. With regard to the sociological theory of action, on the other hand, it will be made clear that responsibility is already the result of the reciprocity deficit of social action. Moreover, also in the digital space the remaining contingency of any attribution requires again to take responsibility for this attribution.
Keywords: Attribution Problem, Theory of Action, IT Security, Contingency, Responsibility

VERZEICHNIS DER AUTORINNEN UND AUTOREN

Die Herausgeber:

Christopher Daase, Prof. Dr., Goethe Universität Frankfurt, Exzellenzcluster „Die Herausbildung Normativer Ordnungen", Max-Horkheimer-Straße 2, 60629 Frankfurt am Main. Email: daase@normativeorders.net.

Julian Junk, Dr., wissenschaftlicher Mitarbeiter, Leibniz-Institut Hessische Stiftung Friedens- und Konfliktforschung, Chausseestr. 111, 10115 Berlin, Email: junk@hsfk.de.

Stefan Kroll, Dr., wissenschaftlicher Mitarbeiter, Exzellenzcluster „Die Herausbildung normativer Ordnungen", Goethe-Universität Frankfurt, Max-Horkheimer-Str. 2, 60629 Frankfurt am Main, Germany, Email: stefan.kroll@normativeorders.net.

Valentin Rauer, Assistant Prof. Dr., Türkisch-Deutsche Universität Istanbul, Fakultät Kultur- und Sozialwissenschaften, Şahinkaya Cad. 86, 34820 Beykoz, Istanbul. Email: rauer@tau.edu.tr

Die Autorinnen und Autoren:

Regina Ammicht Quinn, Prof. Dr., Internationales Zentrum für Ethik in den Wissenschaften, Eberhard Karls Universität Tübingen, Wilhelmstraße 19, 72074 Tübingen. Email: regina.ammicht-quinn@uni-tuebingen.de.

Felix S. Bethke, Dr., wissenschaftlicher Mitarbeiter, Cologne Center for Comparative Politics, Universität zu Köln. Email: felix.bethke@wiso.uni-koeln.de.

Anna Geis, Prof. Dr., Helmut-Schmidt-Universität/Universität der Bundeswehr Hamburg, Institut für Internationale Politik, Holstenhofweg 85, 22043 Hamburg. Email: anna.geis@hsu-hh.de.

Felix Haaß, M.A., wissenschaftlicher Mitarbeiter, Arnold-Bergstraesser-Institut, Windausstr. 16, 79110 Freiburg. Assoziierter Mitarbeiter: GIGA German Institute of Global and Area Studies, Neuer Jungfernstieg 21, 20354 Hamburg. E-mail: felix.haass@abi.uni-freiburg.de.

Corinna Hauswedell, Dr., bis 2017 wissenschaftliche Mitarbeiterin bei der Forschungsstätte der Ev. Studiengemeinschaft (FEST), Heidelberg und Mitherausgeberin des Friedensgutachtens, Beringstraße 14, 53115 Bonn. Email: info@hauswedell-coad.de.

Leon, Hempel, Dr., Zentrum Technik und Gesellschaft der Technischen Universität Berlin, Hardenbergstraße 16-18. Email: hempel@ztg.tu-berlin.de.

Monika Heupel, Prof. Dr., Fakultät Sozial- und Wirtschaftswissenschaften, Otto-Friedrich-Universität Bamberg, Feldkirchenstraße 21, 96045 Bamberg. Email: monika.heupel@uni-bamberg.de.

Julian Junk, Dr., wissenschaftlicher Mitarbeiter, Leibniz-Institut Hessische Stiftung Friedens- und Konfliktforschung, Chausseestr. 111, 10115 Berlin, Email: junk@hsfk.de.

Stefan Kroll, Dr., wissenschaftlicher Mitarbeiter, Exzellenzcluster „Die Herausbildung normativer Ordnungen", Goethe-Universität Frankfurt, Max-Horkheimer-Str. 2, 60629 Frankfurt am Main, Germany, Email: stefan.kroll@normativeorders.net.

Chantal Magnin, PD Dr., wissenschaftliche Mitarbeiterin, Johann Wolfgang Goethe-Universität, Institut für Sozialforschung, Senckenberganlage 26, 60325 Frankfurt am Main. Email: magnin@em.uni-frankfurt.de.

Luana Martin-Russu, M.A., wissenschaftliche Mitarbeiterin, Kulturwissenschaftliche Fakultät, Europa-Universität Viadrina, Lehrstuhl für Europäische und Internationale Politik, Große Scharrnstr. 59, 15230 Frankfurt (Oder). Email: martin@europa-uni.de.

Janne Mende, Dr., wissenschaftliche Mitarbeiterin, Fachbereich Gesellschaftswissenschaften, Universität Kassel, ICDD, Kleine Rosenstr. 3, 34109 Kassel. Email: janne.mende@uni-kassel.de.

Aletta Mondré, Prof. Dr., Institut für Sozialwissenschaften, Bereich Politikwissenschaft, Christian-Albrechts-Universität zu Kiel, Olshausenstr. 40, 24118 Kiel. Email: mondre@politik.uni-kiel.de.

Franziska Müller, Dr., Nachwuchsgruppenleiterin, Universität Kassel, Fachgruppe Politikwissenschaft, Nora-Platiel-Straße 1, 34109 Kassel. Email: fmueller@uni-kassel.de.

Christian Neuhäuser, Prof. Dr., Institut für Philosophie und Politikwissenschaft, Technische Universität Dortmund, Emil-Figge-Straße 50, 44227 Dortmund. Email: christian.neuhaeuser@udo.edu.

Jürgen Neyer, Prof. Dr., Kulturwissenschaftliche Fakultät, Europa-Universität Viadrina, Lehrstuhl für Europäische und Internationale Politik, Große Scharrnstr. 59, 15230 Frankfurt (Oder). Email: neyer@europa-uni.de.

Holger Niemann, Dr. des., Leuphana Universität Lüneburg, Universitätsallee 1, 21335 Lüneburg. Email: holger.niemann@leuphana.de.

Hanna Pfeifer, M.A., wissenschaftliche Mitarbeiterin, Helmut-Schmidt-Universität/Universität der Bundeswehr Hamburg, Institut für Internationale Politik, Holstenhofweg 85, 22043 Hamburg. Email: hanna.pfeifer@hsu-hh.de

Jürgen Plöhn, Prof. Dr., Institut für Politikwissenschaft und Japanologie, Martin-Luther-Universität Halle-Wittenberg, Philosophische Fakultät I, 06099 Halle. Email: ploehn@hotmail.com.

Valentin Rauer, Assistant Prof. Dr., Türkisch-Deutsche Universität Istanbul, Fakultät Kultur- und Sozialwissenschaften, Şahinkaya Cad. 86, 34820 Beykoz, Istanbul. Email: rauer@tau.edu.tr

Michael Schefczyk, Prof. Dr., Karlsruher Institut für Technologie (KIT), Douglasstraße 24, Viertes Obergeschoss, Raum 513, 76133 Karlsruhe. Email: michael.schefczyk@kit.edu.

Christian Scheper, Dr., wissenschaftlicher Mitarbeiter, Institut für Entwicklung und Frieden (INEF), Universität Duisburg-Essen, Lotharstr. 53, 47057 Duisburg. Email: christian.scheper@inef.uni-due.de.

Cord Schmelzle, Dr., wissenschaftlicher Mitarbeiter, Freie Universität Berlin, Sonderforschungsbereich 700, Binger Straße 40, 14197 Berlin. Email: cord.schmelzle@fu-berlin.de.

Wolfgang Seibel, Prof. Dr., Universität Konstanz, Fachbereich Politik- und Verwaltungswissenschaft, Universitätsstraße 10, 78457 Konstanz. Email: wolfgang.seibel@uni-konstanz.de.

Mitja Sienknecht, Dr., Wissenschaftliche Mitarbeiterin, Abteilung Global Governance, Wissenschaftszentrum Berlin für Sozialforschung (WZB), Reichpietschufer 50, 10785 Berlin. Email: mitja.sienknecht@wzb.eu.

Julia Strasheim, Dr., wissenschaftliche Mitarbeiterin, GIGA German Institute of Global and Area Studies, GIGA Institut für Asien-Studien, Rothenbaumchaussee 32, 20148 Hamburg. Email: julia.strasheim@giga-hamburg.de.

Cornelia Ulbert, Dr., wissenschaftliche Mitarbeiterin, Institut für Entwicklung und Frieden (INEF), Universität Duisburg-Essen, Lotharstr. 53, 47057 Duisburg. Email: cornelia.ulbert@inef.uni-due.de.

Antje Vetterlein, PhD, Associate Professor, Copenhagen Business School, Department of Business and Politics, Porcelænshaven 1, DK-2000 Frederiksberg. Email: av.dbp@cbs.dk.

Frieder Vogelmann, Dr., wissenschaftlicher Mitarbeiter, Institut für Interkulturelle und Internationale Studien (InIIS), Universität Bremen, Fachbereich 8/InIIS, Postfach 33 04 40, 28334 Bremen. Email: frieder.vogelmann@uni-bremen.de.